Kochbuch

Das Gute essen

Mit 500 Rezepten
für jeden Tag

Tre Torri

Mehr Nachhaltigkeit, mehr Genuss.

Als Buchmanufaktur für Essen, Trinken und Genuss machen wir Bücher aus Leidenschaft und Überzeugung. Wir wollen, dass ein Titel von Tre Torri mehr als nur eine Saison Bestand hat und nachhaltig wirkt. Da sind wir konsequent und kompromisslos. Aufgrund jahrzehntelanger Erfahrung haben wir ein sicheres Gespür dafür entwickelt, ob ein Trend ein kurzlebiges Zeitgeist-Phänomen ist oder ob er das Potenzial für ein zukunftsweisendes gesellschaftliches Thema hat. Setzen wir uns mit einem Trend auseinander, geschieht dies in einem sorgfältigen und selbstkritischen Prozess mit gründlichen Recherchen, intensiven Diskussionen und im streitbaren Austausch mit Autoren und Spitzenköchen, mit Produzenten von Weltmarken sowie mit Institutionen aus den Medien, der Politik, Kultur und Wirtschaft.

Auf diese Weise haben wir uns auch mit dem vieldiskutierten Thema „Nachhaltigkeit" auseinandergesetzt und uns die Frage gestellt: Was bedeuten kulinarische Qualität und gesellschaftliche Verantwortung – in der Profiküche und im Lebensmittelhandel? Bei einem Spitzenkoch lässt sich diese Frage am einfachsten beantworten, indem man in seine Töpfe schaut. So entstand die Idee zu unseren „Kochpaten" – zehn renommierte Sterneköche der Vereinigung „L'Art de Vivre", die mit einem charakteristischen Gericht aus ihrer nachhaltigen, kreativen Küche für „das Gute essen" stehen: Achim Schwekendiek, Peter Nöthel, Alfred Klink, Matthias Diether, Jörg Sackmann, Hubert Retzbach, Hans Stefan Steinheuer, Erika Bergheim, Jörg Müller und Thomas Martin. „L'Art de Vivre" ist die Vereinigung von Spitzenköchen und Gastgebern, von Gästen und Gourmets der L'Art de Vivre Gourmet-Residenzen. Die Vereinigung steht für die Kombination von Genuss, Kunst und Kultur.

Doch nicht nur ein Gastronom ist für die Auswahl und Qualität seiner Zutaten verantwortlich. In der Verantwortung stehen auch Händler, die Obst und Gemüse, Fisch und Fleisch aus allen Teilen der Welt beziehen und in ihren Märkten verkaufen.

Das Gute essen

Für ein verantwortungsbewusstes Unternehmen geht es nämlich um mehr als um den Handel mit „grünen Produkten". Waren, die zum Beispiel das Bio-Siegel der EU tragen, werden immer öfter gekauft. Doch es ist ungleich schwerer und komplexer, globale Lieferketten und Produktionsabläufe so zu steuern, dass weltweit Umwelt- und Tierschutz anerkannt und gewahrt werden. Denn nur so können auch die nachfolgenden Generationen über hochwertige Lebensmittel verfügen.
In dieser Sache haben wir die METRO GROUP als verantwortungsvollen und vorbildlichen Partner kennengelernt. Denn in der Unternehmensführung um Dr. Eckhard Cordes ist Nachhaltigkeit kein Marketingtrend, sondern ein fest verankerter Schwerpunkt in der Konzernstrategie. Schon seit 15 Jahren engagiert sich das bedeutende internationale Handelsunternehmen um Nachhaltigkeit, um Offenheit und Transparenz. So ist bereits bei vielen Produkten jeder einzelne Schritt in der Produktion eines Nahrungsmittels bis zum Erzeuger rückverfolgbar.

Bemerkenswert finden wir auch, dass der Weltkonzern beim Wareneinkauf auf hochwertige regionale Lebensmittel setzt und gezielt mittelständische Erzeuger unterstützt. Ein Beispiel: Als Antwort auf die Überfischung der Meere vermitteln die Fachleute des Handelsunternehmens Fischerteams in Schwellen- und Entwicklungsländern wie China moderne, nachhaltige Fang- und Verarbeitungsmethoden. Auf diese Weise werden die natürlichen Ressourcen geschützt und zugleich die Qualität gesteigert.

Mit seinem langjährigen Nachhaltigkeits-Engagement ist dieser Händler ein Vorreiter und zugleich Impulsgeber der Branche. Wir von Tre Torri sind der Meinung: Ein solches Engagement verdient mehr Öffentlichkeit.

„Das Gute essen" verdeutlicht, wie nachhaltiges Handeln funktioniert – am Herd und im Handel. Mehr Nachhaltigkeit bedeutet letztlich auch mehr Genuss. In diesem Sinne: Guten Appetit!

Ihr Tre Torri Verlag

„Gutes Essen basiert auf nachhaltigen Produkten." Dr. Eckhard Cordes

Dr. Eckhard Cordes, Vorstandsvorsitzender der METRO GROUP, im Gespräch mit dem Zwei-Sternekoch Hans Stefan Steinheuer und dem Verleger Ralf Frenzel über echten Genuss, Nachhaltigkeit und richtig gutes Essen.

Herr Dr. Cordes, was bedeutet für Sie gutes Essen?

Dr. Cordes: Lebensqualität! Für mich ist Essen mehr als nur Nahrungsaufnahme, sondern ein Stück Lebensqualität – wie ein gutes Theaterstück oder gute Musik.

Was bedeutet es für Sie, Herr Steinheuer?

Steinheuer: Gutes Essen ist ein Mittel, das viele Dinge zusammenbringt. Ich verbinde damit Familie, Freunde, Kommunikation. Ein gutes Essen ist der Mittelpunkt dieser Runde. Dabei muss es gar nicht teuer sein.

Herr Dr. Cordes, was ist Ihr Lieblingsgericht?

Dr. Cordes: Da gibt es viele. Wichtig ist, dass es qualitativ gutes Essen ist, das man nicht in ein paar Sekunden herunterschlingt. Ich schätze ein einfaches, gutes dunkles Butterbrot genauso wie ein einfach gekochtes Gericht oder einen perfekt zubereiteten Steinbutt oder eine Currywurst. Aber ich kann weder jeden Tag Currywurst noch jeden Tag Steinbutt essen. Mir ist eine ausgewogene Ernährung wichtig.

Gehen Sie dafür oft in Restaurants? Und welche besuchen Sie am liebsten?

Dr. Cordes: Mein Beruf bringt es mit sich, dass ich viel in Restaurants esse, die man als „gut" bezeichnet. In meiner Freizeit entwickle ich gelegentlich Vorlieben, dort genau nicht hinzugehen. Dann halte ich Ausschau nach einfachen, aber guten Gerichten.

Ich will ein qualitativ gutes Grundprodukt verzehren, aber ich brauche nicht immer eine ausgefallene Kreation, die ich in Ruhe zweieinhalb Stunden zelebriere.
Steinheuer: Jedes Essen hat seinen Anlass und seine Zeit.
Dr. Cordes: Das sehe ich genauso!

Zu einem guten Essen gehört ein gutes Glas Wein. Sie haben nun bei Metro Cash & Carry einen begehbaren Weinhumidor eingeführt. Was ist dort zu finden?

Dr. Cordes: Damit wollen wir den professionellen Kunden und Weinliebhabern zeigen, dass wir unsere große Kompetenz beim Wein weiterentwickelt haben. Im Humidor ist das Topsegment unseres Angebots zu finden. So zeigen wir, dass wir qualitativ hochwertigen Wein zu sehr guten Preisen anbieten können. Ich denke, ein Toprestaurant kann dort 60 bis 70 Prozent seines Weinbedarfs decken.

Wie sehen Sie das Thema „Gesunde Ernährung" und „Gutes Essen" in Deutschland?

Dr. Cordes: Gutes Essen basiert auf guten, nachhaltig oder zumindest regional angebauten Produkten. Genuss und Vernunft schließen sich beim Essen nicht aus. Darauf achte ich bei meiner persönlichen Ernährung, zudem ist dies ein überaus wichtiges Thema für unser Unternehmen. Wir verstehen es als unsere Aufgabe, unsere Kunden bestmöglich zu informieren, was gutes Essen ist und wie eine ausgewogene Ernährung aussieht. Auch mit diesem Buch wollen wir dazu einen Beitrag leisten.

Dr. Eckhard Cordes
Vorstandsvorsitzender
der METRO GROUP

Hat die Diskussion um Nachhaltigkeit auch den Handel erreicht?

Dr. Cordes: Die METRO GROUP ganz sicher – aber das hat viele Facetten. Beim nachhaltigen Wirtschaften geht es auch um zahlreiche Themen, die nicht direkt mit dem Produkt zu tun haben. Wir befassen uns beispielsweise intensiv damit, die CO_2-Emission weltweit zu reduzieren. Aber wir sehen dies vor dem Hintergrund der Qualität unseres Angebots. Wir wollen immer mehr Lebensmittel anbieten, die dem Kriterium „ökologisch" in Aufzucht, Anbau, Produktion und Lieferung entsprechen, in der Kühlkette schnell transportiert werden und ultrafrisch in Topqualität in unsere Läden kommen. Fisch ist dabei ein gutes Beispiel. Denn wegen der Überfischung der Meere muss der Handel einen Beitrag leisten, um gleichzeitig Artenvielfalt und vertretbare Aufzucht zu gewährleisten. Wir haben in unserem Unternehmen ein Nachhaltigkeitsboard unter meiner Führung eingerichtet, das vertriebslinienübergreifend und konzernweit arbeitet.

Außerdem schulen Sie ihre Lieferanten.

Dr. Cordes: Stimmt. Wir arbeiten beispielsweise mit der UNIDO (United Nations Industrial Development Organization), zusammen, einer Entwicklungshilfe-Organisation der UNO. In Ländern wie China, Vietnam und Pakistan trainieren wir gemeinsam unsere Lieferanten, die lokalen Bauern und Fischer. Wir bilden sie in moderner Produktionstechnik und nachhaltigem Wirtschaften aus. Unsere Lieferanten lernen, wie sie ihre Qualität erhöhen können – und wir können unseren Kunden bessere und nachhaltigere Waren anbieten.

Wie verstehen Sie das Thema Nachhaltigkeit in Ihrer Küche, Herr Steinheuer?

Steinheuer: Unsere Ressourcen sind nicht unendlich. Ich glaube, dass man den jungen Mitarbeitern auch in unserer Gastronomie zeigen muss, dass man die Tiere im Ganzen sehen und auch verarbeiten muss. Wir können ja nicht sagen: Wir kochen eine Luxusküche mit Luxusprodukten, also wir schneiden das Beste raus und kümmern uns nicht drum, was übrig bleibt. Das gilt für Tiere genauso wie für den Schnittlauch.

Hans Stefan Steinheuer
Sternekoch

Herr Dr. Cordes, Sie engagieren sich sehr intensiv sozial und sind mit der METRO GROUP Hauptsponsor des Bundesverbandes Deutsche Tafel e. V. Welche Bedeutung hat das für Sie?

Dr. Cordes: Es gehört zum Selbstverständnis unseres Unternehmens sich gesellschaftlich zu engagieren. Ich bin schon lange mit den Tafeln in Kontakt gewesen. Dieses Engagement passt zu unserem Geschäft – und was sie tun, hat einen echten Nutzen. Wir wissen, dass wir so Menschen sehr schnell und direkt helfen und unterstützen.

Was machen Sie genau?

Dr. Cordes: Lebensmittel, die noch konsumierbar sind, aber unseren internen Verkaufsstandards nicht mehr entsprechen, stellen wir der Tafel kostenlos zum Verteilen an Bedürftige zu Verfügung. Das sind qualitativ absolut einwandfreie Lebensmittel, die wir auf diese Weise nicht wegwerfen müssen.

Herr Dr. Cordes, ein ganz anderes Feld: Die METRO GROUP entwickelt viele Eigenmarken. Warum?

Dr. Cordes: Weil wir so ein Produktspektrum anbieten können, das in den qualitativen Ansprüchen auf dem Niveau der Topmarken liegt, allerdings deutlich preisgünstiger ist. Das liegt unter anderem daran, dass der Marketingaufwand, der dahinter steht, deutlich kleiner ist als bei den großen Herstellern. Wir differenzieren unsere Eigenmarken aber sehr deutlich. Damit sind wir in der Lage, etwa bei Real, auch das eigentliche SB-Warenhaus zu stärken. Da ist Real das beste Beispiel.

Zum Schluss: Was bedeutet Genuss für Sie persönlich?

Dr. Cordes: Genuss heißt Entspannung, die schönen Seiten des Lebens genießen. Ich komme im Sommer abends um 22 Uhr von einem guten Essen heim, sitze zuhause auf meiner Terrasse und genieße ein schönes Glas Rotwein. Das ist für mich Genuss!

Raffinierte Kreationen
für Gäste und Feste
Kreative Rezepte mit
Pfiff für Hobbyköche
Einfach lecker für die
„Jeden-Tag-Küche“

Das Gute essen

„Als Sternekoch habe ich vor allem auch ein Nachhaltigkeitsbewusstsein."

Sieben Fragen zum Thema „Gourmet-Küche" an Sternekoch Hans Stefan Steinheuer.

Herr Steinheuer, Ihr Restaurant zählt zu den zehn besten in Deutschland. Wenn man als Gast bei Ihnen speist, ist dann klar: So wie der Steinheuer bekomme ich das nie hin?

Die Vielfalt eines Tellers ist bei manchen Gourmetgerichten zu aufwendig. Aber die Rezepte, die wir veröffentlichen, sind nachkochbar. Mein Tipp: Am Anfang sollte man sich am besten nur ein oder zwei Teile zum Nachkochen aussuchen. Aus einer Variation vom Thunfisch zum Beispiel lässt sich auch nur ein Carpaccio oder ein Stück Pfefferthunfisch zubereiten. So wird aus einem Teil eines Menüs ein eigenes Gericht.

Sie stehen ja auch nicht allein in der Küche, haben viele helfende Hände. Wäre das nicht auch eine Anregung für zu Hause, mal dem Gatten oder Freunden eine Küchenschürze umzubinden und zu sagen: „Wir kochen jetzt zusammen"?

Ich glaube, das gibt es ja immer mehr. Kochen in den eigenen vier Wänden ist auch Kommunikation. Deshalb sollte das Gericht nicht zu kompliziert sein, damit es auch Freude bereitet. Für Einsteiger eignen sich am besten Salatvariationen mit Kurzgebratenem wie Lachs oder Geflügel, aber auch eine frisch gemachte Pizza. Bei der Zubereitung lassen sich dabei gut die Aufgaben verteilen: Der eine putzt Salat und Gemüse, der andere schneidet Kräuter und Zwiebeln – und der Dritte brät das Fleisch an.

Ihr Profitipp: Die wichtigsten Zutaten für die „gehobene Küche" zu Hause? Wo kann man sparen, wo nicht?

Muss man immer ans Sparen denken? Genuss und die Auswahl frischer Produkte müssen nicht teuer sein, das Essen muss nur gut zubereitet sein. Mit frischen Zutaten zu kochen ist nicht unbedingt teuer, es ist nur ein wenig zeitaufwendiger. Convenience-Produkte oder Fertiggerichte sparen zwar Zeit und Arbeit, aber diese Produkte haben auch ihren Preis. Bereitet man ein Gericht selbst zu, kommt man meist wesentlich günstiger weg – und man kann dabei Liebe zum Kochen entwickeln.

Hans Stefan Steinheuer

Schon als 12-Jähriger half Hans Stefan Steinheuer im Landgasthof seiner Eltern in Bad Neuenahr-Heppingen. Es folgten Lehr- und Wanderjahre, unter anderem in den „Schweizer Stuben" in Wertheim als Souschef unter Starkoch Dieter Müller. Schließlich heuerte Steinheuer als Küchenchef im elterlichen Landgasthof „Zur Alten Post" an und übernahm 1985 den Betrieb. Dort erkochte sich der junge Ausnahmekoch schon im Folgejahr den ersten Stern. Wenige Jahre später folgte der zweite Stern. 2000 kürte der „Gault Millau" den bodenständigen Rheinländer zum „Koch des Jahres". Für das Jahr 2004 hat ihn auch der „Feinschmecker" zum Koch des Jahres ernannt. Steinheuer, Jahrgang 1959, ist verheiratet und hat drei Kinder.

Sind die Zutaten in Ihrer Küche denn stets vom Feinsten?

Natürlich, und sie sind vor allem immer frisch! Das macht das Besondere aus. Die Spitzenküche zeichnet sich durch individuelle Interpretation von Gerichten aus. Meine Arbeitsweise ist vergleichbar mit der eines Schreinermeisters: Ein handgefertigtes filigranes Einzelstück aus edlen Hölzern ist eben teurer als ein serienmäßig gefertigter Schrank aus dem Möbelhaus.

Auf was achten Sie beim Einkauf frischer Zutaten wie zum Beispiel Fisch und Meeresfrüchte?

Unsere Lieferanten müssen ständig die Frische und die Herkunft ihrer Lebensmittel beweisen. Wir erwarten, dass sie täglich das beste verfügbare Produkt liefern. Und wir legen auch Wert darauf, dass eine Fischlieferung nicht älter ist als 36 Stunden.

Braucht man als Sternekoch auch ein Bewusstsein für Nachhaltigkeit?

Ja, auf jeden Fall. Erstens muss ich mich darum kümmern, wo genau meine Waren herkommen. Und zweitens muss ich in meiner Küche ein Tier so verarbeiten, dass es nicht umsonst gestorben ist. Ein Rind zum Beispiel besteht ja nicht nur aus der Hüfte, ein Fisch nicht nur aus Filet. Als Koch sollte ich so kreativ sein, das Tier möglichst von Kopf bis zum Schwanz oder zur Flosse zu verwerten. Aus Knochen lassen sich zum Beispiel aromatische Fonds als Grundlage für Saucen vorbereiten.

Ihre Philosophie als Sternekoch? Was wollen Sie Ihren Gästen mit auf den Weg geben?

Meine Mission erklärt sich am besten mit einem Zitat des französischen Jesuiten und Philosophen Pierre Teilhard de Chardin. Der sagte: „Es kommt nicht darauf an, etwas Bemerkenswertes zu leisten, sondern Dinge zu tun mit der Überzeugung von ihrem großen Wert."

„Es ist kein Hexenwerk, aus frischen Zutaten täglich etwas Gutes zu kochen."

Sieben Fragen an Deutschlands beliebtesten Fernsehkoch Johann Lafer über den guten Geschmack.

Herr Lafer, was bedeutet es für Sie persönlich, etwas Gutes zu essen?

Etwas Gutes zu essen bedeutet für mich: Emotionen der Freude, des Genusses, Erinnerungen an wunderbare Speisen – einfach das wahre Leben!

Wie lange muss man in der Küche stehen, um etwas Gutes zuzubereiten?

Das kommt ganz auf den Anlass an. Aber es ist kein Hexenwerk, täglich aus frischen Zutaten etwas Gutes zu kochen. Das muss nicht immer aufwendig sein. Einmal am Tag kriegt das jeder hin.

Woher beziehen Sie die Zutaten für Ihre Sterneküche im „Le Val d'Or"?

Wir kochen hauptsächlich saisonal. Also kochen wir in erster Linie mit frischen Produkten aus der Region, wenn sie meiner Auffassung von Qualität entsprechen. Zudem beziehen wir qualitativ hochwertige Produkte aus aller Welt und kaufen nur Waren mit genauer Herkunftsbezeichnung, deren Qualität beim Eingang immer geprüft wird. Die Auswahl und die Herkunft der Zutaten sind immer der erste Schritt, wenn man Respekt vor Lebensmitteln hat.

Johann Lafer

Als Lehrling des Grazer „Gösser-Bräu" ahnte Johann Lafer nicht, dass er einmal Deutschlands prominentester Fernseh- und preisgekrönter Spitzenkoch sein würde. Keine Geringeren als Eckart Witzigmann und Dieter Müller zählten zu seinen Lehrmeistern. Johann Lafer, Jahrgang 1957, hält derzeit einen Michelin-Stern. Der vielseitige Sternekoch und Top-Patissier lehrt seit Kurzem Kulinaristik, Esskultur und Kochkunst an der Fachhochschule Fulda. Lafer lebt mit seiner Familie in Guldental an der Nahe. Dort befindet sich auch seine Kochschule „Table d'Or" mit eigenem TV-Studio. Das Sterne-Restaurant „Le Val d'Or" ist Teil von „Johann Lafers Stromburg" im nahe gelegenen Stromberg.

Macht sich der Starkoch Lafer auch Gedanken über Klima und Nachhaltigkeit?

Ich bin zu größtem Respekt vor Lebensmitteln erzogen worden. Natürlich achte ich deshalb auch auf Nachhaltigkeit und kämpfe um den Erhalt unseres Lebensraums. Von einem Koch, der sich seiner Aufgabe bewusst ist, sollte man das auch erwarten.

Was ist die erste Lektion, die Sie einem Kochlehrling beibringen?

Respekt vor dem, was die Natur uns schenkt! Dann folgt die Anleitung, wie man nachhaltig damit umgeht, und das Fördern der Kreativität.

Nudeln gibt's wie Sand am Meer. Was ist das Besondere an den Pastasorten der „Johann Lafer Edition" aus der Genussabteilung der Galeria Kaufhof?

Diese Nudeln sind handgemacht und bestehen zu hundert Prozent aus Natur. Die verschiedenen Farben entstehen durch Gemüse, was auch den Geschmack beeinflusst und diese Pasta so besonders macht.

Zum Schluss noch ein Profitipp vom Spitzenkoch: Welche Zutaten sollte man im Hause haben, um jederzeit etwas Gutes zubereiten zu können?

Schlicht, einfach und lecker: Schwarzbrot, Butter und Schnittlauch.

„Es gibt im Supermarkt gute Zutaten."

Sieben Fragen zum Thema „Küche für jeden Tag" an unseren Küchenexperten Alfred Biolek.

Herr Biolek, Sie sind kein gelernter Koch, sondern promovierter Jurist. Trotzdem wurden Sie einer der beliebtesten Köche im deutschen Fernsehen. Man muss also nicht Profi sein, um mit Liebe und Geschmackssinn zu kochen?

Nein, ganz und gar nicht. Meinen Geschmackssinn und später auch die Liebe fürs Kochen hat mir meine Mutter vererbt: das Talent, einen Geschmack zu erahnen und ein Gericht so zuzubereiten oder so zu verfeinern, dass es diesem Geschmackserlebnis entspricht. Wenn mir das gelingt, erlebe ich jene Glücksmomente des Kochens, die alle Arbeit in der Küche mit all dem riesigen Abwasch rechtfertigen.

Wenn ein Mann den Weg in die Küche findet, tut er das meist als Improvisationskünstler, als Purist, der nur Spiegelei oder Nudeln im Repertoire hat, oder als Stratege, der nach Anleitung kocht. Welche ist Ihre Art zu kochen?

Ich koche nach Rezept und mache mir immer einen Einkaufszettel mit den benötigten Zutaten. Aber wenn ich merke, dass es das, was ich zum Beispiel für ein Essen mit Freunden brauche, nur in schlechter Qualität oder gar nicht gibt, dann improvisiere ich. Denn wer hat schon die Zutaten für ein Ersatzessen auf dem Einkaufszettel oder gar das ganze Kochbuch mit dabei?

Gutes Kochen im Alltag, zwischen Beruf, Haushalt und Familie – wie geht das, wenn die Zeit knapp ist?

Eigentlich ganz einfach. Am Wochenende nehme ich mir gerne mehr Zeit in der Küche, aber im Alltag muss auch bei mir etwas Schnelles und Einfaches auf den Teller – aber mit Liebe gemacht: zum Beispiel ein leckeres Risotto al parmigiano. Die Zutaten dafür habe ich immer im Haus.

Alfred Biolek

Der Mann mit der markanten Nickelbrille arbeitete zunächst im Justiziariat des ZDF, bevor er eine rasante Fernsehkarriere als Unterhaltungsmoderator und Talkmaster startete. Zu Bioleks größten Erfolgen zählen Sendungen wie „Kölner Treff", „Bio's Bahnhof" und „Boulevard Bio". Von 1994 bis 2006 verbindet der promovierte Jurist sein Talent als Talkmaster mit seiner Leidenschaft fürs Kochen: In „alfredissimo!" bereitet er mit prominenten Gästen deren Lieblingsgerichte zu. Alfred Biolek, Jahrgang 1934, ist Autor von Kochbüchern in Millionenauflage.

Wo kaufen Sie denn Ihre Zutaten? Muss es immer Bio sein?

Fleisch kaufe ich in Bio-Qualität, Lamm bei meinem türkischen Metzger und Geflügel meist auf dem Wochenmarkt. Da nehme ich oft auch Obst, Gemüse und Salat mit. Ich kaufe aber auch viel im Supermarkt ein und greife teilweise auf tiefgekühlte Ware zurück. Zum Beispiel schmecken tiefgekühlte Himbeeren einfach besser als angefaulte, frische Beeren. Und Tomaten aus der Dose sind nicht viel schlechter als frische – das gilt auch für gefriergetrocknete Kräuter. Meine Bio-Eier kaufe ich auch im Supermarkt, wie viele andere Zutaten für meine „Jeden-Tag-Küche".

Und wie halten Sie es bei Ihren Zutaten mit Fertigprodukten? Kann man sich es ein wenig leichter machen, um jeden Tag etwas Gutes auf den Tisch zu bringen?

So wie ich bei Obst und Gemüse nicht unbekehrbar bin, so wenig bin ich es auch bei Fonds, Brühwürfeln und anderen Grundsubstanzen. Die Industrie hat ja längst gute Produkte auf den Markt gebracht, die man bei Gerichten mit kräftigen, aber auch feinen Aromen prima verwenden kann.

Auf welche (frischen) Basics können Sie in Ihrer Küche nicht verzichten?

Pfeffer und Parmesan. Die kommen bei mir nur frisch gemahlen bzw. frisch gerieben auf den Tisch!

Und welches Handwerkszeug sollte man stets parat haben?

Auf jeden Fall eine Küchenwaage, ein paar schöne Kochlöffel aus Holz und zwei Messbecher: einen großen bis 1,5 Liter und einen kleinen bis 125 Milliliter. Außerdem einen Satz gut geschärfter Messer zum Schneiden von Zwiebeln, Gemüse, Fleisch und Brot.

real
SELECTION
CULATELLO
TiP
10 Eier
classic
220 g

SALATE & VORSPEISEN

Kartoffelsalat mit Makrele, Brunnenkresse, Tomatenkonfitüre

ZUTATEN FÜR 4 PERSONEN

1 BUND VOGELMIERE (WILDKRAUT)
260 ML GEFLÜGELBRÜHE
1,5 G AGAR-AGAR (PFLANZLICHE GELATINE)
50 ML SAHNE
1 BLATT GELATINE
SALZ, PFEFFER
10 KARTOFFELN (LA RATTE)
5 EL OLIVENÖL EXTRA VERGINE
2 EL ROTWEINESSIG
4 SCHEIBEN RUSTIKALES WEISSBROT
4 KNOBLAUCHZEHEN
8 EL TOMATENKONFITÜRE MIT FENCHEL UND ANIS
2 MAKRELEN
100 ML VINAIGRETTE
12 SCHALOTTEN
2 EL BUTTER
20 G RISOTTOREIS
WEISSER BALSAMICOESSIG
2 BUND BRUNNENKRESSE

Die Vogelmiere waschen, trocken schütteln, Blätter abzupfen und zusammen mit 200 ml Geflügelbrühe kochen. Fein mixen, das Agar-Agar sowie die Sahne zugeben und aufkochen. Die Gelatine in Wasser einweichen, ausdrücken und in der Vogelmierenmasse auflösen. Mit Salz und Pfeffer abschmecken und ca. 2 cm hoch in eine kleine Form gießen. Kühl stellen.

Die Kartoffeln waschen und ungeschält gar kochen. Kurz auskühlen lassen, dann pellen und in gleichmäßige Scheiben schneiden. 3 EL Olivenöl mit Rotweinessig vermengen und die Kartoffelscheiben darin marinieren.

Die Brotscheiben zu 4 gleich großen Rechtecken zurechtschneiden. 1 Knoblauchzehe schälen und zusammen mit dem Brot in Olivenöl kross braten. Das Brot dann aus der Pfanne nehmen und mit 4 EL Tomatenkonfitüre bestreichen.

Die Makrelen filetieren und in Streifen schneiden. In einer Pfanne in Olivenöl auf der Hautseite kurz anbraten, dann in eine Schüssel geben und mit der Vinaigrette begießen. 8 Makrelenstreifen beiseitestellen. Die restlichen Streifen zurechtschneiden, die Brotstücke damit belegen und warm stellen.

Schalotten und den restlichen Knoblauch schälen und in feine Würfel schneiden. In Butter anschwitzen. Den Risottoreis zugeben und mit 60 ml Geflügelbrühe aufgießen. Köcheln lassen, bis der Reis weich ist. Dann mixen und mit weißem Balsamicoessig und Salz abschmecken.
Die Brunnenkresse waschen, trocken schütteln und klein zupfen. Die Vogelmierencreme in Würfel schneiden und kurz erwärmen.

Den Kartoffelsalat auf Tellern anrichten. Die Makrelenstreifen darauf verteilen. Die Vogelmierenwürfel seitlich platzieren. Die Risotto-Schalotten-Creme und die Tomatenkonfitüre auf die Teller geben und das Brot darauf setzen. Mit Brunnenkresse verzieren.

WEINEMPFEHLUNG
Le Cléray Sauvignon, Frankreich

Achim Schwekendiek

Der Küchenchef des Gourmet-Restaurants im Schlosshotel Münchhausen bei Hameln erkochte sich bereits mit 30 Jahren seinen ersten Stern. Schwekendieks Küche ist regional verankert und bodenständig, doch zugleich zeichnet sie sich durch kulinarische Raffinesse aus. Das variantenreiche Spiel der Aromen beherrscht der junge Sternekoch virtuos. Für „Das Gute essen" hat er einen klassischen Kartoffelsalat mit marinierter Makrele und einer fruchtigen Tomatenkonfitüre auf Sterneniveau veredelt.

Herzhaft, aber mit Finesse

Wer aromatische Abwechslung in den Klassiker „Lauwarmer Kartoffelsalat mit Speck" bringen will, ersetzt die würzigen Speckwürfel durch Blutwurst. Am besten eignet sich hart geräucherte oder luftgetrocknete Blutwurst, würfelt man sie möglichst klein, wirkt sie am dekorativsten, und das herzhafte Aroma verbindet sich optimal mit der fruchtigen Säure des Apfels. Diese Salat-Variante von „Himmel und Erd'" ist eine pfiffige Vorspeise für Gäste.

Lauwarmer Kartoffelsalat mit Blutwurstwürfeln

ZUTATEN FÜR 6 PERSONEN

800 G KLEINE FESTKOCHENDE KARTOFFELN
SALZ
5 GROSSE SCHALOTTEN
1 APFEL
250 G HARTE, GERÄUCHERTE BLUTWURST
8 GEWÜRZGURKEN
1 BUND SCHNITTLAUCH
200 ML RINDERBRÜHE
1 GEHÄUFTER EL SENF
3 EL WEISSWEINESSIG
1 EL WEISSER BALSAMICOESSIG
2 EL OLIVENÖL
2 EL SONNENBLUMENÖL
PFEFFER
NACH BELIEBEN 2 KÖPFE RADICCHIO-SALAT

Kartoffeln waschen, in kochendem Salzwasser garen, abgießen und pellen. Etwas auskühlen lassen und in Scheiben schneiden.

Schalotten und Apfel schälen und in Würfel schneiden. Blutwurst und Gewürzgurken ebenfalls in Würfel schneiden. Zusammen mit den Kartoffeln in eine Schüssel geben.

Schnittlauch waschen und in feine Ringe schneiden.

Für das Dressing Rinderbrühe erwärmen. Senf, Essig sowie das Öl unterrühren und mit Salz und Pfeffer abschmecken. Über den Kartoffelsalat geben, alles gut vermengen und mit dem Schnittlauch bestreuen. Nach Belieben den Radicchiosalat putzen, schöne Blätter heraussuchen, waschen und trocken tupfen.

Den Kartoffelsalat auf den Radicchioblättern anrichten.

WEINEMPFEHLUNG
Riesling Kabinett trocken Würzburger Stein, Franken

Lauwarmer Kartoffelsalat

ZUTATEN FÜR 4 PERSONEN

800 G FESTKOCHENDE KARTOFFELN
1 MSP. KÜMMELSAMEN
1 LORBEERBLATT
MEERSALZ
1 ZWIEBEL
5 EL PFLANZENÖL
200 ML GEFLÜGELFOND
1 TL DIJON-SENF
3 EL OBSTESSIG
SALZ, PFEFFER
1 SALATGURKE
4 RADIESCHEN
1 HART GEKOCHTES EI
1 KÄSTCHEN GARTENKRESSE
½ KOPF ROTER EICHBLATT-SALAT

Die Kartoffeln waschen und mit Schale in einem Topf mit Kümmel, dem Lorbeerblatt und Meersalz nicht zu weich kochen. Dann abgießen und pellen. Zwiebel schälen, in kleine Würfel schneiden und in einer Pfanne mit heißem Öl glasig dünsten. Geflügelfond zugießen und etwas reduzieren. Den Geflügelfond mit Senf, Essig, Salz und Pfeffer abschmecken. Die noch lauwarmen Kartoffeln in Scheiben schneiden, mit der Zwiebelsauce mischen und ziehen lassen.

In der Zwischenzeit die Gurke schälen. Der Länge nach halbieren und mit einem Teelöffel entkernen. Die Gurke in dünne Scheiben schneiden und zu den Kartoffeln geben. Die Radieschen putzen, waschen und in sehr dünne Scheiben schneiden. Das hart gekochte Ei pellen, Eiweiß und Eigelb getrennt fein hacken.

Den Eichblattsalat putzen, schöne Blätter heraussuchen, waschen und trocken tupfen. Den Kartoffelsalat auf den Salatblättern auf Tellern anrichten, mit den Radieschenscheiben, gehacktem Ei sowie Gartenkresse dekorieren und servieren.

WEINEMPFEHLUNG
Riesling Kabinett halbtrocken, Mosel

Kinderleichter Klassiker

Schnell gemacht und einfach köstlich ist diese Kartoffelsalat-Variante. Fein geschnittene Radieschen und Salatgurke sorgen für knackige Frische, ein Löffelchen Dijon-Senf und Kresse für eine angenehme Schärfe. Kleine, festkochende Kartoffeln wie etwa Bamberger Hörnchen eignen sich besonders gut. Sorgfältig geputzt, kann man sie auch mit der vitaminreichen Schale verarbeiten.

Salate – vielfältig, frisch und köstlich

Dekoriert mit Hähnchenbrust oder veredelt mit Roquefort und Birne – ein Salat passt zu jeder Gelegenheit und jeder Jahreszeit. Damit der Salat möglichst vitaminreich, regional und damit erntefrisch auf den Tisch kommt, lohnt sich ein Blick auf einen Erntekalender: So haben zum Beispiel Batavia, Endivien, Radicchio und Rucola von Sommer bis Herbst Saison. Chicorée, Chinakohl und Feldsalat hingegen sind am besten in den Wintermonaten und im Frühjahr zu genießen.

Übrigens: Die beste Basis für einen frischen Salat ist eine selbst gemachte Vinaigrette aus Essig und Öl. Je nach Gusto und Rezept kann man die Vinaigrette mit frischen Kräutern und einem Teelöffel Joghurt, Crème fraîche oder Sahne verfeinern.

Kleine Köstlichkeiten, die Appetit machen

Neben köstlichen Salat-Variationen haben wir in diesem Kapitel kulinarische Kleinigkeiten zusammengestellt, die Lust auf mehr machen: zum Beispiel auf den nächsten Gang oder auf eine weitere Portion. Denn die meisten unserer Vorspeisenrezepte lassen sich ohne weiteren Aufwand in ein leckeres Hauptgericht verwandeln.

Übrigens: Unter den kalten und warmen Appetithappen finden sich auch kreative Ideen fürs Partybuffet oder den Kindergeburtstag. Wie wär's zum Beispiel mit einem aromatischen Avocado-Nudelsalat oder einer feinen Mousse aus Räucherforellen für die große Tafel? Für kleine Geburtstagsgäste bieten unsere Mini-Geflügelfrikadellen und knusprigen Zucchinipuffer eine leckere und zugleich gesunde Abwechslung.

Herbstlicher Feldsalat

Zubereitungszeit: 45 Minuten

ZUTATEN FÜR 4 PERSONEN

400 G KÜRBIS
100 G FELDSALAT
3 EL KÜRBISKERNE
6 EL PFLANZENÖL
SALZ, PFEFFER
1 EL BRAUNER ZUCKER
3 EL WEINESSIG

Den Kürbis schälen und in schmale Spalten schneiden. Den Feldsalat verlesen, waschen und trocken schleudern. Die Kürbiskerne ohne Zugabe von Fett in einer Pfanne anrösten.

In einer Pfanne 4 EL Öl erhitzen, die Kürbisspalten bei geringer Hitze auf jeder Seite 3 Minuten anbraten und mit Salz, Pfeffer und Zucker würzen. Mit 2 EL Essig ablöschen und zugedeckt fertig dünsten. Aus der Pfanne nehmen und abkühlen lassen. Aus 1 EL Essig, 2 EL Öl, Salz und Pfeffer eine Vinaigrette rühren und mit dem Feldsalat vermengen.

Den Salat auf Tellern anrichten, darauf die Kürbisspalten legen und mit den gerösteten Kernen bestreuen.

WEINEMPFEHLUNG
Grauburgunder Q.b.A. trocken, Baden

Feldsalat mit getrockneten Datteln

Zubereitungszeit: 45 Minuten

ZUTATEN FÜR 4 PERSONEN

100 G FELDSALAT
1 KLEINER FENCHEL MIT ETWAS FRISCHEM GRÜN
2 MITTELGROSSE CHICORÉE
6 FRISCHE DATTELN
1 ROSA GRAPEFRUIT
2 UNBEHANDELTE ORANGEN
3–4 EL GESTIFTELTE MANDELN
1 KLEINE REIFE AVOCADO
1 UNBEHANDELTE ZITRONE
6 EL OLIVENÖL
1 EL WEISSWEINESSIG
1 EL ROTISSEUR-SENF (GROBKÖRNIGER SENF)
2 EL AKAZIENHONIG
2 EL SCHNITTLAUCHRÖLLCHEN
SALZ, PFEFFER

Den Feldsalat verlesen, mehrfach gründlich waschen und trocken schleudern. Den Fenchel halbieren, den Strunk keilförmig herausschneiden, eine Fenchelhälfte in dünne Scheiben schneiden und das Fenchelgrün fein hacken. Die zweite Fenchelhälfte wird nicht benötigt. Den Chicorée halbieren, den Strunk herausschneiden, die Blätter waschen und in 1 bis 2 cm breite Streifen schneiden.

Die Datteln entkernen und in kleine Würfel schneiden. Grapefruit und 1 Orange filetieren, dabei den Saft auffangen und beiseitestellen. Die Mandeln in einer kleinen Pfanne ohne Zugabe von Fett bei schwacher Hitze anrösten. Die Avocado halbieren, den Kern auslösen, das Fruchtfleisch stückchenweise herauslöffeln. Vorsichtig alles, bis auf den aufgefangenen Saft sowie die Mandeln, miteinander vermengen.

Orange und Zitrone heiß abwaschen und von beiden jeweils etwa 2 EL Schale abreiben (Zesten), dann die Früchte auspressen. Orangen- und Zitronenzesten mit dem Saft von 1 Orange und ½ Zitrone sowie dem beim Filetieren aufgefangenen Saft und dem Olivenöl, Essig, Senf, Honig, Schnittlauch sowie Salz und Pfeffer zu einer Vinaigrette mischen. Den Salat vorsichtig mit der Vinaigrette mischen und mit den Mandeln bestreuen.

WEINEMPFEHLUNG
Chardonnay trocken, Chile

Rucola mit Birne und Roquefort

Zubereitungszeit: 35 Minuten

ZUTATEN FÜR 4 PERSONEN

1 BUND RUCOLA (MÖGLICHST MIT GROSSEN, RUNDEN BLÄTTERN)
1 BUND BRUNNENKRESSE
2 REIFE, AROMATISCHE BIRNEN (Z. B. WILLIAMS CHRIST)
½ TL KORIANDERKÖRNER
50 G BUTTER
1 TL BRAUNER ZUCKER
2 EL BALSAMICOESSIG
SALZ, PFEFFER
125 G ROQUEFORT

Rucola und die Brunnenkresse verlesen, gründlich waschen, die harten gröberen Stiele entfernen. Die Salate trocken schleudern und auf Tellern anrichten. Die Birnen schälen, vierteln oder achteln und die Kerngehäuse ausschneiden. Die Korianderkörner im Mörser zerstoßen.

Die Hälfte der Butter in einer Pfanne erhitzen, den Zucker und den Koriander darin verrühren. Die Birnen in die Pfanne legen und unter Wenden braten, bis sie glasiert sind. Auf den Salat legen. Die restliche Butter in der Pfanne schmelzen lassen, den Balsamicoessig einrühren, mit etwas Salz und Pfeffer abschmecken und über den Salat geben. Den Roquefort zerbröckeln und über den Salat streuen. Lauwarm servieren.

WEINEMPFEHLUNG
Weißburgunder Q.b.A. trocken, Pfalz

Romanasalat mit Senf-Vinaigrette

Zubereitungszeit: 35 Minuten

ZUTATEN FÜR 4 PERSONEN

4 SCHEIBEN TOASTBROT
2 EL BUTTER
SALZ
1 MITTELGROSSER ROMANASALAT
5 EL OLIVENÖL
2 TL DIJON-SENF
2 EL JOGHURT
2 TL FRISCH GEPRESSTER ZITRONENSAFT
40 G GERIEBENER PARMESAN
PFEFFER
ZUCKER
2 MITTELGROSSE ROTE ZWIEBELN
1 EL FEIN GEHACKTER KORIANDER
1 EL FEIN GEHACKTE GLATTE PETERSILIE

Das Toastbrot entrinden und in ca. 1 cm große Würfel schneiden. Die Butter in einer beschichteten Pfanne erhitzen und das Toastbrot darin von allen Seiten goldbraun braten, leicht salzen und auf Küchenkrepp auskühlen lassen. Den Romanasalat vom groben Strunk befreien, in 2 cm breite Streifen schneiden, waschen und trocken schleudern.

Das Olivenöl tröpfchenweise mit einem Schneebesen zum Senf rühren, Joghurt zugeben, mit Zitronensaft und Parmesan verfeinern, mit Salz, Pfeffer und 1 Prise Zucker abschmecken. Die Zwiebeln schälen und in hauchdünne Scheiben schneiden.

Romanasalat, Zwiebeln und Vinaigrette vermengen, mit den Kräutern bestreuen und portionsweise auf Tellern verteilen. Mit den Croûtons bestreut servieren.

WEINEMPFEHLUNG
Sancerre Blanc trocken, Frankreich

Lauwarmer Gemüsesalat mit Lachs

Zubereitungszeit: 45 Minuten

ZUTATEN FÜR 4 PERSONEN

1 MÖHRE
½ KOHLRABI
3 STANGEN STAUDENSELLERIE
3 CHAMPIGNONS
250 G GRÜNER SPARGEL
1 TOMATE
6 EL MAYONNAISE
1 EL TOMATENKETCHUP
SALZ, PFEFFER
ZUCKER
1 EL WEISSWEINESSIG
1 EL BUTTER
200 G GERÄUCHERTER LACHS
1 KÄSTCHEN GARTENKRESSE

Möhre und Kohlrabi schälen, Sellerie putzen und waschen, alles in sehr kleine Würfel schneiden. Die Champignons putzen und ebenfalls in kleine Würfel schneiden. Den Spargel falls nötig im unteren Drittel schälen, die Enden abschneiden, Spargel waschen und in 2 cm lange Stücke schneiden, dabei die Köpfe ganz lassen. Die Tomate mit heißem Wasser überbrühen, mit kaltem Wasser abschrecken und die Haut abziehen. Die Tomate erst halbieren, die Kerne entfernen und dann in Würfel schneiden. Mit 3 EL Mayonnaise und Ketchup verrühren, mit Salz, Pfeffer und 1 Prise Zucker abschmecken.

Für die Vinaigrette Essig, Salz, Pfeffer und 1 Prise Zucker verrühren und die restliche Mayonnaise unterziehen.

Die Champignons in einer Pfanne mit Butter leicht anbraten und herausnehmen. Den Spargel in die Pfanne geben und bissfest dünsten. Möhre, Sellerie und Kohlrabi in reichlich kochendem Salzwasser etwa 3 Minuten garen. Gut abtropfen lassen und mit Salz und Pfeffer würzen. Mit der Vinaigrette vermischen.

Das Gemüse auf Tellern anrichten. Den Lachs in ca. 1 cm dicke Streifen schneiden und auf das Gemüse legen, mit der Tomatensauce beträufeln und mit Gartenkresse garnieren.

WEINEMPFEHLUNG
Hochheimer Riesling Kabinett trocken, Rheingau

Kartoffel-Gemüse-Salat

Zubereitungszeit: 45 Minuten
plus 5 Stunden Ziehzeit

ZUTATEN FÜR 4 PERSONEN

800 G FESTKOCHENDE KARTOFFELN
4 GROSSE ZWIEBELN
JE 1 ROTE, GELBE UND GRÜNE PAPRIKASCHOTE
2–4 KNOBLAUCHZEHEN
2 FLEISCHTOMATEN
250 ML OLIVENÖL EXTRA NATIV
SALZ, PFEFFER
2 ZWEIGE THYMIAN
125 ML WEISSWEIN
1 EL BALSAMICOESSIG
2–3 EL WEISSWEINESSIG
1 BUND BASILIKUM

Die Kartoffeln waschen, schälen und in große Würfel schneiden. Die Zwiebeln schälen und vierteln.

Die Paprikaschoten waschen, halbieren, Stiele, Kerne sowie Trennwände entfernen und in Würfel schneiden. Die Knoblauchzehen schälen und fein hacken. Die Tomaten kurz mit kochendem Wasser überbrühen, häuten und halbieren, die Kerne entfernen und die Tomatenhälften in kleine Stücke schneiden.

In einem Schmortopf das Olivenöl erhitzen. Zuerst die Zwiebeln und den Knoblauch darin glasig dünsten, dann die Kartoffel- und die Paprikawürfel zugeben. Mit Salz und Pfeffer würzen und die Thymianzweige zufügen. Mit dem Weißwein übergießen und zugedeckt bei schwacher Hitze etwa 30 Minuten garen. Nach 10 Minuten Garzeit die Tomaten unter das Gemüse mischen und fertig garen.

Die Gemüsemischung mit den beiden Essigsorten, Salz und Pfeffer abschmecken und bei Zimmertemperatur abkühlen lassen (nicht im Kühlschrank, sonst leidet das feine Aroma). Etwa 5 Stunden durchziehen lassen.

Zum Servieren das Basilikum waschen und die Blättchen grob hacken. Den Gemüsesalat mit dem Basilikum bestreuen und servieren.

WEINEMPFEHLUNG
Sauvignon Blanc trocken, Südafrika

Weiße Bohnen mit Räucherforelle

Zubereitungszeit: 20 Minuten

ZUTATEN FÜR 4 PERSONEN

1 DOSE WEISSE BOHNEN (425 G)
1 UNBEHANDELTE ZITRONE
1 BUND GLATTE PETERSILIE
1 KNOBLAUCHZEHE
1 ROTE ZWIEBEL
3–4 EL OLIVENÖL
SALZ, PFEFFER
2 GERÄUCHERTE FORELLENFILETS

Die Bohnen in einem Sieb mit heißem Wasser übergießen und abtropfen lassen. Die Zitrone heiß abwaschen und ca. 2 TL Zesten abziehen. Von einer Hälfte den Saft auspressen. Die Petersilie waschen, trocken tupfen und grob hacken. Knoblauch und Zwiebel schälen und die Zwiebel fein würfeln.

Die Bohnen in eine Schüssel geben. Zesten, Zitronensaft, Petersilie und Öl mit den Bohnen vermischen, Zwiebelwürfel dazugeben und Knoblauch dazupressen, mit Salz und Pfeffer abschmecken.

Den Salat mit den Forellenfilets anrichten.

WEINEMPFEHLUNG
Silvaner Kabinett trocken, Franken

Bohnensalat mit Kapern

Zubereitungszeit: 30 Minuten
plus 1 Stunde Ziehzeit

ZUTATEN FÜR 4 PERSONEN

500 G DÜNNE GRÜNE BOHNEN (BUSCHBOHNEN)
2 MITTELGROSSE ZUCCHINI
SAFT VON 1 ZITRONE
2 KLEINE ROTE ZWIEBELN
SALZ
3 EL SHERRYESSIG
2 EL BALSAMICOESSIG
8 EL OLIVENÖL
PFEFFER
ZUCKER
2–3 EL KAPERN

Die Bohnen waschen und halbieren. Zucchini waschen und in sehr dünne Scheiben hobeln. In eine Schüssel geben und mit dem Saft der Zitrone mischen. Die Zwiebeln schälen und in sehr feine Ringe hobeln. Salzwasser in einem Topf zum Kochen bringen und die Bohnen darin etwa 15 Minuten bissfest garen.

Für das Dressing Sherryessig, Balsamico und Olivenöl vermischen und mit Salz, Pfeffer und Zucker herzhaft abschmecken. Die Bohnen abgießen, gut abtropfen lassen und heiß mit dem Dressing mischen. Zwiebeln, Kapern und Zucchini unterheben und durchziehen lassen, bis der Salat abgekühlt ist.

WEINEMPFEHLUNG
Terre di Tuffi IGT, Italien

Der gute Tipp

Warum nicht lieber eine fertige Salatsauce als eine selbst gemachte Vinaigrette? Ganz einfach, weil sich der kleine Einsatz lohnt. Neben Essig und Öl verbergen sich in Fertigsaucen meist reichlich Zucker, Verdickungsmittel und Geschmacksverstärker – aber keine gartenfrischen Zutaten, die den Salat aromatisch verfeinern. Wer gerne Salat isst und Zeit sparen will, kann die im Rezept angegebene Menge für Vinaigrette zum Beispiel verdreifachen und die restliche Sauce in ein kleines Schraubglas füllen.

Feldsalat mit Rote Bete

Zubereitungszeit: 30 Minuten

ZUTATEN FÜR 4 PERSONEN
200 G VAKUUMVERPACKTE ROTE BETE
200 G FELDSALAT
50 G WALNÜSSE
5 EL WALNUSSÖL
1 EL ROTWEINESSIG
1 EL BALSAMICOESSIG
SALZ, PFEFFER

Rote Bete in 1 cm große Würfel schneiden. Feldsalat verlesen, gründlich waschen und trocken schleudern. Walnüsse klein schneiden.

In einer Schüssel die Rote Bete mit Feldsalat und Nüssen mischen. Für die Vinaigrette Walnussöl mit Rotwein- und Balsamicoessig vermengen. Mit Salz und Pfeffer abschmecken und vorsichtig mit dem Salat vermengen.

WEINEMPFEHLUNG
Grauburgunder Oberbergener Bassgeige Kabinett trocken, Baden

Feldsalat mit Rote Bete

Sellerie-Salat

Zubereitungszeit: 35 Minuten plus 3 Stunden Ziehzeit

ZUTATEN FÜR 4 PERSONEN
750 G KNOLLENSELLERIE
SALZ
2 SCHALOTTEN
3 EL WEISSWEINESSIG
150 G SAURE SAHNE
2 EL PFLANZENÖL
PFEFFER

Den Sellerie waschen, schälen und vierteln. Die Sellerieviertel in einem Topf mit kaltem Wasser bedecken, salzen und aufkochen. Den Sellerie bissfest garen. Die Schalotten schälen und in feine Scheiben schneiden.

Aus dem Essig, saurer Sahne, Öl, Salz und Pfeffer eine Marinade rühren. Die Schalottenscheiben zu Ringen aufblättern und unter die Marinade mischen.

Die gegarten Selleriestücke abgießen und noch heiß in ca. 5 mm dicke Scheiben schneiden. Unter die Marinade heben und durchmischen. 2 bis 3 Stunden durchziehen lassen, dabei ab und zu umrühren.

WEINEMPFEHLUNG
Müller-Thurgau Q.b.A. trocken, Franken

Winterlicher Fenchel-Orangen-Salat

Zubereitungszeit: 35 Minuten

ZUTATEN FÜR 4 PERSONEN
2 ORANGEN
2 FENCHEL
PARMESAN NACH BELIEBEN
1 HANDVOLL ENTSTEINTE SCHWARZE OLIVEN
2–3 EL MILDER OBSTESSIG
4 EL NEUTRALES PFLANZENÖL
SALZ, PFEFFER

Die Orangen mit einem scharfen Messer so schälen, dass auch die weiße Haut entfernt wird. Die Fruchtspalten zwischen den hellen Trennhäuten herausschneiden, dabei den Saft auffangen.

Vom Fenchel jeweils den Strunk entfernen, die Knollen waschen und unansehnliche Stellen ausschneiden. Die Knollen mit einem Gurkenhobel sehr fein hobeln. Dann den Parmesan ebenso fein hobeln. Fenchel und Parmesan vorsichtig mit den Orangenfilets vermischen.

Die Oliven halbieren und zum Salat geben. Aus dem Essig, dem aufgefangenen Orangensaft, dem Pflanzenöl, Salz und Pfeffer eine Salatsauce rühren, über den Fenchel-Orangen-Salat gießen und alles noch einmal behutsam vermischen.

WEINEMPFEHLUNG
Chenin Blanc halbtrocken, Südafrika

Spargelsalat mit Truthahnbrust

Zubereitungszeit: 45 Minuten

ZUTATEN FÜR 4 PERSONEN
FÜR DIE VINAIGRETTE:
50 ML GEFLÜGELFOND
½ VANILLESCHOTE
2 TL ZUCKER
SALZ, PFEFFER
2 EL SHERRYESSIG
1 EL WEISSER BALSAMICOESSIG
6 EL OLIVENÖL

FÜR DEN SALAT:
1 KG GRÜNER SPARGEL
1 FRÜHLINGSZWIEBEL
1–2 EL ÖL
200 G DÜNN GESCHNITTENE, GERÄUCHERTE TRUTHAHNBRUST
25 G GERÖSTETE PINIENKERNE

Geflügelfond erwärmen. Die Vanilleschote mit einem scharfen Messer der Länge nach halbieren und das Mark herauskratzen, dann mit Zucker vermischen und zum Geflügelfond geben. Mit Salz und Pfeffer abschmecken, den Essig dazugeben und gut verrühren. Das Olivenöl langsam einlaufen lassen.

Den Spargel falls nötig im unteren Drittel schälen, die Enden abschneiden, Spargel waschen und schräg in 3 cm lange Stücke teilen, dabei die Köpfe ganz lassen. Die Frühlingszwiebel putzen, waschen, grobes Grün entfernen und in feine Ringe schneiden.

Den Spargel in einer Pfanne mit etwas Öl langsam von allen Seiten anbraten, sodass er noch bissfest ist. Aus der Pfanne nehmen, mit den Frühlingszwiebelringen mischen und noch lauwarm mit der Marinade verrühren. Etwa 10 Minuten ziehen lassen.

Den Spargelsalat mit der Truthahnbrust auf Tellern anrichten und mit den gerösteten Pinienkernen bestreuen.

WEINEMPFEHLUNG
Johannisberger Riesling Q.b.A., Rheingau

Rote-Bete-Salat klassisch

Zubereitungszeit: 45 Minuten plus 5 Stunden Ziehzeit

ZUTATEN FÜR 4 PERSONEN
1 KG MÖGLICHST KLEINE ROTE BETE MIT BLÄTTERN
SALZ
1 TL KÜMMEL
4–6 EL WEISSWEINESSIG
3–4 SCHALOTTEN
2–3 KNOBLAUCHZEHEN
5 EL OLIVENÖL
PFEFFER
1 BUND PETERSILIE

Die Rote Bete-Knollen gründlich waschen, mit einer Bürste säubern. In einem großen Topf in Salzwasser mit Kümmel und 2 EL Essig aufkochen und mindestens 30 Minuten garen, bis sie weich sind.

Schalotten und Knoblauch schälen. Die Schalotten in feine Würfel schneiden, den Knoblauch pressen. Aus dem Öl und dem restlichen Essig (die Menge richtet sich nach dem Säuregrad) eine Marinade rühren. Schalotten und Knoblauch dazugeben und mit Salz und Pfeffer würzen.

Die gekochte Rote Bete noch heiß schälen, in Scheiben schneiden und zur Marinade geben. Unter Wenden 4 bis 5 Stunden ziehen lassen, je länger, desto besser. Kurz vorm Anrichten die Petersilie waschen, trocken schütteln, hacken und untermischen.

WEINEMPFEHLUNG
Grauburgunder Q.b.A. trocken, Baden

Linsensalat mit Feta

Zubereitungszeit: 1 Stunde

ZUTATEN FÜR 4 PERSONEN
2 ROTE ZWIEBELN
6 ZWEIGE THYMIAN
5 STÄNGEL MINZE
250 G TELLERLINSEN
6 EL OLIVENÖL
PFEFFER
4 SCHEIBEN FETA-KÄSE (À 100 G)
2–3 EL ZITRONENSAFT
SALZ
FLADENBROT

Den Backofen auf 200 °C Ober- und Unterhitze vorheizen. Die Zwiebeln schälen und in dünne Ringe schneiden. Thymian und Minze waschen, trocken schütteln und die Blättchen abstreifen. Die Minze fein hacken. Die Linsen unter fließendem Wasser abspülen, in einem Topf mit reichlich Wasser zum Kochen bringen und 25 bis 30 Minuten garen.

Zwiebelringe mit Thymian und 2 EL Olivenöl in einer Schüssel vermischen, mit Pfeffer würzen.

4 Stück Alufolie, 25 × 25 cm, auf ein Backblech legen, die Hälfte der Zwiebelringe darauf verteilen. Je eine Scheibe Feta darauf legen und mit den restlichen Zwiebeln bedecken. Die Folie locker zu Päckchen verschließen und 15 bis 20 Minuten im Backofen backen. Die Linsen abgießen und mit der Minze sowie 4 EL Olivenöl vermengen. Mit Zitronensaft, Salz und Pfeffer abschmecken.

Auf Teller verteilen und je eine Scheibe Feta und Zwiebeln darauf legen.

Dazu kann man ein Fladenbrot reichen, das ca. 5 Minuten im Ofen aufgebacken wurde.

WEINEMPFEHLUNG
Grüner Veltliner trocken, Österreich

Orangen-Avocado-Salat

Zubereitungszeit: 45 Minuten plus 1 Stunde Ziehzeit

ZUTATEN FÜR 4 PERSONEN
6 GROSSE ORANGEN
3 REIFE, NICHT ZU WEICHE AVOCADOS
250 G GESCHÄLTE SHRIMPS
SAFT VON 1 ZITRONE
2 TL SENF
1 EL TOMATENKETCHUP
1 TL WORCESTERSAUCE
4 EL PFLANZENÖL
1 BUND DILL
SALZ

Die Orangen mit einem scharfen Messer bis aufs Fruchtfleisch schälen, sodass die weiße Haut entfernt wird. Über einer Schüssel die Schnitze aus den harten Trennhäuten schneiden, dabei den Saft auffangen.

Die Avocados halbieren, den Stein entfernen, schälen und die Hälften quer in ca. 0,5 cm dicke Scheiben schneiden. Orangenfilets, Avocadoscheiben und die Shrimps in eine Schüssel schichten.

Für die Salatsauce den aufgefangenen Orangensaft, den Saft der Zitrone sowie Senf, Ketchup, Worcestersauce und Pflanzenöl mit einem Schneebesen verrühren.

Den Dill waschen, trocken schütteln, Spitzen abzupfen und fein hacken. Unter die Salatsauce rühren und mit Salz abschmecken. Die Sauce über den Zutaten verteilen und etwa 1 Stunde durchziehen lassen, dann alles vorsichtig vermischen.

WEINEMPFEHLUNG
Chenin Blanc halbtrocken, Südafrika

Winterlicher Orangen-Dattel-Salat

Zubereitungszeit: 35 Minuten

ZUTATEN FÜR 4 PERSONEN

3 ORANGEN
20 GESCHÄLTE MANDELN
1 KLEINES BUND RUCOLA
8 FRISCHE DATTELN
PARMESAN NACH BELIEBEN
3 EL MANDEL- ODER HASELNUSSÖL
PFEFFER

Orangen schälen und die Filets mit einem scharfen Messer aus den Trennhäuten herauslösen. Mandeln in einer kleinen Pfanne ohne Zugabe von Fett anrösten. Rucola putzen, waschen und trocken schleudern. Datteln halbieren und den Kern entfernen.

Vom Parmesan mit dem Sparschäler sehr dünne Scheiben abhobeln. Den Rucola auf Tellern anrichten. Datteln, Orangenfilets und Parmesan darauf legen und mit den Mandeln bestreuen. Mit etwas Öl beträufeln und mit Pfeffer würzen.

WEINEMPFEHLUNG
Gallo Turning Leaf Chardonnay trocken, Kalifornien

Erfrischender Melonensalat

Zubereitungszeit: 40 Minuten

ZUTATEN FÜR 4 PERSONEN

1 BUND RUCOLA
1 HONIGMELONE (Z.B. GALIA)
200 G FETA
1 GLAS KAPERN (35 G)
100 G KIRSCHTOMATEN
½ BUND GLATTE PETERSILIE
½ BUND BASILIKUM
2 ORANGEN
1 ZITRONE
2 EL HIMBEERESSIG
5 EL OLIVENÖL
SALZ, PFEFFER

Den Rucola putzen, waschen und trocken schleudern. Melone schälen, Kerne herauskratzen und das Fruchtfleisch mit dem Feta in gleich große Würfel schneiden. Kapern waschen und abtropfen lassen. Kirschtomaten waschen und halbieren. Petersilie und Basilikum waschen, trocken schütteln und die abgezupften Blättchen grob hacken. Orangen und Zitrone auspressen.

Auf einer Platte den Rucola verteilen, die Feta- und Melonenwürfel darüber geben und mit den halbierten Tomaten und den Kapern dekorieren. Aus Orangen- und Zitronensaft, Himbeeressig, Olivenöl, Salz und Pfeffer eine Marinade rühren und über den Salat geben. Zum Schluss mit den gehackten Petersilien- und Basilikumblättchen bestreuen.

WEINEMPFEHLUNG
Nahestein Riesling Q.b.A. trocken, Nahe

Möhren-Orangen-Salat

Zubereitungszeit: 45 Minuten

ZUTATEN FÜR 4 PERSONEN

4 MÖHREN
3 ORANGEN
1 ROTE ZWIEBEL
1 WALNUSSGROSSES STÜCK INGWER
2 LIMETTEN
½ BUND RUCOLA FÜR DIE GARNITUR
200 G GERÄUCHERTE ENTEN- ODER GÄNSEBRUST
5 EL OLIVENÖL
3 EL HONIG
SALZ, PFEFFER

Die Möhren putzen, schälen und in dünne Scheiben hobeln. Die Orangen schälen und filetieren.

Die Zwiebel schälen und in dünne Ringe schneiden oder hobeln. Ingwer schälen und fein reiben. Die Limetten auspressen. Rucola putzen, waschen, trocken schleudern und grob hacken. Enten- oder Gänsebrust in dünne Scheiben schneiden.

In einer Schüssel Möhrenscheiben, Orangenfilets und Zwiebelringe miteinander mischen. Aus Olivenöl, Limettensaft, Honig, Ingwer sowie Salz und Pfeffer eine Vinaigrette rühren und mit dem Salat vermischen. Salat auf Teller verteilen, mit Rucola garnieren und mit Enten- bzw. Gänsebrustscheiben anrichten.

WEINEMPFEHLUNG
Sauvignon Blanc trocken, Südafrika

Chicoréesalat mit Riesengarnelen

Zubereitungszeit: 35 Minuten

ZUTATEN FÜR 4 PERSONEN

4–6 CHICORÉE, JE NACH GRÖSSE
400 G GEKOCHTE MITTELGROSSE RIESENGARNELEN
5 EL CRÈME FRAÎCHE
5 EL NATURJOGHURT
3 EL TOMATENKETCHUP
½ TL GEMAHLENER PIMENT (NELKENPFEFFER)
1 EL ZITRONENSAFT
ZUCKER
SALZ, PFEFFER

Die Chicoréestauden am Wurzelende abschneiden. Den Strunk mit einem spitzen Messer keilförmig ausschneiden. Die Blätter ablösen, waschen und vorsichtig trocken schleudern.

Garnelen auslösen. Auf der Rückenseite mit einem Messer etwas einschneiden und mit der Messerspitze den dunklen Darmfaden entfernen.

Aus Crème fraîche, Joghurt, Ketchup, Piment, Zitronensaft, 1 kleinen Prise Zucker, Salz und Pfeffer eine cremige Sauce rühren. Die Chicoréeblätter auf einer flachen Platte auslegen, die Garnelen darauf verteilen und die Sauce darüber träufeln.

WEINEMPFEHLUNG
La Tourelle Côteaux AOC, Frankreich

Chicorée mit würzigem Käse

Zubereitungszeit: 45 Minuten

ZUTATEN FÜR 4 PERSONEN

80 G ROQUEFORT
4 EL SAURE SAHNE
1 BIRNE
1 ROTE-BETE-KUGEL, AUS DEM GLAS
2 CHICORÉE
2 TL DIJON-SENF
4 EL ROTWEINESSIG
4 EL OLIVENÖL
4 EL SONNENBLUMENÖL
4 EL WASSER
SALZ, PFEFFER
ZUCKER
6 EL GEHACKTE WALNÜSSE

Den Roquefort mit der sauren Sahne glatt rühren. Die Birne und die Rote Bete in Würfel schneiden. Den Chicorée putzen, Strunk entfernen, die Blätter zerteilen und diese in lauwarmes Wasser legen. Senf, Rotweinessig, Olivenöl, Sonnenblumenöl und das Wasser verrühren und mit Salz, Pfeffer und 1 Prise Zucker abschmecken.

Den Chicorée aus dem Wasser nehmen und mit Küchenkrepp trocken tupfen. In einer Schüssel die Chicoréeblätter mit der Vinaigrette vermischen und kurz darin ziehen lassen. Zwei Drittel der Roquefort-Sauce auf 4 Teller verteilen. Den marinierten Chicorée auf den Tellern anrichten. Birnenwürfel, gehackte Nüsse sowie Rote-Bete-Würfel auf dem Chicorée verteilen und mit der restlichen Roquefort-Sauce beträufeln.

WEINEMPFEHLUNG
Riesling Kabinett halbtrocken, Mosel

Radicchiosalat mit Linsenvinaigrette

Radicchiosalat mit Linsenvinaigrette

Zubereitungszeit: 45 Minuten
plus 1 Stunde Einweichzeit

ZUTATEN FÜR 4 PERSONEN
2 RADICCHIO
1 EL ZUCKER
60 G KLEINE GRÜNE BERGLINSEN
SALZ
3 MITTELGROSSE SCHALOTTEN
60 ML OLIVENÖL
5 EL WASSER
3 EL ROTWEINESSIG
PFEFFER
60 G UNGESALZENE MANDELN
3 EL SCHNITTLAUCHRÖLLCHEN

Den Radicchio vom Strunk schneiden, die Blätter waschen und in 2 Litern Wasser mit Zucker etwa 1 Stunde einweichen lassen. Danach das Wasser abgießen. Die Berglinsen in Salzwasser etwa 25 Minuten weich kochen, dann abgießen. Die Schalotten schälen und in dünne Scheiben schneiden. Mit Olivenöl anschwitzen und mit Wasser sowie Rotweinessig ablöschen. Zuckern, mit Salz und Pfeffer würzen und von der Herdplatte nehmen. Die Linsen mit der Vinaigrette vermischen.

Die Mandeln längs halbieren und zusammen mit dem Schnittlauch zum Radicchio geben. Dann die lauwarme Linsenvinaigrette darüber geben und mit Salz und Pfeffer abschmecken.

WEINEMPFEHLUNG
Pinot Grigio trocken, Italien

Kürbis-Rucola-Salat mit Balsamicovinaigrette

Avocadosalat mit Birnen

Zubereitungszeit: 30 Minuten

ZUTATEN FÜR 4 PERSONEN
2 EL PINIENKERNE
2 REIFE AVOCADOS
2 REIFE BIRNEN
3 LIMETTEN
OLIVENÖL
75 G PARMESAN
SALZ, PFEFFER

In einer kleinen beschichteten Pfanne die Pinienkerne ohne Zugabe von Fett hellbraun rösten. Avocados und Birnen schälen, halbieren und entsteinen bzw. entkernen. Die Früchte vierteln, in schmale Streifen schneiden und im Wechsel auf einem Teller anrichten. Limetten auspressen und die Früchte mit dem Saft sowie mit etwas Olivenöl beträufeln.

Den Parmesan zu hauchdünnen Scheiben oder Spänen reiben und zusammen mit den Pinienkernen über den Salat streuen. Mit Salz und Pfeffer würzen.

WEINEMPFEHLUNG
Weißburgunder Q.b.A. trocken, Pfalz

Kürbis-Rucola-Salat mit Balsamicovinaigrette

Zubereitungszeit: 45 Minuten

ZUTATEN FÜR 4 PERSONEN
2 BUND RUCOLA
2 CHICORÉE
1 KLEINER KÜRBIS (CA. 500 G)
80 ML SONNENBLUMENÖL
3 TL KAPERN
SALZ, PFEFFER
2 IN ÖL EINGELEGTE SARDELLENFILETS
4 EL SAFT VON EINER ORANGE
3 EL BALSAMICOESSIG

Rucola und Chicorée putzen, waschen und trocken schleudern. Rucola in mundgerechte Stücke zupfen, Chicorée längs in Streifen schneiden. Den Kürbis von faserigem Fruchtfleisch und Kernen befreien, schälen und in ca. 0,5 cm dicke Spalten schneiden. Zu lange Spalten halbieren.

Das Sonnenblumenöl in einer Pfanne erhitzen und 2 TL der Kapern darin knusprig frittieren. Die Kapern herausnehmen und auf Küchenkrepp abtropfen lassen.

Die Kürbisspalten bei mittlerer Hitze ca. 3 Minuten im selben Öl bissfest garen, dabei einmal wenden. Mit Salz und Pfeffer würzen und auf Küchenkrepp abtropfen lassen.

Für die Vinaigrette Sardellenfilets und 1 TL Kapern fein hacken, mit Orangensaft, Balsamico und 5 EL des Bratöls verrühren. Die Hälfte der Vinaigrette mit Rucola und

Chicorée vermischen und auf Tellern anrichten. Den Kürbis darauf legen, mit der restlichen Vinaigrette beträufeln und mit den frittierten Kapern bestreuen.

WEINEMPFEHLUNG
Grüner Veltliner Meinklang trocken, Bio, Österreich

Kartoffel-Spargel-Salat mit Lachs

Zubereitungszeit: 1 Stunde

ZUTATEN FÜR 4 PERSONEN
FÜR DEN SALAT:
200 G KLEINE FESTKOCHENDE KARTOFFELN
SALZ
16 STANGEN GRÜNER SPARGEL
1 ROTE ZWIEBEL
200 G GRÜNE BOHNEN
250 G GERÄUCHERTER LACHS

FÜR DIE VINAIGRETTE:
5 EL ROTWEINESSIG
5 EL WEISSWEINESSIG
100 ML OLIVENÖL
SALZ, PFEFFER
1 TL ZUCKER

FÜR DIE SAUCE:
1 EI
2 EL SAURE SAHNE
1 EL MEERRETTICH, AUS DEM GLAS
200 ML OLIVENÖL
1 EL GEHACKTE STAUDENSELLERIEBLÄTTER, AUS DER MITTE
1 EL GEHACKTER KERBEL
1 EL GEHACKTE GLATTE PETERSILIE
SALZ, PFEFFER
ZITRONENSAFT

Die Kartoffeln waschen und mit der Schale in reichlich Salzwasser kochen. Dann abgießen, etwas abkühlen lassen, pellen und in Scheiben schneiden. Den Spargel falls nötig im unteren Drittel schälen, die Enden abschneiden und den Spargel waschen. In ca. 2 cm lange Stücke schneiden, dabei die Köpfe ganz lassen. Die Zwiebel schälen und in feine Streifen schneiden. Die Bohnen putzen, waschen und falls nötig in Stücke schneiden.

Salzwasser in einem Topf zum Kochen bringen, nacheinander zuerst die Spargelstücke, dann die Bohnen, die Zwiebel und zum Schluss die Spargelköpfe darin bissfest kochen; das geht recht schnell, etwa 2 bis 3 Minuten. Den Gemüsefond, der durch das Kochen entsteht, aufbewahren. Den Lachs in ca. 1 cm breite Streifen schneiden.

Aus dem Essig, dem Olivenöl sowie 100 ml Gemüsefond eine Vinaigrette rühren. Mit Salz, Pfeffer und Zucker abschmecken. Kartoffeln, Spargel, Bohnen und Zwiebel in einer Schüssel mit der Vinaigrette vermischen und kurz ziehen lassen.

In der Zwischenzeit Ei, saure Sahne, Meerrettich und Olivenöl in ein hohes Gefäß geben und mit dem Pürierstab aufschlagen. Sellerieblätter und fein gehackte Kräuter unterrühren und die Sauce mit Salz, Pfeffer und 1 Spritzer Zitronensaft abschmecken.

Den Salat auf Tellern anrichten, geräucherten Lachs darauf verteilen und mit der Sauce beträufeln.

WEINEMPFEHLUNG
Sauvignon Blanc, Südafrika

Mediterraner Kartoffelsalat

Zubereitungszeit: 1 Stunde

ZUTATEN FÜR 4 PERSONEN
500 G FESTKOCHENDE KARTOFFELN
SALZ
400 G TOMATEN
2 KNOBLAUCHZEHEN
200 G SCHALOTTEN
100 ML OLIVENÖL
6 EL ROTWEINESSIG
250 ML WASSER
PFEFFER
10 GRÜNE OLIVEN MIT STEIN
1 GEHÄUFTER EL KAPERN
½ BUND BASILIKUM
1 MITTELGROSSE ZUCCHINI

Die Kartoffeln waschen und in der Schale in reichlich Salzwasser kochen. Die Tomaten überbrühen, kalt abschrecken, enthäuten, vierteln, den Strunk entfernen, in kleine Würfel schneiden und die ausgetretene Flüssigkeit abgießen.

Die Knoblauchzehen und Schalotten schälen, fein hacken, in Olivenöl anschwitzen, mit Rotweinessig ablöschen und mit 250 ml Wasser begießen. Mit Salz und Pfeffer abschmecken und 5 Minuten sanft kochen lassen. Die Kartoffeln abgießen, heiß pellen und in feine Scheiben schneiden. Die heiße Marinade über die Kartoffeln gießen.

Die Oliven entsteinen und in feine Stifte schneiden, die Kapern grob hacken. Das Basilikum waschen, trocken schütteln, die Blätter von den Stielen zupfen und fein schneiden. Die Zucchini putzen, waschen, in feine Scheiben hobeln und alle Zutaten zu dem Kartoffelsalat geben. Vorsichtig untermischen.

Den Salat vor dem Servieren 5 bis 10 Minuten ziehen lassen.

WEINEMPFEHLUNG
Castello di Pomino, Pomino Bianco DOC trocken, Italien

Süßkartoffel-Salat mit Spinat

Zubereitungszeit: 45 Minuten

ZUTATEN FÜR 4 PERSONEN
3 SÜSSKARTOFFELN
150 G SPINATSALAT
12 KIRSCHTOMATEN
75 G PINIENKERNE
6 EL OLIVENÖL
SALZ, PFEFFER
1 AVOCADO
3 EL HONIG
3 EL ROTWEINESSIG

Süßkartoffeln schälen, waschen und in gleichmäßig große Spalten schneiden. Spinat verlesen, gründlich waschen und trocken schleudern. Tomaten waschen und halbieren. Pinienkerne in einer Pfanne ohne Zugabe von Fett anrösten.

4 EL Olivenöl in einer Pfanne erhitzen und die Süßkartoffeln darin goldbraun braten. Mit Salz und Pfeffer würzen.

Die Avocado schälen, Stein entfernen und in Spalten schneiden. Aus Honig, Essig und dem restlichen Olivenöl ein Dressing rühren und mit Salz sowie Pfeffer abschmecken. Spinat und Avocado auf Teller verteilen, mit Süßkartoffeln und Tomaten umlegen und mit dem Dressing beträufeln. Mit den Pinienkernen bestreut servieren.

WEINEMPFEHLUNG
Baluarte Verdejo, Rueda DO trocken, Spanien

Kartoffelsalat nach neapolitanischer Art

Zubereitungszeit: 45 Minuten

ZUTATEN FÜR 4 PERSONEN
300 G FESTKOCHENDE KARTOFFELN
SALZ
125 G KENIA-BOHNEN
300 G GRÜNER SPARGEL, DÜNNE STANGEN
1 GROSSE ROTE ZWIEBEL
1 AVOCADO
2 ORANGEN
4 EL OLIVENÖL
SAFT VON 2 ZITRONEN
PFEFFER

Kartoffeln waschen, in Salzwasser garen, abgießen und pellen. Die Bohnen putzen und waschen. Spargel falls nötig im unteren Drittel schälen, die Enden abschneiden, Spargel waschen und in etwa 2 cm lange Stücke schneiden, dabei die Köpfe ganz lassen. Die Zwiebel schälen und in sehr dünne Ringe schneiden. Avocado vierteln, vom Stein lösen, schälen und die Viertel noch mal der Länge nach halbieren.

Die Spargelstücke in kochendem Salzwasser 6 bis 8 Minuten bissfest garen, nach 2 Minuten die Spargelspitzen dazugeben. Gleichzeitig die Bohnen bissfest kochen, abgießen und abtropfen lassen. Die Orangen schälen und die Filets herauslösen.

Aus Olivenöl, Zitronensaft, Salz und Pfeffer ein Dressing rühren. Die Kartoffeln vierteln und mit Zwiebelringen, Spargel, Bohnen, Avocado und Orangenfilets vorsichtig in dem Dressing wenden und kurz ziehen lassen.

WEINEMPFEHLUNG
Baluarte Verdejo, Rueda
DO trocken, Spanien

Leichter Wurstsalat

Zubereitungszeit: 1 Stunde

ZUTATEN FÜR 4 PERSONEN
4 REGENSBURGER WÜRSTE (WAHLWEISE LYONER ODER SCHINKENWURST)
100 G WÜRZIGER BERGKÄSE
6 EL APFELESSIG
1 TL MITTELSCHARFER SENF
1 TL SCHARFER SENF
1 TL MEERRETTICH, AUS DEM GLAS
ZUCKER
SALZ, PFEFFER
6 EL PFLANZENÖL
2 ESSIGGURKEN
1 KLEINE SALATGURKE
½ BUND RADIESCHEN
1 FRÜHLINGSZWIEBEL
1 ROTE ZWIEBEL
1 BUND SCHNITTLAUCH
1 KÄSTCHEN GARTENKRESSE

Die Regensburger Würste häuten und in dünne Streifen schneiden. Vom Käse die Rinde abschneiden und den Käse in möglichst dünne Streifen schneiden.

Für die Marinade Essig mit den beiden Senfsorten und Meerrettich glatt rühren, mit 2 Prisen Zucker, Salz und Pfeffer abschmecken und ca. 5 Minuten ruhen lassen. 6 EL Wasser dazugießen und das Pflanzenöl langsam einrühren.

Die Wurst und den Käse vermischen, die Marinade darüber gießen, gut unterrühren und mindestens 30 Minuten ziehen lassen.

In der Zwischenzeit die Essiggurken in dünne Scheiben schneiden. Die Salatgurke putzen, schälen, halbieren, mit einem Teelöffel die Kerne herauslösen und das verbleibende Fruchtfleisch in kleine Würfel schneiden. Die Radieschen putzen, waschen und in dünne Streifen schneiden. Die Frühlingszwiebel putzen, waschen, grobes Grün entfernen und schräg in dünne Ringe schneiden. Die rote Zwiebel schälen und in möglichst dünne Ringe hobeln oder schneiden. Den Schnittlauch waschen, trocken schütteln und in feine Röllchen schneiden. Die Kresse am besten mit einer Küchenschere abschneiden.

Essiggurken, Salatgurke, Frühlingszwiebel und Schnittlauch unter den Wurstsalat heben, auf Tellern anrichten und mit den Radieschen und der Kresse bestreuen. Zum Schluss die roten Zwiebelringe locker darauf anrichten, nochmals mit frisch gemahlenem Pfeffer bestreuen und servieren.

WEINEMPFEHLUNG
Riesling Q.b.A. trocken, Pfalz

Nudelsalat mit Avocado

Zubereitungszeit: 40 Minuten

ZUTATEN FÜR 4 PERSONEN
350 G GRÜNE BANDNUDELN
SALZ
2 EL OLIVENÖL
1–2 EL WEISSWEINESSIG
PFEFFER
2 REIFE AVOCADOS
1 EL ZITRONENSAFT
2 EL ESSIG
4 FRISCHE EIER

Die Nudeln in reichlich Salzwasser bissfest garen, abgießen und sofort mit Öl, Weißweinessig, Salz und Pfeffer anmachen. Die Avocados halbieren, den Stein auslösen, das Fruchtfleisch mit einem Kartoffelbohrer ausstechen. Mit Zitronensaft beträufeln und unter die Nudeln mischen, auf Teller verteilen.

In einem Topf Wasser mit Essig sieden lassen, die Eier einzeln in Tassen aufschlagen, ins Wasser gleiten lassen und 3 Minuten pochieren. Dann kalt abschrecken, gut abtropfen lassen und auf dem Nudelsalat anrichten.

WEINEMPFEHLUNG
Grüner Veltliner Meinklang trocken, Bio, Österreich

Bunter Reissalat

Zubereitungszeit: 1 Stunde

ZUTATEN FÜR 4 PERSONEN
125 G KENIA-BOHNEN
SALZ
125 G TIEFGEFRORENE ERBSEN
2 FRÜHLINGSZWIEBELN
1 DOSE THUNFISCH IN ÖL (185 G)
4 TOMATEN
10 RADIESCHEN
8 CORNICHONS
½ BUND PETERSILIE
300 G LANGKORNREIS
5 EL OLIVENÖL
SAFT VON 1 ZITRONE
PFEFFER
200 G FRISCH GERIEBENER GRUYÈRE

Der gute Tipp

Übrig gebliebene Kräuter wie Schnittlauch, Koriander, Dill oder Petersilie bitte nicht wegwerfen! Wird für das Rezept beispielsweise nur ein halbes Bund Petersilie benötigt, kann man die andere Hälfte im selben Arbeitsgang gleich mit klein hacken. Sie wird dann in eine kleine Gefriertüte gefüllt und eingefroren; sehr gut eignen sich übrigens auch Eiswürfelbehälter. So hat man stets küchenfertige Kräuter zur Hand.

Leichter Wurstsalat

Bohnen waschen, halbieren, in Salzwasser bissfest garen und abgießen. Die Erbsen ebenfalls garen und abgießen. Frühlingszwiebeln putzen, waschen und in dünne Ringe schneiden. Thunfisch abtropfen lassen und zerpflücken. Tomaten waschen, vierteln, Stielansatz entfernen, entkernen und grob würfeln. Radieschen putzen, waschen und in Scheiben schneiden. Cornichons in Scheiben schneiden. Petersilie waschen, trocken schütteln, Blätter abzupfen und fein hacken.

Den Reis mit 450 ml kaltem Wasser und 1 TL Salz in einen Topf geben und bei sehr kleiner Hitze 15 Minuten zugedeckt garen – das Wasser soll nicht kochen. Den Reis auf einem Backblech auskühlen lassen. Für das Dressing Olivenöl mit dem Zitronensaft verrühren und mit Salz und Pfeffer abschmecken.

Reis mit Bohnen, Erbsen, Frühlingszwiebeln und den restlichen Zutaten vermengen und das Dressing unterheben. Mit Petersilie bestreut anrichten.

WEINEMPFEHLUNG
Hochheimer Riesling Kabinett trocken, Rheingau

Couscoussalat mit Gemüse

Zubereitungszeit: 45 Minuten

ZUTATEN FÜR 4 PERSONEN
1 MITTELGROSSE SALATGURKE (300 G)
½ BUND MINZE
200 ML GEMÜSEBRÜHE
80 ML PFLANZENÖL
150 G COUSCOUS
100 ML FRISCH GEPRESSTER ORANGENSAFT
4 EL WEISSWEINESSIG
1 TL CUMIN (KREUZKÜMMEL)
1 PRISE ZUCKER
1–2 KNOBLAUCHZEHEN, JE NACH GRÖSSE
1 FRISCHE ODER 1–2 GETROCKNETE CHILISCHOTEN
SALZ, PFEFFER
1 MITTELGROSSER FENCHEL
1 ORANGE
¼ BUND KORIANDER
1 KLEINE ROTE ZWIEBEL
150 G JOGHURT (MÖGLICHST GRIECH. JOGHURT, 10 % FETT)
CAYENNEPFEFFER

Die Gurke waschen, schälen und längs halbieren. Mit einem Teelöffel die Kerne herausschaben und das Fruchtfleisch fein würfeln. Die Minze waschen, trocken schütteln und die Blätter sehr fein hacken.

Die Gemüsebrühe mit 1 EL Öl aufkochen. Den Couscous einstreuen und den Topf vom Herd nehmen. Den Couscous zugedeckt 5 bis 10 Minuten aufquellen lassen.

Aus Orangensaft, dem restlichen Öl, Essig, Cumin und Zucker eine Vinaigrette rühren. Knoblauch schälen, zusammen mit der Chili fein hacken, dazugeben und mit Salz und Pfeffer abschmecken. Den Couscous vorsichtig mit einer Gabel auflockern. Gurkenwürfel, Minze und die Hälfte der Vinaigrette vorsichtig unter den Couscous heben.

Den Fenchel waschen, halbieren, den Strunk entfernen und die Knolle in hauchdünne Streifen schneiden. Die Orange schälen, filetieren und die Filets klein schneiden. Das Koriandergrün waschen, trocken schütteln, Blätter abzupfen und klein hacken. Alles mit der restlichen Vinaigrette mischen. Die Zwiebel schälen und in feine Ringe schneiden.

Zum Servieren den Fenchel-Orangen-Salat portionsweise auf die Teller verteilen. Den Couscous darauf anrichten und mit Zwiebelringen dekorieren. Den Joghurt mit Salz und Cayennepfeffer würzen und auf dem Salat anrichten.

WEINEMPFEHLUNG
Riesling Q.b.A. trocken, Pfalz

Rindfleischsalat

Zubereitungszeit: 3 Stunden

ZUTATEN FÜR 4 PERSONEN
FÜR DEN SALAT:
700 G FLACHE RINDERSCHULTER (DAS FLEISCH SOLLTE SCHON AM VORTAG GEKOCHT WERDEN)
2 BUND SUPPENGRÜN
1 MITTELGROSSE ZWIEBEL
1 TOMATE
½ TL PFEFFERKÖRNER
2 NELKEN
1 LORBEERBLATT
200 G TIEFGEFRORENE GESCHÄLTE SAUBOHNEN (DICKE BOHNEN)
SALZ
2 MITTELGROSSE FRÜHLINGSZWIEBELN
½ BUND RADIESCHEN
1 BUND SCHNITTLAUCH

FÜR DIE VINAIGRETTE:
3 TL MEERRETTICH, AUS DEM GLAS
4 EL WEISSWEINESSIG
100 ML LAUWARME RINDERBRÜHE
SALZ, PFEFFER
ZUCKER
8 EL OLIVENÖL

Etwa 3 l kaltes Wasser in einen hohen Topf geben, Fleisch hineinlegen und bei mittlerer Hitze aufkochen lassen. Das Suppengrün waschen, Sellerie und Möhren schälen. Die Zwiebel, mit Schale, und die Tomate halbieren. Sobald die Suppe einmal aufgekocht ist, den auftretenden Schaum mit einer Schaumkelle oder einem Schöpfer abnehmen und etwa 2,5 Stunden bei geringer Hitze köcheln lassen. Nach 1,5 Stunden das Suppengrün, Tomate, Zwiebel und die Gewürze hinzufügen. Das fertig gegarte Fleisch aus der Suppe heben, auskühlen lassen und in hauchdünne Scheiben schneiden (gegen die Faser). Die Brühe durch ein feines Sieb gießen und 100 ml abmessen.

Die Saubohnen auftauen. Frühlingszwiebeln putzen, waschen und in feine Ringe schneiden. Die Radieschen putzen, waschen und mit einer Küchenreibe grob raspeln oder in Scheiben schneiden. Den Schnittlauch waschen, trocken schütteln und in feine Röllchen schneiden.

Für die Vinaigrette Meerrettich, Essig und Brühe verrühren, mit 1 TL Salz, Pfeffer und Zucker abschmecken, kurz ziehen lassen und das Öl unterrühren.

Zum Anrichten 4 flache Teller mit je 1 EL Vinaigrette beträufeln. Fleisch portionsweise darauf verteilen und nochmals mit 1 EL Vinaigrette beträufeln. Etwa 15 Minuten marinieren lassen.

Bohnen, Frühlingszwiebeln und Radieschen mit der restlichen Vinaigrette verrühren, auf dem Fleisch verteilen, mit Schnittlauch bestreuen und mit Bauernbrot servieren.

WEINEMPFEHLUNG
Grüner Veltliner trocken, Österreich

Asia-Salat mit Hähnchenbrust

Zubereitungszeit: 45 Minuten plus 8 Stunden Marinierzeit

ZUTATEN FÜR 4 PERSONEN
125 G MÖHREN
4 FRÜHLINGSZWIEBELN
20 G STERNANIS
1 WALNUSSGROSSES STÜCK INGWER
6 EL HELLE SOJASAUCE
4 TL ZUCKER
½ TL 5-GEWÜRZE-PULVER
4 EL REISWEINESSIG
2 TL HELLES SESAMÖL
500 G HÄHNCHENBRUSTFILETS
500 ML HÜHNERBRÜHE
SALZ, PFEFFER

Die Möhren putzen, schälen und schräg in dünne Scheiben schneiden. Die Frühlingszwiebeln putzen, waschen und fein hacken. Den Sternanis im Mörser leicht zerdrücken. Ingwer schälen und in dünne Scheiben schneiden.

Sojasauce, Zucker, 5-Gewürze-Pulver, Reisweinessig und 1 TL Sesamöl in einer Schüssel verrühren. Sternanis und Ingwerscheiben untermischen. Die Hähnchenbrustfilets darin marinieren und zugedeckt mindestens 8 Stunden, aber nicht länger als 24 Stunden, ziehen lassen.

Die Filets aus der Marinade nehmen. Die Marinade in einen kleinen Topf geben und zusammen mit der Hühnerbrühe zum Kochen bringen. Die Filets etwa 10 Minuten darin leise köcheln, die Möhren für etwa 5 Minuten mitköcheln lassen. Beides herausnehmen und die Hähnchenbrustfilets in sehr dünne Scheiben schneiden.

Den Kochsud durch ein Sieb gießen, bei großer Flamme auf etwa ein Viertel einkochen lassen und mit Salz, Pfeffer und dem restlichen Sesamöl abschmecken. Möhren und Hähnchenbrustscheiben auf Tellern anrichten, mit den Frühlingszwiebeln bestreuen und mit der Sauce beträufeln.

WEINEMPFEHLUNG
Rosé De Casta DO, Spanien

Lauwarmer Fischsalat mit Gemüse

Zubereitungszeit: 1 Stunde

ZUTATEN FÜR 4 PERSONEN
400 G FESTFLEISCHIGE FISCHFILETS (Z.B. KABELJAU, ROTBARSCH, SEELACHS)
SALZ, PFEFFER
1 KNOBLAUCHZEHE
½ TL FENCHELSAMEN
SAFT VON 1 ZITRONE
ZUCKER
1 MSP. GEMAHLENER KORIANDER
8 EL OLIVENÖL
½ BUND GLATTE PETERSILIE
½ BUND DILL
1 ZWEIG ESTRAGON
1 HANDVOLL KERBEL
¼ BLUMENKOHL
100 G KENIA-BOHNEN
2 MÖHREN
1 KLEINE FENCHELKNOLLE (CA. 200 G)
4 RADIESCHEN
4 CHAMPIGNONS

Die Fischfilets in etwa 3 cm große Stücke schneiden, mit Salz und Pfeffer würzen. Den Knoblauch schälen und fein hacken. Die Fenchelsamen im Mörser zerstoßen. Knoblauch und Fenchel in einer Schüssel mit Zitronensaft, 1 Prise Zucker, Salz, Pfeffer und gemahlenem Koriander sehr gut verrühren. Das Olivenöl einfließen lassen und unterrühren.

Die Kräuter waschen, trocken schütteln, fein hacken und zu der Vinaigrette geben.

Das Gemüse waschen. Den Blumenkohl in kleine Röschen teilen. Die Kenia-Bohnen putzen und halbieren, Möhren putzen, schälen und in Würfel schneiden. Fenchel halbieren, den Strunk keilförmig herausschneiden und entfernen, den Fenchel in Würfel schneiden. Radieschen putzen und waschen, die Champignons trocken putzen.

Blumenkohl, Bohnen, Möhren und Fenchel in kochendem Salzwasser 5 Minuten bissfest garen, herausnehmen und mit der Vinaigrette vermischen. Das Gemüsewasser aufbewahren.

Den Gemüsesud nochmals mit Salz und Pfeffer würzen, die Fischfilets hineinlegen, vom Herd nehmen und den Fisch 4 Minuten ohne Deckel ziehen lassen. Die Fischfilets abtropfen lassen und vorsichtig unter den Gemüsesalat heben. Auf Tellern anrichten, Radieschen und Champignons über den Salat hobeln und mit Baguette servieren.

WEINEMPFEHLUNG
Albarino Algareiro Rias Baixas DO trocken, Spanien

Calamarisalat nach Thai-Art

Zubereitungszeit: 45 Minuten

ZUTATEN FÜR 4 PERSONEN
1–2 STANGEN ZITRONENGRAS
4 KNOBLAUCHZEHEN
500 G KÜCHENFERTIGE KLEINE CALAMARI
2 EL PFLANZENÖL
½ TL CHILIPULVER
1 KLEINE ROTE ZWIEBEL
2 STANGEN STAUDENSELLERIE
2 EL SOJASAUCE ODER FISCHSAUCE
4 EL LIMETTENSAFT
1 EL ZUCKER
½ TL SALZ
10 BLÄTTCHEN GEHACKTE MINZE ODER KORIANDERGRÜN

Vom Zitronengras harte Teile entfernen und das Weiche fein hacken, das ergibt ca. 2 TL. Die Knoblauchzehen schälen und ebenfalls klein hacken. Die Calamarituben in Streifen schneiden. In einer Pfanne das Pflanzenöl heiß werden lassen und die Calamari bei starker Hitze anbraten. Nur ab und zu umrühren. Die Pfanne vom Herd nehmen, Zitronengras, Knoblauch und Chilipulver unterrühren und abkühlen lassen.

Zwiebel schälen, halbieren und in dünne Ringe schneiden. Den Staudensellerie putzen, waschen und in feine Streifen schneiden. Für das Dressing Soja- oder Fischsauce, Limettensaft, Zucker, Salz, Zwiebelringe und Sellerie verrühren. Die lauwarmen Calamari-Streifen darunter heben und mit Minze oder Koriandergrün bestreuen.

WEINEMPFEHLUNG
Riesling halbtrocken Q.b.A., Mosel

Warmer Linsen-Spinat-Salat

Zubereitungszeit: 1 Stunde

ZUTATEN FÜR 4 PERSONEN
250 G KENIA-BOHNEN
300 G SPINATSALAT
100 G WALNUSSKERNE
150 G PUY-LINSEN
1 EL AKAZIENHONIG
1 EL DIJON-SENF
50 G BUTTER
3 EL BALSAMICOESSIG
1 EL ZITRONENSAFT
3 EL OLIVENÖL
SALZ, PFEFFER
4 FORELLEN- ODER SAIBLINGFILETS MIT HAUT

Die Bohnen waschen, den Spinatsalat putzen, alles gründlich waschen und trocken schleudern. Walnusskerne in grobe Stücke hacken.

Die Linsen waschen, mit kaltem Wasser aufsetzen und bissfest garen. Bohnen in kochendes Wasser geben und ebenfalls bissfest garen, dann abschrecken und abtropfen lassen.

Den Honig mit Senf gut verrühren. Die Hälfte der Butter in einer Pfanne erhitzen und die Walnüsse darin unter Rühren 3 Minuten braten, dann den Balsamico zugeben und weitere 2 Minuten rühren, damit der Essig die Nüsse umhüllt.

Die Kenia-Bohnen sowie die Linsen in die Pfanne geben und bis auf 1 EL die restliche Butter dazugeben. Die Hitze ganz reduzieren, den Spinat untermengen und zusammenfallen lassen. Aus Zitronensaft, 2 EL Olivenöl, Salz und Pfeffer ein Dressing anrühren. In einer zweiten Pfanne das restliche Olivenöl und die restliche Butter erhitzen, die leicht gesalzenen und gepfefferten Fischfilets erst auf der Hautseite braten, dann wenden, mit der Honig-Senf-Mischung bestreichen und fertig garen.

Die Linsen-Bohnen-Spinat-Mischung auf Teller verteilen, das Dressing darüber träufeln und mit je einem Fischfilet garniert servieren.

WEINEMPFEHLUNG
Müller-Thurgau Q.b.A. trocken, Franken

Fruchtiger Hähnchensalat

Zubereitungszeit: 35 Minuten

ZUTATEN FÜR 4 PERSONEN
2 MITTELGROSSE ROSA GRAPEFRUITS
2 ROTE CHILISCHOTEN
2 KNOBLAUCHZEHEN
1 BUND MINZE
3 EL OLIVENÖL
4 KLEINE HÄHNCHENBRUSTFILETS (À 80 G)
4 EL SOJASAUCE
2 EL ZUCKER
2 EL LIMETTENSAFT
1 EL REISWEINESSIG

Grapefruits schälen und die Filets mit einem scharfen Messer aus den Trennhäuten herauslösen. Chili entkernen und in feine Streifen schneiden. Den Knoblauch schälen und sehr fein würfeln. Die Minze waschen, trocken schütteln, Blättchen von den Stielen zupfen und hacken. In einer Pfanne das Öl erhitzen und die Hähnchenbrustfilets darin unter mehrmaligem Wenden etwa 10 Minuten braten.

Für das Dressing Sojasauce, Zucker, Limettensaft, Reisweinessig und etwas heißes Wasser verrühren und mit Knoblauch und Chili abschmecken.

Das Hähnchenfleisch schräg in Streifen schneiden und auf Tellern anrichten. Grapefruitfilets und Minze darauf verteilen und mit dem Dressing beträufeln.

WEINEMPFEHLUNG
La Tourelle Côteaux AOC, Frankreich

Feldsalat mit Topinambur

Zubereitungszeit: 45 Minuten

ZUTATEN FÜR 4 PERSONEN
500 G TOPINAMBUR
200 G FELDSALAT
¼ BUND GLATTE PETERSILIE
¼ BUND BASILIKUM
50 G WALNUSSKERNE
SALZ
4 EL WEISSER BALSAMICOESSIG
PFEFFER
4 EL OLIVENÖL
1 KÄSTCHEN KRESSE

Topinambur waschen, schälen und in gleichmäßig große Stücke schneiden. Feldsalat gründlich verlesen, waschen und trocken schleudern. Die Kräuter ebenfalls waschen, trocken schütteln, Blätter abzupfen und fein hacken. Walnusskerne vierteln und in einer Pfanne ohne Zugabe von Fett rösten.

Topinambur in gesalzenem Wasser ca. 12 Minuten garen. In einer Schüssel Balsamico, Salz und Pfeffer zu einer Vinaigrette anrühren. Zum Schluss das Öl unterrühren. Den gegarten Topinambur abgießen und noch heiß mit dem Feldsalat und der Vinaigrette vermengen. Die Kresse darüber schneiden, mit Walnüssen und den Kräutern bestreut anrichten und sofort servieren.

WEINEMPFEHLUNG
Grauburgunder Q.b.A. trocken, Rheinhessen

Gemischter Salat mit pochiertem Ei

Zubereitungszeit: 35 Minuten

ZUTATEN FÜR 4 PERSONEN
1 KLEINE SCHALOTTE
1 RADICCHIO
1 FRISÉE-SALAT
1 EL BALSAMICOESSIG
½ EL DIJON-SENF
6 EL OLIVENÖL
SALZ, PFEFFER
2 STÄNGEL PETERSILIE
1 ZWEIG ROSMARIN
4 SCHEIBEN ITALIENISCHES WEISSBROT

Fruchtiger Hähnchensalat

2 KNOBLAUCHZEHEN
100 G PARMA-SCHINKEN
3 EL WEISSWEINESSIG
4 EIER

Die Schalotte schälen und sehr fein würfeln, Radicchio und Frisée verlesen, in warmem Wasser waschen und trocken schleudern. Balsamicoessig, Senf und Schalotte in eine Schüssel geben und unter Rühren 5 EL Olivenöl dazugeben. Mit Salz sowie Pfeffer abschmecken. Petersilie und Rosmarin waschen, trocken tupfen, hacken und miteinander vermengen.

Die Brotscheiben toasten, auf einer Seite mit geschältem Knoblauch einreiben und mit Olivenöl beträufeln. Dann mit der Kräutermischung bestreuen, etwas salzen und pfeffern und mit Schinken belegen.

Weißweinessig in einen Topf mit 1 Liter kochendem Wasser geben. Jeweils 1 Ei in eine Suppenkelle oder Tasse aufschlagen und vorsichtig ins Wasser gleiten lassen. Die Eier 3 bis 4 Minuten pochieren, mit der Schaumkelle herausnehmen und abtropfen lassen. Den Salat mit der Vinaigrette vermischen. Je ein Ei auf einen Toast geben und mit dem Salat servieren.

WEINEMPFEHLUNG
Chablis AOC trocken, Frankreich

Crostini mit Kapern

Zubereitungszeit: 15 Minuten

ZUTATEN FÜR 4 PERSONEN
8 SCHEIBEN BAGUETTE ODER ITALIENISCHES WEISSBROT
KNOBLAUCHZEHEN NACH BELIEBEN
OLIVENÖL EXTRA NATIV
8 TL TOMATENMARK
GROB GEHACKTE KAPERN NACH BELIEBEN
GROB GEMAHLENER PFEFFER

Die Brotscheiben toasten oder im Ofen bzw. in der Pfanne rösten. Knoblauchzehen schälen und längs halbieren, mit den Schnittflächen die gerösteten Brotscheiben einreiben. Jede Scheibe mit etwas Olivenöl beträufeln, dann mit Tomatenmark bestreichen und zum Schluss mit den gehackten Kapern belegen. Mit grob gemahlenem Pfeffer bestreuen und gleich servieren.

WEINEMPFEHLUNG
Riesling Classic, Rheingau

Crostini mit Hähnchenleberpüree

Zubereitungszeit: 30 Minuten

ZUTATEN FÜR 4 PERSONEN
150 G HÄHNCHENLEBERN
40 G NICHT ZU MAGERER ROHER SCHINKEN
½ ZWIEBEL
1 EL ÖL
3 SALBEIBLÄTTER
1 EL BUTTER
1 SPRITZER ZITRONENSAFT
SALZ, PFEFFER
8 SCHEIBEN BAGUETTE ODER ITALIENISCHES WEISSBROT
FRISCH GERIEBENER PARMESAN

Die Hähnchenlebern enthäuten, putzen und in kleine Stücke schneiden. Zur Seite stellen. Den Schinken grob, die halbe Zwiebel fein würfeln. Den Backofen auf höchster Stufe (250 °C) vorheizen, eventuell noch den Grill zuschalten.

Das Öl in einer Pfanne erhitzen, die Salbeiblätter kurz anbraten, dann Schinkenwürfel und Zwiebel zugeben und dünsten, bis die Zwiebelwürfel glasig werden. Die Hähnchenleberstücke dazugeben und bei starker Hitze kurz, aber kräftig, anbraten, dabei umrühren, bis sie gar sind – das geht sehr schnell.

Die Pfanne vom Herd nehmen, die Salbeiblätter entfernen und die Leber mit Schinken und Zwiebel im Mixer (Blitzhacker) pürieren. In eine Schüssel füllen und mit der Butter zu einer geschmeidigen Creme verrühren. Mit 1 Spritzer Zitronensaft, Salz und wenig Pfeffer abschmecken.

Die Brotscheiben kurz rösten, mit Leberpüree bestreichen und mit etwas Parmesan bestreuen. Kurz vor dem Servieren im heißen Ofen ganz kurz überbacken.

WEINEMPFEHLUNG
Teroldego DOC, Italien

Schwarzbrot-Lachs-Türmchen

Zubereitungszeit: 20 Minuten

ZUTATEN FÜR 4 PERSONEN
1 PAKET SCHWARZBROT, IN SCHEIBEN
BUTTER
150 G RÄUCHERLACHS, IN DÜNNEN SCHEIBEN
PFEFFER
1 KÄSTCHEN KRESSE

Die Brotscheiben nach Belieben entrinden und mit Butter bestreichen. Jeweils eine Scheibe bis zum Rand mit Räucherlachs belegen und etwas Pfeffer darüber mahlen. Mit einer zweiten Brotscheibe belegen, sodass die Butterseite nach oben zeigt. Wieder mit Lachs belegen. Je nach Dicke der Brotscheiben beliebig so fortfahren. Auf die oberste mit Lachs belegte Scheibe mit einer Schere die gewaschene Kresse schneiden.

Die Appetizer in etwa 2 cm große Quadrate schneiden.

WEINEMPFEHLUNG
Sancerre Blanc trocken, Frankreich

Apfel-Carpaccio auf Eichblattsalat

Zubereitungszeit: 30 Minuten

ZUTATEN FÜR 4 PERSONEN
1 KLEINER KOPF EICHBLATTSALAT
10 RADIESCHEN
2 EL GROBKÖRNIGER SENF
1 EL HONIGSENF ODER DIJONCRÈME
4 EL APFELSAFT ODER CIDRE
1 EL HONIG
2 EL KAPERN
60 ML TRAUBENKERNÖL
SALZ, PFEFFER
4 ÄPFEL
ETWAS ZITRONENSAFT

Den Salat waschen und trocken schleudern. Die Radieschen putzen, waschen und in dünne Stifte schneiden.

Für das Dressing beide Senfsorten mit 2 EL Apfelsaft, dem Honig und 1 EL Kapern pürieren, dann tropfenweise, später in dünnem Strahl, das Öl zugeben und wie eine Mayonnaise aufrühren. Den restlichen Apfelsaft dazugeben und mit Salz und Pfeffer abschmecken. Salatblätter auf Teller anrichten.

Die Äpfel waschen, das Kerngehäuse mit einem Apfelausstecher ausstechen und in dünne Scheiben schneiden. Die Apfelscheiben auf dem Salat anrichten und mit etwas Zitronensaft beträufeln. Das Senfdressing auf den Äpfeln verteilen und das Carpaccio mit den restlichen Kapern und den Radieschenstiften anrichten.

WEINEMPFEHLUNG
Müller-Thurgau Q.b.A. trocken, Franken

Kohlrabi-Carpaccio mit Sesam

Zubereitungszeit: 20 Minuten
plus 30 Minuten Kühlzeit

ZUTATEN FÜR 4 PERSONEN
2 KOHLRABI (CA. 400 G)
1 KNOBLAUCHZEHE
1 WALNUSSGROSSES STÜCK INGWER
½ BUND KORIANDER ODER PETERSILIE
8 EL REISWEINESSIG
6 EL SOJASAUCE
3 EL DICKE, SÜSSE SOJASAUCE (AUS THAILAND)
2 EL DUNKLES SESAMÖL
1 EL SCHWARZE SESAMKÖRNER

Kohlrabi putzen, schälen und in sehr dünne Scheiben schneiden (z.B. mit einer Brotschneidemaschine). Knoblauch und Ingwer schälen und fein reiben oder durchpressen. Koriander oder Petersilie waschen, trocken schütteln und hacken.

Reisweinessig, beide Sojasaucen, Sesamöl sowie Knoblauch und Ingwer in einem Topf bei kleiner Hitze etwa 7 Minuten zu einem Sirup einkochen, dabei ständig mit einem Schneebesen rühren. Den Sirup dann auskühlen lassen.

Die Kohlrabi-Scheiben auf Tellern auslegen, mit dem abgekühlten Sirup beträufeln und etwa 10 Minuten ziehen lassen. Mit Sesamkörnern und Koriander oder Petersilie bestreuen.

WEINEMPFEHLUNG
Blanc de Noirs Cuvée trocken, Württemberg

Spargel mit Vinaigrette

Zubereitungszeit: 25 Minuten

ZUTATEN FÜR 4 PERSONEN
2 BUND GRÜNER SPARGEL
SALZ
4 EL PFLANZENÖL
1 EL WALNUSSÖL
1 TL DIJON-SENF
1 EL WEISSWEINESSIG
1 TL ZUCKER
WEISSER PFEFFER

Grünen Spargel waschen und wenn nötig im unteren Drittel schälen. Die Stangen locker bündeln und mit Küchengarn zu einer Garbe schnüren.

In einem Topf etwa 10 cm hoch Wasser aufkochen, salzen und das Spargelbündel aufrecht hineinstellen, darin etwa 3 Minuten sprudelnd kochen lassen, bis die unteren Enden der Stangen halbgar sind. Dann den Faden entfernen und die oberen Teile und die empfindlichen Spitzen gar, aber noch mit Biss, kochen, je nach Dicke 3 bis 5 Minuten. Spargelstangen aus dem Wasser heben, entweder kalt abschrecken oder lauwarm servieren.

Aus beiden Ölsorten, Senf, Essig sowie Zucker, Salz und weißem Pfeffer eine Salatsauce rühren und über die Spargelstangen gießen.

WEINEMPFEHLUNG
Silvaner Kabinett trocken, Franken

Spargel mit Honig-Vinaigrette

Zubereitungszeit: 30 Minuten

ZUTATEN
250 G GRÜNER SPARGEL, DÜNNE STANGEN
500 G KLEINE SCHALOTTEN
1 BUND BRUNNENKRESSE
5 ZWEIGE THYMIAN
SALZ
4 EL WEISSWEINESSIG
3–4 EL HONIG
2 EL DIJON-SENF
8 EL OLIVENÖL
PFEFFER

Den Spargel waschen, die harten Enden entfernen und die Stangen in 2 cm lange Stücke schneiden, die Köpfe beiseitelegen. Die Schalotten schälen. Die Brunnenkresse verlesen, waschen und grobe Stiele entfernen. Den Thymian waschen, trocken tupfen und die Blätter abzupfen. Davon ca. 1 TL Blättchen sehr fein hacken.

In 2 Töpfen Salzwasser zum Kochen bringen. In einem Topf die Schalotten 15 Minuten kochen, abgießen und abkühlen lassen. Im anderen Topf die Spargelstücke bissfest garen, nach 2 Minuten die Spargelköpfe dazugeben.

Essig, Honig, Senf, Öl, Salz und Pfeffer zu einer Vinaigrette verrühren. Die Thymianblättchen dazugeben. Schalotten und Spargel in eine Schüssel geben, die Vinaigrette darüber gießen und 10 Minuten ziehen lassen. Zum Schluss die Brunnenkresse und 1 TL Thymian unterheben. Den Salat lauwarm essen.

WEINEMPFEHLUNG
Pinot Blanc AOC, Frankreich

Herzhafter Gugelhupf

Zubereitungszeit: 15 Minuten
plus 75 Minuten Backzeit

ZUTATEN FÜR 4 PERSONEN
250 G ROHER SCHINKEN
1 WÜRFEL FRISCHE HEFE
250 G MEHL
4 EIER
125 ML OLIVENÖL
125 ML WEISSWEIN
150 G GERIEBENER EMMENTALER

Den Backofen auf 200 °C Ober- und Unterhitze vorheizen. Den Schinken in kleine Würfel schneiden. Die Hefe zerbröckeln. Das Mehl in einer Schüssel mit allen Zutaten vermischen (der Teig muss nicht aufgehen) und in eine ungefettete Gugelhupfform füllen. Die Form in den Ofen stellen und den Gugelhupf etwa 1 Stunde 15 Minuten backen.

WEINEMPFEHLUNG
Crémant d'Alsace Blanc brut, Frankreich

Sellerie mit Gorgonzoladip

Zubereitungszeit: 15 Minuten

ZUTATEN FÜR 4 PERSONEN
1 STANGE STAUDENSELLERIE
125 G GORGONZOLA
65 G WEICHE BUTTER
PFEFFER

Die unteren Teile des Staudenselleries waschen, putzen und die Fäden entfernen. Den Gorgonzola mit der Butter in eine Schüssel geben und mit einer Gabel vermischen. Mit Pfeffer abschmecken (Salz dürfte nicht nötig sein, der Käse ist schon salzig). Diese Mischung auf die Selleriestangen streichen. Auf einer Platte anrichten.

WEINEMPFEHLUNG
Riesling Blauschiefer Kabinett trocken, Mosel

Auberginen-Tatar

Zubereitungszeit: 20 Minuten
plus 1 Stunde Backzeit

ZUTATEN FÜR 4 PERSONEN
400 G AUBERGINEN
1 EL KAPERN
10 GRÜNE OLIVEN MIT STEIN
1 KNOBLAUCHZEHE
5 BASILIKUMBLÄTTER
3 EL DUNKLER BALSAMICOESSIG
3 EL WEISSER BALSAMICOESSIG
2–3 EL OLIVENÖL
1 EL HONIG
SALZ, PFEFFER

Den Backofen auf 220 °C Ober- und Unterhitze (Heißluft 200 °C) vorheizen. Die Auberginen waschen und halbieren. Die Kerne entfernen, sie können das Tatar leicht bitter machen. Die Auberginen ungeschält in größere Stücke schneiden. Die Kapern klein hacken. Die Oliven entkernen, den Knoblauch schälen, beides klein schneiden. Die Basilikumblätter waschen.

Auberginen, Kapern, Knoblauch, Oliven, Basilikum, Essig, Öl und Honig vermischen und mit Salz und Pfeffer abschmecken. In eine mit Alufolie verschlossene Auflaufform geben und im vorgeheizten Backofen 1 Stunde schmoren. Herausnehmen, abkühlen lassen und fein hacken. Falls das Tatar zu säuerlich ist mit etwas Honig nachsüßen.

Auf geröstete, mundgerechte Schwarzbrotscheiben streichen und als Häppchen zum Apéritif reichen.

WEINEMPFEHLUNG
Castello di Pomino, Pomino Bianco DOC trocken, Italien

Scharfes Gemüse-Relish

Zubereitungszeit: 20 Minuten

ZUTATEN FÜR 4 PERSONEN
2 MITTELGROSSE TOMATEN
¼ SALATGURKE
½ GRÜNE PAPRIKASCHOTE
2–3 DÜNNERE FRÜHLINGSZWIEBELN
2 EL HOT-CHILI-SAUCE
SAFT UND GERIEBENE SCHALE VON ½ UNBEHANDELTEN ZITRONE
SALZ
ZUCKER

Die Tomaten kurz mit kochendem Wasser überbrühen, kalt abschrecken, den Stielansatz entfernen, häuten und entkernen, das Fruchtfleisch hacken. Die Salatgurke und die halbe Paprikaschote putzen, waschen und in kleine Würfel schneiden. Die Frühlingszwiebeln putzen, waschen und in ganz feine Ringe schneiden.

Das Gemüse in eine Schüssel geben und vermischen. Mit der Hot-Chili-Sauce, Zitronensaft und geriebener Schale, Salz sowie 1 Prise Zucker abschmecken.

WEINEMPFEHLUNG
Merlot trocken, Südafrika

Der gute Tipp

Das scharfe Gemüse-Relish und die süß-sauren Balsamico-Schalotten lassen sich gut vorbereiten. Als aromatische Alternative zu langweiligen Grillsaucen und Gemüse aus dem Glas veredeln sie Barbecue-Klassiker wie Steak, Grillspieße oder Hähnchenschenkel.

Zucchinipuffer

Zubereitungszeit: 45 Minuten

ZUTATEN FÜR 4 PERSONEN
500 G ZUCCHINI
SALZ
4 EL MEHL
2 EIER
JE 2 EL FEIN GEHACKTE GLATTE PETERSILIE, MINZE UND DILL
SONNENBLUMENÖL ZUM BRATEN

Die Zucchini putzen, waschen und auf einer Rohkostreibe mittelfein raspeln. In eine Schüssel geben und salzen, etwa 20 Minuten ruhen lassen. Dann die ausgetretene Flüssigkeit aus der Schüssel abgießen und die Zucchiniraspel in einem Tuch fest ausdrücken. Mit dem Mehl, den Eiern und den gehackten Kräutern vermischen, mit Salz abschmecken. Aus dem Zucchiniteig kleine Plätzchen formen.

In einer Pfanne Sonnenblumenöl erhitzen und die Plätzchen bei mittlerer Hitze etwa 5 Minuten pro Seite braten, bis sie leicht angebräunt sind. Warm servieren.

WEINEMPFEHLUNG
Pinot Grigio trocken, Italien

Tomaten-Quiche

Zubereitungszeit: 15 Minuten plus 25 Minuten Backzeit

ZUTATEN FÜR 4 PERSONEN
BUTTER FÜR DIE FORM
1 PAKET FRISCHER BLÄTTERTEIG (230 G)
2 ZWEIGE THYMIAN
2 KNOBLAUCHZEHEN
300 G GRUYÈRE IN SCHEIBEN
6 TOMATEN
15 SCHWARZE OLIVEN MIT STEIN
1 EL DIJON-SENF
PFEFFER
3 EL OLIVENÖL

Den Backofen auf 200 °C Ober- und Unterhitze vorheizen. Eine Quicheform mit Butter ausstreichen, den Blätterteig ausbreiten, in die Form legen und 15 Minuten in den Kühlschrank stellen.

Den Thymian waschen, trocken schütteln und die Blättchen abzupfen. Den Knoblauch schälen und den Käse in Streifen schneiden. Die Tomaten waschen und in Scheiben schneiden, den Stielansatz entfernen. Die Oliven vom Stein schneiden und grob hacken.

Den Blätterteig dünn mit Senf bestreichen und den Käse darauf verteilen. Die Tomatenscheiben ringförmig auf den Käse legen und die Oliven darauf verteilen. Mit Thymianblättchen bestreuen und mit Pfeffer würzen. Olivenöl mit gepresstem Knoblauch mischen, die Quiche damit beträufeln und im Backofen auf mittlerer Schiene ca. 25 Minuten backen.

WEINEMPFEHLUNG
Riesling Q.b.A. trocken, Pfalz

Klassische Balsamico-Schalotten

Zubereitungszeit: 35 Minuten

ZUTATEN FÜR 4 PERSONEN
500 G KLEINE SCHALOTTEN
4 EL OLIVENÖL
100 ML BALSAMICOESSIG
2 EL BRAUNER ZUCKER
5 NELKEN
3 LORBEERBLÄTTER
½ TL SALZ

Die Schalotten ungeschält in einen Topf geben, knapp mit kaltem Wasser bedecken, aufkochen und dann zugedeckt bei schwacher Hitze 7 bis 10 Minuten köcheln lassen. Die Schalotten in ein Sieb abgießen und schälen.

Die geschälten Schalotten in einer Pfanne mit Olivenöl bei kleiner Hitze etwa 5 Minuten dünsten. Den Balsamicoessig, 100 ml Wasser, den braunen Zucker und die Gewürze zugeben und 15 bis 20 Minuten bei kleiner Hitze unter gelegentlichem Rühren garen. Die Balsamico-Schalotten schmecken warm oder kalt – zum Beispiel auch einfach so als Vorspeise.

WEINEMPFEHLUNG
Valpolicella Classico Ripasso DOC trocken, Italien

Gebratener Ziegenkäse mit Weißweinsauce

Zubereitungszeit: 25 Minuten

ZUTATEN FÜR 4 PERSONEN
4 KLEINE ZIEGENFRISCHKÄSE
MEHL
1 EI
SEMMELBRÖSEL
CA. 5 EL OLIVENÖL
ETWA 150 G BUNT GEMISCHTE SALATBLÄTTER (FELDSALAT, FRISÉE, RUCOLA, RADICCHIO)
2 SCHALOTTEN
3 EL WEISSWEINESSIG
4 EL TROCKENER RIESLING
SALZ, PFEFFER
1 PRISE ZUCKER
1 EL SCHNITTLAUCHRÖLLCHEN

Die Ziegenfrischkäse nacheinander in Mehl, verquirltem Ei und Semmelbröseln wälzen. In 2 EL Öl goldbraun braten.

Die Salatblätter waschen und gut trocknen. Die Schalotten schälen und fein hacken. Mit dem Essig und dem Riesling verrühren, salzen, pfeffern und 1 Prise Zucker zugeben. Etwa 3 EL Olivenöl mit einer Gabel kräftig unterschlagen, die Schnittlauchröllchen unterziehen.

Die Salatblätter auf Teller verteilen, die gebratenen Ziegen-Frischkäse darauf setzen und mit der Vinaigrette beträufeln.

WEINEMPFEHLUNG
Sancerre AOC, Frankreich

Klassisches Käsesoufflé

Zubereitungszeit: 35 Minuten
plus 40 Minuten Backzeit

ZUTATEN FÜR 4 PERSONEN
300 ML MILCH
35 G SPEISESTÄRKE
2 STANGEN LAUCH (CA. 200 G)
2 EL BUTTER
SALZ, PFEFFER
FRISCH GERIEBENE MUSKATNUSS
100 ML SAHNE
200 G HARTKÄSE (APPENZELLER, EMMENTALER ODER GRUYÈRE)
4 EIER
WEICHE BUTTER FÜR DIE FORM

Die Zutaten sind ausreichend für eine runde, feuerfeste Form mit 16 cm Durchmesser und 8 cm Höhe.

Von der kalten Milch einige Esslöffel abnehmen, die Speisestärke zufügen und glatt rühren. Die restliche Milch aufkochen, die angerührte Speisestärke hineinrühren, aufkochen lassen, in eine große flache Schüssel gießen, mit Klarsichtfolie abdecken und auskühlen lassen.

Den Lauch putzen, waschen und in feine Ringe schneiden. In der Butter leicht anschwitzen, mit Salz, Pfeffer und Muskat abschmecken. Die Sahne angießen und den Lauch weich kochen, sodass die Sahne fast völlig reduziert ist. Erkalten lassen. Den Käse nicht zu grob reiben. Den Speisestärkepudding durch ein Sieb streichen.

Die Eier trennen. Die Eiweiße mit 1 Prise Salz nicht zu steif aufschlagen. Das Eigelb mit dem geriebenen Käse vermischen. Den Pudding mit der Käse-Eigelb-Mischung verrühren. Mit Salz, Pfeffer und Muskatnuss abschmecken.

Die Form reichlich mit der Butter ausfetten und die kalte Sahne-Lauch-Mischung so einfüllen, dass der Boden bedeckt ist. Das Eiweiß unter die Käsemasse ziehen – erst ein Drittel, dann den Rest.

Die Soufflémasse bis knapp unter den Rand der Form auf den Lauch geben. Den Backofen auf 220 °C Ober- und Unterhitze (Heißluft 200 °C) vorheizen.

1 Blatt Zeitungspapier passend für den Boden eines Bräters oder einer feuerfesten Form zusammenfalten, an den Seiten einreißen und in den Bräter geben. Kochendes Wasser einfüllen und die Auflaufform hineinstellen. Es soll nicht höher sein als ein Viertel der Höhe der Form. Das Wasser auf der Herdplatte aufkochen.

Den Bräter mit der Auflaufform in den Backofen stellen und 40 Minuten backen. Wenn die Oberfläche zu dunkel wird, mit Alufolie abdecken. In der Form servieren.

WEINEMPFEHLUNG
Müller-Thurgau Q.b.A. trocken, Franken

Würziges Kräuter-Ricotta-Soufflé

Zubereitungszeit: 20 Minuten
plus 25 Minuten Backzeit

ZUTATEN FÜR 4 PERSONEN
2 HANDVOLL BASILIKUM
1 HANDVOLL MINZE
1 HANDVOLL GLATTE PETERSILIE
12 SCHWARZE OLIVEN MIT STEIN
BUTTER FÜR DIE FORM
60 G FRISCH GERIEBENER PARMESAN
3 EIER
1 MSP. BACKPULVER
500 G FRISCHER RICOTTA-KÄSE
125 G CRÈME DOUBLE
MEERSALZ
PFEFFER

Die Kräuter vorsichtig waschen und trocknen. Die Oliven entsteinen und hacken.

Eine runde Quiche- oder Auflaufform (21 cm Durchmesser) mit etwas Butter gleichmäßig ausstreichen. Mit ein wenig von dem geriebenen Parmesan ausstreuen, den überschüssigen Käse wieder aus der Form zu dem übrigen schütteln.

Die Eier trennen. Das Eiweiß mit dem Backpulver zu steifem Schnee schlagen.

Den Backofen auf 230 °C Ober- und Unterhitze vorheizen. Die Kräuter mit dem Ricotta, den Eigelben und der Crème double in den Mixer füllen und zu einer hellgrünen Masse pürieren. Zum Schluss den Parmesan unterziehen, den Eischnee unterheben und die Soufflémasse mit Salz und Pfeffer abschmecken. In die gefettete Form füllen und die Oliven darüber verteilen.

Im heißen Ofen auf der mittleren Schiene etwa 25 Minuten backen, bis das Soufflé aufgegangen ist und eine braune Kruste hat, innen aber noch weich ist.

WEINEMPFEHLUNG
Merlot, Australien

Dill-Puffer mit rohem Lachs

Zubereitungszeit: 35 Minuten

ZUTATEN FÜR 4 PERSONEN
500 G FESTKOCHENDE KARTOFFELN
1 BUND DILL
SALZ, PFEFFER
BUTTERSCHMALZ ZUM BRATEN
200 G LACHSFILET
150 G CRÈME FRAÎCHE
ETWAS ZITRONENSAFT

Die Kartoffeln waschen, schälen und auf einer Rohkostreibe mittelgrob raspeln. Den Dill waschen und trocknen, dicke Stiele entfernen und die Dillspitzen (bis auf einige zum Garnieren) fein hacken – etwa 2 EL werden benötigt.

Die Kartoffelraspel mit dem gehackten Dill gründlich vermischen, mit Salz und Pfeffer würzen. Die Masse in einem Tuch auspressen.

In einer großen Pfanne Butterschmalz erhitzen, jeweils 1 EL Kartoffelmasse in die Pfanne setzen, mit einem Pfannenwender platt drücken und bei mittlerer Hitze knusprig braten, dabei einmal wenden. Die fertigen Rösti aus der Pfanne heben, auf Küchenkrepp entfetten und im Ofen warm halten.

Nebenbei das Lachsfilet mit einem scharfen Messer in sehr dünne Scheiben schneiden. Die Crème fraîche mit etwas Zitronensaft, Salz und Pfeffer abschmecken.

Wenn alle Rösti gebraten sind, mit den Lachsscheiben belegen und jeweils einen Klecks Crème fraîche darauf setzen. Mit den zurückbehaltenen Dillspitzen garnieren und gleich servieren.

WEINEMPFEHLUNG
Riesling Kabinett halbtrocken, Mosel

Süßkartoffel-Carpaccio auf Salat

Zubereitungszeit: 30 Minuten
plus 30 Minuten Kühlzeit

ZUTATEN FÜR 4 PERSONEN
400 G SÜSSKARTOFFELN
150 G FELDSALAT
1 KOPF FRISÉE-SALAT

12 RIESENGARNELEN, CA. 10 CM LANG, MIT SCHALE
12 EL PFLANZENÖL
4 EL HIMBEERESSIG
2 EL SÜSSER SENF
ZUCKER
SALZ, PFEFFER

Die Süßkartoffeln waschen, mit kaltem Wasser aufsetzen, zum Kochen bringen und garen. Abgießen, pellen, abkühlen lassen und für eine halbe Stunde ins Gefrierfach legen. Die Salate verlesen, waschen und trocken schleudern.

Die Garnelen schälen, der Länge nach halbieren und den Darm entfernen. Die angefrorenen Süßkartoffeln mit einem scharfen Messer in hauchdünne Scheiben schneiden. Kreisförmig auf einem Teller auslegen, ohne dass sie sich überlappen.

Für die Vinaigrette 10 EL Öl, Essig, Senf, Zucker, Salz und Pfeffer in ein Marmeladenglas geben, verschließen und kräftig durchschütteln. Etwas Vinaigrette über die Kartoffeln träufeln und den Rest mit den Salaten vermischen.

Den Salat auf die Kartoffelscheiben setzen. Das restliche Öl in einer Pfanne erhitzen, darin die Garnelen unter Wenden etwa 5 Minuten braten. Mit Salz und Pfeffer würzen und auf den Salat legen.

WEINEMPFEHLUNG
La Tourelle Côteaux AOC, Frankreich

Räucherforellenmousse

Zubereitungszeit: 20 Minuten

ZUTATEN FÜR 4 PERSONEN
2 FRISCH GERÄUCHERTE FORELLEN (ODER GERÄUCHERTE FORELLENFILETS IN FOLIE)
2 MITTELGROSSE SCHALOTTEN
1 EL CRÈME FRAÎCHE
CA. 100 ML SAHNE
SALZ
WEISSER PFEFFER
1 PÄCKCHEN PUMPERNICKELTALER ODER KRÄCKER
1 BUND DILL

Die Forellen häuten und das Fischfleisch mit einem kleinen Messer von den Gräten zupfen. Die Schalotten schälen und klein schneiden.

Forellen und Schalotten im Mixer pürieren, Crème fraîche und nach und nach so viel Sahne zugießen, bis eine geschmeidige Creme entsteht. Mit Salz und weißem Pfeffer würzen. Gut kühlen.

Auf runden Pumpernickelscheiben oder Kräcker anrichten und mit fein gehacktem Dill garniert servieren.

WEINEMPFEHLUNG
Crémant d'Alsace Blanc brut, Frankreich

Makrelencreme

Zubereitungszeit: 20 Minuten

ZUTATEN FÜR 4 PERSONEN
250 G GERÄUCHERTE MAKRELENFILETS
2 EL CRÈME FRAÎCHE
2–3 EL FRISCH GERIEBENE MEERRETTICHWURZEL
ETWAS ABGERIEBENE SCHALE VON 1 UNBEHANDELTEN ZITRONE
SALZ
WEISSER PFEFFER
1 BUND DILL
1 BAGUETTE ODER FLÛTE

Den Backofen auf 200 °C Ober- und Unterhitze vorheizen. Die Makrelenfilets in Stücke schneiden. Mit der Crème fraîche, dem Meerrettich und der geriebenen Zitronenschale in einen Mixer oder den Blitzhacker geben und zu einer glatten Masse pürieren. Vorsichtig mit Salz und Pfeffer würzen.

Den Dill waschen und trocknen, Spitzen abzupfen und beiseitelegen. Das Baguette in dünne Scheiben schneiden, auf einen Backrost legen und im Ofen goldbraun rösten.

Die Brotscheiben mit dem Makrelendip bestreichen und mit kleinen Dillspitzen garnieren. Gleich servieren.

WEINEMPFEHLUNG
Barth Riesling Sekt b.A. trocken, Rheingau

Fruchtiger Garnelencocktail

Zubereitungszeit: 25 Minuten

ZUTATEN FÜR 4 PERSONEN
200 G ANANASSTÜCKE, AUS DER DOSE
150 G CRÈME FRAÎCHE
2 TL MEERRETTICH, AUS DEM GLAS
3 EL KETCHUP
SAFT VON ½ ZITRONE
3 EL ANANASSUD
2 EL ORANGENLIKÖR
1 MSP. GEMAHLENER INGWER
ZUCKER
SALZ
1 MSP. CAYENNEPFEFFER
1 FRÜHLINGSZWIEBEL
2 STANGEN STAUDENSELLERIE, AUS DER MITTE
200 G CANTALOUPE-MELONE
12 GARNELEN, OHNE KOPF UND SCHALE
2 EL OLIVENÖL
8 BASILIKUMBLÄTTER
EINIGE SALATBLÄTTER

Die Ananas in ein Sieb gießen, den Sud dabei auffangen. Die Ananasstücke teilen. In einer Schüssel Crème fraîche, Meerrettich, Ketchup, Zitronensaft, Ananassud, Orangenlikör, Ingwer, 1 Prise Zucker, Salz und Cayennepfeffer gut miteinander verrühren und kalt stellen.

Frühlingszwiebel putzen, waschen, grobes Grün entfernen und in feine Ringe schneiden. Den Staudensellerie putzen, waschen und in kleine Würfel schneiden. Das Fruchtfleisch der Melone aus der Schale lösen, entkernen und ebenfalls in kleine Stücke schneiden.

Die Garnelen waschen, trocken tupfen und in einer Pfanne mit dem Olivenöl anbraten. Alle Zutaten mischen. Basilikum waschen, trocken tupfen, klein zupfen, dazugeben und alles mit der Sauce vermischen. Auf den gewaschenen Salatblättern servieren.

WEINEMPFEHLUNG
Chardonnay trocken, Frankreich

Garnelenpfanne mit Rucola

Zubereitungszeit: 30 Minuten

ZUTATEN FÜR 2 PERSONEN
300 G ROHE GARNELENSCHWÄNZE, ETWA 10 CM LANG
1–2 BUND RUCOLA
2 MITTELGROSSE TOMATEN
2 KNOBLAUCHZEHEN
4–5 EL OLIVENÖL
SALZ, PFEFFER
CAYENNEPFEFFER
ZITRONENSAFT

Garnelen auf der Rückenseite aufschneiden, den Darm entfernen, kurz abspülen und trocknen.

Rucola verlesen, waschen und trocknen. In 2 bis 3 cm breite Streifen schneiden. Die Tomaten überbrühen, abschrecken, häuten, den Strunk entfernen und entkernen. Das Fruchtfleisch würfeln. Die Knoblauchzehen schälen und vierteln.

In einer Pfanne das Öl mit dem Knoblauch erhitzen. Die Garnelen auf jeder Seite 1 Minute anbraten. Rucola und Tomaten zugeben, zugedeckt 5 bis 6 Minuten dünsten, ab und zu umrühren. Mit Salz, Pfeffer, 1 Prise Cayennepfeffer und Zitronensaft abschmecken.

WEINEMPFEHLUNG
Sauvignon Blanc trocken, Südafrika

Schinken- und Chorizo-Platte mit fruchtigem Dressing

Zubereitungszeit: 20 Minuten

ZUTATEN FÜR 4 PERSONEN
200 G MILDE CHORIZO-WURST
250 G SCHINKEN (SAN DANIELE ODER SERRANO), IN DÜNNEN SCHEIBEN
150 G GRÜNE TRAUBEN
150 G ROTE TRAUBEN
1–2 ZWEIGE ROSMARIN
SAFT VON ½ ZITRONE
4 EL OLIVENÖL
1 EL HONIG
SALZ, PFEFFER
FRISCH GETOASTETES ITALIENISCHES WEISSBROT NACH BELIEBEN

Chorizo in dünne Scheiben schneiden und mit dem Schinken auf Tellern anrichten. Trauben waschen, vierteln und gegebenenfalls Kerne entfernen. Rosmarinnadeln fein hacken.

Aus Zitronensaft, Öl, Honig, Salz, Pfeffer und Rosmarin ein Dressing rühren und die Trauben kurz darin ziehen lassen. Das Trauben-Rosmarin-Dressing über Schinken und Wurst geben und mit frisch getoastetem Weißbrot servieren.

WEINEMPFEHLUNG
Reserva Rioja DOC, Spanien

Schinken- und Chorizo-Platte mit fruchtigem Dressing

Feigen-Garnelen-Spießchen

Zubereitungszeit: 10 Minuten plus 2–4 Stunden Marinierzeit

ZUTATEN FÜR 4 PERSONEN
FÜR DIE MARINADE:
5 EL OLIVENÖL
2 EL CHAMPAGNERESSIG
1 EL ZITRONENSAFT
1 TL DIJON-SENF
1 KNOBLAUCHZEHE
SALZ
WEISSER PFEFFER

FÜR DIE SPIESSCHEN:
6 GARNELENSCHWÄNZE, JEWEILS 6–7 CM LANG
3 GETROCKNETE FEIGEN
6 SCHEIBEN RÄUCHERSPECK, GANZ DÜNN GESCHNITTEN

Für die Marinade das Olivenöl mit dem Essig, Zitronensaft, Senf und einer durchgepressten Knoblauchzehe verrühren, mit 1 Prise Salz und weißem Pfeffer würzen.

Die Marinade auf zwei Schüsselchen verteilen. In der einen die Garnelen und in der anderen die halbierten Feigen 2 bis 4 Stunden ziehen lassen (die Garnelen im Kühlschrank, die Feigen bei Zimmertemperatur).

Die fertig marinierten Feigen und Garnelenschwänze mit jeweils einer halben Speckscheibe umwickeln und mit Zahnstochern feststecken.

Eine große Pfanne erhitzen und die Speckgarnelen und die Speckfeigen bei starker Hitze sehr schnell braten, dabei nach Belieben mit etwas Marinade beträufeln.

WEINEMPFEHLUNG
Champagne Roederer Cristal brut, Frankreich

Feldsalat mit marinierten Garnelen

Zubereitungszeit: 30 Minuten
plus Marinierzeit über Nacht

ZUTATEN FÜR 4 PERSONEN
8 GARNELENSCHWÄNZE, 8 CM LANG
1 WALNUSSGROSSES STÜCK INGWER
1 KNOBLAUCHZEHE
1 ROTE PEPERONI
4 EL SESAMÖL
1 EL BRAUNER ZUCKER
4 EL HELLE SOJASAUCE
4 EL LIMETTENSAFT
2 EL PFLANZENÖL
150 G FELDSALAT
2 EL WALNUSSÖL
SALZ, PFEFFER

Die Garnelenschwänze schälen, der Länge nach halbieren und dabei den Darm entfernen. Ingwer und Knoblauch schälen und zusammen mit der Peperoni fein hacken.

Das Sesamöl in einem Topf erhitzen, Ingwer, Knoblauch und Peperoni kurz anschwitzen. Den Zucker dazugeben und unter Rühren schmelzen. Mit Sojasauce und 3 EL Limettensaft ablöschen. Die Garnelen in eine Schüssel legen, die heiße Marinade, bis auf 2 Esslöffel, darüber gießen und über Nacht ziehen lassen.

In einer Grillpfanne das Pflanzenöl erhitzen, die Garnelen hineinlegen und unter mehrfachem Wenden etwa 6 bis 7 Minuten braten.

Den Feldsalat verlesen, gut waschen und trocken schleudern.

Restliche Marinade mit Walnussöl, 1 EL Limettensaft, Salz und Pfeffer verrühren und alles mit dem Feldsalat vermischen. Auf Tellern anrichten und die Garnelen darauflegen.

WEINEMPFEHLUNG
Sauvignon Blanc trocken, Neuseeland

Romanasalat mit Wachteln

Zubereitungszeit: 40 Minuten

ZUTATEN FÜR 4 PERSONEN
4 SCHÖN FLEISCHIGE WACHTELN
SALZ, PFEFFER
2 KÖPFE ROMANASALAT
125 G BUTTER
WALNUSSÖL UND PFLANZENÖL
SHERRYESSIG

Wachteln eventuell ausnehmen, waschen, mit Küchenkrepp trocknen, durch Brust und Rücken halbieren. Mit Salz und Pfeffer würzen. Den Salat putzen, waschen, trocknen und in 3 bis 4 cm breite Streifen schneiden.

In einer Pfanne die Butter aufschäumen und die Wachteln bei mittlerer Hitze 20 bis 25 Minuten darin braten, bis sie braun und innen gar sind.

Aus je zur Hälfte Nuss- und Pflanzenöl, Sherryessig, Salz und Pfeffer eine Salatsauce rühren. Die Salatstreifen auf einer Platte anrichten, mit der Essig-Öl-Mischung beträufeln. Die Wachteln mit der heißen Butter über den Salat geben, lauwarm servieren.

WEINEMPFEHLUNG
Weißburgunder Spätlese trocken, Baden

Lachsmousse mit Pistazien

Zubereitungszeit: 15 Minuten

ZUTATEN FÜR 4 PERSONEN
80 G PISTAZIENKERNE
300 G GERÄUCHERTER LACHS
8 STANGEN HELLGRÜNER STAUDENSELLERIE
250 G RICOTTA
ZESTEN VON 1 UNBEHANDELTEN ZITRONE
SAFT VON ½ ZITRONE
SAFT VON 1 LIMETTE
SALZ, PFEFFER
3 MSP. PIMENT

Die Pistazien in einer beschichteten Pfanne ohne Zugabe von Fett anbräunen und auskühlen lassen. Alle Zutaten nacheinander in einer Küchenmaschine auf Tatar-Konsistenz klein hacken. Mit einem guten Brot oder zu frischen Kartoffeln servieren.

WEINEMPFEHLUNG
Riesling Sekt brut, Nahe

Lachstatar mit Dill-Honig-Dressing

Zubereitungszeit: 30 Minuten

ZUTATEN FÜR 4 PERSONEN
250 G KÜCHENFERTIGES FRISCHES LACHSFILET
150 G GERÄUCHERTER LACHS
1 KLEINE SALATGURKE
½ GRANNY-SMITH-APFEL
1 STANGE STAUDENSELLERIE, AUS DER MITTE
4 EL MAYONNAISE
2 EL GEHACKTER DILL
SALZ, PFEFFER
1 SPRITZER ZITRONENSAFT
1 EL DIJON-SENF
1 EL KÖRNIGER SENF
½ TL HONIG
1 EL MEERRETTICH, AUS DEM GLAS
1 EL PFLANZENÖL

Frischen und geräucherten Lachs mit einem scharfen Messer in feine Würfel schneiden. In eine Schüssel geben und kalt stellen.

Die Salatgurke schälen, der Länge nach halbieren, mit einem Teelöffel die Kerne entfernen und die Gurke in feine Würfel schneiden. Den Apfel schälen, entkernen und ebenfalls in feine Würfel schneiden. Den Staudensellerie putzen, waschen und in feine Würfel schneiden.

Gurke, Apfel und Sellerie mit dem Lachs mischen. 2 EL Mayonnaise und 1,5 EL Dill dazugeben und mit Salz, Pfeffer sowie 1 Spritzer Zitronensaft abschmecken.

Für die Sauce die restliche Mayonnaise mit Senf, Honig, Meerrettich, Öl und dem restlichen Dill glatt rühren, mit Salz und Pfeffer abschmecken und mit dem Lachstatar auf Tellern anrichten.

WEINEMPFEHLUNG
Riesling Q.b.A. trocken, Mosel

Enten-Terrine

Zubereitungszeit: 30 Minuten
plus 2 Stunden Garzeit
und 5 Stunden Kühlzeit

ZUTATEN FÜR 4 PERSONEN
500 G ENTENBRUSTFILETS
1 UNBEHANDELTE ZITRONE
1 UNBEHANDELTE ORANGE
500 G SCHWEINEMETT
2 EIER
3–4 EL COGNAC
JE 1–2 MSP. GEMAHLENER INGWER, PIMENT, ZIMT UND CAYENNEPFEFFER
SALZ, PFEFFER

Den Backofen auf 180 °C Ober- und Unterhitze vorheizen. Die Entenbrustfilets häuten, das Fleisch in kleine Würfel schneiden. Die Zitrone und die Orange heiß abwaschen, jeweils 1 gehäuften Esslöffel Schale abreiben.

Das Entenfleisch mit dem Schweinemett, den geriebenen Zitrusschalen, den Eiern, Cognac und den Gewürzen vermischen. Sparsam mit dem Salz (das Mett ist bereits gewürzt), kräftig mit Pfeffer abschmecken.

Die Mischung in eine Terrinenform füllen und etwas andrücken, die Oberfläche glatt streichen. Die Form mit dem dazugehörigen Deckel oder mit Alufolie verschließen, in einen passenden hitzefesten Topf oder einen Bräter stellen und seitlich so viel kochendes Wasser angießen, dass die Form zu zwei Dritteln im Wasserbad steht.

Den Topf oder den Bräter in den heißen Ofen auf eine der unteren Schienen stellen und die Terrine 1,5 bis 2 Stunden garen, nach Bedarf Wasser nachgießen.

Den Deckel abnehmen und ein sauberes Holzbrettchen, das möglichst genau in die Form passt, auf die Terrine legen. Mit einer vollen Konservendose beschweren und abkühlen lassen. Dann in den Kühlschrank stellen und einige Stunden kühlen.

Anschließend die Terrine in Scheiben schneiden und servieren. Dazu passen gutes Bauernbrot, saure Gürkchen und eine Cumberland-Sauce oder die Balsamico-Schalotten.

WEINEMPFEHLUNG
Gewürztraminer AOC halbtrocken, Frankreich

Kleine Geflügel-Frikadellen

Zubereitungszeit: 35 Minuten

ZUTATEN FÜR 4 PERSONEN
2 HÄHNCHENBRUSTFILETS
50 G PISTAZIENKERNE
1 EI
SALZ, PFEFFER
CUMIN (KREUZKÜMMEL)
2–3 EL FEIN GEHACKTE PETERSILIE
OLIVENÖL ZUM BRATEN
ZITRONENSCHNITZE ZUM GARNIEREN

Die Hähnchenbrustfilets kurz unter kaltem Wasser abspülen, mit Küchenkrepp trocknen und in grobe Stücke schneiden. Durch den Fleischwolf drehen oder im Blitzhacker zerkleinern. Die Masse mit den Pistazienkernen vermischen und nochmals durch den Fleischwolf drehen oder zerkleinern.

Die Mischung in einen tiefen Teller geben und mit dem Ei vermischen, mit Salz, Pfeffer und Cumin würzen. Die fein gehackte Petersilie untermischen. Aus der Masse walnussgroße Bällchen formen.

In einer Pfanne Olivenöl erhitzen und die Bällchen bei mittlerer Hitze 7 bis 8 Minuten darin unter Wenden braun braten. Die Bällchen aus der Pfanne heben und auf Küchenkrepp entfetten. Heiß mit Zitronenschnitzen servieren.

WEINEMPFEHLUNG
Weißer Burgunder Q.b.A. trocken, Pfalz

Frittierte Mangoldstiele mit Tomaten-Dip

Zubereitungszeit: 45 Minuten plus 1 Stunde Kühlzeit

ZUTATEN FÜR 4 PERSONEN
80 G SPEISEQUARK (40 % FETT)
500 G MANGOLD
SALZ
5 SCHALOTTEN
15 G BUTTER
WEISSER PFEFFER
MUSKATNUSS
150 G MEHL
4 G SPEISESTÄRKE
200 ML EISKALTES WASSER
1 EIGELB
350 G TOMATEN
1 KNOBLAUCHZEHE
8 EL OLIVENÖL
1 TL KAPERN
4 EL GEMÜSEBRÜHE
3 EL BALSAMICOESSIG (NACH BELIEBEN AUCH MEHR)
20 G PINIENKERNE
20 G ROSINEN
ZUCKER NACH BELIEBEN
PFLANZENÖL ZUM FRITTIEREN

Den Speisequark durch ein Sieb streichen. Den Mangold waschen und die Blätter von den Stielen streifen. Die Stiele abziehen und in breite, 10 cm lange Stücke schneiden (Stiele längs teilen, wenn sie sehr dick sind). 2 bis 3 Minuten in reichlich Salzwasser kochen, sodass sie noch Biss haben. Mit kaltem Wasser abschrecken und mit einer Schaumkelle zum Abtrocknen auf ein Küchentuch legen.

Die Mangoldblätter 1 Minute in reichlich kochendes Salzwasser geben. Herausnehmen, abtropfen lassen, vorsichtig ausdrücken und sehr fein hacken. 3 Schalotten schälen, fein würfeln und in der Butter glasig anschwitzen. Die Mangoldblätter zugeben und gar dünsten. Mit dem Speisequark vermengen und mit Salz, Pfeffer und Muskatnuss abschmecken. Die Mangoldstiele mit der Masse bestreichen und 1 Stunde in den Kühlschrank stellen.

Für den Ausbackteig Mehl, Speisestärke und Salz in einer Schüssel mischen. Nach und nach das Wasser und das vorher verquirlte Eigelb einrühren. Den Teig 1 Stunde in den Kühlschrank stellen.

Für den Tomaten-Rosinen-Dip die Tomaten kurz in kochendes Wasser legen, herausnehmen, abschrecken, enthäuten und vierteln, den Stielansatz entfernen. Nach Belieben die Kerne entfernen, dabei den Tomatensaft auffangen. Die restlichen Schalotten und die Knoblauchzehe schälen, grob würfeln und in 5 EL Olivenöl anschwitzen. Die Tomaten mit den Kapern, der Gemüsebrühe sowie dem Balsamicoessig dazugeben und schmoren, bis die Tomaten weich sind.

Die Mischung etwas abkühlen lassen. Mit dem Stabmixer pürieren, dabei nach und nach 3 bis 4 EL Olivenöl einlaufen lassen. Eventuell noch mit etwas Salz abschmecken. Durch ein Sieb streichen. Pinienkerne und Rosinen grob hacken und unter den Dip mischen. Aufgefangenen Tomatensaft hinzufügen. Nach Belieben mit Zucker abschmecken.

Das Pflanzenöl zum Frittieren erhitzen. Den Ausbackteig direkt neben die Pfanne stellen. Die Mangoldstiele mit einem Löffel durch den Ausbackteig ziehen und im heißen Öl goldgelb ausbacken. Mit einer Schaumkelle herausnehmen. Zum Entfetten auf eine dicke Lage Küchenkrepp legen. Noch heiß mit dem Tomaten-Rosinen-Dip servieren.

WEINEMPFEHLUNG
Gavi DOCG „I Classici" trocken, Italien

Der gute Tipp

Die köstlichen Geflügel-Frikadellen sind ein herzhafter, aber kalorienarmer Snack für einen Fußballabend oder ein Picknick. Bei kleinen Genießern kommen die bekömmlichen Fleischbällchen übrigens auch gut an, zum Beispiel als Alternative zum Pausenbrot oder als Proviant für den Schulausflug.

Türkische Keftes

Zubereitungszeit: 25 Minuten

ZUTATEN FÜR 4 PERSONEN
500 G RINDERHACKFLEISCH
1 MITTELGROSSE ZWIEBEL
2 EIER
1–2 EL FEIN GEHACKTER DILL
½ TL CUMIN (KREUZKÜMMEL)
¼ TL GEMAHLENER KARDAMOM
SALZ
CAYENNEPFEFFER
OLIVENÖL ZUM BRATEN

Das Hackfleisch in eine Schüssel geben. Die Zwiebel schälen und sehr fein hacken. Mit den Eiern, gehacktem Dill, Cumin und Kardamom zu dem Hackfleisch geben. Gut verkneten, mit Salz und Cayennepfeffer pikant abschmecken.

Aus der Hackmasse kleine, tischtennisballgroße Kugeln formen und flach drücken. In einer Pfanne Olivenöl auf mittlerer Stufe erhitzen und die Keftes auf beiden Seiten braun und knusprig braten.

Aus der Pfanne heben und gut abtropfen lassen. Gleich heiß servieren.

WEINEMPFEHLUNG
Alsace Prestige AOC, Frankreich

Kokosgarnelen auf Salat

Kokosgarnelen auf Salat

Zubereitungszeit: 30 Minuten
plus 4–5 Stunden Ziehzeit

ZUTATEN FÜR 4 PERSONEN

250 G TIEFGEFRORENE GARNELEN-SCHWÄNZE
1 ROTE CHILISCHOTE
2 FENCHEL
2 EL SHERRYESSIG
4 EL TRAUBENKERNÖL
SALZ, PFEFFER
1 PRISE ZUCKER
4–5 EL PFLANZENÖL
3–4 TL KOKOSFLOCKEN

Die Garnelen im Kühlschrank auftauen lassen, schälen, halbieren und dabei den schwarzen Darm entfernen. Die Chili halbieren, Kerne herauskratzen und die Schote in feine Streifen schneiden. Den Fenchel putzen, halbieren, den harten Strunk herausschneiden und die Fenchelhälften in sehr dünne Scheiben hobeln. Das frische Fenchelgrün fein hacken.

Aus Essig, Traubenkernöl, Salz, Pfeffer und 1 Prise Zucker eine Vinaigrette rühren und den Fenchel unterheben. Gut durchmischen und mindestens 4 bis 5 Stunden ziehen lassen, dabei öfter umrühren.

In einer Pfanne das Öl erhitzen, Garnelen und Chili anbraten. Die Kokosflocken dazugeben und mit Salz und Pfeffer würzen. Die Garnelen wenden und fertig garen.

Den Salat auf Tellern anrichten, mit Fenchelgrün bestreuen und die Garnelen darauf legen.

WEINEMPFEHLUNG

Muscadet Sèvre et Maine sur lie AOC, Frankreich

TiP
REINES PFLANZENÖL
aus Raps
Maggi

SUPPEN & EINTÖPFE

Pot-au-feu von Hummer mit Gartenerbsen und Pfifferlingen

ZUTATEN FÜR 4 PERSONEN

100 G KLEINE PFIFFERLINGE
300 G FRISCHE GARTENERBSEN IN DER SCHOTE
2 KLEINE SCHALOTTEN
200 G KALTE BUTTER
100 ML WEISSWEIN
400 ML HELLER HUMMERFOND
SALZ
ZUCKER
CAYENNEPFEFFER
ZITRONENSAFT
1 EL GESCHLAGENE SAHNE
6 EL GEMÜSEPERLEN (AUS KOHLRABI, ZUCCHINI UND MÖHREN)
100 G THAISPARGELSPITZEN
PFEFFER
2 HUMMERSCHWÄNZE, GEKOCHT UND HALBIERT
OLIVENÖL
4 HALBE HUMMERNASEN
4 STÄNGEL ERBSENKRESSE

Die Pfifferlinge putzen. Die Erbsen aus der Schale brechen und die Schale in einem Entsafter auspressen. Den Saft beiseitestellen. Die Schalotten schälen und in feine Würfel schneiden.

50 g Butter erhitzen und die Schalottenwürfel darin anschwitzen. Mit Weißwein ablöschen und zur Hälfte reduzieren. Mit dem Hummerfond aufgießen, aufkochen und ebenfalls auf die Hälfte reduzieren. Zum Schluss den Erbsensaft zufügen und noch einmal aufkochen. Mit Salz, Zucker, Cayennepfeffer und Zitronensaft abschmecken. Kurz vor dem Servieren 100 g Butter und die geschlagene Sahne unterrühren und die Sauce damit binden. Die Gemüseperlen zusammen mit den Erbsen und den Thaispargelspitzen in Salzwasser blanchieren, anschließend in Eiswasser abschrecken.

Die Pfifferlinge in der restlichen Butter anschwitzen. Das Gemüse zugeben und erhitzen. Mit Salz und Pfeffer abschmecken. Die halbierten Hummerschwänze in Olivenöl kurz braten, mit Salz würzen und aus der Schale lösen.

Das Gemüse auf tiefen Tellern anrichten. Den Hummerschwanz darauf setzen. Den aufgeschäumten Erbsenfond angießen und mit den Hummernasen sowie der Erbsenkresse garnieren.

WEINEMPFEHLUNG
Weißburgunder RS Spätlese trocken, Baden

Peter Nöthel

Bei dem Düsseldorfer Sternekoch ist der Name Programm: Sein Gourmet-Restaurant heißt nicht nur „Hummer-Stübchen", Nöthel und sein Team kreieren auch stets neue Variationen rund um das köstliche Innere des Schalentiers. Für „Das Gute essen" empfiehlt sich der Spitzenkoch mit einem feinen Pot-au-feu von Hummer, „geerdet" mit frischen Pfifferlingen und Gartenerbsen. Aber bitte keine Angst vor diesem köstlichen Eintopf aus der Sterneküche! Der Begriff „Pot-au-feu" steht nämlich für beste französische Landküchenkunst – und die ist weniger aufwendig, als man denkt. Also ran an den „Feuertopf"!

Erbsensuppe, himmlisch leicht

Sämig und deftig, mit Wursteinlage oder Speck – so präsentiert sich die traditionelle Erbsensuppe. Diese Variante ist hingegen cremig-frisch, fleischlos und himmlisch leicht. Für den Frischekick sorgt reichlich Minze. Knusprige Butter-Croûtons und ein Klecks Sahne runden die feine Suppe aromatisch ab und sind zudem dekorativ.

Cremige Erbsensuppe mit Zuckerschoten

ZUTATEN FÜR 4 PERSONEN

2 SCHEIBEN TOASTBROT
5 EL BUTTER
300 G TIEFGEFRORENE ERBSEN
100 G ZUCKERSCHOTEN
1 ZWIEBEL
1 KNOBLAUCHZEHE
1 MSP. PUDERZUCKER
SALZ, PFEFFER
MUSKATNUSS
500 ML UND 2 EL GEMÜSE-BRÜHE
½ BUND MINZE
1 TL GEHACKTE PETERSILIE
100 ML SAHNE

Das Toastbrot in kleine Würfel schneiden. In einer Pfanne 3 EL Butter heiß werden lassen und die Brotwürfel darin goldgelb rösten. Die Brotwürfel in ein feines Sieb geben und abtropfen lassen. Das abgetropfte Fett für die Suppe aufheben.

Von den Erbsen 2 EL und von den Zuckerschoten 2 Schoten zur Seite stellen. Zwiebel und Knoblauch schälen und in feine Scheiben schneiden, in die heiße Croûtons-Butter geben und hell andünsten. Erbsen und Zuckerschoten zugeben, mit dem Puderzucker bestäuben und 2 bis 3 Minuten mitdünsten, notfalls noch etwas Butter zugeben. Mit Salz, Pfeffer und Muskatnuss abschmecken.

500 ml Gemüsebrühe aufkochen, zu dem Gemüse in die Pfanne gießen und 10 Minuten sanft kochen. Mit einem Stabmixer pürieren. In einem Topf die restliche Butter bräunen. Die zur Seite gestellten Erbsen und in feine Streifen geschnittenen Zuckerschoten in der gebräunten Butter kurz andünsten, salzen und pfeffern. Mit 2 EL Gemüsebrühe ablöschen und 1 bis 2 Minuten dünsten.

Die pürierte Suppe zugießen. Minze waschen, trocken tupfen, Blätter abzupfen, fein hacken und mit der Petersilie zugeben. Je einen Klecks halbsteif geschlagene Sahne auf die angerichtete Suppe geben und mit den Croûtons bestreuen.

WEINEMPFEHLUNG
Silvaner Kabinett trocken, Franken

Erbseneintopf

ZUTATEN FÜR 6 PERSONEN

250 G LUFTGETROCKNETER SCHINKEN
2 MÖHREN
100 G KNOLLENSELLERIE
2 ZWIEBELN
150 G KARTOFFELN
5 STÄNGEL PETERSILIE
2 EL ÖL
500 G GETROCKNETE ERBSEN
2 L FLEISCHBRÜHE
SALZ, PFEFFER
WEISSWEINESSIG

Schinken in Würfel schneiden. Möhren, Sellerie, Zwiebeln und Kartoffeln schälen und in Würfel schneiden. Petersilie waschen, trocken schütteln, Blätter abzupfen und hacken.

In einem Topf das Öl erhitzen. Zwiebeln, Schinken, Möhren, Sellerie und Kartoffeln zugeben und anschwitzen. Getrocknete Erbsen zugeben und mit anschwitzen. Mit der Fleischbrühe aufgießen und zugedeckt bei geringer Wärmezufuhr ca. 1 bis 1,5 Stunden kochen. Mit Salz, Pfeffer und Essig abschmecken. Mit Petersilie bestreut servieren.

WEINEMPFEHLUNG

Riesling Q.b.A. trocken, Pfalz

Der Klassiker, leicht gemacht

Für dieses unkomplizierte Rezept aus der Alltagsküche werden getrocknete Erbsen verwendet. Sie sind nicht so süß wie erntefrische Erbsen und entwickeln ein angenehm nussiges Aroma. Ihre zunächst harte Schale und das mehlige Innere verwandeln sich während der Kochzeit zu einer samtig-weichen Konsistenz. Für den feinwürzigen Geschmack im Erbseneintopf sorgt der luftgetrocknete Schinken. Erbsen sind übrigens die eiweißreichsten aller Hülsenfrüchte und stecken voller Vitamine.

Suppe, der weltweite Klassiker

Suppen werden überall auf der Welt gelöffelt und geschlürft. In asiatischen Ländern gehören sie, regionaltypisch zubereitet, schon seit Jahrhunderten zu den Küchenklassikern. Auch in der europäischen Kochtradition spielen Suppen eine wichtige Rolle. Sie werden als Vorspeise, als Zwischengang im Rahmen eines Menüs oder als Hauptgericht serviert. Suppen kommen meist warm auf den Tisch. Die Ausnahmen bilden Kaltschalen sowie „Gazpacho", die berühmte andalusische Gemüsesuppe oder die französische „Vichyssoise", eine kalt servierte Cremesuppe aus Lauch und Kartoffeln. Unterschieden werden drei klassische Zubereitungsarten: klare Suppen mit oder ohne Einlagen aus Eierstich oder Kräutern, gebundene Suppen wie etwa Kartoffelsuppe und eintopfartige Suppen.

Eintopf, vom Sattmacher zum Gourmetgenuss

Auf den ersten Blick sind Suppen und Eintöpfe nicht so leicht zu unterscheiden. In der Regel aber hat ein Eintopf eine weniger flüssige Konsistenz durch den höheren Anteil an Einlagen. Und: Suppen haben meist eine recht kurze Zubereitungszeit, Eintöpfe hingegen köcheln oft stundenlang in einem Topf oder einer Kasserolle. Das erhöht ihre Bekömmlichkeit, auch wenn sie geschmacklich meist recht deftig sind – zum Beispiel durch Bauchfleisch, Würste oder Dörrfleisch, das mitgekocht wird. Der unkomplizierte Sattmacher spielte in deutschen Küchen einige Jahrzehnte keine große Rolle. Erst Anfang der 80er-Jahre, mit der Wiederentdeckung der regionalen Küche, wurde der kräftige Bruder der Suppe wieder zum Klassiker – in verfeinerten Varianten sogar zum Gourmetgericht.

Einfache Rindfleischsuppe

Zubereitungszeit: 100 Minuten

ZUTATEN FÜR 4 PERSONEN
700 G MAGERES RINDFLEISCH
1 GROSSE ZWIEBEL
2 L KLARE RINDERBRÜHE
SALZ
1 STANGE LAUCH
2 MÖHREN
¼ SELLERIEKNOLLE
3–4 EIER
WEISSER PFEFFER
1 BUND PETERSILIE
1 BUND SCHNITTLAUCH

Das Rindfleisch waschen und mit Küchenkrepp trocknen. Zwiebel schälen, vierteln und zusammen mit der Rinderbrühe aufkochen. Das Fleisch rundum mit Salz einreiben und im Ganzen ins kochende Wasser legen. Offen aufkochen lassen. Wenn der Schaum an der Oberfläche fest genug ist, mit einem Schaumlöffel abheben. Zugedeckt 1 Stunde ganz leise simmern lassen.

Lauch putzen, den oberen Teil aufschlitzen, gründlich waschen und in 2 bis 3 Stücke schneiden.

Möhren und Sellerieknolle putzen, schälen und waschen, aber nicht zerteilen. Das Gemüse zum Fleisch geben, ca. 20 Minuten mitgaren. Dann mit einer Messerspitze probieren, ob es gar ist (kann bei den Gemüsesorten zu unterschiedlichen Zeiten der Fall sein), ebenso das Fleisch. Was gegart ist, mit einem Schaumlöffel herausheben und in Stücke schneiden. Die Brühe durch ein Sieb gießen, die ausgekochten Zwiebelviertel fest ausdrücken und entfernen. Die Brühe wieder aufkochen.

Die Eier verrühren und an verschiedenen Stellen in die Brühe gießen, gut umrühren, auch am Topfboden. Nach kurzer Zeit sind die Eierflocken gestockt. Die Suppe mit Salz und Pfeffer abschmecken, Fleisch- und Gemüsewürfel dazurühren. Mit gewaschener, klein geschnittener Petersilie und Schnittlauch bestreut servieren.

WEINEMPFEHLUNG
Weißer Burgunder Q.b.A. trocken, Pfalz

Hühnersuppe mit Kartoffeln und Fenchel

Zubereitungszeit: 2 Stunden

ZUTATEN FÜR 4 PERSONEN
500 G HÄHNCHENBRUSTFILETS
500 G FENCHELKNOLLEN
300 G FESTKOCHENDE KARTOFFELN
1 BUND GLATTE PETERSILIE
1 BUND BASILIKUM
1–2 TL FENCHELSAMEN
3 ZWIEBELN
2 KNOBLAUCHZEHEN
300 G KIRSCHTOMATEN
125 ML OLIVENÖL
2 EL TOMATENMARK
2 MSP. SAFRANFÄDEN
2 LORBEERBLÄTTER
1 L GEFLÜGELFOND
1 L WEISSWEIN
SALZ, PFEFFER
ANISSCHNAPS

Die Hähnchenbrustfilets in ca. 2 cm große Würfel schneiden. Den Fenchel putzen, den Strunk keilförmig herausschneiden und entfernen. Den Fenchel in Würfel schneiden. Die Kartoffeln schälen, waschen und in ca. 1 cm dicke Scheiben schneiden.

Petersilie sowie Basilikum waschen und trocken tupfen. Basilikumblätter grob hacken, Petersilie als Bund lassen. Die Fenchelsamen im Mörser andrücken. Zwiebeln und Knoblauch schälen, Zwiebeln in feine Würfel schneiden, Knoblauch sehr fein hacken.

Die Kirschtomaten waschen und, je nach Größe, halbieren oder vierteln. In einem Topf die Hälfte des Öls erhitzen, das Hähnchenfleisch von allen Seiten anbraten, herausnehmen und beiseitestellen. Das restliche Öl erhitzen und Fenchel- und Zwiebelwürfel darin andünsten, dann den Knoblauch dazugeben. Tomatenmark, Fenchelsamen, Safran und Lorbeerblätter dazugeben und mit Geflügelfond und Wein ablöschen.

Hähnchenfleisch, Kartoffeln und Tomaten zur Suppe geben, mit Salz und Pfeffer abschmecken. Die Petersilie hineinlegen und zugedeckt bei kleiner Hitze etwa 1,5 Stunden köcheln lassen. Die Petersilie herausnehmen und die Suppe noch einmal abschmecken. Nach Geschmack etwas Anisschnaps einrühren, die Suppe mit Basilikum bestreuen, die Lorbeerblätter entfernen und servieren.

WEINEMPFEHLUNG
Solaz Blanco trocken, Spanien

Ochsenschwanzsuppe

Zubereitungszeit: 30 Minuten plus 4 Stunden Kochzeit

ZUTATEN FÜR 4 PERSONEN
1,5 KG OCHSENSCHWANZ, IN STÜCKE ZERTEILT
3 ZWIEBELN
½ KLEINE SELLERIEKNOLLE
2–3 MÖHREN
4 EL PFLANZENÖL
SALZ, PFEFFER
1 EL ROSENSCHARFES PAPRIKAPULVER
2 LORBEERBLÄTTER
½ TL THYMIAN
2 EL TOMATENMARK
250 ML ROTWEIN
4–6 CL COGNAC

Die Ochsenschwanzstücke waschen und abtrocknen. Zwiebeln, Sellerie und Möhren putzen, schälen und in grobe Würfel schneiden.

In einem großen Topf die Fleischstücke in Öl anbraten, bis sie auf allen Seiten Farbe angenommen haben, dann die Gemüsewürfel dazugeben und weiter unter Rühren anschmoren. Mit Salz, Pfeffer und dem Paprikapulver würzen, etwa 1,5 l Wasser aufgießen. Die Lorbeerblätter, den Thymian und das Tomatenmark zugeben, langsam offen aufkochen und den Schaum abschöpfen. Dann den Deckel auflegen. Bei geringer Hitze 3, besser noch 4 Stunden leise simmern lassen.

Die Ochsenschwanzstücke herausnehmen und mit einem spitzen Messer das Fleisch ablösen. Den restlichen Inhalt des Topfs durch ein Sieb passieren, die Rückstände kräftig ausdrücken.

Die Suppe wieder erhitzen und den Wein dazugießen, ohne Deckel etwas einkochen lassen, dann das ausgelöste Fleisch darin erwärmen und die Lorbeerblätter entfernen. Mit Salz, Pfeffer und dem Cognac abschmecken.

WEINEMPFEHLUNG
Spätburgunder Weißherbst Ahrweiler Klosterberg Q.b.A. halbtrocken, Ahr

Der gute Tipp

Ob vegetarisch oder mit Fleischeinlage: Bei Zutaten für eine Suppe sollte man nicht am falschen Ende sparen. Gemüse, Geflügel oder Fleisch sollten möglichst marktfrisch und von hoher Qualität sein. Das kostet nicht die Welt und zahlt sich im Geschmack aus.

Hühnersuppe mit asiatischer Note

Zubereitungszeit: 2,5 Stunden

ZUTATEN FÜR 4 PERSONEN
FÜR DIE BRÜHE:
1 SUPPENHUHN (CA. 1,5 KG)
750 G HÜHNERKLEIN (HÄLSE, FLÜGEL, MÄGEN USW.)
1 ZWIEBEL
2 GEWÜRZNELKEN
1 LORBEERBLATT
2 MÖHREN
HELLGRÜNES VON 1 STANGE LAUCH
SALZ

FÜR DIE EINLAGE:
2–3 HÄHNCHENBRUSTFILETS
10 G MU-ERR-PILZE (CHINESISCHER MORCHELPILZ)
WEISSES VON 1 STANGE LAUCH (SIEHE OBEN)
125 G ZUCKERSCHOTEN
125 G SOJABOHNENSPROSSEN
125 G CHAMPIGNONS ODER BRAUNE EGERLINGE
1 KLEINE DOSE BAMBUSSPROSSEN (227 G)
1 KLEINE DOSE WASSERKASTANIEN (WATER-CHESTNUTS) (580 G)
SOJASAUCE
100 G CHINESISCHE GLASNUDELN
FRISCHER KORIANDER ODER PETERSILIE

Huhn und Hühnerklein waschen. Den Bürzel vom Huhn abschneiden und entsorgen. Die Zwiebel schälen und mit den beiden Nelken spicken. Zusammen mit dem Lorbeerblatt und dem Geflügel in einen großen Topf legen.

Die Möhren schälen und in grobe Stücke schneiden. Den hellen Teil vom Lauch längs aufschlitzen, gut waschen und in breite Stücke schneiden.

Das Gemüse in den Topf geben und etwa 2 l Wasser aufgießen. Salzen und ohne Deckel langsam aufkochen lassen. Wenn sich der dunkle Schaum an der Oberfläche verfestigt hat, vorsichtig mit einem Schaumlöffel abschöpfen. Etwa 1,5 Stunden ohne Deckel ganz leise simmern lassen, bei Bedarf nochmals Schaum abschöpfen.

Danach die Brühe durch ein Sieb in einen anderen Topf gießen, das ausgekochte Gemüse und nicht verwertbares Hühnerklein entsorgen. Das Huhn enthäuten, das Fleisch von den Knochen ablösen und klein schneiden.

Für die Einlage die Hähnchenbrustfilets in Streifen schneiden. Die Mu-Err-Pilze in heißem Wasser einweichen. Das Weiße vom Lauch aufschlitzen, gründlich waschen, in feine Scheiben schneiden. Von den Zuckerschoten die Enden abknipsen.

Die Sojasprossen heiß überbrausen, abtropfen lassen. Champignons säubern, Stiel abschneiden, vierteln. Bambussprossen abtropfen lassen. Abgetropfte Wasserkastanien vierteln.

Die eingeweichten Mu-Err-Pilze aus der Brühe heben, den harten Stielansatz abschneiden und die Pilze in Stücke schneiden. Die durchgesiebte Hühnerbrühe aufkochen und mit Sojasauce kräftig abschmecken. Die Hähnchenbruststreifen und das Fleisch vom Suppenhuhn zusammen mit den Bambussprossen, Wasserkastanien und Mu-Err-Pilzen etwa 30 Minuten köcheln lassen.

Dann die Glasnudeln, Champignons und Sojabohnensprossen zugeben, nach 5 Minuten die Zuckerschoten und Lauchringe. Noch 5 bis 10 Minuten leise sieden lassen. Nochmals mit Sojasauce pikant abschmecken und mit fein gehacktem Koriander oder Petersilie bestreut servieren.

WEINEMPFEHLUNG
Chenin Blanc halbtrocken, Südafrika

Hühnersuppe mit asiatischer Note

Klassisches Chili con carne

Zubereitungszeit: 50 Minuten

ZUTATEN FÜR 4 PERSONEN
1 KG RUMPSTEAK (LENDE)
3–4 ZWIEBELN
2–3 KNOBLAUCHZEHEN
500 ML FLEISCHBRÜHE
½ DOSE GESCHÄLTE TOMATEN (400 G)
5–6 EL PFLANZENÖL
JE ½ TL GEMAHLENER KREUZKÜMMEL, CAYENNEPFEFFER UND ZERSTOSSENE CHILISCHOTEN
1 DOSE KIDNEYBOHNEN (400 G)
SALZ, PFEFFER

Fleisch in 1,5 cm große Würfel schneiden. Zwiebeln und Knoblauch schälen. Die Zwiebeln grob, den Knoblauch fein hacken. Brühe erhitzen. Die Tomaten etwas zerkleinern.

In einem großen Topf das Öl erhitzen, die Fleischwürfel rundum scharf anbraten. Die Zwiebeln und den Knoblauch anschmoren. Die Gewürze, Tomaten und Brühe zugeben, Bohnen untermischen und zugedeckt bei schwacher Hitze 20 bis 30 Minuten schmoren lassen. Mit Salz und Pfeffer abschmecken.

WEINEMPFEHLUNG
Cabernet Syrah trocken, Frankreich

Fisch-Gemüse-Suppe

Zubereitungszeit: 1 Stunde

ZUTATEN FÜR 4 PERSONEN
2 MÖHREN
1 STANGE LAUCH
2 MITTELGROSSE ZWIEBELN
4 KNOBLAUCHZEHEN
5–6 EL OLIVENÖL
3 GLÄSER FISCHFOND (À 400 ML)
125 ML TROCKENER WEISSWEIN
½ TL FENCHELSAMEN (ERSATZWEISE 1 TL PASTIS)
1 LORBEERBLATT
5–10 SAFRANFÄDEN
1 UNBEHANDELTE ORANGE
SALZ, PFEFFER
1 BAGUETTE
800 G FESTFLEISCHIGE FISCHFILETS (Z. B. ROTBARSCH, KABELJAU)

Die Möhren, den Lauch sowie Zwiebeln und 2 Knoblauchzehen putzen, schälen und in kleine Würfel schneiden. Die Gemüsewürfel in einem Topf in heißem Olivenöl unter Rühren etwa 10 Minuten dünsten.

Fischfond und Weißwein dazugießen, Fenchelsamen, das Lorbeerblatt und den Safran zugeben. Orange heiß abwaschen, ein Stück Schale, etwa 2 × 4 cm groß, dünn abschälen und zur Suppe geben. Alles ohne Deckel etwa 30 Minuten köcheln lassen, dann mit Salz und Pfeffer abschmecken.

Inzwischen den Backofen auf 100 °C Ober- und Unterhitze vorheizen und darin in Scheiben geschnittenes Baguette leicht anrösten. Den restlichen Knoblauch schälen, halbieren und die Brotscheiben damit einreiben. Die Fischfilets in ca. 3 × 3 cm große Würfel schneiden und in die Suppe rühren, ca. 3 bis 4 Minuten ziehen lassen. Das Lorbeerblatt entfernen. Das Knoblauchbrot in die Suppenteller legen und mit Fischsuppe auffüllen.

WEINEMPFEHLUNG
Riesling Q.b.A. trocken, Mosel

Spanische Gazpacho

Zubereitungszeit: 30 Minuten plus mindestens 1 Stunde Kühlzeit

ZUTATEN FÜR 4 PERSONEN
5 GROSSE TOMATEN
2 ZWIEBELN
2–3 KNOBLAUCHZEHEN
1 SALATGURKE
1 GRÜNE PAPRIKASCHOTE
1 ROTE PAPRIKASCHOTE
3 EL OLIVENÖL
1 EL ESSIG
SALZ, PFEFFER
2–3 SCHEIBEN WEISSBROT
25 G BUTTER

Die Tomaten mit heißem Wasser überbrühen, mit kaltem Wasser abschrecken und häuten, dann vierteln und den grünen Strunk entfernen. Zwiebeln und die Knoblauchzehen schälen. Die Gurke schälen, halbieren und die Kerne mit einem Löffel herauskratzen. Die Paprikaschoten waschen, vierteln und die Kerne sowie die inneren weißen Trennwände entfernen.

Das Gemüse zusammen mit Öl und Essig pürieren. Mit Salz und Pfeffer abschmecken und in einer Schüssel im Kühlschrank bis zum Servieren kalt stellen.

Kurz vor dem Auftragen die Weißbrotscheiben in Würfel schneiden und in einer kleinen Pfanne in Butter zu Croûtons braten; diese zu der Suppe reichen.

WEINEMPFEHLUNG
Blanco trocken, Spanien

Gekühlte Senfgurkensuppe

Zubereitungszeit: 30 Minuten plus 1 Stunde Kühlzeit

ZUTATEN FÜR 4 PERSONEN
1 MITTELGROSSE SALATGURKE
SALZ
1 GLAS SENFGURKEN (215 G)
100 ML MINERALWASSER
3 EL PFLANZENÖL
200 ML BUTTERMILCH
200 G NATURJOGHURT (10 % FETT)
1 TL GEHACKTER DILL
CAYENNEPFEFFER
ZUCKER
ZITRONENSAFT
4 MILD GERÄUCHERTE FORELLENFILETS

Die Salatgurke schälen, der Länge nach halbieren, mit einem Teelöffel entkernen und die Gurke in ca. 3 cm breite Stücke schneiden. In kochendem Salzwasser kurz garen und in kaltem Wasser rasch abschrecken.

Die Senfgurken in ein Sieb gießen, den Sud dabei auffangen. Ein Drittel der Senfgurken in kleine Würfel schneiden und beiseitestellen. Den Rest der Senfgurken mit Salatgurke, Mineralwasser, Öl und Buttermilch im Mixer sehr fein pürieren. In eine Schüssel füllen und Joghurt sowie Dill dazugeben. Mit Salz, Cayennepfeffer, Zucker, etwas Zitronensaft sowie dem Gurkensud abschmecken und auf Eis oder im Kühlschrank kalt stellen.

Die Räucherforellenfilets in Stücke zupfen und mit den Senfgurkenwürfeln als Einlage in die Suppe geben. Kalt servieren.

WEINEMPFEHLUNG
Sauvignon Blanc Steirische Klassik, Österreich

Kalte Kartoffelsuppe mit geräuchertem Lachs

Zubereitungszeit: 45 Minuten plus mindestens 2 Stunden Kühlzeit

ZUTATEN FÜR 4 PERSONEN
1 KNOBLAUCHZEHE
2 MITTELGROSSE ZWIEBELN
1 MITTELGROSSE STANGE LAUCH
3 MITTELGROSSE MEHLIGKOCHENDE KARTOFFELN
4 EL BUTTER
SALZ, PFEFFER
MUSKATNUSS
250 ML MILCH
1 CHILISCHOTE
2 EL TROCKENER WERMUT
3 EL WEISSWEIN
1 AVOCADO
SAFT VON ½ LIMETTE
100 G CRÈME FRAÎCHE
150 ML SAHNE
200 G GERÄUCHERTER LACHS

Knoblauch und 1 Zwiebel schälen. Lauch putzen, Kartoffeln schälen und beides waschen.

Alles in feine Streifen schneiden. Knoblauch, Zwiebel und Lauch in einem Topf mit 2 EL Butter glasig andünsten. Kartoffeln dazugeben mit Salz, Pfeffer und frisch geriebener Muskatnuss würzen, mit 500 ml Wasser ablöschen und aufkochen. Die Milch dazugeben und etwa 20 Minuten leicht köcheln lassen, bis die Kartoffeln weich sind.

Die Suppe durch ein Sieb gießen, die Flüssigkeit dabei auffangen und beiseitestellen. Die Kartoffel-Gemüse-Masse durch eine Kartoffelpresse zurück in die aufgefangene Flüssigkeit drücken und erkalten lassen.

In der Zwischenzeit die andere Zwiebel schälen, in feine Würfel schneiden und mit der restlichen Butter in einer Pfanne andünsten. Die Chilischote dazugeben und mit Salz würzen. Mit Wermut und Weißwein ablöschen und die Flüssigkeit vollständig reduzieren lassen. Die Chilischote wieder entfernen.

Die Avocado schälen, entsteinen, das Fruchtfleisch in feine Würfel schneiden und mit dem Limettensaft beträufeln. Die Zwiebel zu den Avocadowürfeln geben, verrühren und mit Salz und Pfeffer abschmecken.

Unter die abgekühlte Suppe Crème fraîche und Sahne rühren die Suppe eventuell durch ein Sieb streichen und kalt stellen. Den geräucherten Lachs in Würfel schneiden. Die eiskalte Suppe mit Avocado und Lachswürfeln anrichten.

WEINEMPFEHLUNG
Grauburgunder Classic, Pfalz

Grüne Spargelsuppe

Zubereitungszeit: 45 Minuten

ZUTATEN FÜR 4 PERSONEN
1 KG GRÜNER SPARGEL
4 EL KERBELBLÄTTCHEN
3 EL OLIVENÖL
250 ML HÜHNERBRÜHE
1 BECHER CRÈME FRAÎCHE (150 G)
SALZ, PFEFFER
MUSKATNUSS

Den Spargel waschen, das harte Ende abschneiden. Stangen in Stücke teilen, die Köpfe beiseitelegen. Die Kerbelblättchen waschen.

In einem Topf das Olivenöl erhitzen und die Spargelstücke stark anbraten, sie sollen gut Farbe bekommen. Mit Hühnerbrühe aufgießen, die Kerbelblättchen unterrühren und ca. 15 Minuten köcheln lassen.

Die Suppe mit dem Pürierstab aufmixen, Crème fraîche einrühren. Mit Salz, Pfeffer und Muskatnuss abschmecken. Die Spargelköpfe jetzt in die Suppe einrühren und noch 4 bis 5 Minuten garen.

WEINEMPFEHLUNG
Silvaner Kabinett trocken, Franken

Cremiges Kürbissüppchen

Zubereitungszeit: 70 Minuten

ZUTATEN FÜR 4 PERSONEN
800 G KÜRBIS, GEPUTZT 500 G
SALZ
1 MITTELGROSSE, MÖGLICHST WEISSE ZWIEBEL
½ KNOBLAUCHZEHE
1 MITTELGROSSE MÖHRE
1 STANGE STAUDENSELLERIE
1 ROTE PAPRIKASCHOTE
3 EL BUTTER
1 EL GERIEBENER INGWER
1 MSP. EDELSÜSSES PAPRIKAPULVER
½ TL CURRY
1 MSP. GETROCKNETE ZERBRÖSELTE CHILISCHOTE
2 EL INGWERSIRUP
2 EL TOMATENKETCHUP
1 L GEMÜSEBRÜHE
PFEFFER
120 ML SAHNE
4 EL UNGESÜSSTE KOKOSMILCH
1 PRISE ZUCKER
1 SCHEIBE GRAUBROT
1 PRISE ZIMT

Den Kürbis schälen, die Kerne entfernen, das Fruchtfleisch grob raspeln, salzen und zugedeckt 30 Minuten ziehen lassen.

Zwiebel, Knoblauch und Möhre schälen und fein würfeln. Sellerie und Paprikaschote waschen, von der Paprika Kerne und weiße Trennhäute entfernen und ebenfalls würfeln. In einem Topf 2 EL Butter zerlassen. Zwiebel, Knoblauch, Möhre, Paprika und Sellerie hineingeben und dünsten. Geriebenen Ingwer, Paprikapulver, Curry, Chili, Ingwersirup und Ketchup zugeben, weitere 5 Minuten dünsten.

Den Kürbis in einem Sieb über einer Schüssel gut ausdrücken und den Saft auffangen. Das Kürbisfleisch mit dem Gemüse vermischen, etwa 15 Minuten mitdünsten. Kürbissaft und Gemüsebrühe zugießen, mit Salz und Pfeffer abschmecken. Etwa 20 Minuten bei niedriger Hitze sanft kochen.

Die Sahne halbsteif schlagen und mit Kokosmilch und Zucker mischen. Nach und nach in die Suppe einrühren. Mit einem Stabmixer pürieren und abschmecken.

Das Graubrot würfeln, in 1 EL Butter rösten und mit 1 Prise Zimt würzen. Die Würfel kurz vor dem Servieren in die Suppe geben.

WEINEMPFEHLUNG
Chardonnay trocken, Chile

Fruchtige Kürbis-Papaya-Suppe

Zubereitungszeit: 1 Stunde

ZUTATEN FÜR 4 PERSONEN
1 KG KÜRBIS
2 GROSSE KARTOFFELN
ETWA 1 L GEMÜSEBRÜHE
2 PAPAYAS
100 ML SAHNE
SALZ, PFEFFER
ROSENSCHARFES PAPRIKAPULVER
CAYENNEPFEFFER
1 BUND PETERSILIE

Den Kürbis schälen und entkernen, das Fruchtfleisch würfeln. Die Kartoffeln waschen, schälen und in Würfel schneiden.

Etwa 750 ml Gemüsebrühe in einem großen Topf aufsetzen, die Kürbis- und Kartoffelwürfel darin weich kochen.

Die Papayas halbieren, die Kerne und die Innenhaut auskratzen. Dann schälen und in Stücke schneiden. Zur Suppe geben und nur ganz kurz aufkochen lassen. Die Suppe durch ein Passiersieb streichen oder mit dem Pürierstab glatt mixen. Je nach Konsistenz die Suppe mit weiterer Gemüsebrühe aufgießen, noch einmal erhitzen und die Sahne unterrühren.

Die Suppe mit Salz, grob gemahlenem Pfeffer, Paprika und Cayennepfeffer pikant abschmecken. Die Petersilie waschen, trocknen, Blätter abzupfen und hacken. Über die Suppe streuen und servieren.

WEINEMPFEHLUNG
Chardonnay trocken, Frankreich

Möhrencremesuppe mit Ingwer

Zubereitungszeit: 45 Minuten

ZUTATEN FÜR 4 PERSONEN
1 ZWIEBEL
1 KNOBLAUCHZEHE
2 WALNUSSGROSSE STÜCKE INGWER
1 STANGE STAUDENSELLERIE
500 G MÖHREN
1 UNBEHANDELTE ZITRONE
1 EL PFLANZENÖL
3 EL BUTTER
750 ML GEMÜSEBRÜHE
1 EL HONIG
2 EL CRÈME FRAÎCHE
SALZ, PFEFFER
ZUCKER
2 EL GEHACKTE PETERSILIE

Zwiebel und Knoblauch schälen und fein hacken. Den Ingwer schälen und in dünne Scheiben schneiden. Den Sellerie putzen, waschen, schälen und in kleine Würfel schneiden. Die Möhren putzen, schälen und in Scheiben schneiden. Die Zitrone gründlich waschen, Schale abreiben und den Saft auspressen.

Pflanzenöl und 2 EL Butter in einem Topf erhitzen, Zwiebel und Knoblauch darin anbraten. Ingwer, Staudensellerie und Möhren dazugeben und andünsten. Mit der Gemüsebrühe ablöschen und bei geschlossenem Deckel etwa 12 Minuten köcheln.

Honig, Crème fraîche, Zitronenschale und die restliche Butter zu der Suppe geben und mit einem Stabmixer pürieren. Mit Salz, Pfeffer, Zitronensaft und Zucker abschmecken und mit Petersilie bestreuen.

WEINEMPFEHLUNG
Muscadet Sèvre et Maine sur lie AOC, Frankreich

Vegetarisches Chili sin carne

Zubereitungszeit: 1,5 Stunden

ZUTATEN FÜR 4 PERSONEN

- 2–3 MÖHREN
- 3–4 STANGEN STAUDENSELLERIE
- 4 PAPRIKASCHOTEN (2 GRÜNE, 1 GELBE UND 1 ROTE SCHOTE)
- 1 ZUCCHINI
- 3 MITTELGROSSE ZWIEBELN
- OLIVENÖL
- 1 GLAS TOMATENSAUCE (ODER TOMATENMARK) (340 G)
- 1 DOSE GESCHÄLTE TOMATEN (850 G)
- 2 KLEINE DOSEN KIDNEYBOHNEN (À 400 G)
- 2 EL CUMIN (KREUZKÜMMEL)
- 2 EL ROSENSCHARFES PAPRIKAPULVER
- 1 EL OREGANO
- 1 EL GETROCKNETES BASILIKUM ODER 10 FRISCHE BASILIKUMBLÄTTER
- SALZ, PFEFFER
- TABASCO
- SAURE SAHNE ZUM GARNIEREN

Alle Gemüsesorten putzen, waschen und, soweit sinnvoll, schälen. In kleine Stücke schneiden. In einem großen Topf reichlich Olivenöl erhitzen.

Zunächst die Möhren bei mäßiger Hitze etwa 8 Minuten braten. Dann die Staudensellerie- und die Paprikastücke zugeben, weitere 5 Minuten anbraten. Jetzt die Zucchini und die Zwiebeln untermischen und noch 3 bis 4 Minuten braten.

Die Tomatensauce, die geschälten Tomaten und die Kidneybohnen ebenfalls in den Topf geben. Alles zum Kochen bringen und mit den Gewürzen, Kräutern, Salz und Pfeffer abschmecken. Zugedeckt etwa 1 Stunde leise köcheln lassen, dabei ab und zu umrühren, bei Bedarf ein wenig Wasser angießen.

Zum Schluss das Chili mit Tabasco nach Geschmack schärfen und mit einem Häubchen saurer Sahne ganz heiß servieren.

WEINEMPFEHLUNG
Noir de Diel Q.b.A., Nahe

Vegetarisches Chili sin carne

Exotische Möhrensuppe

Zubereitungszeit: 1 Stunde

ZUTATEN FÜR 4 PERSONEN
1 KG MÖHREN
250 G TIEFGEFRORENER BLATTSPINAT
1 BUND KORIANDER
1 GROSSE ZWIEBEL
1 KNOBLAUCHZEHE
1 TL GEMÜSEBRÜHEPULVER
50 G GEMAHLENE MANDELN
25 G UNGESÜSSTE KOKOSNUSSMILCH
SAFT VON 1 LIMETTE
SALZ, PFEFFER
CRÈME FRAÎCHE ODER SAHNE-JOGHURT

Die Möhren putzen, waschen, schälen und in 2 bis 3 cm lange Stücke schneiden. Den Spinat auftauen lassen. Den Koriander waschen, trocknen und die Blättchen abzupfen. Die Zwiebel schälen und grob zerteilen. Den Knoblauch schälen, aber ganz lassen.

Die Möhren, die Zwiebelstücke, die ganze Knoblauchzehe und das Gemüsebrühepulver in einen Suppentopf geben und etwa 1 l Wasser aufgießen, bis die Möhren ganz bedeckt sind. Zum Kochen bringen, zugedeckt etwa 30 Minuten köcheln lassen, bis die Möhren weich sind. Dann die Knoblauchzehe entfernen. Den Topfinhalt zusammen mit den gemahlenen Mandeln pürieren. Das Püree wieder in den Topf gießen, zuerst die Kokosmilch, dann den Saft der Limette unterrühren.

Die Suppe aufkochen und die Spinatblätter zugeben. Aufwallen lassen, mit Salz sowie Pfeffer abschmecken und falls nötig noch etwas Wasser zugeben.

Die Suppe vom Herd nehmen und mit jeweils einem Klecks Crème fraîche oder Joghurt, Koriander und schwarzem Pfeffer servieren.

WEINEMPFEHLUNG
Sauvignon Blanc trocken, Südafrika

Mangoldsuppe mit Gorgonzola

Zubereitungszeit: 45 Minuten

ZUTATEN FÜR 4 PERSONEN
600 G MANGOLD
3 SCHALOTTEN
1 KNOBLAUCHZEHE
2 REIFE BIRNEN
2 EL PFLANZENÖL
700 ML KLARE GEMÜSEBRÜHE
100 G GORGONZOLA
SALZ, PFEFFER

Den Mangold putzen, waschen und die Blätter sowie die Stiele in breite Streifen schneiden. Die Schalotten und den Knoblauch schälen und fein würfeln. Die Birnen schälen und vierteln, die Kerngehäuse entfernen.

Im Suppentopf das Pflanzenöl erhitzen. Zuerst die Schalotten, dann den Knoblauch anschmoren. Den Mangold zugeben und dünsten, bis die Stiele glasig werden. Mit der Gemüsebrühe aufgießen, die Birnen und den Käse zugeben und kurz kochen lassen (der Käse kann auch ganz zum Schluss zugegeben werden).

Die Suppe glatt pürieren, wieder erhitzen und mit Salz und Pfeffer abschmecken. Gleich servieren, damit sie ihre schöne Farbe behält.

WEINEMPFEHLUNG
Colombard Sauvignon trocken, Frankreich

Cremige Sauerampfersuppe

Zubereitungszeit: 1 Stunde

ZUTATEN FÜR 4 PERSONEN
2–3 BUND SAUERAMPFER
2 EL PFLANZENÖL
1 EL BUTTER
3 GLÄSER KALBSFOND (À 400 ML)
1 MEHLIGKOCHENDE KARTOFFEL
1 BECHER CRÈME FRAÎCHE (150 G)
SALZ, PFEFFER

Vom Sauerampfer die groben Stiele entfernen, die Blätter gründlich waschen und in etwa 2 cm breite Streifen schneiden. In einem Topf Öl und Butter zusammen erhitzen und die Sauerampferstreifen darin zusammenfallen lassen.

Fond zugießen. Kartoffel waschen, schälen und in sehr dünne Scheiben schneiden oder hobeln. Fängt die Suppe an zu kochen, die Kartoffelscheiben zugeben und auf kleiner Stufe ohne Deckel etwa 30 Minuten leise simmern lassen.

Nach der Garzeit die Suppe durch ein Haarsieb streichen oder im Mixer pürieren. Die Crème fraîche einrühren und die Suppe mit Salz und Pfeffer abschmecken. Gleich servieren.

WEINEMPFEHLUNG
Silvaner Kabinett trocken, Franken

Brunnenkressesuppe

Zubereitungszeit: 45 Minuten

ZUTATEN FÜR 4 PERSONEN
2 BUND BRUNNENKRESSE
5 FRÜHLINGSZWIEBELN
2 MITTELGROSSE KARTOFFELN
50 G BUTTER
1L HÜHNERBRÜHE (ODER GEMÜSEBRÜHE)
1 BECHER CRÈME FRAÎCHE (150 G)
SALZ, PFEFFER
MUSKATNUSS

Die Brunnenkresse verlesen und in lauwarmem Wasser gründlich waschen, harte, gröbere Stiele entfernen. Etwa ein Viertel der Blätter zum Garnieren beiseitelegen.

Die Frühlingszwiebeln putzen, waschen und den hellen Teil sowie 3 bis 4 cm vom grünen Lauch in dünne Scheiben schneiden. Die Kartoffeln waschen, schälen und in ca. 1 cm große Würfel schneiden.

Im Suppentopf die Butter zerlassen und die Frühlingszwiebeln bei mittlerer Hitze etwas anschwitzen. Die Kresse dazugeben und in 4 bis 5 Minuten zusammenfallen lassen. Die Brühe angießen und die Kartoffelwürfel einrühren. Etwa 10 Minuten köcheln lassen, bis die Kartoffeln weich sind.

Die Crème fraîche einrühren und aufkochen lassen. Mit Salz, Pfeffer und Muskat abschmecken, dann die Suppe mit dem Pürierstab schaumig aufmixen. Mit den übrigen Kresseblättern garnieren und servieren.

WEINEMPFEHLUNG
Pouilly Fumé AOC, Frankreich

Der gute Tipp

Würzige vegetarische Varianten wie exotische Möhrensuppe, Mangoldsuppe mit Gorgonzola oder vegetarisches Chili sin carne begeistern auch Fleischesser. Und wer auf eine Fleischeinlage partout nicht verzichten mag, kann seinen Suppenteller mit knusprig gebratenem Schinkenspeck dekorieren oder das Chili sin Carne-Schälchen mit angerösteten Chorizoscheiben belegen.

Fenchelsüppchen mit Lachseinlage

Zubereitungszeit: 45 Minuten

ZUTATEN FÜR 4 PERSONEN

750 G FENCHEL MIT GRÜN
2–3 SCHALOTTEN
1 KLEINE KNOBLAUCHZEHE
50 G BUTTER
1 L HÜHNER-, FLEISCH- ODER GEMÜSEBRÜHE
75 G CRÈME FRAÎCHE
SALZ, PFEFFER
200 G LACHSFILET
NACH BELIEBEN ETWAS PERNOD (PASTIS)

Den Fenchel waschen, Stängel und Wurzelansätze abschneiden, das zarte Grün beiseitelegen. Die Knollen achteln und den harten Strunk ausschneiden.

Die Schalotten und die Knoblauchzehe schälen und fein hacken. Im Suppentopf die Butter erhitzen, die Schalottenwürfel und den Fenchel unter Rühren andünsten, dann den Knoblauch zugeben. Mit 250 ml Brühe ablöschen, den Deckel auflegen und den Fenchel in etwa 20 Minuten weich kochen.

Den Topfinhalt pürieren und die übrige Brühe aufgießen. Die Crème fraîche einrühren und die Suppe ohne Deckel 4 bis 5 Minuten kochen. Mit Salz und Pfeffer abschmecken. Das Lachsfilet in etwa 2 cm große Würfel schneiden und in die Suppe rühren, ganz kurz garen. Das Fenchelgrün fein schneiden.

Die Suppe nach Geschmack mit einigen Tropfen Pernod würzen und mit Fenchelgrün bestreut servieren.

WEINEMPFEHLUNG
Riesling Q.b.A. trocken, Nahe

Minestrone mit Fenchel und Salami

Zubereitungszeit: 45 Minuten

ZUTATEN FÜR 4 PERSONEN

200 G WEICHE ITALIENISCHE SALAMI
1 STANGE LAUCH
250 G FENCHELKNOLLE MIT GRÜN
1 TL FENCHELSAMEN
1 KNOBLAUCHZEHE
1 BUND BASILIKUM
100 G KLEINE NUDELN
SALZ
2 EL OLIVENÖL
1 DOSE GESCHÄLTE TOMATEN (850 G)
750 ML HÜHNERBRÜHE
1 DOSE CANNELLINI-BOHNEN (200 G)
PFEFFER
50 G GERIEBENER PARMESAN

Die Haut von der Salami entfernen und die Wurst in kleine Würfel schneiden. Lauch und Fenchel putzen und waschen. Das Weiße und Hellgrüne vom Lauch in Ringe schneiden. Fenchelknollen in Streifen schneiden und das Fenchelgrün fein hacken. Den Fenchelsamen im Mörser zerstoßen. Knoblauch schälen. Das Basilikum waschen, trocken tupfen, die Blättchen abzupfen und in Streifen schneiden. Die Nudeln in Salzwasser bissfest garen.

Olivenöl in einer Pfanne heiß werden lassen und die Salamiwürfel darin anbraten. Etwa drei Viertel vom Fett abgießen. Fenchel, Lauch und Fenchelsamen zur Wurst geben und Knoblauch dazupressen. Bei mittlerer Hitze etwa 5 Minuten dünsten und dann die Tomaten mit Saft dazugeben. Tomaten mit dem Kochlöffel leicht zerdrücken und die Hühnerbrühe angießen.

Zugedeckt etwa 30 Minuten köcheln lassen. Die Bohnen abgießen und zusammen mit den Nudeln zur Suppe geben, mit Salz und Pfeffer abschmecken.

Die Suppe mit geriebenem Parmesan, Basilikum und Fenchelgrün anrichten.

WEINEMPFEHLUNG
Gavi DOCG „I Classici" trocken, Italien

Tomatensuppe mit Quarknocken

Zubereitungszeit: 70 Minuten

ZUTATEN FÜR 6 PERSONEN

2 EL WEICHE BUTTER
3 EIGELB
45 G SEMMELBRÖSEL
135 G QUARK (20 % FETT)
2 STÄNGEL ESTRAGON ODER BASILIKUM
SALZ, PFEFFER
MUSKATNUSS
500 G VOLLREIFE TOMATEN
2 ZWIEBELN
1 STANGE STAUDENSELLERIE
4 EL OLIVENÖL
2 EL ZUCKER
4 SALBEIBLÄTTER
1 KLEINE UNGESCHÄLTE KNOBLAUCHZEHE
2 GEHÄUFTE EL TOMATENMARK
1 BOUQUET GARNI (BUND AUS THYMIANZWEIG, LORBEERBLATT, PETERSILIENSTÄNGEL)
600 ML GEMÜSEBRÜHE
1 GROSSE DOSE TOMATEN (850 G)

Für die Quarknocken die Butter schaumig rühren, dann die Eigelbe nacheinander zugeben. Semmelbrösel, Quark und gehackten Estragon bzw. Basilikum zugeben. Mit Salz, Pfeffer und Muskatnuss abschmecken und die Masse ungefähr 45 Minuten ruhen lassen.

Die Tomaten waschen, vierteln und den Stielansatz entfernen. Die Zwiebeln schälen und in kleine Würfel schneiden. Den Staudensellerie putzen, waschen und würfeln.

Das Olivenöl erhitzen. Zuerst den Zucker, dann die Salbeiblätter, die Zwiebeln, die ungeschälte, angeklopfte Knoblauchzehe sowie das Tomatenmark zugeben und etwa 10 Minuten langsam schmoren. Die frischen Tomaten und das Bouquet garni zugeben und die Gemüsebrühe zugießen. Mit Salz und Pfeffer abschmecken. Alles ca. 25 Minuten sanft kochen lassen.

Etwa 5 Minuten vor Schluss die Dosentomaten mit Saft zugeben. Die fertige Suppe durch ein Sieb gießen oder pürieren – in diesem Fall müssen die Knoblauchzehe und das Bouquet garni vorher entfernt werden. Nochmals mit Salz und Pfeffer abschmecken.

Von der Quarkmasse mit zwei Teelöffeln Nocken abstechen (Teelöffel nach jeder Nocke in kaltes Wasser tauchen) und diese in leicht gesalzenem Wasser etwa 10 Minuten gar ziehen. Die Suppe noch einmal erhitzen – nicht kochen, in tiefe Suppenteller verteilen und mit den Quarknocken garnieren.

WEINEMPFEHLUNG
Grüner Veltliner Federspiel Jochinger Berg trocken, Österreich

Französische Gemüsesuppe mit Pistou

Zubereitungszeit: 1 Stunde

ZUTATEN FÜR 4 PERSONEN

2 KNOBLAUCHZEHEN
6 EL OLIVENÖL
1 KLEINES BUND BASILIKUM
1 GEHÄUFTER EL PARMESAN
1 MITTELGROSSE ZWIEBEL
1 KLEINE KARTOFFEL
1 KLEINE MÖHRE
1 KLEINE WEISSE RÜBE
1 STANGE LAUCH
1 KLEINE FENCHELKNOLLE
1 TOMATE
1 STANGE STAUDENSELLERIE
4 EL BUTTER
1 BOUQUET GARNI (BUND AUS PETERSILIE, THYMIAN UND LORBEERBLATT)
600 ML GEMÜSEBRÜHE
SALZ, PFEFFER
50 G GRÜNE BOHNEN
50 G TIEFGEFRORENE ERBSEN
1 KLEINER ZUCCHINO

Für das Pistou 1 Knoblauchzehe schälen und zusammen mit 3 EL Olivenöl, dem Basilikum und dem Parmesan fein pürieren.

Alle Gemüse putzen, evtl. schälen, waschen und in kleine Würfel schneiden. Die restliche Knoblauchzehe schälen und fein hacken. Die Zwiebeln und den Knoblauch in 3 EL Olivenöl und der Butter glasig dünsten. Kartoffel, Möhre, weiße Rübe, Lauch, Tomate, Staudensellerie, Fenchel und das Bouquet garni zugeben, mit der Gemüsebrühe aufgießen. Mit Salz und Pfeffer abschmecken. Alles auf kleiner Flamme etwa 20 Minuten sanft kochen lassen.

Die Bohnen separat weich kochen. Erbsen ebenfalls getrennt davon in kochendem Wasser garen und kurz vor dem Ende der Garzeit zusammen mit den Bohnen und den Zucchiniwürfeln zugeben.

Das Bouquet garni entfernen, die Suppe nochmals mit Salz und Pfeffer abschmecken und das Pistou mit der Suppe vermischen.

WEINEMPFEHLUNG
Chablis 1er Cru Montmains, Frankreich

Tomatensuppe mit Basilikumklößchen

Tomatensuppe mit Basilikumklößchen

Zubereitungszeit: 45 Minuten
plus 4–6 Stunden Kühlzeit

ZUTATEN FÜR 4 PERSONEN
FÜR DIE SUPPE:
500 G REIFE TOMATEN
1 ZWIEBEL
1 MÖHRE
1 STÜCK KNOLLENSELLERIE (150 G)
1 KLEINE STANGE LAUCH
250 G HÄHNCHENBRUSTFILETS
4 EIER
1,5 L HÜHNERBRÜHE
1 ZWEIG ESTRAGON
SALZ, PFEFFER

FÜR DIE KLÖSSCHEN:
100 G PETERSILIE
100 G BASILIKUM
4 EIGELB
3 EL BUTTER
100 G GERIEBENES WEISSBROT VOM VORTAG
SALZ
CAYENNEPFEFFER

Die Tomaten brühen, mit kaltem Wasser abschrecken, die Haut abziehen, den Stielansatz entfernen, entkernen und das Fruchtfleisch grob würfeln. Zwiebel, Möhre und Knollensellerie schälen und grob zerteilen. Den Lauch gut putzen, waschen und in grobe Stücke schneiden. Das Hähnchenfleisch fein würfeln. Eier trennen, Eiweiß für die Suppe zur Seite stellen, die Eigelbe für die Klößchen verwahren.

Für die Klößchen Petersilie und Basilikum waschen, trocken tupfen und die Blätter abzupfen. Die Kräuter sehr fein hacken. Die 8 Eigelb mit Butter, Weißbrot und Kräutern mit einem Mixstab pürieren. Mit Salz und Cayennepfeffer würzen und die Masse im Kühlschrank einige Stunden fest werden lassen.

Für die Suppe die kalte Hühnerbrühe in einen Topf geben. Gemüse, Hähnchenwürfel, Tomaten, das Eiweiß und Estragon zugeben und alles langsam zum Kochen bringen. Zwischendurch umrühren und 20 Minuten ziehen lassen. Ein großes Sieb mit einem Küchentuch auslegen und die Suppe passieren.

In einem Topf Salzwasser zum Kochen bringen. Mit einem Teelöffel Nocken von dem Klößchenteig abstechen und im siedenden Wasser etwa 5 Minuten ziehen lassen.

Die Suppe mit Salz und Pfeffer abschmecken, auf Teller verteilen und die Klößchen hineingeben.

WEINEMPFEHLUNG
Weißer Burgunder Classic, Pfalz

Fruchtige Tomaten-Orangen-Suppe

Zubereitungszeit: 35 Minuten

ZUTATEN FÜR 4 PERSONEN
1 ZWIEBEL
REICHLICH BASILIKUMBLÄTTER
2 EL PFLANZENÖL
1 EL ZUCKER
1 KNOBLAUCHZEHE
1 KG STÜCKIGE TOMATEN, AUS DER DOSE
100 ML WEISSWEIN
SAFT VON 2 ORANGEN
1 EL TOMATENMARK
2 EL TOMATENKETCHUP
SALZ, ZITRONENPFEFFER
4 TL CRÈME DOUBLE

Die Zwiebel schälen und in kleine Würfel schneiden. Die Basilikumblätter waschen, trocken tupfen, einen Teil fein hacken und die restlichen Blätter zur Dekoration zurückbehalten.

Das Pflanzenöl in einem Topf erhitzen und die Zwiebel darin glasig dünsten. Zucker dazugeben und leicht karamellisieren lassen. Den Knoblauch schälen und dazupressen. Tomaten dazugeben. Wein und Orangensaft hinzufügen, Tomatenmark, Ketchup und Basilikum unterrühren und alles aufkochen lassen. Mit Salz und Zitronenpfeffer abschmecken.

Die Suppe in Tellern verteilen und mit je einem Klecks Crème double sowie Basilikumblättern garnieren.

WEINEMPFEHLUNG
Sauvignon Blanc trocken, Südafrika

Erfrischende Melonen-Tomatensuppe

Zubereitungszeit: 45 Minuten

ZUTATEN FÜR 4 PERSONEN
700 G WASSERMELONE, OHNE SCHALE UND KERNE
1 KG TOMATEN
150 ML OLIVENÖL
2 BUND BASILIKUM
2 KNOBLAUCHZEHEN
2 EL ROTWEINESSIG
SALZ, PFEFFER
CAYENNEPFEFFER
150 G MOZZARELLA
16 KIRSCHTOMATEN
30 G PINIENKERNE

Wassermelone und ungeschälte, gewaschene Tomaten in grobe Stücke schneiden. Mit 100 ml Olivenöl, 30 Basilikumblättern, geschälten Knoblauchzehen und Rotweinessig in ein Gefäß geben, mit dem Stabmixer pürieren und durch ein feines Sieb streichen. Dann mit Salz, Pfeffer und Cayennepfeffer pikant abschmecken.

Den Mozzarella fein würfeln. Die Kirschtomaten kurz in kochendes Wasser tauchen. Wenn sich die Haut wellt, herausnehmen und sofort kalt abschrecken. Die Tomaten enthäuten und halbieren. Die Pinienkerne einige Sekunden ohne Zugabe von Fett goldgelb anrösten. Das restliche Basilikum fein schneiden.

Mozzarella, Kirschtomaten, Pinienkerne und Basilikum mit dem restlichen Olivenöl, Salz und Pfeffer bedecken und kurz stehen lassen. Die kalte Suppe in Tellern anrichten, die Einlage mit der Schaumkelle aus der Marinade nehmen und auf die Suppe geben.

WEINEMPFEHLUNG
La Tourelle Côteaux AOC Rosé, Frankreich

Artischockensuppe

Zubereitungszeit: 1 Stunde

ZUTATEN FÜR 4 PERSONEN
16 BABY-ARTISCHOCKEN (GEPUTZT ETWA 200–300 G)
1 KNOBLAUCHZEHE
100 ML OLIVENÖL
10 SAFRANFÄDEN
PFEFFER
100 G FESTKOCHENDE KARTOFFELN
100 ML WEISSWEIN
1 BOUQUET GARNI (BUND AUS THYMIANZWEIG, LORBEERBLATT UND PETERSILIENSTÄNGEL)
400 ML GEMÜSEBRÜHE
1 KLEINE TOMATE
1 KLEINE WEISSE ZWIEBEL
SALZ
1 KLEINE GETROCKNETE CHILISCHOTE
1 EL GEHACKTE GLATTE PETERSILIE

Die Artischocken waschen. Die oberen zwei Drittel der Hüllblätter mit einem scharfen Messer abschneiden. Beim unteren Drittel die verbliebenen Hüllblätter rund um den Blütenboden entfernen, bis das sogenannte Heu zum Vorschein kommt. Diesen faserigen Flaum mit einem Teelöffel entfernen. Restliche Blattansätze und harte Stellen an der Bodenunterseite wegschneiden. Die geputzten Artischocken vierteln und mit der ungeschälten, angedrückten Knoblauchzehe im Olivenöl anschwitzen. Den Safran zugeben und pfeffern.

Die Kartoffeln schälen, waschen, halbieren, in Scheiben schneiden und zugeben. Mit dem Weißwein ablöschen und einkochen lassen. Das Bouquet garni sowie die Gemüsebrühe zugeben und etwa 10 Minuten sanft kochen lassen, sodass das Gemüse noch Biss hat.

Die Tomate kurz mit kochendem Wasser überbrühen, abschrecken, dann enthäuten, in feine Würfel schneiden und die ausgetretene Flüssigkeit abgießen. Die Zwiebel schälen, in feine Ringe schneiden, zusammen mit den Tomatenwürfeln, in etwas Olivenöl anschwitzen und in die Suppe geben. Mit Salz, Pfeffer, der fein gehackten Chilischote und der Petersilie abschmecken.

WEINEMPFEHLUNG
Weißer Burgunder Q.b.A. trocken, Pfalz

Der gute Tipp

Soll die Suppe nur eine Vorspeise sein, rechnet man einen Teller mit etwa 300 ml pro Person. Als Hauptgericht – dafür eignen sich am besten gehaltvolle Cremesuppen oder Eintöpfe – werden ungefähr zwei Teller oder entsprechend 500 ml benötigt.

Zwiebelsuppe

Zubereitungszeit: 1 Stunde

ZUTATEN FÜR 4 PERSONEN
3 STANGEN LAUCH
1 GROSSE GEMÜSEZWIEBEL
1 BUND FRÜHLINGSZWIEBELN
5–6 SCHALOTTEN
2 KNOBLAUCHZEHEN
2 WALNUSSGROSSE STÜCKE INGWER
4 EL BUTTER
500 ML GEMÜSEBRÜHE
60 ML TROCKENER WERMUT
60 ML CIDRE ODER APFELWEIN
2 EL CALVADOS
1 EL ZITRONENSAFT
100 ML SAHNE
SALZ, PFEFFER
MUSKATNUSS
2 BUND SCHNITTLAUCH
1 STANGE BAGUETTE
150 G ZIEGENFRISCHKÄSE ODER NEUTRALER FRISCHKÄSE

Das Weiße und Hellgrüne vom Lauch putzen, waschen und in Streifen schneiden. Die Gemüsezwiebel schälen, halbieren und in dünne Scheiben schneiden.

Nur das Weiße von den Frühlingszwiebeln klein hacken. Schalotten, Knoblauch und Ingwer schälen und ebenfalls hacken. In einem Topf die Butter schmelzen und bei kleiner Hitze Zwiebel, Lauch, Frühlingszwiebeln, Schalotten, Knoblauch und die Hälfte des Ingwers unter Rühren 5 Minuten anschwitzen. Mit der Gemüsebrühe ablöschen, aufkochen und mit Deckel etwa 25 Minuten köcheln lassen.

Wermut, Cidre, Calvados, Zitronensaft und den restlichen Ingwer zur Suppe geben und weitere 10 Minuten ohne Deckel köcheln. Die Sahne dazugießen, mit Salz, Pfeffer sowie frisch geriebener Muskatnuss abschmecken und die Suppe pürieren.

Den Schnittlauch waschen, trocknen und in feine Röllchen schneiden. Das Baguette in 1 bis 2 cm dicke Scheiben schneiden. Ziegenkäse mit einem Viertel des Schnittlauchs vermischen, salzen, pfeffern und die Baguettescheiben damit bestreichen. Unter dem Grill hellbraun rösten.

Die Suppe anrichten, je 2 Ziegenkäse-Croûtons einlegen und mit dem restlichen Schnittlauch bestreuen.

WEINEMPFEHLUNG
Sancerre Blanc AOC Clos de Bouffants trocken, Frankreich

Weißweinsuppe mit Bratwurstklößchen

Zubereitungszeit: 45 Minuten

ZUTATEN FÜR 4 PERSONEN
1 EL BUTTER
1 EL MEHL
250 ML HALBTROCKENER RIESLING
750 ML GEFLÜGELFOND
1 KLEINE ZWIEBEL
2 NELKEN
1 TL SENFKÖRNER
5 WACHOLDERBEEREN
1 TL SCHWARZE PFEFFERKÖRNER
1 KLEINES LORBEERBLATT
1 BUND SCHNITTLAUCH
SALZ
1 MSP. CAYENNEPFEFFER
1 TL ZUCKER
200 ML SAHNE
1 FRISCHE BRATWURST (120 G)
1 EL PFLANZENÖL

Die Butter in einem Topf schmelzen lassen. Das Mehl einrühren und mit einem Schuss Riesling ablöschen. Aufkochen lassen, wieder etwas Riesling dazugießen und glatt rühren. Den restlichen Wein und den Geflügelfond dazugießen und aufkochen lassen.

Die Zwiebel schälen und mit den Nelken spicken. Gewürze, gespickte Zwiebel und Lorbeerblatt zur Suppe geben. Die Suppe etwa 20 Minuten bei geringer Hitze sämig einkochen lassen. Dabei immer wieder umrühren.

Den Schnittlauch waschen, trocken schütteln und in dünne Röllchen schneiden. Die Suppe durch ein feines Sieb streichen, wieder erhitzen und mit Salz, Cayennepfeffer und Zucker abschmecken. Die Sahne mit dem Handrührgerät halbsteif schlagen.

Die Bratwurst aus dem Darm drücken und mit einem Teelöffel kleine Klößchen abstechen. In einer Pfanne das Pflanzenöl erhitzen und die Wurststückchen darin von beiden Seiten goldbraun braten. Auf Küchenkrepp abtropfen lassen und in vorgewärmten, tiefen Tellern portionsweise verteilen.

Die Sahne unter die kochende Suppe rühren. Die Suppe nochmals kurz aufkochen lassen, schaumig aufschlagen, in den vorbereiteten Tellern anrichten, mit Schnittlauch bestreuen und mit dunklem Bauernbrot servieren.

WEINEMPFEHLUNG
Riesling halbtrocken Q.b.A., Mosel

Weißwein-Paprika-Suppe

Zubereitungszeit: 40 Minuten

ZUTATEN FÜR 4 PERSONEN
3 ROTE PAPRIKASCHOTEN
10 BASILIKUMBLÄTTER
500 ML WEISSWEIN, VORZUGSWEISE CHARDONNAY
100 ML SAHNE
ZUCKER
SALZ, PFEFFER

Den Backofen auf 250 °C Ober- und Unterhitze vorheizen. Die Paprika halbieren, entkernen und 25 Minuten im Backofen rösten, bis die Haut Blasen wirft und dunkel wird. Die Paprika aus dem Ofen nehmen, mit einem feuchten Tuch abdecken und etwa 10 Minuten ruhen lassen. Dann die Schale abziehen und Kerne sowie weiße Innenhäute entfernen. Basilikumblättchen waschen, trocken tupfen und in Streifen schneiden. In einem Topf den Wein bei großer Hitze auf die Hälfte einkochen lassen. Die gegrillten Paprika im Mixer pürieren.

Paprika-Püree zum Wein geben, die Sahne angießen, kurz aufkochen lassen und bei kleiner Hitze 5 Minuten köcheln. Mit 1 Prise Zucker, Salz und Pfeffer abschmecken und mit Basilikum anrichten.

WEINEMPFEHLUNG
Chardonnay trocken, Frankreich

Maissuppe mit Chili

Zubereitungszeit: 45 Minuten

ZUTATEN FÜR 4 PERSONEN
1 ZWIEBEL
1 KNOBLAUCHZEHE
2 SCHEIBEN FRÜHSTÜCKSSPECK (BACON)
4 MITTELSCHARFE CHILISCHOTEN
1 MITTELGROSSE KARTOFFEL
2 HÄHNCHENBRUSTFILETS
50 G BUTTER
1,2 L HÜHNERBRÜHE
1 TL THYMIANBLÄTTCHEN
1 DOSE MAIS (225 G)
150 ML SAHNE
SALZ, PFEFFER
CHILI-ÖL NACH GESCHMACK

Zwiebel und Knoblauch schälen und fein würfeln. Den Bacon ebenfalls fein würfeln. Chili entkernen und fein hacken. Die Kartoffel schälen, waschen und würfeln. Hähnchenbrustfilets waschen, trocken tupfen und in ca. 1 cm große Würfel schneiden.

In einem Topf die Butter erhitzen und darin Bacon, Chili, Zwiebel und Knoblauch etwa 8 Minuten andünsten. Die Brühe angießen und Kartoffelwürfel, Thymian, Hähnchenfleisch und abgegossenen Mais dazugeben. Mit Deckel etwa 20 Minuten köcheln lassen. Die Sahne zugießen und mit Salz und Pfeffer abschmecken. Nach Geschmack mit Chili-Öl beträufeln und anrichten.

WEINEMPFEHLUNG
Baluarte Verdejo, Rueda DO trocken, Spanien

Kartoffel-Pilz-Suppe mit Haselnüssen

Zubereitungszeit: 45 Minuten

ZUTATEN FÜR 4 PERSONEN
200 G KLEINE STEINPILZE ODER BRAUNE CHAMPIGNONS
100 G PFIFFERLINGE
7 SHIITAKE-PILZE
250 G KARTOFFELN
1 ZWIEBEL
1 BUND GLATTE PETERSILIE
2 ZWEIGE THYMIAN
2 ZWEIGE MAJORAN
1 L GEMÜSEBRÜHE
4–5 EL OLIVENÖL
SALZ, PFEFFER
3 EL HASELNUSSKERNE
50 G FRISCH GERIEBENER PARMESAN

Die Pilze putzen und in Scheiben schneiden. Kartoffeln schälen und in sehr dünne Scheiben schneiden. Die Zwiebel schälen und fein würfeln. Die Kräuter waschen, trocken tupfen und fein hacken. Die Gemüsebrühe erhitzen.

In einen großen Topf 2 EL Olivenöl geben, Zwiebel und Kräuter bei schwacher Hitze kurz dünsten. Kartoffeln und Pilze zufügen und mit Salz und Pfeffer würzen. Mit der heißen Brühe aufgießen und ca. 15 Minuten leicht köcheln lassen.

Inzwischen die Haselnüsse ohne Zugabe von Fett in einer Pfanne rösten, dabei ständig rühren. Die Nüsse herausnehmen, auf ein Tuch geben und die losen Hautteile damit abreiben. Nüsse nicht zu fein hacken, in die Suppe geben und 10 Minuten mitkochen. Die Suppe in Schalen füllen, mit dem restlichen Olivenöl beträufeln und nach Geschmack mit Parmesan bestreuen.

WEINEMPFEHLUNG
Chardonnay trocken, Australien

Kartoffelsuppe mit Lauch

Zubereitungszeit: 1 Stunde

ZUTATEN FÜR 4 PERSONEN

3–4 STANGEN LAUCH
500 G KARTOFFELN
1,5 L HÜHNERBRÜHE
100 ML TROCKENER WEISSWEIN
150 G CRÈME FRAÎCHE
SALZ, WEISSER PFEFFER
MUSKATNUSS
½ BUND SCHNITTLAUCH

Den weißen und hellgrünen Teil von den Lauchstangen halbieren, unter fließendem Wasser gründlich waschen und in etwa 1 cm breite Streifen schneiden.

Kartoffeln schälen, waschen, in Würfel schneiden und zusammen mit dem Lauch in einen Topf geben. Die Brühe und den Wein zugießen und ganz weich kochen, das dauert gute 30 Minuten.

Alles durch ein Sieb in einen zweiten Topf passieren, die Rückstände im Sieb gründlich ausdrücken. Unter das Gemüsepüree die Crème fraîche rühren, zur Suppe geben, einmal kurz aufkochen und mit Salz und weißem Pfeffer sowie einem Hauch geriebener Muskatnuss abschmecken.

Schnittlauch waschen, trocknen, in Röllchen schneiden und auf die Suppe streuen.

WEINEMPFEHLUNG
Weißer Burgunder Q.b.A. trocken, Pfalz

Kartoffelsuppe mit Gemüseeinlage

Zubereitungszeit: 1 Stunde

ZUTATEN FÜR 4 PERSONEN

600 G MEHLIGKOCHENDE KARTOFFELN
1 STANGE LAUCH
2 FRÜHLINGSZWIEBELN
1 KLEINER KOHLRABI
1 KLEINE MÖHRE
6 SHIITAKE-PILZE
5 EL BUTTER
SALZ, PFEFFER
MUSKATNUSS
600 ML WASSER
1 BOUQUET GARNI (BUND AUS THYMIANZWEIG, LORBEERBLATT UND PETERSILIENSTÄNGEL)
2 SCHEIBEN TOASTBROT
ÖL ZUM BRATEN
1 PÄCKCHEN GETROCKNETE STEINPILZE (4 G)
200 ML SAHNE
2 EL CRÈME FRAÎCHE
1 ZWEIG FEIN GEHACKTER MAJORAN (ODER 1 TL GETROCKNETER MAJORAN)
1 BUND GESCHNITTENER SCHNITTLAUCH

Die Kartoffeln schälen, waschen und in kleine Stücke schneiden. Lauch und Frühlingszwiebeln putzen, waschen und in schmale Ringe schneiden. Kohlrabi und Möhre schälen und mit den Shiitake-Pilzen in Streifen schneiden.

Frühlingszwiebeln, Kartoffeln und zwei Drittel der Lauchringe in 1 EL Butter in einem Topf anschwitzen. Mit Salz, Pfeffer und Muskatnuss würzen und dem Wasser aufgießen. Das Bouquet garni zugeben und 30 Minuten sanft kochen lassen.

Die Toastbrotscheiben in Würfel schneiden, in einer Pfanne mit 1 EL Butter langsam goldbraun braten und zur Seite stellen. Die in Streifen geschnittenen Shiitake-Pilze in einer Pfanne mit 2 EL Öl anbraten. Kohlrabi, Möhre und restlichen Lauch zugeben, mit Salz und Pfeffer würzen, etwas Wasser angießen und 5 Minuten bissfest kochen.

Die getrockneten Steinpilze mit einem Handmörser zerkleinern und zusammen mit der Sahne in einem Topf aufkochen. Aus der gekochten Kartoffelsuppe das Bouquet garni herausnehmen und die Suppe pürieren.

Die Pilz-Sahne-Mischung mit der Crème fraîche, der restlichen Butter und dem bissfest gekochten Gemüse in die Suppe geben und umrühren. Mit Majoran, Schnittlauch und Brotwürfeln anrichten und servieren.

WEINEMPFEHLUNG
Silvaner Kabinett trocken, Franken

Sellerie-Suppe mit Prosecco

Zubereitungszeit: 1 Stunde

ZUTATEN FÜR 4 PERSONEN

500 G KNOLLENSELLERIE
1 ZWIEBEL
1 KNOBLAUCHZEHE
1 ZITRONE
1 APFEL, Z.B. BOSKOP
3 ZWEIGE MAJORAN
2 EL PFLANZENÖL
SALZ, PFEFFER
200 ML PROSECCO
250 ML APFELSAFT
500 ML GEMÜSEBRÜHE
100 G CRÈME FRAÎCHE
MUSKATNUSS
CAYENNEPFEFFER
1 EL BUTTER
2 EL AHORNSIRUP

Den Sellerie schälen, waschen und in ca. 3 cm große Würfel schneiden. Zwiebel und Knoblauch schälen und fein hacken. Die Zitrone auspressen. Den Apfel schälen, vierteln, entkernen, in ca. 1 cm große Stücke würfeln und mit Zitronensaft beträufeln, damit er nicht braun wird. Majoran waschen, trocken tupfen und die Blättchen abzupfen.

Zwiebelwürfel und Knoblauch im Pflanzenöl glasig anschwitzen, den Sellerie dazugeben, kurz mitdünsten und alles salzen und pfeffern. Mit 150 ml Prosecco, dem Apfelsaft und 250 ml Gemüsebrühe ablöschen. Aufkochen und zugedeckt bei mittlerer Hitze ca. 25 Minuten kochen, bis der Sellerie weich ist. Crème fraîche dazugeben.

Die Suppe pürieren, dabei von der restlichen Gemüsebrühe so viel hinzufügen, dass die Suppe eine cremige Konsistenz bekommt. Mit frischer Muskatnuss, Cayennepfeffer, Salz und Pfeffer abschmecken. Die Suppe eventuell durch ein Sieb streichen und noch einmal aufkochen lassen.

Die Apfelstücke in einer Pfanne mit Butter und dem Ahornsirup kurz anbraten. Den restlichen Prosecco, die Majoranblättchen und die Apfelstücke zur Suppe geben.

WEINEMPFEHLUNG
Valdo Prosecco Spumante DOC, Italien

Rosenkohlsuppe mit Speck

Zubereitungszeit: 45 Minuten

ZUTATEN FÜR 4 PERSONEN

500 G ROSENKOHL
1 GROSSE ZWIEBEL
1 GROSSE KARTOFFEL
1 BUND BRUNNENKRESSE
3 SCHEIBEN FRÜHSTÜCKSSPECK (BACON), 2–3 MM DICK
50 G BUTTER
1 L HÜHNER- ODER GEMÜSEBRÜHE
2–3 EL CRÈME FRAÎCHE
SALZ, PFEFFER
MUSKATNUSS

Den Rosenkohl putzen, waschen und vierteln. Zwiebel schälen und fein würfeln. Die Kartoffel ebenfalls schälen, waschen und würfeln. Brunnenkresse waschen, trocken schütteln, die Blätter abzupfen und in Streifen schneiden. Den Bacon würfeln.

Die gewürfelte Zwiebel in der Butter glasig anschwitzen und dann die Kartoffelwürfel dazugeben. Mit der Brühe ablöschen und das Ganze einige Minuten kochen. Den Rosenkohl dazugeben und weitere 10 Minuten kochen.

Bacon in einer Pfanne ohne Zugabe von Fett knusprig braten. Auf Küchenkrepp abtropfen lassen. Crème fraîche unter die Suppe rühren und alles pürieren. Mit Salz, Pfeffer und frisch geriebener Muskatnuss abschmecken. Die Suppe in Teller geben und mit Bacon und Brunnenkresse anrichten.

WEINEMPFEHLUNG
Dornfelder Q.b.A. lieblich, Pfalz

Weißkohlsuppe mit Mango und Curry

Zubereitungszeit: 70 Minuten

ZUTATEN FÜR 4 PERSONEN
2 MITTELGROSSE, GESCHÄLTE SCHALOTTEN
1 KLEINER WEISSKOHL
50 ML SONNENBLUMENÖL
1,5 TL INGWERPULVER
2 MSP. CURRYPULVER
MEERSALZ
750 ML GEMÜSEBRÜHE
2 FRÜHLINGSZWIEBELN
3 EL BUTTER
SALZ, WEISSER PFEFFER
80 ML WEISSWEIN
300 ML NATURTRÜBER APFELSAFT
½ STANGE ZITRONENGRAS
2 MANGOS
CAYENNEPFEFFER
1 STÄNGEL KORIANDER

Für den Kohlsud die Schalotten sowie den Strunk und die Stiele des Weißkohls im Öl anschwitzen. 1 TL Ingwer, Curry und Meersalz zugeben und mit der Gemüsebrühe aufgießen. Ungefähr 45 Minuten kochen und dabei auf etwa 250 ml einreduzieren lassen. Durch ein Sieb abgießen.

Für die Suppe die Frühlingszwiebeln putzen, waschen, zusammen mit den Weißkohlblättern klein schneiden und in der Butter anschwitzen. Mit Salz, Pfeffer und dem restlichen Ingwer abschmecken. Mit Weißwein ablöschen. Den Apfelsaft zusammen mit dem Kohlsud und dem Zitronengras zugeben. So lange kochen, bis der Kohl weich ist.

Die Mangos schälen, in Würfel schneiden und dazugeben. Mit Salz und Cayennepfeffer abschmecken, Zitronengras entfernen und mit gehacktem Koriander verfeinern.

WEINEMPFEHLUNG
Grauburgunder Q.b.A. trocken, Baden

Cremige Rote-Bete-Suppe mit Meerrettichsahne

Zubereitungszeit: 45 Minuten

ZUTATEN FÜR 4 PERSONEN
1 MITTELGROSSE ZWIEBEL
2 EL BUTTER
1 GLAS GEKOCHTE ROTE-BETE-SCHEIBEN (430 G)
1 EL HONIG
500 ML GEMÜSEBRÜHE
1 SÄUERLICHER APFEL
SALZ, PFEFFER
GEMAHLENER KÜMMEL
100 G SAURE SAHNE
1 TL GERIEBENER MEERRETTICH

Die Zwiebel schälen, grob würfeln und in 1 EL Butter anschwitzen. Die abgetropften Rote-Bete-Scheiben dazugeben und mit dem Honig kurz glasieren.

Die Gemüsebrühe und den aufgefangenen Rote-Bete-Saft zugeben und 30 Minuten auf kleiner Flamme kochen. Währenddessen den Apfel schälen, fein würfeln und in 1 EL Butter in etwa 5 Minuten weich garen. Die fertige Rote-Bete-Suppe pürieren, mit Salz, Pfeffer und gemahlenem Kümmel abschmecken.

Die saure Sahne mit dem Meerrettich vermischen. Die Suppe auf Teller verteilen. Auf jeden Teller einen Klecks saure Sahne-Meerrettich-Creme in die Mitte der Suppe geben. Die Apfelwürfel darüber streuen.

WEINEMPFEHLUNG
Grauburgunder Q.b.A. trocken, Rheinhessen

Grießsuppe mit Zwiebeln

Zubereitungszeit: 1 Stunde

ZUTATEN FÜR 4 PERSONEN
2 EL BUTTER
40 G HARTWEIZENGRIESS
500 ML GEMÜSEBRÜHE
500 ML MILCH
3 MITTELGROSSE ZWIEBELN
1 LORBEERBLATT
1 NELKE
1 EL TEMPURAMEHL
½ TL EDELSÜSSES PAPRIKAPULVER
SALZ
100 G LEICHT GESCHLAGENE SAHNE
100 G FLÜSSIGE SAHNE
WEISSER PFEFFER
MUSKATNUSS
1 MSP. CAYENNEPFEFFER
1 BUND SCHNITTLAUCH

1 EL Butter im Topf erhitzen, den Grieß zugeben und 5 Minuten bei geringer Temperatur rösten. Die Gemüsebrühe mit der Milch vermischen. Mit 250 ml der Flüssigkeit den Grieß ablöschen.

1 Zwiebel schälen und mit dem Lorbeerblatt und der Nelke spicken. Die Suppe einmal aufkochen lassen, die restliche Flüssigkeit und die gespickte Zwiebel zugeben und 20 Minuten auf kleiner Flamme sanft kochen.

Die beiden anderen Zwiebeln schälen, in hauchdünne Scheiben schneiden, mit dem gut vermischten Tempuramehl und Paprikapulver bestäuben; gut vermischen und in 1 EL heißer Butter langsam goldbraun braten. Herausnehmen, auf Küchenkrepp entfetten und leicht salzen.

In die Suppe die leicht geschlagene sowie die flüssige Sahne unterrühren. Mit Salz, Pfeffer, Muskatnuss und Cayennepfeffer pikant abschmecken.

Den Schnittlauch waschen, trocknen und in feine Röllchen schneiden. Die geröstete Grießsuppe in vorgewärmten Tellern anrichten. Die Zwiebelringe portionsweise darin verteilen und mit den Schnittlauchröllchen bestreuen.

WEINEMPFEHLUNG
Gavi di Gavi trocken, Italien

Exotische Kokossuppe

Zubereitungszeit: 70 Minuten

ZUTATEN FÜR 4 PERSONEN
1 FENCHELKNOLLE
2–3 ZWIEBELN (ETWA 120 G)
2 KNOBLAUCHZEHEN
1 STÜCK INGWER (2 CM)
5 EL SESAMÖL
1 KLEINE STANGE ODER 1 TL GEFRIERGETROCKNETES ZITRONENGRAS
600 ML GEMÜSEBRÜHE
1 DOSE KOKOSMILCH (400 G)
SALZ
CHILIPULVER
CURRYPULVER
2 SCHALOTTEN
1 STANGE STAUDENSELLERIE
2 FRÜHLINGSZWIEBELN
1 KLEINE ORANGE
1 EL HONIG
CAYENNEPFEFFER
1 MSP. GETROCKNETER ESTRAGON

Die Fenchelknolle putzen, waschen, den Strunk entfernen und ein Drittel der Fenchelknolle für die Suppeneinlage beiseitelegen. Den Rest und die geschälten Zwiebeln grob zerschneiden. Den Knoblauch schälen und pressen. Den Ingwer schälen und halbieren. Eine Hälfte ebenfalls für die Einlage zur Seite legen.

Zwiebeln, Knoblauch und Fenchel in 3 EL heißem Sesamöl kurz andünsten. Eine Ingwerhälfte vierteln und mit dem Zitronengras zum Gemüse geben, dann die Gemüsebrühe und die Kokosmilch einrühren. Mit Salz, Chili- und etwas Currypulver würzen und zugedeckt 45 Minuten sanft kochen lassen. Dann durch ein Sieb gießen.

Die Schalotten schälen, den Sellerie und die Frühlingszwiebeln putzen und waschen. Von den Frühlingszwiebeln nur das Weiße verwenden und in 5 mm dicke Ringe schneiden. Schalotten, Sellerie und den zurückbehaltenen Fenchel in kleine Würfel schneiden. Die Orange schälen, die Filets aus den Trennhäuten lösen und quer halbieren, den dabei abgetropften Saft aufheben. Die zweite Ingwerhälfte sehr fein hacken. Das Gemüse in 2 EL heißem Öl kurz anschwitzen, 1 EL Currypulver zugeben und etwas anrösten. 1 EL Honig, die Orangenfilets und den Ingwer zufügen. Mit Salz und Cayennepfeffer würzen, mit der Kokos-Gemüse-Flüssigkeit aufgießen und die Suppe etwa 10 Minuten auf kleiner Flamme kochen. Zuletzt den Estragon und den aufgefangenen Orangensaft zugeben.

WEINEMPFEHLUNG
Riesling Kabinett halbtrocken, Mosel

Maronencremesuppe mit Schuss

Zubereitungszeit: 45 Minuten

ZUTATEN FÜR 8 PERSONEN
3 MÖHREN
3 STANGEN STAUDENSELLERIE MIT BLÄTTERN
3 MITTELGROSSE UND 1 KLEINE ZWIEBEL
2 EL BUTTER
1,5 L RINDER- ODER HÜHNERBRÜHE
250 ML TROCKENER WEISSWEIN
3 NELKEN
750 G GESCHÄLTE, GEKOCHTE MARONEN (ESSKASTANIEN)
SALZ, PFEFFER
ZUCKER
250 G CRÈME FRAÎCHE
3–4 EL GUTER COGNAC

Die Möhren schälen und klein würfeln. Staudensellerie waschen, samt Blättern klein schneiden. Die mittelgroßen Zwiebeln schälen und fein hacken.

In einem großen Topf die Butter erhitzen und die Gemüsewürfel bei kräftiger Hitze unter Rühren etwa 10 Minuten andünsten. Die Brühe und den Wein angießen. Die kleine Zwiebel schälen und mit den Nelken spicken. Von den Maronen 8 Stück zur Seite legen, die restlichen mit der gespickten Zwiebel in die Brühe geben. 25 Minuten leise köcheln lassen, dann die Zwiebel mit den Nelken aus der Brühe nehmen und entsorgen.

Die Suppe pürieren. Falls sie zu dick ist, etwas Brühe oder Weißwein zugießen. Die zur Seite gelegten Maronen klein schneiden. Suppe mit Salz, Pfeffer und Zucker abschmecken. Kurz vor dem Servieren die Crème fraîche in die heiße Suppe rühren, erst ganz zum Schluss den Cognac, damit sein Aroma nicht verfliegt. Die klein geschnittenen Maronen auf 8 Suppenteller verteilen und die heiße Suppe darüber schöpfen.

WEINEMPFEHLUNG
Pouilly Fuissé, Frankreich

Maronencremesuppe mit Schuss

Indische Linsensuppe

Zubereitungszeit: 45 Minuten

ZUTATEN FÜR 4 PERSONEN
1 MITTELGROSSE ZWIEBEL
1 BUND KORIANDER
1 UNBEHANDELTE ZITRONE
4 EL OLIVENÖL
JE 1 TL GEMAHLENER KORIANDER UND CUMIN (KREUZKÜMMEL)
JE ½ TL INGWERPULVER UND ENGLISCHES SENFPULVER
1 L GEMÜSEBRÜHE
250 G GESCHÄLTE ROTE LINSEN
150 G JOGHURT (GRIECHISCHER ODER TÜRKISCHER)
SALZ, PFEFFER

Die Zwiebel schälen und fein hacken. Den Koriander waschen und trocknen. Die Zitrone heiß waschen, trocken reiben, ein etwa daumengroßes Stück Schale dünn abschälen, die Zitrone dann auspressen.

Im Suppentopf das Öl erhitzen, die Zwiebelwürfel unter Rühren anschwitzen. Die Gewürze dazurühren und kurz dünsten. Die Brühe aufgießen, Zitronenschale und die Linsen einrühren. Bei schwacher Hitze zugedeckt 15 bis 20 Minuten garen, bis die Linsen weich sind.

Koriander hacken, unter den Joghurt rühren, mit Zitronensaft würzen.

Die Zitronenschale aus der Suppe entfernen. Die Suppe abschmecken, in tiefe Teller füllen und jeweils mit 1 Klecks Koriander-Joghurt garnieren. Sofort servieren.

WEINEMPFEHLUNG
Riesling Kabinett halbtrocken, Mosel

Einfache Bohnensuppe

Zubereitungszeit: 1 Stunde

ZUTATEN FÜR 4 PERSONEN

200 G GERÄUCHERTER ROHER SPECK
2 GROSSE ZWIEBELN
2 EL NEUTRALES PFLANZENÖL
2 GROSSE DOSEN WEISSE BOHNEN MIT SUPPENGEMÜSE (À 850 G)
1 KLEINE FLASCHE TOMATENKETCHUP (250 ML)
300 G SAURE SAHNE
500 ML ROTWEIN
1 BOUILLON-WÜRFEL
1 LORBEERBLATT
ZUCKER
SALZ, PFEFFER
EDELSÜSSES PAPRIKAPULVER
ZITRONENSAFT
1 TL THYMIAN
1 TL MAJORAN
1 TL BOHNENKRAUT
4–6 DEBREZINER WÜRSTE

Speck in feine Würfel schneiden, die Zwiebeln schälen und etwas größer würfeln. In einem großen Topf das Öl erhitzen, die Speckwürfel darin auslassen und anbraten. Die Zwiebelwürfel zugeben und glasig dünsten. Bohnen, Ketchup, saure Sahne, Rotwein, den Bouillon-Würfel und das Lorbeerblatt dazugeben.

Mit Zucker, Salz, Pfeffer, Paprika, 1 Schuss Zitronensaft, Thymian, Majoran und Bohnenkraut abschmecken, der Eintopf soll süß-sauer sein.

Aufkochen, die Debreziner, in ca. 1 cm dicke Scheiben geschnitten, zugeben und dann auf kleinster Stufe zugedeckt ziehen lassen – je länger, desto besser, dabei öfter umrühren.

WEINEMPFEHLUNG
Riesling Q.b.A. trocken, Pfalz

Dicke Bohnen-Suppe

Zubereitungszeit: 45 Minuten

ZUTATEN FÜR 4 PERSONEN

2 ZWIEBELN
100 G GERÄUCHERTER FETTER SPECK
5 SCHEIBEN FRÜHSTÜCKSSPECK (BACON)
1–2 EL PFLANZENÖL
500 G DICKE BOHNEN, OHNE SCHALE
750 ML HÜHNERBRÜHE
1 STÄNGEL BOHNENKRAUT
3 EL CRÈME FRAÎCHE
SALZ, PFEFFER

Die Zwiebeln schälen und in Würfel schneiden. Den Speck fein würfeln und die Baconscheiben in Streifen schneiden. In einem Topf das Öl erhitzen, den Speck auslassen und die Zwiebeln glasig andünsten.

Die dicken Bohnen zugeben und die Hühnerbrühe angießen. Das Bohnenkraut darauflegen und zugedeckt 30 Minuten köcheln lassen. Die Crème fraîche einrühren, mit Salz und Pfeffer abschmecken und pürieren.

Eine Pfanne ohne Zugabe von Fett stark erhitzen und die Baconstreifen knusprig auslassen. Die Suppe in Teller geben und mit den Baconstreifen bestreuen.

WEINEMPFEHLUNG
Gallo Turning Leaf Chardonnay trocken, Kalifornien

Graupeneintopf mit Speck

Zubereitungszeit: 1,5 Stunden

ZUTATEN FÜR 4 PERSONEN

125 G GERÄUCHERTER SPECK (2 DICKERE SCHEIBEN)
2 MITTELGROSSE ZWIEBELN
3 MÖHREN
3 KARTOFFELN
1 STANGE LAUCH
1–2 PETERSILIENWURZELN
1 MAIRÜBE ODER KLEINER KOHLRABI
1 KLEINER WIRSING (CA. 500 G UNGEPUTZT GEWOGEN)
3 EL PFLANZENÖL
125 G PERLGRAUPEN
500 ML FLEISCHBRÜHE
5 PIMENTKÖRNER (NELKENPFEFFER)
2 LORBEERBLÄTTER
2 GERÄUCHERTE METTWÜRSTE
1 BUND PETERSILIE
CA. 10 CM FRISCHE MEERRETTICHWURZEL
SALZ, PFEFFER

Den Speck (ohne Schwarte) in kleine Würfel schneiden. Das Gemüse putzen, waschen, schälen und in ca. 1 cm große Würfel oder in Scheiben schneiden. Im Suppentopf das Öl erhitzen. Die Speckwürfel darin anbraten. Die Wurzelgemüse und die Graupen dazugeben, unter Rühren kurz anschwitzen. Die übrigen Gemüse und die Kartoffeln dazugeben, die Brühe angießen.

Die Pimentkörner und die Lorbeerblätter unter den Eintopf mischen, die Mettwürste obenauf legen. Das Ganze zugedeckt 40 bis 50 Minuten köcheln lassen. Petersilie waschen, trocknen und die Blättchen hacken. Den Meerrettich schälen und fein reiben. Nach der Garzeit die Würste in Scheiben schneiden und die Lorbeerblätter entfernen. Den Eintopf mit Salz und Pfeffer abschmecken, mit dem geriebenen Meerrettich bestreuen, die Wurstscheiben darauflegen und mit gehackter Petersilie garniert servieren.

WEINEMPFEHLUNG
Chardonnay IGT trocken, Italien

Erbseneintopf mit Wiener Würstchen

Zubereitungszeit: 70 Minuten

ZUTATEN FÜR 4 PERSONEN

1 ZWIEBEL
1 MÖHRE
50 G GERÄUCHERTER BAUCHSPECK
2 EL KALTE BUTTER
200 G GRÜNE SCHÄLERBSEN
1,2 L GEFLÜGELFOND
1 BOUQUET GARNI (AUS 4 ZWEIGEN THYMIAN, 8 STÄNGELN PETERSILIE UND 1 LAUCHBLATT)
1 LORBEERBLATT
250 G MEHLIGKOCHENDE KARTOFFELN
2 PAAR WIENER WÜRSTCHEN
SALZ, PFEFFER
MUSKATNUSS

Zwiebel und Möhre schälen und in kleine Würfel schneiden. Den Bauchspeck ebenfalls in Würfel schneiden. Zwiebelwürfel in einem Topf mit 1 EL Butter glasig andünsten. Speckwürfel, Möhre und Schälerbsen dazugeben, durchschwenken und weitere 5 Minuten garen. Den Geflügelfond dazugießen und 50 Minuten bei geringer Hitze leise köcheln lassen.

Für das Bouquet garni die Zutaten waschen, trocken tupfen und zu einem Strauß binden. Mit dem Lorbeerblatt zur Suppe geben. Die Kartoffeln schälen, waschen und in kleine Würfel schneiden. Nach etwa 30 Minuten in die Suppe geben. Kräutersträußchen und Lorbeerblatt nach dem Ende der Garzeit wieder entfernen.

Die Würstchen schräg in Scheiben schneiden. Die restliche kalte Butter in Würfel schneiden, zur Suppe geben und leicht pürieren, sodass die Suppe noch stückig ist. Mit Salz, Pfeffer und frisch geriebener Muskatnuss würzen. Würstchen dazugeben und 5 Minuten ziehen lassen.

WEINEMPFEHLUNG
Gavi di Gavi trocken, Italien

Feiner Erbseneintopf mit karamellisiertem Gemüse

Zubereitungszeit: 70 Minuten

ZUTATEN FÜR 6 PERSONEN

180 G PETERSILIENWURZELN
100 G MÖHREN
50 G ZWIEBEL
1,5 EL ZUCKER
50 ML WASSER
25 ML WEISSWEINESSIG
80 G GRÜNE HALBIERTE ERBSEN
30 G GRÜNKERN- ODER DINKELFLOCKEN
1 ZWEIG THYMIAN
1 LORBEERBLATT

1 L GEMÜSEBRÜHE
SALZ, WEISSER PFEFFER
MUSKATNUSS
200 ML SAHNE
100 G SAURE SAHNE
1 BUND SCHNITTLAUCH

Petersilienwurzeln, Möhren und Zwiebel putzen, schälen und in kleine Würfel schneiden. Den Zucker mit Wasser zu einem hellen Karamell kochen und mit Essig ablöschen. Zwiebel- und Gemüsewürfel darin kurz anbraten. Erbsen, Grünkern- oder Dinkelflocken, Thymian und Lorbeerblatt mitrösten und mit 250 ml Gemüsebrühe ablöschen. Die restliche Gemüsebrühe nach etwa 5 Minuten zugießen und 45 Minuten bei geringer Temperatur köcheln lassen.

Den Erbseneintopf mit Salz, Pfeffer und Muskatnuss würzen und mit Sahne und saurer Sahne verfeinern. Den Schnittlauch waschen, trocknen und in kleine Röllchen schneiden. Erbseneintopf in vorgewärmte Teller verteilen und mit den Schnittlauchröllchen bestreuen.

WEINEMPFEHLUNG
Silvaner Kabinett trocken, Franken

Schnibbelbohneneintopf

Zubereitungszeit: 50 Minuten

ZUTATEN FÜR 4 PERSONEN
400 G BREITE STANGENBOHNEN
100 G ZWIEBELN
200 G KARTOFFELN
SALZ
3 STÄNGEL BOHNENKRAUT
1 ZWEIG THYMIAN
2 EL BUTTER
300 ML SAHNE
500 ML GEFLÜGELFOND
1 LORBEERBLATT
100 G FRÜHSTÜCKSSPECK (BACON)
PFEFFER
100 G SAURE SAHNE

Die Bohnen putzen, waschen und schräg in dünne Streifen schneiden. Die Zwiebeln schälen und in feine Würfel schneiden. Die Kartoffeln schälen, waschen, in kleine Würfel schneiden und 2 Minuten in kochendem Salzwasser garen. Bohnenkraut und Thymian waschen, trocken tupfen und zu einem Kräutersträußchen binden. Die Zwiebeln in einem Topf mit 2 EL Butter glasig andünsten und die Bohnen dazugeben.

Sahne und Geflügelfond dazugießen und Kartoffeln, Kräutersträußchen und Lorbeerblatt dazugeben. Die Suppe aufkochen und 15 Minuten köcheln lassen.

In der Zwischenzeit den Frühstücksspeck in dünne Streifen schneiden und in einer Pfanne von allen Seiten kross braten. Die Suppe beiseitestellen. Kräutersträußchen und Lorbeerblatt herausnehmen und den Eintopf mit Salz und Pfeffer abschmecken.

Die saure Sahne vorsichtig einrühren und mit den Speckstreifen servieren.

WEINEMPFEHLUNG
Weißer Burgunder Q.b.A. trocken, Pfalz

Pichelsteiner Eintopf

Zubereitungszeit: 2,5 Stunden

ZUTATEN FÜR 4 PERSONEN
300 G RINDFLEISCH, Z.B. AUS DER SCHULTER
300 G MAGERES LAMMFLEISCH
300 G SCHWEINESCHNITZEL
4 EL PFLANZENÖL
200 G KNOLLENSELLERIE
250 G KARTOFFELN
250 G MÖHREN
250 G WEISSKOHL ODER WIRSING

Schnibbelbohneneintopf

250 G LAUCH
300 G ZWIEBELN
SALZ, PFEFFER
½ TL THYMIAN ODER MAJORAN
1 L FLEISCHBRÜHE
1 BUND PETERSILIE

Alle Fleischsorten in 2 bis 3 cm große Würfel schneiden und nacheinander in einem Bräter in heißem Öl rundum anbraten, herausnehmen und zur Seite stellen.

Die Gemüse putzen, waschen und, soweit nötig, schälen. Auch die Zwiebeln schälen, alles in kleinere Würfel schneiden und gut miteinander vermischen.

In einen großen Topf, zu dem es einen fest aufliegenden Deckel gibt, Fleisch und Gemüse schichtweise einfüllen, zuerst eine Lage Fleisch, dann eine Lage Gemüsemischung und so weiter schichten. Jede Schicht mit Salz, Pfeffer und etwas Thymian würzen, die Fleischbrühe darüber gießen und den Deckel auflegen. Bei kleiner Hitze aufkochen und 1,5 bis 2 Stunden leise köcheln lassen. Dabei nicht umrühren. Nach Ende der Garzeit den Eintopf mit fein gehackter Petersilie bestreuen und heiß servieren.

WEINEMPFEHLUNG
Riesling Q.b.A. trocken, Mosel

Spitzkohleintopf mit Lamm

Zubereitungszeit: 1,5 Stunden plus 4 Stunden Marinierzeit

ZUTATEN FÜR 4 PERSONEN
FÜR DIE MARINADE:
½ KNOBLAUCHZEHE
2 EL PFLANZENÖL
½ TL GANZER KÜMMEL
1 MSP. MILDES CURRYPULVER
1 GEHÄUFTER EL ROTES TANDOORIPULVER
½ TL ANISSAMEN
1 MSP. ZIMT
½ TL KORIANDERKÖRNER
ABGERIEBENE SCHALE VON ½ UNBEHANDELTEN ZITRONE
150 G JOGHURT, WENN MÖGLICH VON ZIEGE ODER SCHAF

FÜR DEN EINTOPF:
600 G LAMMFLEISCH, AUS KEULE ODER SCHULTER
2 MITTELGROSSE ZWIEBELN
2 KNOBLAUCHZEHEN
2 MITTELGROSSE MÖHREN
200 G KNOLLENSELLERIE
4 MITTELGROSSE KARTOFFELN
1 KLEINER SPITZKOHL
50 ML WEISSWEIN
SALZ, PFEFFER
1 BUND GLATTE PETERSILIE
2 ZWEIGE THYMIAN
1 ZWEIG ROSMARIN
2 LORBEERBLÄTTER

Für die Marinade Knoblauch schälen und mit Öl, Gewürzen sowie der abgeriebenen Zitronenschale mischen und mit einem scharfen Messer sehr fein hacken. Die Gewürzmischung mit Joghurt und 1 EL Wasser verrühren. Das Lammfleisch in daumengroße Stücke schneiden und in der Joghurt-Marinade 3 bis 4 Stunden ziehen lassen.

Den Backofen auf 150 °C Ober- und Unterhitze vorheizen. Zwiebeln und Knoblauch schälen und in feine Ringe schneiden.

Möhren, Sellerie und Kartoffeln putzen, schälen, waschen und in dicke Scheiben schneiden. Vom Spitzkohl die äußeren Blätter entfernen, dann vierteln und den Strunk herausschneiden. Den Kohl in ca. 3 cm große Stücke schneiden und waschen.

Das Gemüse mit Weißwein mischen und mit Salz und Pfeffer würzen. Das Fleisch aus der Marinade nehmen, abtropfen lassen, salzen und zu dem Gemüse geben. Die Kräuter waschen und trocken tupfen.

Die Hälfte der Petersilie klein hacken. Aus Thymian, Rosmarin, Lorbeerblättern und der restlichen Petersilie ein Kräutersträußchen binden.

Die Lamm-Gemüse-Mischung in eine feuerfeste Form geben. 100 ml Wasser dazugießen, das Kräutersträußchen hineinlegen und den Eintopf zugedeckt etwa 1 Stunde im Ofen garen. Aus dem Ofen nehmen, einmal umrühren, erneut zudecken und nochmals für etwa 15 Minuten im Backofen fertig garen. Das Kräutersträußchen aus dem Eintopf entfernen, den Eintopf nochmals abschmecken, mit der gehackten Petersilie bestreuen und servieren.

WEINEMPFEHLUNG
Riesling Q.b.A. trocken, Pfalz

Der richtige Topf

Wenn man häufig oder in großen Mengen Suppen kocht, lohnt sich die Anschaffung eines guten Suppentopfs. Der sollte einen dicken Boden und einen fest schließenden Deckel haben. So kann die Hitze optimal genutzt werden. Wenn's schneller gehen soll, sind Schnellkochtöpfe oder Dampfkochtöpfe das Richtige.

Fischeintopf

Zubereitungszeit: 70 Minuten

ZUTATEN FÜR 4 PERSONEN
2 SCHALOTTEN
1 KNOBLAUCHZEHE
1 KLEINER FENCHEL
3 CHAMPIGNONS
3 EL KALTE BUTTER
6–8 SAFRANFÄDEN
2 EL TROCKENER WERMUT
100 ML WEISSWEIN
750 ML FISCHFOND
1 BOUQUET GARNI (AUS 4 ZWEIGEN THYMIAN, 8 STÄNGELN PETERSILIE, 1 LAUCHBLATT)
1 LORBEERBLATT
2 TOMATEN
½ BUND DILL
600 G FISCHFILETS, OHNE HAUT (Z.B. ROTBARBENFILETS, LACHSFORELLE, WOLFSBARSCH)
SALZ, PFEFFER
CAYENNEPFEFFER
ZITRONENSAFT

Schalotten und Knoblauch schälen und in feine Würfel schneiden. Fenchel putzen, waschen, den Strunk keilförmig herausschneiden und entfernen. Das Fenchelgrün fein hacken und beiseitestellen. Den Fenchel in kleine Würfel schneiden. Die Champignons kurz abbrausen, trocken tupfen, putzen und in kleine Würfel schneiden.

Schalotten und Knoblauch in einem Topf mit 1 EL Butter 5 Minuten glasig andünsten. Safranfäden, Champignon- und Fenchelwürfel dazugeben und weitere 5 Minuten garen. Mit Wermut ablöschen, den Weißwein dazugießen und einkochen lassen. Den Fischfond hinzufügen und alles 30 Minuten bei geringer Hitze köcheln lassen.

Für das Bouquet garni die Zutaten waschen, trocken tupfen und zu einem Kräutersträußchen binden. Zusammen mit dem Lorbeerblatt zur Suppe geben.

Die Tomaten kurz mit kochendem Wasser überbrühen, häuten, halbieren und die Kerne auslösen. Das Fruchtfleisch in Würfel schneiden. Den Dill waschen, trocken tupfen und fein hacken.

Den Fisch in etwa 5 cm große Stücke schneiden, salzen und pfeffern. In die Suppe geben und 8 Minuten bei geringer Hitze ziehen lassen. Tomatenwürfel und gehacktes Fenchelgrün vorsichtig unterheben. Der Fisch sollte nicht zerfallen.

Die Suppe mit Salz, Pfeffer, Cayennepfeffer und 1 Spritzer Zitronensaft abschmecken. Kräutersträußchen und Lorbeerblatt entfernen. Die restliche kalte Butter in Würfel schneiden, in die Suppe rühren, mit Dill bestreuen und servieren.

WEINEMPFEHLUNG
Chablis 1er Cru Montmains, Frankreich

Herzhaftes Irish Stew

Zubereitungszeit: 2,5 Stunden

ZUTATEN FÜR 6 PERSONEN

1 KG LAMMRAGOUT ODER
LAMMSCHULTER OHNE KNOCHEN
1 MITTELGROSSER WEISSKOHL
750 G ZWIEBELN
SALZ, PFEFFER
THYMIAN
1 L FLEISCHBRÜHE

Das Lammfleisch in gulaschgroße Stücke schneiden. Den Kohlkopf vierteln, den Strunk herausschneiden und den Kohl in 1–2 cm breite Streifen schneiden. Die Zwiebeln schälen und in nicht zu kleine Würfel schneiden.

In einen großen Topf zuerst eine Schicht Kohl legen, darauf eine Schicht Zwiebeln und schließlich eine Schicht Lammfleisch. Mit Salz und Pfeffer würzen, nach Geschmack auch mit Thymian. Dann wieder eine Lage Kohl, Zwiebeln und Fleisch einschichten, wieder würzen. So weiter verfahren, bis alle Zutaten im Topf sind. Die letzte Lage soll aus Kohlstreifen bestehen.

Die Brühe angießen, den Deckel auflegen und den Eintopf bei kleiner Hitze mindestens 2 Stunden leise köcheln lassen, eventuell noch etwas Brühe nachgießen, aber nicht umrühren! Nach der Garzeit mit einem großen Löffel von oben nach unten Portionen ausheben und in tiefen Tellern servieren.

WEINEMPFEHLUNG
Riesling Q.b.A. trocken, Mosel

Borschtsch

Zubereitungszeit: 2,5 Stunden

ZUTATEN FÜR 6 PERSONEN

2 BEINSCHEIBEN VOM RIND
750 G ZWERCHRIPPE ODER
ANDERES SUPPENFLEISCH
2–3 MARKKNOCHEN
1 BUND SUPPENGRÜN
2 GROSSE ZWIEBELN
2 GEWÜRZNELKEN
1 LORBEERBLATT
SALZ
7–8 MITTELGROSSE KARTOFFELN
1 FRISCHE ROTE BETE
½ EL ESSIG
2 KNOBLAUCHZEHEN
1 EL BUTTER
1 GROSSE TOMATE
1 EL TOMATENMARK
15 PFEFFERKÖRNER
250 G SAUERKRAUT
PFEFFER
150 G CRÈME FRAÎCHE

Das Fleisch und die Markknochen waschen. Das Suppengrün putzen und ggf. schälen, eine der Zwiebeln schälen und mit den Nelken spicken. Fleisch, Gemüse und die gespickte Zwiebel mit dem Lorbeerblatt in 2,5 l Salzwasser aufsetzen und bei ganz kleiner Stufe sachte 2 Stunden köcheln lassen.

Die Kartoffeln schälen und in kleine Würfel schneiden. Rote Bete putzen, schälen, auf einer groben Rohkostreibe raspeln und in einem Töpfchen in ganz wenig Wasser mit einem kleinen Schuss Essig weich kochen. Die zweite Zwiebel und die Knoblauchzehen schälen und klein würfeln.

In einer Pfanne in Butter die Zwiebelwürfel anrösten, ein wenig später den Knoblauch dazugeben. Die Tomate überbrühen, abschrecken, häuten, den Stielansatz entfernen und klein würfeln. Zusammen mit dem Tomatenmark unter die Zwiebel-Knoblauchmischung rühren. Kurz dünsten und mit ein wenig von der Fleischbrühe ablöschen.

Das gare Suppenfleisch aus dem Topf nehmen und in Würfel schneiden. In der Brühe die vorbereiteten Kartoffelstücke zusammen mit den Pfefferkörnern ca. 10 Minuten kochen, erst dann kommt das Sauerkraut dazu, aber nicht früher, sonst bleiben die Kartoffeln durch die Säure hart.

Die Zwiebel-Tomaten-Mischung und die vorgekochte Rote Bete zusammen mit dem Suppenfleisch in die Brühe geben, alles noch mal mit Salz und Pfeffer abschmecken. Heiß servieren, jeden Teller mit einem Klecks Crème fraîche krönen. Dazu gibt's Weißbrot.

WEINEMPFEHLUNG
Silvaner Kabinett trocken, Franken

Wirsing-Eintopf mit Dillcreme

Zubereitungszeit: 1,5 Stunden

ZUTATEN FÜR 4 PERSONEN

1 MITTELGROSSE ZWIEBEL
¼ KNOLLENSELLERIE
1 GROSSE MÖHRE
1 GROSSE PETERSILIENWURZEL
400 G MITTELGROSSE VORWIEGEND FEST-
KOCHENDE KARTOFFELN
400 G WIRSING
½ TL KÜMMEL
2 EL PFLANZENÖL
1 EL BUTTER
1 LORBEERBLATT
½ BUND DILL
1 L GEMÜSEBRÜHE
SALZ, PFEFFER
MUSKATNUSS
150 G CRÈME FRAÎCHE

Zwiebel, Sellerie, Möhre, Petersilienwurzel und Kartoffeln schälen und in Würfel schneiden. Wirsing vierteln, vom Strunk befreien und in Streifen schneiden.

Den Kümmel in etwas Öl anrösten, dann mit einem großen, scharfen Messer hacken und mit der Butter vermischen. Kümmelbutter mit dem Pflanzenöl erhitzen, Zwiebel und Lorbeer darin glasig anbraten. Sellerie, Möhre, Petersilienwurzel, Wirsing und Kartoffeln dazugeben.

Den Dill waschen, die Spitzen abzupfen, die Stängel zusammenbinden und zum Eintopf geben. Gemüsebrühe angießen und 40 Minuten abgedeckt bei geringer Temperatur garen. Dillstängel und Lorbeerblatt entfernen und mit Salz, Pfeffer und frisch geriebener Muskatnuss abschmecken. Die Dillspitzen hacken, mit der Crème fraîche vermengen, leicht mit Salz und Pfeffer würzen. Eintopf in vorgewärmten Tellern anrichten und mit einem Klecks Dillcreme verfeinern.

WEINEMPFEHLUNG
Blanc de Noirs Cuvée trocken, Württemberg

Erbsensuppe mit Minze

Zubereitungszeit: 35 Minuten

ZUTATEN FÜR 4 PERSONEN

1 KLEINE ZWIEBEL
2 KNOBLAUCHZEHEN
1 BUND MINZE
1 EL OLIVENÖL
250 G TIEFGEFRORENE ERBSEN
500 ML HÜHNERBRÜHE
SALZ, PFEFFER
MUSKATNUSS

Zwiebel und Knoblauch schälen und fein würfeln. Die Minze waschen, trocken tupfen, Blättchen von den Stielen zupfen und fein hacken. In einem Topf das Öl erhitzen und die Zwiebelwürfel darin weich dünsten. Knoblauch, Erbsen und Minze, bis auf einen kleinen Teil zum Anrichten, hinzufügen und 2 bis 3 Minuten dünsten.

Die Hühnerbrühe angießen, kurz aufkochen und bei kleiner Hitze köcheln lassen, bis die Erbsen weich sind.

4 bis 5 EL Erbsen herausnehmen und zur Seite stellen. Die Suppe mit dem Stabmixer pürieren. Mit Salz, Pfeffer und frisch geriebener Muskatnuss abschmecken. Die restlichen Erbsen zur Suppe geben und mit Minze bestreuen.

WEINEMPFEHLUNG
Müller-Thurgau Q.b.A. trocken, Franken

Mediterrane Bohnensuppe

Zubereitungszeit: 1,5 Stunden plus Einweichzeit über Nacht

ZUTATEN FÜR 4 PERSONEN

250 G GETROCKNETE WEISSE BOHNEN
2 MITTELGROSSE ZWIEBELN
2 KNOBLAUCHZEHEN
1 STANGE LAUCH (DAVON DEN WEISSEN UND HELLGRÜNEN TEIL)
3 GROSSE TOMATEN
2 MÖHREN
125 G STAUDENSELLERIE
5–6 EL OLIVENÖL
1,5 L FLEISCH- ODER GEMÜSEBRÜHE
NACH BELIEBEN 1 ZWEIG ROSMARIN
SALZ, PFEFFER
1 BUND BASILIKUM
FRISCH GERIEBENER PARMESAN

Die Bohnen in reichlich Wasser über Nacht einweichen.

Am nächsten Tag die Zwiebeln und die Knoblauchzehen schälen, fein würfeln. Den Lauch putzen, waschen und in dünne Scheiben schneiden. Die Tomaten kurz mit kochendem Wasser überbrühen, abschrecken, häuten und das Fruchtfleisch würfeln. Die Möhren und den Staudensellerie putzen, waschen und in Würfel schneiden.

Im Suppentopf das Olivenöl erhitzen. Unter Rühren erst die Zwiebeln, dann den Knoblauch und das übrige zerkleinerte Gemüse darin andünsten.

Die eingeweichten Bohnen in ein Sieb abgießen und in den Topf geben. Die Brühe angießen, den Deckel auflegen und bei kleiner Hitze etwa 1 Stunde leise köcheln lassen, bis die Bohnen weich sind (je nach Alter und Größe kann das auch länger dauern). Nach Geschmack kann man einen Rosmarinzweig 15 bis 30 Minuten mitköcheln lassen. Die Suppe mit Salz und Pfeffer abschmecken, nach Belieben noch etwas Olivenöl unterrühren.

Das Basilikum waschen, trocknen, Blätter abzupfen und grob hacken. Basilikum und den Parmesan über die Suppe streuen und servieren.

WEINEMPFEHLUNG
Chardonnay trocken, Chile

Klassischer Linseneintopf

Zubereitungszeit: 1,5 Stunden plus Einweichzeit über Nacht

ZUTATEN FÜR 4 PERSONEN

200 G BRAUNE LINSEN (Z. B. CHAMPAGNER-LINSEN)
50 G GERÄUCHERTER BAUCHSPECK
1 GROSSE ZWIEBEL
2 MÖHREN
3 EL KALTE BUTTER
1 TL TOMATENMARK
1 L GEFLÜGELFOND
ZUCKER
4 EL BALSAMICOESSIG
300 G FESTKOCHENDE KARTOFFELN
1 KLEINE STECKRÜBE
1 STANGE LAUCH
1 BUND GLATTE PETERSILIE
2 PAAR WIENER WÜRSTCHEN
SALZ, PFEFFER

Die Linsen über Nacht in reichlich Wasser einweichen.

Den Bauchspeck in kleine Würfel schneiden. Zwiebel und Möhren schälen und ebenfalls in kleine Würfel schneiden. 1 EL Butter in einem Topf erhitzen und die Zwiebel darin 3 Minuten glasig dünsten. Die Speckwürfel zu den Zwiebelwürfel geben und weitere 3 Minuten braten, das Tomatenmark dazugeben und alles nochmals 5 Minuten schmoren. Den Geflügelfond in einem separaten Topf erhitzen.

Die Möhrenwürfel zu den Zwiebeln geben, 2 Minuten anbraten, mit ½ TL Zucker bestreuen, mit 2 EL Essig ablöschen und einkochen lassen.

Die Linsen in ein Sieb gießen und gut abtropfen lassen. Die Linsen in den Topf geben, 250 ml Geflügelfond dazugießen und bei geringer Hitze etwa 1 Stunde köcheln lassen. Die Kartoffeln und Steckrübe gründlich schälen, waschen und in 1 cm große Würfel schneiden.

Die Kartoffel- und Steckrübenwürfel nach etwa 20 Minuten Garzeit zu den Linsen geben, restlichen Fond nach und nach dazugießen und fertig garen.

Lauch putzen, der Länge nach halbieren, gründlich waschen, trocken tupfen und in kleine Würfel schneiden. Etwa 5 Minuten vor Garzeitende den Lauch zu den Linsen geben. Die Petersilie waschen, trocken tupfen und grob hacken. Die Wiener Würstchen schräg in 1 cm dicke Scheiben schneiden und zum Erwärmen in den Eintopf legen.

Die restliche kalte Butter in kleine Würfel schneiden. Den Linseneintopf mit Salz, Pfeffer, 2 EL Essig und 2 Prisen Zucker abschmecken. Die kalte Butter einrühren, den Eintopf mit Petersilie verfeinern und servieren.

WEINEMPFEHLUNG
Chardonnay trocken, Frankreich

Drei schnelle Suppentricks

Zu viel Salz in der Suppe? Kein Problem: Ein oder zwei Esslöffel Joghurt, Schmand, süße oder saure Sahne mildern zu viel Würze im Handumdrehen. Ist die Suppe oder der Eintopf zu dünn geraten und man hat keinen Saucenbinder parat, kann man eine rohe und geschälte Kartoffel in die Suppe reiben und kurz mit aufkochen. Die Kartoffelstärke bindet die Flüssigkeit und die Suppe bekommt eine sämige Konsistenz. Eigelb und Sahne sind ebenfalls gute Bindemittel. Doch einmal eingerührt, dürfen sie nicht mehr aufgekocht werden, sonst gerinnen sie. Cremesuppen werden besonders fein durch das Pürieren mit einem „Zauberstab". Dann, kurz vor dem Servieren, noch ein paar Butterflöckchen unter die Suppe rühren – und die Cremesuppe wird perfekt.

KLEINE GERICHTE

Quiche Lorraine mit Rehfilets, Pfifferlingen und Melone

ZUTATEN FÜR 4 PERSONEN

FÜR DEN MÜRBETEIG:
175 G MEHL
60 G BUTTER
1 EI
½ TL SALZ
MEHL ZUM BEARBEITEN
BUTTER FÜR DIE FORM

FÜR DIE ROYAL:
120 ML MILCH
120 ML SAHNE
4 EIER
1 PRISE SALZ
GERIEBENE MUSKATNUSS

FÜR DEN BELAG:
50 G BUTTERSCHMALZ
120 G ZWIEBELWÜRFEL
120 G BAUCHSPECKWÜRFEL
1 FRÜHLINGSZWIEBEL
ETWAS GEHACKTE PETERSILIE

FÜR DAS REHFILET:
80 G REHFILET
SCHWARZER PFEFFER AUS DER MÜHLE
WEISSER PFEFFER AUS DER MÜHLE
WACHOLDERBEEREN AUS DER MÜHLE
SALZ
2 EL OLIVENÖL
40 G BUTTER

FÜR DIE CHARENTAIS-MELONE:
1 CHARENTAIS-MELONE
40 ML WEISSER PORTWEIN
SAFT VON ½ LIMETTE

FÜR DIE WASSERMELONE:
¼ WASSERMELONE
1 GEHÄUTETE, ENTKERNTE TOMATE
2 EL TRAUBENKERNÖL
1 KLEINER STÄNGEL MINZE, IN FEINE STREIFEN GESCHNITTEN
SAFT VON ½ LIMETTE

FÜR DIE PFIFFERLINGE:
100 G KLEINE PFIFFERLINGE
1 EL OLIVENÖL
20 G BUTTER

FÜR DAS ANRICHTEN:
4 STÄNGEL KERBEL
4 EL REDUZIERTE REHJUS
WEISSER PFEFFERSCHAUM
SALATBOUQUET

Für den Mürbeteig alle Zutaten zu einem glatten Teig verkneten. In Frischhaltefolie wickeln und ca. 2 Stunden kühl stellen. Dann auf einer leicht bemehlten Arbeitsfläche ausrollen. Eine Backform (24 cm Länge, 9 cm Breite, 3 cm Tiefe) einfetten. Die Form mit dem Teig auslegen. Den Backofen auf 200 °C Ober- und Unterhitze vorheizen.

Für die Royal alle Zutaten miteinander verrühren.

Für den Belag der Quiche das Butterschmalz in einem Topf erhitzen. Die Zwiebelwürfel hineingeben und glasig anschwitzen. Speckwürfel zugeben und beides bei mittlerer Hitze anbraten. Die Frühlingszwiebel putzen und in feine Ringe schneiden. Zusammen mit der Petersilie, der fertigen Royal, den Zwiebel- und Speckwürfeln in eine Schüssel füllen und vermischen. In die Backform füllen. Im Backofen ca. 35–40 Minuten backen.

Das Rehfilet waschen und trocken tupfen. Mit den beiden Pfeffersorten, Wacholderbeeren sowie Salz würzen. Ein Stück Aluminiumfolie mit 1 EL Olivenöl und 20 g Butter einfetten. Das Rehfilet darauf setzen, wie ein Bonbon einrollen und gut verschließen. Im 70 °C warmen Wasserbad ca. 8 Minuten garen. Dann herausnehmen, in der Folie kurz ruhen lassen, auspacken und in einer Pfanne in Olivenöl und Butter kurz ausbraten.

Die Charentais-Melone halbieren, die Kerne entfernen und mit einem Kugelausstecher runde Melonenkugeln herausstechen. Mit weißem Portwein und Limettensaft marinieren.

Von der Wassermelone die Schale und Kerne entfernen, dann in kleine Würfel schneiden. Die Tomate in Würfel schneiden. Beides mit dem Traubenkernöl, den Minzestreifen und etwas Limettensaft marinieren.
Pfifferlinge putzen und in Olivenöl und Butter anschwitzen.

Zum Anrichten die fertige Quiche in Stücke schneiden. Jeweils ein Stück in der Mitte eines Tellers platzieren. Die Melonenkugeln, Wassermelonen- und Tomatenwürfel um die Quiche setzen. Mit der Melonenmarinade beträufeln. Das fertige Rehfilet in kleine Scheiben schneiden, platzieren und mit Pfifferlingen dekorieren.

Mit einigen Kerbelblättchen, Rehjus, weißem Pfefferschaum und einem kleinem Salatbouquet garnieren.

WEINEMPFEHLUNG
Hochheimer Riesling Kabinett trocken, Rheingau

Alfred Klink

Seit mehr als zwei Jahrzehnten steht Alfred Klink in der „Zirbel- und Falkenstube" im Freiburger Colombi Hotel am Herd. Der vielfach ausgezeichnete Sternekoch verwöhnt seine Gäste mit regional geprägten Gerichten. Weil das für ihn unverzichtbare Gütemerkmal „Frische" mit kurzen Wegen einhergeht, ist es naheliegend, dass die bevorzugten Einkaufsquellen in der Region beheimatet sind. Kein Wunder also, dass der Einkauf Chefsache ist und somit auch das Wild und die Pfifferlinge für die Gourmet-Variante der Quiche Lorraine aus dem Schwarzwald stammen.

Das Klassikerpaar aus Frankreich

Das Geheimnis eines guten Flammkuchens liegt im Teig. Der Fladen sollte knusprig, aber nicht zu trocken und möglichst dünn sein. Für Hobbyköche eine sportliche Herausforderung. Auch der Belag bedarf einer aufmerksamen Behandlung, wenn er zart und cremig werden soll. In dieser Variante – einer Vermählung aus Flammkuchen und Quiche Lorraine – sorgen Sahne, Eier, Comté und gekochter Schinken für zarten Biss und feinwürzigen Geschmack.

Flammkuchen „Quiche Lorraine“

ZUTATEN FÜR 8 STÜCKE

FÜR DEN TEIG:
250 G MEHL
50 G ZIMMERWARME BUTTER
50 ML OLIVENÖL
8 G SALZ
2 EIGELB
50 ML WASSER
BUTTER FÜR DIE FORM
MEHL ZUM BEARBEITEN

FÜR DIE FÜLLUNG:
3 FRÜHLINGSZWIEBELN
3 ROTE ZWIEBELN
100 G LUFTGETROCKNETER SPECK
100 G GEKOCHTER SCHINKEN
3 EIER
250 G CRÈME FRAÎCHE
100 ML SAHNE
100 G GERIEBENER KÄSE (Z. B. COMTÉ)
2 EL ÖL
SALZ, PFEFFER

Für den Teig das Mehl in eine Schüssel sieben. Butter, Olivenöl, Salz, Eigelbe und Wasser zugeben und zu einem geschmeidigen Teig kneten. Zu einer Kugel formen, in Frischhaltefolie wickeln und im Kühlschrank ca. 30 Minuten ruhen lassen.

Eine Quicheform mit Butter einfetten. Backofen auf 200 °C Ober- und Unterhitze vorheizen.

Für die Füllung Frühlingszwiebeln putzen, waschen und in Ringe schneiden. Zwiebeln schälen und in Scheiben schneiden. Speck und Schinken in Würfel schneiden. Die Eier mit Crème fraîche, Sahne und geriebenem Käse verrühren.

In einer Pfanne das Öl erhitzen. Zwiebel und Speck darin anschwitzen. Schinken und Frühlingszwiebeln zugeben und ebenfalls mit anschwitzen. Mit Salz und Pfeffer würzen, aus der Pfanne nehmen und abkühlen lassen.

Ein Backblech mit Backpapier belegen. Den Teig auf einer bemehlten Arbeitsfläche in Größe des Backblechs ausrollen und auf das vorbereitete Blech legen. Das Eier-Sahne-Gemisch mit dem Speck-Gemüse vermischen und auf dem Teig verteilen. Im vorgeheizten Backofen ca. 25 bis 30 Minuten backen. Herausnehmen, in Stücke schneiden und servieren.

WEINEMPFEHLUNG
Spätburgunder Weißherbst Ahrweiler Klosterberg Q.b.A. halbtrocken, Ahr

Quiche Lorraine

ZUTATEN FÜR 12 TARTESTÜCKE

FÜR DEN MÜRBETEIG:

300 G MEHL
200 G ZIMMERWARME BUTTER
10 G SALZ
1 EI
BUTTER FÜR DIE FORM
MEHL ZUM BEARBEITEN

FÜR DIE FÜLLUNG:

2 ZWIEBELN
1 EL ÖL
250 ML MILCH
250 ML SAHNE
4 EIER
SALZ, PFEFFER
MUSKATNUSS
100 G GERIEBENER KÄSE
200 G MAGERE SPECKWÜRFEL

Für den Teig Mehl in eine Schüssel sieben und mit Butter, Salz und Ei mit einem Handrührgerät mit Knethaken zu einem glatten Teig verkneten. In Frischhaltefolie wickeln und ca. 1 Stunde in den Kühlschrank legen.

Backofen auf 180 °C Ober- und Unterhitze vorheizen. Eine Tarteform (Ø 30 cm) mit Butter einfetten.

Den Teig auf einer leicht bemehlten Arbeitsfläche etwas größer als die Tarteform ausrollen. So in die Form legen, dass auch der Rand mit Teig bedeckt ist. Mehrmals mit einer Gabel einstechen und im vorgeheizten Backofen auf dem Rost auf der mittleren Schiene ca. 10–15 Minuten vorbacken, dann aus dem Ofen nehmen.

Für die Füllung Zwiebeln schälen, in Würfel schneiden und in einer Pfanne mit Öl kurz andünsten, herausnehmen und etwas abkühlen lassen. Milch und Sahne bei schwacher Hitze erwärmen. Vom Herd nehmen und die Eier mit dem Milch-Gemisch verquirlen. Mit Salz, Pfeffer und frisch geriebener Muskatnuss würzen. Käse mit Speck- und Zwiebelwürfeln auf dem Teig verteilen, mit Salz, Pfeffer und Muskatnuss würzen. Die Eier-Milch-Mischung darüber gießen.

Die Backofentemperatur auf 200 °C Ober- und Unterhitze erhöhen. Die Quiche darin auf mittlerer Schiene ca. 30–40 Minuten goldbraun backen, bis der Guss gestockt ist. Etwa 10 Minuten im ausgeschalteten Backofen ruhen lassen. Dann in Stücke schneiden und lauwarm servieren.

WEINEMPFEHLUNG

Riesling Q.b.A. trocken, Mosel

Der Klassiker aus Lothringen

Die pikante französische Specktarte gilt als Klassiker unter den Quiches. Ihr Teig ist zarter und enthält mehr Butter als der Flammkuchenfladen. Nach dem Ruhen wird der Quiche-Teig in eine runde, flache Backform gegeben und der Teigboden mit der Gabel einige Male eingestochen. So bilden sich keine Blasen. Der Belag des Lothringer Originals besteht ganz puristisch aus einer Eier-Sahne-Masse, die mit Speck belegt wird. In diesem Rezept wurde die Masse mit Milch, geriebenem Käse und einem Hauch geriebener Muskatnuss verfeinert.

Köstlichkeiten für den kleinen Hunger

Sie sind auf der Suche nach neuen Ideen für Fingerfood, abwechslungsreichen Snacks, zum Beispiel fürs Büro oder für kleine Gerichte für zwischendurch, die nicht viel Arbeit machen? Dann werden Sie auf den folgenden Seiten sicher fündig. Denn in diesem Kapitel haben wir Rezepte für Gerichte zusammengestellt, die einfach zuzubereiten sind und zum Anbeißen gut aussehen. Mehr als zwei Dutzend vielseitige Rezeptideen für den kleinen Hunger – von traditionell bis exotisch und von mild bis pikant: zum Beispiel Sandwich mit Schweinerücken, panierte Austernpilze, Brokkoli-Flan oder Frühlingsrolle mit scharfem Dip.

Saisonaler Augenschmaus

Viele der folgenden Rezeptideen eignen sich auch für attraktive, saisonale Vorspeisen: zum Beispiel eine herzhafte Lauchtorte oder Mini-Kohlrouladen als Entrée für ein Wintermenü. Im Sommer lassen sich anspruchsvolle Gäste beispielsweise mit gebratenem Spargel oder weißen Trüffeln auf cremigem Spinat überraschen. Natürlich können sämtliche Gerichte dieses Kapitels ebenso leicht in köstliche Hauptspeisen verwandelt werden. Je nach Personenanzahl wird die Menge ganz einfach verdoppelt oder verdreifacht.

Sandwich mit Schweinerücken

Zubereitungszeit: 45 Minuten
plus 2 Stunden Marinierzeit

ZUTATEN FÜR 4 PERSONEN
1 TL GANZER KÜMMEL
4 EL PFLANZENÖL
2 KNOBLAUCHZEHEN
2 EL DIJON-SENF
SALZ, PFEFFER
500 G SCHWEINERÜCKEN, AUS DEM HALSBEREICH
1 KLEINE ZWIEBEL
1 EL BUTTER
1 ZWEIG ROSMARIN
80 G NATURJOGHURT
80 G CRÈME FRAÎCHE
1 BUND RUCOLA
1 CIABATTA-BROT (250 G)

Für die Marinade den Kümmel mit 1 EL Öl auf einem Brett fein hacken. 1 Knoblauchzehe schälen, ebenfalls fein hacken, mit dem Kümmel, 1 EL Senf sowie 2 EL Öl verrühren und mit Salz und Pfeffer würzen. Das Fleisch von allen Seiten mit der Marinade bestreichen und 2 Stunden im Kühlschrank marinieren lassen.

Den Backofen auf 150 °C Ober- und Unterhitze vorheizen. Zwiebel und restliche Knoblauchzehe schälen und in Würfel schneiden. Mit Butter und dem restlichen Öl in einer Pfanne glasig andünsten. Rosmarinzweig waschen, trocknen und zusammen mit dem marinierten Fleisch dazugeben, von beiden Seiten anbraten und im Backofen etwa 20 Minuten rosa garen.

Das gegarte Fleisch aus der Pfanne nehmen, mit einem scharfen Messer in Form schneiden. Den Bratensaft aufbewahren. Die Fleischreste mit der gedünsteten Zwiebel fein hacken und mit Joghurt, Crème fraîche, dem Bratensaft sowie dem restlichen Senf verrühren und abschmecken.

Rucola waschen und trocken tupfen. 50 g Rucola fein hacken und unter die Joghurtcreme rühren.

Das Ciabatta-Brot kurz im Ofen aufbacken, in 4 Stücke teilen und der Länge nach aufschneiden. Mit der Rucola-Joghurt-Creme bestreichen und mit dem restlichen Rucola belegen. Das Fleisch dünn aufschneiden und auf dem Rucola anrichten. Mit Salz und Pfeffer bestreuen und servieren.

WEINEMPFEHLUNG
Lugana di Sirmione DOC Vigna Borghetta trocken, Italien

Panierte Austernpilze mit Kräutersauce

Zubereitungszeit: 1 Stunde
plus 1 Stunde Marinierzeit

ZUTATEN FÜR 4 PERSONEN
16 MITTELGROSSE AUSTERNPILZE
SALZ, PFEFFER
2 ZWEIGE THYMIAN
1 ZWEIG ROSMARIN
8 EL OLIVENÖL
5 KNOBLAUCHZEHEN
2 KLEINE ZWIEBELN
5 EL BUTTER
2 TL MEHL
80 ML TROCKENER WEISSWEIN
300 ML GEMÜSEBRÜHE
300 ML SAHNE
SAFT VON 1 ZITRONE
6 MITTELGROSSE KARTOFFELN
3 EIER
40 G PARMESAN
80 G PANIERMEHL
PFLANZENÖL ZUM AUSBACKEN
100 G GEMISCHTE FRISCHE KRÄUTER DER SAISON

Die Pilze putzen, in eine Schüssel geben und mit Salz sowie Pfeffer würzen. Mit den gewaschenen und getrockneten Thymian- und Rosmarinzweigen, dem Olivenöl und 4 geschälten Knoblauchzehen bedecken. 1 Stunde marinieren.

Für die Sauce die Zwiebeln und 1 Knoblauchzehe schälen, in feine Würfel schneiden, in 2 EL Butter leicht anschwitzen und mit dem Mehl bestäuben. Den Weißwein und die Gemüsebrühe zugeben und auf die Hälfte einkochen lassen. Die Sahne zugeben und ebenfalls etwas einkochen lassen. Alles mit Salz, Pfeffer und etwas Zitronensaft abschmecken.

Die Kartoffeln waschen, schälen, längs halbieren und in leicht gesalzenem Wasser weich kochen.

Die Austernpilze aus der Marinade nehmen und leicht trocken tupfen. Die Eier aufschlagen. Den Parmesan reiben und mit dem Paniermehl vermengen. Die Austernpilze durch die Eier ziehen, kurz im Paniermehl wenden und in reichlich Öl ausbacken. Herausnehmen und auf Küchenpapier abtropfen lassen.

Die Kartoffeln abgießen und mit 3 EL Butter vorsichtig durchschwenken. Kurz vor dem Servieren die gewaschenen, grob geschnittenen Kräuter in die Sauce geben und mit dem Stabmixer nicht zu fein pürieren. Austernpilze, Butterkartoffeln und die Sauce auf Tellern anrichten.

WEINEMPFEHLUNG
Grüner Veltliner trocken, Österreich

Kohlrabischnitzel mit Salat

Zubereitungszeit: 1 Stunde

ZUTATEN FÜR 4 PERSONEN
2 KOHLRABI (À 300 G)
SALZ
MEHL UND SEMMELBRÖSEL ZUM PANIEREN
2 EIER
FESTKOCHENDE KARTOFFELN (GLEICHES GEWICHT WIE DIE AVOCADOS)
2 GROSSE REIFE AVOCADOS
3 KÄSTCHEN KRESSE
OLIVENÖL
SAFT VON 1–2 ZITRONEN
PFEFFER
100 G RACLETTEKÄSE IN SCHEIBEN
BUTTER ZUM BRATEN

Den Kohlrabi schälen, in ca. 0,5 cm dicke Scheiben schneiden und in Salzwasser nicht zu weich dünsten. Kalt abschrecken und mit Küchenkrepp trocken tupfen. Mehl, Semmelbrösel und verquirlte Eier auf getrennten Tellern vorbereiten.

Für den Salat die Kartoffeln waschen und in kräftig gesalzenem Wasser in der Schale kochen. Abkühlen lassen und schälen, dann in mundgerechte Würfel schneiden. Avocadofleisch in vergleichbar große Stücke schneiden. Kresse abschneiden und – bis auf eine kleine Menge – mit Kartoffeln, Avocado, Olivenöl, Zitronensaft, Salz und Pfeffer vorsichtig vermischen.

Zwischen 2 Kohlrabischeiben jeweils 1 Scheibe Raclettekäse geben, mit Salz und Pfeffer würzen. Jedes Kohlrabi-Käse-Paket zuerst in Mehl, dann in Ei, anschließend in den Semmelbröseln wenden. In einer Pfanne etwas Butter schmelzen und die Kohlrabi-Käse-Pakete goldbraun braten.

Den Salat mit der restlichen Kresse garnieren und zu den gefüllten Kohlrabischnitzeln servieren.

WEINEMPFEHLUNG
Sauvignon Blanc, Frankreich

Kohlrabi-Grünkern-Bratlinge

Zubereitungszeit: 1 Stunde

ZUTATEN FÜR 4 PERSONEN
600 G KOHLRABI
320 G GRÜNKERNFLOCKEN
2 EL BUTTER
80 G GESCHÄLTE SCHALOTTEN
300 ML MILCH
1 TL ZUCKER
100 ML SAHNE
SALZ, WEISSER PFEFFER
MUSKATNUSS
200 G SAURE SAHNE
1 BUND SCHNITTLAUCH
½ BUND GLATTE PETERSILIE
1 FEIN GEHACKTE KNOBLAUCHZEHE
2 EIER
2 EL SPEISEQUARK (20 % FETT)
2 EL WEIZENMEHL (TYPE 550)
SONNENBLUMENÖL UND BUTTER

Die Kohlrabi schälen und mithilfe einer Küchenreibe in grobe Raspel hobeln. Die Grünkernflocken in einer Pfanne ohne Zugabe von Fett kurz rösten.

1 EL Butter in einem Topf erhitzen, klein geschnittene Schalottenwürfel glasig dünsten, geröstete Grünkernflocken zugeben und mit 100 ml Milch ablöschen. Die Milch vollständig einkochen lassen, wieder 100 ml Milch angießen und den Vorgang nochmals wiederholen, die Garzeit beträgt ca. 15 Minuten. Den trockenen Grünkernbrei in eine Schüssel umfüllen und etwas abkühlen lassen.

In der Zwischenzeit den Zucker in einem Topf mit einigen Spritzern Wasser leicht karamellisieren lassen. Kohlrabi und 1 EL Butter zugeben, kurz durchschwenken und mit Sahne aufgießen. Bei geringer Temperatur so lange kochen, bis die Sahne vollständig verkocht ist. Kohlrabigemüse mit Salz, Pfeffer und etwas Muskatnuss würzen.

Für die Sauce Schnittlauch und Petersilie waschen, trocknen, Schnittlauch klein schneiden und die Petersilie fein hacken. Beides mit saurer Sahne und dem Knoblauch vermischen, mit Salz und Pfeffer würzen.

Eier, Quark, Kohlrabigemüse und Mehl zu der Grünkernmasse geben, gut miteinander vermengen und mit Salz und Pfeffer würzen. Mit einem Esslöffel Portionen von der Grünkernmasse abstechen und diese in einer Pfanne mit heißem Öl und Butter von beiden Seiten etwa 4 Minuten goldbraun braten.

WEINEMPFEHLUNG
Sauvignon Blanc Reserve, Südafrika

Rösti mit Gemüsesauce

Zubereitungszeit: 45 Minuten

ZUTATEN FÜR 4 PERSONEN
JE 50 G MÖHRE, GURKE OHNE KERNE, GELBE PAPRIKA, STAUDENSELLERIE UND FENCHEL
SALZ
1 FRÜHLINGSZWIEBEL
½ GESCHÄLTE KNOBLAUCHZEHE
PFEFFER
3 EL MAYONNAISE
1 TL KÖRNIGER SENF
1 TL MITTELSCHARFER SENF
1 TL GEHACKTE KAPERN
ETWAS GEHACKTER ESTRAGON
ETWAS GEHACKTE PETERSILIE
ETWAS ZITRONENSAFT
500 G FESTKOCHENDE KARTOFFELN
4 EL BUTTERSCHMALZ

Für die Sauce das Gemüse putzen, waschen, gegebenenfalls schälen und in feine Würfel schneiden. Den Fenchel und die Möhren kurz in Salzwasser kochen und kalt abschrecken. Mit dem rohen Gemüse, der gewaschenen, klein gewürfelten Frühlingszwiebel und dem fein gehackten Knoblauch vermischen und mit Salz und Pfeffer sehr mild abschmecken.

Mayonnaise, Senf, Kapern und Kräuter vermengen und mit Salz, Pfeffer und Zitronensaft abschmecken. Das Gemüse mit der Senfmayonnaise vermengen und nochmals abschmecken

Die Kartoffeln schälen und fein reiben. Mit Salz und Pfeffer würzen und in einer heißen Pfanne mit etwas Butterschmalz kleine, dünne Rösti ausbacken. Die Rösti mit der Sauce anrichten.

WEINEMPFEHLUNG
Sancerre Blanc AOC Clos de Bouffants trocken, Frankreich

Cremiger Spinat mit weißen Trüffeln

Zubereitungszeit: 45 Minuten

ZUTATEN FÜR 4 PERSONEN
250 G TIEFGEFRORENER BLATTSPINAT
1 SCHALOTTE
1 KNOBLAUCHZEHE
4 EL BUTTER
250 G CRÈME DOUBLE
SALZ, PFEFFER
MUSKATNUSS
1 KLEINER WEISSER TRÜFFEL
DIE PUTZABFÄLLE VOM TRÜFFEL
200 ML GEMÜSEBRÜHE
1 EL GESCHLAGENE SAHNE
2 EL TRÜFFELÖL
4 EIER

Den Spinat auftauen lassen, gut auspressen und grob hacken. Die Schalotte und die Knoblauchzehe schälen, in feine Würfel schneiden und in 2 EL Butter in einem Topf anschwitzen. Den Spinat dazugeben. 100 g Crème double zufügen und einmal aufkochen, dann mit Salz, Pfeffer und Muskat würzen. Die restliche Butter in einer Pfanne bräunen, zum Spinat geben und alles pürieren.

Den Trüffel putzen und mit den Trüffelabschnitten zur Seite stellen. Für die Sauce die Gemüsebrühe mit 150 g Crème double in einen Topf geben und kurz aufkochen, mit Salz und Pfeffer würzen. Die Trüffelabschnitte zugeben und zu einer cremigen Sauce einkochen lassen. Durch ein feines Sieb streichen.

Die geschlagene Sahne und das Trüffelöl unterheben. Die Eier in einer Pfanne zu Spiegeleiern braten, mit dem Cremespinat und der Sauce auf Tellern anrichten. Mit dem frisch gehobelten weißen Trüffel servieren.

WEINEMPFEHLUNG
Chardonnay IGT trocken, Italien

Kohlrouladen mit Reis-Pinienkern-Füllung

Zubereitungszeit: 1 Stunde

ZUTATEN FÜR 4 PERSONEN
125 G LANGKORN-REIS
SALZ
4–6 SCHÖNE GROSSE WEISS- ODER SPITZKOHLBLÄTTER
3–4 FRÜHLINGSZWIEBELN
1 KNOBLAUCHZEHE
5 EL PINIENKERNE
3–4 EL OLIVENÖL
2 EL TOMATENMARK
3–4 EL GEHACKTE PETERSILIE
½ TL KREUZKÜMMELSAMEN
1 MSP. ZIMTPULVER
250 ML GEMÜSEBRÜHE

Den Reis in Salzwasser bissfest kochen, abgießen und abtropfen lassen. Die Kohlblätter in sprudelnd kochendem Salzwasser etwa 2 Minuten überbrühen, bis sie weich sind. In ein Sieb gießen und abtropfen lassen. Die Frühlingszwiebeln putzen, waschen, den weißen und hellgrünen Teil in feine Ringe schneiden. Die Knoblauchzehe schälen.

In einer kleinen Pfanne die Pinienkerne ohne Zugabe von Öl hellbraun anrösten, dann aus der Pfanne nehmen. Das Olivenöl erhitzen und die Frühlingszwiebeln darin andünsten.

Den Knoblauch dazupressen. Tomatenmark, gehackte Petersilie, Pinienkerne, Reis und die Gewürze zugeben und alles vermischen. Die Pfanne vom Herd nehmen und etwas abkühlen lassen.

Von den Kohlblättern die Mittelrippen flach schneiden, jeweils etwas von der Füllung auf ein Kohlblatt geben. Die Seiten einschlagen und das Kohlblatt aufrollen. Die Rouladen mit der Naht nach unten in eine Kasserolle legen. Die Brühe angießen, erhitzen und zugedeckt bei schwacher Hitze 20 bis 25 Minuten garen.

WEINEMPFEHLUNG
Chardonnay, Kalifornien

Gebratener Spargel mit exotischer Sauce

Zubereitungszeit: 45 Minuten

ZUTATEN FÜR 4 PERSONEN
1KG GRÜNER SPARGEL
200 ML GEMÜSEBRÜHE
1 BUND FRÜHLINGSZWIEBELN
200 G KIRSCHTOMATEN
4 EL TAMARINDENPASTE
250 ML LAUWARMES WASSER
2 EL BRAUNER ZUCKER
2 EL SOJASAUCE
2 EL PFLANZENÖL

Den Spargel waschen, die harten Enden abschneiden und in Gemüsebrühe 10 bis 20 Minuten kochen. Den Spargelsud aufbewahren. Den Spargel der Länge nach halbieren und schräg in grobe Stücke schneiden.

Die Frühlingszwiebeln von Wurzeln und grobem Grün befreien, waschen und in Scheiben schneiden. Die Kirschtomaten waschen, den grünen Strunk entfernen und nach Geschmack halbieren oder vierteln.

Die Tamarindenpaste in lauwarmem Wasser auflösen und bei geringer Temperatur 10 Minuten köcheln lassen. Den braunen Zucker zugeben, mit Sojasauce würzen und durch ein feines Sieb passieren.

Das Pflanzenöl in einem Wok oder einer beschichteten Pfanne erhitzen. Den Spargel 5 Minuten anbraten, dann die Frühlingszwiebeln zugeben, kurz mitbraten und mit dem abgegossenen Spargelsud ablöschen. Die Flüssigkeit vollständig einkochen lassen, Kirschtomaten unterheben. Tamarindensauce zugeben, kurz aufkochen lassen und z. B. mit Basmatireis servieren.

WEINEMPFEHLUNG
Johannisberger Riesling Q.b.A., Rheingau

Mangold-Sesam-Puffer auf Gurkensalat

Zubereitungszeit: 1 Stunde

ZUTATEN FÜR 4 PERSONEN
100 G GESCHÄLTE SCHALOTTEN
60 G SHIITAKE-PILZE
1 EL SONNENBLUMENÖL
1 MANGOLDBLATT MIT STIEL
2 STÄNGEL KORIANDER
SALZ, PFEFFER
1 PRISE CAYENNEPFEFFER
ZUCKER
40 G SCHAFSKÄSE
3 EL MEHL
2 EIER
200 G SESAMKÖRNER
100 ML SESAMÖL
1 SALATGURKE
125 G NATURJOGHURT
1 TL CURRY
WEISSWEINESSIG
1 KLEINES BUND BRUNNENKRESSE

Schalotten und geputzte Pilze in Würfel schneiden. Die Schalotten in Sonnenblumenöl anschwitzen und die Pilze zugeben. Das Mangoldblatt waschen, vom Stiel trennen, in kochendem Wasser garen und trocken tupfen. Den Stiel klein schneiden und zu den Pilzen geben. Gewaschenen, fein geschnittenen Koriander zugeben und mit Salz, Pfeffer, Cayennepfeffer und Zucker abschmecken. Den gewürfelten Käse zugeben, alles gut vermischen und in das Mangoldblatt einschlagen.

In Mehl, Eiern und Sesamkörnern panieren und bei sanfter Hitze in Sesamöl goldgelb backen.

Die Salatgurke schälen, halbieren, entkernen und in Würfel schneiden. In ein Sieb geben, kräftig salzen und das Gurkenwasser abtropfen lassen. Den Joghurt mit Curry und Weißweinessig vermischen, die Gurkenwürfel unterheben und mit Salz und Pfeffer abschmecken.

Die Puffer auf dem Gurken-Curry-Salat mit Joghurt anrichten und mit Brunnenkresse garnieren.

WEINEMPFEHLUNG
Grauburgunder Spätlese trocken, Baden

Der gute Tipp

Zucchini sind artverwandt mit Kürbissen und vielseitig einsetzbar. Man kann sie auch in größeren Mengen kaufen. Dabei sollte man auf glattschalige, feste Früchte achten – ältere Früchte sind fleckig und weich. Im Gemüsefach des Kühlschranks oder im kühlen Keller bleiben Zucchini bis zu zwei Wochen lang frisch. Übrig gebliebenes Gemüse lässt sich gut einfrieren. Dazu sollte es roh in Scheiben oder Würfel geschnitten und portionsweise in Gefrierdosen gefüllt werden. Nach dem Auftauen eignen sich Zucchini vor allem als Basis für Gemüsesuppen oder Eintöpfe.

Zucchinischeiben im Semmelbröselmantel

Zubereitungszeit: 35 Minuten

ZUTATEN FÜR 4 PERSONEN
750 G ZUCCHINI
SALZ, PFEFFER
4 SCHALOTTEN
1 KNOBLAUCHZEHE
1 BUND THYMIAN
3 ZWEIGE ROSMARIN
500 G TOMATEN
200 G SEMMELBRÖSEL
2 EIER
4 EL OLIVENÖL
4 EL GEHACKTE SCHWARZE OLIVEN

Die Zucchini putzen, waschen, in ca. 1cm dicke Scheiben schneiden und mit Salz und Pfeffer würzen. Schalotten und Knoblauch schälen und fein hacken. Thymian und Rosmarin waschen, trocken tupfen, Blättchen bzw. Nadeln abzupfen und beides getrennt hacken. Die Tomaten mit kochendem Wasser überbrühen, abschrecken, häuten, den Stielansatz entfernen und das Fruchtfleisch würfeln.

Die Semmelbrösel mit dem Thymian vermischen. Die Eier verquirlen. In einer Pfanne 2 EL Olivenöl erhitzen. Die Zucchinischeiben in Ei und Semmelbröseln panieren und in der Pfanne goldgelb ausbacken.

Die Schalotten im restlichen Olivenöl in einer Pfanne glasig andünsten und den Knoblauch dazugeben. Die Tomaten hinzufügen und etwa 5 Minuten einkochen lassen. Die Oliven untermischen und mit Rosmarin, Salz und Pfeffer abschmecken. Die ausgebackenen Zucchinischeiben mit der Tomaten-Oliven-Mischung auf Tellern anrichten.

WEINEMPFEHLUNG
Pinot Grigio trocken, Italien

Zucchini-Omelette

Zubereitungszeit: 30 Minuten

ZUTATEN FÜR 4 PERSONEN
3 MITTELGROSSE ZWIEBELN
350 G ZUCCHINI
2 KNOBLAUCHZEHEN
4 EIER
SALZ, PFEFFER
4 EL OLIVENÖL
1 ZWEIG ROSMARIN

Die Zwiebeln schälen und in dünne Ringe schneiden. Die Zucchini putzen, waschen und in feine Scheiben teilen. Die Knoblauchzehen schälen und fein hacken. Eier verquirlen und mit Salz und Pfeffer würzen.

Olivenöl in einer Pfanne erhitzen und die Zwiebelringe andünsten. Die Zucchinischeiben zugeben und unter Wenden leicht braun braten. Schließlich den Knoblauch und die zerkleinerten Rosmarinnadeln unterrühren. Die Eier darüber gießen, den Deckel auflegen und das Omelette in etwa 5 Minuten stocken lassen.

WEINEMPFEHLUNG
Pinot Grigio trocken, Italien

Gemüseschnitzel

Zubereitungszeit: 45 Minuten

ZUTATEN FÜR 4 PERSONEN
1 BUND BASILIKUM
150 G FEINES PANIERMEHL
2 EIER
2 AUBERGINEN
2 ZUCCHINI
2 SÜSSKARTOFFELN
500 ML MILCH
BUTTERSCHMALZ ZUM BRATEN
100 G BUTTER FÜR LIMETTENBUTTER
½ BUND MINZE
1 BUND ZITRONENMELISSE
SALZ, PFEFFER
SAFT VON 1 LIMETTE

Basilikum waschen, trocknen, die Blätter abzupfen, sehr fein hacken und mit dem Paniermehl vermischen. Die Eier in einem tiefen Teller verquirlen. Gemüse putzen, waschen, die Süßkartoffeln schälen. Das Gemüse in etwa 0,5 cm dicke Scheiben schneiden. Die Scheiben möglichst gleich dick schneiden – nur die Süßkartoffelscheiben etwas dünner schneiden.

Die Gemüsescheiben in einen Topf mit 500 ml kalter Milch und 500 ml kaltem Wasser legen, zum Kochen bringen und 2 Minuten köcheln lassen. Alles herausnehmen, zuletzt die Süßkartoffeln, und auf einem Küchenkrepp abtropfen lassen.

Das Butterschmalz in der Pfanne erhitzen. Die Gemüsescheiben zuerst durch das Ei ziehen, dann im Paniermehl wenden und im heißen Fett von beiden Seiten goldbraun braten. Die Butter für die Limettenbutter schmelzen, gewaschene, klein gehackte Minze- und Zitronenmelisse-Blätter unterrühren. Mit Salz, Pfeffer und Limettensaft abschmecken und die Gemüseschnitzel damit beträufeln.

WEINEMPFEHLUNG
Müller-Thurgau Q.b.A. trocken, Franken

Überbackener Chicorée

Zubereitungszeit: 40 Minuten

ZUTATEN FÜR 4 PERSONEN
4 CHICORÉE
SAFT VON ½ ZITRONE
4 EL BUTTER
SALZ
1 GEHÄUFTER EL MEHL
150 ML SAHNE
50 G GERIEBENER GRUYÈRE
PFEFFER
MUSKATNUSS
8 SCHEIBEN GEKOCHTER SCHINKEN

Den Backofengrill auf höchster Stufe vorheizen. Chicorée putzen, waschen und bei Bedarf von den äußeren Blättern befreien. Chicorée halbieren und den Strunk herausschneiden.

In einem großen Topf etwas Wasser, den Zitronensaft, 2 EL Butter sowie Salz aufkochen.

Ein Metallsieb in den Topf stellen, die Chicoréehälften hineinlegen und zugedeckt etwa 10 Minuten weich dämpfen. 125 ml Kochfond abmessen und beiseitestellen.

In einem Topf 2 EL Butter schmelzen, das Mehl hineinstreuen, kurz anrösten und mit dem Chicorée-Kochfond glatt rühren. Die Sahne dazugeben, alles einmal aufkochen lassen und den Käse einrühren. Mit Salz, Pfeffer und frisch geriebener Muskatnuss abschmecken.

Den Schinken in einer Pfanne von beiden Seiten anbraten, herausnehmen und den Chicorée damit umwickeln. In eine feuerfeste Form legen, mit der Käsesauce übergießen und im Backofen etwa 5 Minuten goldbraun gratinieren.

WEINEMPFEHLUNG
Pouilly Fuissé, Frankreich

Gefüllte Tomaten

Zubereitungszeit: 70 Minuten

ZUTATEN FÜR 4 PERSONEN

12 MITTELGROSSE TOMATEN
SALZ, PFEFFER
1 STANGE STAUDENSELLERIE
2–3 FRÜHLINGSZWIEBELN
1 KNOBLAUCHZEHE
6 EL OLIVENÖL
200 G GRIECHISCHE REISNUDELN (KRITHARAKI)
CA. 500 ML GEMÜSEBRÜHE
200 G CHAMPIGNONS
1 MITTELGROSSE ZUCCHINI
1 BUND PETERSILIE
100 G FETA
2 GEHÄUFTE EL SEMMELBRÖSEL
2 EL GEHACKTE KRÄUTER (THYMIAN, KORIANDER, BASILIKUM)

Den Backofen auf 200 °C Ober- und Unterhitze (Heißluft 180 °C) vorheizen. Die Tomaten waschen, einen Deckel abschneiden und das Innere mit einem Löffel herausholen. Die Tomaten umdrehen, abtropfen lassen und dann mit der Öffnung nach oben in eine Auflaufform stellen. Mit Salz und Pfeffer würzen.

Den Staudensellerie putzen, waschen und in feine Würfel schneiden. Die Frühlingszwiebeln putzen, waschen und klein schneiden. Den Knoblauch schälen und fein hacken. Beides in einem Topf mit 2 EL Olivenöl glasig andünsten. Reisnudeln und Staudensellerie zugeben, von der Gemüsebrühe nach und nach nur so viel auffüllen, bis die Reisnudeln bissfest sind.

Die Champignons und Zucchini putzen, in kleine Stücke schneiden, in 4 EL Olivenöl anschwitzen, salzen und pfeffern. Die Petersilie waschen, trocknen, die Blättchen abzupfen und mit den angeschwitzten Champignons und Zucchini unter die Reisnudeln mischen. Den Fetakäse würfeln und zufügen, mit Salz und Pfeffer abschmecken. Die Füllung in die Tomaten einfüllen und im vorgeheizten Backofen 40 bis 50 Minuten backen.

Die Tomaten etwa 5 Minuten vor Ende der Backzeit mit Semmelbröseln und gehackten Kräutern bestreuen und im Backofen bis zum Ende der Backzeit leicht gratinieren.

WEINEMPFEHLUNG
Sauvignon Blanc, Italien

Brokkoli-Flan

Zubereitungszeit: 1 Stunde

ZUTATEN FÜR 4 PERSONEN

2 BROKKOLI (ETWA 1 KG)
SALZ
2 EIER
80 ML SAHNE
WEISSER PFEFFER
MUSKATNUSS
BUTTER ZUM AUSBUTTERN DER FÖRMCHEN
FRISCH GERIEBENER PARMESAN

Den Backofen auf 200 °C Ober- und Unterhitze (Heißluft 180 °C) vorheizen. Den Brokkoli waschen und die Röschen vom Strunk lösen. Den Strunk schälen, klein schneiden und in gesalzenem Wasser weich kochen.

Die Röschen ebenfalls in gesalzenem Wasser ziemlich weich kochen. Strunk und Röschen herausnehmen und abtropfen lassen. Alle Strünke und einen Teil der Röschen auf 760 g abwiegen und zusammen mit den Eiern und der Sahne in einer Küchenmaschine pürieren. Mit Salz, Pfeffer und Muskatnuss abschmecken.

Die Masse in 6 kleine, ausgebutterte Auflaufförmchen füllen. 1 Blatt Zeitungspapier zu mehreren Lagen falten und an den Seiten einreißen. Den Boden eines Bräters oder einer feuerfesten Form damit bedecken und mit kochendem Wasser auffüllen. Die Förmchen in das Wasser stellen – es soll nicht höher stehen als ein Viertel der Förmchenhöhe. Das Wasser auf dem Herd zum Kochen bringen. Danach den Bräter bzw. die feuerfeste Form in

Gefüllte Tomaten

den vorgeheizten Backofen stellen und die Flans im Wasserbad etwa 30 Minuten lang garen.

Die restlichen Brokkoliröschen in etwas Butter kurz anbraten. Die fertigen Brokkoli-Flans auf einen tiefen, heißen Teller stürzen, die Brokkoliröschen außen herum legen. Nach Belieben mit frisch geriebenem Parmesan bestreuen.

WEINEMPFEHLUNG
Weißer Burgunder Classic, Pfalz

Exotischer Spinatstrudel

Zubereitungszeit: 1,5 Stunden

ZUTATEN FÜR 4 PERSONEN

1 KG FRISCHER SPINAT
150 G SCHALOTTEN
2 KNOBLAUCHZEHEN
2 EL BUTTER
SALZ, PFEFFER
MUSKATNUSS
50 G SULTANINEN
3 EL APFELSAFT
60 G PINIENKERNE
200 G FETA
1 MSP. GEMAHLENE NELKEN
1 MSP. GEMAHLENER ZIMT
1 MSP. GEMAHLENER PIMENT (NELKENPFEFFER)
1 MSP. GEMAHLENER KORIANDER
½ TL GEMAHLENER CUMIN (KREUZKÜMMEL)
1 EI
100 ML SAHNE
1 MSP. GEMAHLENER INGWER
ZERLASSENE BUTTER
100 G TIEFGEFRORENER STRUDELTEIG ODER FILOTEIGBLÄTTER
SESAM

Den Backofen auf 200 °C Ober- und Unterhitze (180 °C Heißluft) vorheizen. Den Spinat putzen, gründlich waschen und abtropfen lassen. Schalotten und Knoblauch schälen, in kleine Würfel schneiden und in 2 EL leicht gebräunter Butter glasig anschwitzen. Den Spinat zugeben und zugedeckt 5 Minuten bei geringer Hitze unter gelegentlichem Rühren garen. Ohne Deckel so lange weitergaren, bis die Flüssigkeit vollständig verkocht ist. Mit Salz, Pfeffer und Muskatnuss würzen.

Die Sultaninen in Apfelsaft ca. 15 Minuten einweichen. Die Pinienkerne in einer Pfanne ohne Zugabe von Fett goldbraun rösten und mit den Sultaninen in einer Küchenmaschine zerkleinern. Fetakäse klein würfeln und mit der Rosinen-Pinienkern-Masse unter den leicht abgekühlten Spinat mengen. Mit sämtlichen Gewürzen pikant abschmecken. Ei und Sahne miteinander verrühren und mit Salz, Pfeffer, Muskatnuss und Ingwer würzen.

Ein Backblech mit etwas zerlassener Butter einstreichen. Den Strudelteig in 4 gleich große Rechtecke teilen, dünn mit zerlassener Butter bestreichen und auf ein Küchentuch legen.

Die Spinatmasse vierteln und jeweils im unteren Drittel des Teigblatts verteilen. Mithilfe des Küchentuches aufrollen, Enden nach unten schlagen und auf das Backblech legen. Die restlichen Strudel füllen und auf das Backblech legen. Die Strudel mit zerlassener Butter bestreichen, je nach Geschmack mit Sesam bestreuen und mit der Eier-Sahne-Mischung übergießen. Im vorgeheizten Backofen 30 bis 35 Minuten goldbraun backen.

WEINEMPFEHLUNG
Terre di Tuffi IGT, Italien

Gebratener Tofu mit Erdnusssauce

Zubereitungszeit: 1 Stunde

ZUTATEN FÜR 4 PERSONEN

100 G UNGESALZENE ERDNÜSSE
1 EL BRAUNER ZUCKER
½ EL ROTE CURRYPASTE
400 ML KOKOSMILCH
150 ML WASSER
5 EL SOJASAUCE
2 ZITRONENBLÄTTER ODER 1 KLEINES BUND ZITRONENMELISSE
400 G CHINAKOHL
2 MÖHREN
1 KLEINER BROKKOLI
100 G ZUCKERSCHOTEN
400 G TOFU
5 EL PFLANZENÖL

Die Erdnüsse in einer Pfanne ohne Zugabe von Fett goldbraun rösten, etwas abkühlen lassen und in der Küchenmaschine grob mahlen. Braunen Zucker mit der Currypaste erhitzen, mit etwas Kokosmilch ablöschen, gut miteinander verrühren. Erdnüsse zugeben und mit der restlichen Kokosmilch und dem Wasser aufgießen.

Die Erdnusssauce 20 Minuten bei mittlerer Hitze sämig einkochen, dabei immer wieder mit einem Kochlöffel umrühren. Die Erdnusssauce mit 2 EL Sojasauce würzen.

Zitronenblätter in hauchdünne Streifen schneiden, die Blätter der Zitronenmelisse klein hacken.

Den Chinakohl halbieren, vom Strunk befreien und in breite Streifen schneiden. Die Möhren schälen, halbieren und schräg in dünne Scheiben schneiden. Die Röschen vom Brokkoli abschneiden und je nach Größe halbieren oder vierteln. Brokkolistrunk mit einem Sparschäler schälen, vierteln und ebenfalls in dünne Scheiben schneiden (der Strunk schmeckt besonders aromatisch). Die Zuckerschoten putzen und schräg halbieren.

Den Tofu in Würfel schneiden und in 3 EL heißem Pflanzenöl von allen Seiten goldbraun braten; auf Küchenkrepp entfetten lassen. Restliches Öl erhitzen und nacheinander Möhren, Brokkoli, Zuckerschoten und zum Schluss die Chinakohlstreifen anbraten. Das Wasser zugeben und 8 bis 10 Minuten garen. Das Gemüse mit der restlichen Sojasauce würzen und den Tofu unterheben.

Die Erdnusssauce mit Zitronenblättern oder Zitronenmelisse verfeinern, mit dem Gemüse und z. B. mit Duftreis servieren.

WEINEMPFEHLUNG
Gewürztraminer AOC halbtrocken, Frankreich

Frühlingsrolle mit scharfem Dip

Zubereitungszeit: 1 Stunde

ZUTATEN FÜR 8 GROSSE ROLLEN

200 G ROTE PAPRIKA
300 G CHINAKOHL
100 G MÖHREN
100 G SHIITAKE-PILZE
2 FRÜHLINGSZWIEBELN
1 KNOBLAUCHZEHE
200 G SOJASPROSSEN
80 G GLASNUDELN
2 EL KEIMÖL
1–2 EL HELLE SOJASAUCE
2 EL LIMETTENSAFT
10 G GERIEBENER INGWER
1 BUND KORIANDER
8 FRÜHLINGSROLLENBLÄTTER (25 × 25 CM)
1 EIWEISS
ÖL ZUM AUSBACKEN
160 G SALATGURKE
10 EL SÜSS-SAURE CHILISAUCE

Paprika waschen, halbieren, entkernen und in kleine Würfel schneiden. Chinakohl vierteln, vom groben Strunk befreien und in feine Streifen schneiden. Möhren schälen und ebenfalls in Streifen schneiden. Shiitake-Pilze klein würfeln. Die Frühlingszwiebeln putzen, das dunkle Grün entfernen und klein schneiden. Die Knoblauchzehe schälen und fein würfeln. Die Sojasprossen putzen, mit kaltem Wasser abbrausen und über einem Sieb abtropfen lassen.

Die Glasnudeln mit kochendem Wasser überbrühen und 15 Minuten quellen lassen. In ein Sieb schütten, gut abtropfen lassen und mit einer Küchenschere in ca. 5 cm lange Stücke schneiden.

Keimöl im Wok oder einer beschichteten großen Pfanne erhitzen. Das Gemüse unter ständigem Rühren nacheinander scharf anbraten, etwas abkühlen lassen und unter die Glasnudeln heben. Den Glasnudelsalat mit Sojasauce, Limettensaft und Ingwer würzen, mit gewaschenen, grob gehackten Korianderblättern verfeinern und etwa 20 Minuten ziehen lassen. Über einem Sieb abtropfen lassen.

Die Ränder der Frühlingsrollenblätter mithilfe eines Backpinsels dünn mit Eiweiß bestreichen. Ein Achtel des Glasnudelsalats auf dem unteren Drittel des Teigblattes verteilen. Die Ränder einschlagen, nochmals mit Eiweiß einstreichen und aufrollen. Die restlichen Frühlingsrollenblätter gleichfalls füllen, mit Klarsichtfolie abdecken und 20 Minuten kühl stellen.

In eine Pfanne ca. 1 cm hoch Öl einfüllen, erhitzen und die Frühlingsrollen darin von allen Seiten goldgelb ausbacken.

Die Salatgurke waschen, schälen, halbieren, mit einem Esslöffel entkernen und in kleine Würfel schneiden. Die Chilisauce mit den Gurkenwürfeln vermengen und zu den Frühlingsrollen servieren.

WEINEMPFEHLUNG
Solaz Rosado trocken, Spanien

Würzige Lauchtorte

Zubereitungszeit: 1 Stunde

ZUTATEN FÜR 6–8 PERSONEN
3–4 SCHEIBEN TIEFGEFRORENER BLÄTTERTEIG (250 G)
2–3 STANGEN LAUCH
200 G ROHER GERÄUCHERTER SPECK, IN DÜNNEN SCHEIBEN
3 EL BUTTER
MEHL ZUM AUSROLLEN
2 EIER
250 ML SAHNE
SALZ, PFEFFER
MUSKATNUSS

Blätterteigscheiben zum Auftauen nebeneinander auslegen. Die Lauchstangen der Länge nach halbieren und gründlich unter fließendem Wasser waschen, das Weiße und Hellgrüne in dünne Streifen schneiden. Die Speckscheiben ebenfalls in Streifen schneiden.

In einer Pfanne den Speck auslassen, 2 EL Butter dazugeben und die Lauchstreifen 8 bis 10 Minuten unter Rühren garen, dann abkühlen lassen.

Den Backofen auf 200 °C Ober- und Unterhitze vorheizen. Eine flache Auflaufform von etwa 30 cm Durchmesser dünn mit 1 EL Butter ausstreichen. Blätterteigscheiben auf einer bemehlten Fläche mit dem Nudelholz ca. 3 mm dünn ausrollen, die Form damit bis zum Rand auslegen, den überstehenden Teig abschneiden. Die Eier mit der Sahne verquirlen und mit Salz, Pfeffer und etwas frisch geriebener Muskatnuss würzen.

Die Speck-Lauch-Mischung auf dem Teig verteilen und mit der Eiersahne übergießen. Im heißen Backofen auf der mittleren Schiene etwa 30 Minuten backen, bis der Blätterteigrand schön aufgegangen ist. Mit Joghurtdip servieren.

WEINEMPFEHLUNG
Riesling Q.b.A. trocken, Pfalz

Forellen mit Kräutermarinade

Zubereitungszeit: 30 Minuten plus Marinierzeit über Nacht

ZUTATEN FÜR 4 PERSONEN
2 ZWIEBELN
1 KNOBLAUCHZEHE
3 CHAMPIGNONS
2 EL ÖL
SALZ, PFEFFER
2 EL ZUCKER
1 STÄNGEL PETERSILIE
1 ZWEIG THYMIAN
1 STÄNGEL DILL
1 LORBEERBLATT
15 PFEFFERKÖRNER
5 WACHOLDERBEEREN
½ CHILISCHOTE
250 ML ROTWEIN
100 ML ROTWEINESSIG
4 FORELLENFILETS, ENTGRÄTET UND OHNE HAUT

Zwiebeln und Knoblauchzehe schälen. Champignons putzen und alles in feine Scheiben schneiden. Das Öl in einem Topf erhitzen und Zwiebeln, Knoblauch und Champignons darin bei mittlerer Hitze andünsten. Mit Salz, Pfeffer und Zucker würzen.

Petersilie, Thymian und Dill waschen und trocken tupfen. Die Kräuter und Gewürze dazugeben und mit Rotwein, Rotweinessig und 200 ml Wasser ablöschen. Einmal kurz aufkochen lassen und zum Abkühlen beiseitestellen.

In der Zwischenzeit die Forellen mit Salz und Pfeffer würzen, in eine Form mit einem höheren Rand legen. Die lauwarme Marinade über die Forellen gießen und die Forellen mindestens 4 Stunden, am besten über Nacht, im Kühlschrank ziehen lassen. Die Forellen aus der Marinade nehmen, abtropfen lassen und mit Vollkornbrot servieren.

WEINEMPFEHLUNG
Blanc de Noirs Cuvée trocken, Württemberg

Geflügelleber mit Polenta

Zubereitungszeit: 45 Minuten

ZUTATEN FÜR 4 PERSONEN
FÜR DIE POLENTA:
200 ML MILCH
50 G BUTTER
SALZ
80 G POLENTA
1 EL MASCARPONE

FÜR DIE GEFLÜGELLEBER:
250 G GEFLÜGELLEBER
3 EL ÖL
2 SCHALOTTEN
2 EL BUTTER
1 EL PFLAUMENMUS
3 EL BALSAMICOESSIG
SALZ, PFEFFER
GETROCKNETER MAJORAN

Für die Polenta 200 ml Wasser, Milch, Butter und Salz in einem Topf zum Kochen bringen. Polenta einrühren und 1,5 Minuten leise köcheln, am besten nur quellen lassen, nicht mehr umrühren. Unter die fertige Polenta 1 EL Mascarpone rühren.

Die Geflügelleber in walnussgroße Stücke schneiden. Das Öl erhitzen, die Leber darin scharf anbraten, herausnehmen und beiseitestellen.

Die Schalotten schälen und in kleine Würfel schneiden. In einer Pfanne mit der Butter glasig dünsten, Pflaumenmus einrühren und mit Balsamicoessig ablöschen. 200 ml Wasser dazugießen und etwas einkochen lassen. Mit Salz, Pfeffer und etwas Majoran abschmecken. Die Leber in die Sauce geben und kurz durchschwenken. Polenta auf Tellern anrichten und die Leber darüber geben.

WEINEMPFEHLUNG
Barbera d'Alba DOC Ruvei trocken, Italien

Würzige Lauchtorte

Himmel und Erde

Zubereitungszeit: 45 Minuten

ZUTATEN FÜR 4 PERSONEN
2 ZWIEBELN
750 G FESTKOCHENDE KARTOFFELN
1 BUND GLATTE PETERSILIE
4 EL BUTTERSCHMALZ
400 G BLUTWURST
3 EL MEHL
SALZ, PFEFFER
GETROCKNETER MAJORAN
2 MSP. PAPRIKAPULVER

Den Backofen auf 90 °C Ober- und Unterhitze vorheizen. Zwiebeln schälen, 1 Zwiebel in dünne Ringe, die andere in feine Würfel schneiden. Die Kartoffeln waschen, mit der Schale in reichlich Wasser garen, abgießen, pellen und in Scheiben schneiden. Die Petersilie waschen, trocken tupfen, die Blätter von den Stielen zupfen und hacken.

Die Kartoffelscheiben in einer großen Pfanne mit 1 EL Butterschmalz und den Zwiebelwürfeln nach und nach knusprig braten, immer wieder etwas Butterschmalz in die Pfanne geben. Fertige Bratkartoffeln in einer Schüssel im Backofen warm halten.

Die Blutwurst in dicke Scheiben schneiden und in 2 EL Mehl wenden. Die Blutwurst in der gleichen Pfanne von beiden Seiten anbraten. Die Bratkartoffeln zu der Blutwurst zurück in die Pfanne geben, alles gut vermischen und knusprig braten. Mit Salz, Pfeffer sowie 2 Prisen getrocknetem Majoran abschmecken und mit Petersilie bestreuen.

Das restliche Mehl mit dem Paprikapulver gut vermischen. Die Zwiebelringe darin wenden und in einer Pfanne mit 1 EL Butterschmalz bei mittlerer Hitze kross braten. Auf Küchenkrepp abtropfen lassen. Die Zwiebelringe über die Blutwurst-Kartoffel-Pfanne streuen und servieren.

WEINEMPFEHLUNG
Grauburgunder Oberbergener Bassgeige Kabinett trocken, Baden

Himmel und Erde

Käseknödel im Wirsingmantel

Zubereitungszeit: 1 Stunde

ZUTATEN FÜR 4 PERSONEN
5–8 GROSSE WIRSINGBLÄTTER
SALZ
150 G ALTBACKENES WEISSBROT
100 ML MILCH
1 STANGE LAUCH
160 G ZWIEBELN
4 EL BUTTER
PFEFFER
2 EIER
70 G GORGONZOLA
30 G SCHMELZKÄSE
200 ML GEMÜSEBRÜHE
3 EL GERIEBENER PARMESAN
1 KÄSTCHEN GARTENKRESSE

Die Wirsingblätter in Salzwasser kurz kochen und mit kaltem Wasser abschrecken. Zum Abtrocknen auf ein Küchentuch legen.

Das Weißbrot in kleine Würfel schneiden, mit der kalten Milch übergießen. Den Lauch putzen, waschen und klein schneiden. Die Zwiebeln schälen, etwa 40 g in Würfel und 120 g in Scheiben schneiden. Zwiebelwürfel und Lauch in 2 EL Butter leicht anschwitzen, mit Salz und Pfeffer abschmecken und zu dem eingeweichten Brot geben. 1 Ei aufschlagen und unterrühren. Aus dem anderen Ei ein nicht zu festes Rührei herstellen, mit Salz sowie Pfeffer abschmecken und zum Brot geben. Den Käse sehr klein schneiden und ebenfalls zugeben. Alles zu einer Knödelmasse mischen und mit Salz und Pfeffer abschmecken.

Die Wirsingblätter auf ein Brett legen, die Hauptrippe mit einem scharfen Messer herausschneiden. Jedes Wirsingblatt in eine mittelgroße Schöpfkelle geben und die Knödelmasse hineindrücken. Das Blatt oben übereinander schlagen, sodass keine Knödelmasse mehr zu sehen ist. Den Knödel in die Hand nehmen und eventuelle Feuchtigkeit leicht ausdrücken.

Die Zwiebelscheiben in der restlichen Butter anschwitzen. Mit der Gemüsebrühe aufgießen, die Wirsingbällchen einlegen und alles abgedeckt auf kleiner Flamme 15 Minuten sanft kochen. Die Wirsingbällchen mit der Schaumkelle herausnehmen, mit geriebenem Parmesan bestreuen und im Ofen kurz gratinieren.

Die Gartenkresse waschen, abschneiden und die fertigen Knödel damit bestreuen.

WEINEMPFEHLUNG
Grüner Veltliner Kabinett, Österreich

Frühlings-Omelette

Zubereitungszeit: 25 Minuten

ZUTATEN FÜR 4 PERSONEN
40 G GEKOCHTER SCHINKEN
60 G BRUNNENKRESSE
3 EIER
MINERALWASSER
25 G GERIEBENER PARMESAN
SALZ, PFEFFER
1 EL BUTTER

Den gekochten Schinken in Würfel schneiden. Die Brunnenkresse waschen, trocken tupfen, die dicken Stiele entfernen und die Blätter grob hacken. Die Eier in einer Schüssel mit einem Schuss Mineralwasser, Parmesan, Brunnenkresse, Salz und Pfeffer gründlich verquirlen.

Die Butter in einer Pfanne erhitzen, die Schinkenwürfel hineingeben und die Eiermischung dazugießen. Den Deckel auflegen und das Omelette etwas 6 Minuten garen. Mit dem Pfannenwender das Omelette zur Hälfte zusammenklappen und anrichten.

WEINEMPFEHLUNG
Chardonnay trocken, Italien

Saure Zipfel

Zubereitungszeit: 1 Stunde

ZUTATEN FÜR 4 PERSONEN
FÜR DEN WURZELSUD:
1 ZWIEBEL
2 MÖHREN
1 DICKE SCHEIBE KNOLLENSELLERIE
1 STANGE LAUCH, DEN GRÜNEN TEIL
1 LORBEERBLATT
2 GEWÜRZNELKEN
15 PFEFFERKÖRNER

FÜR DIE ZIPFEL:
PRO PERSON 4–6 NÜRNBERGER BRATWÜRSTCHEN
DAS WEISSE DER LAUCHSTANGE, IN FEINE RINGE GESCHNITTEN
1 MÖHRE, GEPUTZT UND IN FEINE STREIFEN GETEILT
1 ZWIEBEL, IN SEHR FEINE RINGE GESCHNITTEN
2 EL ESSIG
FRISCHER MEERRETTICH ZUM SERVIEREN

Für den Wurzelsud Zwiebel, Möhren, Sellerie und grünen Teil vom Lauch putzen, waschen, schälen, in grobe Stücke teilen und zusammen mit Lorbeerblatt, Nelken und Pfefferkörnern in einem Topf mit 1 l Wasser langsam aufkochen und ohne Deckel etwa 30 Minuten sieden lassen. Danach das Gemüse entfernen.

Den Wurzelsud erneut aufkochen, die zweiten Gemüsesorten sowie den Essig dazugeben und garen, das Gemüse soll noch Biss behalten. Zum Schluss die Nürnberger Bratwürstchen in dem Sud erhitzen – nicht kochen – durch den Essig laufen sie etwas bläulich an. Mit dem Gemüse und etwas Sud in tiefen Tellern servieren. Mit Meerrettich bestreut servieren.

WEINEMPFEHLUNG
Grauburgunder Q.b.A. trocken, Baden

Calzone mit Pilz-Rucola-Füllung

Zubereitungszeit: 1 Stunde plus 2 Stunden Ruhezeit

ZUTATEN FÜR 4 PERSONEN
25 G FRISCHE HEFE
500 G MEHL
30 ML OLIVENÖL
25 G HONIG
SALZ
250 ML WASSER
100 G GEPUTZTE STEINPILZE
1 GESCHÄLTE KNOBLAUCHZEHE
1 EL OLIVENÖL
250 G FRÜHLINGSZWIEBELN
60 G GETROCKNETE TOMATEN
30 G GEHACKTE OLIVEN
75 G MOZZARELLA
15 G GROB GEHACKTER RUCOLA
5 G BASILIKUM
PFEFFER

Die Hefe in etwas lauwarmem Wasser auflösen und mit etwas Mehl vermischen. Mit Olivenöl, Honig, 25 g Salz und dem Wasser etwa 5 Minuten durchkneten. 2 Stunden ruhen lassen.

Die Steinpilze in ca. 1 cm dicke Stücke schneiden und kurz mit dem gehackten Knoblauch in Olivenöl ansautieren. Die Frühlingszwiebeln putzen, waschen, in Röllchen schneiden und zugeben. Die Tomaten klein schneiden und mit den restlichen Zutaten vermengen. Salzen und pfeffern.

Den Teig etwa 3 mm dünn ausrollen. Kreise mit einem Durchmesser von etwa 20 cm ausschneiden. Die Füllung jeweils in die Mitte geben und den Teig zu einem Halbmond zusammenklappen. Die Ränder zusammendrücken. Im Ofen bei 240 °C Ober- und Unterhitze auf der unteren Schiene ca. 12 Minuten backen.

WEINEMPFEHLUNG
Rosso Di Montalcino DOC trocken, Italien

Der gute Tipp

Pizzateig gelingt am besten, je größer die angesetzte Teigmenge ist. Wird anstelle der im Rezept angegebenen 25 Gramm der gesamte Hefewürfel verarbeitet, kann man den restlichen Teig zum Beispiel zu kleinen Pizzataschen verarbeiten und dann einfrieren. In diesem Fall ist statt der Rucola-Pilz-Füllung eine herzhafte „Reste"-Füllung aus Zutaten empfehlenswert, die im Kühlschrank vorrätig sind: zum Beispiel Käse, Kapern, geschnittene Oliven, Salami oder Schinken. Mit den improvisierten Calzone-Minis aus dem Gefrierfach ist stets ein schnell gezauberter Snack im Haus.

Frische Vollmilch
Frische Vollmilch
3,8% FETT
FINE FOOD
FINE FOOD
Geschälte Tomaten
Gemüsemais Sweetcorn
Deutsche Markenbutter
250 g

AUFLÄUFE & GEMÜSE

Ratatouille mit Rucola-Pinienkern-Schaum und gebackener Wachtel

ZUTATEN FÜR 4 PERSONEN

FÜR DAS RATATOUILLE:
1 KLEINE AUBERGINE
2 ROTE PAPRIKASCHOTEN
5 TOMATEN
3 KNOBLAUCHZEHEN
100 ML OLIVENÖL
1 BUND PETERSILIE
1 BUND BASILIKUM
½ BUND THYMIAN
3 STÄNGEL SALBEI
2 ZWEIGE ROSMARIN
FLEUR DE SEL
SCHWARZER PFEFFER AUS DER MÜHLE

FÜR DEN RUCOLA-PINIENKERN-SCHAUM:
5 SCHALOTTEN
10 CHAMPIGNONS
100 G KNOLLENSELLERIE
50 ML PINIENKERNÖL
20 ML CHAMPAGNER
20 ML WERMUT (Z. B. NOILLY PRAT)
20 ML GEFLÜGELFOND
100 ML SAHNE
2 BUND RUCOLA
50 G GERÖSTETE PINIENKERNE
SALZ, PFEFFER

FÜR DIE RISOLÉEKARTOFFELN:
2 FESTKOCHENDE KARTOFFELN
1 L FRITTIERÖL
SALZ, PFEFFER

FÜR DIE GEBACKENE WACHTEL:
6 WACHTELN
50 G BUTTER
60 ML SAHNE
80 G GÄNSELEBER
5 ML TRÜFFELÖL
60 G FRISCHER BLATTSPINAT
100 G KATAIFI-TEIG
SALZ, PFEFFER

Für das Ratatouille Aubergine, Paprika und Tomaten putzen, waschen und in feine Würfel schneiden. Knoblauch schälen und fein hacken. In einer Pfanne Olivenöl erhitzen, das Gemüse sowie den Knoblauch darin leicht anschwitzen und bei mittlerer Hitze kochen, bis das Gemüse bissfest ist. Die Kräuter waschen, trocken schütteln, Blätter bzw. Nadeln abzupfen, fein hacken und gegen Ende der Garzeit zugeben. Mit Fleur de Sel und Pfeffer abschmecken.

Für den Rucola-Pinienkern-Schaum die Schalotten schälen und in feine Scheiben schneiden. Die Champignons putzen und vierteln. Den Sellerie putzen, waschen, schälen und in Würfel schneiden. Das Pinienkernöl in einen Topf geben, erhitzen und das Gemüse darin anschwitzen. Mit Champagner und Wermut ablöschen. Die Flüssigkeit leicht einköcheln lassen, dann den Geflügelfond und die Sahne zugießen und weitere 20 Minuten köcheln lassen. Durch ein Sieb passieren. Rucola putzen, waschen, trocken schleudern und grob hacken. Zusammen mit den Pinienkernen in den Topf geben und alles zu einer glatten Konsistenz pürieren. Mit Salz und Pfeffer abschmecken. Bis zum Servieren warm halten und vor dem Anrichten kurz aufschäumen.

Für die Risoléekartoffeln die Kartoffeln schälen, waschen und in ca. 4 × 4 mm kleine Würfel schneiden. In einer Schüssel mit kaltem Wasser kurz wässern, dann auf Küchenpapier gut abtropfen lassen. Im erhitzten Frittierfett goldgelb frittieren und auf Küchenpapier abtropfen lassen. Mit Salz und Pfeffer würzen.

Von den Wachteln Brüste und Keulen auslösen. Das Fleisch von den Keulen lösen. Die Brüste in einer Pfanne mit 20 g Butter kurz anbraten. Zwei Brüste beiseitelegen und die restlichen zusammen mit dem Keulenfleisch, der Sahne, etwas Gänseleber sowie Trüffelöl zu einer Farce mixen. Den Spinat waschen, in kochendem Wasser blanchieren und abtropfen lassen. Die Spinatblätter auf Frischhaltefolienstücken überlappend zu zwei Spinatmatten auslegen.

Die beiden Wachtelbrüste mit der Farce bestreichen. Dann mit den Spinatmatten umwickeln, zum Schluss mit dem Kataifi-Teig umwickeln. Nebeneinander auf ein Backblech setzen, mit 30 g geschmolzener Butter beträufeln und im vorgeheizten Backofen bei 140 °C Ober- und Unterhitze ca. 15 Minuten garen, bis die Wachteln innen noch rosa sind.

Die gebackene Wachtel zusammen mit den Risoléekartoffeln auf dem Ratatouille anrichten und mit dem aufgeschäumten Rucola-Pinienkern-Schaum beträufeln.

WEINEMPFEHLUNG
Saint Emilion Grand Cru, Frankreich

Matthias Diether

Der junge Sternekoch schaute schon als kleiner Junge gerne unter Topfdeckel. „Bei uns daheim gabs keine fertigen Sachen", sagt er und erinnert sich gerne daran, wie seine Mutter aus selbst geschnittenen Kartoffeln Pommes frittierte oder Knochen und Gemüse für kräftige Saucen ansetzte und so ihren Sohn schon in Kindertagen für frische und qualitativ hochwertige Produkte begeisterte. Heute, als renommierter Sternekoch, kombiniert er zu erlesenen Gerichten stets marktfrisches Gemüse. So auch zu seiner gebackenen Wachtel auf Ratatouille und Rucola-Pinienkern-Schaum.

L'Art de Vivre
Gourmet-Residenzen

East meets West

Ratatouille, das traditionelle Eintopfgericht aus der provenzalischen Küche, ist ein wenig arbeitsintensiv. Denn jedes Gemüse wird zunächst einzeln gegart, erst dann kommen Zucchini, Paprika, Tomaten und Auberginen zusammen in einen Topf. Der Aufwand lohnt – die Aromenvielfalt ist einfach köstlich. Bei dieser Variante wurde Zucchini durch Fenchel ersetzt. Für das geniale exotische Aromenspiel sorgen Curry, Kümmel, Kurkuma, Fenchelsamen und eine geballte Ladung frischer Koriander.

Ratatouille nach orientalischer Art

ZUTATEN FÜR 4 PERSONEN

1 MITTELGROSSE ZWIEBEL
1 FENCHEL
JE 1 ROTE, GELBE UND GRÜNE PAPRIKASCHOTE
300 G FESTE REIFE TOMATEN
3 KNOBLAUCHZEHEN
1 AUBERGINE
1 TL KORIANDERKÖRNER
½ TL KÜMMEL
1 TL FENCHELSAMEN
9 EL OLIVENÖL
1 TL KURKUMA (GELBWURZ)
SALZ, PFEFFER
CURRYPULVER
2 LORBEERBLÄTTER
EVENTUELL ETWAS GEMÜSEBRÜHE
½ BUND KORIANDER

Die Zwiebel schälen. Den Fenchel und die Paprikaschoten putzen, waschen und trocken tupfen. Vom Fenchel den Strunk entfernen. Alles in kleine Würfel schneiden. Die Tomaten mit kochendem Wasser überbrühen, kalt abschrecken, häuten und klein schneiden. Wer es ganz fein liebt, kann die Kerne entfernen. In jedem Fall den ablaufenden Saft auffangen. Die Knoblauchzehen schälen und sehr fein hacken. Die Aubergine von Blüten- und Stängelansatz befreien, waschen, abtrocknen und anschließend ebenfalls in kleine Würfel schneiden. Die Korianderkörner mit Kümmel und Fenchelsamen in 1 EL Olivenöl unter Rühren erhitzen, bis die Mischung duftet. Herausnehmen, abkühlen lassen und mit einem scharfen Messer auf einem Brett zerkleinern. Mit dem Knoblauch und dem Kurkuma zu einer Würzpaste vermengen.

4 EL Olivenöl in einem Topf erwärmen und die Würzpaste einrühren. Die Zwiebel darin glasig werden lassen. Erst dann die Fenchel- und Paprikawürfel zufügen und alles sanft kurz anschwitzen. 4 EL Öl in einer beschichteten Pfanne erhitzen und die Auberginenwürfel darin braten, bis sie leicht gebräunt sind. Mit Salz, Pfeffer und einem Hauch Curry abschmecken. Auf einer dicken Lage Küchenkrepp abfetten lassen. Auberginen, Tomaten, Lorbeerblätter mit den Fenchel- und Paprikawürfeln und dem durchgesiebten Tomatensaft in einen Topf geben. Salzen, pfeffern und zugedeckt etwa 15 Minuten schmoren. Bei Bedarf etwas Gemüsebrühe zugeben. Das Gemüse sollte noch etwas Biss haben. Den Koriander waschen, trocken tupfen und fein hacken. Die Lorbeerblätter aus dem Gemüse nehmen. Mit Salz und Pfeffer abschmecken und mit dem Koriander bestreut servieren.

WEINEMPFEHLUNG

Côtes du Rhône AOC „Parallèle 45" trocken, Frankreich

Ratatouille

ZUTATEN FÜR 6 PERSONEN

2 KNOBLAUCHZEHEN
5 SCHALOTTEN
150 G KIRSCHTOMATEN
1 GROSSE ZUCCHINI
1 GROSSE AUBERGINE
3 ROTE UND 2 GELBE PAPRIKA-SCHOTEN
2 ZWEIGE THYMIAN
2 ZWEIGE ROSMARIN
OLIVENÖL
SALZ, PFEFFER
ZUCKER
250 ML PASSIERTE TOMATEN

Knoblauch und Schalotten schälen und in Würfel schneiden. Kirschtomaten waschen und halbieren. Zucchini und Aubergine putzen, waschen und ebenfalls in Würfel schneiden. Paprika waschen, Kerne und Trennwände entfernen und in Rauten schneiden. Thymian und Rosmarin waschen, trocken schütteln, Blätter bzw. Nadeln abzupfen und fein hacken.

In einem Römertopf Öl heiß werden lassen. Schalotten, Knoblauch, Paprika, Zucchini und Aubergine zugeben und kurz anbraten. Mit Salz, Pfeffer und Zucker würzen. Mit den passierten Tomaten ablöschen. Die Kräuter zugeben und etwas einkochen lassen. Zum Schluss die Kirschtomaten zufügen, warm werden lassen und noch einmal mit Salz, Pfeffer und Zucker abschmecken.

WEINEMPFEHLUNG

Merlot trocken, Frankreich

Das provenzalische Original, blitzschnell

Frisch, traditionell und trotzdem schnell – auch so kann man Ratatouille zubereiten. Wer einen Römertopf oder statt des traditionellen Tontopfs einen kleinen Bräter im Küchenschrank hat, kann sämtliche Zutaten einfach miteinander garen. So reduziert sich der zeitliche Aufwand auf das Putzen und Schneiden von frischem Gemüse und Kräutern.

Gemüse, mehr als nur eine Beilage

Gemüse ist mehr als nur eine vitaminreiche Beilage zu Fleisch, Geflügel oder Fisch. Kombiniert mit Risotto, Pasta oder Kartoffeln, entstehen aus unseren Gemüserezepten köstliche Speisen, bei denen auch Fleischesser nichts vermissen. Doch heute geht es längst nicht mehr um die Suche nach dem besten Fleischersatz, sondern um genussreiche und gesunde Abwechslung auf dem Teller. Und da ist die vegetarische Vielfalt von A wie Aubergine über Kohlrabi, Kürbis und Spargel bis zu Z wie Zucchini einfach unschlagbar. Ebenso wie bei Salatsorten lohnt sich vor dem Einkauf von Gemüse ein Blick auf den Saisonkalender heimischer Gemüsearten. Denn wer sich nach dem saisonalen Angebot richtet und zu regionalen Erzeugnissen greift, der hat zu jeder Jahreszeit frische, aromatische und vitaminreiche Ware in der Küche.

Schichtweise Vitamine aus dem Ofen

Ob mit oder ohne Fleisch, als herzhafter Nudelauflauf, feines Gratin oder süßer Ofenschlupfer: Der letzte Arbeitsgang bei der Zubereitung eines Auflaufs ist stets der gleiche. Denn sämtliche Zutaten werden in eine feuerfeste Form geschichtet, dann je nach Rezept mit einem Abschluss aus bindender Ei-Sahne-Masse oder Käse versehen und im Ofen überbacken. Ist der Auflauf gar und die Kruste goldbraun, kündigt sich dies durch einen köstlichen Geruch an, der durch die Küche strömt. Da können selbst schwierige Esser nicht widerstehen. Die meisten unserer Auflaufrezepte lassen sich sehr gut vorbereiten – einfach alles zubereiten, den Auflauf dann abgedeckt in den Kühlschrank stellen und kurz vor dem Servieren im Ofen überbacken. Auf den folgenden Seiten finden Sie auch viele pfiffige Kochideen für Kinder.

Karamellisierter Chicorée

Zubereitungszeit: 45 Minuten

ZUTATEN FÜR 4 PERSONEN
2 MITTELGROSSE MÖHREN
1 DICKE STANGE STAUDENSELLERIE
3 EL BUTTER
2 EL WASSER
SALZ, PFEFFER
2 CHICORÉE (À 200 G)
6 EL PFLANZENÖL
1 TL PUDERZUCKER
2 SPRITZER ZITRONENSAFT
150 G EGERLINGE
1 EL WEISSER PORTWEIN
4–5 EL GEMÜSEBRÜHE
ETWAS PETERSILIE

Die Möhren putzen, schälen, längs halbieren und quer in dünne Scheiben schneiden. Den Staudensellerie putzen, waschen und in Scheibchen schneiden.

In einem Topf 1 EL Butter zerlassen. Möhren, Sellerie und Wasser zugeben, leicht salzen und pfeffern, etwa 15 Minuten dünsten.

Vom Chicorée die Enden abschneiden, sodass man ihn in Einzelblätter teilen kann. Den festen Innenteil herausnehmen und entsorgen. Die Blätter waschen und gut abtropfen lassen.

In einer Pfanne 2 EL Butter und 3 EL Pflanzenöl heiß werden lassen und den Puderzucker einstreuen. Die Chicoréeblätter zugeben, mit Salz und Pfeffer abschmecken und mit dem Zitronensaft beträufeln. Das gedünstete Gemüse zugeben und bei mittlerer Hitze ca. 10 Minuten karamellisieren lassen. Wenn nötig, etwas Gemüsebrühe zugeben.

Die Pilze putzen. In einer zweiten Pfanne 3 EL Pflanzenöl heiß werden lassen, die Pilze hineingeben und auf hoher Flamme kurz schmoren. Mit Salz und Pfeffer abschmecken, aus der Pfanne heben, zum Chicorée geben und alles gut durchschwenken.

Portwein und Gemüsebrühe in die Pfanne zu dem Öl, in dem die Pilze geschmort wurden, geben und einmal aufkochen. Die gewaschene Petersilie hacken und darüber streuen. Das Gemüse auf vorgewärmten Tellern anrichten, die Sauce darüber geben.

WEINEMPFEHLUNG
Pagos del Rey DO, Spanien

Auberginen mit Minze

Zubereitungszeit: 45 Minuten

ZUTATEN FÜR 4 PERSONEN
2 GROSSE AUBERGINEN
SALZ
3 EL OLIVENÖL
PFEFFER
3 MITTELGROSSE ZWIEBELN
1 GROSSE DOSE GEWÜRFELTE TOMATEN (850 G)
2 HANDVOLL GEHACKTE MINZE
2 EL BALSAMICOESSIG
8 GEHACKTE ANCHOVISFILETS

Die Auberginen putzen und längs in etwa 0,5 cm dünne Scheiben schneiden. Etwa 2 Minuten in kochendem Salzwasser garen und auf Küchenpapier abtropfen lassen.

In einer mit 1 EL Olivenöl bestrichenen Grillpfanne mit Deckel grillen, dabei alle zwei Minuten nachsehen, damit die Scheiben nicht anbrennen. Sie sind gar, wenn sie außen bräunlich und innen weich sind. Auf eine große Platte legen, beide Seiten salzen und pfeffern und dann in eine große Schüssel geben.

Die Zwiebeln schälen und in dünne Scheiben schneiden. 2 EL Olivenöl in einer Pfanne erhitzen und die Zwiebelscheiben etwa 3 Minuten darin andünsten. Die Tomaten zugeben, etwa 1 Minute köcheln lassen, salzen und pfeffern.

Karamellisierter Chicorée

Die Tomaten-Zwiebel-Mischung über die Auberginen geben. Die Minze hinzufügen und mit dem Balsamicoessig beträufeln. Sehr vorsichtig miteinander vermengen, um die Auberginenscheiben nicht zu beschädigen. Ca. 15 Minuten ruhen lassen und bei Zimmertemperatur innerhalb der nächsten drei Stunden servieren. Kurz vor dem Anrichten mit den gehackten Anchovis garnieren.

WEINEMPFEHLUNG
Merlot DOC trocken, Italien

Lauchgemüse mit Weißwein

Zubereitungszeit: 30 Minuten

ZUTATEN FÜR 4 PERSONEN
5–6 STANGEN LAUCH
2 LORBEERBLÄTTER
20 PFEFFERKÖRNER
500 ML TROCKENER WEISSWEIN
500 ML WASSER
750 ML OLIVENÖL
SALZ

Von den Lauchstangen Wurzelansatz und grüne Blätter entfernen, den weißen und hellgrünen Teil in 4–5 cm lange Stücke teilen, sehr gründlich waschen.

In einem Topf die restlichen Zutaten verrühren, aufkochen lassen und nach Geschmack salzen. Die Lauchstücke 15 bis 20 Minuten (je nach Dicke) in diesem Sud garen. Vorsicht: Die Stücke sollen sich nicht auseinander lösen! In der Marinade abkühlen lassen. Vor dem Servieren die Lorbeerblätter entfernen.

WEINEMPFEHLUNG
Chenin Blanc halbtrocken, Südafrika

Vegetarische Paella

Zubereitungszeit: 1 Stunde

ZUTATEN FÜR 4 PERSONEN
4 MITTELGROSSE TOMATEN
1 GROSSE ROTE PAPRIKASCHOTE
6 WEISSE SPARGELSTANGEN
2 KNOBLAUCHZEHEN
3 STANGEN STAUDENSELLERIE
2 FRÜHLINGSZWIEBELN
6 KOPFSALATBLÄTTER
4 SHIITAKE-PILZE
40 G GRÜNE BOHNEN
100 G TIEFGEFRORENE ERBSEN
SALZ
70 ML OLIVENÖL
6 SAFRANFÄDEN
1 GEHACKTE CHILISCHOTE
150 G SPANISCHER PAELLAREIS
500–800 ML GEMÜSEBRÜHE, JE NACH REISQUALITÄT
PFEFFER
1 EL GEHACKTE PETERSILIE

Die Tomaten kurz mit kochendem Wasser überbrühen, abschrecken, die Haut abziehen und vierteln, dabei den Strunk entfernen. Die Paprikaschote entkernen. Weißen Spargel und Knoblauch schälen, vom Spargel das holzige Ende abschneiden. Staudensellerie, Frühlingszwiebeln und Kopfsalatblätter waschen. Alles in kleine Stücke schneiden. Die Shiitake-Pilze putzen und vierteln. Bohnen und gefrorene Erbsen zusammen in Salzwasser 2 Minuten kochen.

Die Shiitake-Pilze in Olivenöl anbraten. Paprika, Staudensellerie, Frühlingszwiebeln sowie Safran, die gehackte Chilischote und Knoblauch zufügen und leicht dünsten. Dann die Tomaten und die Hälfte der Gemüsebrühe dazugeben und den Paellareis einstreuen. Die Spargelstücke zugeben und mit Salz und Pfeffer würzen. Auf kleiner Flamme garen, bis der Reis weich ist. Dabei immer wieder etwas Gemüsebrühe nachgießen.

Gegen Ende der Garzeit die vorgekochten Bohnen und Erbsen sowie die Salatblätter auf der Paella verteilen, mit frisch geschnittener Petersilie bestreuen und gleich servieren.

WEINEMPFEHLUNG
Chardonnay, Österreich

Zucchini-Tomaten-Gemüse aus dem Ofen

Zubereitungszeit: 50 Minuten

ZUTATEN FÜR 4 PERSONEN
2 ZWIEBELN
2–3 KNOBLAUCHZEHEN
3 GRÖSSERE TOMATEN
5–6 KLEINE ZUCCHINI
3 ZWEIGE THYMIAN
SALZ, PFEFFER
1 LORBEERBLATT
6 EL OLIVENÖL

Den Backofen auf 200 °C Ober- und Unterhitze vorheizen. Zwiebeln und Knoblauch schälen und fein würfeln. Tomaten und Zucchini waschen, die Tomaten in Scheiben schneiden, Stielansatz entfernen, die Zucchini längs einschneiden, sodass sie Fächer bilden. Thymian waschen, trocken tupfen und die Blätter von den Stielen zupfen. Die Tomatenscheiben salzen, pfeffern und mit Thymianblättchen bestreuen.

Die Zucchinifächer mit den Tomaten füllen und in eine feuerfeste Form legen. Das Lorbeerblatt zerdrücken, darüber streuen und alles mit Olivenöl beträufeln. Im Backofen etwa 30 Minuten garen.

WEINEMPFEHLUNG
Merlot DOC trocken, Italien

Grün-weißes Curry

Zubereitungszeit: 50 Minuten

ZUTATEN FÜR 4 PERSONEN
500 G BLUMENKOHL
500 G BROKKOLI
1 GESTRICHENER EL ROTE CURRYPASTE
2 EL BRAUNER ZUCKER
400 ML KOKOSMILCH
200 ML WASSER
3 EL SOJASAUCE
2 ZITRONENBLÄTTER ODER
½ BUND ZITRONENMELISSE

Röschen von Blumenkohl und Brokkoli abschneiden, waschen und je nach Größe halbieren oder vierteln. Brokkolistrunk mit einem Sparschäler schälen, vierteln und in dünne Scheiben schneiden.

Die Currypaste mit braunem Zucker erhitzen, ein Viertel der Kokosmilch angießen und mit einem Schneebesen glatt rühren. Restliche Kokosmilch mit Wasser vermengen, mit dem Gemüse zur Currysauce geben und abgedeckt etwa 20 Minuten bei geringer Temperatur köcheln lassen, dabei immer wieder umrühren.

Das Gemüsecurry mit Sojasauce würzen, die Zitronenblätter in hauchdünne Streifen schneiden und kurz vor dem Servieren unter das Curry geben.

WEINEMPFEHLUNG
Gewürztraminer AOC halbtrocken, Frankreich

Der gute Tipp

Tomaten dürfen nicht im Kühlschrank lagern, sonst verlieren sie ihr Aroma. Am besten lagert man sie an einem schattigen Platz in der Küche. Tomaten reifen übrigens schneller, wenn man einen Apfel dazulegt.

Spargel mit grüner Mousse

Zubereitungszeit: 45 Minuten

ZUTATEN FÜR 4 PERSONEN
1 KG WEISSER SPARGEL
SALZ
½ TL ZUCKER
ETWAS ZITRONENSAFT
5 EL BUTTER
500 G BROKKOLI
120 ML SAHNE
PFEFFER
MUSKATNUSS
2 HART GEKOCHTE EIER
30 G FRISCH GERIEBENE SEMMELBRÖSEL

Den Spargel schälen und die holzigen Endstücke abschneiden. In einem großen Topf Wasser mit Salz, Zucker, Zitronensaft sowie 1 EL Butter aufsetzen und den Spargel darin in etwa 10 bis 15 Minuten gar kochen. Herausnehmen und abtropfen lassen.

Den Brokkoli waschen, Röschen vom Stiel trennen. Die Stiele schälen und sehr klein schneiden, zusammen mit den Röschen in Salzwasser etwa 5 Minuten kochen. Dann herausnehmen, in kaltem Wasser abschrecken und abtropfen lassen.

Den Brokkoli mit 2 EL Butter anschwitzen und mit Salz, Pfeffer und Muskatnuss würzen. Drei Viertel der Sahne angießen und alles weich dünsten. Pürieren und den Rest der Sahne zufügen.

Die Eier pellen, Eiweiß und Eigelb separat klein würfeln.

1 bis 2 EL Butter mit den Semmelbröseln in einer Pfanne goldbraun anrösten und über den mit der Brokkoli-Mousse angerichteten Spargel geben. Mit den Eiwürfeln bestreut servieren.

WEINEMPFEHLUNG
Silvaner Kabinett trocken, Franken

Gebratene Pfifferlinge mit Gemüse

Zubereitungszeit: 45 Minuten

ZUTATEN FÜR 4 PERSONEN
300 G PFIFFERLINGE
3–4 STRAUCHTOMATEN
5 KLEINE ZWIEBELN
JE 1 ROTE UND GRÜNE PAPRIKASCHOTE
2–3 DICKE GÄRTNERGURKEN (KEINE SALATGURKEN), ETWA 1 KG
4–5 EL OLIVENÖL
SALZ, PFEFFER
ETWAS GEKÖRNTE GEMÜSEBRÜHE
1 BUND PETERSILIE

Die Pfifferlinge putzen. Die Tomaten in kochendem Wasser kurz überbrühen, abschrecken, Haut abziehen und in Viertel teilen, dabei die Strünke entfernen. Die Zwiebeln schälen und in grobe Stücke schneiden. Paprika waschen, halbieren, Kerne und Trennwände entfernen und in Streifen schneiden. Die Gurken schälen, an beiden Enden ein kleines Stück abschneiden und prüfen, ob sie bitter sind, wenn nicht: halbieren und entkernen. Die Gurkenhälften in ca. 3 cm breite Streifen schneiden.

In einer großen Pfanne das Öl erhitzen. Zuerst die Zwiebeln, dann die Paprikastreifen etwa 5 Minuten andünsten.

Die Gurkenstücke zugeben und 6 bis 7 Minuten unter Rühren dünsten. Zum Schluss die Pilze untermischen. Leicht salzen und pfeffern und, wenn das Gemüse Saft gezogen hat, etwas gekörnte Brühe unterrühren. Die Tomatenstücke zugeben und den Deckel auflegen.

Weitere 10 Minuten bei kleiner Hitze köcheln lassen. Mit viel gehackter Petersilie bestreut servieren.

WEINEMPFEHLUNG
Grüner Veltliner Federspiel Jochinger Berg trocken, Österreich

Gemüseragout

Zubereitungszeit: 35 Minuten

ZUTATEN FÜR 4 PERSONEN
1 ZWIEBEL
1 MÖHRE
2 STANGEN STAUDENSELLERIE
3 EL BUTTER
SALZ, PFEFFER
1 TL ZUCKER
2 EL SHERRYESSIG
100 ML SAHNE
1 STÄNGEL ESTRAGON

Zwiebel und Möhre schälen, Sellerie putzen und waschen und alles in feine Würfel schneiden.

Die Zwiebel in einem Topf mit 3 EL Butter glasig dünsten, mit Salz und Pfeffer würzen. Möhren- und Selleriewürfel dazugeben, nochmals mit Salz, Pfeffer und Zucker würzen, eventuell etwas Wasser dazugeben und das Gemüse etwa 10 Minuten langsam weich dünsten. Mit Essig ablöschen und kurz aufkochen. Die Sahne dazugießen und nochmals aufkochen.

Estragon waschen, trocken tupfen, die Blätter von den Stielen zupfen, fein hacken und über das fertige Gemüseragout streuen.

WEINEMPFEHLUNG
Chardonnay trocken, Chile

Asia-Gemüse

Zubereitungszeit: 35 Minuten

ZUTATEN FÜR 4 PERSONEN
150 G MÖHREN
150 G ZUCCHINI
150 G GRÜNE PAPRIKASCHOTE
100 G CHAMPIGNONS
150 G ZWIEBELN
3 EL SESAMÖL ODER MILDES PFLANZENÖL ZUM BRATEN
SOJASAUCE
SESAMSAMEN
SALZ, PFEFFER
1 SCHUSS REISWEIN ODER WEISSWEIN
HONIG UND ZITRONENSAFT NACH GESCHMACK

Die Möhren, Zucchini und die Paprikaschote putzen und waschen, Möhren schälen. Die Champignons putzen. Die Zwiebeln schälen.

Die Möhren und Zucchini in feine Stifte schneiden, die Zwiebeln in dünne Scheiben, die grüne Paprikaschote in schmale Streifen. Die Champignons feinblättrig aufschneiden.

Möglichst in einem Wok, sonst in einer großen, hohen Pfanne das Sesam- oder Pflanzenöl (oder auch ein Gemisch aus beiden) erhitzen und das Gemüse unter ständigem Rühren braten, bis es gar ist, aber noch Biss hat – das dauert nur wenige Minuten.

Mit einem guten Schuss Sojasauce, Sesamsamen, Salz sowie Pfeffer würzen und mit wenig Reiswein oder etwas mehr Weißwein ablöschen. Nach Geschmack mit Honig und Zitronensaft süß-säuerlich abschmecken.

WEINEMPFEHLUNG
Riesling Q.b.A. trocken, Mosel

Buntes Gemüse-Curry

Zubereitungszeit: 35 Minuten

ZUTATEN FÜR 4 PERSONEN
1 DOSE KLEINE MAISKÖLBCHEN (400 G)
250 G MÖHREN
1 BUND DÜNNE FRÜHLINGSZWIEBELN
100 G FRISCHE BOHNENKEIME
2 KNOBLAUCHZEHEN
1 WALNUSSGROSSES STÜCK INGWER
5 ZITRONENBLÄTTER
1 TL CURRYPASTE
2 EL FISCHSAUCE
2 EL SOJASAUCE
200 ML KOKOSMILCH
2 TL ZUCKER
3 EL ÖL ZUM BRATEN

Die Maiskölbchen abtropfen lassen.

Die Möhren putzen, schälen und in streichholzfeine Stifte schneiden. Die Frühlingszwiebeln putzen, waschen und in maiskölbchenlange Stücke schneiden. Die Bohnenkeime heiß überbrausen und abtropfen lassen. Knoblauchzehen und Ingwer schälen, fein hacken. Die Zitronenblätter waschen und in hauchfeine Streifen schneiden.

Die Currypaste mit Fischsauce, Sojasauce, Kokosmilch und Zucker verrühren. In einem Wok oder einer tiefen Pfanne das Öl erhitzen. Gehackten Knoblauch und Ingwer kurz anbraten, dann die Möhrenstreifen und den Mais zugeben, unter ständigem Rühren und Wenden 2 Minuten braten.

Die Frühlingszwiebeln und Bohnenkeime zugeben und weitere 2 Minuten unter Rühren braten. Mit der Currysauce übergießen und noch etwa 3 Minuten garen. Mit den Zitronenblattstreifen bestreuen und servieren.

WEINEMPFEHLUNG
Dornfelder Q.b.A. halbtrocken, Pfalz

Asia-Gemüse

Auberginencurry mit Koriander

Zubereitungszeit: 35 Minuten plus 1 Stunde Ziehzeit

ZUTATEN FÜR 4 PERSONEN
1 GROSSE ZWIEBEL
2 EL BUTTER
2 EL GERIEBENER INGWER
2 EL GEHACKTER KNOBLAUCH
3 EL KÜMMEL
½ TL KORIANDER
½ TL KARDAMOM
½ TL KURKUMA (GELBWURZ)
¼ TL NELKEN
½ TL CAYENNEPFEFFER
2 TOMATEN
200 ML WASSER
1 EL BRAUNER ZUCKER
1 GROSSE AUBERGINE
SALZ, PFEFFER
PFLANZENÖL ZUM BRATEN
300 G SPINAT (200 G GEPUTZT)
1 BUND FRISCHER KORIANDER

Die Zwiebel schälen, in Würfel schneiden und in Butter goldgelb anschwitzen. Den frischen Ingwer mit dem gehackten Knoblauch zu den Zwiebeln geben und anbraten.

Kümmel, Koriander, Kardamom, Kurkuma und Nelken in Öl leicht anrösten, aus der Pfanne nehmen, mit einem großen, scharfen Messer klein hacken und mit dem Cayennepfeffer zu den Zwiebeln in die andere Pfanne geben.

Die Tomaten waschen, den Strunk entfernen und in Würfel schneiden. Mit dem Wasser und dem braunen Zucker zu den Gewürzen geben. Einmal kurz aufkochen, 1 Stunde kalt stellen.

Die Auberginen waschen, den Stielansatz abschneiden und der Länge nach in etwa 1 cm dicke Scheiben schneiden. Die einzelnen Scheiben nochmals halbieren und beide Seiten mit Salz und Pfeffer würzen. In einer Pfanne mit Pflanzenöl von beiden Seiten goldbraun anbraten und zur Seite stellen.

Den Spinat gründlich waschen und in Streifen schneiden. Die erkaltete Tomaten-Gewürzmasse nochmals aufkochen, die Spinatstreifen und die Auberginen unterrühren und einige Minuten sanft kochen

Spinatsoufflé

lassen. Den Koriander waschen, trocknen und klein schneiden. Das Auberginencurry auf Tellern anrichten und mit Koriander bestreuen.

WEINEMPFEHLUNG
Côtes de Provence AOC Rosé trocken, Frankreich

Spinatsoufflé

Zubereitungszeit: 1 Stunde

ZUTATEN FÜR 4 PERSONEN
400 ML MILCH
50 G SPEISESTÄRKE
200 G TIEFGEFRORENER BLATTSPINAT
2 EL BUTTER
SALZ
CAYENNEPFEFFER
MUSKATNUSS
4 EIER
WEICHE BUTTER ZUM AUSFETTEN DER FORMEN
PARMESAN ZUM BESTREUEN

Die angegebene Menge reicht für 8 Souffléförmchen von 7,5 cm Höhe oder für 1 feuerfeste Form von 8 cm Höhe und 16 cm Durchmesser.

Von der kalten Milch 3 EL abnehmen und mit der Speisestärke glatt rühren. Die restliche Milch in einem Topf zum Kochen bringen. Die Speisestärke unter ständigem Rühren in die kochende Milch geben. Gut durchkochen lassen und in ein flaches Gefäß zum Auskühlen geben. Mit Klarsichtfolie abdecken.

Den Spinat leicht antauen lassen, mit der Hand auspressen und klein schneiden. Mit der leicht gebräunten Butter mischen und in einer Küchenmaschine fein mixen. Mit Salz, Cayennepfeffer und etwas Muskat abschmecken.

Die Eier trennen. Den Speisestärkepudding durch ein Sieb streichen, mit dem Spinat und den Eigelben verrühren und nochmals abschmecken.

Das Eiweiß mit 1 Prise Salz zu nicht zu steifem Schnee schlagen und vorsichtig, erst ein Drittel, dann den Rest, unter die Spinatmasse heben. Die Masse drei Viertel hoch in die gut mit Butter ausgefetteten Förmchen bzw. Form geben.

Den Backofen auf 220 °C Ober- und Unterhitze (Heißluft 200 °C) vorheizen. 1 Blatt Zeitungspapier passend für den Boden eines Bräters oder einer großen feuerfesten Form zusammenfalten und an den Seiten einreißen. In den Bräter geben. Kochendes Wasser einfüllen und die Förmchen oder Form einstellen. Das Wasser sollte nicht höher als ein Viertel der Höhe der Förmchen oder der Form sein.

Das Wasser auf der Herdplatte zum Kochen bringen. Dann den Bräter mit den Förmchen auf die unterste Schiene des Backofens stellen und etwa 20 Minuten backen. Wenn das Soufflé fest ist, mit dem Parmesan bestreuen.

WEINEMPFEHLUNG
Bordeaux Blanc, Frankreich

Im Römertopf geschmortes Ratatouille

Zubereitungszeit: 1,5 Stunden

ZUTATEN FÜR 4–6 PERSONEN
250 G DURCHWACHSENER SPECK
5 MITTELGROSSE ZWIEBELN
500 G ZUCCHINI
500 G SALATGURKE
500 G TOMATEN
500 G PAPRIKASCHOTEN
500 G AUBERGINEN
ETWAS ÖL
SALZ, PFEFFER
2–4 KNOBLAUCHZEHEN
ROSENSCHARFES PAPRIKAPULVER
GEKÖRNTE GEMÜSEBRÜHE
1 TL ZUCKER

Einen großen Tontopf nach Vorschrift wässern. Den Speck würfeln, die Zwiebeln schälen und grob zerschneiden. Die Zucchini waschen und grob würfeln. Salatgurke waschen, eventuell streifig schälen, grob würfeln. Die Tomaten mit kochendem Wasser überbrühen, abschrecken, häuten, die grünen Strünke entfernen und das Fruchtfleisch fein würfeln. Die Paprikaschoten waschen, halbieren, Stielansätze, Kerne und helle Trennwände entfernen, grob würfeln. Die Auberginen waschen, Stielansätze entfernen, die Früchte grob würfeln.

Die Speckwürfelchen in einer Pfanne mit etwas Öl unter Rühren anbraten, bis sich das Fett vom fleischigen Teil getrennt hat. Die zerschnittenen Zwiebeln in diesem würzigen Speckfett dünsten, bis sie glasig sind.

Speck-Zwiebeln gleichmäßig auf dem Boden des Römertopfs verteilen, darauf die verschiedenen Gemüsesorten in einzelnen Lagen schichten. Jede Lage mit Salz und Pfeffer würzen.

Knoblauch schälen, durch eine Presse auf die oberste Schicht drücken, mit Paprikapulver, gekörnter Brühe und Zucker bestreuen. Den Deckel auflegen.

In den kalten Backofen schieben, auf 200 °C Ober- und Unterhitze schalten und 40 bis 50 Minuten garen, das Gemüse soll dann noch Biss haben. Vor dem Servieren vorsichtig umrühren.

WEINEMPFEHLUNG
Côtes de Provence AOC trocken, Frankreich

Gebratene Zucchinischeiben mit Rosinen

Zubereitungszeit: 30 Minuten

ZUTATEN FÜR 4 PERSONEN
500 G ZUCCHINI
1 GROSSE GEMÜSEZWIEBEL
50 G ROSINEN
50 G PINIENKERNE
4 EL OLIVENÖL
SALZ, PFEFFER

Die Zucchini putzen, waschen, halbieren und in ca. 1 cm dicke Scheiben schneiden. Zwiebel schälen und in dünne Ringe schneiden. Die Rosinen in warmem Wasser einweichen und die Pinienkerne ohne Zugabe von Fett in einer Pfanne anrösten.

Olivenöl in einer Pfanne erhitzen und die Zwiebelringe darin goldbraun rösten. Anschließend herausnehmen und die Zucchinischeiben in der Pfanne braun anbraten. Pinienkerne und Rosinen zusammen mit den Zwiebelringen zugeben und mit Salz und Pfeffer abschmecken.

WEINEMPFEHLUNG
Pinit Grigio IGT trocken, Italien

Auberginen-Röllchen mit Käsefüllung

Zubereitungszeit: 70 Minuten

ZUTATEN FÜR 4 PERSONEN
2–3 GROSSE AUBERGINEN
1 KNOBLAUCHZEHE
50 G ROSINEN
50 G PINIENKERNE
1 UNBEHANDELTE ZITRONE
50 G FETA
300 G MOZZARELLA
2 EL OLIVENÖL
25 G FRISCH GERIEBENER PARMESAN
2 EL GEHACKTE PETERSILIE
3 EL GEHACKTE MINZE
400 G PASSIERTE TOMATEN
SALZ, PFEFFER

Backofen auf 190 °C Ober- und Unterhitze vorheizen. Auberginen waschen und der Länge nach in ca. 5 mm dicke Scheiben schneiden. Knoblauch schälen und fein würfeln. Rosinen und Pinienkerne hacken. Die Zitrone gründlich abwaschen, trocknen und Zesten abziehen. Feta mit einer Gabel zerkrümeln.

Für die Füllung 100 g Mozzarella fein würfeln. Restlichen Mozzarella für den Belag in dünne Scheiben schneiden. Eine Grillpfanne mit etwas Öl ausstreichen und die Auberginenscheiben darin von beiden Seiten weich garen. Zwischendurch so wenden, dass ein Gittermuster entsteht.

Für die Füllung Feta, Parmesan und gewürfelten Mozzarella in eine Schüssel geben. Pinienkerne, Rosinen, Knoblauch, Zitronenzesten, Petersilie und 2 EL Minze zugeben und alles vermischen. 1 TL Füllung auf je eine Auberginenscheibe geben und fest zusammenrollen.

Eine Auflaufform mit Öl einfetten und die Röllchen hineinlegen. Tomaten darübergießen und Mozzarella-Scheiben darauf verteilen. Mit etwas Olivenöl beträufeln, eventuell salzen und pfeffern und ca. 30 Minuten backen.

Aus dem Ofen nehmen und etwas abkühlen lassen. Auf Tellern anrichten und mit der restlichen Minze bestreuen.

WEINEMPFEHLUNG
Valpolicella Superiore DOC trocken, Italien

Fenchelgemüse

Zubereitungszeit: 30 Minuten

ZUTATEN FÜR 4 PERSONEN
1 KG FENCHEL
5–6 KNOBLAUCHZEHEN
5–6 EL OLIVENÖL
SALZ, PFEFFER
GEMÜSEBRÜHE

Den Fenchel waschen und vierteln, den harten Strunk am Wurzelansatz wegschneiden. Den Knoblauch schälen, ganz lassen.

In einer Pfanne das Olivenöl erhitzen, die Fenchelstücke bei mittlerer Hitze unter Wenden leicht anbräunen, dabei salzen und pfeffern.

Knoblauchzehen zugeben und hellbraun braten, dabei das Wenden nicht vergessen. So viel Brühe oder Wasser angießen, dass der Fenchel zu einem Drittel bedeckt ist. Die Hitze vermindern und den Fenchel leise simmern lassen, bis er sehr weich ist – eventuell Flüssigkeit nachgießen, am Schluss soll aber die ganze Brühe eingekocht sein. Warm zu geschmortem Fleisch oder Geflügel servieren.

WEINEMPFEHLUNG
Weißer Burgunder Q.b.A. trocken, Pfalz

Mediterranes Wirsinggemüse

Zubereitungszeit: 40 Minuten

ZUTATEN FÜR 4 PERSONEN
1 WIRSINGKOHL
1 GROSSE ZWIEBEL
1 KNOBLAUCHZEHE
6 GESCHÄLTE TOMATEN (AUS DER DOSE)
2–3 EL OLIVENÖL
125 ML HÜHNERBRÜHE
1–2 EL WEISSWEINESSIG
1 TL GETROCKNETER THYMIAN
SALZ, PFEFFER
50 G BUTTER
80–100 G PECORINO ODER PARMESAN AM STÜCK

Vom Wirsing die äußeren, dunkelgrünen Blätter ablösen, sie werden nicht benötigt. Den Kohl achteln und den Strunk herausschneiden. Die Kohlachtel in etwa 0,5 cm schmale Streifen schneiden. Die Wirsingstreifen in ein Sieb geben, gründlich waschen und gut abtropfen lassen. Die Zwiebel und den Knoblauch schälen, die Zwiebel halbieren und in Streifen schneiden. Die Tomaten in grobe Stücke schneiden.

In einem Bräter das Olivenöl erhitzen. Die Zwiebelstreifen hellbraun anschmoren. Die Kohlstreifen unterrühren und den Knoblauch durch die Presse dazudrücken. Die Tomatenstücke zugeben und die Brühe angießen. Essig und Thymian zugeben, salzen und pfeffern. Einmal aufkochen, dann den Deckel auflegen und das Gemüse bei kleiner Hitze garen.

Kurz vor dem Servieren die Butter untermischen. Den Käse frisch reiben und über das Wirsinggemüse streuen.

WEINEMPFEHLUNG
Zweigelt Classic trocken, Österreich

Weißweinkraut

Zubereitungszeit: 70 Minuten

ZUTATEN FÜR 4 PERSONEN
2 KLEINE ZWIEBELN
1 KNOBLAUCHZEHE
1 APFEL
2 EL BUTTERSCHMALZ
4 EL ZUCKER
1 DOSE SAUERKRAUT (850 G)
SALZ, PFEFFER
15 WACHOLDERBEEREN
20 PFEFFERKÖRNER
4 NELKEN
1 LORBEERBLATT
100 ML WEISSWEIN
40 G GERÄUCHERTER BAUCHSPECK
1 EL BUTTER
2 EL MEHL
150 G KERNLOSE WEISSE TRAUBEN

Zwiebeln und Knoblauch schälen und in feine Ringe schneiden. Den Apfel schälen, halbieren, entkernen und in Stücke schneiden.

Butterschmalz in eine Pfanne geben und 3 EL Zucker mit 3 EL Wasser darin karamellisieren lassen. Die Hälfte der Zwiebeln, die Knoblauchzehe und die Apfelstücke dazugeben und schmoren. Das Sauerkraut in ein Sieb geben, waschen und zu dem Apfel in die Pfanne geben. Mit Salz und Pfeffer würzen.

Einen Teefilter mit den Gewürzen füllen und in das Sauerkraut geben, so kann man die Gewürze leichter wieder entfernen. Weißwein und 200 ml Wasser dazugießen und zugedeckt 45 Minuten leise köcheln lassen.

Den Speck in Würfel schneiden und mit den restlichen Zwiebeln und 1 EL Butter glasig andünsten. Das Mehl dazugeben und leicht rösten. Die Gewürze aus dem Kraut entfernen und das Kraut untermischen. Die Trauben waschen und mit 1 EL Zucker mischen, in einer Pfanne leicht andünsten. 1 EL Wasser dazugeben und kurz durchschwenken, unter das Kraut mischen und servieren.

WEINEMPFEHLUNG
Fendant du Valais AOC trocken, Schweiz

Klassisches Linsengemüse

Zubereitungszeit: 1 Stunde
plus Einweichzeit über Nacht

ZUTATEN FÜR 4 PERSONEN
400 G KLEINE LINSEN
1 BUND SUPPENGRÜN
1 BUND FRÜHLINGSZWIEBELN
2 SCHALOTTEN
1 EL ZUCKER
25 G BUTTER
1–2 EL HIMBEERESSIG
SALZ, PFEFFER

Die Linsen waschen und über Nacht in viel Wasser einweichen. Am nächsten Tag im Einweichwasser gar kochen, aber so, dass sie noch etwas Biss haben. Je nach Größe und Alter der Linsen dauert das 30–45 Minuten. Abgießen und abtropfen lassen.

Das Suppengrün, die Frühlingszwiebeln und die Schalotten putzen, gegebenenfalls schälen und in sehr feine Scheiben beziehungsweise Würfel schneiden.

In einem Topf bei geringer Hitze den Zucker schmelzen, aber nicht braun werden lassen, dann die Butter dazugeben und die Gemüsewürfel unter Rühren darin gar dünsten. Mit dem Essig ablöschen, die Linsen unterheben und kurz durchziehen lassen. Mit Salz und Pfeffer würzen und anrichten.

WEINEMPFEHLUNG
Riesling Q.b.A. trocken, Mosel

Indisches Linsengemüse

Zubereitungszeit: 1 Stunde
plus Einweichzeit über Nacht

ZUTATEN FÜR 4 PERSONEN
400 G KLEINE LINSEN
2 ZWIEBELN
3–5 CM FRISCHER INGWER
3 EL PFLANZENÖL
1 TL GEMAHLENE KORIANDERKÖRNER
1 TL GEMAHLENER KÜMMEL
½ TL GEMAHLENER KARDAMOM
½ TL KURKUMA (GELBWURZ)
SALZ

Die Linsen waschen und über Nacht in kaltem Wasser einweichen. Am nächsten Tag die Linsen in ein Sieb gießen und abtropfen lassen. Die Zwiebeln schälen und fein würfeln. Ingwerwurzel schälen und in sehr feine Scheiben schneiden.

In einem Topf das Öl erhitzen, die Zwiebelwürfel glasig dünsten, dann die Ingwerscheibchen dazurühren und mit den Gewürzen bestreuen. Ganz kurz andünsten, dann die Linsen dazugeben. Mit frischem Wasser auffüllen, sodass die Linsen gut bedeckt sind und bei kleiner Hitze zugedeckt köcheln lassen, bis die Linsen gar sind, aber noch etwas Biss haben. Dabei öfter umrühren und eventuell Wasser nachgießen. Zuletzt mit Salz abschmecken.

WEINEMPFEHLUNG
Rosato, Italien

Paprika-Linsen-Curry

Zubereitungszeit: 1 Stunde

ZUTATEN FÜR 4 PERSONEN
100 G GELBE LINSEN
JE 1 KLEINE GELBE, GRÜNE UND ROTE PAPRIKASCHOTE
1 ZWIEBEL
1 KNOBLAUCHZEHE
2 EL OLIVENÖL
1 EL TOMATENMARK
1 EL BALSAMICOESSIG
200 ML GEMÜSEBRÜHE
400 ML TOMATENSAFT
1 GETROCKNETE CHILISCHOTE
1 LORBEERBLATT
½ EL FEIN GEHACKTE ROSMARINNADELN ODER GETROCKNETER ROSMARIN
1 EL FRISCHER ODER GETROCKNETER OREGANO
SALZ, PFEFFER

Die Linsen wenn nötig über Nacht in einer Schüssel mit reichlich Wasser einweichen.

Die Paprikaschoten putzen und klein würfeln. Zwiebel und Knoblauch schälen und fein würfeln. Die Linsen in einem Sieb mit kaltem Wasser abspülen und abtropfen lassen.

2 EL Öl im Topf erhitzen und darin Zwiebeln, Knoblauch und etwa zwei Drittel der Paprikawürfel kurz andünsten. Tomatenmark zugeben und kurz anschwitzen. Mit dem Essig ablöschen und die Linsen unterrühren. Gemüsebrühe und Tomatensaft angießen. Chili und Lorbeerblatt zufügen. Aufkochen lassen und dann zugedeckt bei kleiner Hitze sanft kochen. Nach etwa 15 Minuten Rosmarin, Oregano und restliche Paprika zugeben und so lange einkochen, bis alles dickflüssig ist. Mit Salz und Pfeffer abschmecken. Das Lorbeerblatt entfernen.

WEINEMPFEHLUNG
Cabernet Sauvignon, Chile

Linsengemüse mit Schuss

Zubereitungszeit: 70 Minuten

ZUTATEN FÜR 4 PERSONEN
250 G BRAUNE LINSEN
6 SCHALOTTEN
1 GROSSE MÖHRE
100 G KNOLLENSELLERIE
3 CM FRISCHER INGWER
1–2 KNOBLAUCHZEHEN
3 EL OLIVENÖL
½ EL TOMATENMARK
1 EL CURRYPULVER
2 LORBEERBLÄTTER
200 ML KRÄFTIGER ROTWEIN
100 ML ROTER PORTWEIN
500 ML GEMÜSEBRÜHE
1 BOUQUET GARNI (LAUCH, THYMIANZWEIG UND GLATTE PETERSILIE MIT KÜCHENGARN ZUSAMMENGEBUNDEN)
SALZ, WEISSER PFEFFER
BALSAMICOESSIG

Die Linsen wenn nötig einweichen. Schalotten, Möhre, Sellerie, Ingwer und Knoblauch schälen. Die Schalotten in Scheiben schneiden. Möhre und Sellerie fein würfeln, Knoblauch und Ingwer fein hacken.

Alles in 3 EL Olivenöl kurz andünsten. Tomatenmark und Currypulver unterrühren und die Lorbeerblätter zufügen. Mit Rotwein und Portwein ablöschen und mit der Gemüsebrühe aufgießen. Das Bouquet garni einlegen. Die Linsen etwa 45 Minuten bei geschlossenem Deckel darin weich kochen. Bouquet garni und Lorbeerblätter entfernen. Die Linsen noch einmal mit Salz, Pfeffer und Balsamicoessig abschmecken.

WEINEMPFEHLUNG
Dornfelder Barrique Q.b.A. trocken, Pfalz

Der gute Tipp

Neben braunen, roten und gelben Linsen sind bei Profiköchen und Gourmets die französischen Puylinsen sehr geschätzt. Sie sind besonders bissfest und haben ein erdig-nussiges Aroma.

Bohnen-Curry

Zubereitungszeit: 1 Stunde

ZUTATEN FÜR 4 PERSONEN

300 G ZWIEBELN
1 KNOBLAUCHZEHE
400 G TOMATEN
400 G BREITE BOHNEN
3 EL OLIVENÖL
1 EL BUTTER
1 TL CURRYPULVER
1 EL AHORNSIRUP
100 ML WASSER
200 ML SAHNE
SALZ
2 EL SAURE SAHNE
2 EL GEHACKTER DILL

Die Zwiebeln und den Knoblauch schälen, Zwiebeln in Streifen, Knoblauch in kleine Würfel schneiden. Die Tomaten waschen, vom grünen Strunk befreien, kreuzförmig einschneiden und in kochendem Wasser kurz überbrühen, abschrecken, enthäuten, den Strunk entfernen und in kleine Stücke schneiden. Den Saft dabei auffangen. Die Bohnen putzen und in grobe Stücke schneiden.

Olivenöl und Butter erhitzen, Zwiebeln und Knoblauch zugeben und glasig anbraten, dann die Bohnen zugeben. Kurz durchschwenken und mit Currypulver bestäuben. Ahornsirup zugeben und mit Wasser ablöschen. Die Flüssigkeit einkochen lassen, Tomaten zugeben und abgedeckt etwa 20 Minuten weich kochen, dabei immer wieder rühren. Die Sahne angießen, nochmals aufkochen, leicht salzen und kurz vor dem Servieren mit saurer Sahne und Dill verfeinern.

WEINEMPFEHLUNG
Riesling Kabinett halbtrocken, Mosel

Der gute Tipp

Grüne Bohnen sind bei uns fast das ganze Jahr hindurch erntefrisch zu haben: Von Juni bis Oktober aus dem Freiland und im Winter aus dem Gewächshaus. Eine schnelle und fast ebenso vitaminreiche Alternative zu marktfrischen Bohnen sind Tiefkühlbohnen.

Weiße Bohnen mit würziger Tomatensauce

Zubereitungszeit: 1 Stunde
plus Einweichzeit über Nacht

ZUTATEN FÜR 4 PERSONEN

250 G GETROCKNETE KLEINE WEISSE BOHNENKERNE (FLAGEOLET- ODER CANNELLINI-BOHNEN)
3 MITTELGROSSE ZWIEBELN
1 KNOBLAUCHZEHE
SALZ
4 EL OLIVENÖL
1 TL FEIN GEHACKTE ROSMARINNADELN
1 TL GETROCKNETER THYMIAN
2 LORBEERBLÄTTER
1 GROSSE DOSE GESCHÄLTE TOMATEN (850 G)
PFEFFER

Die Bohnenkerne über Nacht in reichlich kaltem Wasser einweichen. Die Zwiebeln schälen. Eine Zwiebel halbieren, die übrigen zwei fein würfeln. Den Knoblauch schälen und fein hacken. Von den eingeweichten Bohnen das Wasser abgießen.

Die Bohnen mit der halbierten Zwiebel in einen Topf geben und gut mit Wasser bedecken. 1 TL Salz dazustreuen und aufkochen. Den Schaum abschöpfen, den Deckel auflegen und die Bohnen bei schwacher Hitze in etwa 45 Minuten garen.

In der Zwischenzeit das Olivenöl in einer Pfanne erhitzen, die beiden gewürfelten Zwiebeln glasig dünsten. Den gehackten Knoblauch, Rosmarin, Thymian, Lorbeerblätter und die Tomaten zugeben. Die Tomaten in der Pfanne grob zerteilen. Alles bei schwacher Hitze ohne Deckel etwa 20 Minuten leise köcheln lassen.

Wenn die Bohnen gar sind, in ein Sieb abgießen und gut abtropfen lassen. Mit der Tomatensauce vermischen und mit Salz und Pfeffer abschmecken. Die Lorbeerblätter entfernen.

WEINEMPFEHLUNG
Weißer Burgunder Q.b.A. trocken, Pfalz

Vegetarisches Kartoffel-Bohnen-Gulasch

Zubereitungszeit: 1 Stunde
plus Einweichzeit über Nacht

ZUTATEN FÜR 4 PERSONEN

60 G WEISSE BOHNENKERNE
30 G SAUBOHNEN
50 G SCHWARZE BOHNENKERNE
1 L GEMÜSEFOND
1 LORBEERBLATT
2 ZWIEBELN
35 G BREITE BOHNEN
30 G KENIA-BOHNEN
SALZ
1 MITTELGROSSE KARTOFFEL
1 ROTE PAPRIKASCHOTE
2 EL OLIVENÖL
1 TL TOMATENMARK
8 G PAPRIKAPULVER
1 UNBEHANDELTE ZITRONE (SCHALE UND SAFT)
1 KNOBLAUCHZEHE
KÜMMEL
ETWAS BOHNENKRAUT
100 G SAURE SAHNE
1 ZWEIG MAJORAN
PFEFFER

Die Bohnenkerne über Nacht in Wasser einweichen. Das Wasser abgießen und die Bohnen in dem Gemüsefond mit Lorbeer und 1 geschälten Zwiebel weich kochen. Passieren und den Fond für das Gulasch aufheben.

Die grünen Bohnen (breite und Kenia-Bohnen) in Streifen schneiden und in leicht gesalzenem Wasser garen. Die Kartoffel in feine Würfel schneiden. Die Paprikaschote entkernen, schälen und ebenfalls in Würfel schneiden.

Eine gewürfelte Zwiebel in Olivenöl anbraten. Das Tomatenmark, die Kartoffel- und die Paprikawürfel dazugeben. Mit Paprikapulver bestreuen und mit dem Bohnenfond 12 bis 20 Minuten kochen lassen. Die Bohnen zugeben. Zitronenschale mit geschältem Knoblauch, Kümmel und Bohnenkraut fein hacken und ebenfalls zu dem Gulasch geben.

Die saure Sahne mit Zitronensaft und gehacktem Majoran glatt rühren, mit Salz und Pfeffer abschmecken und auf dem Gulasch anrichten.

WEINEMPFEHLUNG
Us de la Meng trocken, Ahr

Bohnengemüse mit Gorgonzola

Zubereitungszeit: 1 Stunde
plus Einweichzeit über Nacht

ZUTATEN FÜR 4 PERSONEN

250 G KLEINE GETROCKNETE WEISSE BOHNEN
1 KLEINE AUBERGINE
1 KLEINES BUND SALBEI
1–2 ZWEIGE ROSMARIN
150 G GORGONZOLA
8 EL OLIVENÖL
SALZ, PFEFFER
MEHL

Die Bohnen über Nacht in reichlich Wasser einweichen. Die Aubergine waschen. Die Kräuter waschen, trocken tupfen, Blättchen und Nadeln abzupfen und fein hacken.

Die Bohnen in einem Topf mit Salzwasser etwa 50 Minuten bissfest garen, abgießen und noch heiß mit dem Gorgonzola vermischen, sodass der Käse vollständig schmilzt. Die Kräuter sowie 4 EL Olivenöl unterrühren und mit Salz und Pfeffer abschmecken.

Die Aubergine längs in dünne Scheiben schneiden, salzen, pfeffern und in Mehl wenden.

In einer Pfanne das restliche Öl erhitzen und die Auberginenscheiben von beiden Seiten goldgelb ausbacken. Die Gorgonzola-Bohnen auf den Auberginenscheiben anrichten und mit frisch gemahlenem Pfeffer bestreuen.

WEINEMPFEHLUNG
Pagos del Rey DO, Spanien

Herzhafter Bohnentopf mit Feta

Zubereitungszeit: 45 Minuten

ZUTATEN FÜR 4 PERSONEN
600 G TOMATEN
600 G GRÜNE BOHNEN
300 G ZWIEBELN
2–3 KNOBLAUCHZEHEN
½ BUND MINZE
150 G FETA
50 G PINIENKERNE
2 EL OLIVENÖL
200 ML GEMÜSEBRÜHE
1 TL ZUCKER
2 EL TOMATENMARK
SALZ, PFEFFER

Die Tomaten mit kochendem Wasser überbrühen, abschrecken, häuten, den Strunk entfernen, entkernen und in Würfel schneiden, dabei den Tomatensaft auffangen.

Bohnen putzen, waschen und in mundgerechte Stücke teilen. Zwiebeln und Knoblauch schälen und würfeln. Die Minze waschen und trocken tupfen, die Blätter abzupfen und fein hacken. Den Feta grob würfeln.

Pinienkerne in einer Pfanne trocken anrösten. In einem Topf das Öl erhitzen und die Zwiebeln glasig darin anschwitzen. Den Knoblauch zugeben und kurz mit anbraten. Bohnen, Brühe und Tomatensaft dazugeben, Zucker untermischen und 15 Minuten mit Deckel köcheln lassen. Die Tomatenwürfel untermischen, nach 10 Minuten den Feta und das Tomatenmark unterrühren und so lange garen, bis der Käse gerade angeschmolzen ist und die Sauce sämig wird. Mit Salz und Pfeffer abschmecken. Den Bohnen-Feta-Topf auf Teller verteilen und mit der Minze und den Pinienkernen bestreut servieren.

WEINEMPFEHLUNG
Merlot DOC trocken, Italien

Rotwein-Schalotten mit gemischten Pilzen

Zubereitungszeit: 35 Minuten

ZUTATEN FÜR 4 PERSONEN
15 SCHALOTTEN (MÖGLICHST GLEICH GROSSE MIT 2 CM DURCHMESSER)
125 G KLEINE EGERLINGE, SO GROSS WIE DIE SCHALOTTEN
125 G KLEINE SHIITAKE-PILZE
25 G BUTTER
125 ML FLEISCHBRÜHE
125 ML KRÄFTIGER ROTWEIN
2 ZWEIGE THYMIAN
SALZ, PFEFFER

Die Schalotten schälen. Die Pilze trocken säubern. Bei den Shiitake-Pilzen die Stiele abschneiden. In einer Pfanne die Butter erhitzen. Die Schalotten und die Pilze unter Rühren 4 bis 5 Minuten anbraten. Die Brühe und den Wein angießen, gewaschene Thymianzweige dazugeben. Bei mittlerer Hitze offen etwa 15 Minuten köcheln lassen. Mit Salz und Pfeffer würzen. Warm als Beilage zu Geflügel oder Wild servieren.

WEINEMPFEHLUNG
Barbera d'Alba DOC Ruvei trocken, Italien

Orientalische Pilzpfanne

Zubereitungszeit: 45 Minuten

ZUTATEN FÜR 4 PERSONEN
200 G KLEINE CHAMPIGNONS
200 G SHIITAKE-PILZE
1 DÜNNE LAUCHSTANGE
JE 1 KLEINE ROTE UND GRÜNE PAPRIKASCHOTE
1 KLEINE GRÜNE CHILISCHOTE
1 MITTELGROSSE TOMATE
1 KNOBLAUCHZEHE
1 BUND KORIANDER
2 TL KORIANDERKÖRNER
4 EL PFLANZENÖL ZUM BRATEN
½ TL CUMIN (KREUZKÜMMEL)
40 G NATURJOGHURT
¼ TL KURKUMA (GELBWURZ)
2 MSP. CHILIPULVER
SALZ

Die Pilze trocken putzen, die Stielenden abschneiden und die Pilze halbieren. Den Lauch putzen, gründlich waschen und den weißen und hellgrünen Teil in ca. 3 mm dünne Scheiben schneiden.

Die Paprikaschoten putzen, waschen, entkernen und die Schoten in 0,5 cm breite Streifen schneiden. Chili entkernen und fein hacken. Die Tomate überbrühen, abschrecken, häuten, den Strunk entfernen und würfeln. Den Knoblauch schälen. Den Koriander waschen, trocknen und einen Teil der Blätter fein hacken. Die Korianderkörner im Mörser zerstoßen.

In einem Wok oder einer Pfanne das Öl erhitzen, Korianderkörner und Kreuzkümmel kurz anrösten. Die Pilze, Paprikastreifen, Lauch und den Joghurt untermischen, den Knoblauch dazupressen und 2 bis 3 Minuten kräftig kochen lassen.

Unter Rühren Kurkuma, Chilipulver und Salz, Tomatenwürfel und gehackte Chilischote zugeben, bei mittlerer Hitze 10 Minuten kochen, dabei soll viel Pilzflüssigkeit verdampfen. Zum Servieren die gehackten Korianderblätter unterrühren und die Pilzpfanne mit ganzen Blättchen garnieren.

WEINEMPFEHLUNG
Gewürztraminer AOC halbtrocken, Frankreich

Geschmorte Austernpilze

Zubereitungszeit: 25 Minuten

ZUTATEN FÜR 4 PERSONEN
4–5 BUND FRÜHLINGSZWIEBELN
500 G AUSTERNPILZE
6–8 EL OLIVENÖL
SALZ, PFEFFER
4–5 EL WEISSER BALSAMICOESSIG ODER WEISSWEINESSIG

Die Frühlingszwiebeln putzen, waschen und in etwa 3 cm lange Stücke schneiden. Wenn die Köpfe sehr dick sind, vorher halbieren oder vierteln. Die Austernpilze putzen und in mundgerechte Stücke schneiden.

Das Olivenöl in einer Pfanne erhitzen. Zuerst die Frühlingszwiebeln und dann die Austernpilze darin scharf anbraten, damit beide leicht bräunen. Die Hitze reduzieren und alles in etwa 5 bis 7 Minuten bissfest garen. Mit Salz und Pfeffer abschmecken und mit dem Essig ablöschen.

WEINEMPFEHLUNG
Silvaner Kabinett trocken, Franken

Würzige Wirsing-pfannkuchen

Zubereitungszeit: 50 Minuten

ZUTATEN FÜR 4 PERSONEN
1 KLEINER WIRSING
SALZ
1 BUND GLATTE PETERSILIE
4 GESTRICHENE EL MEHL
1 EI
125 ML MILCH
CAYENNEPFEFFER
1 KNOBLAUCHZEHE
MUSKATNUSS
150 G GERÄUCHERTER BAUCHSPECK
ÖL ZUM BRATEN

Vom Wirsing die äußeren Blätter ablösen und den Strunk entfernen. Den Wirsing in einzelne Blätter teilen, die Blätter waschen und in grobe Streifen schneiden. Wirsing in sprudelndem Salzwasser etwa 4 bis 6 Minuten garen, bis die Wirsingstreifen weich sind. Abgießen und in einem Sieb abtropfen lassen.

Die Petersilie waschen, trocken tupfen und grob hacken. Aus Mehl, Ei und Milch einen dünnen Teig rühren. Mit Salz, Cayennepfeffer und einer geschälten, zerdrückten Knoblauchzehe würzen. Die gehackte Petersilie und etwas frisch geriebene Muskatnuss dazugeben und alles zusammen schaumig aufschlagen. Die abgetropften Wirsingstreifen unter den Teig mischen.

Den Bauchspeck in Würfel schneiden und in einer Pfanne mit etwas Pflanzenöl auslassen. Aus der Pfanne nehmen.

Den Wirsingteig in kleinen Portionen (jeweils 3 bis 4 Stück) in der Speck-Pfanne braten und mit einigen Speckwürfeln bestreuen. Nach dem Braten auf Küchenkrepp kurz abtropfen lassen.

WEINEMPFEHLUNG
Riesling Q.b.A. trocken, Pfalz

Maispuffer

Zubereitungszeit: 45 Minuten

ZUTATEN FÜR 4 PERSONEN
1 EI
80 G MEHL
30 G MAISMEHL
150 ML MILCH
SALZ, PFEFFER
MUSKATNUSS
150 G MAISKÖRNER (AUS DER DOSE)
2 EL BUTTER
3 EL PFLANZENÖL

Das Ei trennen. Das Mehl mit dem Maismehl vermischen und mit Milch sowie Eigelb zu einem glatten Teig verrühren. 15 Minuten quellen lassen. Mit Salz, Pfeffer und Muskatnuss abschmecken. Die Maiskörner einrühren.

Das Eiweiß zu steifem Schnee schlagen und unter den Teig heben. In einer Pfanne etwas Butter und Pflanzenöl erhitzen. Den Teig mit einem Esslöffel portionsweise zugeben und die kleinen Puffer von beiden Seiten etwa 2 Minuten bei geringer Temperatur goldbraun braten. Auf Küchenkrepp entfetten lassen.

WEINEMPFEHLUNG
Riesling halbtrocken Q.b.A., Mosel

Gemüsetempura

Zubereitungszeit: 1 Stunde

ZUTATEN FÜR 4 PERSONEN
50 G SHIITAKE-PILZE
2 MÖHREN
½ BLUMENKOHL
½ BROKKOLI
½ ROTE UND GELBE PAPRIKASCHOTE
1 PÄCKCHEN BABY-MAISKOLBEN
SALZ
4 SCHALOTTEN
1 KNOBLAUCHZEHE
2 EL ERDNUSSÖL
250 ML WEISSER PORTWEIN
3 EL WEISSWEINESSIG
3 EL SOJASAUCE
ZUCKER
100 G TEMPURAMEHL
150 ML EISKALTES WASSER
2 EL PFLANZENÖL
ÖL ZUM FRITTIEREN

Die Shiitake-Pilze putzen und je nach Größe halbieren. Möhren putzen, schälen, der Länge nach vierteln und in mundgerechte Stücke schneiden. Die Röschen von Blumenkohl und Brokkoli abtrennen und waschen. Paprika waschen, entkernen und der Länge nach in Streifen schneiden. Vom Baby-Mais den Strunk entfernen und halbieren. Blumenkohl, Brokkoli, Möhren und Baby-Mais in kochendem Salzwasser etwa 4 Minuten bissfest garen, in eiskaltem Wasser abschrecken und in einem Sieb gut abtropfen lassen.

Für die Sauce die Schalotten und Knoblauchzehe schälen und in kleine Würfel schneiden. Das Erdnussöl erhitzen, Zwiebel- und Knoblauchwürfel zugeben und glasig dünsten. Mit Portwein ablöschen und etwa 10 Minuten bei geringer Temperatur sämig einkochen lassen. Mit 2 EL Essig, 2 EL Sojasauce und 1 Prise Zucker würzen.

Das Tempuramehl mit eiskaltem Wasser zu einem glatten Teig verrühren. 1 TL Essig, 1 EL Sojasauce und 2 EL Öl unterrühren. Den Tempurateig etwa 20 Minuten quellen lassen.

Das Öl in einem Topf oder einer Fritteuse erhitzen, das Gemüse mithilfe einer Gabel durch den Teig ziehen, etwas abtropfen lassen und in heißem Fett nacheinander goldbraun frittieren. Das Gemüse auf Küchenkrepp entfetten und mit der leicht abgekühlten Schalottensauce servieren.

WEINEMPFEHLUNG
Vielles Vigne Rosé AOC trocken, Frankreich

Klassisches Ratatouille

Zubereitungszeit: 1,5 Stunden

ZUTATEN FÜR 4 PERSONEN
500 G TOMATEN
500 G AUBERGINEN
200 G ZWIEBELN
5 EL OLIVENÖL
1 LORBEERBLATT
GETROCKNETER THYMIAN
GETROCKNETER MAJORAN
SALZ, PFEFFER

Die Tomaten mit kochendem Wasser überbrühen, kalt abschrecken, die Haut abziehen, die grünen Strünke am Stielansatz entfernen und das Fruchtfleisch würfeln. Die Auberginen mit einem scharfen Messer schälen, ebenfalls würfeln. Die Zwiebeln schälen, sehr fein hacken und in dem Olivenöl goldgelb schmoren. Die Gemüsewürfel, das Lorbeerblatt sowie Thymian und Majoran nach Geschmack zugeben. Mit Salz und schwarzem Pfeffer würzen und alles zugedeckt etwa 1 Stunde auf kleinster Stufe köcheln lassen. Das Lorbeerblatt vor dem Servieren entfernen.

WEINEMPFEHLUNG
Côtes de Provence AOC, trocken, Frankreich

Blumenkohl aus dem Ofen

Zubereitungszeit: 45 Minuten plus 35 Minuten Backzeit

ZUTATEN FÜR 4 PERSONEN
1 EL BUTTER
1 EL MEHL
1 MITTELGROSSER BLUMENKOHL
SALZ
ZUCKER
1 KLEINES STÜCK UNBEHANDELTE ZITRONENSCHALE
ETWAS BUTTER FÜR DIE FORM
1 SCHEIBE TOASTBROT
50 ML SAHNE
3 EIGELB
100 G FRISCH GERIEBENER PARMESAN
WEISSER PFEFFER
NACH BELIEBEN BUTTERFLOCKEN

In einem Topf die Butter schmelzen, das Mehl einrühren und vom Herd nehmen. Den Blumenkohl von den äußeren Blättern befreien, den groben Strunk gerade abschneiden.

In einem Topf reichlich Wasser aufkochen, mit Salz und Zucker kräftig würzen. Die Zitronenschale für das Aroma dazugeben. Den Blumenkohl im Ganzen in das kochende Wasser legen und zugedeckt etwa 5 Minuten garen. Herausnehmen und beiseitestellen. 500 ml Blumenkohlwasser abnehmen und nach und nach in die Mehlschwitze rühren. Bei geringer Hitze etwa 20 Minuten köcheln lassen.

Den Backofen auf 200 °C Ober- und Unterhitze vorheizen. Eine feuerfeste, rechteckige Form (30 × 18 cm) mit Butter einfetten.

Den Blumenkohl in ca. 3 cm dicke Scheiben schneiden und dachziegelartig in die Form setzen. Das Toastbrot entrinden und in der Küchenmaschine fein zerreiben.

Sahne und Eigelbe mit dem Schneebesen gründlich verrühren. 2 kleine Schöpfer Blumenkohlsauce zu der Ei-Sahne-Mischung geben und unterrühren. Die Temperatur auf kleinste Stufe stellen. Die Ei-Sahne-Mischung so lange in die Mehlschwitze rühren, bis sie schön cremig ist. Zum Schluss den Parmesan unterheben und die Sauce mit weißem Pfeffer würzen.

Die cremige Sauce über den Blumenkohl gießen, mit geriebenem Toast bestreuen und mit Butterflocken belegen. Im vorgeheizten Backofen etwa 35 Minuten goldbraun überbacken. Den Blumenkohl aus dem Ofen nehmen und servieren.

WEINEMPFEHLUNG
Silvaner Kabinett trocken, Franken

Blumenkohl aus dem Ofen

Lauwarmer Friséesalat

Zubereitungszeit: 35 Minuten

ZUTATEN FÜR 4 PERSONEN
1–2 KÖPFE FRISÉE, JE NACH GRÖSSE
1 BUND FRÜHLINGSZWIEBELN
1 KNOBLAUCHZEHE
75 G BUTTER
SALZ, PFEFFER
MUSKATNUSS

Den Salat verlesen, den Strunk abschneiden, die Blätter etwas kleiner schneiden. Die Frühlingszwiebeln putzen, waschen und das Weiße und Hellgrüne in Ringe schneiden. Knoblauch schälen und hacken.

In einem großen Topf reichlich Wasser aufkochen, den Frisée 2–3 Minuten überbrühen, dann abgießen, mit kaltem Wasser abschrecken und sorgfältig abtropfen lassen.

Im Topf die Butter schmelzen lassen, die Frühlingszwiebeln und den gehackten Knoblauch andünsten, die Frisée-Stücke dazugeben und auf kleiner Stufe zugedeckt etwa 20 Minuten schmoren. Mit Salz, Pfeffer und frisch geriebener Muskatnuss abschmecken.

WEINEMPFEHLUNG
Müller-Thurgau Q.b.A. trocken, Franken

Klassisches Sauerkraut

Zubereitungszeit: 1,5 Stunden

ZUTATEN FÜR 4 PERSONEN
500 G SAUERKRAUT
(FRISCH ODER DOSE)
2 ZWIEBELN
½ KNOBLAUCHZEHE
¼ APFEL
ETWAS BUTTER ZUM ANSCHWITZEN
2 EL ZUCKER
150 ML WEISSWEIN
250 ML GEMÜSEBRÜHE
SALZ, PFEFFER
1 BUND PETERSILIE
1 LORBEERBLATT
2 NELKEN
6 WACHOLDERBEEREN

Das Sauerkraut wässern. Die Zwiebeln schälen und in Scheiben schneiden. Knoblauchzehe und Apfel ebenfalls. Zwiebeln, Knoblauch und Apfel in Butter glasig anschwitzen. Zucker zugeben und leicht karamellisieren lassen.

Das Sauerkraut abschütten, auspressen und zu der Zwiebelmischung geben. Mit Weißwein und Gemüsebrühe aufgießen, mit Salz und Pfeffer abschmecken. Gewaschene Petersilie, Lorbeerblatt und Gewürze im Ganzen zugeben. Alles 1 bis 1,5 Stunden zugedeckt sanft kochen. Nach dem Kochen Petersilienstängel, Lorbeerblatt, Nelken und Wacholderbeeren entfernen.

WEINEMPFEHLUNG
Riesling Q.b.A. trocken, Pfalz

Moussaka

Zubereitungszeit: 45 Minuten plus 1 Stunde Backzeit

ZUTATEN FÜR 4 PERSONEN
3 MITTELGROSSE AUBERGINEN
4 MITTELGROSSE EIER
SALZ, PFEFFER
1 DOSE GESCHÄLTE TOMATEN (850 G)
1 ZWIEBEL
2 KNOBLAUCHZEHEN
1–2 BUND PETERSILIE
OLIVENÖL ZUM BRATEN UND FÜR DIE FORM
1 KG RINDERHACKFLEISCH
60 G SEMMELBRÖSEL
70 G FRISCH GERIEBENER KEFALOTIRI (GRIECHISCHER HARTKÄSE) ODER PARMESAN
40–50 G BUTTER ZUM BELEGEN

Die Auberginen waschen, die Haut etwa zur Hälfte streifenartig abschälen. Die Auberginen in etwa 5 mm dicke Scheiben schneiden. Unter fließendem Wasser abspülen und mit Küchenkrepp trocken tupfen.

Die Eier mit Salz und Pfeffer verquirlen. Dosentomaten in einem Sieb abtropfen lassen und grob zerschneiden.

Zwiebel und Knoblauchzehen schälen, die Zwiebel fein hacken, die Knoblauchzehen halbieren. Die Petersilie waschen, trocknen und fein hacken.

In einer Pfanne etwas Öl erhitzen und die Zwiebelwürfel glasig dünsten. Dann das Hackfleisch dazugeben und unter Rühren braten, bis es krümelig und nicht mehr rot ist. Die Tomatenstücke, Knoblauch, gehackte Petersilie zugeben und etwa 15 Minuten offen köcheln lassen, bis die Sauce sehr dick eingekocht ist. Die Sauce mit Salz und Pfeffer würzen.

Den Backofen auf 175 °C Ober- und Unterhitze vorheizen. Eine möglichst rechteckige Auflaufform (ca. 22 × 30 cm) mit Öl ausstreichen, den Boden mit Auberginenscheiben auslegen, salzen und pfeffern. Die Hälfte der Hackfleischsauce darauf verteilen, mit Auberginenscheiben abdecken, würzen und die restliche Hackfleischsauce einfüllen.

Auf die oberste Schicht die Hälfte der Semmelbrösel und die halbe Käsemenge streuen. Die Eier darübergießen und mit den restlichen Bröseln sowie dem Käse bestreuen. Mit den Butterflöckchen belegen.

Die Form in den Ofen schieben und die Moussaka etwa 1 Stunde schön braun backen. Falls die Oberfläche droht vorzeitig zu dunkel zu werden, die Form locker mit Alufolie abdecken. In der Form in Stücke teilen und servieren.

WEINEMPFEHLUNG
Baron de Ley Rioja DOCa Reserva trocken, Spanien

Nudelauflauf mit Fenchel

Zubereitungszeit: 45 Minuten plus 30 Minuten Backzeit

ZUTATEN FÜR 4 PERSONEN
750 G FENCHEL
1 UNBEHANDELTE ZITRONE
SALZ
250 G BANDNUDELN
250 G GEKOCHTER SCHINKEN
200 G GERIEBENER GRUYÈRE
2 EIER
200 ML SAHNE
WEISSER PFEFFER
BUTTER FÜR DIE FORM

Den Fenchel waschen, die grünen Stiele und den Wurzelansatz abschneiden, die zarten grünen Blättchen zur Seite legen. Die Knollen vom Grün zum Wurzelansatz halbieren und den festen Strunk keilförmig herausschneiden. Knollen in Salzwasser mit einigen Zitronenscheiben 10 bis 15 Minuten zugedeckt garen, sie sollen nur halbgar sein.

Inzwischen die Nudeln in reichlich kochendem Salzwasser al dente kochen. Schinken in Streifen schneiden.

Den Backofen auf 180 °C Ober- und Unterhitze anheizen. Eine Auflaufform mit Butter ausstreichen und abgetropfte Nudeln, in Scheiben geschnittenen Fenchel, Schinkenstreifen und geriebenen Käse schichtweise einfüllen, die letzte Schicht soll Käse sein.

Die Eier mit der Sahne verquirlen und mit Salz und Pfeffer würzen. Das Fenchelgrün fein hacken, untermischen und die Eiersahne über den Auflauf gießen. Im heißen Ofen auf der mittleren Schiene etwa 30 Minuten überbacken.

WEINEMPFEHLUNG
Chardonnay Casillero del Diablo, Chile

Ofen-Gemüse mit Kräutern

Zubereitungszeit: 1,5 Stunden

ZUTATEN FÜR 4 PERSONEN
FÜR DEN SALAT:
500 G FESTKOCHENDE KARTOFFELN
500 G SÜSSKARTOFFELN
3 MÖHREN
4 ROTE ZWIEBELN
8 KIRSCHTOMATEN
5 ZWEIGE ROSMARIN
5 ZWEIGE THYMIAN
½ TL GETROCKNETER OREGANO
2 EL GETROCKNETER THYMIAN
2 EL GETROCKNETER ROSMARIN
8 KNOBLAUCHZEHEN
5 EL OLIVENÖL
SALZ, PFEFFER

FÜR DAS DRESSING:
2 TL ROTWEINESSIG
6 EL OLIVENÖL
1 EL DIJON-SENF
2 EL KLEINE KAPERN
SALZ, PFEFFER

Den Backofen auf 180 °C Ober- und Unterhitze vorheizen. Kartoffeln, Süßkartoffeln sowie Möhren schälen, waschen und alles in gleich große Stücke schneiden. Zwiebeln schälen und je nach Größe halbieren oder vierteln. Tomaten und Kräuterzweige waschen und trocken tupfen. Die Knoblauchzehen nicht schälen sondern nur leicht andrücken.

Das Gemüse, bis auf die Tomaten und die Knoblauchzehen, auf ein Backblech legen. Mit Oregano, Thymian und Rosmarin bestreuen, die Kräuterzweige darüber legen und das Öl darüber verteilen. Salzen und pfeffern. 1 Stunde im Backofen rösten, dann die Tomaten dazugeben und weitere 15 Minuten garen.

Aus Essig, Öl, Senf, Kapern, Salz und Pfeffer eine Vinaigrette anrühren. Das Gemüse auf Tellern verteilen, den Knoblauch aus der Schale drücken und alles mit dem Dressing beträufeln.

WEINEMPFEHLUNG
Cuvée Noir Q.b.A. halbtrocken, Ahr

Wirsing-Hack-Auflauf

Zubereitungszeit: 35 Minuten
plus 45 Minuten Backzeit

ZUTATEN FÜR 4 PERSONEN
1 WIRSING
SALZ
2–3 MITTELGROSSE SCHALOTTEN
25 G BUTTER
100 ML WEISSWEIN
200 G FRÜHSTÜCKSSPECK IN SCHEIBEN (BACON)
2 EIER
PFEFFER
ETWAS FRISCHER ODER GETROCKNETER THYMIAN
500 G RINDERHACKFLEISCH
100 ML SAHNE
MUSKATNUSS

Den Strunk des Wirsings keilförmig ausschneiden, den Kopf in einzelne Blätter zerlegen, gründlich waschen. In einem großen Topf reichlich Wasser aufkochen, salzen und die Kohlblätter 4–5 Minuten sprudelnd kochen lassen, dann abgießen und abtropfen lassen.

Die Schalotten schälen, fein hacken und in einer kleinen Pfanne in Butter andünsten. Den Weißwein dazugießen und köcheln lassen, bis die Flüssigkeit verdampft ist. Vom Herd nehmen.

Den Backofen auf 180 °C Ober- und Unterhitze vorheizen. Den Boden einer größeren feuerfesten Glas- oder Keramikform mit der Hälfte von den Frühstücksspeckscheiben auslegen, die gut abgetropften Kohlblätter bis zu einem Drittel der Formhöhe einfüllen.

Die gedünsteten Schalotten zusammen mit den Eiern, Salz, Pfeffer und Thymian unters Hackfleisch kneten, daraus einen flachen Fladen formen und in die Form auf den Kohl legen. Darüber die restlichen Wirsingblätter verteilen. Die Sahne mit etwas Salz, Pfeffer und frisch geriebener Muskatnuss würzen, gut verrühren und über den Auflauf gießen. Großzügig mit den restlichen Baconscheiben belegen. Auf der mittleren Schiene ca. 45 Minuten backen.

WEINEMPFEHLUNG
Grauer Burgunder Q.b.A. trocken, Pfalz

Lauchgratin

Zubereitungszeit: 20 Minuten
plus 30 Minuten Backzeit

ZUTATEN FÜR 4 PERSONEN
750 G LAUCH
25 G BUTTER
125 ML SAHNE
2 EIGELB
SALZ, PFEFFER
MUSKATNUSS

Den Lauch putzen, die dunkelgrünen Blätter abschneiden, die helleren Abschnitte oben einschneiden, gründlich waschen. Die Stangen in dünne Scheiben schneiden.

Den Backofen auf 190 °C Ober- und Unterhitze vorheizen. Die Butter schmelzen und den Lauch kurz darin andünsten. Dann die Lauchscheiben in eine feuerfeste Form füllen. Die Sahne mit Eigelben, Salz, Pfeffer sowie geriebener Muskatnuss verquirlen und über den Lauch gießen. Im vorgeheizten Ofen 20 bis 30 Minuten überbacken.

WEINEMPFEHLUNG
Riesling Q.b.A. trocken, Pfalz

Gemüsegratin

Zubereitungszeit: 30 Minuten
plus 2 Stunden Backzeit

ZUTATEN FÜR 4 PERSONEN
750 G FESTKOCHENDE KARTOFFELN
300 G MÖHREN
3 ZWIEBELN
3 KNOBLAUCHZEHEN
1 STANGE LAUCH
3 ZWEIGE MAJORAN
50 G BUTTER
2 LORBEERBLÄTTER
SALZ, PFEFFER
250 ML FLEISCHBRÜHE
125 ML TROCKENER WEISSWEIN

Die Kartoffeln waschen, schälen und in ca. 0,5 cm dicke Scheiben schneiden. Die Möhren putzen, waschen, schälen und ebenfalls in Scheiben schneiden. Zwiebeln und Knoblauchzehen schälen. Die Zwiebeln durch den Wurzelansatz halbieren und längs in Streifen schneiden. Die Knoblauchzehen fein hacken.

Von der Lauchstange den dunkelgrünen Teil abschneiden, den helleren Teil längs aufschlitzen, unter fließendem Wasser gründlich waschen und in fingerbreite Streifen schneiden. Majoranzweige waschen, trocknen, die Blättchen abzupfen.

Eine Auflaufform mit etwas Butter ausstreichen. Lagenweise Kartoffel- und Möhrenscheiben, Zwiebelstreifen und Lauch einschichten, dazwischen die Majoranblättchen sowie die Lorbeerblätter streuen und jede Lage mit Salz und Pfeffer würzen. Die oberste Schicht soll aus Kartoffelscheiben bestehen.

Die Fleischbrühe mit dem Weißwein aufkochen und über den Auflauf gießen. Die restliche Butter in kleinen Flöckchen daraufsetzen und die Form entweder mit einem gut schließenden Deckel oder mit Alufolie abdecken.

Auf der unteren Schiene im Backofen bei 175 °C Ober- und Unterhitze ca. 2 Stunden backen. In der letzten Viertelstunde den Deckel oder die Alufolie abnehmen, damit die Oberfläche noch etwas nachbräunen kann.

WEINEMPFEHLUNG
Grauburgunder Q.b.A. trocken, Baden

Überbackenes Gemüse

Zubereitungszeit: 30 Minuten
plus 30 Minuten Backzeit

ZUTATEN FÜR 4 PERSONEN
JE 1 KLEINE ROTE UND GRÜNE PAPRIKASCHOTE
2 KLEINE AUBERGINEN
3 REIFE TOMATEN
100 G FETA
1 BUND PETERSILIE
1 KNOBLAUCHZEHE
6 EL OLIVENÖL
1 SCHEIBE ALTBACKENES WEISSBROT
SALZ, PFEFFER
1 EL GETROCKNETER ROSMARIN
1 ZWEIG ROSMARIN

Den Backofen auf 200 °C Ober- und Unterhitze vorheizen. Die Paprikaschoten waschen, Kerne und weiße Innenhäute entfernen und in breite Streifen schneiden. Die Auberginen waschen und in ca. 1 cm dicke Scheiben schneiden. Die Tomaten waschen, halbieren und die Stielansätze herausschneiden. Den Feta würfeln.

Die Petersilie waschen, trocken tupfen und fein hacken. Den Knoblauch schälen.

Eine feuerfeste Form mit Olivenöl ausstreichen und das Gemüse hineinlegen. Das Weißbrot fein reiben. Brotkrümel und Petersilie vermischen, den Knoblauch dazupressen und mit Salz und Pfeffer würzen.

Die Brotmasse auf dem Gemüse verteilen und die Fetawürfel darüber geben. Mit getrocknetem Rosmarin bestreuen und den Rosmarinzweig obenauf legen. Das Ganze mit 4 bis 5 EL Olivenöl beträufeln und im Backofen 30 Minuten garen.

WEINEMPFEHLUNG
Corvo Bianco trocken, Italien

Makkaroni-Auflauf mit gemischten Pilzen

Makkaroni-Auflauf mit gemischten Pilzen

Zubereitungszeit: 35 Minuten
plus 30 Minuten Backzeit

ZUTATEN FÜR 4 PERSONEN
½ BUND GLATTE PETERSILIE
400 G PILZE (VORZUGSWEISE STEINPILZE UND CHAMPIGNONS)
2 SCHALOTTEN
1 KNOBLAUCHZEHE
2 EL BUTTER
SALZ, PFEFFER
500 G MAKKARONI
3 EL OLIVENÖL
2 EIWEISS
500 ML BÉCHAMELSAUCE
BUTTER FÜR DIE FORM
100 G FEIN GERIEBENER WÜRZIGER HARTKÄSE (GRUYÈRE, APPENZELLER)
2 EL CRÈME FRAÎCHE

Den Backofen auf 200 °C Ober- und Unterhitze (Heißluft 180 °C) vorheizen. Die Petersilie waschen, trocken tupfen, Blätter vom Stiel zupfen und klein schneiden. Die Pilze putzen und grob zerkleinern. Die Schalotten und Knoblauchzehe schälen und in feine Würfel schneiden.

In einer Pfanne mit 2 EL Butter glasig dünsten. Die Pilze dazugeben und anbraten, mit Salz und Pfeffer würzen.

Die Petersilie mit den Pilzen in der Pfanne vermischen. Die gebratenen Pilze auf einem Sieb abtropfen lassen und zur Seite stellen.

Die Makkaroni in reichlich kochendes Salzwasser geben und al dente kochen. Abgießen und mit Olivenöl beträufeln. Das Eiweiß steif schlagen und unter die noch lauwarme Béchamelsauce heben.

Die Auflaufform fetten, mit 50 g Käse ausstreuen, mit der Hälfte der Makkaroni bedecken, Crème fraîche darauf verteilen und mit einem Drittel der Béchamelsauce übergießen. Die Hälfte der Pilze darauf verteilen, mit den restlichen Makkaroni bedecken und mit etwas Béchamelsauce begießen. Die restlichen Pilze darauf verteilen, wieder mit Béchamelsauce übergießen und mit dem Käse bestreuen. Im vorgeheizten Backofen 30 Minuten überbacken.

WEINEMPFEHLUNG
Riesling Blauschiefer Kabinett trocken, Mosel

Einfacher Fenchel-Tomaten-Auflauf

Zubereitungszeit: 35 Minuten
plus 25 Minuten Backzeit

ZUTATEN FÜR 4 PERSONEN
4 FENCHEL
8 EL OLIVENÖL
150 ML GEMÜSEBRÜHE
2 KUGELN MOZZARELLA (À 125 G)
150 G HARTKÄSE (PARMESAN, GREYERZER ODER ALTER GOUDA)
1 GROSSE DOSE GESCHÄLTE TOMATEN (800 G)
8 BASILIKUMBLÄTTER
BUTTER FÜR DIE FORM
SALZ, PFEFFER
2 TL GETROCKNETER OREGANO
2 TL GETROCKNETER THYMIAN

Den Fenchel waschen, putzen, die Stängel abschneiden, das Fenchelgrün fein hacken und zur Seite legen. Die Knolle der Länge nach in fingerdicke Scheiben schneiden.

Den Backofen auf 200 °C Ober- und Unterhitze (Heißluft 180 °C) vorheizen.

Das Olivenöl in einer großen Pfanne bei mittlerer Hitze heiß werden lassen, die Fenchelscheiben mit der Gemüsebrühe hineingeben und weich garen. Den Mozzarella in Scheiben schneiden, den Hartkäse reiben.

Die Tomaten mit Saft in einer Pfanne bei starker Hitze einkochen, die Früchte dabei zerdrücken. Die Basilikumblätter abbrausen, trocknen und fein hacken.

Eine breite Auflaufform einfetten und die Hälfte der Fenchelscheiben hineinlegen. Die Hälfte der Mozzarellascheiben darüber verteilen, mit wenig Salz, Pfeffer, gehacktem Fenchelgrün und den Kräutern würzen. Ein Drittel vom geriebenen Käse darüber streuen. Die übrigen Fenchelscheiben darauf legen, den restlichen Mozzarella, Kräuter und wieder ein Drittel vom Käse darauf verteilen.

Die Tomatensauce mit wenig Salz und Pfeffer abschmecken und über den Auflauf gießen. Die Oberfläche mit dem restlichen Käse bestreuen. Im Backofen auf mittlerer Schiene 25 Minuten überbacken, bis der Käse gebräunt ist.

WEINEMPFEHLUNG
Pouilly Fumé AOC, Frankreich

Auberginenauflauf mit Grießhaube

Zubereitungszeit: 45 Minuten
plus 1,5 Stunden Backzeit

ZUTATEN FÜR 4 PERSONEN
600 G AUBERGINEN
SALZ
3 KNOBLAUCHZEHEN
6 EL OLIVENÖL
ROSMARIN
THYMIAN
½ BUND BASILIKUM
60 G SCHWARZE OLIVEN MIT STEIN
PFEFFER
300 ML MILCH
2 EL BUTTER
70 G GRIESS
MUSKATNUSS
2 EIGELB
BUTTER FÜR DIE FORM
50 G FRISCHER FESTER ZIEGENKÄSE (Z. B. ST. MAURE)
20 G PARMESAN

Den Backofen auf 200 °C Ober- und Unterhitze (Heißluft 180 °C) vorheizen. Die Auberginen der Länge nach halbieren, das Fruchtfleisch leicht einritzen und salzen. Die Auberginen mit dem Fruchtfleisch nach unten für 15 Minuten auf Küchenkrepp legen.

Danach die Auberginen mit dem Fruchtfleisch nach unten, zusammen mit 2 in der Schale angedrückten Knoblauchzehen, auf ein heißes, mit Olivenöl gefettetes Backblech legen. Mit gehacktem Rosmarin und Thymian überstreuen und die Auberginen im vorgeheizten Backofen etwa 60 Minuten backen. Sobald die Auberginen weich sind, aus dem Ofen nehmen.

Mit einem Löffel das Fruchtfleisch herauslösen und in eine Schüssel geben. Die restliche Knoblauchzehe schälen und fein würfeln. Das Basilikum waschen, die Blätter von den Stängeln zupfen, mit einem Küchenkrepp trocken tupfen und fein schneiden. Die Oliven entkernen und fein hacken. Alle Zutaten vermischen und mit Salz und Pfeffer abschmecken. Milch und Butter zum Kochen bringen, den Grieß hinzufügen und unter ständigem Rühren zu einem dicken Brei kochen. Mit Salz, Pfeffer sowie Muskatnuss abschmecken und 1 Eigelb unterrühren. Den Brei in eine mit Butter ausgefettete Auflaufform geben, flach andrücken und erkalten lassen. Dann aus der Auflaufform stürzen.

Das Auberginenpüree in die Auflaufform einfüllen. Den Ziegenkäse in Scheiben schneiden, zufügen und mit dem gestürzten Grießauflauf abdecken. Mit Eigelb bestreichen und mit Parmesan bestreuen. Den Grießauflauf im vorgeheizten Backofen etwa 20 bis 25 Minuten überbacken.

WEINEMPFEHLUNG
Merlot DOC trocken, Italien

Kartoffelgratin mit Speck

Zubereitungszeit: 40 Minuten
plus 30 Minuten Backzeit

ZUTATEN FÜR 4 PERSONEN
500 G FESTKOCHENDE KARTOFFELN (Z. B. SIEGLINDE)
SALZ
½ TL KÜMMEL
100 G ROHER GERÄUCHERTER SPECK IN DÜNNEN SCHEIBEN
2–3 SCHALOTTEN
CA. 50 G BUTTER
200 ML SAHNE
PFEFFER
MUSKATNUSS

Die gut gewaschenen, ungeschälten Kartoffeln in gesalzenem Wasser mit dem Kümmel fast gar kochen, das dauert je nach Größe 15 bis 20 Minuten. Dann die Kartoffeln abgießen, etwas abkühlen lassen, pellen und in dünne Scheiben schneiden. Den Speck fein würfeln, ebenso die geschälten Schalotten.

Die Speckwürfel in einer kleinen Pfanne bei mäßiger Hitze auslassen, etwas von der Butter zugeben und die Schalottenwürfel darin glasig dünsten. Den Backofen auf 200 °C Ober- und Unterhitze vorheizen.

Eine feuerfeste Auflaufform leicht mit etwas Butter ausstreichen und die Hälfte der Kartoffelscheiben ringförmig von außen nach innen auf dem Boden einschichten. Die Speck-Schalotten-Mischung darauf verteilen und die restlichen Kartoffelscheiben ebenso gleichmäßig darüber auslegen.

Die Sahne mit Salz, Pfeffer und etwas frisch geriebener Muskatnuss würzen und über die Kartoffeln gießen. Die Form auf mittlerer Schiene in den heißen Ofen schieben und etwa 30 Minuten überbacken, bis die Spitzen schön gebräunt sind.

WEINEMPFEHLUNG
Riesling Q.b.A. trocken, Pfalz

Vegetarischer Sauerkrautauflauf

Zubereitungszeit: 45 Minuten
plus 40 Minuten Backzeit

ZUTATEN FÜR 4 PERSONEN
5 MITTELGROSSE KARTOFFELN
200 ML MILCH
100 ML WASSER
SALZ
3 ZWIEBELN
1 KNOBLAUCHZEHE
3 EL BUTTER
½ APFEL
300 G GEKOCHTES SAUERKRAUT
BUTTER FÜR DIE FORM
PFEFFER
MUSKATNUSS
200 ML SAHNE
3 EL SAURE SAHNE
2 EIER
2 EL POMMERY-SENF (ODER SCHARFER SENF)
ETWAS SCHNITTLAUCH

Den Backofen auf 200 °C Ober- und Unterhitze (Heißluft 180 °C) vorheizen. Die Kartoffeln waschen, schälen und in Scheiben schneiden. Mit 100 ml Milch, 100 ml Wasser und etwas Salz bissfest kochen und abschütten. Die Zwiebeln und den Knoblauch schälen und in feine Scheiben schneiden, beides in der Butter glasig dünsten. Den Apfel würfeln. Das Sauerkraut abgetropft in eine gefettete, feuerfeste Auflaufform geben.

Die gekochten Kartoffelscheiben mit den Zwiebeln und Äpfeln vermischen, mit Salz, Pfeffer und Muskatnuss abschmecken und über das Sauerkraut geben. Die Sahne, restliche Milch, saure Sahne, Eier und Pommery-Senf verrühren, salzen und pfeffern und über den Auflauf gießen. Den Sauerkrautauflauf im vorgeheizten Backofen etwa 40 Minuten backen.

Vor dem Servieren den Sauerkrautauflauf mit feinen Schnittlauchringen bestreuen.

WEINEMPFEHLUNG
Riesling Q.b.A. trocken, Mosel

Nudelauflauf mit Gemüse

Zubereitungszeit: 35 Minuten
plus 1 Stunde Backzeit

ZUTATEN FÜR 4 PERSONEN
250 G PENNE
SALZ
2 STANGEN LAUCH
5 EL BUTTER
2 EL MEHL
500 ML MILCH
½ ZWIEBEL
2 NELKEN
1 LORBEERBLATT
200 ML SAHNE
PFEFFER
MUSKATNUSS
150 G SAURE SAHNE
150 G CRÈME FRAÎCHE
4 EIER
200 G FRISCHE SHIITAKE-PILZE
50 G GERIEBENER GRUYÈRE-KÄSE
70 G FRISCH GERIEBENER PARMESAN
2 EL SEMMELBRÖSEL

Den Backofen auf 180 °C Ober- und Unterhitze vorheizen. Die Penne etwa 3 Minuten in reichlich Salzwasser kochen.

Den Lauch vom groben Grün befreien, waschen, der Länge nach halbieren und in ca. 2 cm große Stücke schneiden. Lauch in kochendem Salzwasser etwa 2 Minuten garen, in ein Sieb gießen, eventuell kalt abschrecken und gut abtropfen lassen.

In einem Topf 3 EL Butter schmelzen lassen, das Mehl einrühren und hell rösten. Nach und nach die Milch dazugießen und unter ständigem Rühren zum Kochen bringen, dabei glatt rühren. Die Zwiebel mit den Nelken spicken und mit dem Lorbeerblatt dazugeben. 15 Minuten leise köcheln lassen. Die Sahne unterrühren, aufkochen lassen und mit Salz, Pfeffer und frisch geriebener Muskatnuss abschmecken. Die Sauce durch ein feines Sieb streichen, saure Sahne und Crème fraîche einrühren, abkühlen lassen und erst dann die Eier unterschlagen.

Die Shiitake-Pilze putzen, die Stiele entfernen und die Pilze in ca. 1 cm dicke Scheiben schneiden. In einer Pfanne mit 1 EL Butter etwa 4 Minuten anbraten. Den Lauch dazugeben, kurz durchschwenken und mit Salz, Pfeffer sowie frisch geriebener Muskatnuss würzen.

Den geriebenen Käse mischen. Eine feuerfeste Form (30 cm × 20 cm × 7 cm) mit 1 EL Butter einfetten und mit Semmelbröseln sowie etwas Käse ausstreuen.

Nudeln, Gemüse, Sauce und die Hälfte des Käses vermischen, nochmals kräftig abschmecken, gleichmäßig in der Form verteilen und mit dem restlichen Käse bestreuen.

Den Auflauf mit Alufolie abdecken und 1 Stunde im vorgeheizten Ofen backen, nach 30 Minuten die Folie entfernen und für die letzten 10 Minuten die Temperatur auf 210 °C Ober- und Unterhitze erhöhen.

WEINEMPFEHLUNG
Riesling Q.b.A. trocken, Pfalz

Kartoffelgratin mit Spinat

Zubereitungszeit: 45 Minuten
plus 40 Minuten Backzeit

ZUTATEN FÜR 4 PERSONEN
2 MITTELGROSSE MÖHREN
2 KLEINE KOHLRABI
1 GROSSE NAVETTE (WEISSES RÜBCHEN)
400 G GROSSE FESTKOCHENDE KARTOFFELN
3 EL BUTTER
1 TL ZUCKER
1 ZWEIG THYMIAN
SALZ, WEISSER PFEFFER
MUSKATNUSS
800 G SPINAT (ERGIBT ETWA 400 G GEPUTZT)
2 KNOBLAUCHZEHEN
3 SCHALOTTEN
200 ML SAHNE
3 EIGELBE
ETWAS BUTTER FÜR DIE FORM
½ TL GEMAHLENER INGWER
CAYENNEPFEFFER
125 G BÜFFELMOZZARELLA

Den Backofen auf 180 °C Ober- und Unterhitze (Heißluft 160 °C) vorheizen. Gemüse und Kartoffeln waschen, schälen und mithilfe einer Küchenreibe in grobe Stifte raspeln.

1 EL Butter mit Zucker leicht karamellisieren. Gemüse, Kartoffeln und gewaschenen Thymianzweig zugeben und bei geringer Hitze 5 Minuten garen, dabei immer wieder umrühren. Mit Salz, Pfeffer und frisch geriebener Muskatnuss würzen, dann zur Seite stellen.

Spinat von groben Stielen befreien, mehrmals gründlich waschen und in einem Sieb gut abtropfen lassen. Knoblauchzehen und Schalotten schälen, in feine Würfel schneiden und in der restlichen, leicht gebräunten Butter glasig anschwitzen. Blattspinat zugeben und ebenfalls 5 Minuten bei geschlossenem Deckel dünsten. Die letzten 2 Minuten offen garen, bis die austretende Flüssigkeit vollständig reduziert ist. Mit Salz, Pfeffer und frisch geriebener Muskatnuss würzen.

Spinat in die gebutterte Auflaufform geben und das Gemüse darauf verteilen. Sahne und Eigelbe miteinander vermengen. Mit Ingwer, Salz sowie nach Geschmack mit etwas Cayennepfeffer pikant würzen und über das Gemüse gießen. Mozzarella in dünne Scheiben schneiden und gleichmäßig darauf verteilen.

Im vorgeheizten Backofen etwa 40 Minuten goldbraun backen.

WEINEMPFEHLUNG
Chardonnay Casillero del Diablo, Chile

Topinambur-Gratin

Zubereitungszeit: 45 Minuten
plus 10 Minuten Backzeit

ZUTATEN FÜR 4 PERSONEN
200 G TOPINAMBURWÜRFEL
200 G ZUCCHINIWÜRFEL
200 G PFIFFERLINGE
30 ML OLIVENÖL
SALZ, PFEFFER
75 G MAISKÖRNER
½ TL CURRY
2 MSP. SAFRANFÄDEN
¼ VANILLESCHOTE
1 G KORIANDERKÖRNER
60 ML WEISSWEIN
3 EIGELB
50 G SPEISEQUARK (40 % FETT)
30 G CRÈME FRAÎCHE
30 G GESCHLAGENE SAHNE
CAYENNEPFEFFER
ZITRONENSAFT

Die Topinamburwürfel in kochendem Wasser kurz garen. In kaltem Wasser abschrecken und auf einem Sieb gut abtropfen lassen. Mit den Zucchiniwürfeln und den Pfifferlingen in Olivenöl scharf anbraten. Salzen und pfeffern. Die Maiskörner ebenfalls kurz kochen und dazugeben.

Curry, Safran, Vanilleschote und Koriander in dem Weißwein aufkochen, etwa 10 Minuten ziehen lassen und passieren. Den Weißwein in einem kleinen Topf aufkochen, bis auf die Hälfte reduzieren und etwas abkühlen lassen.

Die Weißweinreduktion mit den Eigelben über dem Wasserbad aufschlagen. Quark, Crème fraîche und Sahne unter die Masse heben und mit Cayennepfeffer, Salz und Zitronensaft abschmecken. Das Gemüse auf 4 Teller verteilen und die Gratin-Masse darüber geben. Bei 160 °C (Umluft und Oberhitze) 10 Minuten gratinieren.

WEINEMPFEHLUNG
Chardonnay, Österreich

Der gute Tipp

Anstelle von einer großen Auflaufform kann man auch mehrere kleine Formen verwenden. Der Vorteil: Die Mini-Aufläufe können ganz nach individuellen Vorlieben mit oder ohne Fleisch zubereitet werden und werden schneller gar. Die kleinen Formen sind zudem sehr dekorativ für Gäste.

ECCO
dal 1886
MUTTI
Evlogia
PANTA RHEI
la Gustosa
Risott
BERTOLLI
VERDE

KARTOFFELN, PASTA & RISOTTO

Korianderspaghetti mit Verace-Muscheln und Möhrenbolognese

ZUTATEN FÜR 2 PERSONEN

FÜR DIE MÖHRENBOLOGNESE:
400 G MÖHREN
1 TL UNBEHANDELTE FEIN GERIEBENE ORANGENSCHALE
100 ML OLIVENÖL
2 TOMATEN
1 ZWIEBEL
30 ML WEISSER ACETO BALSAMICO
100 ML MÖHRENSAFT
1 TL GERÖSTETER ZERSTOSSENER KORIANDER
1 MSP. SZECHUANPFEFFER
1 MSP. ANIS
1 ZWEIG THYMIAN
1 KLEINER BUND KORIANDER
50 G GERÖSTETE PINIENKERNE
MEERSALZ

FÜR DIE MUSCHELN:
500 G VERACE-MUSCHELN
WEISSER PFEFFER

FÜR DAS KORIANDERPESTO:
50 G GLATTE PETERSILIE
30 G KORIANDER
2 KNOBLAUCHZEHEN
5 G MEERSALZ
30 G FRISCH GERIEBENER PARMESAN
10 G GERÖSTETE PINIENKERNE
250 ML OLIVENÖL

FÜR DIE SPAGHETTI:
140 G SPAGHETTI (N. 12)
MEERSALZ

FÜR DIE FERTIGSTELLUNG:
20 G PARMESAN

Für die Möhrenbolognese die Möhren schälen. Zusammen mit der Orangenschale und dem Olivenöl auf ein großes Stück Alufolie geben, verschließen und im Ofen bei 170 °C Ober- und Unterhitze ca. 40 Minuten weich garen. Die Möhren dann erkalten lassen und in ca. 3 × 3 mm große Würfel schneiden.

Die Muscheln säubern und kalt abspülen. In einen Topf geben, den Boden mit Wasser bedecken und etwas weißen Pfeffer zugeben. Die Muscheln zugedeckt aufkochen, bis sie sich öffnen. Den Muschelsud durch ein feines Sieb passieren, 100 ml abmessen und beiseitestellen. Geschlossene Muscheln aussortieren, die Hälfte der Muscheln auslösen.

Die Tomaten häuten, Kerne entfernen und in ca. 3 × 3 mm große Würfel schneiden. Die Zwiebel schälen und in feine Würfel schneiden. In etwas Olivenöl glasig anschwitzen. Mit weißem Balsamico ablöschen und reduzieren. Möhrensaft und Muschelsud zugeben. Mit Gewürzen abschmecken, Thymianzweig zugeben und auf die Hälfte einkochen. Möhren- und Tomatenwürfel unterheben. Koriander waschen, trocken schütteln, Blätter abzupfen, fein hacken und einen Teil beiseitestellen. Den Rest zusammen mit den gerösteten Pinienkernen zur Bolognese geben. Mit Salz abschmecken.

Für das Korianderpesto Petersilie und Koriander waschen, trocken schütteln und Blättchen abzupfen. Knoblauch schälen. Mit den restlichen Zutaten zu einem Pesto pürieren.

Die Spaghetti in kochendem Salzwasser al dente kochen. Mit etwas Kochwasser und Korianderpesto vermischen.

Die ausgelösten Muscheln unter die heiße Möhrenbolognese in tiefe Teller geben. Die Spaghetti darauf anrichten. Die ganzen Muscheln zugeben und mit dem restlichen Koriander bestreuen. Etwas Pesto darüber geben und zum Schluss nach Belieben mit gehobeltem Parmesan bestreuen.

WEINEMPFEHLUNG
Cabernet Sauvignon, Südafrika

Jörg Sackmann

Seine viel gelobte und mehrfach ausgezeichnete Kochkunst überzeugt durch Perfektion bis ins Detail und einen kreativen Umgang mit Produkten. Sackmanns Sterneküche bringt auch anspruchsvollste Gourmets zum Schwärmen. Die genießen im Restaurant „Schlossberg" die geschmacksintensive, moderne Küche mit regionalen und traditionellen Einflüssen. In der „Anitastube", benannt nach Sackmanns Mutter, werden echte Schwarzwälder Spezialitäten serviert. Für „Das Gute essen" verwandelt er den Pastaklassiker „Spaghetti Bolognese" in ein köstliches Aromenspiel mit Koriander und Verace-Muscheln.

Kinderleichter Klassiker

Es ist schon gewagt, einen der berühmtesten Pastaklassiker exotisch mit Asianudeln zu servieren. Doch das Ergebnis ist die kleine kulinarische Frechheit wert: Aus Hackfleisch als herzhafte Basis, kombiniert mit Ananas, Zitronengras, frischem Ingwer und reichlich Chilischärfe, entsteht in nur wenigen Arbeitsschritten eine köstliche, fernöstliche süß-scharfe Asia Bolognese. Wer den Umgang beherrscht, kann das Pastabesteck aus Esslöffel und Gabel gegen Stäbchen tauschen.

Süß-scharfe Asia-Bolognese

ZUTATEN FÜR 4 PERSONEN

1 ZWIEBEL
2 KNOBLAUCHZEHEN
1 ROTE CHILISCHOTE
10 G INGWER
1 BABY-ANANAS
1 STANGE ZITRONENGRAS
1 FRÜHLINGSZWIEBEL
5 STÄNGEL KORIANDER
2 EL ÖL
300 G GEMISCHTES HACKFLEISCH
SALZ, PFEFFER
25 G ZUCKER
400 ML PASSIERTE TOMATEN

Zwiebel und Knoblauch schälen und in Würfel schneiden. Chilischote waschen, der Länge nach halbieren, Kerne entfernen und hacken. Ingwer schälen und hacken. Die Ananas schälen, den Strunk entfernen und in feine Würfel schneiden. Zitronengras waschen und in feine Scheiben schneiden. Frühlingszwiebel putzen, waschen und in Ringe schneiden. Koriander waschen, trocken schütteln, Blätter abzupfen und fein hacken.

In einer Pfanne Öl erhitzen, das Hackfleisch darin braten, mit Salz und Pfeffer würzen und herausnehmen. Zwiebel, Knoblauch, Chili, Ingwer und Zitronengras in die Pfanne geben und anschwitzen. Mit Zucker bestreuen und bei mittlerer Hitze karamellisieren lassen. Ananaswürfel zugeben und kurz mit anschwitzen. Die passierten Tomaten zugeben und aufkochen. Hackfleisch wieder zugeben. Frühlingszwiebel und Koriander zugeben, heiß werden lassen und mit Salz und Pfeffer abschmecken.

Mit Asianudeln servieren.

WEINEMPFEHLUNG
Shiraz trocken, Australien

Bolognesesauce mit Tagliatelle

ZUTATEN FÜR 4 PERSONEN

1 STANGE STAUDENSELLERIE
1 ZWIEBEL
1 ZWEIG OREGANO
50 G ITALIENISCHER BAUCH-SPECK (PANCETTA)
50 G BUTTER
400 G GEMISCHTES HACK-FLEISCH
200 ML ROTWEIN
500 ML PASSIERTE TOMATEN
PFEFFER AUS DER MÜHLE
500 G TAGLIATELLE
SALZ

Staudensellerie putzen, waschen und klein schneiden. Die Zwiebel schälen und in Würfel schneiden. Den Oregano waschen, trocken schütteln, Blätter abzupfen und fein hacken. Den Speck würfeln.

Die Butter erhitzen, das Gemüse, die Zwiebelwürfel und den Speck darin anbraten, das Hackfleisch dazugeben und 15 Minuten bei mittlerer Hitze unter gelegentlichem Rühren braten. Mit dem Rotwein ablöschen, etwa zur Hälfte verdampfen lassen und dann die passierten Tomaten und etwas Wasser zugießen. Ca. 10 Minuten einkochen. Den Oregano unterrühren und nach Belieben mit Pfeffer würzen.

Die Tagliatelle in reichlich kochendem Salzwasser nach Packungsanweisung al dente garen, abgießen und sofort mit der Sauce servieren.

WEINEMPFEHLUNG
Chianti Classico DOCG Riserva trocken, Italien

Pronto e classico

Die leckere Bolognese-Sauce im Original, leicht und schnell zubereitet. Das aromatische Geheimnis des Italo-Klassikers ist die Frische der Zutaten: Staudensellerie und Oregano. Auch wer die Sauce ganz traditionell zubereiten will, sollte nicht auf das Aroma des luftgetrockneten italienischen Bauchspecks verzichten. Wenn der Pancetta nicht erhältlich ist, kann man ihn durch gut durchwachsenes Dörrfleisch ersetzen.

Kartoffeln, keine Allerweltsbeilage

Einst wurden Kartoffeln als schlichte „Sättigungsbeilage" aufgetischt. Längst aber behauptet sich der Erdapfel als Delikatesse. So ist unter Gourmets die bretonische „La Bonnotte" begehrt. Die süßliche Edelkartoffel ist die weltweit teuerste ihrer Art: Das Kilo kostet bis zu 500 Euro. Ihre Kolleginnen „Acapella", „Desirée", „Nicola", „Sieglinde", „Wilja" und einige Hundert weitere Sorten von fest- bis mehligkochend sind hingegen für ein paar Euro zu haben. Ob gestampft, als Gratin, roh geröstet, als Pommes frites oder als Krokette – die Zubereitungsarten der Kartoffel sind so vielfältig wie das Angebot.

Pasta, der Tausendsassa

Pasta gehört weltweit zu den beliebtesten Nahrungsmitteln. Vor allem in der italienischen Küche und Heimat der Pasta ist ein Menü ohne Spaghetti, Rigatoni, Lasagne und Co. nicht vorstellbar. Für traditionelle Italiener gibt es kaum einen Tag, an dem keine Pastavariante auf den Tisch kommt. Der einfache Grund: Pasta verkörpert nicht nur die italienische Esskultur, sie ist auch preiswert, schnell und einfach zuzubereiten. Zudem ist sie unglaublich vielfältig: Pasta kann kalt als Salat serviert werden sowie als Suppeneinlage, überbacken aus dem Ofen als Cannelloni und Lasagne, herzhaft gefüllt als Tortellini oder mit süßem Inhalt als Dessert. Die unzähligen Rezepte reichen vom puristischen „aglio e olio" – nur mit Knoblauch und Öl – über die beliebte „Carbonara" sowie „Spaghetti Bolognese" bis hin zu exklusiven Rezepten mit Venusmuscheln oder Trüffeln.

Risotto, nicht einfach nur Reis

Was in der deutschen Küche lange nicht bekannt war, wird am Herd italienischer Nonnas seit Jahrzehnten kunstvoll zelebriert: die Zubereitung eines Risottos. Das aus Norditalien stammende Gericht wird je nach Rezept mit Brühe oder Wein, Zwiebeln, Kräutern und Gewürzen sowie Zutaten wie Erbsen, Tomaten oder Schinken gegart und zum Schluss mit Butter und Parmesankäse veredelt. Je nach Zutaten unterscheidet man zwischen mehr als 100 Zubereitungsarten. Die perfekte Konsistenz für ein Risotto wird als „all' onda" bezeichnet – „nach Art einer Welle": Die Körner sind noch bissfest und bilden mit der restlichen Flüssigkeit eine cremige Masse.

Rosmarinkartoffeln

Rosmarinkartoffeln

Zubereitungszeit: 35 Minuten

ZUTATEN FÜR 4 PERSONEN
1 KG SEHR KLEINE FEST-KOCHENDE KARTOFFELN
1–2 FRISCHE ZWEIGE ROSMARIN
3–4 EL OLIVENÖL
SALZ, PFEFFER

Die Kartoffeln unter fließendem Wasser gründlich säubern und abbürsten. In der Schale etwa 15 Minuten kochen, dann abgießen und ausdampfen lassen. Falls sie zu groß sind, vierteln. Rosmarin waschen, Nadeln abzupfen und grob hacken.

In einer Pfanne das Olivenöl erhitzen und die Kartoffeln mit dem Rosmarin darin bei kleiner bis mittlerer Hitze leicht anbräunen. Salzen und pfeffern.

WEINEMPFEHLUNG
Merlot trocken, Südafrika

Gestampfte Kartoffeln mit jungem Löwenzahn

Zubereitungszeit: 45 Minuten

ZUTATEN FÜR 4 PERSONEN
750 G MEHLIGKOCHENDE KARTOFFELN
500 ML FLEISCHBRÜHE
250 G ZARTER JUNGER LÖWENZAHN
2 EL PFLANZENÖL
2 EL ESSIG
1 ZWIEBEL
SALZ
MUSKATNUSS
PFEFFER

Kartoffeln waschen, schälen und in Stücke schneiden. In Salzwasser 25 Minuten garen, abgießen. Mit Fleischbrühe grob zerstampfen.

Löwenzahn waschen, abtropfen lassen und in Streifen schneiden.

Aus Öl, Essig, fein gehackter Zwiebel, Salz, Pfeffer und Muskat eine Salatsauce rühren, mit dem Löwenzahn unter die Kartoffeln heben und lauwarm servieren.

WEINEMPFEHLUNG
Grauburgunder Oberbergener Bassgeige Kabinett trocken, Baden

Bratkartoffeln klassisch

Zubereitungszeit: 1 Stunde

ZUTATEN FÜR 4 PERSONEN
500 G MEHLIGKOCHENDE KARTOFFELN
GANZER KÜMMEL
SALZ
2 EL BUTTERSCHMALZ
NACH BELIEBEN GETROCKNETER MAJORAN
PFEFFER

Die Kartoffeln gründlich waschen und mit der Schale in einem Topf mit 2 Prisen Kümmel und Salz je nach Größe etwa 25 Minuten bissfest garen. Abgießen, pellen und auskühlen lassen. Die Kartoffeln in 0,5 cm dicke Scheiben schneiden.

Das Butterschmalz in einer großen Pfanne erhitzen. Die Kartoffelscheiben nebeneinander hineinlegen, leicht salzen und bei geringer Hitze von beiden Seiten insgesamt etwa 20 Minuten goldbraun braten. Zum Schluss je nach Geschmack mit Salz, Pfeffer und 1 Prise Majoran würzen, auf Küchenkrepp abtropfen lassen und servieren.

WEINEMPFEHLUNG
Solaz Blanco trocken, Spanien

Cremiges Kartoffel-Sellerie-Püree

Zubereitungszeit: 35 Minuten

ZUTATEN FÜR 4 PERSONEN
300 G MEHLIGKOCHENDE KARTOFFELN
400 G KNOLLENSELLERIE
1 GEHÄUFTER EL BUTTER
125 ML MILCH
SALZ, PFEFFER
MUSKATNUSS

Die Kartoffeln und den Knollensellerie waschen, schälen und in etwa 1,5 cm große Würfel schneiden.

In einen Topf mit Dämpfeinsatz etwas Wasser geben, die Kartoffel- und Selleriewürfel hineingeben, in den Topf stellen und zugedeckt aufkochen. In 12 bis 15 Minuten weich dämpfen. Das Gemüse in eine Schüssel füllen und mit dem Kartoffelstampfer zerdrücken. Mit einem Schneebesen Butter und Milch unterschlagen, mit Salz, Pfeffer und Muskat abschmecken.

WEINEMPFEHLUNG
Riesling Patergarten AOC trocken, Frankreich

Kartoffelpüree mit Käsehaube

Zubereitungszeit: 40 Minuten plus 35 Minuten Backzeit

ZUTATEN FÜR 4 PERSONEN
600 G MEHLIGKOCHENDE KARTOFFELN
SALZ
125 ML MILCH
5 EL BUTTER
CAYENNEPFEFFER
MUSKATNUSS
25 G GRUYÈRE (APPENZELLER ODER BERGKÄSE)
35 G PARMESAN
80 G CRÈME FRAÎCHE
BUTTER FÜR DIE FORM
MEHL ZUM BESTÄUBEN DER FORM
3 EIWEISS

Den Backofen auf 200 °C Ober- und Unterhitze (Heißluft 180 °C) vorheizen. Die Kartoffeln waschen und schälen. In Salzwasser kochen und abgießen.

Die Milch lauwarm erwärmen und die Kartoffeln mit einer Kartoffelpresse pressen. Die kalte Butter und die lauwarme Milch zu der Kartoffelmasse geben und verrühren. Mit Salz, Cayennepfeffer und Muskatnuss abschmecken.

Gruyère und Parmesan reiben. 1 EL Parmesan zur Seite stellen, den Rest mit der Crème fraîche unter die Kartoffelmasse rühren.

Eine Auflaufform mit Butter fetten und mit Mehl bestäuben. Das Eiweiß mit 1 Prise Salz steif schlagen. Erst ein Drittel des Eiweißes unter die Kartoffelmasse heben, dann langsam den Rest.

Die Masse in die Auflaufform füllen und im vorgeheizten Backofen 35 Minuten backen. 10 Minuten vor Ende der Backzeit den restlichen Parmesan über das Kartoffelpüree streuen.

WEINEMPFEHLUNG
Riesling Q.b.A. halbtrocken, Mosel

Klassische Kartoffelrösti

Zubereitungszeit: 35 Minuten

ZUTATEN FÜR 4 PERSONEN
1,2 KG GROSSE, MEHLIGKOCHENDE KARTOFFELN
SALZ
BUTTER
OLIVENÖL

Die Kartoffeln waschen, schälen und grob reiben. In ein Tuch packen, die Flüssigkeit herausdrücken und die Masse mit Salz bestreuen.

Butter und Öl in einer beschichteten Pfanne hellbraun aufschäumen lassen. Die Kartoffelstreifen zugeben und mithilfe einer Gabel fest an den Pfannenboden drücken – die Masse sollte nicht höher als 2 cm sein. In etwa 5 Minuten langsam goldgelb bis hellbraun werden lassen, mithilfe eines leicht geölten Tellers wenden und die andere Seite ebenfalls 5 Minuten bräunen.

WEINEMPFEHLUNG
Riesling Q.b.A. trocken Pfalz

Kleine Kartoffelnocken

Zubereitungszeit: 1 Stunde

ZUTATEN FÜR 4 PERSONEN
1 KG MEHLIGKOCHENDE KARTOFFELN
7 EL SPEISESTÄRKE
5 EIGELB
SALZ, PFEFFER
MUSKATNUSS

Die Kartoffeln in der Schale kochen, abgießen und im vorgeheizten Backofen bei 180 °C Ober- und Unterhitze (Heißluft 160 °C) 5 Minuten trocknen.

2 EL Speisestärke in etwas Wasser auflösen und in 4 l Wasser zum Kochen bringen. Die Kartoffeln noch heiß pellen und stampfen.

Die Eigelbe und 5 EL Speisestärke vermischen und glatt rühren. Dann mit den Kartoffeln vermengen, mit Salz, Pfeffer und Muskatnuss würzen und am besten mit den Händen zu einem Teig verkneten.

Die Masse sofort mithilfe von zwei Esslöffeln zu Nocken abstechen und auf ein bemehltes Brett legen. Wenn alle abgestochen sind, zusammen vorsichtig ins kochende Wasser legen. Einmal aufkochen lassen und dann auf kleinster Flamme 10 Minuten ziehen lassen. Mit der Schaumkelle die fertigen Nocken herausnehmen und servieren.

WEINEMPFEHLUNG
Teroldego DOC, Italien

Herzhaftes Kartoffel-Omelette

Zubereitungszeit: 35 Minuten

ZUTATEN FÜR 4 PERSONEN
OLIVENÖL ZUM BRATEN
2 GRÖSSERE GEWÜRFELTE ZWIEBELN
1 LORBEERBLATT
SALZ, PFEFFER
350 G GEWÜRFELTE KARTOFFELN
3 KNOBLAUCHZEHEN
1 ZWEIG MAJORAN
2 EL BUTTER
6 EIER
50 ML SAHNE
CAYENNEPFEFFER
100 G GERIEBENER JUNGER GOUDA

Das Öl erhitzen, die Zwiebelwürfel mit dem Lorbeerblatt hellbraun braten, salzen und pfeffern. Aus der Pfanne nehmen und auf Küchenkrepp entfetten lassen.

Die Kartoffeln mit den in der Schale angedrückten Knoblauchzehen und dem Majoranzweig in reichlich Öl mit 1 EL Butter goldgelb braten. Herausnehmen und auf Küchenkrepp entfetten.

Eier, Sahne, Salz und Cayennepfeffer in einer Schüssel verquirlen; die Zwiebeln und Kartoffeln zugeben.

In einer beschichteten Pfanne 1 EL Butter und 2 EL Öl erhitzen und darin die Masse zum Stocken bringen. Mit dem Käse bestreuen und die Pfanne kurz unter den stark erhitzten Backofengrill stellen, sodass der Käse schmilzt. Bei Pfannen mit empfindlichem Stiel kann man die Backofentür offen lassen.

WEINEMPFEHLUNG
Riesling Q.b.A. trocken, Pfalz

Kartoffel-Kräuter-Strudel

Zubereitungszeit: 1 Stunde
plus 30 Minuten Backzeit

ZUTATEN FÜR 4 PERSONEN

1 ZWIEBEL
50 G GERÄUCHERTER BAUCHSPECK
500 G FESTKOCHENDE KARTOFFELN
1 EL BUTTER
SALZ, PFEFFER
MUSKATNUSS
2 ZWEIGE MAJORAN
½ BUND GLATTE PETERSILIE
2 EIGELB
1 EI
3 EL CRÈME FRAÎCHE
1 PACKUNG FRISCHER BLÄTTERTEIG (270 G)
1 EL MILCH
ETWAS BUTTER FÜR DAS BACKBLECH

Die Zwiebel schälen und in ca. 1 cm große Würfel schneiden. Den Bauchspeck in ca. 0,5 cm große Würfel schneiden. Die Kartoffeln schälen, waschen und in ca. 1 cm große Würfel schneiden.

Den Backofen auf 220 °C Ober- und Unterhitze vorheizen. In einem Topf die Butter erhitzen und die Zwiebel darin 3 Minuten glasig dünsten. Die Speckwürfel dazugeben und weitere 3 Minuten braten. Die Kartoffelwürfel hinzufügen, kurz unterrühren, zudecken und bei geringer Temperatur 15 Minuten garen. Dabei gelegentlich umrühren. Die Kartoffeln mit Salz, Pfeffer und frisch geriebener Muskatnuss kräftig würzen, in eine Schüssel füllen und auskühlen lassen.

Die Kräuter waschen, trocken tupfen, abzupfen und fein hacken. Die Kartoffeln mit 1 Eigelb, 1 Ei, Crème fraîche und den Kräutern verrühren und nochmals abschmecken.

Den Blätterteig ausrollen. Die lange Seite sollte quer vor dem Körper liegen. 1 Eigelb mit der Milch verrühren und den Blätterteig damit dünn einpinseln. Die Kartoffelmasse auf dem unteren Drittel der Teigplatte verteilen. Den Strudel mithilfe des Küchentuchs aufrollen und die Enden gut verschließen.

Ein Backblech mit Butter einfetten, mit einigen Spritzern Wasser beträufeln und den Strudel darauf setzen. Die Oberfläche mit Eigelb bepinseln und mit dem Messer rautenförmig einritzen.

Im Backofen etwa 30 Minuten goldbraun backen. Nach 15 Minuten die Temperatur auf 200 °C herunterschalten. Den Strudel aus dem Ofen nehmen, 5 Minuten ruhen lassen und servieren.

WEINEMPFEHLUNG
Pinot Noir Q.b.A., Österreich

Kartoffelpizza mit Rucola

Zubereitungszeit: 30 Minuten
plus 1 Stunde Gehzeit
und 35 Minuten Backzeit

ZUTATEN FÜR 1 BLECH

500 G MEHL
150 G KARTOFFELPÜREEPULVER
1 TL SALZ
2 MITTELGROSSE KARTOFFELN
OLIVENÖL
1 ZWEIG ROSMARIN
1 WÜRFEL HEFE (42 G)
500 ML LAUWARMES WASSER
MEHL FÜR DIE ARBEITSFLÄCHE
ÖL FÜR DAS BACKBLECH
GROBES MEERSALZ
100 G RUCOLA
125 G QUARK (20 % FETT)
100 G ZIEGENFRISCHKÄSE
50 ML SAHNE
1 TL GERIEBENER MEERRETTICH (FRISCH ODER AUS DEM GLAS)
PFEFFER

Das Mehl mit dem Püreepulver und dem Salz mischen. Die Kartoffeln schälen, würfeln und mit Küchenkrepp trocken tupfen. In einer Pfanne mit etwa 1 EL Öl und dem Rosmarinzweig bei geringer Temperatur etwa 15 Minuten kross braten. Auf Küchenkrepp abfetten lassen.

Die zerbröckelte Hefe in lauwarmem Wasser auflösen und das Gemisch langsam zum Mehl gießen. Mit den Knethaken eines Handrührgeräts 5 Minuten zu einem glatten Teig schlagen. Die abgekühlten Kartoffelwürfel unterarbeiten. Den Teig mit bemehlten Händen noch einmal von Hand durchkneten, zu einer Kugel formen und in eine bemehlte Schüssel geben. Abdecken und an einem warmen Ort etwa 20 Minuten gehen lassen, bis der Teig sein Volumen fast verdoppelt hat.

Die Teigkugel nochmals durchkneten und auf einem geölten und bemehlten Blech zu einem fingerdicken Fladen ausrollen. Mit dem Finger auf der gesamten Fläche kleine Mulden eindrücken. Weitere 20 Minuten gehen lassen und im vorgeheizten Backofen bei 200 °C Ober- und Unterhitze (180 °C Heißluft) 30 bis 35 Minuten goldbraun backen. Aus dem Ofen nehmen, mit etwas Olivenöl beträufeln und je nach Geschmack mit grobem Meersalz bestreuen.

Den Rucola waschen und fein hacken. Quark, Frischkäse, Sahne, Meerrettich, Salz und Pfeffer mischen und den Rucola unterrühren. Auf der Kartoffelpizza verteilen.

WEINEMPFEHLUNG
Cabernet Sauvignon trocken, Chile

Klassische Käsespätzle

Zubereitungszeit: 1 Stunde

ZUTATEN FÜR 4 PERSONEN

8 EIER
400 G MEHL
SALZ
MUSKATNUSS
4–5 ZWIEBELN
4 EL PFLANZENÖL
3 EL BUTTER
150 G EMMENTALER
100 G APPENZELLER
PFEFFER
1 BUND SCHNITTLAUCH

Die Eier mit dem Mehl in einer Schüssel vermischen, mit Salz und Muskatnuss würzen und so lange schlagen, bis der Teig Blasen wirft.

Die Zwiebeln schälen, in Ringe schneiden und mit dem Pflanzenöl und 2 EL Butter in einem Topf goldbraun andünsten, zur Seite stellen. Den Käse fein reiben. Eine Auflaufform mit der restlichen Butter ausfetten, mit einem Viertel der Zwiebeln und des Käses ausstreuen und bereithalten.

Den Backofen auf 180 °C Ober- und Unterhitze (Heißluft 160 °C) vorheizen. Reichlich Salzwasser zum Kochen bringen. Mithilfe einer Spätzlepresse oder einer Flotten Lotte ein Drittel des Teigs in das kochende Wasser drücken. Die Spätzle 1 Minute aufkochen lassen und mit der Schaumkelle in die bereits vorbereitete Auflaufform geben. Erneut mit Zwiebeln und Käse bestreuen und mit Pfeffer würzen. Diesen Vorgang zweimal wiederholen und mit Zwiebeln und Käse abschließen.

Die Auflaufform im vorgeheizten Backofen 15 Minuten überbacken. Den Schnittlauch waschen, trocknen, in feine Röllchen schneiden und die fertigen Käsespätzle damit garnieren.

WEINEMPFEHLUNG
Riesling Q.b.A. trocken, Mosel

Grundrezept Schupfnudeln

Zubereitungszeit: 1 Stunde

ZUTATEN FÜR 4 PERSONEN
500 G MEHLIGKOCHENDE KARTOFFELN
3 EIGELB
50 G SPEISESTÄRKE
25 G GRIESS
25 G MEHL
SALZ, PFEFFER
PFLANZENÖL
MEHL FÜR DIE ARBEITSFLÄCHE

Die Kartoffeln in der Schale kochen und gut ausdampfen lassen, pellen und noch warm durch die Kartoffelpresse drücken. Mit den restlichen Zutaten, bis auf das Öl, schnell zu einem glatten Teig verarbeiten.

Den Teig auf einer bemehlten Arbeitsfläche zu dünnen Würsten rollen und mit einem Messer in etwa 4 cm lange Stücke schneiden. Diese Stücke mit bemehlten Händen zu Schupf- oder Fingernudeln formen.

Die fertigen Schupfnudeln in reichlich Salzwasser kochen, bis sie an die Oberfläche steigen. Mit der Schaumkelle herausnehmen und auf einem geölten Teller abkühlen lassen.

In einer beschichteten Pfanne langsam in etwas Pflanzenöl goldgelb backen.

Süßkartoffelpuffer mit würzigem Dip

Süßkartoffelpuffer mit würzigem Dip

Zubereitungszeit: 1,5 Stunden

ZUTATEN FÜR 4 PERSONEN
1 KNOBLAUCHZEHE
3 FRÜHLINGSZWIEBELN
600 G SÜSSKARTOFFELN
SALZ
50 G RUNDKORNREIS
1 MITTELGROSSE ZWIEBEL
2 EIGELB
3 EL MEHL
PIMENT (NELKENPFEFFER)
CAYENNEPFEFFER
PFEFFER
1 MANGO
150 G CRÈME FRAÎCHE
2 EL KÖRNIGER SENF (ROTISSEUR-SENF ODER DIJON-SENF À L'ANCIENNE)
CUMIN (KREUZKÜMMEL)
INGWERPULVER
KURKUMA
SONNENBLUMENÖL ZUM BRATEN

Die Knoblauchzehe schälen, die Frühlingszwiebeln putzen, waschen und den weißen sowie hellgrünen Teil in feine Ringe schneiden.

Die Süßkartoffeln schälen. 400 g in Salzwasser 25 Minuten kochen, abgießen und 5 Minuten im Topf auf kleiner Flamme trocknen. Abkühlen lassen und grob reiben. 200 g roh fein reiben, salzen, etwas ruhen lassen. Während die roh geriebenen Süßkartoffeln ruhen, den Reis 15 bis 20 Minuten weich kochen. Die Süßkartoffeln dann durch ein Sieb pressen, sodass eine nicht zu feuchte, aber auch nicht ganz trockene Masse entsteht.

Die gekochten und die rohen Kartoffeln mit dem Reis, der fein gewürfelten Zwiebel, den Eigelben und dem Mehl vermischen. Mit Piment, Cayennepfeffer, Pfeffer und Salz würzen. Vorsicht beim Salzen: Die Süßkartoffeln sind schon salzig.

Die Mango schälen, klein schneiden und pürieren. Crème fraîche, durchgepressten Knoblauch, Senf und Frühlingszwiebeln untermischen. Mit Ingwer, Kurkuma, Piment, Cumin, Cayennepfeffer, Salz und Pfeffer abschmecken.

In der Pfanne das Öl erhitzen. Je 1 EL von der Süßkartoffelmasse hineingeben, etwas flach streichen und bei mittlerer Hitze etwa 5 Minuten braten, dabei einmal wenden. Auf Küchenkrepp abtropfen lassen und mit der Mango-Senf-Creme servieren.

WEINEMPFEHLUNG
Blauer Zweigelt, Österreich

Grundrezept Kartoffelknödel

Zubereitungszeit: 1 Stunde

ZUTATEN FÜR 4 PERSONEN
300 G MEHLIGKOCHENDE KARTOFFELN
SALZ
50 G MEHL
30 G SPEISESTÄRKE
PFEFFER
MUSKATNUSS
1–2 EIGELB
1 EIWEISS

Die Kartoffeln waschen, schälen und in einem Topf mit Salzwasser kochen. Abgießen und ausdampfen lassen.

Die Kartoffeln mit einer Kartoffelpresse in eine Schüssel drücken oder mit dem Kartoffelstampfer stampfen. Mit Mehl und Speisestärke mischen und mit Salz, Pfeffer sowie Muskatnuss würzen. Eigelb zugeben und schnell zu einem Teig verarbeiten. Das Eiweiß nicht zu steif aufschlagen und unter die Kartoffelmasse ziehen.

Die Kartoffelmasse mit gut bemehlten Händen zu mittelgroßen Klößen formen und diese in reichlich siedendem Salzwasser einmal aufkochen, dann 10 Minuten ziehen lassen.

Mini-Kartoffelknödel

Zubereitungszeit: 1 Stunde

ZUTATEN FÜR 4 PERSONEN
1 KG MEHLIGKOCHENDE KARTOFFELN
1 KLEINE ZWIEBEL
1 EL BUTTER
2 EL MILCH
ETWA 100 G MEHL
1 EI
SALZ

Kartoffeln waschen, als Pellkartoffeln kochen, abgießen und ganz auskühlen lassen. Pellen und ganz fein zerstampfen.

Die Zwiebel schälen, sehr fein würfeln, in Butter andünsten und mit Milch, Mehl, Ei und Salz unter das Kartoffelpüree kneten, eventuell mehr Mehl nehmen, der Teig darf nicht kleben. Mit nassen Händen kleine Knödel formen und in reichlich siedendem Wasser gut 10 Minuten ziehen lassen. Abgetropft nach Belieben noch mit gebräunter Butter übergießen.

WEINEMPFEHLUNG
Riesling Q.b.A. trocken, Pfalz

Serviettenknödel

Zubereitungszeit: 1 Stunde

ZUTATEN FÜR 4 PERSONEN
4 FRISCHE BRÖTCHEN
500 ML MILCH
1 GANZES EI
1 EIGELB
50 G BUTTER
SALZ
ETWA 100 G MEHL

Die Brötchen in ca. 2 cm große Würfel schneiden. Mit Milch, ganzem Ei und Eigelb vermischen. Die Butter bei milder Hitze schmelzen lassen und unter die Semmelmasse rühren, leicht salzen. Die Masse etwa 15 Minuten ruhen lassen. Nach der Ruhezeit die Knödelmasse erneut gut durchmischen und das Mehl unterkneten. Die Konsistenz des Knödelteigs sollte zwischen flüssig und fest sein. Bei Unsicherheit lieber ein wenig mehr Mehl zugeben.

Ein sauberes Küchenhandtuch oder eine große Serviette nass machen, die Knödelmasse länglich darauf verteilen und darin zu einer Rolle formen. An beiden Enden mit einem längeren Faden zubinden.

Einen großen, möglichst länglichen Topf zu drei Vierteln mit Wasser füllen und zum Kochen bringen, salzen.

Quer über den Topf einen langen Kochlöffel legen und die Knödelrolle mit den Bindfäden so darin befestigen, dass sie frei im Kochwasser hängt. 30 Minuten sprudelnd kochen, dann das Paket aus dem Topf nehmen, Faden lösen, die Rolle auswickeln und auf eine vorgewärmte Platte legen. Die Enden eines festen, dünnen Zwirnsfadens von etwa 30 cm Länge um die Zeigefinger jeder Hand wickeln und damit den Knödel in Scheiben schneiden, auf keinen Fall mit einem Messer, sonst kleben die Scheiben zusammen.

WEINEMPFEHLUNG
Gewürztraminer halbtrocken, Frankreich

Grundrezept Semmelknödel

Zubereitungszeit: 1 Stunde

ZUTATEN FÜR 4–6 PERSONEN:
10 ALTBACKENE BRÖTCHEN
SALZ, PFEFFER
MUSKATNUSS
375 ML MILCH
100 G DURCHWACHSENER SPECK
1 MITTELGROSSE ZWIEBEL
4 EIER
25 G BUTTER
4 EL FEIN GEHACKTE PETERSILIE

Die Brötchen in sehr dünne Scheiben schneiden und in einer Schüssel mit Salz, Pfeffer sowie etwas geriebener Muskatnuss vermischen.

Die Milch erwärmen und darüber gießen. Mit einem großen Teller beschweren und 30 Minuten ziehen lassen. Inzwischen den Speck und die geschälte Zwiebel fein würfeln. Die Speckwürfel in einer kleinen Pfanne auslassen, die Zwiebelwürfel darin glasig dünsten, dann etwas abkühlen lassen und mit den Eiern unter den Teig mischen.

Die Butter in einem Pfännchen schmelzen und zusammen mit der Petersilie unter den Teig kneten.

Mit angefeuchteten Händen nicht zu große Knödel aus dem Teig formen. Einen großen Topf mit Wasser aufkochen, Salz dazustreuen und in dem leise simmernden Wasser die Knödel etwa 20 Minuten ziehen lassen. Mit einem Schaumlöffel vorsichtig aus dem Wasser heben und abtropfen lassen.

Würzige Semmelknödel

Zubereitungszeit: 50 Minuten

ZUTATEN FÜR 4 PERSONEN
150 G ALTBACKENE BRÖTCHEN
100 ML LAUWARME MILCH
1 STANGE LAUCH
2 EL BUTTER
SALZ, PFEFFER
MUSKATNUSS
2 EIER
30 G SEMMELBRÖSEL
1 BUND GLATTE PETERSILIE
PFLANZENÖL ZUM BRATEN

Die Brötchen in Würfel schneiden und mit der lauwarmen Milch übergießen. Den Knödelteig etwas andrücken und 15 Minuten quellen lassen.

Den Lauch von Wurzel sowie grobem Grün befreien, gründlich waschen und in dünne Streifen schneiden. Die Butter erhitzen, Lauch zugeben, 10 Minuten bei geringer Temperatur dünsten und mit Salz, Pfeffer und Muskatnuss abschmecken.

Die Eier mit einem Schneebesen kurz aufschlagen und mit den abgekühlten Lauchstreifen und den Semmelbröseln unter die Knödelmasse geben. Die Petersilie waschen, Blätter abzupfen, grob hacken und ebenfalls unterheben.

Die Masse in gleich große Knödel formen und etwas flach drücken. In einer Pfanne mit Pflanzenöl langsam 5 Minuten goldbraun braten und anrichten.

WEINEMPFEHLUNG
Grauer Burgunder Q.b.A. trocken, Pfalz

Brezenknödel

Zubereitungszeit: 1,5 Stunden

ZUTATEN FÜR 4 PERSONEN
4 ALTBACKENE BREZELN
250 ML MILCH
SALZ, PFEFFER
MUSKATNUSS
2 SCHALOTTEN
1 EL BUTTER
1 BUND GLATTE PETERSILIE
3 EIER

Die dicken Stücke der Brezeln zuerst der Länge nach halbieren. Die Brezeln dann in ca. 0,5 cm dicke Scheiben schneiden. Die Milch erwärmen, mit Salz, Pfeffer und frisch geriebener Muskatnuss würzen, gleichmäßig über die Brezeln gießen und 10 Minuten quellen lassen.

In der Zwischenzeit die Schalotten schälen und in feine Würfel schneiden. In einer Pfanne mit 1 EL Butter die Schalotten etwa 5 Minuten bei geringer Temperatur glasig dünsten.

Die Petersilie waschen, trocken tupfen, von den Stielen zupfen und nicht zu fein hacken. Die Eier trennen. Eigelbe, Schalotten und Petersilie unter die Brezeln heben. Das Eiweiß mit dem Handrührgerät leicht anschlagen und vorsichtig unter die Knödelmasse heben. Die Masse nach Belieben nochmals mit Pfeffer und Muskatnuss abschmecken. Da die Brezeln schon gesalzen sind, nicht zu kräftig salzen.

Je zwei etwa 40 cm lange Stücke Alu- und Klarsichtfolie abschneiden. Die Klarsichtfolien jeweils auf die Alufolien legen. Die Hälfte der Knödelmasse auf das untere Drittel einer Lage Klarsichtfolie verteilen und zusammenrollen. Die Enden dabei fest eindrehen. Durch den Druck verbindet sich der Inhalt. Die Rolle ist etwa 16 cm lang und hat einen Durchmesser von 6 cm. Die zweite Rolle auf die gleiche Weise fertig stellen. Die beiden Rollen in kochendem Wasser etwa 20 Minuten garen. Das Wasser sollte dabei leicht sprudeln. Den Topf vom Herd nehmen und weitere 20 Minuten ziehen lassen.

Die Knödelrollen aus den Folien nehmen, in etwa 1 cm dicke Scheiben schneiden und servieren. Nach Belieben können die Knödel auch gebraten werden. Dafür 2 EL Butter in einer Pfanne erhitzen und die Knödel darin von beiden Seiten insgesamt 4 Minuten goldbraun braten.

WEINEMPFEHLUNG
Silvaner Kabinett trocken, Franken

Polenta mit gemischten Pilzen

Zubereitungszeit: 45 Minuten

ZUTATEN FÜR 4 PERSONEN
20 G GETROCKNETE STEINPILZE
75 G CHAMPIGNONS
1 ZWIEBEL
2 EL PFLANZENÖL
1 L HÜHNERBRÜHE
SALZ
250 G POLENTA (MAISGRIESS)
80 G FRISCH GERIEBENER PARMESAN
1 TL GEHACKTER OREGANO

Die Steinpilze in heißem Wasser etwa 30 Minuten einweichen. Dann die Pilze ausdrücken und grob hacken. Die Champignons putzen, Stielenden abschneiden und die Champignonköpfe vierteln. Die Zwiebel schälen und fein hacken.

In einer großen, hohen Pfanne das Öl erhitzen und die Zwiebelwürfel andünsten. Wenn sie hellgelb sind, die Champignons zugeben und unter Rühren weiter dünsten. Dann die Steinpilze zugeben, die Hühnerbrühe angießen und mit etwa 1 TL Salz würzen. Die Hitze erhöhen und die Brühe einmal aufkochen lassen, dann die Hitze wieder reduzieren.

Sobald die Brühe nur noch köchelt, den Polentagrieß unter ständigem Rühren mit einem Holzlöffel (immer in der gleichen Richtung) einrieseln lassen, bis der Grieß ohne Klümpchen mit der Brühe vermischt ist.

Die Hitze soweit reduzieren, dass der Brei nur noch ab und zu blubbert. Die Polenta nach Packungsanweisung garen, dabei alle zwei Minuten mit dem Holzlöffel umrühren, bis sich der Brei vom Pfannenrand löst.

Den geriebenen Parmesan kräftig unterrühren und die Polenta mit Oregano und Salz abschmecken.

WEINEMPFEHLUNG
Barbera d'Alba DOC Ruvei trocken, Italien

Polenta mit Frühlingsgemüse

Zubereitungszeit: 1 Stunde

ZUTATEN FÜR 4 PERSONEN
2 MÖHREN
1 STAUDENSELLERIE
250 G FRISCHER SPINAT
2 ZWIEBELN
2 KNOBLAUCHZEHEN
1 BUND PETERSILIE
1 BUND BASILIKUM
1 ZWEIG ROSMARIN ODER 1 TL GETROCKNETER ROSMARIN
3–4 EL OLIVENÖL
1 L WASSER
250 G POLENTA (FEINER MAISGRIESS)
SALZ, PFEFFER
40 G FRISCH GERIEBENER PARMESAN
KASTENFORM, MIT ETWAS ÖL AUSGEPINSELT

Die Möhren putzen und in zentimetergroße Würfel schneiden. Den Staudensellerie putzen und in Scheiben schneiden. Den Spinat verlesen, waschen und grob zerteilen. Zwiebeln und Knoblauch schälen und grob zerteilen. Petersilie und Basilikum waschen, trocknen, die Blätter vom Stiel entfernen und hacken. Rosmarin waschen und die Nadeln grob hacken.

In einem großen Topf das Olivenöl erhitzen. Darin zuerst die Zwiebeln, dann den Knoblauch andünsten. Die Möhren und den Sellerie zugeben, 10 Minuten unter Rühren andünsten. Erst Rosmarin, Basilikum und Petersilie zugeben, anschließend den Spinat. Noch einmal 5 Minuten dünsten.

Das Wasser angießen und die Polenta langsam unterrühren. Mit Salz, Pfeffer und Parmesan abschmecken und zugedeckt auf kleiner Flamme 5 bis 10 Minuten garen, dabei ab und zu umrühren. Es soll ein steifer Brei entstehen.

Die Polentamasse in die geölte Form füllen, glatt streichen und nach etwa 20 Minuten auf eine Platte stürzen. In ca. 2 cm dicke Scheiben schneiden und in Olivenöl kurz anbraten, damit sie warm werden.

WEINEMPFEHLUNG
Gavi di Gavi trocken, Italien

Der gute Tipp

Maisgrieß und auch der beliebte Brei aus Maisgrieß werden in Italien Polenta genannt. Polenta hat einen leicht süßen Eigengeschmack und passt zu vielen leckeren Gerichten.

Frühlingshafte Wan Tan-Päckchen

Frühlingshafte Wan Tan-Päckchen

Zubereitungszeit: 1 Stunde

ZUTATEN FÜR 4 PERSONEN
150 G MEHLIGKOCHENDE KARTOFFELN
SALZ
500 G GRÜNER SPARGEL
1 BUND MINZE
1 KNOBLAUCHZEHE
2–3 EL OLIVENÖL
2–3 EL GEMÜSEBRÜHE ODER WASSER
PFEFFER
20 WAN TAN-BLÄTTER
2 EL BUTTER
2 GEHÄUFTE EL MASCARPONE
75 G PARMESAN

Die Kartoffeln waschen und schälen, in Salzwasser garen und abgießen. Den Spargel waschen, harte Enden abschneiden, Spitzen abschneiden und beiseitelegen. Die Stangen in dünne Scheiben schneiden. Die Minzeblättchen waschen, trocknen und fein hacken. Den Knoblauch schälen und fein hacken.

Das Olivenöl in der Pfanne erhitzen, darin Spargelscheiben und Knoblauch zugedeckt mit 2 bis 3 EL Gemüsebrühe weich garen.

Währenddessen die Kartoffeln noch heiß zu Brei stampfen. Den weichen Spargel, Knoblauch und die Hälfte der Minze zum Kartoffelbrei geben, nochmals stampfen und gut verrühren. Mit Salz und Pfeffer abschmecken.

Auf je 1 Wan Tan-Blatt 1 TL der Masse setzen, die Ränder mit Wasser befeuchten und das Blatt zuklappen, sodass dreieckige Ravioli entstehen. Die Ränder mit einer Gabel zusammendrücken. Salzwasser zum Kochen bringen, zuerst die Spargelspitzen, nach 2 Minuten die Ravioli hineingeben und etwa 2 bis 3 Minuten kochen.

Butter und Mascarpone schmelzen. Die Ravioli und Spargelspitzen darin wälzen und mit der anderen Hälfte der Minze, dem geriebenen Parmesan und grob gemahlenem Pfeffer bestreut servieren.

WEINEMPFEHLUNG
Chardonnay, Österreich

Hirsepuffer

Zubereitungszeit: 1 Stunde

ZUTATEN FÜR 4 PERSONEN
100 G HIRSE (GANZES KORN)
500 ML WASSER
50 G HIRSEFLOCKEN
2 EIER
100 G MASCARPONE
10 GROSSE BLÄTTER MINZE
2 MSP. GEMAHLENER KARDAMOM
SALZ, PFEFFER
NACH BELIEBEN CAYENNEPFEFFER
3 EL PFLANZENÖL
1 EL BUTTER

Die Hirse unter lauwarmem fließenden Wasser gründlich waschen, um die Bitterstoffe herauszulösen.

In einem Topf 2 Minuten ohne Zugabe von Fett rösten und mit einem Viertel der Wassermenge ablöschen. Die Flüssigkeit vollständig einkochen lassen und den Vorgang dreimal wiederholen. Die Hirse bei geringer Temperatur so in 20 Minuten weich kochen, bis die gesamte Flüssigkeit verkocht ist. Die trockene Hirsemasse in eine Schüssel umfüllen und 10 Minuten quellen lassen.

Die Hirse mit Hirseflocken, Eiern, Mascarpone und klein geschnittenen Minzblättern vermengen und mit Kardamom, Salz und Pfeffer würzen. Die Hirsemasse mit einem Löffel abstechen, in eine Pfanne mit 3 EL heißem Pflanzenöl und 1 EL Butter geben, etwas flach drücken, in Form bringen und von beiden Seiten 3 Minuten goldbraun braten.

WEINEMPFEHLUNG
Weißburgunder Alto Adige DOC trocken, Italien

Buchweizenplätzchen mit Kokossauce

Zubereitungszeit: ´ Stunde

ZUTATEN FÜR 4 PERSONEN
80 G BUCHWEIZENGRÜTZE
300 ML GEMÜSEFOND
1 BUND FRÜHLINGSZWIEBELN
2 KNOBLAUCHZEHEN
4 EL PFLANZENÖL
150 G SPEISEQUARK (20 % FETT)

2 EIER MITTLERER GRÖSSE
1 EL GEHACKTE KORIANDERBLÄTTER
SALZ, PFEFFER
1 MSP. GEMAHLENER KORIANDER
MUSKATNUSS
330 G EINGELEGTE ROTE-BETE-KUGELN PLUS SAFT (AUS DEM GLAS, NETTOGEWICHT 220 G)
1 WALNUSSGROSSES STÜCK INGWER
1 DOSE KOKOSMILCH (400 ML)
1 SPRITZER LIMETTENSAFT
2 EL BUTTER

Die Buchweizengrütze in einem Topf ohne Fett kurz rösten und mit 100 ml Gemüsefond ablöschen. Die Flüssigkeit bei geringer Temperatur vollständig einkochen lassen. Den Vorgang zweimal wiederholen. Sobald die gesamte Flüssigkeit aufgesogen ist, die trockene Buchweizenmasse in eine Schüssel umfüllen und 15 Minuten quellen lassen.

Die Frühlingszwiebeln von Wurzeln und grobem Grün befreien, waschen und in dünne Ringe schneiden. 1 geschälte Knoblauchzehe ebenfalls klein schneiden.

1 EL Pflanzenöl erhitzen, die Frühlingszwiebeln sowie den Knoblauch 2 Minuten unter ständigem Wenden braten und unter die Buchweizenmasse geben. Quark und Eier zugeben, mit gewaschenen, grob gehackten Korianderblättern, Salz, Pfeffer, gemahlenem Koriander und etwas Muskatnuss würzen.

Die Rote Bete in mundgerechte Stücke schneiden und mit dem Saft aus dem Glas in einem Topf erhitzen.

Für die Sauce den Ingwer und 1 Knoblauchzehe schälen und in kleine Würfel schneiden bzw. fein hacken. Die Kokosmilch in einem kleinen Topf erhitzen und bei geringer Temperatur etwa 5 Minuten sämig einkochen. Mit Ingwer, Limettensaft, fein gehacktem Knoblauch und Salz abschmecken.

Von der Buchweizenmasse kleine Portionen mit einem Esslöffel abstechen und in einer Pfanne mit 3 EL heißem Öl und 2 EL Butter von beiden Seiten 3 Minuten goldbraun braten. Die Plätzchen auf einem Küchenpapier abtropfen lassen und mit dem Rote-Bete-Gemüse und der Kokossauce servieren.

WEINEMPFEHLUNG
Alsace AOC, Frankreich

Grundrezept Quarknocken

Zubereitungszeit: 1 Stunde

ZUTATEN FÜR 4 PERSONEN
2 EL BUTTER
½ BUND GLATTE PETERSILIE
2 EIER
250 ML MILCH
25 G SPEISEQUARK
1 EL CRÈME FRAÎCHE
SALZ
MUSKATNUSS
400 G TOASTBROT
BUTTER ZUM BRATEN

Die Butter in einem kleinen Topf schmelzen lassen. Die Petersilie waschen, trocken tupfen und die Blätter fein hacken. Die Eier trennen. Eigelbe mit Milch, Quark, Crème fraîche, geschmolzener Butter und Petersilie glatt rühren, mit Salz und frisch geriebener Muskatnuss würzig abschmecken. Das Toastbrot entrinden und in feine Würfel schneiden. Unter die Quarkmasse mischen und 20 Minuten ziehen lassen. Das Eiweiß mit 1 Prise Salz zu steifem Schnee schlagen und vorsichtig unter die Quarkmasse heben.

Einen Topf mit Salzwasser zum Kochen bringen, mit einem Esslöffel aus der Masse Nocken abstechen und in das Wasser geben. Einmal aufkochen und bei geringer Hitze 15 Minuten ziehen lassen. Die Nocken mit einem Schaumlöffel herausnehmen, erkalten lassen.

Die Quarknocken in einer Pfanne mit etwas Butter von beiden Seiten goldbraun braten und servieren.

Grundrezept Nudelteig

Zubereitungszeit: 30 Minuten plus 2 Stunden Kühlzeit

ZUTATEN FÜR 4 PERSONEN
3 EL OLIVENÖL
SALZ
180 G EIGELB (ETWA 8 EIER)
210 G MEHL (TYPE 405)
125 G GRIESS

Öl, Salz und die gut verquirlten Eigelbe zusammen mit Mehl und Grieß mit bemehlten Händen zu einem gleichmäßigen Teig verkneten. Wenn nötig, noch etwas Mehl zugeben. Den fertigen Teig in Klarsichtfolie wickeln und mindestens 2 Stunden im Kühlschrank ruhen lassen. Mit einer Nudelmaschine oder von Hand verarbeiten. Für Ravioli muss der Teig sehr dünn sein, was ohne Maschine nicht ganz einfach zu erreichen ist.

Pasta mit Lammfilets und Ricotta

Zubereitungszeit: 45 Minuten

ZUTATEN FÜR 4 PERSONEN
500 G BLATTSPINAT
6 LAMMFILETS (CA. 500 G)
8 ZWEIGE THYMIAN
1 UNBEHANDELTE ZITRONE
2 KNOBLAUCHZEHEN
100 G SCHALOTTEN
3 EL OLIVENÖL
SALZ, PFEFFER
80 G BUTTER
MUSKATNUSS
100 ML LAMMFOND
100 G SALZIGER RICOTTA (ERSATZWEISE JUNGER PECORINO)
300 G LINGUINE

Spinat putzen, waschen, abtropfen lassen und trocken schleudern. Wenn nötig, Haut und Sehnen von den Lammfilets entfernen. Die Thymianblätter abzupfen und grob hacken. Die Zitronenschale fein abreiben. Den Knoblauch schälen und durchpressen, die Schalotten schälen und fein würfeln.

Das Öl in der Pfanne erhitzen und die Lammfilets bei mittlerer Hitze 4 bis 5 Minuten darin braten, salzen und pfeffern. Den Knoblauch und die Hälfte des Thymians zugeben, weitere 30 Sekunden braten und beiseitestellen.

Die Butter in einem großen Topf schmelzen lassen und die Schalotten darin bei mittlerer Hitze dünsten. Den Spinat dazugeben, mit Salz, Pfeffer und Muskat würzen und 2 Minuten unter Rühren garen. Den Lammfond zugießen und 1 bis 2 Minuten offen weitergaren. Zudecken und beiseitestellen.

Den Ricotta grob raspeln, und die Linguine nach Packungsanweisung kochen. Die Lammfilets schräg aufschneiden und zusammen mit den Nudeln, der Hälfte der Zitronenschale, dem restlichen Thymian und dem Spinat kurz erwärmen. Restliche Zitronenschale und die Hälfte des Ricottas unterheben. Auf vorgewärmten Tellern anrichten und die andere Hälfte Ricotta dazu servieren.

WEINEMPFEHLUNG
Merlot, Südafrika

Der gute Tipp

Frische Pasta passt wunderbar zu cremigen Butter- oder Sahnesaucen. Mit ein wenig Zeit kann man sie selbst machen oder in gut sortierten Lebensmittelabteilungen kaufen, wie z. B. bei Metro Cash & Carry, Real oder Galeria Kaufhof.

Pasta mit Frühlingsgemüse

Zubereitungszeit: 45 Minuten

ZUTATEN FÜR 4 PERSONEN
1 SCHALOTTE
125 G DÜNNE GRÜNE BOHNEN
250 G GRÜNER SPARGEL
75 G BABY-SPINAT
2 FRÜHLINGSZWIEBELN
4 STÄNGEL BASILIKUM
1 EL BUTTER
250 ML HÜHNERBRÜHE
125 G TIEFGEFRORENE ERBSEN
SALZ, PFEFFER
400 G PENNE
100 G PARMESAN

Schalotte schälen und fein würfeln. Bohnen waschen und halbieren. Vom Spargel die harten Enden entfernen und die Stangen in 3 bis 4 cm lange Stücke schneiden. Die Spargelköpfe beiseitestellen. Spinat verlesen, waschen und trocken schleudern. Frühlingszwiebeln putzen und in ca. 1 cm lange Stücke schneiden. Basilikum waschen, trocknen, Blätter abzupfen und in Streifen schneiden.

Die Butter in einer großen Pfanne schmelzen und die Schalotte darin glasig schwitzen. Die Spargelstücke dazugeben und kurz anbraten. Die Brühe angießen und zum Kochen bringen. Spargelköpfe, Bohnen, Erbsen und Frühlingszwiebeln zugeben und mit Deckel köcheln lassen, bis das Gemüse gar ist. Den Spinat unterheben, zusammenfallen lassen und alles mit Salz und Pfeffer abschmecken.

Die Penne in einem Topf mit kochendem Salzwasser al dente kochen und mit dem Gemüse vermengen. Auf Teller verteilen und mit Basilikum und frisch geriebenem Parmesan bestreut servieren.

WEINEMPFEHLUNG
Grauburgunder Oberbergener Bassgeige Kabinett trocken, Baden

Pasta mit Mandel-Nuss-Pesto

Zubereitungszeit: 35 Minuten plus 1 Stunde Ziehzeit

ZUTATEN FÜR 4 PERSONEN
1 MSP. SAFRANFÄDEN
9 EL ROSENWASSER
1 BUND PETERSILIE
2–3 KLEINE KNOBLAUCHZEHEN
50 G HASELNUSSKERNE
50 G GESCHÄLTE MANDELN
12 EL OLIVENÖL
1 MSP. ZIMTPULVER
SALZ, WEISSER PFEFFER
400 G SCHMALE BANDNUDELN

Die Safranfäden in das Rosenwasser rühren und 1 Stunde ziehen lassen.

Die Petersilie waschen, trocknen und die Blätter grob hacken. Den Knoblauch schälen und in Stücke schneiden. Die Nüsse und die Mandeln in einer trockenen Pfanne leicht anrösten, dann abkühlen lassen und im Mixer mit 3 bis 4 EL Olivenöl zerkleinern. Petersilie und Knoblauch zugeben und zerkleinern, dann nach und nach das restliche Öl und zuletzt das Safran-Rosenwasser zufließen lassen und zu einer samtigen Sauce mixen. Mit Salz und reichlich Pfeffer abschmecken.

Nudeln al dente kochen und sehr heiß mit dem Mandelpesto vermengen.

WEINEMPFEHLUNG
Pinot Grigio trocken, Italien

Pasta mit Meeresfrüchten

Zubereitungszeit: 35 Minuten

ZUTATEN FÜR 4 PERSONEN
2–3 KNOBLAUCHZEHEN
1 REIFE AVOCADO
3 EL ZITRONENSAFT
1 TL DIJON-SENF
150 ML SAHNE
MEERSALZ
PFEFFER
200 G VORGEKOCHTE KRABBEN
200 G VORGEKOCHTE MUSCHELN
400 G TAGLIATELLE

Die Knoblauchzehen schälen und klein schneiden. Die Avocado schälen und vierteln. An einem Viertel den Kern der Avocado lassen und das Fruchtfleisch mit etwas Zitronensaft beträufeln, damit sich das Fruchtfleisch nicht braun färbt. Den übrigen Zitronensaft mit dem Senf verrühren. Drei Viertel der Avocado klein schneiden, den gehackten Knoblauch dazugeben und mit einer Gabel zerdrücken. Die Zitronen-Senf-Mischung zum Avocadomus rühren. Die Sahne untermischen und mit Salz und Pfeffer abschmecken. Die Krabben und die Muscheln in die Sauce geben. Den Topf mit der Sauce auf ein leise köchelndes Wasserbad setzen und langsam erhitzen.

Inzwischen die Tagliatelle in reichlich Salzwasser al dente kochen. Wenn die Pasta gar ist, in ein Sieb abgießen, abtropfen lassen und mit der Sauce vermischen. Auf vorgewärmte Teller verteilen.

Das letzte Viertel der Avocado in Scheiben schneiden und die Pasta damit garnieren. Gleich servieren.

WEINEMPFEHLUNG
Chardonnay DOC, Italien

Zucchini-Bandnudeln

Zubereitungszeit: 45 Minuten

ZUTATEN FÜR 4 PERSONEN
400 G SCHMALE ZUCCHINI
2 KNOBLAUCHZEHEN
1 BUND BASILIKUM
1 KLEINER ZWEIG ROSMARIN
350 G TAGLIATELLE
SALZ
6 EL OLIVENÖL
60 G GESCHÄLTE UND HALBIERTE MANDELN
2 EL ZITRONENSAFT
2 EL CRÈME FRAÎCHE
PFEFFER
40 G PARMESAN

Die Zucchini waschen, der Länge nach mit einem Sparschäler zuerst schälen und dann weiter längs dünne Streifen abziehen. Wenn die Zucchini sehr groß sind, die Scheiben noch halbieren. Den Knoblauch schälen und in dünne Scheiben schneiden. Basilikum waschen, trocknen, Blätter abzupfen und in Streifen schneiden. Rosmarin waschen, trocknen, Nadeln abzupfen und fein hacken.

Nudeln in der Mitte durchbrechen und in reichlich Salzwasser al dente garen. 1 Minute vor Ende der Garzeit die Zucchini-Streifen zu den Nudeln geben. Nudeln und Zucchini abgießen und abtropfen lassen.

In einer Pfanne das Olivenöl erhitzen und Knoblauch, Rosmarin und Mandeln darin anbraten. Nudeln und Zucchini zugeben. Basilikum, Zitronensaft und Crème fraîche zufügen und alles gut vermischen. Mit Salz und Pfeffer abschmecken und kurz erwärmen.

Die Zucchini-Pasta auf Tellern anrichten, mit etwas Olivenöl beträufeln und den Parmesan in dünnen Spänen darüber hobeln.

WEINEMPFEHLUNG
Lugana di Sirmione DOC trocken, Italien

Zucchini-Bandnudeln

Spaghetti alla puttanesca

Zubereitungszeit: 35 Minuten

ZUTATEN FÜR 4 PERSONEN
400 G SPAGHETTI
SALZ
100 G SCHWARZE OLIVEN
100 G ANCHOVIS (SARDELLENFILETS)
50 G KAPERN
3–5 KNOBLAUCHZEHEN
1 KLEINER PEPERONCINO (GETROCKNETE CHILISCHOTE)
3 EL OLIVENÖL
750 G GESCHÄLTE TOMATEN PLUS SAFT (DOSE)
2 EL TOMATENMARK

Spaghetti nach Packungsanweisung in kochendem Salzwasser zubereiten.

Die Oliven entsteinen und fein hacken. Sehr salzige Anchovis unter fließendem Wasser abspülen, ansonsten sofort in Streifchen schneiden. Die Kapern zerdrücken oder fein hacken. Knoblauchzehen schälen und fein hacken. Zusammen mit dem Peperoncino im heißen Olivenöl leicht anrösten. Oliven und Anchovis einrühren und kurz andünsten.

Dann die Tomaten und das Tomatenmark zugeben, unter Rühren bei mittlerer Hitze ohne Deckel schmoren, bis die Sauce dunkel geworden ist. Vorsichtig mit Salz abschmecken. Mit den Spaghetti auf Tellern anrichten.

WEINEMPFEHLUNG
Chianti Classico DOCG Riserva trocken, Italien

Der gute Tipp

Lange, dünne Pasta wie Spaghetti, Vermicelli, Linguine oder Fettuccine werden mit dünnen, ölhaltigen Saucen serviert. Breite, kürzere oder dicke Pastasorten wie Rigatoni, Penne, Fusilli, Farfalle oder Makkaroni nehmen Einlagen in der Sauce besser auf.

Conchiglie mit Tomaten-Steinpilz-Sauce

Zubereitungszeit: 40 Minuten plus 1 Stunde Einweichzeit

ZUTATEN FÜR 4 PERSONEN
20 G GETROCKNETE STEINPILZE
1–3 KNOBLAUCHZEHEN
3 ZWEIGE THYMIAN
½ BUND GLATTE PETERSILIE
1 PEPERONCINO (GETROCKNETE CHILISCHOTE)
4 EL OLIVENÖL ZUM BRATEN
250 ML GEMÜSEBRÜHE
2 EL ZITRONENSAFT
1 GROSSE DOSE GESCHÄLTE TOMATEN (850 G)
SALZ
400 G CONCHIGLIE (MUSCHELFÖRMIGE NUDELN)
ETWA 100 G PARMESAN
100 ML SAHNE
PFEFFER
EXTRAFEINES OLIVENÖL ZUM BETRÄUFELN

Die Steinpilze etwa 1 Stunde in lauwarmem Wasser einweichen.

Den Knoblauch schälen und fein hacken. Die Kräuter waschen, trocknen, die Thymianblättchen nur abzupfen, die Petersilie fein hacken. Den Peperoncino zerkleinern. Die Steinpilze kurz abspülen, um Sandreste zu entfernen.

In einer Pfanne das Olivenöl zum Braten erhitzen. Den Knoblauch, Thymian, Petersilie und die Chilischote darin andünsten. Die Steinpilze zugeben und unter Rühren 2 bis 3 Minuten anschmoren. Die Brühe aufgießen und 5 Minuten offen kochen. Den Zitronensaft sowie die grob zerteilten Tomaten zugeben und die Sauce etwa 20 Minuten leise köcheln lassen, bis sie dickflüssig wird.

Reichlich Salzwasser für die Nudeln aufsetzen und die Pasta nach Packungsangabe al dente garen. Den Parmesan in feine Späne hobeln.

Die Sahne zur Tomatensauce gießen, bei starker Hitze schnell etwas einkochen, mit Salz sowie Pfeffer würzen und vom Herd nehmen.

Die fertigen Nudeln abgießen und mit der Sauce vermischen. Auf Teller verteilen, mit den Parmesanspänen bestreuen und ein wenig sehr feines Olivenöl darüber träufeln.

WEINEMPFEHLUNG
Barbera d'Alba DOC Ruvei trocken, Italien

Spaghetti mit Salbeibutter

Zubereitungszeit: 25 Minuten

ZUTATEN FÜR 4 PERSONEN
400 G SPAGHETTI
SALZ
100 G BUTTER
1 STÄNGEL FRISCHER ODER 1 TL GETROCKNETER SALBEI
PARMESAN
PFEFFER

Spaghetti nach Packungsanweisung in kochendem Salzwasser zubereiten.

Die Butter in einer Pfanne erhitzen, die Salbeiblätter abzupfen und kurz in der Butter aufbrutzeln lassen. Die abgegossenen Spaghetti zurück in den Topf geben, mit der Salbeibutter übergießen und gut umrühren. Mit reichlich geriebenem Parmesan, Salz und Pfeffer servieren.

WEINEMPFEHLUNG
Chardonnay DOC trocken, Italien

Spaghetti mit Pilzen

Zubereitungszeit: 25 Minuten

ZUTATEN FÜR 4 PERSONEN
400 G SPAGHETTI
SALZ
150 G CHAMPIGNONS ODER BRAUNE EGERLINGE
40 G BUTTER
GROB GEMAHLENER SCHWARZER PFEFFER
PARMESAN

Die Spaghetti nach Packungsanweisung in kochendem Salzwasser zubereiten.

Die Pilze putzen und die Stielenden abschneiden.

Die Butter in einer Kasserolle erhitzen. Die Pilze mit einem Gurken- oder Trüffelhobel in feine Scheiben hobeln. Ganz kurz in der Butter schwenken – sie sollen nur heiß und halbgar werden.

Die fertigen Spaghetti abgießen und mit den Pilzen vermischen. Mit Salz und grobem Pfeffer würzen und mit Parmesan bestreut servieren.

WEINEMPFEHLUNG
Barbera d'Alba DOC Ruvei trocken, Italien

Spaghetti mit Tomaten-Ingwer-Sauce

Zubereitungszeit: 35 Minuten

ZUTATEN FÜR 4 PERSONEN
2 ZWIEBELN
2 KNOBLAUCHZEHEN
1 WALNUSSGROSSES STÜCK INGWER
3–4 TOMATEN
½ BUND PETERSILIE
50 G BUTTER
1 TL ZUCKER
SALZ, PFEFFER
500 G SPAGHETTI

Zwiebeln und Knoblauch schälen und in feine Würfel schneiden. Ingwer schälen und sehr fein hacken. Die Tomaten mit heißem Wasser überbrühen, kalt abschrecken, die Haut abziehen, Stielansatz entfernen und das Fruchtfleisch würfeln. Die Petersilie waschen, trocken tupfen und die Blättchen fein hacken.

In einer Pfanne die Butter schmelzen und bei mittlerer Hitze darin Zwiebeln, Knoblauch und Ingwer anschwitzen. Die Tomaten und den Zucker zugeben und etwa 15 Minuten mit Deckel köcheln lassen. Die Sauce mit Salz und Pfeffer abschmecken und mit Petersilie bestreuen.

Die Spaghetti in Salzwasser al dente kochen, abgießen und mit der Sauce vermischen.

WEINEMPFEHLUNG
Sauvignon Blanc trocken, Südafrika

Spaghetti mit Kürbiskern-Mandelpesto

Zubereitungszeit: 25 Minuten

ZUTATEN FÜR 4 PERSONEN
400 G SPAGHETTI
SALZ
15 GESCHÄLTE MANDELN
30 G KÜRBISKERNE
30 BLÄTTER MINZE
1 KLEINES BUND GLATTE PETERSILIE
1 KLEINE KNOBLAUCHZEHE
1 UNBEHANDELTE ZITRONE
50 G PARMESAN
175 ML OLIVENÖL
PFEFFER

Spaghetti nach Packungsanweisung in kochendem Salzwasser zubereiten.

In einer Pfanne zuerst die Mandeln allein und dann mit den Kürbiskernen trocken anrösten. Abkühlen lassen.

Die Minze und Petersilie waschen, trocknen und die Blätter vom Stiel zupfen. Knoblauch schälen. Zitronenschale abreiben. Parmesan grob zerkleinern.

Kräuter, Knoblauchzehe, 1 EL geriebene Zitronenschale, Kürbiskerne, Mandeln und Parmesan in einem Mixer mit der Hälfte des Olivenöls pürieren.

Nach und nach unter weiterem Rühren im Mixer das restliche Olivenöl zugeben, sodass das Pesto eine sämige Konsistenz bekommt. Wenn nötig die Masse gelegentlich von den Seiten nach unten schieben. Mit Salz und Pfeffer abschmecken. Mit den al dente gekochten Spaghetti servieren.

WEINEMPFEHLUNG
Chardonnay, Österreich

Spaghetti mit Hummerbutter und Riesengarnelen

Zubereitungszeit: 35 Minuten

ZUTATEN FÜR 4 PERSONEN
2 GROSSE REIFE TOMATEN
2 SCHALOTTEN
2 KNOBLAUCHZEHEN
4–8 ROHE RIESENGARNELEN (HUMMERKRABBEN)
400 G SPAGHETTI
SALZ
100 G BUTTER
PFEFFER
50 G HUMMER- ODER KREBSBUTTER
BASILIKUMBLÄTTER
PARMESAN

Die Tomaten in kochendem Wasser kurz überbrühen, mit kaltem Wasser abschrecken, die Haut abziehen, den Strunk entfernen und entkernen. Das Fruchtfleisch klein würfeln. Die Schalotten und Knoblauchzehen schälen, die Schalotten fein würfeln.

Die Riesengarnelen aus der Schale lösen, jeweils die Rückenseite einschneiden und den dunkleren Darm entfernen. Das Garnelenfleisch kurz kalt abspülen, trocknen und in Stücke schneiden.

Die Spaghetti nach Packungsanweisung in kochendem Salzwasser zubereiten.

In einer Kasserolle die Butter zerlassen und die Schalotten darin glasig dünsten. Die Tomaten zugeben, den Knoblauch durch die Presse dazudrücken, mit Salz und Pfeffer würzen. Nach 5 Minuten die Garnelenstücke dazugeben und nur kurz in der Sauce garen, damit sie nicht hart werden.

Die fertigen Spaghetti gut abtropfen lassen. Die Hummerbutter in einer großen Pfanne zerlassen und die Spaghetti darin warm schwenken.

Die Spaghetti auf Tellern anrichten, die Sauce darüber geben und mit in Streifen geschnittenen Basilikumblättchen und Parmesan bestreut servieren.

WEINEMPFEHLUNG
Terra Montosa Riesling Q.b.A. trocken, Rheingau

Spaghetti mit Olivensauce

Zubereitungszeit: 35 Minuten

ZUTATEN FÜR 4 PERSONEN
75 G SPINATBLÄTTER OHNE GROBE STIELE
100–160 G GROSSE GRÜNE OLIVEN MIT STEIN
1 MITTELGROSSE SCHALOTTE
1 UNBEHANDELTE ORANGE
6 EL OLIVENÖL
SALZ, PFEFFER
400 G SPAGHETTI
NACH GESCHMACK ETWA 100 G PECORINO AM STÜCK

Die Spinatblätter verlesen und mehrmals gründlich waschen. Kurz mit kochendem Wasser überbrühen, kalt abschrecken und abtropfen lassen. Die Oliven entsteinen und dabei grob zerkleinern. Die Schalotte schälen und vierteln. Die Orange mit heißem Wasser abwaschen und etwa 1 TL Schale mit einem Zestenreißer abziehen.

Die Oliven- und Schalottenstücke mit der Orangenschale und dem Spinat im Mixer zu einem groben Püree zerkleinern, dann langsam bei laufendem Mixer das Öl dazugießen. Mit Salz und Pfeffer abschmecken.

Die Spaghetti in reichlich kochendem Salzwasser al dente garen, abgießen und kurz abtropfen lassen, dann mit der Olivensauce vermischen. Nach Belieben mit gehobeltem Pecorino bestreut servieren.

WEINEMPFEHLUNG
Kadette trocken, Südafrika

Spaghettini mit Thunfisch-Kapern-Sauce

Zubereitungszeit: 25 Minuten

ZUTATEN FÜR 4 PERSONEN
300 G SPAGHETTINI
2 KLEINE ROTE ZWIEBELN
150 ML BESTES OLIVENÖL
GERIEBENE SCHALE UND SAFT VON
1 UNBEHANDELTEN ZITRONE
1 GLAS KAPERN (35 G)
5 EL GEHACKTE GLATTE PETERSILIE
SALZ, PFEFFER
300 G FRISCHES THUNFISCHFILET

Spaghettini al dente kochen.

Währenddessen Zwiebeln schälen und fein würfeln. In einer Pfanne mit 2 EL Olivenöl die Zwiebelwürfel anbraten und zur Seite stellen. In einer großen Schüssel das restliche Olivenöl mit Zitronensaft und -schale vermischen, die Kapern und die gehackte Petersilie dazugeben und mit Salz und Pfeffer abschmecken.

Die angebratenen Zwiebelwürfel und den klein gewürfelten Thunfisch ebenfalls in die Schüssel geben. Etwa 10 Minuten ziehen lassen. Die Pasta abgießen und die heißen Spaghettini direkt in die Schüssel zur Thunfisch-Sauce geben. In der heißen Pasta ziehen die Thunfischwürfel gar.

Alles gut vermengen und sofort servieren.

WEINEMPFEHLUNG
Casillero del Diablo Carmenére Reserva, Chile

Spaghettini mit Thunfisch-Kapern-Sauce

Spaghetti mit Muschelsauce

Zubereitungszeit: 45 Minuten

ZUTATEN FÜR 4 PERSONEN
1 KG VONGOLE (HERZMUSCHELN)
8 EL EXTRA NATIVES OLIVENÖL
400 G SPAGHETTI
SALZ
2 KNOBLAUCHZEHEN
PFEFFER
4 EL GEHACKTE GLATTE PETERSILIE

Die Muscheln unter fließendem Wasser sehr gründlich schrubben, bereits geöffnete Muscheln aussortieren.

In einer großen Pfanne 2 EL Öl erhitzen, die Muscheln zugedeckt unter Rütteln 2 bis 3 Minuten dünsten, bis alle geöffnet sind. Muscheln herausheben, geschlossene Muscheln aussortieren, und den Kochsud durch einen Kaffeefilter gießen. Spaghetti in Salzwasser al dente garen.

Die Muscheln auslösen. Den Knoblauch schälen und fein würfeln. Das übrige Öl in der Pfanne erhitzen, den Knoblauch glasig dünsten. Muschelsud aufgießen, etwas einkochen, salzen und pfeffern. Die Muscheln und die Nudeln unterheben und mit Petersilie bestreut servieren.

WEINEMPFEHLUNG
Silvaner Kabinett trocken, Franken

Spaghettini mit Estragon-Pinienkern-Pesto

Zubereitungszeit: 25 Minuten

ZUTATEN FÜR 4 PERSONEN
400 G SPAGHETTINI
SALZ
200 G KIRSCHTOMATEN
2 BUND ESTRAGON
1 KNOBLAUCHZEHE

40 G PARMESAN
2–3 EL PINIENKERNE
2 EL DIJON-SENF
100 ML OLIVENÖL

Spaghettini nach Packungsanweisung in Salzwasser zubereiten.

Die Tomaten waschen, halbieren und zur Seite stellen. Den Estragon waschen, trocken schütteln und die Blättchen von den Stielen zupfen. Den Knoblauch schälen. Den Parmesan in kleinen Stücken zusammen mit den restlichen Zutaten, außer den Tomaten, in der Küchenmaschine zu einem Pesto mixen. Dabei langsam das Öl einfließen lassen. Die fertigen Spaghettini mit dem Pesto und den Tomaten servieren.

WEINEMPFEHLUNG
Sauvignon Blanc, Frankreich

Pasta mit Weißweinsauce

Zubereitungszeit: 45 Minuten

ZUTATEN FÜR 4 PERSONEN
3 GROSSE ROTE PAPRIKASCHOTEN
500 ML CHARDONNAY
100 ML SAHNE
400 G SPAGHETTINI
SALZ
20 BASILIKUMBLÄTTER
PFEFFER
PARMESAN

Den Backofen auf 250 °C Ober- und Unterhitze bzw. den Elektro-Grill auf höchster Stufe vorheizen. Die Paprikaschoten halbieren und putzen. Mit der Schnittfläche nach unten auf ein Backblech legen und im Ofen oder unter dem Grill so lange rösten, bis die Haut ganz dunkel verbrannt ist und Blasen wirft. Die Schoten herausnehmen und mit einem feuchten Tuch bedeckt etwa 10 Minuten ruhen lassen. Dann mit einem spitzen Messer die Haut abziehen.

Inzwischen den Wein in einem Topf ohne Deckel bei starker Hitze auf die Hälfte der Menge einkochen lassen. Die gehäuteten Paprikaschoten in Stücke schneiden und im Mixer fein pürieren, dann zu dem Wein rühren. Die Sahne zugießen und kurz aufkochen lassen.

Die Spaghettini in kochendem Salzwasser nach Packungsanweisung al dente kochen. Abgießen, kurz abtropfen lassen und auf Tellern anrichten. Die Sauce darüber verteilen und mit Basilikumstreifen bestreuen. Pfeffer und frisch geriebenen Parmesan darüber geben und gleich servieren.

WEINEMPFEHLUNG
Chardonnay, Chile

Pasta all' Alfredo

Zubereitungszeit: 20 Minuten

ZUTATEN FÜR 4 PERSONEN
350 G BANDNUDELN
100 G FRISCH GERIEBENER PARMESAN
120 G BUTTER
SALZ, PFEFFER

Bandnudeln nach Packungsanweisung kochen und das Wasser bis auf einen kleinen Rest abgießen, damit sie nicht zusammenkleben. In eine vorgewärmte Schüssel füllen.

Erst den Parmesan unterrühren, dann die Butter in Flöckchen. Salzen und auf vorgewärmten Tellern mit frisch und recht grob gemahlenem Pfeffer servieren.

WEINEMPFEHLUNG
Alsace AOC, Frankreich

Linguine mit würziger Gorgonzola-Nuss-Sauce

Zubereitungszeit: 35 Minuten

ZUTATEN FÜR 4 PERSONEN
150 ML MILCH
150 G GORGONZOLA
150 G CRÈME FRAÎCHE
1 STANGE STAUDENSELLERIE
1 EL BUTTER
2 EL GEHACKTE WALNUSSKERNE
150 ML SAHNE
250 G LINGUINE
SALZ, PFEFFER
1 BUND SCHNITTLAUCH

Die Milch in einem Topf zum Kochen bringen. Gorgonzola und Crème fraîche unter Rühren darin auflösen und auf die Hälfte einkochen lassen.

Den Staudensellerie putzen, waschen und in feine Streifen schneiden. In einem Topf die Butter schmelzen und den Staudensellerie darin andünsten. Die gehackten Walnüsse dazugeben und mit der Sahne ablöschen. Kurz aufkochen lassen und in die Gorgonzolasauce geben.

Die Linguine in reichlich Salzwasser al dente kochen und gut abtropfen lassen. Dann in die Gorgonzolasauce geben, mischen und nach Geschmack mit Salz und Pfeffer würzen.

Den Schnittlauch waschen, trocknen und in Röllchen schneiden. Über die fertigen Linguine streuen und servieren.

WEINEMPFEHLUNG
Johannisberger Riesling Q.b.A., Rheingau

Bandnudeln mit Lachs ganz klassisch

Zubereitungszeit: 25 Minuten

ZUTATEN FÜR 4 PERSONEN
400 G BANDNUDELN
SALZ
250 G LACHSFILETS
2 SCHALOTTEN
1 KNOBLAUCHZEHE
3 EL OLIVENÖL
200 ML SAHNE
PFEFFER
1–2 EL FEIN GEHACKTE PETERSILIE

Bandnudeln nach Packungsanweisung in kochendem Salzwasser zubereiten.

Die Lachsfilets mit Küchenkrepp trocknen und in ca. 2 cm große Würfel schneiden. Die Schalotten und den Knoblauch schälen. Die Schalotten fein würfeln, die Knoblauchzehe nur längs halbieren.

In einer Pfanne das Olivenöl erhitzen, die Schalottenwürfel und die Knoblauchstücke glasig dünsten. Die Lachswürfel dazugeben und unter Rühren kurz anbraten. Die Sahne dazugießen und schnell bei starker Hitze etwas einkochen lassen.

Die Knoblauchstücke aus der Sahnesauce entfernen. Die Sauce mit Salz und Pfeffer würzen.

Die gekochten Nudeln abgießen, kurz abtropfen lassen und mit der Sauce vermischen. Mit gehackter Petersilie bestreut servieren.

WEINEMPFEHLUNG
Solaz Rosado trocken, Spanien

Penne all'arrabiata

Zubereitungszeit: 35 Minuten

ZUTATEN FÜR 4 PERSONEN
350 G PENNE
SALZ
100 G DURCHWACHSENER SPECK
1 ZWIEBEL
2 KNOBLAUCHZEHEN
1–2 CHILISCHOTEN
1 EL OLIVENÖL
500 G GESCHÄLTE TOMATEN (DOSE)
½ BUND BASILIKUM
GERIEBENER PECORINO

Die Nudeln nach Packungsanweisung in kochendem Salzwasser zubereiten.

Den Speck und die geschälte Zwiebel fein würfeln. Die Knoblauchzehen schälen. Die Chilischoten von den Kernen befreien und nach Belieben klein schneiden oder im Ganzen lassen. Die Speckwürfel im Olivenöl bei mäßiger Hitze auslassen, die Zwiebelwürfel, durch die Presse gedrückte Knoblauchzehen sowie die Chilischoten zugeben und andünsten.

Die Tomaten zusammen mit dem Saft zugeben und bei mittlerer Hitze etwa 10 Minuten ohne Deckel einkochen lassen. Die Chilischoten bei Bedarf aus der Sauce entfernen.

Das Basilikum waschen, trocknen, die Blättchen abzupfen, fein schneiden und unter die Sauce rühren.

Die Penne zusammen mit der Sauce anrichten und mit geriebenem Pecorino bestreut servieren.

WEINEMPFEHLUNG
Manor House Shiraz trocken, Südafrika

Pasta mit Schinken-Tomaten-Sauce

Zubereitungszeit: 45 Minuten

ZUTATEN FÜR 4 PERSONEN
750 G REIFE TOMATEN
2 ROTE ZWIEBELN
2–3 KNOBLAUCHZEHEN
150 G GEKOCHTER SCHINKEN
3 EL SCHWEINE- ODER BUTTERSCHMALZ
SALZ, PFEFFER
1–2 PEPERONCINI (GETROCKNETE CHILISCHOTEN)
JE 3 ZWEIGE THYMIAN UND BASILIKUM
400 G PENNE
75 G FRISCH GERIEBENER PARMESAN

Die Tomaten kurz mit kochendem Wasser überbrühen, abschrecken, häuten und entkernen. Die Tomaten in grobe Stücke schneiden. Die Zwiebeln und Knoblauchzehen schälen, die Zwiebeln in feine Streifen schneiden, den Knoblauch hacken. Den gekochten Schinken in feine Streifen schneiden.

In einer großen, hohen Pfanne das Schmalz zerlassen und die Zwiebeln und den Knoblauch leicht anbraten. Die Tomatenstücke zugeben, mit Salz, Pfeffer und zerbröselten Peperoncini würzen.

Die Kräuter waschen, trocknen, Blättchen abzupfen und hacken, unter die Tomatensauce rühren und offen 20 Minuten leise köcheln lassen, bis die Sauce dick ist.

Die Penne in kochendem Salzwasser al dente kochen. Dann in ein Sieb abgießen und abtropfen lassen.

Die Nudeln in die Pfanne geben und mit der Sauce, den Schinkenstreifen und der Hälfte vom Parmesan vermischen. Auf Teller verteilen und mit dem restlichen Käse bestreuen.

WEINEMPFEHLUNG
Merlot DOC trocken, Italien

Penne mit Spargel-Sahne-Sauce

Zubereitungszeit: 45 Minuten

ZUTATEN FÜR 4 PERSONEN
500 G GRÜNER SPARGEL
1 BUND BASILIKUM
SALZ
3 EIGELB
100 ML SAHNE
100 G GERIEBENER PARMESAN
PFEFFER
400 G PENNE
1–2 EL OLIVENÖL

Den Spargel waschen und die harten Enden abschneiden. Die Stangen schräg in etwa 3 cm breite Stücke schneiden, die Köpfe beiseitelegen. Das Basilikum waschen, trocknen und die Blätter in Streifen schneiden.

Salzwasser aufsetzen und die Spargelstücke 2 bis 3 Minuten in kochendem Wasser garen, die Köpfe erst zuletzt ganz kurz mitgaren. Den Spargel abgießen und mit kaltem Wasser abschrecken.

In einem Schüsselchen die Eigelbe mit der Sahne sowie Parmesan verquirlen und mit Salz und Pfeffer würzen.

Die Nudeln in reichlich Salzwasser al dente kochen. In einer Pfanne das Olivenöl erhitzen, die Spargelstücke kurz darin anbraten, dann das Basilikum zugeben.

Eine große Schüssel mit kochend heißem Wasser füllen. Wenn die Penne bissfest gekocht sind, das Wasser aus der Schüssel gießen. Die kurz abgetropften Penne darin heiß mit dem Basilikum-Spargel vermischen und schnell die Eiersahne unterheben – die Hitze von den Nudeln und der Schüssel ist ausreichend, damit die Masse stockt. Sofort servieren.

WEINEMPFEHLUNG
Chardonnay, Frankreich

Penne mit Thunfischsauce

Zubereitungszeit: 35 Minuten

ZUTATEN FÜR 4 PERSONEN
1 DOSE THUNFISCH IN ÖL (175 G)
1 BUND GRÜNER SPARGEL, DÜNNE STANGEN
1 KLEINE ROTE CHILISCHOTE
3 EL OLIVENÖL
1 KNOBLAUCHZEHE
125 ML GEMÜSEBRÜHE
200 ML SAHNE
400 G PENNE
SALZ, PFEFFER

Den Thunfisch über einem Sieb abtropfen lassen. Spargel waschen, die harten Enden entfernen und die Stangen in etwa 3 cm lange Stücke schneiden. Chili waschen, entkernen und in feine Streifen schneiden.

In der Pfanne das Öl erhitzen. Knoblauchzehe in der Schale andrücken, in der Pfanne anbraten und herausnehmen. Spargelstücke anbraten, mit der Gemüsebrühe ablöschen und bei kleiner Flamme köcheln lassen, bis der Spargel bissfest gegart ist. Den abgetropften Thunfisch dazugeben, mit 2 Gabeln zerpflücken und weiter köcheln lassen. Sahne angießen und alles gut verrühren.

Die Nudeln in reichlich Salzwasser al dente kochen, abgießen und auf Teller verteilen. Die Spargel-Thunfisch-Sauce mit Chili, Salz und Pfeffer abschmecken und über die Nudeln geben.

WEINEMPFEHLUNG
Grauburgunder Q.b.A. trocken, Baden

Penne auf Radicchiogemüse

Zubereitungszeit: 45 Minuten

ZUTATEN FÜR 4 PERSONEN
4 SCHALOTTEN
2 KNOBLAUCHZEHEN
150 G PANCETTA (ITALIENISCHER BAUCHSPECK), SEHR DÜNN GESCHNITTEN
1 ROTE CHILISCHOTE
½ BUND PETERSILIE
2 RADICCHIO
1 UNBEHANDELTE ZITRONE
400 G PENNE
SALZ
1 EL OLIVENÖL
1 TL PUDERZUCKER
100 ML WEISSWEIN
150 ML GEMÜSEBRÜHE
100 ML SAHNE
100 G CRÈME FRAÎCHE
PFEFFER
PARMESAN

Schalotten und Knoblauch schälen und fein hacken. Pancetta in dünne Streifen schneiden. Die Chili entkernen und hacken. Die Petersilie waschen, trocken tupfen und die Blätter fein hacken. Den Radicchio vierteln. Den Strunk sowie die dicken weißen Blattrippen herausschneiden und nur die roten Blätter in dünne Streifen schneiden. Die Zitrone gründlich waschen, trocknen, 2 TL Zesten abziehen und fein hacken, dann den Saft auspressen. Die Penne in kochendem Salzwasser nach Packungsanweisung al dente kochen.

In einer Pfanne das Öl erhitzen, bei kleiner Hitze Schalotten und Knoblauch anschwitzen, mit Puderzucker bestäuben und herausnehmen. Bei starker Hitze in der Pfanne Pancetta, Chilischote und Radicchio anrösten und Schalotten und Knoblauch wieder dazugeben. Wein und Brühe angießen und etwas einkochen lassen. Die Sahne dazugeben und einige Minuten köcheln lassen. Crème fraîche, Zitronensaft und Zesten untermischen und mit Salz und Pfeffer abschmecken. Die Penne mit der Sauce mischen und mit Petersilie sowie gehobeltem Parmesan bestreuen.

WEINEMPFEHLUNG
Dole du Valais AOC trocken, Schweiz

Penne mit Tomaten-Kräuter-Sauce

Zubereitungszeit: 1,5 Stunden plus Einweichzeit über Nacht

ZUTATEN FÜR 4 PERSONEN
200 G GETROCKNETE WEISSE BOHNENKERNE
3 ZWIEBELN
1 TL ROSMARINNADELN
1 KNOBLAUCHZEHE
SALZ
4 EL OLIVENÖL
1 TL THYMIAN
2 LORBEERBLÄTTER
1 DOSE GESCHÄLTE TOMATEN (850 G)
250 G PENNE
PFEFFER
GERIEBENER PARMESAN

Die Bohnenkerne über Nacht in reichlich Wasser einweichen. Am nächsten Tag abgießen und gut abtropfen lassen. Die Zwiebeln schälen, eine halbieren, die restlichen in feine Würfel schneiden. Die Rosmarinnadeln fein hacken. Den Knoblauch schälen.

In einem Topf Bohnen, Zwiebelhälften und 1 TL Salz in 1,5 l Wasser 50 Minuten köcheln lassen.

In einer Pfanne das Öl erhitzen und die Zwiebelwürfel glasig andünsten. Rosmarin, Thymian, Lorbeerblätter und die Tomaten zufügen, die Tomaten dabei grob zerteilen. Die Knoblauchzehe hineinpressen und alles bei schwacher Hitze 20 Minuten köcheln lassen. Dann die Bohnen untermischen, die Lorbeerblätter entfernen und mit Salz und Pfeffer abschmecken. Die Nudeln in reichlich Salzwasser al dente kochen, abgießen und gut abtropfen lassen. Die Penne auf Teller verteilen und die Tomaten-Bohnen-Sauce darüber geben. Nach Belieben mit Parmesan bestreuen.

WEINEMPFEHLUNG
Chianti Classico DOCG Riserva trocken, Italien

Krautfleckerl

Zubereitungszeit: 1 Stunde

ZUTATEN FÜR 4 PERSONEN
1 KLEINER KOPF WEISSKRAUT
2 ZWIEBELN
2 KNOBLAUCHZEHEN
ÖL
2 EL ZUCKER
1 EL EDELSÜSSES PAPRIKAPULVER
3 EL WEISSWEINESSIG
SALZ, PFEFFER
½ EL KÜMMEL
100 ML WASSER
300 G FARFALLE
2 EL BUTTER
½ BUND GLATTE PETERSILIE

Vom Weißkraut die äußeren Blätter entfernen, den Kopf achteln und den Strunk herausschneiden. Das Kraut in breite Streifen schneiden, waschen und in einem Sieb abtropfen lassen. Die Zwiebeln und den Knoblauch schälen und fein schneiden.

In einem Topf mit 2 EL Öl anschwitzen. Den Zucker und das Paprikapulver dazugeben, anbraten und mit Essig ablöschen. Das Kraut untermischen und mit Salz, Pfeffer und Kümmel, der kurz in etwas Öl angeröstet und mit einem großen scharfen Messer gehackt wurde, würzen. Das Wasser angießen und zugedeckt 40 Minuten leicht köcheln lassen, bis das Kraut weich ist.

Die Farfalle in reichlich Salzwasser kochen. Das gekochte Kraut und die Farfalle in einer Pfanne mit Butter schwenken und mit Salz und Pfeffer abschmecken. Mit der gewaschenen, fein gehackten Petersilie bestreut servieren.

WEINEMPFEHLUNG
Grüner Veltliner Meinklang trocken, Bio, Österreich

Wan Tan-Ravioli

Zubereitungszeit: 1 Stunde

ZUTATEN FÜR 4 PERSONEN
150 G MEHLIGKOCHENDE KARTOFFELN
SALZ
160 G SHIITAKE-PILZE
9 EL PFLANZENÖL
PFEFFER
1 TL GEMAHLENER KORIANDER
6 FRÜHLINGSZWIEBELN
1 BUND KORIANDER
1 PACKUNG TIEFGEFRORENE WAN TAN-TEIGBLÄTTER
1 EIWEISS
50 G ZUCKERSCHOTEN
1 ROTE PAPRIKASCHOTE
50 G SOJASPROSSEN
2 KNOBLAUCHZEHEN
1–2 EL FRISCHER INGWER
1 EL PORTWEIN
1 EL SOJASAUCE
1 TL HONIG
SAFT VON ½ LIMETTE
1 KLEINE, FEIN GEHACKTE CHILISCHOTE
1 EL SESAMÖL

Für die Wan Tan-Füllung die Kartoffeln waschen und schälen. In Salzwasser kochen, abgießen und ausdämpfen lassen. Von den Shiitake-Pilzen 4 Stück zur Seite legen. Die anderen putzen, in feine Würfel schneiden und in 3 EL Pflanzenöl scharf anbraten. Mit Salz, Pfeffer und Koriander würzen.

2 Frühlingszwiebeln putzen und waschen. Den frischen Koriander waschen, trocken tupfen und beides fein schneiden. Die Kartoffeln zerstampfen, mit den Pilzen, Frühlingszwiebeln und dem frischen Koriander mischen und mit Salz und Pfeffer abschmecken.

25 bis 30 Wan-Tan-Blätter auftauen. In die Mitte von jedem Blatt etwa 1 TL der Füllung geben. Mit dem Eiweiß die Kanten dünn bestreichen, die untere Teigkante über die Füllung schlagen und leicht andrücken.

Zuckerschoten, 4 Frühlingszwiebeln und die beiseite gelegten Pilze putzen und in feine Streifen schneiden. Die Paprikaschote waschen, halbieren, den Strunk und die Kerne entfernen und ebenfalls in Streifen schneiden. Die Sojasprossen kurz abspülen und trocken tupfen.

Das Gemüse in einer heißen Pfanne mit 3 EL Pflanzenöl scharf anbraten. 1 geschälte, gehackte Knoblauchzehe und 1 EL geschälten, fein gehackten Ingwer dazugeben, mit Salz sowie Pfeffer würzen und warm halten.

Für die Marinade Portwein, Sojasauce, Honig, Limettensaft, 1 geschälte, gehackte Knoblauchzehe, 1 EL geschälten, gehackten Ingwer und die gehackte Chilischote mit einem Schneebesen gut vermischen.

3 EL Pflanzenöl und 1 EL Sesamöl zum Schluss unterrühren. Eventuell mit etwas Salz nachwürzen. Die Wan Tans in reichlich kochendem Salzwasser 2 Minuten kochen. Mit der Schaumkelle herausnehmen. Wan Tans, Gemüse und Marinade auf Tellern anrichten und servieren.

WEINEMPFEHLUNG
Weißburgunder Spätlese trocken, Baden

Gemüselasagne

Zubereitungszeit: 1 Stunde
plus 40 Minuten Backzeit

ZUTATEN FÜR 4 PERSONEN
JE 1 GROSSE ROTE UND GELBE PAPRIKASCHOTE
½ FENCHEL
1 STANGE STAUDENSELLERIE
1 MITTELGROSSE ZUCCHINI
¼ BLUMENKOHL
1 MANGOLDBLATT MIT STIEL
2 GESCHÄLTE KNOBLAUCHZEHEN
1 GROSSE GESCHÄLTE ZWIEBEL
2 EL OLIVENÖL
2 ZWEIGE THYMIAN
6 SALBEIBLÄTTER
SALZ, PFEFFER
160 G MASCARPONE
8 BASILIKUMBLÄTTER
BUTTER FÜR DIE FORM
750 ML TOMATENSAUCE
500 ML BÉCHAMELSAUCE
16 LASAGNEBLÄTTER
250 G KLEIN GEWÜRFELTER MOZZARELLA
80 G FEIN GERIEBENER PARMESAN

Den Backofen auf 200 °C Ober- und Unterhitze (Heißluft 180 °C) vorheizen.

Für die Gemüsebolognese das Gemüse waschen und mit Küchenkrepp trocken tupfen. Paprikaschoten halbieren und entkernen. Den Fenchel halbieren und den groben Strunk entfernen. Den Staudensellerie von den groben Fäden befreien. Zucchiniende und die Röschen vom Blumenkohl abschneiden.

Gemüse, Mangold mit Stiel, Knoblauch und Zwiebel in sehr feine Würfel schneiden. Olivenöl erhitzen, Zwiebel und Knoblauch glasig dünsten, 1 Thymianzweig, die ganzen Salbeiblätter und das restliche Gemüse kurz mitbraten. 4 EL Wasser angießen und bei geringer Temperatur in 6 bis 10 Minuten weich dünsten.

Gemüse mit Salz und Pfeffer würzen, Kräuter entfernen und auskühlen lassen. Mascarpone unter das erkaltete Gemüse heben und mit klein geschnittenen Basilikumblättern verfeinern. Eine gebutterte Auflaufform (20 × 35 cm) mit etwas Tomatensauce und Béchamelsauce begießen, mit 4 Lasagneblättern auslegen, mit etwas Gemüsebolognese bedecken und mit einem Viertel der Käsemenge (Parmesan und Mozzarella) bestreuen. Diesen Vorgang dreimal wiederholen und mit Käse abschließen. Die Gemüselasagne im vorgeheizten Backofen 35 bis 40 Minuten backen.

WEINEMPFEHLUNG
Merlot DOC trocken, Italien

Grundrezept Gnocchi

Zubereitungszeit: 1 Stunde

ZUTATEN FÜR 4 PERSONEN
500–600 G MEHLIGKOCHENDE KARTOFFELN
SALZ
80 G GRIESS
60 G SPEISESTÄRKE
2 EIGELB
MUSKATNUSS
MEHL ZUM BEARBEITEN

Die Kartoffeln waschen, schälen und in Salzwasser weich kochen. Abgießen und ausdampfen lassen. 500 g abwiegen und durch die Kartoffelpresse drücken oder mit dem Kartoffelstampfer zerstampfen. Die Kartoffeln im Kühlschrank abkühlen lassen.

Die abgekühlte Kartoffelmasse mit dem Grieß, der Speisestärke und den Eigelben vermischen. Mit Salz und geriebener Muskatnuss abschmecken und auf einer bemehlten Arbeitsfläche schnell zu einem glatten Teig verarbeiten.

Den fertigen Teig auf ca. 1 cm Höhe flach drücken und in fingerdicke Streifen (Röllchen oder Würste) schneiden. Von den Streifen haselnussgroße Stücke abschneiden und diese zu Gnocchi formen.

Die fertigen Gnocchi portionsweise in reichlich kochendes Salzwasser geben und 4 bis 5 Minuten ziehen lassen. Ab und zu vorsichtig umrühren, damit sie nicht aneinander kleben. Mit der Schaumkelle herausnehmen, abtropfen lassen, auf einen geölten Teller geben und abkühlen lassen.

Spinat-Gnocchi

Zubereitungszeit: 1 Stunde

ZUTATEN FÜR 4 PERSONEN
300 G TIEFGEFRORENER BLATTSPINAT
FRISCHE SALBEIBLÄTTER
ETWA 50 G BUTTER
200 G RICOTTA
3 EIGELB
SALZ, PFEFFER
MUSKATNUSS
150 G PARMESAN
75–100 G MEHL
MEHL ZUM BEARBEITEN

Den Spinat auftauen lassen, hacken und in einem Tuch gut ausdrücken. Die Salbeiblätter trocken abreiben. In einem Topf ein wenig von der Butter zerlassen, den Spinat darin andünsten, dann abkühlen lassen.

Den Ricotta in eine Schüssel geben, mit den Eigelben verrühren und salzen und pfeffern. Etwas Muskatnuss und den Parmesan dazureiben, dann das Mehl und zuletzt den Spinat untermischen. Die Masse muss recht fest sein, sonst zerfallen die Gnocchi beim Garen. Eventuell noch esslöffelweise mehr Mehl zugeben.

Aus der Masse mit zwei Teelöffeln etwa 2 cm große Gnocchi formen und auf ein bemehltes Brett legen.

Reichlich Salzwasser zum Kochen bringen. Die Gnocchi portionsweise einlegen und garen, bis sie an die Oberfläche steigen. Mit einem Schaumlöffel herausheben und abtropfen lassen.

Die übrige Butter mit den Salbeiblättern aufschäumen lassen. Die Gnocchi auf Teller verteilen und mit der heißen Salbeibutter übergießen.

WEINEMPFEHLUNG
Gavi DOCG „I Classici", trocken, Italien

Oliven-Gnocchi

Zubereitungszeit: 1 Stunde

ZUTATEN FÜR 4 PERSONEN
500 G MEHLIGKOCHENDE KARTOFFELN
80 G GRIESS
40 G SPEISESTÄRKE
2 EIGELB
JE 40 G SCHWARZE UND GRÜNE OLIVEN
SALZ, PFEFFER
MUSKATNUSS
MEHL ZUM BEARBEITEN
2 EL OLIVENÖL

Die Kartoffeln waschen, als Pellkartoffeln garen, abgießen, gut abkühlen lassen, pellen und durch eine Kartoffelpresse drücken oder mit dem Kartoffelstampfer zerstampfen. Grieß, Speisestärke und Eigelbe dazugeben. Die Oliven entsteinen, hacken und ebenfalls dazugeben. Die Masse mit Salz, Pfeffer und Muskatnuss abschmecken und auf einer bemehlten Arbeitsfläche schnell zu einem gleichmäßigen Teig verarbeiten.

Den Teig auf ein bemehltes Brett geben und in Würste von ca. 1 cm Durch-

Der gute Tipp

Zur liebsten Zubereitungsart in der italienischen Küche zählen „Gnocchi", italienische Klößchen aus geriebenen Kartoffeln. Wer nicht die Zeit hat, sie selbst herzustellen, findet sie auch im gut sortierten Lebensmittelhandel im Kühlregal.

messer formen. Von diesen Würsten etwa haselnussgroße Stücke abschneiden und die Gnocchi formen. Die Gnocchi portionsweise in reichlich kochendes, gesalzenes Wasser geben, kurz aufkochen und 4 bis 5 Minuten leise ziehen lassen. Mit einer Schaumkelle aus dem Wasser nehmen, abtropfen lassen und auf eine geölte Platte geben. Mit etwas Olivenöl beträufeln.

WEINEMPFEHLUNG
Vinho Verde Vinha Real trocken, Portugal

Auberginen-Basilikum-Gnocchi

Zubereitungszeit: 1 Stunde
plus 1 Stunde Backzeit

ZUTATEN FÜR 4 PERSONEN
500 G AUBERGINEN
5 EL BALSAMICOESSIG
4 EL OLIVENÖL
SALZ, WEISSER PFEFFER
1 MEHLIGKOCHENDE KARTOFFEL (90 G)
1 EIGELB
35 G KARTOFFEL- ODER SPEISESTÄRKE
75 G MEHL
5 GROSSE BASILIKUMBLÄTTER
MEHL ZUM BEARBEITEN

Den Backofen auf 220 °C Ober- und Unterhitze (Heißluft 200 °C) vorheizen. Die Auberginen vom Stängelansatz befreien, waschen und das Fruchtfleisch in grobe Stücke schneiden. In eine feuerfeste Form legen, mit Essig sowie Öl beträufeln und mit Salz und Pfeffer kräftig würzen. Die Form mit Alufolie überziehen und die Auberginen im vorgeheizten Backofen etwa 1 Stunde schmoren, bis sie ganz weich sind.

Die Kartoffel in der Schale kochen. Auberginen etwas abkühlen lassen, in ein Küchentuch geben und sehr kräftig ausdrücken. Die Masse sehr fein hacken und in eine Schüssel geben.

Die Kartoffel pellen und durch eine Kartoffelpresse drücken oder mit dem Stampfer zu Brei stampfen. Mit den Auberginen vermengen. Eigelb, Stärke und Mehl unterkneten. Die klein gehackten Basilikumblätter untermischen. Den Teig mit Salz abschmecken und auf eine bemehlte Arbeitsplatte geben, flach drücken und zu etwa 1 cm dicken Würsten formen. Von diesen Würsten haselnussgroße Stücke schneiden und zu Gnocchi formen.

Die Gnocchi portionsweise in reichlich kochendes Salzwasser geben und etwa 4 bis 5 Minuten ziehen lassen. Mit einer Schaumkelle herausnehmen und gut abtropfen lassen.

WEINEMPFEHLUNG
Rosato IGT, Italien

Grundrezept Risotto

Zubereitungszeit: 45 Minuten

ZUTATEN FÜR 4 PERSONEN
1,5 L GEFLÜGELFOND
1 KLEINE ZWIEBEL
1 EL OLIVENÖL
250 G RISOTTO-REIS (Z.B. AVORIO)
45 G BUTTER
80 G FRISCH GERIEBENER PARMESAN
SALZ, PFEFFER

Den Fond erhitzen und am Sieden halten. Die Zwiebel schälen, sehr fein hacken. Das Olivenöl in einem großen Topf mit schwerem Boden erhitzen und die Zwiebelwürfel darin glasig dünsten. Den trockenen, nicht gewaschenen Reis einstreuen und mit einem Holzlöffel rühren, bis er glasig aussieht und ganz leicht angeröstet ist. Die Temperatur etwas erhöhen.

Etwa 125 ml siedend heißen Fond angießen. Unter ständigem Weiterrühren kochen, bis der Reis den Fond ganz aufgesogen hat. Dann wieder 125 ml heißen Fond zugießen und unter geduldigem Rühren kochen, bis wieder alle Flüssigkeit aufgenommen ist. Dieses Ritual so lange wiederholen (dauert etwa 30 Minuten), bis der Reis cremig und weich, jedoch nicht zu Mus verkocht ist. Er muss noch körnig sein. Wichtig ist, dass der Reis ständig umgerührt wird damit er nicht am Boden ansetzt.

Den Topf vom Herd nehmen und die Butter sowie den geriebenen Parmesan unter kräftigem Rühren mit dem Reis vermischen. Dabei notfalls noch einige Löffel Fond oder Wasser zugeben, wenn der Risotto noch nicht die gewünschte cremige Konsistenz hat.

Zuletzt den Risotto noch mit Salz und Pfeffer abschmecken und sofort servieren. Nach Belieben mit geriebenem Parmesan bestreuen.

Safran-Risotto

Zubereitungszeit: 1 Stunde

ZUTATEN FÜR 4 PERSONEN
½ TL SAFRANFÄDEN (ODER ⅛ TL SAFRANPULVER)
125 ML KALBSFOND
NACH BELIEBEN 1 BUND SUPPENGRÜN
1 GESCHÄLTE ZWIEBEL
1 EL ÖL
ZUTATEN DES GRUNDREZEPTS RISOTTO

Die Safranfäden oder das Pulver im erhitzten Kalbsfond auflösen, Farbe und Aroma entwickeln sich erst in der Hitze.

Das Suppengrün putzen, waschen, schälen und sehr klein würfeln. Zusammen mit der fein gehackten Zwiebel in etwas Öl andünsten. Weiter wie im Grundrezept Risotto. Nach 15 Minuten wird der Safran-Kalbsfond angegossen, sonst bleibt die Zubereitung gleich.

WEINEMPFEHLUNG
Blanc de Noirs Cuvée trocken, Württemberg

Weißweinrisotto mit Radicchio

Zubereitungszeit: 1 Stunde

ZUTATEN FÜR 4 PERSONEN
3–4 GANZ KLEINE KÖPFE RADICCHIO
1 ZWIEBEL
2 EL OLIVENÖL
125 ML TROCKENER WEISSWEIN
SALZ, PFEFFER
ZUTATEN DES GRUNDREZEPTS RISOTTO

Radicchio waschen und vierteln. Den weißen Strunk entfernen und die Viertel grob zerschneiden. Die Zwiebel schälen, fein würfeln und in Olivenöl glasig dünsten. Den Radicchio zugeben und 4 bis 5 Minuten dünsten, bis er knapp davor ist, weich zu werden. Mit Wein ablöschen, salzen, pfeffern und den Sud bei starker Hitze 2 bis 3 Minuten einkochen, vom Herd nehmen.

Risotto nach dem Grundrezept zubereiten. Den geschmorten Radicchio beim ersten Angießen der Brühe mit unter die Reiskörner mischen.

WEINEMPFEHLUNG
Grauer Burgunder Classic, Pfalz

Spargel-Risotto

Zubereitungszeit: 1 Stunde

ZUTATEN FÜR 4 PERSONEN
1 BUND GRÜNER SPARGEL
800 ML GEMÜSEBRÜHE
2 ZWIEBELN
5 EL BUTTER
300 G RISOTTO-REIS (Z.B. AVORIO)
100 ML WEISSWEIN
25 G FRISCH GERIEBENER PARMESAN

Spargel putzen, waschen und nach Belieben im unteren Drittel schälen. Den Spargel dann dritteln und Köpfe sowie Mittelstücke beiseitelegen. Die Endstücke mit der Gemüsebrühe aufkochen, ziehen lassen, bis sie weich sind und aus der Brühe nehmen.

Die Zwiebeln schälen, fein würfeln und mit 1 EL Butter anschwitzen. Den Reis zugeben und leicht anrösten. Die Mittelstücke des Spargels klein schneiden, zufügen, mit Weißwein ablöschen und die Hitze etwas höher stellen.

Wenn der Reis den Wein ganz aufgesogen hat, etwa 125 ml heiße Gemüsebrühe zum Reis geben. Ständig rühren. Wenn die Brühe aufgesogen ist, wieder etwa 125 ml heiße Brühe zufügen.

Diesen Vorgang wiederholen, bis die Brühe aufgebraucht ist. Der Reis sollte dann al dente sein. Notfalls noch zusätzlich Flüssigkeit zufügen. Das dauert je nach Reissorte etwa 20 bis 30 Minuten.

Die Spargelspitzen kurz in kochendes Wasser geben und kalt abschrecken. Die Spargelspitzen, restliche Butter und geriebenen Parmesan unter den Risotto heben.

WEINEMPFEHLUNG
Pinot Grigio D.Veneto IGT trocken, Italien

Klassisches Rotwein-Risotto

Zubereitungszeit: 1 Stunde

ZUTATEN FÜR 4 PERSONEN
1–1,5 L HÜHNERBRÜHE
1–2 MITTELGROSSE ROTE ZWIEBELN
70 G BUTTER
300 G RISOTTO-REIS (Z.B. AVORIO)
400 ML ROTWEIN
120 G FRISCH GERIEBENER PARMESAN
SALZ, GROB GEMAHLENER PFEFFER

Die Hühnerbrühe in einem Topf erhitzen. Die Zwiebeln schälen und fein würfeln. In einem schweren Topf 20 g Butter zerlassen und die Zwiebeln bei kleiner Hitze in 15 bis 20 Minuten hellbraun schmoren.

Den Risotto-Reis einstreuen und 1 Minute rühren, bis die Körner von der Butter überzogen sind. Die Hitze erhöhen und knapp ein Drittel des Weins angießen. So lange unter Rühren kochen, bis der Wein fast zu Sirup eingekocht ist. Nun nach und nach von der heißen Hühnerbrühe angießen, dabei ständig rühren und immer nur so viel Brühe zugeben, wie der Reis aufnehmen kann.

Wenn der Reis fast gar ist und alle Brühe aufgenommen hat, nach und nach den restlichen Wein angießen – dabei soll der Reis die Farbe des Weins annehmen.

Dann den Topf vom Herd nehmen und die Hälfte vom Parmesan und die restliche Butter kräftig unterrühren. Den Risotto mit Salz und Pfeffer abschmecken. Servieren und mit dem übrigen Käse bestreuen.

WEINEMPFEHLUNG
Barbera d'Alba DOC Ruvei trocken, Italien

Frühlingsrisotto mit Langustinen

Zubereitungszeit: 45 Minuten

ZUTATEN FÜR 4 PERSONEN
ZUTATEN DES GRUNDREZEPTS RISOTTO
4 EL BUTTER
3–4 EL GEHACKTE KRÄUTER (Z.B. PETERSILIE, KERBEL, ESTRAGON, SCHNITTLAUCH, BASILIKUM, KORIANDER ODER LIEBSTÖCKEL)
400 G ROHE, AUSGELÖSTE LANGUSTINENSCHWÄNZE
125 ML WEISSWEIN

Risotto nach Grundrezept zubereiten – aber die Zwiebel nicht in Öl, sondern in 1 EL Butter andünsten. Den angebratenen Reis erst mit Weißwein ablöschen und erst wenn dieser aufgesogen ist, weiter mit Fond aufgießen. Zum Schluss keinen Parmesan, sondern noch gut 1 EL frische Butter einrühren und die gehackten Kräuter untermischen.

Die Langustinenschwänze längs halbieren und den dunkleren Darm auf der Rückenseite entfernen. In einer Pfanne in der restlichen Butter auf jeder Seite ganz kurz, etwa 1 bis 2 Minuten, braten. Auf dem fertigen Risotto anrichten.

WEINEMPFEHLUNG
Pouilly Fussé, Frankreich

Risotto mit Kräuterallerlei

Zubereitungszeit: 1 Stunde

ZUTATEN FÜR 4 PERSONEN
3 SCHALOTTEN
2 KNOBLAUCHZEHEN
3 ROTE PAPRIKASCHOTEN
1 BUND MINZE
1 BUND GLATTE PETERSILIE
1 UNBEHANDELTE ZITRONE
1,5 L HÜHNERBRÜHE
1 ZWEIG ROSMARIN
SALZ, PFEFFER
4 EL OLIVENÖL
250 G RISOTTO-REIS (Z.B. AVORIO)
½ TL GEMAHLENER KORIANDER
2 TL FENCHELSAMEN
125 ML WEISSWEIN
CAYENNEPFEFFER
1 EL BUTTER
150 G FRISCH GERIEBENER PARMESAN

Schalotten und Knoblauch schälen und fein hacken. Die Paprikaschoten putzen, waschen, entkernen und fein würfeln. Die Kräuter waschen und jeweils 2 EL Minze- und Petersilienblätter fein hacken. Die Stängel sowie den Rest beiseitelegen. Die Zitrone gründlich waschen, trocknen und 2 TL Zesten abziehen. Von einer halben Zitrone den Saft auspressen.

Die Hühnerbrühe erhitzen. Petersilien- und Minzestängel sowie den Rosmarinzweig hinzufügen. In einem Topf die Paprikawürfel in 5 TL Wasser und 5 TL Hühnerbrühe zugedeckt 20 Minuten garen, gelegentlich umrühren. Mit dem Stabmixer pürieren und mit Salz und Pfeffer abschmecken.

Rosmarin, Minze und Petersilienstängel mit dem Schaumlöffel aus der Brühe nehmen. In einem Topf das Öl erhitzen und Schalotten sowie Knoblauch darin anschwitzen. Reis, Koriander und Fenchelsamen untermischen. Unter Rühren den Reis glasig werden lassen. Wein und Zesten einrühren und einkochen lassen. Nach und nach Brühe angießen und immer wieder einkochen lassen, dabei ständig rühren.

Wenn der Reis bissfest gegart ist, mit Salz, Pfeffer und Cayennepfeffer abschmecken. Den Topf vom Herd nehmen. Paprikapüree, Butter, 2 EL Zitronensaft, je die Hälfte Minze und Petersilie sowie den Parmesan untermischen. Den Risotto mit den restlichen Kräutern bestreut servieren.

WEINEMPFEHLUNG
Grüner Veltliner Federspiel, Österreich

Buntes Gemüse-Kräuter-Risotto

Zubereitungszeit: 1 Stunde

ZUTATEN FÜR 4 PERSONEN
3 GELBE PAPRIKASCHOTEN
1,5 L HÜHNERBRÜHE
SALZ, PFEFFER
6 STÄNGEL MINZE
6 STÄNGEL GLATTE PETERSILIE
1 ZWEIG ROSMARIN
150 G GEHACKTE SCHALOTTEN
150 G FEIN GEWÜRFELTER FENCHEL
3 GEHACKTE KNOBLAUCHZEHEN
4 EL OLIVENÖL
250 G RISOTTO-REIS (Z.B. AVORIO)
½ TL GEMAHLENER KORIANDER
125 ML TROCKENER WEISSWEIN
2 TL FEIN GERIEBENE ZITRONENZESTEN
3 TL UNGESALZENE BUTTER
100 G FRISCH GERIEBENER PARMESAN
2 TL FRISCHER ZITRONENSAFT
2 TL GEHACKTE MINZE
2 TL GEHACKTE PETERSILIE

Die Paprikaschoten putzen, in kleine Würfel schneiden und in 6 TL Wasser und 4 TL Brühe in einem Stieltopf mit Deckel bei kleiner Hitze etwa 20 Minuten köcheln lassen, ab und zu umrühren. Pürieren und mit Salz und Pfeffer abschmecken.

Die restliche Brühe in einem größeren Topf zum Kochen bringen und die Minze, Petersilie und Rosmarin dazugeben. Die Hitze reduzieren, und die Brühe weiter köcheln lassen.

In einem gusseisernen Topf bei mittlerer Hitze Schalotten, Fenchel und Knoblauch in dem Olivenöl schmoren. Wenn die Fenchelwürfel weich sind, den Reis und den gemahlenen Koriander untermischen. Unter ständigem Rühren schmoren lassen, bis die Reiskörner glasig werden.

Den Wein und die Zitronenzesten unterrühren und die Flüssigkeit einköcheln lassen.

Mit einem Schaumlöffel den Rosmarin aus der Brühe entfernen. Nach und nach die Brühe portionsweise in den Risotto rühren, dabei die Flüssigkeit immer wieder einkochen lassen, bis der Reis al dente ist. Mit Salz und Pfeffer abschmecken und vom Herd nehmen.

Das Paprikapüree, die Butter, den geriebenen Parmesan, den Zitronensaft und jeweils 1 TL gehackte Minze und Petersilie in den Risotto rühren. Nochmals mit Salz und Pfeffer abschmecken. Auf Tellern anrichten und mit dem Rest der gehackten Kräuter bestreuen.

WEINEMPFEHLUNG
Chardonnay trocken, Kalifornien

Tomaten-Risotto mit Kapern und Oliven

Tomaten-Risotto mit Kapern und Oliven

Zubereitungszeit: 1 Stunde

ZUTATEN FÜR 4 PERSONEN
1 MITTELGROSSE ZWIEBEL
2–3 KNOBLAUCHZEHEN
125 G SCHWARZE OLIVEN
1–2 EL KAPERN
1 GROSSE DOSE GESCHÄLTE TOMATEN (850 G)
1 UNBEHANDELTE ZITRONE
SALZ
6 EL OLIVENÖL
400 G RISOTTO-REIS (Z. B. AVORIO)
150–200 ML WEISSWEIN
¼ TL GETROCKNETER OREGANO
1–2 PEPERONCINI (GETROCKNETE CHILISCHOTEN)
PFEFFER

Die Zwiebel und die Knoblauchzehen schälen und in feine Würfel schneiden. Das Olivenfleisch vom Kern schneiden und mit den Kapern grob hacken. Tomaten aus der Dose abtropfen lassen und in Stücke schneiden. Zitrone heiß waschen, trocknen und mit einem Zestenreißer die Schale rundum hauchdünn abziehen.

In einem Topf etwa 1,5 l Salzwasser erhitzen und leise köcheln lassen. In einem schweren Topf die Hälfte vom Olivenöl erhitzen und die Zwiebel- und Knoblauchwürfel darin bei mäßiger Hitze weich dünsten.

Den Risotto-Reis einstreuen und unter Rühren so lange leicht anrösten, bis die Körner glasig aussehen. Den Weißwein angießen und den Reis unter Rühren quellen lassen, bis der Wein aufgesogen ist. Dann mit einer Schöpfkelle jeweils etwas heißes Wasser zum Reis geben, unter Rühren aufnehmen lassen, erst dann wieder Wasser zugeben und dabei ständig rühren. Nach etwa 20 Minuten sollte der Risotto cremig, aber noch mit Biss sein.

Jetzt die Oliven, Kapern, Tomatenstücke, die Zitronenzesten, den Oregano und die zerbröselten Peperoncini untermischen und noch – weiter rührend – 8 bis 10 Minuten garen. Zum Schluss das restliche Olivenöl unterrühren, und den Risotto mit Salz und Pfeffer abschmecken.

WEINEMPFEHLUNG
Ságana, Nero d'Avola IGT trocken, Italien

Der gute Tipp

Ideal für die Zubereitung eines Risottos sind die Reissorten Avorio, Vialone und Carnaroli superfino.

Risotto mit Schuss

Zubereitungszeit: 1 Stunde

ZUTATEN FÜR 4 PERSONEN
1 L GEFLÜGELFOND
3 FENCHEL MIT GRÜN
2 KNOBLAUCHZEHEN
1 PEPERONCINO (GETROCKNETE CHILI-SCHOTE)
1 TL FENCHELSAMEN
SALZ
SAFT VON 1 ZITRONE
250 ML WODKA
1 ROTE ZWIEBEL
100 G BUTTER
300 G RISOTTO-REIS (Z.B. AVORIO)
100 G FRISCH GERIEBENER PARMESAN
PFEFFER

Den Geflügelfond in einem Topf erhitzen. Den Fenchel waschen, das Grün klein schneiden. Die Knollen putzen, teilen, den Strunk entfernen und anschließend den Fenchel in kleine Würfel schneiden. Knoblauch schälen und zusammen mit dem Peperoncino, den Fenchelsamen und 1 TL Salz in einen Mörser geben und zerstoßen. Zitronensaft und Wodka mit Fenchelgrün mischen. Die rote Zwiebel schälen und fein würfeln.

In einem schweren Topf die Hälfte der Butter zerlassen und die Zwiebelwürfel darin anschwitzen. Die Gewürze aus dem Mörser sowie Fenchel und Reis zugeben und alles leicht anrösten. Die Hitze erhöhen, etwas Geflügelfond angießen und unter ständigem Rühren einkochen lassen.

Nun nach und nach mit dem heißen Geflügelfond aufgießen, dabei ständig rühren und immer nur so viel zugeben, wie der Reis aufnehmen kann.

Wenn der Reis fast gar und die gesamte Brühe aufgenommen ist, das Wodkagemisch in kleinen Portionen unterrühren. Dann den Topf vom Herd nehmen und die Hälfte vom Parmesan sowie die restliche Butter kräftig unter den Risotto mischen. Mit Salz und Pfeffer würzig abschmecken. Sofort servieren und zum Essen mit dem übrigen Käse bestreuen.

WEINEMPFEHLUNG
Gallo Family Vineyards Zinfandel, Kalifornien

Reis-Pilaw

Zubereitungszeit: 50 Minuten

ZUTATEN FÜR 4 PERSONEN
1 MITTELGROSSE ZWIEBEL
1 GROSSES BUND MINZE
40 G ROSINEN
50 G PINIENKERNE
200 G TOMATEN
3 EL OLIVENÖL
200 G PARBOILED-LANGKORNREIS
10 SAFRANFÄDEN
400 ML GEMÜSEBRÜHE
SALZ
150 G GRIECHISCHER JOGHURT (10 % FETT)
ZITRONENSAFT NACH GESCHMACK
2 TL TAMARINDENPASTE

Die Zwiebel schälen und in Würfel schneiden. Die Minze waschen, trocken tupfen, einige Blättchen zur Seite legen, den Rest fein hacken. Die Rosinen ebenfalls fein hacken.

Die Pinienkerne in einer Pfanne ohne Zugabe von Fett anrösten. Die Tomaten überbrühen, abschrecken, die Haut abziehen, den Stielansatz entfernen und das Fruchtfleisch fein würfeln.

In einem Topf 1 EL Olivenöl erhitzen und die Zwiebelwürfel glasig andünsten. Reis, Rosinen und Safran dazugeben und unter Rühren anschwitzen. Nach 3 Minuten die Gemüsebrühe angießen, mit Salz abschmecken und einmal aufkochen lassen. 15 Minuten mit Deckel und dann weitere 5 Minuten ohne Deckel garen.

Den Joghurt mit 1 Prise Salz sowie nach Geschmack Zitronensaft würzen. Den fertigen Reis mit einer Gabel auflockern und kurz vor dem Servieren Pinienkerne, Tomatenwürfel, gehackte Minze, Tamarindenpaste und das restliche Olivenöl unterheben. Den Reis-Pilaw auf Teller geben, mit Minze bestreuen und mit einem Klecks Joghurt anrichten.

WEINEMPFEHLUNG
Weißer Burgunder Classic, Pfalz

Graupenrisotto

Zubereitungszeit: 50 Minuten plus 1 Stunde Einweichzeit

ZUTATEN FÜR 4 PERSONEN
150 G GRAUPEN
350 G TIEFGEFRORENE ERBSEN
SALZ
2 EL SAHNE
WEISSER PFEFFER
MUSKATNUSS
1–2 SCHALOTTEN
2 EL BUTTER
100 ML TROCKENER WEISSWEIN
200 ML GEMÜSEBRÜHE
2 GEHÄUFTE EL FRISCH GERIEBENER PARMESAN
½ BUND KERBEL ODER PETERSILIE

Die Graupen 1 Stunde in warmem Wasser einweichen.

150 g Erbsen 3 Minuten in Salzwasser kochen, abschrecken und mit 2 EL Sahne pürieren. Mit Salz, Pfeffer und Muskatnuss abschmecken und durch ein Sieb streichen.

Die Graupen gründlich abtropfen lassen. Die Schalotten schälen, sehr klein würfeln und in 1 EL Butter glasig braten. Die Graupen zugeben, kurz andünsten, mit Salz, Pfeffer und Muskatnuss abschmecken. Mit Wein ablöschen.

Wenn der Wein eingekocht ist, die Hälfte der Gemüsebrühe dazugeben und langsam unter gelegentlichem Rühren einkochen lassen. Wenn alles eingekocht ist, die restliche Gemüsebrühe dazugeben und ebenfalls unter gelegentlichem Rühren einkochen lassen.

Die restlichen Erbsen unaufgetaut in reichlich kochendes Salzwasser geben. Sobald sie alle oben schwimmen, abgießen und abtropfen lassen.

Den Risotto vom Herd nehmen und 1 EL Butter, Parmesan, gewaschenen, gehackten Kerbel oder Petersilie, Erbsenpüree und Erbsen untermischen. Eventuell noch einmal mit Pfeffer und Salz abschmecken.

WEINEMPFEHLUNG
Grauburgunder Q.b.A. trocken, Rheinhessen

Der gute Tipp

Kartoffeln, Pasta & Risotto sind lecker, aber wie groß sollte die Portion sein? Wie sieht der richtige Ernährungsmix aus?
Unter der Webadresse http://www.bewusst-einkaufen-gesund-leben.de geben z. B. Experten der METRO GROUP Vertriebslinie Real Tipps und Ratschläge zum täglichen Essen und Einkaufen.

Graupenrisotto

rtenkresse
Frische

FISCH & MEERES-FRÜCHTE

Fränkischer Flusszander auf Rieslingkraut in Apfelbalsamessig mit Pfifferlingen

ZUTATEN FÜR 4 PERSONEN

FÜR DEN ZANDER:
320 G ZANDERFILET
SAFT VON ½ ZITRONE
SALZ, PFEFFER
ÖL
1 JUNGE KNOBLAUCHKNOLLE
4 SCHEIBEN SPECK
120 G PFIFFERLINGE
40 G BUTTER

FÜR DIE APFELBALSAM-ESSIG-SAUCE:
2 SCHALOTTEN
BUTTER
250 ML WEISSWEIN
500 ML FISCHFOND
250 G CRÈME DOUBLE
SALZ
ETWAS APFELBALSAMESSIG
1 EL GESCHLAGENE SAHNE

FÜR DAS RIESLINGKRAUT:
100 G ZWIEBELN
100 G APFELSCHEIBEN
50 G GÄNSE- ODER SCHWEINE-SCHMALZ
400 G SAUERKRAUT
200 ML WEISSWEIN
200 ML WASSER
1 GEWÜRZSÄCKCHEN MIT 5 WACHOLDERBEEREN, 1 NELKE, 5 PIMENTKÖRNERN, 5 PFEFFERKÖRNERN, 1 LORBEERBLATT
1 TL HONIG
100 G CRÈME DOUBLE
2 EL GESCHLAGENE SAHNE

Den Zander in 4 gleich große Stücke schneiden, mit Zitronensaft, Salz und Pfeffer würzen. In etwas Öl ca. 3 Minuten auf der Hautseite braten, wenden und nochmals 1 bis 2 Minuten auf der Fleischseite braten. Dann herausnehmen und im Backofen bei ca. 50 °C Ober- und Unterhitze warm stellen.

Den Knoblauch schälen und auf einer Aufschnittmaschine in 1 mm dünne Scheiben schneiden. Die Scheiben in Öl ausbacken. Aus der Pfanne nehmen, die Speckscheiben zugeben und diese kross braten. Ebenfalls aus der Pfanne nehmen. Pfifferlinge putzen. In Butter anbraten und mit Salz und Pfeffer würzen.

Für die Apfelbalsamessig-Sauce Schalotten schälen und in Streifen schneiden. In etwas Butter anschwitzen, mit Weißwein ablöschen und mit Fischfond auffüllen. Das Ganze auf etwa 250 ml reduzieren, Crème double zufügen und auf die Hälfte reduzieren. Mit Salz und Apfelbalsamessig abschmecken. Dann passieren und mit geschlagener Sahne zu einer sämigen Konsistenz binden.

Für das Rieslingkraut die Zwiebeln schälen und in feine Streifen schneiden. Den Apfel waschen, schälen und in feine Scheiben schneiden. Das Schmalz erhitzen und die Zwiebeln sowie die Apfelscheiben anschwitzen. Das Sauerkraut zugeben und mit Weißwein und Wasser ablöschen. Die Gewürze im Gewürzsäckchen zugeben und alles schmoren lassen. Mit Honig, Crème double und Sahne verfeinern. Das Gewürzsäckchen entfernen.

Das Sauerkraut auf den Tellern verteilen und mit der Apfelbalsamessig-Sauce beträufeln. Den Flusszander mit Speck und Knoblauch auf dem Sauerkraut anrichten. Die Pfifferlinge um den Flusszander herum anrichten.

WEINEMPFEHLUNG

Spätburgunder Q.b.A. trocken, Baden

Hubert Retzbach

Wer die „Zirbelstube" von Sternekoch Hubert Retzbach in Bad Mergentheim besucht, erlebt etwas Besonderes: Dort wird die erste Sterneküche serviert, die fast ausschließlich auf regionale Basisprodukte zurückgreift. Küchenchef Retzbach bezieht seine Zutaten überwiegend bei ausgewählten Partnern aus der Region – in einer Qualität, die der aus Genießerregionen wie dem Piemont ebenbürtig ist. Allerbeste Zutaten als Grundlage, perfekt zubereitet und mit internationalen Zutaten verfeinert: Das ist das Geheimnis von Retzbachs authentischer und hocharomatischer Küche. Für „Das Gute essen" hat er einen Flusszander aus dem Frankenland auf Rieslingkraut gebettet.

Perfektes Fischgericht für Gäste

Sauerkirschen und Zander, der fast grätenfreie Süßwasserfisch: nicht nur ein Hingucker, sondern auch eine ungewöhnliche Kombination. Dieses Rezept ist ideal, wenn man für die Familie oder Freunde ein sommerlich-leichtes Fischgericht auf den Tisch bringen will, das nicht alltäglich ist und wenig Zeit in Anspruch nimmt. Wichtig: Für die fruchtige Süße des Kirschkrauts sollten es auf jeden Fall Sauerkirschen sein – gerne auch aus dem Glas.

Zander auf rotem Kirschkraut

ZUTATEN FÜR 4 PERSONEN

1 SPITZKOHL
4 SCHALOTTEN
200 G SAUERKIRSCHEN
100 G ZUCKER
30 G BUTTER
400 ML ROTWEIN
3 WACHOLDERBEEREN
1 LORBEERBLATT
SALZ, PFEFFER
ÖL ZUM BRATEN
4 ZANDERFILETS (À 150 G)

Spitzkohl putzen, Strunk entfernen und in feine Streifen schneiden oder hobeln. Schalotten schälen und in kleine Würfel schneiden. Kirschen waschen und entsteinen.

Den Zucker in einen Bräter geben und bei mittlerer Hitze hell karamellisieren. Den Spitzkohl zugeben und anschwitzen. Butter unterrühren, Schalotten zugeben und mit anschwitzen. Mit Rotwein auffüllen. Wacholderbeeren und das Lorbeerblatt zugeben und zugedeckt bei geringer Hitze ca. 20 Minuten schmoren. Kurz vor Ende der Garzeit die Kirschen zugeben und die Wacholderbeeren sowie das Lorbeerblatt entfernen. Mit Salz und Pfeffer abschmecken.

In einer Pfanne Öl erhitzen. Die Zanderfilets mit Salz und Pfeffer würzen. Auf der Hautseite kross anbraten, dann wenden und fertig braten.

WEINEMPFEHLUNG
Riesling Brudersberg Großes Gewächs trocken, Rheinhessen

Zanderfilet auf sahnigem Sauerkraut

ZUTATEN FÜR 4 PERSONEN

1 KG MILDES SAUERKRAUT
125 G BUTTER
12 WACHOLDERBEEREN
2 LORBEERBLÄTTER
125 ML WEISSWEIN
125 ML GEFLÜGELFOND
150 ML SAHNE
1 EL HONIG
250 G MITTELGROSSE KERNLOSE WEISSE WEINTRAUBEN
SALZ, PFEFFER
4 ZANDERFILETS (À 150 G)
BUTTER ZUM BRATEN
MEHL ZUM BESTÄUBEN

Das Sauerkraut in ein Sieb geben und unter fließendem Wasser waschen. Gut abtropfen lassen. In einem Topf die Butter erhitzen, bei starker Hitze das Kraut hineingeben. Die Wacholderbeeren im Mörser zerdrücken und mit den Lorbeerblättern zugeben. Den Wein und den Fond angießen, die Hitze reduzieren und das Kraut bei geringer Hitze ca. 1 Stunde zugedeckt köcheln lassen. Dabei gelegentlich umrühren und bei Bedarf Flüssigkeit nachgießen.

Wenn das Sauerkraut gar ist, die Sahne und den Honig zugeben und gut untermischen. Nach Geschmack die Weintrauben ganz oder halbiert untermischen, mit Salz und Pfeffer abschmecken, die Lorbeerblätter entfernen.

Die Zanderfilets mit Küchenkrepp trocknen und mit Salz und Pfeffer würzen. Die Butter zum Braten in einer Pfanne aufschäumen lassen. Die Filets mit etwas Mehl bestäuben und in der heißen Butter pro Seite 2 bis 3 Minuten braten.

Das Sahnekraut auf Tellern anrichten und jeweils ein Zanderfilet darauf legen.

WEINEMPFEHLUNG
Exclusiver Grauer Burgunder Q.b.A. trocken, Pfalz

Zander, auf elsässische Art

Sauerkraut mit Fisch? Diese für die deutsche Küche exotische Kombination gehört im Elsass zu den regionalen Spezialitäten. Denn das Vitamin-C-haltige Kraut ist eines der Lieblingsgerichte der Elsässer. Für das herzhaft-aromatische Zanderbett haben wir das Sauerkraut – im Elsass „Choucroute" genannt – mit Sahne, Honig und Weintrauben verfeinert.

Mit gutem Gewissen genießen

Wer Fische und Meeresfrüchte mit gutem Gewissen genießen will, sollte darauf achten, dass die Ware aus verantwortungsvollem, nachhaltigem Fischfang stammt. Das erkennt man zum Beispiel an Siegeln, wie dem blau-weißen Delfin-Logo des Earth Island Institute (EII). Das EII verbietet den Einsatz von Treibnetzen, in denen sich Delfine, Haie, Robben und Seevögel verfangen können. Auch die METRO GROUP unterstützt das Earth Island Institute (EII) und bezieht Thunfisch von entsprechend zertifizierten Lieferanten. Zudem sind die Frischfisch-Abteilungen von Real und Metro Cash & Carry nach dem MSC-Standard (Marine Stewardship Council) zertifiziert: Erhalt der Bestände, minimale Auswirkung auf die Ökosysteme und gut organisiertes Fischereimanagement – nach diesen drei MSC-Prinzipien werden Fischereien, Händler und Lieferanten geprüft, die das blaue MSC-Siegel verwenden wollen. Es gilt weltweit als derzeit bester Standard für nachhaltig gefangen Wildfisch.

ZERTIFIZIERTE NACHHALTIGE FISCHEREI MSC www.msc.org/de ™

Köstliches aus der See

Seafood, Fruits de mer oder Meeresfrüchte werden frisch oder sogar noch lebend als Wildfang oder Zuchtprodukt verkauft. Als Meeresfrüchte werden alle essbaren Meerestiere, ausgenommen Fische, bezeichnet: Muscheln und Austern, Meeresschnecken, Kalamare, Kraken und andere Tintenfische sowie Krebs- oder Krustentiere. Zu Letzteren zählen auch Hummer, Langusten und Steinkrabben.

Eine Frage der Frische

Ebenso wichtig beim Fischkauf sind Frische und eine möglichst kurze Lieferkette. Die hat Metro Cash & Carry mit ausgeklügelter Logistik und einer eigenen Fischplattform clever optimiert: Fangfrische Ware aus der ganzen Welt wird sofort und direkt an das eigene, zentrale Frischfischlager im hessischen Groß-Gerau geliefert. Von dort wird die Ware auf die Metro-Großmärkte in Europa verteilt. Durch diese Methode ist die Liefergeschwindigkeit doppelt so schnell wie früher – und Köstliches aus der See noch frischer.

Rotbarsch à la puttanesca

Zubereitungszeit: 1 Stunde

ZUTATEN FÜR 4 PERSONEN
4 FISCHFILETS (À 150–180 G),
Z. B. ROTBARSCH
20 SCHWARZE OLIVEN
1 KLEINE MILDE CHILISCHOTE
4 MITTELGROSSE TOMATEN
6 FRÜHLINGSZWIEBELN
1-2 KNOBLAUCHZEHEN
1 BUND BASILIKUM
5–6 EL OLIVENÖL
SALZ, PFEFFER
GETROCKNETER THYMIAN
2–3 TL KAPERN

Die Fischfilets mit Küchenkrepp trocknen, bis zur Verwendung in den Kühlschrank stellen. Das Olivenfleisch in Stücken vom Kern schneiden. Die Chilischote waschen, entkernen und fein hacken.

Die Tomaten kurz überbrühen, abschrecken, häuten, den Strunk entfernen und in etwa 1 cm dicke Scheiben schneiden. Die Frühlingszwiebeln putzen, waschen und den hellen Teil in 1 cm lange Stücke schneiden. Den Knoblauch schälen und längs halbieren. Das Basilikum waschen, trocknen und die Blätter grob hacken.

Den Backofen auf 200 °C Ober- und Unterhitze vorheizen. Eine feuerfeste Form mit Deckel mit etwas Olivenöl ausstreichen. Die Fischfilets leicht salzen, pfeffern und nebeneinander in die Form legen. Jedes Filet mit 1 Prise Thymian bestreuen und die Kapern, Olivenstücke, Frühlingszwiebeln und Chilistücke auf den Filets verteilen.

Die Knoblauchhälften zwischen die Filets legen. Die Hälfte vom Basilikum über die Filets streuen, etwas Öl darüber träufeln und die Tomatenscheiben darauf verteilen. Etwas salzen, pfeffern und das übrige Basilikum darüber streuen. Mit dem restlichen Olivenöl beträufeln, den Deckel auflegen und die Form auf mittlerer Höhe in den Ofen schieben. Etwa 30 Minuten garen.

Zum Servieren den Knoblauch zwischen den Filets herausnehmen und entsorgen.

WEINEMPFEHLUNG
Rosato Valdadige IOC trocken, Italien

Ofenfisch mit grüner Oliven-Kräuter-Salsa

Zubereitungszeit: 1 Stunde

ZUTATEN FÜR 4 PERSONEN
FÜR DEN FISCH:
2 KLEINE FISCHE (À 500 G), Z. B. DORADE, RED SNAPPER, SEEBARSCH, SEEWOLF
2 KNOBLAUCHZEHEN
4 EL GEHACKTE PETERSILIE
SALZ, PFEFFER
2 SCHEIBEN ZITRONE
6 EL OLIVENÖL
WEISSWEIN
100 G ENTSTEINTE GRÜNE OLIVEN
1 EL KAPERN
2 TL GETROCKNETER OREGANO
3 EL WEISSWEINESSIG

FÜR DIE SALSA VERDE:
1 BUND PETERSILIE
1 KLEINE KNOBLAUCHZEHE
2 EL KAPERN
7 ENTSTEINTE GRÜNE OLIVEN
80 ML OLIVENÖL
1 EL BALSAMICOESSIG
SALZ, PFEFFER

Den Backofen auf 180 °C Ober- und Unterhitze vorheizen. Den Fisch innen und außen säubern, Brustflossen entfernen, die Rückenflosse für die Garprobe dranlassen. Von beiden Seiten jeweils dreimal kurz einschneiden. Knoblauch schälen, klein hacken, mit der Petersilie mischen und in die Einschnitte drücken. Innen mit Salz und Pfeffer würzen und die Zitronenscheiben hineinlegen.

3 EL Olivenöl in eine Auflaufform geben und den Fisch hineinlegen. Den Fisch mit etwas Weißwein und dem restlichen Olivenöl beträufeln. Klein geschnittene Oliven und Kapern darauf verteilen. Mit Oregano bestreuen.

Den Fisch im Ofen 30 bis 35 Minuten garen. Nach 10 Minuten den Fisch mit Essig beträufeln. Nach 30 Minuten die Garprobe machen: Lässt sich die Rückenflosse leicht herausziehen, ist der Fisch gar.

Für die Salsa verde die Petersilie waschen, trocken tupfen und die Stiele entfernen. Mit den restlichen Zutaten zusammen im Mixer pürieren. Den gegarten Fisch tranchieren und mit der Salsa verde anrichten.

WEINEMPFEHLUNG
Muscadet Sèvre et Maine sur lie AOC, Frankreich

Gedämpfter Fisch

Zubereitungszeit: 45 Minuten

ZUTATEN FÜR 4 PERSONEN
4 FISCHFILETS (Z. B. ROTBARSCH À 150–200 G)
SAFT VON ½ ZITRONE
SALZ, PFEFFER
1 STANGE LAUCH
2 MÖHREN
75 G KNOLLENSELLERIE
1 BUND PETERSILIE
3–4 TOMATEN
75 G BUTTER

Fischfilets mit Küchenkrepp trocknen, mit etwas Zitronensaft beträufeln, salzen und pfeffern. Zur Seite stellen. Lauch, Möhren und Sellerie putzen, waschen, wo nötig schälen und in feine Streifen schneiden. Petersilie waschen, trocknen und fein hacken. Tomaten mit kochendem Wasser überbrühen, abschrecken, häuten, vierteln und den Strunk entfernen.

Den Boden einer feuerfesten Glasform mit Deckel mit einem Drittel der Butter dick ausstreichen. Die Gemüsestreifen und die Tomaten darin verteilen und den gewürzten Fisch darauf legen. Die restliche Butter in Spänen auf den Fischfilets verteilen, mit viel gehackter Petersilie bestreuen und den Deckel auflegen. Bei kleiner Hitze langsam erhitzen und ca. 20 bis 25 Minuten garen.

WEINEMPFEHLUNG
Chardonnay trocken, Chile

Red Snapper mit Zitronensalsa

Zubereitungszeit: 30 Minuten

ZUTATEN FÜR 4 PERSONEN
2 ZITRONEN
2 EL KLEINE KAPERN
3 EL FEIN GEHACKTE PETERSILIE
1 EL ZUCKER
PFEFFER, SALZ
2 EL PFLANZENÖL
4 FISCHFILETS MIT HAUT (À 180 G),
Z. B. SNAPPER

Die Zitronen schälen und die Filets herauslösen. Zitronenfilets, Kapern, Petersilie, Zucker und Pfeffer vermengen und vorsichtig salzen.

In einer Pfanne das Öl erhitzen und die gepfefferten und gesalzenen Fischfilets erst auf der Haut knusprig braten, dann wenden und fertig garen. Mit der Zitronen-Salsa auf Tellern anrichten.

WEINEMPFEHLUNG
Riesling Q.b.A. trocken, Pfalz

Fisch mit Meersalzkruste

Zubereitungszeit: 30 Minuten plus 45 Minuten Garzeit

ZUTATEN FÜR 4 PERSONEN
FÜR DEN FISCH:
1 GANZER MEERESFISCH ZU 1–1,5 KG (Z.B. DORADE, LOUP DE MER ODER RED SNAPPER)
1 HANDVOLL GEMISCHTE KRÄUTER (Z.B. DILL, GLATTE PETERSILIE, KERBEL, FENCHELGRÜN, ROSMARIN)
4 EIER
2 KG GROBES MEERSALZ

FÜR DIE BUTTERSAUCE:
1 SCHALOTTE
1 EL WEISSWEINESSIG
4 EL WEISSWEIN
80 G EISKALTE BUTTERSTÜCKCHEN
2 EL KLEINE KAPERN
SALZ, WEISSER PFEFFER

Den Fisch eventuell ausnehmen, die Kiemen mit einer Schere herausschneiden. Schuppen ist nicht nötig. Den Fisch unter fließendem Wasser waschen und sorgfältig mit Küchenkrepp trocknen. Die Kräuter waschen, trocknen und in die Bauchhöhle des Fischs füllen.

Die Eier trennen und das Eiweiß zu Schnee schlagen. Den Eischnee in einer Schüssel mit dem groben Salz vermischen, sodass eine formbare Masse entsteht. Bei Bedarf etwas Wasser dazugeben. Das Eigelb wird nicht benötigt.

Den Backofen auf 230 °C Ober- und Unterhitze vorheizen. Die Hälfte der Salzmischung auf eine Form oder ein tiefes Backblech schichten, den Fisch darauf legen und gleichmäßig mit dem restlichen Salz bedecken, die Masse dabei gut andrücken. Den eingepackten Fisch in den Ofen schieben und etwa 45 Minuten backen.

Kurz vor Ende der Backzeit die Buttersauce bereiten: Die Schalotte schälen und sehr fein würfeln. In eine kleine Pfanne geben, Essig und Weißwein zugießen und offen dünsten, bis die Flüssigkeit fast verdunstet ist.

Den Fisch aus dem Ofen nehmen und noch etwa 5 Minuten ruhen lassen. Bei kleinster Hitze die Butter mit einem Schneebesen nach und nach unter die eingekochten Schalotten schlagen, bis eine sämige Sauce entstanden ist. Die Kapern untermischen und mit Salz und Pfeffer abschmecken.

Die Salzkruste vom Fisch an der Seite rundum aufschneiden (notfalls mit einem Hammer aufklopfen) und den Deckel abheben. Alle Salzkörner vom Fisch abstreifen, die Haut abziehen und den Fisch auf Teller portionieren. Mit der Buttersauce übergießen und servieren.

WEINEMPFEHLUNG
Pouilly Fumé trocken, Frankreich

Zander mit Kräuterbutter

Zubereitungszeit: 45 Minuten

ZUTATEN FÜR 4 PERSONEN
500 G ZANDERFILETS, MÖGLICHST GLEICHMÄSSIG DICKE STÜCKE
1 BUND GLATTE PETERSILIE
100 G BUTTER
5–6 GROSSE KNOBLAUCHZEHEN
2–3 FLEISCHTOMATEN
2–3 SCHALOTTEN
2 EL OLIVENÖL
1 ZWEIG ROSMARIN
SALZ, WEISSER PFEFFER
CAYENNEPFEFFER

Die Fischfilets in etwa 100 g-Portionen teilen und mit Küchenkrepp gut trocknen. Bis zur Verwendung kühl stellen. Die Petersilie waschen, trocknen und sehr fein hacken. Die Butter zimmerwarm werden lassen.

Die Knoblauchzehen ungeschält mit Wasser bedecken und 6 bis 7 Minuten kochen. Die Knoblauchzehen aus dem Wasser nehmen und schälen. Die Zehen in frisches Wasser geben und weiterkochen, bis die Zehen ganz weich sind, dabei mehrmals das Wasser wechseln. Die weichen Knoblauchzehen mit einer Gabel zerdrücken und mit der Butter und der Petersilie zu einer Paste vermischen.

Für die Tomatensauce die Tomaten kurz überbrühen, abschrecken, häuten und in kleine Würfel schneiden. Die Schalotten schälen und fein hacken. In einem Topf das Olivenöl erhitzen und die Schalotten andünsten. Die Tomatenwürfel und den Rosmarinzweig zugeben und die Sauce leise einkochen lassen.

Die Zanderfilets leicht salzen und pfeffern, auf beiden Seiten mit der Buttermischung bestreichen.

Eine Pfanne erhitzen. Die gebutterten Filets in der Pfanne auf jeder Seite etwa 2 Minuten braten. Die Tomatensauce mit Salz und Cayennepfeffer abschmecken und zu den Zanderfilets servieren.

WEINEMPFEHLUNG
Grauer Burgunder Q.b.A. trocken, Pfalz

Ofenfisch mit Speckhaube

Zubereitungszeit: 30 Minuten plus 50 Minuten Garzeit

ZUTATEN FÜR 4 PERSONEN
1 KG KABELJAU (MITTELSTÜCK, ETWA GLEICH DICK)
ETWAS ZITRONENSAFT
1 BUND PETERSILIE
3 GROSSE FESTKOCHENDE KARTOFFELN
3 MITTELGROSSE ZWIEBELN
50 G BUTTER
SALZ, WEISSER PFEFFER
125 G DURCHWACHSENER SPECK, IN DÜNNEN SCHEIBEN
150 ML RIESLING

Den Backofen auf 220 °C Ober- und Unterhitze vorheizen. Den Fisch waschen, trocken tupfen und mit etwas Zitronensaft säuern. Die Petersilie waschen, trocknen und in den Fischbauch legen. Die Kartoffeln und die Zwiebeln schälen und mit dem Gurkenhobel in dünne Scheiben hobeln.

Einen Bräter auf dem Herd erhitzen und die Butter darin schmelzen lassen. Die Kartoffel- und Zwiebelscheiben in der Butter wenden, mit Salz und Pfeffer würzen. Den Fisch salzen und mit dem Rücken nach oben auf das Kartoffel-Zwiebel-Bett setzen. Gleichmäßig mit den Speckscheiben belegen. Die Hälfte vom Riesling angießen und den Bräter in den Ofen schieben.

Etwa 30 Minuten garen, dann den restlichen Wein nachgießen und den Fisch – je nach Dicke – noch 15 bis 20 Minuten garen.

Zum Servieren die Speckscheiben und die Fischhaut entfernen. Den Fisch in Stücke zerteilen und mit dem Kartoffel-Zwiebel-Gemüse auf Tellern anrichten.

WEINEMPFEHLUNG
Grauburgunder Spätlese trocken, Baden

Der gute Tipp

Frischer Fisch darf keinen Fischgeruch haben, also nach Ammoniak riechen. Wenn es beim Zubereiten in der Küche „nach Fisch" riecht, ist der Fisch nicht mehr frisch.

Wirsing-Fisch-Päckchen

Zubereitungszeit: 1 Stunde

ZUTATEN FÜR 4 PERSONEN
500 G FISCHFILET (Z.B. ROTBARSCH ODER STEINBUTT)
4–6 EL SOJASAUCE
4 EL TROCKENER SHERRY
1 MSP. CAYENNEPFEFFER
1 EL GEHACKTE PETERSILIE
SALZ
1 STANGE LAUCH
1 SCHÖNER GROSSER WIRSING
50 G BUTTER
250 ML FISCHFOND
WEISSER PFEFFER

Das Fischfilet in 2 bis 3 cm große Würfel schneiden und in einer Schüssel mit Sojasauce, Sherry, Cayennepfeffer und fein gehackter Petersilie vermischen. In einem großen Topf reichlich Wasser zum Kochen bringen und dann leicht salzen.

Von der Lauchstange 2 bis 3 lange Blätter ablösen und waschen. Vom Wirsing das äußere Grobe entfernen, dann vorsichtig 8 schöne Blätter abschneiden und waschen.

Die Lauch- und Kohlblätter 3 bis 4 Minuten in das kochende Wasser geben, herausnehmen und sofort in kaltem Wasser abschrecken. Lauchblätter der Länge nach in insgesamt 6 bis 8 mm breite Streifen teilen. Von den Wirsingblättern vorsichtig, ohne sie zu verletzen, die dicke Mittelrippe flach schneiden.

Auf je 1 Kohlblatt ein Achtel der Fischwürfel setzen, ein längliches Päckchen formen und mit einem Lauchstreifen verschnüren.

Die Butter in einer großen Pfanne heiß werden lassen und die Fisch-Kohl-Päckchen auf beiden Seiten leicht Farbe annehmen lassen. Den Fischfond dazugießen, mit etwas Salz und weißem Pfeffer würzen und mit aufgelegtem Deckel 18 bis 20 Minuten bei mittlerer Hitze garen. In tiefe Teller verteilen und die Päckchen mit der Sauce übergießen, gleich servieren.

WEINEMPFEHLUNG
Riesling Kabinett trocken, Franken

Fischragout mit Safran

Zubereitungszeit: 1 Stunde

ZUTATEN FÜR 4 PERSONEN
2 KLEINERE MÖHREN
1 KLEINE STANGE LAUCH
2 STANGEN STAUDENSELLERIE
75 G BUTTER
400 ML FISCHFOND
4–6 SAFRANFÄDEN
400 G LACHSFILET
400 G SEETEUFELFILET (LOTTE) ODER EIN ANDERES FESTFLEISCHIGES WEISSES FILET
8 HUMMERKRABBENSCHWÄNZE (RIESENGARNELEN)
SALZ, WEISSER PFEFFER
200 ML SAHNE
1 MSP. CAYENNEPFEFFER

Möhren, Lauch und Staudensellerie putzen und waschen, die Möhren schälen, und alles in sehr kleine Würfel schneiden. In einem flachen Topf die Hälfte der Butter erhitzen und die Gemüsewürfel darin leicht anrösten.

Den Fischfond sowie die Safranfäden dazugeben und ohne Deckel 20 Minuten leise köcheln lassen. Während dieser Zeit die Fischfilets in ca. 3 cm große Würfel schneiden. Die Hummerkrabbenschwänze von der Bauchseite her aus der Schale brechen, am Rücken vorsichtig aufschneiden und den dunkleren Darm entfernen. Kurz unter fließendem Wasser waschen.

Die Fischstücke salzen, pfeffern und in einer Pfanne mit der restlichen erhitzten Butter kurz angaren, die Hummerkrabben rötlich werden lassen, dann die Pfanne zur Seite stellen.

Die Sahne zum eingekochten Fisch-Gemüsefond gießen und unter häufigem Rühren noch etwa 15 Minuten weiter einkochen lassen, bis die Sauce sämig ist.

Die Hummerkrabben in 2 bis 3 cm große Stücke teilen. Die eingekochte Sauce mit Salz, Cayenne- und weißem Pfeffer abschmecken. Die Fisch- und Hummerkrabbenstücke vorsichtig unterheben, kurz heiß werden lassen, die Sauce darf aber dabei nicht mehr kochen.

WEINEMPFEHLUNG
Chardonnay, Kalifornien

Viktoriabarsch auf Gemüsebett

Zubereitungszeit: 45 Minuten plus 30 Minuten Marinierzeit

ZUTATEN FÜR 4 PERSONEN
1 MITTELGROSSER FENCHEL
1 STANGE LAUCH
1 MÖHRE
1 WALNUSSGROSSES STÜCK INGWER
5 EL SOJASAUCE
3 EL HELLES SESAMÖL
1 EL DUNKLES SESAMÖL
500 G VIKTORIABARSCH
2 EL ZITRONENSAFT
SALZ, WEISSER PFEFFER
1 LIMETTE IN SCHEIBEN
SCHNITTLAUCHRÖLLCHEN

Fenchel putzen, waschen und in dünne Streifen schneiden. Lauch putzen, das Grün in 5 bis 6 cm große Stücke teilen und danach in schmale Streifen schneiden. Die Möhre schälen, in 5 bis 6 cm lange Stücke schneiden und dann längs in dünne Stäbchen. Den Ingwer schälen und reiben.

Eine Marinade aus Sojasauce und Sesamöl zubereiten und das Gemüse darin etwa 30 Minuten marinieren. Das Gemüse danach über einem Sieb abgießen, die Marinade auffangen, den Ingwer einrühren und beiseitestellen. Das abgetropfte Gemüse in einem Dämpfeinsatz verteilen.

Den Fisch abspülen, trocken tupfen und in rechteckige Stücke schneiden. Mit Zitronensaft beträufeln und mit Salz und Pfeffer würzen. Anschließend auf das Gemüse geben und mit Limettenscheiben belegen. So viel Wasser in einen Topf füllen, dass der Boden ca. 3 cm bedeckt ist.

Den Dämpfeinsatz in den Topf stellen, dabei darauf achten, dass er das Wasser nicht berührt. Den Deckel auflegen, das Wasser bei großer Hitze zum Kochen bringen und das Gemüse mit dem Fisch ca. 7 bis 10 Minuten dämpfen. Dabei den Deckel nicht abnehmen.

Den gegarten Fisch mit Gemüse auf Tellern anrichten, mit der Marinade beträufeln und mit Schnittlauchröllchen garnieren.

WEINEMPFEHLUNG
Sauvignon Blanc trocken, Südafrika

Der gute Tipp

Vorsicht, Fisch sollte nicht mit kaltem Wasser in Berührung kommen, auch nicht beim Auftauen von gefrorener Ware mit dem eigenen Schmelzwasser. Das verändert den Geschmack.

Lachs mit Rotweinbutterschaum

Zubereitungszeit: 1 Stunde
plus 30 Minuten Marinierzeit

ZUTATEN FÜR 4 PERSONEN
FÜR DIE MARINADE:
2 TL FENCHELSAMEN
3 ZWEIGE THYMIAN
4 LORBEERBLÄTTER
4 EL ZITRONENSAFT
8 EL OLIVENÖL

FÜR DEN LACHS:
4 SCHEIBEN LACHS MIT HAUT (À 100 G)
500 G BLATTSPINAT
SALZ
1 EL BUTTER
1 ZWEIG THYMIAN
1 KNOBLAUCHZEHE
PFEFFER
MUSKATNUSS

FÜR DIE ROTWEINBUTTER:
120 G WEICHE BUTTER
60 G ZIMMERWARME GESALZENE BUTTER
2 EL GEHACKTE GLATTE PETERSILIE
2 EL ZITRONENSAFT
CAYENNEPFEFFER
2 SCHALOTTEN
1 EL BUTTER
200 ML ROTWEIN
20 ML PORTWEIN

Für die Marinade die Fenchelsamen im Mörser zerstoßen. Thymianzweige waschen und trocken tupfen. Fenchelsamen, Thymianzweige und Lorbeerblätter mit 4 EL Zitronensaft und 4 EL Olivenöl in einer Schüssel verrühren und den Lachs darin 30 Minuten marinieren.

In der Zwischenzeit für die Rotweinbutter die Butter mit einem Handrührgerät mindestens 5 Minuten schaumig aufschlagen. Dann mit der gehackten Petersilie und dem Zitronensaft gut vermischen. Mit Cayennepfeffer würzen.

Schalotten schälen und in feine Würfel schneiden. In einer Pfanne mit 1 EL Butter glasig andünsten. Mit Rotwein und Portwein ablöschen, einkochen und abkühlen lassen.

Den Spinat gut putzen und waschen. In kochendem Salzwasser 2 bis 3 Minuten kochen. Herausnehmen, eiskalt abschrecken und vorsichtig ausdrücken.

In einer Pfanne 1 EL Butter schmelzen lassen und den Spinat langsam erwärmen. Den Thymianzweig waschen und trocken tupfen. Die Knoblauchzehe mit Schale leicht andrücken, zusammen mit dem Thymianzweig zum Spinat geben, mitdünsten und wieder herausnehmen. Spinat mit Salz, Pfeffer und frisch geriebener Muskatnuss abschmecken. Die erkalteten Rotweinschalotten mit der Kräuterbutter gut verrühren und beiseitestellen.

Den Lachs aus der Marinade nehmen und mit Küchenkrepp leicht abtupfen. Mit Salz und Pfeffer würzen.

Den Lachs in einer Pfanne mit dem restlichen Olivenöl bei starker Hitze von beiden Seiten jeweils 3 Minuten braten. Die Hitze reduzieren und den Lachs nur noch ziehen lassen, dabei immer wieder mit dem Bratensaft übergießen. So bleibt der Lachs schön saftig.

Die Lachsscheiben herausnehmen und mit Küchenkrepp abtupfen. Lachs und Spinat auf Tellern anrichten und mit der Rotwein-Schalotten-Butter servieren.

WEINEMPFEHLUNG
Bandol trocken, Frankreich

Winterlicher Zander aus dem Ofen

Zubereitungszeit: 1,5 Stunden

ZUTATEN FÜR 4 PERSONEN
500 G KLEINE KNOLLEN
ROTE BETE
10 KNOBLAUCHZEHEN
1 BUND MAJORAN
SALZ, PFEFFER
8 EL BALSAMICOESSIG
8 EL OLIVENÖL
300 G ZANDERFILET MIT HAUT
ETWAS MEHL
1 EL BUTTERSCHMALZ

Den Backofen auf 200 °C Ober- und Unterhitze vorheizen. Die Rote Bete mit einer Bürste unter fließendem Wasser gründlich säubern und halbieren. Die Knoblauchzehen in der Schale andrücken. Den Majoran waschen, trocken tupfen und die Blättchen abzupfen.

Eine feuerfeste Form mit einem großen Stück Alufolie auslegen. Rote Bete und Knoblauch hineingeben, mit Majoranblättchen bestreuen und gut salzen und pfeffern. Balsamicoessig und Olivenöl verrühren, darüber gießen und das Folienpäckchen dicht verschließen. Im Backofen 1 Stunde garen.

Den Fisch in Portionsstücke teilen, leicht salzen und pfeffern und in etwas Mehl wenden. In einer Pfanne das Butterschmalz erhitzen und die Fischfilets auf der Hautseite anbraten, wenden und fertig garen, sodass die Hautseite schön knusprig ist.

Das Folienpäckchen öffnen. Den Knoblauch mit einer Gabel aus der Schale drücken und zusammen mit Roter Bete, etwas von der Garflüssigkeit und den Zanderfilets anrichten.

WEINEMPFEHLUNG
Weißer Burgunder Q.b.A. trocken, Pfalz

Zander auf Frühlingsgemüse

Zubereitungszeit: 45 Minuten

ZUTATEN FÜR 4 PERSONEN
2 MITTELGROSSE FESTKOCHENDE KARTOFFELN
1 MITTELGROSSER KOHLRABI
2 FRÜHLINGSZWIEBELN
140 G ZIMMERWARME BUTTER
SALZ, PFEFFER
150 ML FISCHFOND ODER WASSER
½ BUND BRUNNENKRESSE ODER
1 KÄSTCHEN GARTENKRESSE
4 KÜCHENFERTIGE ZANDERFILETS
MIT HAUT (À 140 G)
ZITRONENSAFT
2 EL PFLANZENÖL
MUSKATNUSS

Kartoffeln und Kohlrabi putzen, schälen und in feine Würfel schneiden. Die Frühlingszwiebeln putzen, waschen, grobes Grün entfernen und in feine Ringe schneiden.

Die Frühlingszwiebeln in einer Pfanne mit 1 EL Butter glasig andünsten. Die Kartoffeln dazugeben, mit Salz und Pfeffer würzen. Den Fischfond dazugießen, die Kartoffeln bissfest garen und beiseitestellen.

Den Kohlrabi in 1 EL Butter andünsten, mit Salz und Pfeffer würzen und ebenfalls bissfest garen. Die Kartoffeln zum Kohlrabi geben und einmal aufkochen lassen, dann beiseitestellen.

Die Brunnenkresse waschen, trocken tupfen und verlesen. Klein schneiden und mit der restlichen Butter vermischen.

Den Zander mit Salz, Pfeffer und Zitronensaft würzen. Den Fisch mit der Hautseite zuerst im Öl braten. Wenden und die andere Seite ebenfalls braten.

Die Kressebutter unter das Kartoffel-Kohlrabi-Gemüse rühren, mit Salz, Pfeffer, frisch geriebener Muskatnuss abschmecken und das Gemüse mit dem Zander auf Tellern anrichten.

WEINEMPFEHLUNG
Riesling Q.b.A. trocken, Pfalz

Kabeljau mit Senfhülle

Zubereitungszeit: 35 Minuten

ZUTATEN FÜR 4 PERSONEN
4 KABELJAU- ODER ANDERE FISCHFILETS (À 125 G)
SALZ, WEISSER PFEFFER
ZITRONENSAFT
2 TL SENFPULVER
2 EIER
2 EL MILCH
1 EL SAHNE
2–3 EL MEHL
BUTTERSCHMALZ ZUM BRATEN
MEHL ZUM WENDEN

Die Fischfilets mit Küchenkrepp trocknen. Dann salzen und pfeffern und mit Zitronensaft beträufeln. Beiseitestellen.

Das Senfpulver mit den Eiern, Milch, Sahne, Mehl, Salz und Pfeffer zu einem glatten Teig vermischen, etwas quellen lassen.

In einer Pfanne nicht zu wenig Butterschmalz erhitzen. Die Fischfilets erst in Mehl wenden, dann durch den Teig ziehen und zum Schluss im heißen Schmalz auf beiden Seiten schön knusprig braten.

WEINEMPFEHLUNG
Sancerre Blanc trocken, Frankreich

Seeteufel auf scharfem Wirsinggemüse

Zubereitungszeit: 40 Minuten

ZUTATEN FÜR 4 PERSONEN
1 KLEINER WIRSING, OHNE DICKE AUSSENBLÄTTER
300 G SEETEUFEL (LOTTE), OHNE GRÄTEN UND HAUT
50 G BUTTER
JE 1 TL SCHARFES UND MILDES CURRYPULVER
SALZ, PFEFFER

Den Wirsing vierteln und die harten Strünke herausschneiden. Die Blätter in ca. 1 cm große Streifen schneiden, waschen und trocken schleudern. Den Seeteufel in ca. 2 cm dicke Medaillons schneiden.

Die Butter in einem Topf schmelzen lassen und den Wirsing darin etwa 10 Minuten schmoren, dabei ab und zu umrühren. Sollte er zu schnell trocken werden, etwas Wasser dazugießen.

Currypulver vermischen, dazugeben und zugedeckt weitere 3 bis 4 Minuten schmoren.

Die Fischmedaillons salzen und pfeffern, auf das Gemüse legen und je nach Dicke der Medaillons auf jeder Seite 2 bis 4 Minuten zugedeckt garen. Mit Salz und Pfeffer abschmecken.

WEINEMPFEHLUNG
Solaz Blanco trocken, Spanien

Estragon-Schellfisch

Zubereitungszeit: 45 Minuten

ZUTATEN FÜR 4 PERSONEN
4 ETWA GLEICH GROSSE, 3 CM DICKE SCHEIBEN SCHELLFISCH
SALZ, PFEFFER
50 G BUTTER
3–4 ZWEIGE ESTRAGON
100 ML SAHNE
ETWAS ABGERIEBENE ZITRONENSCHALE

Den Backofen auf 200 °C Ober- und Unterhitze vorheizen. Die Fischscheiben mit Küchenkrepp trocknen, auf beiden Seiten salzen und pfeffern. Eine feuerfeste Form, in der die Fischscheiben nebeneinander gerade Platz haben, mit der Hälfte der Butter ausstreichen.

Die Fischscheiben in die Form legen. Den Estragon waschen und trocken tupfen, etwa 2 TL Estragonblättchen abzupfen und über den Fisch streuen. Die restliche Butter in kleinen Flöckchen auf dem Fisch verteilen.

Die Sahne mit etwas geriebener Zitronenschale verrühren und zwischen die Fischscheiben gießen. Die Form in den Ofen stellen und den Fisch 20 Minuten garen, bis das Fischfleisch fest ist.

Die übrigen Estragonblättchen fein hacken. Die Fischscheiben aus der Form auf einen Teller heben und im abgeschalteten Ofen bei geöffneter Ofentür warm stellen.

Die Sauce in der Form mit einem Schneebesen glatt rühren und 1 bis 2 TL Estragon zugeben, mit Salz und Pfeffer abschmecken. Die Sauce über die Fischscheiben gießen und sofort servieren.

WEINEMPFEHLUNG
Chablis AOC trocken, Frankreich

Schellfisch mit Butter-Senf-Sauce

Zubereitungszeit: 1 Stunde

ZUTATEN FÜR 4 PERSONEN
2 BUND SUPPENGRÜN
1 ZWIEBEL
2 GEWÜRZNELKEN
1 LORBEERBLATT
SALZ
2 KÜCHENFERTIGE SCHELLFISCHE (À CA. 500 G)
125 G BUTTER
1 EL DIJON-SENF
1 EL GROBER ROTISSEUR-SENF
WEISSER PFEFFER

Das Suppengrün putzen und waschen. Die Zwiebel schälen und mit den Nelken spicken. In einem großen Topf einen Sud aus Wasser mit dem Gemüse, der Zwiebel und dem Lorbeerblatt 30 Minuten kochen, mit Salz würzen. Die Fische hineinlegen und im nicht kochenden Sud langsam in etwa 15 Minuten gar ziehen lassen.

In einem Töpfchen die Butter schmelzen und die beider Senfsorten unterrühren. Nach Belieben leicht salzen und pfeffern. Die Fische filetieren und auf vorgewärmten Tellern mit der Senfbutter anrichten.

WEINEMPFEHLUNG
Sauvignon Blanc, Österreich

Kartoffel-Kabeljau-Pfanne

Zubereitungszeit: 1 Stunde

ZUTATEN FÜR 4 PERSONEN
400 G KLEINE FESTKOCHENDE KARTOFFELN
SALZ
200 G KIRSCHTOMATEN
1 KNOBLAUCHZEHE
2 FRÜHLINGSZWIEBELN
2 EL ÖL
PFEFFER
JE 1 TL SCHWARZE, ROSA UND GRÜNE PFEFFERKÖRNER
1 TL KORIANDERKÖRNER
500 G KABELJAUFILET
2 STÄNGEL ESTRAGON

Die Kartoffeln mit Schale in Salzwasser nicht zu weich kochen, abgießen, pellen und in Spalten schneiden. Die Kirschtomaten überbrühen, mit kaltem Wasser abschrecken und die Haut abziehen. Knoblauch schälen und fein hacken. Frühlingszwiebeln putzen, waschen, grobes Grün entfernen und in feine Ringe schneiden.

Die Kartoffeln in einer Pfanne mit dem Öl langsam goldgelb braten. Kirschtomaten, Knoblauch sowie Frühlingszwiebeln dazugeben und mit Salz und Pfeffer abschmecken. Kurz schmoren lassen, dann herausnehmen und beiseitestellen.

Pfeffer- und Korianderkörner in einem Mörser grob zerstoßen. Den Kabeljau in etwa 4 cm große Stücke schneiden, mit Salz und der Gewürzmischung würzen.

In der Pfanne von beiden Seiten anbraten. Die Kartoffeln zurück zum Fisch geben, durchschwenken. Estragon waschen, trocken tupfen, fein hacken, über die Fischpfanne streuen und servieren.

WEINEMPFEHLUNG
Weißer Burgunder Q.b.A. trocken, Pfalz

Gebratener Seeteufel

Zubereitungszeit: 40 Minuten

ZUTATEN FÜR 4 PERSONEN
600 G SEETEUFELFILET (LOTTE) OHNE HAUT UND GRÄTEN
10 FRÜHLINGSZWIEBELN
½ BUND GLATTE PETERSILIE
1 EL OLIVENÖL
25 G BUTTER
125 ML WERMUT (Z.B. FRANZÖSISCHER NOILLY PRAT)
10 SAFRANFÄDEN
SALZ
CAYENNEPFEFFER

Das Fischfilet mit Küchenkrepp trocknen und eventuell vorhandene Häutchen entfernen. Das Filet in etwa 2,5 cm dicke Medaillons schneiden. Die Frühlingszwiebeln putzen, waschen und den weißen bis hellgrünen Teil in dünne Scheiben schneiden. Die Petersilie waschen, trocknen und die Blättchen fein hacken.

In einer Pfanne das Öl erhitzen, dann die Butter zugeben und aufschäumen lassen. Die Fischscheiben kurz darin anbraten, dann wieder herausheben. Die Frühlingszwiebelscheiben in der Pfanne kurz andünsten, mit dem Wermut ablöschen und die Safranfäden unterrühren. Die Mischung bei starker Hitze auf etwa ein Drittel der Menge einkochen. Mit Salz und Cayennepfeffer abschmecken.

Die Seeteufelstücke und die gehackte Petersilie in die Pfanne geben und in der Sauce in 3 bis 5 Minuten fertig garen. Mit der Sauce auf Teller verteilen und servieren.

WEINEMPFEHLUNG
Chablis AOC trocken, Frankreich

Kartoffel-Kabeljau-Pfanne

Frittierter Seeteufel mit Thunfischsauce

Zubereitungszeit: 1 Stunde

ZUTATEN FÜR 4 PERSONEN
FÜR DEN FISCH:

400 G KÜCHENFERTIGER SEETEUFEL OHNE MITTELKNORPEL
SALZ, PFEFFER
1 STANGE LAUCH
2 EL OLIVENÖL
ZITRONENSAFT
1 L PFLANZENÖL ZUM AUSBACKEN

FÜR DEN TEMPURATEIG:

150 G MEHL
100 ML MINERALWASSER
75 ML WEISSWEIN
1 TL PFLANZENÖL
20 G ZERHACKTES EIS
SALZ
CAYENNEPFEFFER

FÜR DIE THUNFISCHSAUCE:

20 THYMIANBLÄTTER
1 EI
50 G THUNFISCH AUS DER DOSE
1 SARDELLENFILET
10 KAPERN
100 ML OLIVENÖL
SALZ, PFEFFER
1 SPRITZER ZITRONENSAFT

Den Seeteufel in etwa 2 cm dicke Medaillons schneiden, mit Salz und Pfeffer würzen und beiseitestellen.

Den Lauch putzen, waschen, halbieren, das dunkle Grün entfernen und in ca. 5 cm lange, dünne Streifen schneiden. In kochendem Salzwasser garen, herausnehmen und gut abtropfen lassen. Dann mit Olivenöl und 1 Spritzer Zitronensaft marinieren.

Für den Tempurateig Mehl, Mineralwasser, Weißwein, Öl, Eis, Salz und Cayennepfeffer zu einem glatten Teig rühren. Das gehackte Eis ist sehr wichtig, da es dem Teig die Bindung gibt.

Das Pflanzenöl zum Ausbacken in einer Pfanne erhitzen, die Seeteufelmedaillons durch den Tempurateig ziehen und im heißen Fett goldgelb ausbacken. Herausnehmen und auf Küchenkrepp abtropfen lassen.

Für die Thunfischsauce die Thymianblätter waschen und trocken tupfen. Mit Ei, Thunfisch, Sardellenfilet und Kapern in ein hohes Gefäß geben und mit einem Pürierstab aufschlagen. Das Olivenöl langsam einfließen lassen und nochmals aufmixen. Mit Salz, Pfeffer und Zitronensaft abschmecken.

Den marinierten Lauch auf Tellern anrichten, mit der Thunfischsauce beträufeln und den Fisch darauf setzen.

WEINEMPFEHLUNG

Cuvée Caroline Graves trocken, Frankreich

Seeteufel-Saltimbocca

Zubereitungszeit: 45 Minuten

ZUTATEN FÜR 4 PERSONEN

300 G SEETEUFEL-FILET
1 SCHALOTTE
6 SALBEIBLÄTTER
BUTTERFLOCKEN ZUM MONTIEREN
ZITRONENSAFT
PFEFFER
6 DÜNN GESCHNITTENE SCHEIBEN PARMA-SCHINKEN
2 EL BUTTER
1 EL OLIVENÖL
100 ML WEISSWEIN
SALZ, CAYENNEPFEFFER

Den Backofen auf 80 °C Ober- und Unterhitze vorheizen. Das Fischfilet in sechs etwa daumengroße Stücke teilen. Die Schalotte schälen und sehr fein würfeln. Die Salbeiblätter waschen und trocken tupfen. Die Butterflocken ins Eisfach stellen.

Den Fisch mit Zitronensaft säuern und leicht pfeffern. Die Stücke mit je 1 Salbeiblatt belegen und in je 1 Scheibe Parma-Schinken wickeln. Butter mit Olivenöl in einer Pfanne erhitzen und die Saltimbocca-Päckchen unter Wenden bei mittlerer Hitze braten, dann herausnehmen und im Backofen warm stellen.

Wels-Saltimbocca auf feinem Linsengemüse

Die Schalottenwürfel in der Pfanne glasig andünsten, mit dem Weißwein ablöschen und einkochen lassen. Die Sauce mit Salz, Pfeffer und nach Belieben mit Cayennepfeffer abschmecken, dann die kalten Butterflöckchen einrühren, damit die Sauce sämig wird. Das Saltimbocca aus dem Ofen nehmen und auf Tellern zusammen mit der Sauce anrichten.

WEINEMPFEHLUNG
Grauburgunder Spätlese trocken, Baden

Wels-Saltimbocca auf feinem Linsengemüse

Zubereitungszeit: 1 Stunde

ZUTATEN FÜR 4 PERSONEN
4 WELSFILETS OHNE HAUT (À 200 G)
1 BUND GLATTE PETERSILIE
1 BUND BASILIKUM
1 BUND MINZE
1 BUND THYMIAN
150 G BLATTSPINAT
1 UNBEHANDELTE ZITRONE
250 G PUY-LINSEN
PFEFFER
8 SEHR DÜNN GESCHNITTENE SCHEIBEN PROSCIUTTO
OLIVENÖL
SALZ
200 ML GRIECHISCHER JOGHURT (10 % FETT)

Backofen auf 220 °C Ober- und Unterhitze vorheizen. Bei Bedarf mit einer Pinzette die Gräten aus dem Wels entfernen. Kräuter waschen, trocken tupfen und die Blätter fein hacken. Spinat verlesen, mehrfach gründlich waschen, trocken schleudern und grob hacken. Zitrone heiß abwaschen. Einige Zesten von der Zitronenschale abziehen, dann die Zitrone auspressen.

Die Linsen in einem Topf mit Wasser zum Kochen bringen und bei niedriger Temperatur ca. 25 bis 30 Minuten garen, bis sie weich sind.

Welsfilets leicht pfeffern, mit den Zitronenzesten und Thymianblättchen bestreuen und in je 2 Scheiben Schinken einrollen, sodass das ganze Filet bedeckt ist. In eine Pfanne geben, mit etwas Öl beträufeln und ca. 10 Minuten im Ofen garen, bis der Schinken goldbraun ist.

Die Linsen abgießen, etwas Wasser auffangen und beides wieder in den Topf geben. Mit Salz, Pfeffer und Zitronensaft abschmecken und 5 bis 6 EL Olivenöl zugießen. Kräuter und Spinat zugeben und bei starker Hitze zusammenfallen lassen. Joghurt mit etwas Salz und Pfeffer abschmecken. Den Wels mit den Linsen anrichten und etwas Joghurt über die Linsen geben.

WEINEMPFEHLUNG
Sancerre Blanc AOC Clos de Bouffants trocken, Frankreich

Seeteufel mit würzig-scharfer Salsa

Zubereitungszeit: 40 Minuten

ZUTATEN FÜR 4 PERSONEN
5 REIFE TOMATEN
2 SCHALOTTEN
1 KNOBLAUCHZEHE
½ SALATGURKE
4 ANCHOVISFILETS (SARDELLEN)
1 PEPERONCINI (GETROCKNETE CHILISCHOTE)
5 EL KAPERN
3 EL GEHACKTE PETERSILIE
2–3 EL BALSAMICOESSIG
8–10 EL OLIVENÖL
SALZ, PFEFFER
500 G SEETEUFEL

Die Tomaten überbrühen, abschrecken, häuten, Stielansatz entfernen, entkernen und das Fruchtfleisch in kleine Würfel schneiden. Schalotten und Knoblauch schälen und fein hacken. Die Salatgurke schälen, entkernen und fein würfeln. Anchovis, Peperoncini und Kapern fein hacken.

Alle Zutaten mit der Petersilie in einer Schüssel gut vermischen. Balsamicoessig sowie 6 bis 8 EL Olivenöl zugießen und mit Salz und Pfeffer abschmecken. Den Seeteufel in ca. 3 cm dicke Scheiben schneiden. In einer Pfanne das restliche Olivenöl stark erhitzen und die Fischscheiben von beiden Seiten garen. Mit Salz und Pfeffer würzen. Den Fisch auf Teller verteilen und mit der Sauce umgießen.

WEINEMPFEHLUNG
Sauvignon Blanc trocken, Südafrika

Kräuterfisch aus dem Ofen

Zubereitungszeit: 1 Stunde

ZUTATEN FÜR 4 PERSONEN
4 GROSSE, ETWA 20 CM LANGE ROTBARBEN (ODER 8 KLEINE)
2 KNOBLAUCHZEHEN
1 BUND ROSMARIN
6–7 EL OLIVENÖL
GETROCKNETER OREGANO
SALZ, PFEFFER
ZITRONENACHTEL ZUM GARNIEREN

Den Backofen auf 180 °C Ober- und Unterhitze vorheizen. Die geschuppten Rotbarben innen und außen gründlich waschen und mit Küchenkrepp trocknen. Die Flossen abschneiden. Die Knoblauchzehen schälen und fein hacken. Den Rosmarin waschen und trocknen.

In einem ofenfesten länglichen Bräter Olivenöl erhitzen und den Knoblauch darin glasig werden lassen. 2 gute Prisen Oregano dazugeben. Die Fische innen und außen leicht salzen und pfeffern. Pro Fisch einen kleinen Rosmarinzweig durch das heiße Knoblauchöl ziehen und in die Bauchhöhle stecken. Die Fische in die Form legen, das würzige Öl darüber löffeln und den Bräter in den Ofen schieben. Die Fische 25 bis 30 Minuten garen, dabei öfter mit dem Würzöl bestreichen. Mit Zitronenachteln garnieren und sehr heiß servieren.

WEINEMPFEHLUNG
Cordo Bianco trocken, Italien

Seeteufel mit exotischer Salsa

Zubereitungszeit: 45 Minuten

ZUTATEN FÜR 4 PERSONEN
1 PAPAYA
2 EL HELLES SESAMÖL
4 EL PFLANZENÖL
2 EL HELLE SOJASAUCE
7 EL LIMETTENSAFT
1 ROTE PEPERONI
2 FRÜHLINGSZWIEBELN
SALZ, PFEFFER
1 PRISE ZUCKER
1 KNOBLAUCHZEHE
1 WALNUSSGROSSES STÜCK INGWER
500 G SEETEUFEL

Die Papaya halbieren, mit einem Esslöffel die Kerne entfernen, das Fruchtfleisch aus der Schale lösen und sehr klein würfeln.

Ein Dressing aus Sesamöl, 2 EL Pflanzenöl, Sojasauce und 6 EL Limettensaft rühren. Peperoni und Frühlingszwiebeln putzen, waschen, in feine Ringe schneiden und mit den Papayawürfeln zum Dressing geben. Mit Salz, Pfeffer und Zucker abschmecken.

Knoblauch und Ingwer schälen und fein würfeln. Seeteufel in ca. 3 cm dicke Scheiben schneiden.

In einer Pfanne das restliche Pflanzenöl erhitzen und die Fischscheiben anbraten. Nach etwa 3 Minuten wenden und Knoblauch, Ingwer, Salz und Pfeffer zufügen. Den Fisch mit dem restlichen Limettensaft beträufeln und unter mehrmaligem Wenden garen. Den Seeteufel auf Tellern anrichten und die Papaya-Salsa dazu reichen.

WEINEMPFEHLUNG
Riesling Kabinett halbtrocken, Mosel

Fisch-Gemüse-Päckchen aus dem Ofen

Zubereitungszeit: 50 Minuten

ZUTATEN FÜR 4 PERSONEN

1 MÖHRE
1 KLEINER KNOLLENSELLERIE
1 STANGE LAUCH
SALZ
4 SAIBLINGSFILETS (À 140 G)
PFEFFER
ZITRONENSAFT
2 EL GEMISCHTE KRÄUTER (ESTRAGON, DILL, PETERSILIE, EVTL. KRESSE)
MÖGLICHST FRISCHER MEERRETTICH ODER MEERRETTICH AUS DEM GLAS
50 ML WEISSWEIN
3 EL BUTTER

Den Backofen auf 150 °C Ober- und Unterhitze vorheizen. Möhre, Sellerie und Lauch putzen, schälen bzw. waschen und in sehr feine Streifen schneiden. In kochendem Salzwasser bissfest garen und kalt abschrecken. Die Saiblingsfilets mit Salz, Pfeffer und etwas Zitronensaft würzen.

4 Blatt Alufolie nebeneinander ausbreiten, das Gemüse auf der Alufolie verteilen, jeweils einen Saibling auf das Gemüse setzen, mit Kräutern bestreuen und etwas frischen Meerrettich darüber hobeln bzw. Meerrettich aus dem Glas in sehr kleinen Mengen darauf verteilen. Den Weißwein dazugießen und die Butter in Flöckchen darauf setzen. Die Päckchen gut verschließen und im Backofen 7 bis 10 Minuten garen.

Die Fische aus der Folie nehmen und sofort servieren.

WEINEMPFEHLUNG
Riesling Q.b.A. trocken, Mosel

Thunfisch mit Zitronen-Lorbeer-Marinade

Zubereitungszeit: 30 Minuten plus 4 Stunden Marinierzeit

ZUTATEN FÜR 4 PERSONEN

4 CA. 3 CM DICKE SCHEIBEN FRISCHER THUNFISCH (À 200–250 G)
3 EL ZITRONENSAFT
SALZ, PFEFFER
6 EL OLIVENÖL
20 LORBEERBLÄTTER
20 G BUTTER

Die Thunfischscheiben kurz waschen und mit Küchenkrepp trocknen. 2 EL Zitronensaft mit Salz, Pfeffer und 4 EL Olivenöl verrühren. Den Thunfisch zusammen mit den halbierten Lorbeerblättern und dem Zitronenöl vorsichtig in einen Gefrierbeutel legen, gut verschließen und mindestens 4 Stunden im Kühlschrank unter gelegentlichem Wenden ziehen lassen. 2 EL Olivenöl mit der Butter in einer großen Pfanne erhitzen. Die Thunfischscheiben aus der Marinade heben und von den Lorbeerblättern befreien. In der Pfanne auf jeder Seite etwa 5 Minuten braten. Der Fisch muss gerade durch sein, darf aber nicht austrocknen. Anschließend salzen und leicht pfeffern.

Aus der Pfanne auf eine vorgewärmte Platte heben. Den Bratensatz vom Pfannenboden mit der Marinade (aber ohne die Lorbeerblätter) lösen, aufkochen und über den Fisch gießen. Nach Belieben mit frischen Lorbeerblättern garnieren.

WEINEMPFEHLUNG
Albarino Algareiro Rias Baixas DO trocken, Spanien

Chili-Tomatensauce auf Thunfisch

Zubereitungszeit: 45 Minuten

ZUTATEN FÜR 4 PERSONEN

2 ETWA 3 CM DICKE SCHEIBEN FRISCHER THUNFISCH (À 400–450 G)
2 EL FEIN GEHACKTE MINZE
1 EL FEIN GEHACKTER KORIANDER
SALZ, PFEFFER
5 KNOBLAUCHZEHEN
1 KG REIFE TOMATEN
½ BUND MINZE
6 EL OLIVENÖL
1–2 GETROCKNETE CHILISCHOTEN
1 ETWA 5–6 CM LANGE ZIMTSTANGE
½ TL GETROCKNETER OREGANO
1 EL KORIANDERKÖRNER
1 ROTE CHILISCHOTE
150 ML WEISSWEIN

Die Thunfischscheiben häuten, kurz abspülen und mit Küchenkrepp trocknen. Dunkle Stellen wegschneiden. Die gehackte Minze und den Koriander mit etwas Salz und Pfeffer im Mörser zerstampfen. 3 Knoblauchzehen schälen und mit der Presse dazudrücken. Zu einer Paste verrühren. Mit einem spitzen Messer Schlitze in das Fischfleisch schneiden und die Paste hineindrücken. Beiseitestellen.

Für die Sauce die Tomaten kurz überbrühen, abschrecken, häuten, entkernen und in Stücke schneiden. Die Minze waschen, die Blätter hacken. Die restlichen Knoblauchzehen schälen und fein würfeln.

In einem Topf 3 EL Olivenöl erhitzen. Den Knoblauch, die zerbröselten, getrockneten Chilischoten, die Zimtstange, Oregano und die Korianderkörner anrösten, bis der Knoblauch goldgelb ist. Die Minze, Tomatenstücke und die frische Chilischote zugeben und bei starker Hitze 5 bis 10 Minuten kochen lassen. Mit Salz und Pfeffer würzen.

Den Backofen auf 220 °C Ober- und Unterhitze vorheizen. In einem Bräter das restliche Olivenöl stark erhitzen. Die Thunfischscheiben auf jeder Seite 1 Minute anbraten, aus dem Bräter heben, salzen und pfeffern.

Das Öl aus dem Bräter mit Küchenkrepp auswischen. Den Weißwein in den Bräter gießen und 4 bis 5 Minuten einkochen lassen. Die Thunfischscheiben wieder in den Bräter legen, die Tomatensauce darüber gießen. Den Bräter in den Ofen schieben und den Thunfisch 10 Minuten darin garen.

WEINEMPFEHLUNG
Pinot Grigio halbtrocken, Australien

Gebratener Thunfisch mit süß-saurer Sauce

Zubereitungszeit: 45 Minuten

ZUTATEN FÜR 4 PERSONEN

2 MITTELGROSSE ZWIEBELN
½ BUND GLATTE PETERSILIE
1 UNBEHANDELTE ZITRONE
3 EL OLIVENÖL
SALZ
125 ML WASSER
1 TL ZUCKER
1 EL FEIN GEHACKTE ROSMARINNADELN
50 G ROSINEN
400 G TOMATENWÜRFEL
1 MSP. CAYENNEPFEFFER
4 THUNFISCH-SCHEIBEN (À 180 G)
PFEFFER

Die Zwiebeln schälen, halbieren und in dünne Scheiben schneiden. Petersilie waschen, trocken tupfen und fein hacken. Die Zitrone gründlich mit heißem Wasser abwaschen, trocken reiben, von der Schale Zesten reißen und dann den Saft auspressen.

In einer Pfanne 2 EL Olivenöl erhitzen und die Zwiebeln mit etwas Salz ca. 5 Minuten andünsten, aber nicht bräunen. Wasser und Zucker zugeben, mit Deckel weitere 10 Min. köcheln, bis die Zwiebeln sehr weich sind. Den Deckel abnehmen und unter Rühren die Zwiebeln karamellisieren.

Rosmarin, Rosinen, Tomaten sowie Zesten und Zitronensaft zugeben und alles etwas einköcheln lassen. Die Petersilie unterrühren und mit Cayennepfeffer abschmecken.

Eine Grillpfanne mit dem restlichen Olivenöl erhitzen. Die Thunfischscheiben salzen und pfeffern und maximal 1 Minute pro Seite in der Pfanne garen, bis sie gerade durch sind. Den Thunfisch und mit der süß-sauren Sauce servieren.

WEINEMPFEHLUNG
Riesling halbtrocken Q.b.A., Mosel

Thunfisch mit Asia-Sauce

Zubereitungszeit: 30 Minuten
plus 2 Stunden Marinierzeit

ZUTATEN FÜR 4 PERSONEN

1 ETWA 5–6 CM GROSSES STÜCK INGWER
2 FRÜHLINGSZWIEBELN
4 SCHEIBEN THUNFISCH (À 180 G)
2 EL AKAZIENHONIG
4 EL BALSAMICOESSIG
8 EL SOJASAUCE
6 EL HELLES SESAMÖL ODER PFLANZENÖL
1 TL CHILIPASTE
1 TL GEMAHLENER KORIANDER
SALZ

Ingwer schälen und reiben. Frühlingszwiebeln putzen, waschen und fein hacken. Thunfischscheiben mit den gehackten Frühlingszwiebeln und dem Ingwer bestreuen.

Aus Honig, Balsamicoessig, Sojasauce, Sesamöl, Chilipaste und dem gemahlenen Koriander eine Marinade rühren und über den Fisch gießen. Zugedeckt etwa 1 bis 2 Stunden marinieren.

Eine Grillpfanne erhitzen. Den Fisch aus der Marinade nehmen und etwas abtropfen lassen.

Den Thunfisch in die sehr heiße Pfanne geben und von beiden Seiten kurz scharf anbraten. Der Fisch bleibt innen roh. Den Thunfisch aus der Pfanne nehmen und warm stellen.

Die Marinade in die heiße Pfanne gießen, etwas reduzieren lassen und eventuell mit 1 Prise Salz abschmecken. Thunfischscheiben auf Tellern anrichten. Mit der Honigsauce übergießen.

WEINEMPFEHLUNG
Riesling trocken, Rheinhessen

Gedämpfter Heilbutt

Zubereitungszeit: 45 Minuten

ZUTATEN FÜR 2 PERSONEN

2 ETWA 1 CM DICKE SCHEIBEN VOM WEISSEN HEILBUTT
1 BUND BRUNNENKRESSE
2 FRÜHLINGSZWIEBELN
1 KLEINE MITTELSCHARFE ROTE CHILISCHOTE
1 UNBEHANDELTE LIMETTE
WERMUT
SALZ, PFEFFER

Die Fischscheiben mit Küchenkrepp trocknen, beiseitestellen. Die Brunnenkresse verlesen, dicke Stiele entfernen. Blätter waschen und trocknen. Die Frühlingszwiebeln waschen und putzen, den weißen und hellgrünen Teil schräg in Streifen schneiden. Die Chilischote halbieren, entkernen und in feine Streifen schneiden. Die Limette heiß waschen, trocken reiben und mit dem Zestenreißer dünne Späne von der Schale ziehen. Die Limette in Scheiben schneiden.

Einen Topf mit Dämpfeinsatz etwa 2 bis 3 cm hoch mit einer Mischung aus halb Wermut, halb Wasser füllen. Ein paar Limettenscheiben sowie 1 TL Salz zugeben und zugedeckt aufkochen. Die Brunnenkresse auf dem Dämpfeinsatz verteilen. Die Fischscheiben großzügig salzen, pfeffern und auf die Kresse legen. Limettenspäne, Frühlingszwiebel- und die Chilistreifen darüber streuen.

Den Einsatz in den Topf heben und sofort den Deckel auflegen. Den Fisch 10 bis 12 Minuten dämpfen (dickere Fischscheiben brauchen länger), dabei den Deckel nicht abheben.

Nach dem Dämpfen den Fisch samt der Brunnenkresse mit einem Schaumlöffel auf vorgewärmte Teller heben und servieren.

WEINEMPFEHLUNG
Weißer Burgunder Q.b.A. trocken, Pfalz

Heilbutt mit Roter Bete

Zubereitungszeit: 35 Minuten

ZUTATEN FÜR 4 PERSONEN

5-6 EL KALTE BUTTER
100 G ROTE ZWIEBELN
1 EL HIMBEERESSIG
100 ML ROTE-BETE-SAFT
1 MSP. ZUCKER
SALZ, PFEFFER
1 SPRITZER ZITRONENSAFT
800 G HEILBUTTFILET MIT HAUT
MEHL

2–3 EL Butter in kleinen Flocken ins Eisfach legen. Die Zwiebeln schälen und in Streifen schneiden.

In einen Topf mit 1 EL Butter geben und andünsten, mit Himbeeressig ablöschen und kurz einkochen lassen. Dann mit dem Rote-Bete-Saft aufgießen. Den Zucker dazugeben und etwa 15 Minuten köcheln lassen. Mit Salz, Pfeffer und 1 Spritzer Zitronensaft abschmecken.

Das Heilbuttfilet in 4 gleich große Stücke teilen, mit Salz und Pfeffer würzen. Die Heilbuttfilets auf der Hautseite leicht einschneiden und diese leicht mit Mehl bestäuben. In einer Pfanne mit 2 EL Butter zuerst auf der Hautseite goldgelb braten, immer wieder mit Butter übergießen, wenden und fertig braten. Vor dem Servieren die kalte Butter in die Sauce rühren, mit dem Heilbutt anrichten und servieren.

WEINEMPFEHLUNG
Chablis 1er Cru Montmains, Frankreich

Der gute Tipp

Zu den bekanntesten „Plattfischen" gehören Heilbutt, Scholle, Rotzunge, Seezunge und Steinbutt. Sie sind fast grätenfrei und ideal für Kinder. Für sie eignet sich auch der grätenfreie Seeteufel.

Gegrillter Schwertfisch

Zubereitungszeit: 15 Minuten

ZUTATEN FÜR 1 PERSON
1 GROSSE ODER 2 KLEINE
CA. 2 CM DICKE SCHWERTFISCHSCHEIBEN
2 EL OLIVENÖL
SALZ, PFEFFER
2 EL ZITRONENSAFT

Die Schwertfischscheiben mit wenig Olivenöl bestreichen und in einer mittelheißer Grillpfanne etwa 3 Minuten pro Seite braten. Der Fisch soll leicht gebräunt sein, darf aber nicht austrocknen.

Nach dem Grillen salzen, leicht pfeffern und mit einer Mischung aus gleichen Teilen Olivenöl und Zitronensaft übergießen.

WEINEMPFEHLUNG
Albarino Algareiro Rias Baixas DO trocken, Spanien

Wolfsbarsch mit Zitrusmarinade

Zubereitungszeit: 35 Minuten
plus 1 Stunde Marinierzeit

ZUTATEN FÜR 4 PERSONEN
500 G WOLFSBARSCHFILET OHNE GRÄTEN UND HAUT
1 UNBEHANDELTE LIMETTE
1 UNBEHANDELTE ZITRONE
1 UNBEHANDELTE ORANGE
1 BUND THYMIAN
2–3 EL OLIVENÖL
SALZ, PFEFFER
1–2 EL AKAZIENHONIG

Den Fisch in kleine Medaillons schneiden.

Von Orange und Limette die Schale abreiben. Alle Früchte auspressen.

Thymian waschen, trocknen und die Blättchen von den Zweigen zupfen. Den Zitrussaft mit Olivenöl, Salz, Pfeffer und der abgeriebenen Schale verrühren. Die Fischmedaillons darin etwa 1 Stunde ziehen lassen. Dabei ab und zu wenden.

Den Fisch auf Küchenkrepp abtropfen lassen, mit Thymian bestreuen, leicht salzen und pfeffern. Etwas Olivenöl in der Pfanne erhitzen und den Fisch von beiden Seiten anbraten. Die Medaillons aus der Pfanne nehmen und warm stellen.

Die Marinade in die Pfanne gießen, etwas reduzieren lassen, den Honig dazugeben und alles kurz aufkochen. Die Fischmedaillons zurück in die Pfanne geben und kurz in der Sauce ziehen lassen. Fisch auf Tellern anrichten und mit der Sauce übergießen.

WEINEMPFEHLUNG
Sancerre, Frankreich

Forelle blau

Zubereitungszeit: 1 Stunde

ZUTATEN FÜR 4 PERSONEN
250 G ZWIEBELN
1 BUND SUPPENGRÜN
1 KNOBLAUCHZEHE
4 WACHOLDERBEEREN
500 ML WEISSWEIN
½ TL ANISSAMEN
2 LORBEERBLÄTTER
5 NELKEN
2 TL SENFKÖRNER
12 SCHWARZE PFEFFERKÖRNER
3 TL MEERSALZ
1 TL ZUCKER
4 STÄNGEL DILL
4 STÄNGEL GLATTE PETERSILIE
4 FANGFRISCHE KÜCHENFERTIGE FORELLEN (À 300 G)
SAFT VON ½ ZITRONE
8 EL WEISSWEINESSIG
2 EL BUTTER

Für den Sud die Zwiebeln schälen und in dünne Ringe schneiden. Das Suppengrün putzen, waschen und schälen. Den Knoblauch in der Schale andrücken und die Wacholderbeeren im Mörser leicht andrücken.

In einem ovalen Topf 2 l Wasser mit Zwiebeln, Suppengemüse, Weißwein, Anis, Lorbeerblättern, Nelken, Senfkörnern, Knoblauch, Wacholderbeeren und Pfefferkörnern aufkochen und bei mittlerer Hitze 20 Minuten köcheln lassen. Mit 2 TL Meersalz und 1 TL Zucker würzen. Dill und Petersilie waschen, trocken tupfen und abzupfen. Aus den Stängeln ein Kräutersträußchen binden und mit in den Sud legen.

Die Forellen waschen, trocken tupfen, nur innen mit dem restlichem Meersalz und dem Zitronensaft würzen und die Bauchhöhlen mit den abgezupften Kräutern füllen.

Etwa 6 EL Weißweinessig in den Sud geben, die Forellen mit dem restlichem Essig beträufeln, in den Topf legen und etwa 7 Minuten darin ziehen lassen. Der Fisch ist gar, wenn sich die Rückenflosse leicht herausziehen lässt.

Die Butter in einem Topf schmelzen lassen. Die Forellen vorsichtig aus dem Sud heben und mit der zerlassenen Butter servieren. Dabei kann man auch die gegarten Zwiebeln und etwas von der Flüssigkeit mit anrichten.

WEINEMPFEHLUNG
Sancerre Blanc trocken, Frankreich

Miesmuscheln ganz einfach

Zubereitungszeit: 45 Minuten

ZUTATEN FÜR 4 PERSONEN
2 KG MIESMUSCHELN
2–3 ZWIEBELN
1 BUND SUPPENGRÜN
2 EL PFLANZENÖL
100 ML TROCKENER WEISSWEIN
1 LORBEERBLATT
SALZ, WEISSER PFEFFER

Die Muscheln mit einer Bürste sehr gründlich schrubben, die außen hängenden Bärte entfernen. Muscheln, die sich nicht schließen, entsorgen.

Die Zwiebeln schälen und in feine Ringe schneiden. Das Suppengrün putzen, schälen und fein schneiden. In einem großen Topf Öl erhitzen, Suppengrün und die Zwiebeln glasig dünsten.

Mit Wein ablöschen und die Muscheln mit dem Lorbeerblatt in den Topf geben. Sofort mit dem Deckel verschließen und bei starker Hitze 5 bis 10 Minuten kochen, bis sich alle Muscheln geöffnet haben. Dabei den Topf ab und zu kräftig rütteln. Mit etwas Salz und viel weißem Pfeffer würzen.

Geschlossene Muscheln aussortieren, da sie verdorben sein können. Die geöffneten mit Sud in einer Terrine servieren.

WEINEMPFEHLUNG
Muscadet Sèvre et Maine sur lie AOC, Frankreich

Sesam-Thunfisch mit Avocado-Wasabi

Zubereitungszeit: 35 Minuten

ZUTATEN FÜR 4 PERSONEN
2 UNBEHANDELTE LIMETTEN
1 GROSSE GRÜNE CHILISCHOTE
5 EL SCHWARZE SESAMKÖRNER
2 AVOCADOS
100 G SAURE SAHNE
SALZ, PFEFFER
3–4 EL WASABI
4 THUNFISCHFILETS
3 EL ERDNUSSÖL

Die Limetten gründlich mit heißem Wasser abwaschen, trocken reiben, von der Schale Zesten reißen und fein hacken. Dann 4 EL Saft auspressen. Die Chili längs halbieren, entkernen und fein hacken.

Sesam auf einem flachen Teller verteilen. Die Avocados halbieren und den Kern entfernen. Das Fruchtfleisch mit einem Löffel aus den Schalen heben, mit einer Gabel zerdrücken, sofort mit Limettensaft vermischen und dann durch ein Sieb streichen.

Mit der sauren Sahne und drei Viertel der Zesten vermengen. Mit Salz, Pfeffer und Wasabi abschmecken und mit dem größten Teil der fein gehackten Chili verrühren.

Restliche Zesten und Chili darüber streuen.

Die Thunfisch-Filets von allen Seiten fest in die Sesamkörner drücken, sodass eine Kruste entsteht. Öl stark erhitzen und den Fisch von beiden Seiten je ca. 1 Minute braten, innen soll er noch roh sein. Mit dem Avocado-Wasabi angerichtet servieren.

WEINEMPFEHLUNG
Silvaner Kabinett trocken, Franken

Sesam-Thunfisch mit Avocado-Wasabi

Tintenfischpfanne mit Asiagemüse

Zubereitungszeit: 35 Minuten

ZUTATEN FÜR 4 PERSONEN
450 G KLEINE TIEFGEKÜHLTE TINTENFISCH-TUBEN (CALAMARI)
1 STANGE LAUCH
JE 1 KLEINE ROTE UND GELBE PAPRIKASCHOTE
150 G SOJASPROSSEN
1 KNOBLAUCHZEHE
3 STÄNGEL THAI-BASILIKUM
4 EL PFLANZENÖL
2 GETROCKNETE CHILISCHOTEN
2–3 EL SOJASAUCE
4–5 EL LIMETTENSAFT
PFEFFER

Die Tintenfische auftauen, trocken tupfen und in 3 bis 5 cm breite Ringe schneiden. Das Weiße und Hellgrüne vom Lauch waschen und längs in dünne Streifen schneiden. Die Paprikaschoten waschen, vierteln, Kerne und Innenhäute entfernen und in feine Streifen schneiden. Die Sojasprossen in einem Sieb mit kochendem Wasser überbrühen. Den Knoblauch schälen und fein hacken. Basilikum waschen, trocken tupfen, die Blätter abzupfen und klein schneiden.

In einer Pfanne oder einem Wok das Öl sehr stark erhitzen und die Tintenfische scharf anbraten. Hitze etwas reduzieren, Lauch, Paprika, Knoblauch sowie Chili dazugeben und 2 bis 3 Minuten unter Rühren braten. Mit Sojasauce und Limettensaft ablöschen. Sprossen und Basilikum untermischen und mit Pfeffer abschmecken.

WEINEMPFEHLUNG
Sauvignon Blanc trocken, Neuseeland

Gebratener Schwertfisch mit Balsamico-Sauce

Gebratener Schwertfisch mit Balsamico-Sauce

Zubereitungszeit: 35 Minuten

ZUTATEN FÜR 4 PERSONEN
4 SCHALOTTEN
500 G BLAUE TRAUBEN
4 EL BUTTER
120 ML BALSAMICOESSIG
500 ML HÜHNERBRÜHE
SALZ, PFEFFER
CAYENNEPFEFFER
4 SCHEIBEN SCHWERTFISCH (À 175 G)
2 EL OLIVENÖL

Die Schalotten schälen und in feine Würfel schneiden. Die Trauben waschen, halbieren und gegebenenfalls entkernen.

In einem Topf 2 EL Butter erhitzen und die Schalotten darin goldgelb rösten. Mit Balsamicoessig und Hühnerbrühe ablöschen. Die Trauben dazugeben und kurz aufkochen. Die Hitze reduzieren und 2 Minuten köcheln lassen. Die Trauben mit einer Schaumkelle herausnehmen und in eine Schüssel geben. Die Flüssigkeit auf die Hälfte einkochen und mit Salz, Pfeffer und Cayennepfeffer abschmecken. Die restliche Butter unterrühren, die Trauben zurück in den Topf geben und alles leicht auskühlen lassen.

Den Fisch auf beiden Seiten mit Olivenöl einpinseln, salzen und pfeffern. In einer Grillpfanne bei mittlerer Hitze unter mehrmaligem Wenden 8 bis 10 Minuten braten und mit der Balsamico-Trauben-Sauce anrichten.

WEINEMPFEHLUNG
Johannisberger Riesling Q.b.A., Rheingau

In Wein geschmorter Oktopus

Zubereitungszeit: 1,5 Stunden

ZUTATEN FÜR 4 PERSONEN
1 KG KÜCHENFERTIGER OKTOPUS
2–3 ZWIEBELN
3–5 KNOBLAUCHZEHEN
2–3 TOMATEN
6–7 EL OLIVENÖL

2 LORBEERBLÄTTER
250 ML WEIN (ROT ODER WEISS)
SALZ, PFEFFER
1–2 EL BALSAMICOESSIG

Oktopus waschen, die Körperhöhle gut ausspülen. Die Mundöffnung, die zwischen den Fangarmen auf der Unterseite zu sehen ist, ausschneiden. Oktopus in 3 bis 5 cm breite Stücke schneiden.

Die Zwiebeln schälen, halbieren und in Streifen schneiden. Den Knoblauch schälen und fein hacken. Tomaten überbrühen, abschrecken, häuten, entkernen und in Stücke schneiden. In einer breiten Kasserolle das Olivenöl erhitzen. Die Oktopusstücke anbraten. Sobald sie rotbraun sind, Zwiebeln, Knoblauch sowie Lorbeer zugeben und 10 bis 15 Minuten dünsten.

Die Tomaten zugeben und den Wein unterrühren. Zugedeckt bei schwacher Hitze etwa 1 Stunde schmoren. Mit Salz, viel Pfeffer und dem Essig pikant abschmecken.

WEINEMPFEHLUNG
Sancerre, Frankreich

Calamari mit Tomaten-Oliven-Sauce

Zubereitungszeit: 50 Minuten

ZUTATEN FÜR 4 PERSONEN
800 G KÜCHENFERTIGE KLEINE TINTENFISCHE
1 DOSE GESCHÄLTE TOMATEN (850 G)
2 ZWIEBELN
2 KNOBLAUCHZEHEN
50 G ENTSTEINTE SCHWARZE OLIVEN
1 BUND PETERSILIE
6 EL OLIVENÖL
SALZ
125 ML WEISSWEIN
1 GETROCKNETE CHILISCHOTE
PFEFFER

Die Tintenfische unter fließendem Wasser waschen. Dann die dünne Haut vom tubenförmigen Tintenfischkörper abziehen. Die Körper innen gründlich waschen, das Fischbein entfernen. Körper und Köpfe mit Küchenpapier sorgfältig abtrocknen und in Streifen schneiden. Tomaten abtropfen lassen und in grobe Stücke schneiden.

Die Zwiebeln und den Knoblauch schälen und fein hacken. Die Oliven in feine Streifen schneiden, die Petersilie waschen, trocknen und die Blättchen fein hacken.

In einem breiten Topf das Olivenöl erhitzen. Die Tintenfischstreifen unter ständigem Wenden kurz und scharf anbraten. Salzen, die Zwiebeln zugeben und unter Rühren glasig dünsten. Den gehackten Knoblauch, die Tomatenstücke und den Wein zugeben. Die Chilischote dazubröseln und alles aufkochen. Zugedeckt etwa 15 Minuten bei schwacher Hitze köcheln lassen. Wenn die Calamari weich sind, die Oliven unterrühren und die Sauce ohne Deckel noch 5 Minuten einkochen lassen. Mit Salz und Pfeffer abschmecken und mit Petersilie bestreut servieren.

WEINEMPFEHLUNG
Gavi di Gavi trocken, Italien

Asia-Garnelen

Zubereitungszeit: 25 Minuten
plus 1 Stunde Marinierzeit

ZUTATEN FÜR 4 PERSONEN
1 WALNUSSGROSSES STÜCK INGWER
2 FRÜHLINGSZWIEBELN
2 KNOBLAUCHZEHEN
3 EL DUNKLES SESAMÖL
3 EL SOJASAUCE
1 EL BRAUNER ZUCKER
1 EL SESAMKÖRNER
1 EL SÜSSE CHILI-SAUCE
125 ML REISWEIN ODER TROCKENER SHERRY
½ TL 5-GEWÜRZE-PULVER
750 G GROSSE GESCHÄLTE GARNELEN
2–3 EL PFLANZENÖL

Ingwer schälen und in Scheiben schneiden. Frühlingszwiebeln putzen, waschen, das Grün für die Dekoration in dünne Ringe schneiden, das Weiße halbieren. Knoblauch andrücken.

3 EL Sesamöl, Sojasauce, Zucker, Sesamkörner, Chili-Sauce, Reiswein und 5-Gewürze-Pulver in einer großen Schüssel zu einer Marinade verrühren. Knoblauch, Ingwer sowie das Weiße der Frühlingszwiebel zugeben und die Garnelen darin zugedeckt ca. 1 Stunde marinieren.

Anschließend das Pflanzenöl in einer Pfanne erhitzen, die Garnelen aus der Marinade heben und 5 Minuten anbraten. Die Marinade durch ein Sieb passieren und zu den Garnelen in die Pfanne geben. Bei mittlerer Hitze zu einer sirupartigen Konsistenz einkochen. Die Garnelen mit etwas Sauce und dem Grün der Frühlingszwiebeln bestreut anrichten.

WEINEMPFEHLUNG
Chardonnay trocken, Südafrika

Riesenkrabben mit Tomatensalsa

Zubereitungszeit: 1 Stunde

ZUTATEN FÜR 4 PERSONEN
12 UNGESCHÄLTE HUMMERKRABBEN-SCHWÄNZE ODER SHRIMPS
2–3 TOMATEN
1 BUND FRÜHLINGSZWIEBELN
3 EL OLIVENÖL
NACH BELIEBEN 2–3 GEHACKTE KNOBLAUCHZEHEN
60 ML TROCKENER WERMUT
SALZ
1 MSP. CAYENNEPFEFFER
1 BUND PETERSILIE

Hummerkrabbenschwänze mit einem scharfen Messer der Länge nach durch den Panzer halbieren, den dunkleren Darm auf der Rückenseite entfernen und kurz unter fließendem Wasser abspülen.

Die Tomaten mit kochendem Wasser überbrühen, abschrecken, enthäuten, halbieren und die Kerne entfernen. Das Tomatenfleisch in kleine Würfel schneiden. Die Frühlingszwiebeln putzen, waschen und den weißen Teil in ca. 1 cm dicke Scheiben schneiden.

Den Backofen auf 200 °C Ober- und Unterhitze anheizen. In einem flachen, ofenfesten Bräter das Öl stark erhitzen und die Garnelenhälften sehr kurz, nur 3 bis 4 Minuten, auf beiden Seiten anrösten, dann herausnehmen.

Die Tomatenwürfel mit Zwiebelringen und gehacktem Knoblauch in der Pfanne unter Rühren andünsten, mit Wermut ablöschen und die Flüssigkeit etwas einkochen lassen. Mit Salz und Cayennepfeffer würzen und in ein Schüsselchen füllen.

Die Hummerkrabbenhälften mit der Fleischseite nach oben in die Pfanne legen, die Tomaten-Zwiebel-Mischung darüber verteilen und im Backofen 10 Minuten garen.

In der Zwischenzeit die Petersilie waschen, trocknen, fein hacken und vor dem Servieren über die Hummerkrabben streuen.

WEINEMPFEHLUNG
Albarino Algareiro Rias Baixas DO trocken, Spanien

Der gute Tipp

Anstatt Fischfilets wie zum Beispiel von der Forelle, Scholle oder Lachs lieber einen ganzen Fisch kaufen, zuhause im Ganzen braten und dann erst filetieren. So bleibt das Fleisch am saftigsten und aromatischsten.

Shrimps aus dem Wok

Zubereitungszeit: 45 Minuten

ZUTATEN FÜR 4 PERSONEN
500 G MITTELGROSSE, MÖGLICHST ROHE, UNGESCHÄLTE SHRIMPS OHNE KOPF
1 GROSSE GRÜNE PAPRIKASCHOTE
1 ETWA 3–4 CM GROSSES STÜCK INGWER
2 KNOBLAUCHZEHEN
3 EL ERDNUSSÖL
1 EL SHERRY
SALZ

FÜR DIE SAUCE:
3 EL KETCHUP
1 TL ZUCKER
2 TL SHERRY
1 TL SPEISESTÄRKE
1 EL LEICHTE SOJASAUCE
200 ML HÜHNERBRÜHE

Die Shrimps schälen, den Darm auf der Rückenseite mit einem spitzen Messer herausholen, kurz unter fließendem Wasser waschen und so weit anschneiden, dass man sie flach aufdrücken kann. Mit Küchenkrepp gründlich abtrocknen.

Die Paprikaschote waschen, halbieren und Kerne sowie helle Trennwände entfernen. Die Schotenhälften erst längs in Streifen und diese dann quer in kleine Würfel schneiden. Die Ingwerwurzel schälen und raspeln oder sehr fein hacken. Knoblauchzehen schälen und fein hacken.

Für die Sauce Ketchup mit Zucker, Sherry, Speisestärke, Sojasauce und Hühnerbrühe glatt rühren. Einen Wok erhitzen. 1 EL Öl hineingeben und heiß werden lassen.

Die Paprikawürfel 1 Minute darin unter Rühren dünsten, herausnehmen und beiseitestellen. 2 EL Öl in den Wok geben und den Knoblauch leicht anbräunen. Herausnehmen und zu den Paprikawürfeln geben.

Die Shrimps mit dem Ingwer so lange im Öl unter Wenden braten, bis die Shrimps leicht bräunen und gar sind. Bereits gekochte Shrimps nur kurz erhitzen. Den Sherry und etwas Salz zugeben und ½ Minute unterrühren. Die Sauce darübergießen und so lange im heißen Wok rühren, bis sie gebunden ist. Paprika und Knoblauch dazugeben, salzen und alles gut mischen.

WEINEMPFEHLUNG
Blanc de Noirs Cuvée trocken, Württemberg

Seelachsröllchen

Zubereitungszeit: 45 Minuten

ZUTATEN FÜR 4 PERSONEN
1 UNBEHANDELTE ZITRONE
2–3 ZWEIGE ESTRAGON
1 SCHALOTTE
4 SEELACHSFILETS (À 100 G)
PFEFFER
4 SEHR DÜNNE SCHEIBEN FRÜHSTÜCKSSPECK (BACON)
2 EL OLIVENÖL
125 ML WEISSWEIN
100 ML SAHNE
SALZ

Die Zitrone gründlich waschen, trocken reiben, einen Teil der Schale abreiben und den Saft auspressen. Estragon waschen, trocken tupfen, die Blättchen abzupfen und hacken. Schalotte schälen und sehr fein würfeln.

Fischfilets mit Zitronensaft beträufeln, mit Pfeffer würzen und mit einem Teil der Estragonblätter bestreuen. Jedes Filet in eine Scheibe Bacon einrollen.

Das Olivenöl in einer Pfanne erhitzen. Die Fischröllchen von allen Seiten 6 bis 7 Minuten garen, herausnehmen und warm stellen.

Schalottenwürfel in der Pfanne glasig anschwitzen, Wein und Zitronensaft angießen und stark einkochen lassen. Sahne zugeben und weiterköcheln, bis die Sauce eine sämige Konsistenz hat. Restliche Estragonblättchen und abgeriebene Zitronenschale nach Geschmack hineinstreuen und mit Salz und Pfeffer abschmecken. Die Fischröllchen zur Sauce geben und servieren.

WEINEMPFEHLUNG
Sauvignon Blanc trocken, Frankreich

Wolfsbarschfilet mit Vanillebutter

Zubereitungszeit: 45 Minuten

ZUTATEN FÜR 4 PERSONEN
100 G BUTTER
1 SCHALOTTE
1 TOMATE
4 STÄNGEL KERBEL
½ ZITRONE
2 VANILLESCHOTEN
100 ML TROCKENER WERMUT
4 EL WEISSWEINESSIG
300 ML FISCHFOND
SALZ, PFEFFER
4 GESCHUPPTE WOLFSBARSCHFILETS MIT HAUT
1–2 EL BUTTERSCHMALZ

Die Butter in kleine Stückchen schneiden und ins Tiefkühlfach legen.

Die Schalotte schälen. Die Tomate mit kochendem Wasser überbrühen, abschrecken, häuten, Stielansatz entfernen und entkernen. Das Fruchtfleisch in Würfel schneiden. Den Kerbel waschen, trocken tupfen und grob hacken. Die Zitrone auspressen. Die Vanilleschoten der Länge nach halbieren und das Mark mit einem kleinen Messer herauskratzen.

Wermut und Essig mit dem Vanillemark in einer Pfanne erhitzen. Die Schalotte durch eine Knoblauchpresse dazudrücken, aufkochen und rasch auf etwa 2 Esslöffel einkochen lassen. Fischfond dazugießen und auf etwa 6 Esslöffel reduzieren. Kerbel und Tomatenwürfel hinzufügen und mit Salz und Pfeffer abschmecken. Beiseitestellen und die kalte Butter einrühren, damit die Sauce fester wird. Auf kleiner Flamme warm halten.

Die Fischfilets mit Zitronensaft leicht säuern, salzen und pfeffern. Butterschmalz erhitzen und die Filets auf der Hautseite knusprig braten, wenden und schnell fertig garen. Den Fisch mit der Vanillebutter auf Tellern servieren.

WEINEMPFEHLUNG
Pouilly Fuissé, Frankreich

Der gute Tipp

Die Frische von Meeresfrüchten wie Garnelen, Krabben oder Gambas erkennt man an der leuchtenden, transparenten Farbe. In gegartem Zustand sollten sie feucht und rot sein.
Frisch gekaufte Meeresfrüchte und Fisch sollten möglichst am selben Tag zubereitet werden, ansonsten sofort nach dem Einkauf einfrieren. Vorsicht: Muscheln lassen sich nicht einfrieren.

Wolfsbarschfilet mit Vanillebutter

GEFLÜGEL

Stubenkükenroulade im Petersilienmantel mit getrüffelter Keule und kleinem Frikassee

ZUTATEN FÜR 4 PERSONEN

FÜR DIE STUBENKÜKENROULADE:
2 STUBENKÜKEN
40 G TRÜFFELSCHEIBEN
SALZ, PFEFFER AUS DER MÜHLE
40 ML ÖL
40 G BUTTER
100 G WURZELGEMÜSE UND ZWIEBEL, IN WÜRFELN
1 TL TOMATENMARK
20 ML MADEIRA
400 ML BRÜHE, UNGEWÜRZT
30 G KALTE SALZBUTTER
1 BUND GLATTE PETERSILIE
BUTTER ZUM EINFETTEN
70 G POULARDENFARCE
70 G PFIFFERLINGE, IN SEHR FEINEN WÜRFELN
40 ML WERMUT (Z. B. NOILLY PRAT)

FÜR DAS PETERSILIENWURZEL-PÜREE:
200 G PETERSILIENWURZEL
SALZ
30 G BUTTER
CAYENNEPFEFFER

FÜR DIE PETERSILIENWURZEL-SAUCE:
1 SCHALOTTE
150 G PETERSILIENWURZEL
10 G BUTTER
50 ML WEISSWEIN
50 ML WERMUT (Z. B. NOILLY PRAT)
50 ML GEFLÜGELBRÜHE
50 ML SAHNE
1 LORBEERBLATT
SALZ
CAYENNEPFEFFER
20 G KALTE BUTTER

ANRICHTEN:
8 PEPQUINOS, IN SCHEIBEN
100 G GURKENPERLEN
4 RADIESCHEN, IN SPALTEN

Die Stubenküken auslösen. Die Haut der Brüste entfernen. Bei den Keulen den Oberschenkelknochen auslösen und vom Unterschenkelknochen trennen, die Haut des Oberschenkels ablösen und in je drei Teile schneiden.

Die Unterschenkel blank putzen. Die Trüffelscheiben direkt unter die Haut schieben. Salzen, pfeffern und in 20 ml Öl ringsherum anbraten, abschließend in 10 g Butter nachbraten.

Die Karkassen in einem Bräter im restlichen Öl anbraten. Gemüse- und Zwiebelwürfel sowie Tomatenmark zugeben, kurz mitrösten und mit Madeira ablöschen. Zum Schluss mit Brühe aufgießen. 1 Stunde köcheln lassen, dann durch ein Sieb passieren und die Flüssigkeit auf 100 ml reduzieren. Mit Salzbutter aufmixen, mit Salz sowie Pfeffer abschmecken und bis zum Servieren warm halten.

Für den Petersilienmantel von der Petersilie die Blätter abzupfen, kurz in kochendem Wasser blanchieren, in Eiswasser abschrecken und gut abtropfen lassen.

Die Stubenkükenbrüste plattieren und salzen, gebutterte Alufolienstücke mit Petersilienblättern auslegen, je eine Brust auflegen, mit etwas von der Farce und den angeschwitzten und abgetrockneten Pfifferlingswürfeln bestreichen. In der Alufolie aufrollen, fest verschließen und im 80 °C warmen Wasserbad ca. 8 Minuten garen. Auspacken und ruhen lassen. Vor dem Servieren kurz in der restlichen Butter nachbraten.

Die Keulenstücke salzen und in eine Sauteuse geben. Mit etwas Wermut beträufeln und im vorgeheizten Backofen bei 180 °C Ober- und Unterhitze kurz garen.

Für das Püree Petersilienwurzel schälen, in feine Stücke schneiden und in Salzwasser gar kochen. In ein Tuch geben, ausdrücken und heiß mit der Butter mixen. Mit Salz und Cayennepfeffer abschmecken.

Für die Petersilienwurzelsauce Schalotte und Petersilienwurzel schälen und klein schneiden. Butter erhitzen, beides zugeben und anschwitzen. Mit Weißwein, Wermut, Geflügelbrühe sowie Sahne auffüllen und 1 Lorbeerblatt zugeben. Ca. 10 Minuten kochen, Lorbeerblatt entfernen, dann mixen und durch ein Sieb streichen. Mit Salz sowie Cayennepfeffer abschmecken und mit Butter aufschäumen.

Zum Anrichten des Frikassees die Keulenstücke, Pepquinos, Gurkenperlen sowie Radieschen zugeben und in der Sauce erwärmen. Den Trüffel in Scheiben schneiden, zu jeweils einer Rosette legen, leicht erwärmen, anrichten, etwas Petersilienwurzelpüree darauf geben. Die Stubenkükenroulade in Scheiben schneiden und auflegen. Die Petersilienwurzelsauce mit den Stubenkükenkeulen dekorativ dazu anrichten und in die Mitte den gebratenen Stubenkükenunterschenkel setzen und mit der Madeira-Poulardensauce beträufeln.

WEINEMPFEHLUNG
Grauburgunder Spätlese trocken, Baden

Hans Stefan Steinheuer

Hans Stefan Steinheuers Küche bestimmt einzig und allein sein ganz individueller Stil. Er setzt klare regionale Akzente: Spargel kommt beispielsweise frisch gestochen aus dem nahe gelegenen Remagen, Gemüse aus dem Vorgebirge und das Obst aus dem Meckenheimer Umland. Manche Zutaten gibt es nicht innerhalb des Ahrtals und in dessen Nachbarschaft. Dann überschreitet der renommierte Sternekoch gerne seine heimatlichen Grenzen. Höchste Qualität der Zutaten ist für ihn wichtigstes Gebot, ebenso wie die Harmonie der Aromen. Für „Das Gute essen" hat der Sternekoch Stubenküken mit Trüffel geadelt.

Feine Variante des Frikassees

Statt Roulade vom edlen Stubenküken ein saftiges Perlhuhnbrüstchen. Das dunkle, leicht bläulich schimmernde Fleisch erinnert geschmacklich an Fasan und gehört mit nur drei Prozent Fett zu den magersten Geflügelsorten. In dieser Variante unterstützen Steinpilze, Egerlinge und Pfifferlinge den aromatischen Wildgeschmack des Perlhuhns.

Perlhuhnfrikassee mit Pilzen

ZUTATEN FÜR 4 PERSONEN

500 G PERLHUHNBRUST
1 BUND SCHNITTLAUCH
150 G FRÜHLINGSZWIEBELN
400 G GEMISCHTE PILZE (PFIFFERLINGE, EGERLINGE, STEINPILZE)
4 SCHALOTTEN
1 EL BUTTER
SALZ
ZITRONENPFEFFER
2 EL WEISSWEIN
600 ML GEFLÜGELFOND
1 UNBEHANDELTE ZITRONE
200 G CRÈME FRAÎCHE
1 EL SPEISESTÄRKE

Perlhuhnbrust waschen, trocken tupfen und in Würfel schneiden. Schnittlauch und Frühlingszwiebeln waschen und in feine Ringe schneiden. Gemischte Pilze putzen und je nach Größe klein schneiden. Schalotten schälen und in Würfel schneiden.

In einer Pfanne Butter heiß werden lassen, das Fleisch zugeben und leicht anbraten, ohne dass es Farbe nimmt. Mit Salz und Zitronenpfeffer würzen. Pilze und Schalotten zufügen, ebenfalls kurz anbraten. Mit Weißwein ablöschen und den Geflügelfond zugießen.

Zitrone heiß abwaschen, trocken reiben, die Schale abreiben und den Saft von einer halben Zitrone auspressen. Den Abrieb zusammen mit dem Zitronensaft, den Frühlingszwiebeln, dem Schnittlauch und der Crème fraîche zufügen. Speisestärke mit etwas Wasser anrühren und die Sauce damit abbinden. Mit Salz und Zitronenpfeffer abschmecken.

Mit Reis servieren.

WEINEMPFEHLUNG

Riesling AOC trocken, Frankreich

Hühnerfrikassee

ZUTATEN FÜR 4 PERSONEN

250 G DICKE FRÜHLINGS-ZWIEBELN
2 EL ZUCKER
ESSIG
150 G CHAMPIGNONS
1 MÖHRE
½ STANGE LAUCH
2 STÄNGEL GLATTE PETERSILIE
600 ML GEFLÜGELFOND
1 LORBEERBLATT
500 G HÄHNCHENFLEISCH VON BRUST UND KEULE
SALZ, PFEFFER
2 EL BUTTER
1 EL MEHL
200 ML SAHNE
WORCESTERSAUCE
ZITRONENSAFT
CAYENNEPFEFFER

Frühlingszwiebeln putzen, waschen, das Grün entfernen und nur die Knollen verwenden. Den Zucker in einer Pfanne hell karamellisieren lassen, mit 1 Spritzer Essig ablöschen. 4 EL Wasser dazugießen, die Frühlingszwiebeln im Ganzen hinzufügen und etwa 20 Minuten bei geringer Hitze weich garen.

Die Champignons putzen, die Stiele entfernen und dann halbieren. Möhre schälen, Lauch putzen und mit Petersilienstängeln zu einem Kräutersträußchen binden. Den Geflügelfond aufkochen und das Kräutersträußchen sowie das Lorbeerblatt hineinlegen. Das Fleisch mit Salz und Pfeffer würzen und zuerst das Keulenfleisch mit den Champignons in den Fond geben. Nach 10 Minuten das Brustfleisch dazugeben, aufkochen, vom Herd nehmen und weitere 10 Minuten ziehen lassen. Durch ein Sieb gießen, den Fond auffangen und Fleisch und Champignons beiseitestellen. Das Fleisch in mundgerechte Stücke schneiden.

In einer Pfanne die Butter schmelzen und das Mehl glatt einrühren. Kurz anbräunen, den Geflügelfond dazugießen und etwa 5 Minuten gut durchkochen lassen. Die Sahne dazugeben, nochmals aufkochen und mit je 1 Spritzer Worcestersauce und Zitronensaft, Salz und Cayennepfeffer abschmecken. Fleisch, Zwiebeln und Champignons unterrühren, heiß werden lassen und servieren.

WEINEMPFEHLUNG
Chardonnay trocken, Frankreich

Der Ragout-Klassiker, leicht gemacht

Nicht Brust oder Keule – für dieses Ragout werden beide Teile des Huhns benötigt. Auch für dieses unkomplizierte Rezept sind frische Zutaten ein Muss: frische Champignons statt Dosenware. Dazu noch Möhren, Frühlingszwiebeln, Lauch und glatte Petersilie geschnitten – schon ist das Frikassee fertig.

Ideal für kalorienbewusste Esser

Geflügel lässt sich vielseitig zubereiten: schnell und einfach im Ofen als Brathähnchen oder als Putenbrust in der Pfanne, im Schmortopf als „Coq au vin", exotisch zubereitet als Ente süß-sauer oder als festlicher Gänsebraten fürs Fest. Wie bei Fisch und Fleisch spielen Herkunft und Qualität eine wichtige Rolle. Ob Pute, Hähnchen, Perlhuhn, Fasan, Gans oder Ente – Geflügel sollte möglichst nicht aus der Tiefkühltruhe gekauft werden sondern lieber frisch. Stammt das Geflügel aus zertifizierten Betrieben mit artgerechter Haltung oder Biohöfen, macht sich das vor allem in der Fleischqualität bemerkbar: Es ist butterzart, saftig und schrumpft beim Braten, Backen oder Kochen nicht. Übrigens: Die meisten Geflügelsorten sind bekömmlich, mager und enthalten viel wertvolles Eiweiß.

Hähnchengeschnetzeltes aus dem Wok

Zubereitungszeit: 30 Minuten plus 2 Stunden Marinierzeit

ZUTATEN FÜR 4 PERSONEN

4 HÄHNCHENBRUSTFILETS
1 KNOBLAUCHZEHE
3 EL SOJASAUCE
3 EL SAKE
500 G BROKKOLI
1 TL KORIANDERKÖRNER
4 EL PFLANZENÖL ZUM BRATEN
4 EL DUNKLES SESAMÖL
SALZ, PFEFFER

Die Hähnchenbrustfilets mit Küchenkrepp trocknen und in sehr dünne Streifen schneiden.

Für die Marinade die Knoblauchzehe schälen. Die Sojasauce in einer Schüssel mit Sake vermischen, den Knoblauch dazupressen und die Hähnchenstreifen darin wenden. Im Kühlschrank 1 bis 2 Stunden marinieren.

Den Brokkoli waschen, die Stiele in sehr dünne Scheiben schneiden, dabei eventuell holzige Stellen entfernen und den Kopf in kleine Röschen teilen. Die Korianderkörner im Mörser zerreiben.

In einem Wok erst das Pflanzenöl erhitzen, dann das Sesamöl zugießen und unter Rühren die Brokkolistängelscheiben 4 bis 5 Minuten anbraten. Die Röschen zugeben und alles noch 3 bis 4 Minuten braten.

Das Hühnerfleisch samt Marinade untermischen und ebenfalls 3 bis 5 Minuten unter Rühren braten. Die gemörserten Korianderkörner untermischen, mit Salz und Pfeffer abschmecken.

WEINEMPFEHLUNG
Gewürztraminer AOC halbtrocken, Frankreich

Der gute Tipp

Zum Zusammenbinden von Geflügel nimmt man am besten Küchengarn, das mit einer Nadel von den Beinen durch die Flügel, die Brust und die Halshaut gezogen wird. Dann den Faden gut verknoten.

Gefülltes Hühnchen mit Cranberry-Sauce

Zubereitungszeit: 2 Stunden

ZUTATEN FÜR 4 PERSONEN

170 G FRISCHE CRANBERRIES
100 G ZUCKER
125 ML WASSER
1 BRATHÄHNCHEN (1,5 KG)
1 GROSSER APFEL
2 ZWIEBELN
16 SCHALOTTEN
1 ZITRONE
2 TL GROBER SENF
2 TL AHORNSIRUP
2 TL INGWERPULVER
1 PRISE PIMENT (NELKENPFEFFER)
1 TL THYMIAN
SALZ, PFEFFER
FRISCHE KRÄUTER ZUM FÜLLEN (Z. B. PETERSILIE, OREGANO, THYMIAN, ROSMARIN)
2 EL PFLANZENÖL
375 ML HÜHNERBRÜHE
250 ML FRISCH GEPRESSTER ORANGENSAFT

Den Backofen auf 220 °C Ober- und Unterhitze vorheizen. Die Cranberries mit Zucker und Wasser einkochen, bis die Beeren aufplatzen, dann in ein Marmeladenglas füllen und beiseitestellen.

Das Hähnchen waschen und trocken tupfen. Den Apfel schälen, entkernen und würfeln. Zwiebeln und Schalotten schälen, die Zwiebeln in kleine Würfel schneiden.

Die Zitrone halbieren und das Hühnchen innen und außen mit dem Saft beträufeln. Senf, Ahornsirup, Ingwer, Piment, Thymian, Salz und Pfeffer vermischen und das Huhn mit dieser Mischung einreiben.

Die Kräuter waschen, trocknen, in die Bauchhöhle des Hähnchens geben und das Huhn mit der Brust nach unten in den Bräter legen. Schalotten und Apfelwürfel daneben verteilen, mit dem Öl beträufeln und 30 Minuten im Backofen braten.

In einem Topf Hühnerbrühe, Orangensaft, Zwiebeln und einige Löffel der Cranberry-Marmelade etwa 20 Minuten einkochen.

Das Hähnchen aus dem Ofen nehmen und 1 Tasse der reduzierten Brühe angießen. Die Hitze im Backofen auf 200 °C Ober- und Unterhitze reduzieren und das Huhn weitere 30 Minuten braten. Immer wieder mit der Orangensaft-Cranberry-Brühe übergießen.

Zum Schluss die Beine ablösen, neben das Hähnchen legen und weitere 10 Minuten im Ofen garen. Das Hähnchen mit der Cranberry-Apfel-Sauce auf Tellern anrichten.

WEINEMPFEHLUNG
Bandol trocken, Frankreich

Hähnchengeschnetzeltes mit grünem Spargel

Zubereitungszeit: 45 Minuten plus 4 Stunden Marinierzeit

ZUTATEN

500 G HÄHNCHENBRUSTFILETS
4 EL SOJASAUCE
8 EL TROCKENER SHERRY
SALZ, PFEFFER
ZUCKER
250 G GRÜNER SPARGEL
250 G ZUCKERSCHOTEN
8 EL NEUTRALES ÖL
½ TL KORIANDERKÖRNER

Die Hähnchenfilets waschen, trocken tupfen und in Streifen schneiden. Sojasauce mit Sherry, Salz, Pfeffer sowie ein wenig Zucker verrühren und die Fleischstreifen darin 3–4 Stunden marinieren, dabei gelegentlich wenden.

Spargel waschen und bei Bedarf die unteren Enden abschneiden. Die zarten Köpfe abschneiden und zur Seite legen, die Stangen in Stücke teilen. Zuckerschoten waschen und von Enden und Fäden befreien.

Die Spargelstücke, ohne die Köpfe, in 5 EL Öl etwa 10 Minuten dünsten, dann die Köpfe und nach 2 Minuten die Zuckerschoten dazugeben. Weitere 3 bis 4 Minuten dünsten. Aus der Pfanne nehmen und warm stellen. Die Pfanne mit Küchenkrepp säubern und 3 EL frisches Öl stark erhitzen.

Die Hähnchenstreifen mit der Marinade dazugeben und 4 bis 5 Minuten dünsten, das Gemüse dazugeben und zugedeckt weitere 5 Minuten auf ganz kleiner Flamme ziehen lassen. Mit zerstoßenen Korianderkörnern und, wenn nötig, noch mit etwas Salz und Pfeffer würzen.

WEINEMPFEHLUNG
Exclusiv Weißer Burgunder Q.b.A. trocken, Pfalz

Geschmortes Huhn in Weinsauce

Zubereitungszeit: 1,5 Stunden

ZUTATEN FÜR 4 PERSONEN
1 KG HÄHNCHENBRUSTFILETS
SALZ, PFEFFER
ETWAS MEHL
5 EL OLIVENÖL
250 ML WEISSWEIN
2 ZERDRÜCKTE KNOBLAUCHZEHEN
1 TL GETROCKNETER THYMIAN
2 EL FEIN GEHACKTE PETERSILIE
20 SEHR KLEINE ZWIEBELN

Hähnchenbrustfilets waschen, trocken tupfen, salzen und pfeffern. In Mehl wenden und das überschüssige Mehl abschütteln.

In einer Kasserolle das Olivenöl erhitzen und die Brüstchen darin goldgelb braten. Mit dem Wein den Bratensatz löschen und Knoblauch, Thymian und Petersilie dazugeben. Den Deckel auflegen und etwa 15 Minuten köcheln lassen.

Inzwischen die kleinen Zwiebeln schälen, aber ganz lassen. Nach den 15 Minuten die Zwiebeln zum Fleisch geben und weitere 30 Minuten simmern lassen. Probieren, ob Fleisch und Zwiebeln gar sind; wenn nur eines davon fertig ist, herausnehmen und das andere allein fertig garen.

Zuletzt alles wieder zusammenführen, abschmecken und erhitzen. Schön heiß servieren.

WEINEMPFEHLUNG
Dole du Valais AOC trocken, Schweiz

Hähnchengeschnetzeltes auf Linsencurry

Zubereitungszeit: 50 Minuten

ZUTATEN FÜR 4 PERSONEN
500 G HÄHNCHENBRUSTFILETS
250 ML HÜHNERBRÜHE
250 G ZWIEBELN
1 KNOBLAUCHZEHE
1 BUND FRÜHLINGSZWIEBELN
1 GROSSE DOSE LINSEN MIT SUPPENGRÜN
6–8 EL SONNENBLUMENÖL
1 TL MILDES CURRYPULVER
1 TL SCHARFES CURRYPULVER
SALZ
3 TL MANGO-CHUTNEY
2–3 EL SWEET-CHILI-SAUCE

Die Hähnchenbrustfilets waschen, trocken tupfen und in etwa 1,5 cm große Würfel schneiden. Die Hühnerbrühe heiß bereitstellen. Die Zwiebeln und den Knoblauch schälen und fein hacken. Die Frühlingszwiebeln putzen, waschen und in etwa 1 cm breite Stücke schneiden. Die Linsen in ein Sieb gießen und abtropfen lassen.

In einem breiten Topf das Öl erhitzen und die Fleischwürfel unter gelegentlichem Rühren anbraten. Zwiebeln und Knoblauch zugeben. Mit beiden Currysorten bestäuben und kurz andünsten.

Die Brühe angießen. Mit Salz, Mango-Chutney und Chili-Sauce würzen. Zugedeckt bei schwacher Hitze etwa 25 Minuten köcheln lassen.

Die Frühlingszwiebeln und die Linsen unterrühren und alles noch 5 Minuten garen.

WEINEMPFEHLUNG
Chardonnay trocken, Australien

Indische Hähnchenpfanne

Zubereitungszeit: 45 Minuten

ZUTATEN FÜR 4 PERSONEN
3 DOPPELTE HÄHNCHENBRUST-FILETS
2 MITTELGROSSE ZWIEBELN
1 KNOBLAUCHZEHE
¼ TL DJAHÉ (GEMAHLENER INGWER)
¼ TL LAOS (GEMAHLENER GALGANT)
¼ TL MITTELSCHARFES PAPRIKAPULVER
½ TL GUTES CURRYPULVER
⅛ TL CAYENNEPFEFFER
1 EL MEHL
3 EL BUTTER
500 ML HÜHNERBRÜHE ODER FOND
1–3 EL MANGO-CHUTNEY
150 G CRÈME FRAÎCHE
SALZ
ZUCKER
SAFT VON EINER ½ ZITRONE

Die Hähnchenbrüste in etwa 2 cm dicke Streifen schneiden. Die Zwiebeln und den Knoblauch schälen und fein hacken. Auf einem Teller die Gewürze – Ingwer, Laos, Paprikapulver, Curry und Cayennepfeffer – gut mit dem Mehl vermischen.

In einer Pfanne die Zwiebeln und den Knoblauch in 2 EL Butter glasig anschwitzen. Die Hühnerstreifen in der vorbereiteten Gewürzmischung wenden und portionsweise nacheinander in der Pfanne anbraten. Das fertig gebratene Fleisch herausheben. Wenn alle Fleischstreifen angebraten sind, alles in die Pfanne geben und das Mango-Chutney dazurühren. Mit einem Viertel der Hühnerbrühe ablöschen, dabei mit dem Kochlöffel den Bodensatz aufrühren.

Den Deckel auf die Pfanne legen und etwa 10 Minuten bei kleiner Hitze köcheln lassen. Danach die restliche Brühe und die Crème fraîche unterrühren, wieder 10 Minuten garen, mit Salz, Zucker und Zitronensaft abschmecken und ohne Deckel so lange köcheln, bis die Sauce schön gebunden ist.

WEINEMPFEHLUNG
Pagos del Rey DO, Spanien

Asiatisches Hähnchengeschnetzeltes

Zubereitungszeit: 45 Minuten plus 1 Stunde Marinierzeit

ZUTATEN FÜR 4 PERSONEN
500 G HÄHNCHENBRUSTFILETS
1 ETWA 6–7 CM GROSSES STÜCK INGWER
1 UNBEHANDELTE LIMETTE
3 KNOBLAUCHZEHEN
5–6 EL SOJASAUCE
10 TROPFEN TABASCOSAUCE
250 G MÖHREN
1 BUND FRÜHLINGSZWIEBELN
2 ROTE PAPRIKASCHOTEN
10 EL PFLANZENÖL ZUM BRATEN
100 ML TROCKENER SHERRY
SALZ

Die Hähnchenbrustfilets waschen, trocken tupfen und in sehr dünne Scheiben schneiden. In eine Schüssel geben. Den Ingwer schälen und fein zum Fleisch reiben.

Die Limette heiß waschen, trocknen, die Schale abraspeln und die Limette auspressen. Die Knoblauchzehen schälen, zum Fleisch pressen. Die Filetstreifen mit Limettensaft und -schale, Soja- und Tabascosauce vermischen und im Kühlschrank etwa 1 Stunde ziehen lassen.

Die Möhren schälen und in dünne Scheiben schneiden. Die Frühlingszwiebeln putzen, waschen und den weißen und hellgrünen Teil in feine Scheibchen schneiden. Die Paprikaschoten waschen, halbieren und entkernen, dann in dünne Streifen schneiden.

In einer Pfanne die Hälfte vom Öl erhitzen. Möhren und Paprikastreifen darin unter ständigem Rühren 7 bis 8 Minuten braten. Die Frühlingszwiebeln zugeben und weitere 3 Minuten braten.

In einer zweiten Pfanne das übrige Öl sehr heiß werden lassen. Das Hähnchenfleisch mit der Marinade unter heftigem Rühren 3 bis 4 Minuten garen. Das gegarte Gemüse zu dem Fleisch geben und vermischen, Sherry zugießen und noch einmal aufkochen lassen. Mit Salz abschmecken und sofort servieren.

WEINEMPFEHLUNG
Gallo Family Vineyards Zinfandel, Kalifornien

Gebratenes Huhn klassische Art

Geschmortes Huhn nach provenzalischer Art

Zubereitungszeit: 1 Stunde

ZUTATEN FÜR 4 PERSONEN
2–3 KNOBLAUCHZEHEN
6 HÜHNERSCHENKEL
75 G BUTTER
SALZ
1 MSP. CAYENNEPFEFFER
3–4 TL EDELSÜSSES PAPRIKAPULVER
1 GROSSE DOSE GESCHÄLTE TOMATEN (850 G)
125 ML TROCKENER WERMUT
(Z.B. NOILLY PRAT)
½ TL GETROCKNETER THYMIAN
150 ML SAHNE
150 G CRÈME FRAÎCHE

Die Knoblauchzehen schälen und grob hacken. Die Hühnerschenkel waschen und trocken tupfen.

In einer großen Pfanne die Butter erhitzen und das Fleisch bei starker Hitze kurz und scharf anbraten, dann die Temperatur verringern. Mit Salz, Cayennepfeffer und Paprikapulver würzen.

Die Tomaten, Knoblauch und den Wermut dazugeben und zugedeckt etwa 30 Minuten schmoren lassen. Dann den Deckel abnehmen, den Thymian, die Sahne sowie Crème fraîche unterrühren und alles etwas einköcheln lassen. Bei Bedarf mit Salz abschmecken.

WEINEMPFEHLUNG
Côtes de Provence AOC, trocken, Frankreich

Gebratenes Huhn klassische Art

Zubereitungszeit: 1,5 Stunden

ZUTATEN FÜR 4 PERSONEN
1 GROSSES HUHN (1,5 KG)
500 G KLEINE KARTOFFELN
8 MITTELGROSSE SCHALOTTEN
½ TL WEISSER PFEFFER
2 TL SALZ
1 TL GEMAHLENER KÜMMEL
4 SALBEIBLÄTTER
150 G DURCHWACHSENER SPECK
30 G BUTTER
250 ML HÜHNERBRÜHE
1 BUND GEHACKTE GLATTE PETERSILIE

Backofen auf 220 °C Ober- und Unterhitze vorheizen. Das Huhn innen und außen waschen und trocken tupfen. Kartoffeln und Schalotten schälen, Kartoffeln halbieren und Schalotten würfeln. Pfeffer, Salz und Kümmel mischen und damit das Huhn innen und außen einreiben. Die Schenkel und Flügel fest an den Körper binden und je 2 Salbeiblättchen in die Schenkelbeugen legen.

Den Speck in Würfel schneiden, in einer Pfanne auslassen und danach die Butter darin schmelzen. Das Huhn in einen Bräter legen und Butter sowie Speck darüber gießen. Im Backofen auf mittlerer Schiene etwa 20 Minuten braten.

Kartoffeln und Schalotten zugeben und etwas Brühe angießen. Weitere 40 Minuten braten, dabei alle 10 Minuten mit etwas Brühe begießen. Das Huhn aus dem Bräter nehmen, tranchieren und mit der Petersilie bestreuen. Zusammen mit den Kartoffeln und Zwiebeln auf Tellern anrichten.

WEINEMPFEHLUNG
Pinotage trocken, Südafrika

Huhn in Paprika-Tomaten-Sauce

Zubereitungszeit: 1,5 Stunden

ZUTATEN FÜR 4 PERSONEN
2 MITTELGROSSE ZWIEBELN
1 KNOBLAUCHZEHE
1 EL BUTTER
1 VOM METZGER ZERTEILTES HUHN (1,2 KG)
SALZ, PFEFFER
2 EL MEHL
2 EL PFLANZENÖL
2 EL EDELSÜSSES PAPRIKAPULVER
50 ML WEISSWEIN
3 EL PASSIERTE TOMATEN
400 ML GEFLÜGELFOND
50 ML SAHNE
150 G SAURE SAHNE
ABGERIEBENE SCHALE VON ½ UNBEHANDELTEN ZITRONE

Zwiebeln und Knoblauch schälen, in feine Würfel schneiden und mit der Butter in einem Bräter glasig andünsten. Herausnehmen und beiseitestellen. Das Huhn salzen, pfeffern und mit Mehl bestäuben. Im Bräter mit dem Öl nicht zu heiß anbraten. Zwiebeln und Knoblauch wieder dazugeben, mit Paprikapulver bestäuben und leicht anrösten. Mit Weißwein ablöschen, etwas einkochen lassen, die passierten Tomaten dazugeben und nochmals einkochen lassen. Geflügelfond dazugießen. Zugedeckt etwa 30 Minuten leicht köcheln lassen, bis das Fleisch weich ist.

Das Huhn aus dem Bräter nehmen. Sahne, saure Sahne und abgeriebene Zitronenschale in die Sauce geben, verrühren und etwas einkochen lassen. Das Huhn wieder zurück in die Sauce geben, kurz ziehen lassen und servieren.

WEINEMPFEHLUNG
Crianza Bodega Fundada DO, Spanien

Hähnchenfilet mit Kräutersauce und Pinienkernen

Zubereitungszeit: 45 Minuten

ZUTATEN FÜR 4 PERSONEN
4 DICKE HÄHNCHENBRUST-FILETS
2 SCHALOTTEN
150 ML TROCKENER WEISSWEIN
3 EL TROCKENER WERMUT
1 STÄNGEL LIEBSTÖCKEL
SALZ, PFEFFER
2 EL PINIENKERNE
3 GEHÄUFTE EL GEHACKTE KRÄUTER NACH MARKTANGEBOT (Z. B. PETERSILIE, DILL, ESTRAGON, THYMIAN, MAJORAN, BOHNENKRAUT, KERBEL, KORIANDER)

Die Hähnchenbrustfilets schön zurechtschneiden, waschen und trocknen. Die Schalotten schälen, hacken und mit Weißwein, Wermut und Liebstöckel 15 Minuten kochen, dann durch ein Sieb in eine Pfanne gießen. Den Backofen auf 75 °C Ober- und Unterhitze anheizen.

Die Hähnchenbrustfilets salzen, pfeffern und in dem Weinsud etwa 10 Minuten zugedeckt garen, nach der halben Garzeit die Filets umdrehen.

Inzwischen die Pinienkerne in einer trockenen Pfanne leicht anrösten, dann im Mörser fein zerstampfen. Die fertig gegarten Filets auf einer Platte zugedeckt im Ofen warm halten. Den Sud durch ein Sieb gießen, mit den zerstampften Pinienkernen und den Kräutern verrühren, noch einmal aufkochen und nachwürzen.

Die Hähnchenbrustfilets anrichten und mit der Sauce übergossen servieren.

WEINEMPFEHLUNG
Chianti Classico DOCG Riserva trocken, Italien

Hähnchenbrust mit Pistaziensauce

Zubereitungszeit: 45 Minuten

ZUTATEN FÜR 4 PERSONEN
4 HÄHNCHENBRUSTFILETS
SALZ, PFEFFER
2 EL OLIVENÖL
1 EL BUTTER

FÜR DIE SAUCE:
1 KNOBLAUCHZEHE
½ BUND PETERSILIE
1 BUND MINZE
1 UNBEHANDELTE ZITRONE
1 UNBEHANDELTE ORANGE
150 G UNGESALZENE PISTAZIENKERNE
2 EL ROSENWASSER
5 EL OLIVENÖL

Die Hähnchenbrust waschen und trocken tupfen, salzen und pfeffern.

In einer Pfanne erst 2 EL Olivenöl, dann die Butter erhitzen und die Hähnchenbrustfilets unter mehrmaligem Wenden goldgelb braten.

Für die Sauce den Knoblauch schälen und grob hacken. Die Kräuter waschen, trocken tupfen, die Blättchen abzupfen und ebenfalls grob hacken. Zitrone und Orange gründlich mit heißem Wasser abwaschen, trocknen und die Schalen abreiben. Beide Früchte auspressen, dabei den Saft auffangen. In einem Mixer die Pistazien mit dem Rosenwasser und den restlichen Zutaten zu einer Sauce mischen. Mit Salz und Pfeffer abschmecken und zur Hähnchenbrust anrichten.

WEINEMPFEHLUNG
Pinot Grigio IGT trocken, Italien

Hähnchenbrust mit scharfer Chili-Honig-Sauce

Zubereitungszeit: 45 Minuten

ZUTATEN FÜR 4 PERSONEN
1 UNBEHANDELTE ZITRONE
150 G SCHWARZE OLIVEN
1 PEPERONCINI (GETROCKNETE CHILISCHOTE)
3–4 EL OLIVENÖL
5–6 KNOBLAUCHZEHEN
4 HÄHNCHENBRUSTFILETS
4–5 EL AKAZIENHONIG
SALZ, PFEFFER
1 LORBEERBLATT
WEISSWEIN

Die Zitrone gründlich abwaschen und in 6 Spalten schneiden. Die Oliven vom Stein schneiden. Chili im Mörser zerstoßen oder auf einem Brett mit wenig Öl zerdrücken. Knoblauchzehen nicht schälen, sondern nur leicht andrücken.

In einem Bräter das Öl erhitzen und die Hähnchenfilets kräftig darin anbraten, dabei öfter wenden.

Die Hitze etwas reduzieren, Chili mit Honig vermischen, mit den Zitronenspalten zum Huhn geben, salzen und pfeffern. Die Knoblauchzehen sowie das Lorbeerblatt dazugeben und unter ständigem Rühren bei mittlerer Hitze etwa 10 Minuten schmoren, dabei ab und zu wenden. Dicke Hähnchenbrüste mit Haut brauchen länger als dünne Filets. In diesem Fall bei geringer Hitze fertig braten, damit die Sauce nicht zu dunkel wird.

Das Fleisch herausnehmen und warm stellen. Die Oliven in den Bräter geben und die Sauce mit 1 Schuss Weißwein ablöschen, etwas einkochen lassen und über die Hähnchenfilets geben.

WEINEMPFEHLUNG
Riesling halbtrocken Q.b.A., Mosel

Geschnetzeltes mit Shiitake-Pilzen

Zubereitungszeit: 45 Minuten

ZUTATEN FÜR 4 PERSONEN
25 G GETROCKNETE SHIITAKE-PILZE
2 STANGEN LAUCH
2 HÄHNCHENBRUSTFILETS (À 200 G)
50 G GERÄUCHERTER DURCHWACHSENER SPECK
1 EL DUNKLES SESAMÖL
1 EL PFLANZENÖL
2 EL SOJASAUCE
2–3 EL TROCKENER SHERRY
PFEFFER

Die Pilze in lauwarmem Wasser 15 Minuten einweichen, den harten Stiel abschneiden und die Köpfe vierteln. Vom Lauch das Weiße und Hellgrüne gründlich waschen und schräg in dünne Ringe schneiden.

Die Hähnchenbrustfilets in etwa 1,5 cm große Würfel schneiden. Den Speck würfeln. Sesam- und Pflanzenöl in einer Pfanne oder einem Wok erhitzen. Lauch und Pilze 4 bis 5 Minuten andünsten. Den Speck und dann das Hähnchenfleisch zugeben und scharf anbraten. Mit Sojasauce und Sherry ablöschen, Hitze reduzieren und unter gelegentlichem Rühren fertig garen. Mit Pfeffer und eventuell etwas Sojasauce abschmecken.

WEINEMPFEHLUNG
Grauburgunder Q.b.A. trocken, Baden

Hähnchenfilet in fruchtiger Aprikosensauce

Zubereitungszeit: 45 Minuten plus Marinierzeit über Nacht

ZUTATEN FÜR 4 PERSONEN
2 HÄHNCHENBRUSTFILETS (À 200 G)
1 WALNUSSGROSSES STÜCK INGWER
1 KNOBLAUCHZEHE
1 FRÜHLINGSZWIEBEL
1 STANGE ZITRONENGRAS
3 EL HELLES SESAMÖL
6 EL HELLE SOJASAUCE
3 EL PFLANZENÖL
½ TL SAMBAL OELEK
2 EL LIMETTENSAFT
2 EL APRIKOSENKONFITÜRE

Das Hähnchenfleisch in etwa 2 cm große Würfel schneiden. Ingwer und Knoblauch schälen und fein hacken. Frühlingszwiebel putzen, waschen und in dünne Ringe schneiden. Das Zitronengras in etwa 1 cm lange Stücke teilen.

Die Hälfte vom Ingwer mit Knoblauch, Zitronengras, Sesamöl und 3 EL Sojasauce verrühren und darin die Hähnchenwürfel mindestens 3 Stunden, besser über Nacht, marinieren.

Anschließend das Hähnchenfleisch aus der Marinade nehmen und trocken tupfen. Die Marinade durch ein Sieb gießen und auffangen. In einer Pfanne das Öl erhitzen und das Hähnchenfleisch unter Wenden garen, zum Schluss etwas Marinade darüber träufeln.

Für die Aprikosensauce den restlichen Ingwer, Sambal Oelek, 3 EL Sojasauce, Limettensaft und Aprikosenkonfitüre verrühren und die Frühlingszwiebelringe untermischen. Das Hähnchenfleisch mit der Aprikosensauce anrichten.

WEINEMPFEHLUNG
Weißer Burgunder Q.b.A. trocken, Pfalz

Hähnchenfilet in fruchtiger Aprikosensauce

Hähnchenbrust mit fruchtiger Mandelsauce

Zubereitungszeit: 50 Minuten

ZUTATEN FÜR 2 PERSONEN
2 UNBEHANDELTE ORANGEN
1 KNOBLAUCHZEHE
1 MITTELGROSSE ZWIEBEL
1 SCHEIBE TOASTBROT
3 EL GEHACKTE MANDELN
½ TL KREUZKÜMMELSAMEN
SALZ
¼ TL ZUCKER
¼ TL CAYENNEPFEFFER
6 EL OLIVENÖL
250 ML HÜHNERBRÜHE
1 EL BUTTER
SALZ, PFEFFER
2 HÄHNCHENBRUSTFILETS (À CA. 180 G)

Die Orangen gründlich mit heißem Wasser abwaschen und trocken reiben. Von einer Orange die Schale in Zesten reißen, beide Früchte auspressen. Knoblauch schälen und grob hacken. Zwiebel ebenfalls schälen und sehr fein würfeln.

Das Toastbrot ohne Rinde im Toaster goldbraun rösten. Die Mandeln in den Blitzhacker geben und das Toastbrot dazubröseln. Knoblauch, Kreuzkümmel, Salz, Zucker und Cayennepfeffer zugeben und alles zusammen fein hacken. 4 bis 5 EL Orangensaft unterrühren.

In einer Pfanne 2 EL Olivenöl erhitzen und die Zwiebelwürfel darin goldgelb anrösten. Mit dem restlichen Orangensaft und der Brühe ablöschen und bei starker Hitze 3 Minuten einkochen. Die Mandelmischung sowie die Zesten unterrühren und bei mittlerer Hitze weitere 3 bis 4 Minuten köcheln lassen.

In einer zweiten Pfanne das restliche Olivenöl erhitzen, Butter dazugeben und die mit Salz und Pfeffer gewürzten Hühnerbrustfilets darin gar braten. Aus der Pfanne nehmen, in Scheiben schneiden und mit der Mandel-Orangen-Sauce anrichten.

WEINEMPFEHLUNG
Chardonnay DOC, Italien

Gefüllte Hähnchenbrust

Zubereitungszeit: 1 Stunde

ZUTATEN FÜR 4 PERSONEN
4 HÄHNCHENBRUSTFILETS MIT HAUT
300 G FRISCHER SPINAT
1 BUND ESTRAGON
SALZ, PFEFFER
MUSKATNUSS
1 KNOBLAUCHZEHE
100 ML COGNAC
2–3 EL OLIVENÖL
ZIMMERWARME BUTTER
100 ML SAHNE
EVTL. GEFLÜGELFOND

Den Backofengrill auf 200 °C Ober- und Unterhitze vorheizen. Von den Hähnchenbrustfilets die Haut nur so weit ablösen, dass auf jeder Brustseite eine Tasche entsteht.

Spinat und Estragon putzen, waschen und den Estragon trocken tupfen. Den Spinat in Salzwasser kurz kochen, in kaltem Wasser abschrecken, abtropfen lassen und ausdrücken. Mit Salz, Pfeffer und frisch geriebener Muskatnuss würzen. Die Knoblauchzehe schälen und dazupressen.

Die Hähnchenbrustfilets salzen, pfeffern und mit Cognac beträufeln, auch unter der Haut. Den Spinat gleichmäßig in den Hauttaschen verteilen.

Die gefüllten Hähnchenbrustfilets in einen mit Olivenöl eingefetteten Bräter legen, mit Butter bestreichen und reichlich Estragonblätter auf der Brust verteilen. Je nach Dicke der Hähnchenbrüste etwa 30 Minuten unter dem Grill bräunen. Das Fleisch herausnehmen. Den Bratensaft mit ein wenig Cognac ablösen und mit Sahne und Estragonblättern einkochen lassen. Eventuell mit etwas Geflügelfond, Pfeffer und Salz abschmecken. Die gefüllten Hähnchenbrustfilets auf Tellern anrichten, mit grob gemahlenem Pfeffer bestreuen und mit der Sauce servieren.

WEINEMPFEHLUNG
Valpolicella Classico Ripasso DOC trocken, Italien

Hähnchenfilet mit Quittensauce

Zubereitungszeit: 45 Minuten

ZUTATEN FÜR 4 PERSONEN
4 EL BUTTER
2 UNBEHANDELTE ORANGEN
1 UNBEHANDELTE LIMETTE
3 EL QUITTENGELEE
2 TL GROBER SENF
1–2 TL ROTWEINESSIG
HONIG
4 HÄHNCHENBRUSTFILETS MIT HAUT
SALZ, PFEFFER
1 EL SONNENBLUMENÖL

2 EL Butter in Stückchen teilen und auf einem Teller ins Tiefkühlfach stellen, sie soll eiskalt sein.

Orangen und Limette mit heißem Wasser gründlich abwaschen, trocken reiben, mit einem Zestenreißer oder einem kleinen Messer Streifen abziehen, diese klein schneiden oder die Schale abreiben. Die Früchte auspressen.

In einer großen Pfanne das Quittengelee bei mittlerer Hitze schmelzen lassen. Saft und Schale der Zitrusfrüchte dazugeben und aufkochen. Senf, Essig und etwas Honig einrühren und bei mittlerer Hitze einkochen lassen. Die Hähnchenbrustfilets waschen, trocken tupfen, salzen und pfeffern.

In einer Pfanne zuerst das Öl, dann die restliche Butter erhitzen und die Hähnchenbrüste darin zuerst auf der Hautseite braten. Wenden und auf der anderen Seite braten. Die Länge des Garens hängt von der Dicke der Brustfilets ab.

Wenn die Sauce eingedickt ist, eventuell noch mit Salz, Honig und Essig abschmecken, vom Herd nehmen und die eiskalte Butter einrühren. Die Hähnchenbrustfilets aufschneiden und mit der Sauce servieren.

WEINEMPFEHLUNG
Muscadet Sèvre etMaine sur lie AOC, Frankreich

Saltimbocca

Zubereitungszeit: 40 Minuten

ZUTATEN FÜR 4 PERSONEN
1 BUND SALBEI
4 HÄHNCHENBRUSTFILETS OHNE HAUT
PFEFFER
4 SCHEIBEN HAUCHDÜNN GESCHNITTENER PARMA-SCHINKEN
4 EL OLIVENÖL
2–3 EL BUTTER
5 EL MARSALA ODER WEISSWEIN

Vom Salbei schöne mittelgroße Blätter abzupfen. Hähnchenbrustfilets waschen, trocken tupfen, pfeffern, mit Salbeiblättern belegen und mit jeweils 1 Scheibe Schinken umwickeln.

Das Olivenöl in der Pfanne erhitzen. Das Fleisch unter gelegentlichem Wenden scharf anbraten, dann die Butter dazugeben und weiterbraten, bis das Fleisch gar, aber nicht trocken ist, das geht sehr schnell. Das Fleisch herausnehmen und warm stellen.

Marsala in die Pfanne geben, eventuell noch etwas Butter dazugeben. Den Bratensatz ablösen und über das Hähnchenfleisch gießen.

WEINEMPFEHLUNG
Barbera d'Alba DOC Ruvei trocken, Italien

Asiatische Hähnchenfilets mit Wasserkastanien

Zubereitungszeit: 1 Stunde

ZUTATEN FÜR 4 PERSONEN
500 G FRISCHE HÄHNCHENBRUSTFILETS
1 FRÜHLINGSZWIEBEL
12 WASSERKASTANIEN (AUS DER DOSE)
1 EL SPEISESTÄRKE
1 TL LEICHTE SOJASAUCE
1 ZERDRÜCKTE KNOBLAUCHZEHE
1 SPRITZER SHERRY
ZUCKER
SALZ, PFEFFER
300 G KAISERSCHOTEN (ZUCKERERBSEN)
1 ROTE PAPRIKASCHOTE
4 EL ERDNUSSÖL

FÜR DIE SAUCE:
2 TL SPEISESTÄRKE
1 TL ZUCKER
200 ML HÜHNERBRÜHE
1 TL ESSIG
1 TL SESAMÖL
2 TL LEICHTE SOJASAUCE
SALZ

Die Hähnchenbrustfilets waschen und trocken tupfen. Die Frühlingszwiebel putzen und gründlich waschen. Die Wasserkastanien gut abtropfen lassen. Diese drei Zutaten so fein wie möglich klein schneiden und hacken. Die Hähnchenbrustfilets eventuell im Blitzhacker zerkleinern.

Speisestärke, Sojasauce, zerdrückten Knoblauch, Sherry und 1 TL Zucker verrühren und unter die Fleischmasse mengen. Alles gründlich verkneten und mit Salz und Pfeffer nachwürzen.

Den Fleischteig 5 Minuten quellen lassen, dann zu kleinen Medaillons formen. Mit leicht eingeöltem Handballen flachdrücken.

Die Kaiserschoten waschen, Enden abschneiden und bei Bedarf die Fäden abziehen. Die Paprikaschote putzen, waschen, halbieren und Kerne sowie helle Trennhäute entfernen. Dann in kleine Würfel schneiden.

Für die Sauce alle Zutaten verrühren. Einen Wok erhitzen. 1 EL Öl heiß werden lassen und die Kaiserschoten 1 Minute braten. Mit Salz und 1 Prise Zucker würzen, herausnehmen und zur Seite stellen. Wieder 1 EL Öl erhitzen und die Paprikawürfel 1 Minute lang dünsten. Herausnehmen. Nun wieder 2 EL Öl erhitzen und bei mittlerer Hitze die Medaillons portionsweise auf jeder Seite in etwa 5 Minuten braun werden lassen.

Zuletzt alle fertigen Medaillons wieder in den Wok geben. Die Sauce noch einmal durchmischen, über die Medaillons gießen und rühren, bis alles gebunden ist.

Das Gemüse zugeben und notfalls nochmals salzen.

WEINEMPFEHLUNG
Kadette trocken, Südafrika

Hähnchen mit Sherry-Sauce

Zubereitungszeit: 1 Stunde plus 30 Minuten Einweichzeit

ZUTATEN FÜR 4 PERSONEN
20 G GETROCKNETE SPITZMORCHELN
50 G BRAUNE CHAMPIGNONS
50 G AUSTERNPILZE
50 G FRISCHE SHIITAKE-PILZE
70 G SPECK
1 EL PFLANZENÖL
1 EL BUTTER
PFEFFER
8 HÄHNCHENUNTERSCHENKEL
300 ML TROCKENER SHERRY
300 ML SAHNE
SALZ

Die Morcheln gründlich mit Wasser abspülen, in einer Schüssel mit 300 ml kaltem Wasser etwa 30 Minuten einweichen, herausnehmen und das Einweichwasser durch einen Kaffeefilter abgießen und auffangen.

Champignons, Austernpilze und Shiitake-Pilze putzen und in Scheiben schneiden. Den Speck würfeln. Öl in einer Pfanne heiß werden lassen und den Speck darin auslassen. Die Butter aufschäumen und die gepfefferten Hähnchenschenkel scharf anbraten, bis sie leicht gebräunt sind. Die Morcheln dazugeben und 2 bis 3 Minuten unter Rühren anschwitzen. Den Sherry angießen und einmal aufkochen. Die Hitze reduzieren und die Flüssigkeit auf die Hälfte einkochen lassen. Etwa die Hälfte des Morchel-Einweichwassers sowie die Sahne angießen und 25 Minuten köcheln, bis die Sauce eindickt und cremig ist. Prüfen, ob die Schenkel gar sind, gegebenenfalls weiter köcheln und nach Bedarf das restliche Morchel-Wasser dazugießen. Die Pilze zugeben, weitere 5 Minuten köcheln und mit Salz und Pfeffer abschmecken.

WEINEMPFEHLUNG
Solaz Tempranillo/Cabernet Sauvignon trocken, Spanien

Hähnchenkeulen mit Rosa Pfefferbeeren

Zubereitungszeit: 1,5 Stunden

ZUTATEN FÜR 4 PERSONEN
4 HÄHNCHENKEULEN (À 250 G)
700 G FESTKOCHENDE KARTOFFELN
SALZ
2 TL ZITRONENZESTEN
4 ZWEIGE ESTRAGON
2 TL ROSA PFEFFERBEEREN
4 MSP. EDELSÜSSES PAPRIKAPULVER
4 SCHALOTTEN
2 KNOBLAUCHZEHEN
1 ZWEIG ROSMARIN
4 EL OLIVENÖL

Die Hähnchenkeulen waschen, trocken tupfen und im Gelenk durchtrennen. Die Kartoffeln gründlich waschen, je nach Größe der Länge nach halbieren oder vierteln. In kochendem Salzwasser etwa 3 Minuten vorkochen. Die Zitronenzesten fein hacken.

Estragon waschen, trocken tupfen und 1 Zweig fein hacken. Im Mörser mit den Zitronenzesten, Rosa Beeren, Salz und Paprikapulver gut vermischen. Die Schalotten schälen und halbieren. Den Knoblauch in der Schale andrücken. Den Rosmarinzweig waschen und trocken tupfen.

Den Backofen auf 200 °C Ober- und Unterhitze vorheizen. Die Hähnchenkeulen mit dem Gewürzsalz gut einreiben und 15 Minuten ziehen lassen. Kartoffeln, Schalotten, Knoblauch und den Rosmarinzweig in einen Bräter geben, die Hähnchenteile darauf legen, mit 4 EL Öl beträufeln und das Ganze im Backofen etwa 1 Stunde garen. Dabei das Fleisch immer wieder wenden und mit Bratensaft übergießen.

5 Minuten vor Ende der Garzeit die Hähnchenteile mit der Hautseite nach oben legen, den Backofen auf höchste Grillstufe schalten und das Fleisch goldbraun grillen. Herausnehmen, mit klein gezupften Estragonblättern bestreuen und servieren.

WEINEMPFEHLUNG
Côtes de Provence AOC trocken, Frankreich

Hähnchenkeulen mit Orientsauce

Zubereitungszeit: 45 Minuten

ZUTATEN FÜR 4 PERSONEN
FÜR DIE GEWÜRZMISCHUNG:
1 ZIMTSTANGE
1 TL SESAMKÖRNER
1 TL INGWERPULVER
1 TL SCHWARZE PFEFFERKÖRNER
1 TL FENCHELSAMEN
1 TL KORIANDERKÖRNER
8 NELKEN
8 PIMENTKÖRNER (NELKENPFEFFER)
8 KARDAMOMKAPSELN, DARAUS DIE SAMEN
½ TL KREUZKÜMMEL
½ TL ZERSTOSSENE PEPERONCINI (GETROCKNETE CHILISCHOTE)
1 PRISE MACISPULVER (MUSKATBLÜTE)

FÜR DAS FLEISCH:
8 HÄHNCHENUNTERKEULEN
SALZ, PFEFFER
1 GROSSE ZWIEBEL
2–3 KNOBLAUCHZEHEN
½ BUND PETERSILIE ODER KORIANDER
3 EL OLIVENÖL
500 ML HÜHNERBRÜHE
75 G HELLE ROSINEN
½ –1 TL HARISSAPASTE
1 TL ABGERIEBENE ORANGENSCHALE

Alle 12 Gewürze in einem Mörser zu feinem Pulver mahlen. Es können auch fertig gemahlene Gewürze verwendet werden.

Die Hähnchenunterkeulen waschen, trocknen und mit Salz und Pfeffer einreiben. Zwiebel und Knoblauch schälen und in feine Würfel schneiden. Petersilie oder Koriandergrün waschen, trocken tupfen und fein hacken. Das Öl in einem Bräter erhitzen, die Hähnchenkeulen unter Wenden goldbraun braten und herausnehmen. Zwiebel, zwei Drittel der Petersilie, den Knoblauch und 1 EL der Gewürzmischung unter Rühren anschwitzen, bis die Zwiebel weich ist.

Mit Hühnerbrühe ablöschen, die Schenkel wieder dazugeben und weitere 15 Minuten mit Deckel garen. Rosinen, ½ bis 1 TL Harissa sowie die Orangenschale untermischen und weitere 5 Minuten köcheln lassen. Die Hähnchenkeulen mit der Sauce auf Tellern anrichten und mit der restlichen Petersilie bestreuen.

WEINEMPFEHLUNG
Rancho Zabaco Zinfandel Sonoma County trocken, Kalifornien

Entenbrust mit Honig-Weißweinessig-Sauce

Zubereitungszeit: 35 Minuten

ZUTATEN FÜR 4 PERSONEN
4 KLEINE ENTENBRÜSTE
1 MITTELGROSSE ZWIEBEL
250 ML WEISSWEIN
4 EL WEISSWEINESSIG
2 EL HONIG
SALZ, WEISSER PFEFFER

Die Entenbrüste waschen und trocken tupfen. Die Zwiebel schälen und fein hacken.

In einer Pfanne die Zwiebelwürfel mit Wein, Essig und Honig etwa 10 Minuten unter Rühren bei mittlerer Temperatur köcheln lassen.

Eine beschichtete Pfanne erhitzen. Die Entenbrüste darin mit der Fettseite nach unten bei mittlerer Hitze etwa 4 Minuten braten, dann wenden und weitere 4 Minuten braten. Salzen und pfeffern.

Den Bratensaft von der Entenbrust zur Honig-Essig-Sauce gießen und mit Salz und Pfeffer abschmecken. Die Entenbrüste in Scheiben schneiden und mit der Sauce übergossen servieren.

WEINEMPFEHLUNG
Chardonnay, Kalifornien

Entenbrust mit Rotweinsauce

Zubereitungszeit: 35 Minuten

ZUTATEN FÜR 4 PERSONEN
2 DICKE ENTENBRÜSTE MIT HAUT
75 G BUTTER
2 SCHALOTTEN
125 ML ROTWEIN
125 ML PORTWEIN
125 ML HÜHNERBRÜHE
75 ML CRÈME DE CASSIS
SALZ, PFEFFER

Einen Bräter oder eine hitzebeständige Pfanne in den Backofen stellen und auf 200 °C Ober- und Unterhitze vorheizen. Die Entenbrüste waschen und trocken tupfen. Die Butter in kleine Würfel teilen und kalt stellen. Die Schalotten schälen und sehr fein hacken.

Die Fetthaut der Entenbrüste mit einem scharfen Messer einschneiden, dabei aufpassen, dass nicht ins Fleisch geschnitten wird. Das Fleisch mit der Fettseite nach unten in den heißen Bräter legen und im Ofen 5 bis 6 Minuten braten. Dann wenden und mit der Hautseite nach oben weitere 8 bis 10 Minuten braten – das Fleisch ist dann zum Schluss rosa. Wenn es durchgebraten sein soll 5 bis 6 Minuten länger im Ofen lassen. Die Entenbrüste aus dem Ofen nehmen, in Alufolie wickeln und etwa 5 Minuten nachziehen lassen.

Das Fett abgießen. Im Bräter die Schalotten mit Rotwein, Portwein, Brühe und Crème de Cassis bei starker Hitze auf zwei Drittel der Menge einkochen, salzen und pfeffern. Den Bräter vom Herd nehmen und die Butterstückchen mit einem Schneebesen rasch einschlagen. Die Brüste quer in dünne Scheiben schneiden und mit der Sauce beträufelt servieren.

WEINEMPFEHLUNG
Trapiche Malbec Oak Cask trocken, Argentinien

Hähnchenkeulen mit Orientsauce

Entenbrust mit fruchtiger Sahnesauce

Zubereitungszeit: 35 Minuten

ZUTATEN FÜR 4 PERSONEN
2 ENTENBRUSTFILETS
2 SCHALOTTEN
25 G BUTTER
1 TL PFLANZENÖL
250 ML ROTWEIN
2 EL PREISELBEEREN (AUS DEM GLAS)
3 EL CRÈME FRAÎCHE
SALZ
GETROCKNETER THYMIAN
PFEFFER

Die Entenbrustfilets waschen und mit Küchenkrepp gut abtrocknen. Die Schalotten schälen, fein hacken und in Butter und Öl glasig dünsten. Mit dem Rotwein ablöschen, die Preiselbeeren und Crème fraîche dazugeben, etwas einkochen lassen und mit Salz und Thymian abschmecken.

Die Entenbrüste mit der Fettseite nach unten in eine schwere Pfanne legen und etwa 6 Minuten scharf anbraten. Dann salzen und pfeffern, die Hitze reduzieren und das Fleisch von der anderen Seite ebenfalls 6 Minuten braten. Zusätzliches Fett zum Anbraten wird nicht benötigt, da beim Braten ausreichend Fett aus den Entenbrüsten austritt. Das Fleisch etwas ruhen lassen, dann in dickere Scheiben schneiden und zusammen mit der Sauce servieren.

WEINEMPFEHLUNG
Pinot Noir, Q.b.A., Österreich

Entenbrust auf gemischtem Gemüse

Zubereitungszeit: 45 Minuten

ZUTATEN FÜR 4 PERSONEN
2–3 MÖHREN
¼ KNOLLENSELLERIE
4 ROTE ZWIEBELN
2–3 PASTINAKEN
2–3 PETERSILIENWURZELN
1 TELTOWER RÜBCHEN
2 ZWEIGE ROSMARIN
1 BUND GLATTE PETERSILIE
4 ENTENBRUSTFILETS (À 150 G)
6 EL OLIVENÖL
2 EL TOMATENMARK
3 LORBEERBLÄTTER
300 ML ROTWEIN
300 ML HÜHNERBRÜHE
SALZ, PFEFFER

Das Gemüse schälen und in ca. 2 cm große Würfel schneiden. Rosmarin und Petersilie waschen, trocken tupfen und fein hacken. Die Entenbrustfilets waschen, trocken tupfen und auf der Hautseite mehrfach schräg einschneiden. In einem Bräter das Öl erhitzen und die Gemüsewürfel darin scharf anbraten. Möhren zuerst hineingeben, da sie am längsten garen. Rosmarin, Tomatenmark und Lorbeerblätter zufügen und mit dem Rotwein ablöschen. Die Hühnerbrühe angießen, mit Salz und Pfeffer abschmecken und etwa 15 Minuten köcheln lassen.

Die Filets ohne zusätzliches Fett in einer heißen Pfanne auf der Hautseite 4 Minuten braten, wenden und weitere 3 bis 4 Minuten braten. Das Fleisch aus der Pfanne nehmen und in Alufolie gewickelt etwa 5 Minuten ruhen lassen. Die Entenbrust dann in Scheiben schneiden und im Bräter auf dem Wurzelgemüse weiter garziehen lassen. Mit Salz und Pfeffer abschmecken und mit Petersilie bestreuen.

WEINEMPFEHLUNG
Baron de Ley Rioja DOCa Reserva trocken, Spanien

Asia-Ente

Zubereitungszeit: 35 Minuten

ZUTATEN FÜR 4 PERSONEN
2 ENTENBRUSTFILETS
3–4 SCHALOTTEN
1 WALNUSSGROSSES STÜCK INGWER
1 UNBEHANDELTE ORANGE
1 FRÜHLINGSZWIEBEL
1 MILDE ROTE CHILISCHOTE
2 EL HELLES SESAMÖL
2 EL PFLANZENÖL
1 MSP. ZIMT
75 ML HÜHNERBRÜHE
1 EL HONIG
2–3 EL SAKE
2 EL SOJASAUCE
PFEFFER

Die Entenbrustfilets waschen, trocken tupfen und quer in ca. 1 cm dicke Scheiben schneiden. Die Schalotten schälen und fein würfeln. Den Ingwer schälen und reiben. Die Orange gründlich waschen, trocknen, 1 EL Schale abreiben oder Zesten abziehen und den Saft auspressen. Frühlingszwiebel putzen, waschen und in dünne Ringe schneiden. Die Chilischote waschen, halbieren, entkernen und in dünne Streifen schneiden.

In einem Wok die Öle stark erhitzen. Die Entenstücke 3 bis 4 Minuten unter Rühren anbraten. Schalotten und Ingwer hinzufügen und weitere 2 Minuten braten.

Zimt, Orangenschale sowie -saft, Hühnerbrühe, Honig, Sake, Sojasauce und Chilischote dazugeben und bei großer Hitze unter Rühren fertig garen. Mit Sojasauce und Pfeffer abschmecken. Die Entenbrust mit Frühlingszwiebelringen bestreut servieren.

WEINEMPFEHLUNG
Gallo Family Vineyards Zinfandel, Kalifornien

Pasta mit Entenragout

Zubereitungszeit: 45 Minuten

ZUTATEN FÜR 4 PERSONEN
400 G ENTENBRUSTFILETS
1 ZUCCHINI
1 ROTE PAPRIKASCHOTE
1 ROTE PEPERONI
1 KNOBLAUCHZEHE
2 EL MINZE
1 TL BRAUNER ZUCKER
SALZ, PFEFFER
50 ML ROTWEIN
1 DOSE GESCHÄLTE TOMATEN (850 G)
400 G PENNE
PARMESAN

Von den Entenbrustfilets die Fettseite entfernen und das Fett in kleine Stücke schneiden. Die Entenbrustfilets in dünne Streifen schneiden. Zucchini und Paprikaschote putzen, waschen und würfeln. Die Peperoni längs halbieren, entkernen und quer in dünne Streifen schneiden. Den Knoblauch schälen, die Minze fein hacken.

In einer Pfanne bei mittlerer Hitze das Entenfett auslassen, sich lösende Hautstücke herausnehmen. In dem ausgelassenen Fett die Filetstreifen kurz anbraten, den Knoblauch hineinpressen und die Peperonistreifen sowie die Hälfte der Minze dazugeben. Das Entenfleisch aus der Pfanne nehmen und zur Seite stellen.

In der noch heißen Pfanne die Gemüsewürfel kurz anbraten, mit Zucker, Salz und Pfeffer würzen. Mit Rotwein und Dosentomaten ablöschen und 10 Minuten einkochen lassen. Das Entenfleisch in die Sauce geben und kurz aufkochen. Die restliche Minze über das Entenragout streuen und nochmal mit Salz und Pfeffer abschmecken.

Die Pasta al dente kochen und mit dem Entenragout anrichten. Mit Parmesan bestreut servieren.

WEINEMPFEHLUNG
Baron de Ley Rioja DOCa Reserva trocken, Spanien

Entenbrust auf gemischtem Gemüse

Ente à l'orange

Zubereitungszeit: 45 Minuten

ZUTATEN FÜR 4 PERSONEN

2 DICKE ENTENBRÜSTE MIT HAUT
3 UNBEHANDELTE ORANGEN
PFLANZENÖL ZUM BRATEN
200 ML GRAND MARNIER (ORANGENLIKÖR)
SALZ, PFEFFER
200 ML SAHNE
1 TL FLEISCHBRÜHENPULVER
1 EL BALSAMICOESSIG

Die Entenbrüste waschen und trocken tupfen. Mit einem scharfen Messer die Fetthaut rautenförmig einritzen, dabei aber nicht bis ins Fleisch schneiden.

Eine unbehandelte Orange heiß waschen, trocknen und etwa 1 bis 2 EL Schale so dünn abschälen, dass nichts von der weißen, bitteren Innenhaut daran hängen bleibt. Die Schale in feine Streifen schneiden und beiseitestellen. Zwei Orangen auspressen, die dritte Orange mit einem scharfen Messer bis ins Fruchtfleisch schälen und die Filets mit einem Messer aus den hellen Trennhäuten schneiden. Dabei den Saft auffangen und zu dem ausgepressten Saft geben.

Eine Pfanne mit ein wenig Öl stark erhitzen. Die Entenbrüste mit der Fettschicht nach unten in die Pfanne legen, 8 Minuten braten. Dann wenden, mit Grand Marnier übergießen und noch weitere 5 Minuten braten. Die Entenbrüste aus der Pfanne nehmen, salzen und pfeffern, in Alufolie wickeln und beiseitelegen.

Den Bratensatz mit dem Orangensaft ablöschen. Die Sahne angießen, Brühepulver und Balsamicoessig zugeben und etwa 5 Minuten einköcheln lassen. Die Orangenfilets und die Schalenstreifen in die Sauce geben, mit Salz und Pfeffer abschmecken.

Die Entenbrüste aus der Folie nehmen, den ausgetretenen Fleischsaft in die Sauce gießen. Das Fleisch von der Fettschicht weg in Scheiben schneiden. Die Entenbrustscheiben in die Sauce geben, kurz erwärmen und servieren.

WEINEMPFEHLUNG
Kadette trocken, Südafrika

Ente mit fruchtiger Kirschsauce

Zubereitungszeit: 35 Minuten

ZUTATEN FÜR 4 PERSONEN

2 ENTENBRUSTFILETS MIT HAUT
25 G BUTTER
1 GLAS SAUERKIRSCHEN (SCHATTENMORELLEN)
BEI BEDARF EIN WENIG ÖL
2 EL ROTWEINESSIG
1 EL BRAUNER ZUCKER
5 EL ROTWEIN
1–2 EL KIRSCHWASSER
SALZ, PFEFFER

Die Entenbrustfilets waschen und mit Küchenkrepp trocknen. Die Haut mit einem scharfen Messer rautenförmig einschneiden und beiseitestellen. Die Butter in kleine Stücke schneiden und sehr kalt stellen. Die Sauerkirschen in ein Sieb abgießen und dabei den Saft auffangen.

Eine Pfanne erhitzen, bei Bedarf ein wenig Öl hineingeben und die Entenbrüste mit der Hautseite nach unten etwa 8 Minuten braten. Dann wenden und auf der Fleischseite weitere 8 Minuten braten. Das Fleisch herausnehmen, in Alufolie wickeln und nachziehen lassen. Den Bratfond in der Pfanne mit dem Essig ablöschen und etwas einkochen lassen.

Den Zucker darüber streuen, Wein und Kirschwasser angießen und 2 bis 3 Minuten köcheln lassen.

Die Hälfte von dem aufgefangenen Kirschsaft zugießen und etwas einkochen lassen. Die Kirschen einrühren, die kalten Butterflöckchen rasch mit einem Schneebesen einrühren und mit Salz und Pfeffer abschmecken. Die Entenbrust aus der Folie nehmen und in Scheiben schneiden. Auf Tellern anrichten und mit der Sauce überziehen.

WEINEMPFEHLUNG
Merlot Vino De La Tierra De Castilla Bio, Spanien

Klassischer Entenbraten

Zubereitungszeit: 3 Stunden

ZUTATEN FÜR 4 PERSONEN

1 KÜCHENFERTIGE ENTE VON GUT 2,5 KG
SALZ, PFEFFER
100 G DURCHWACHSENER SPECK
2 EL BUTTER
1 ZWIEBEL
2 SÄUERLICHE ÄPFEL
1 EL ZITRONENSAFT
4 EL SEMMELBRÖSEL
1 TL MAJORAN
2 MÖHREN
75 G KNOLLENSELLERIE
½ LAUCHSTANGE
BIER ZUM BESTREICHEN
100 G CRÈME FRAÎCHE

Die Ente waschen, innen und außen mit Küchenkrepp trocknen, salzen und pfeffern. Den durchwachsenen Speck fein würfeln.

In einer Pfanne mit wenig Butter glasig braten und auslassen. Die Zwiebel schälen, fein würfeln und zum Speck geben, leicht anbräunen. Die Äpfel schälen, vierteln und das Kerngehäuse ausschneiden. Die Apfelviertel in feine Scheiben schneiden. Gleich mit dem Zitronensaft beträufeln, damit sie nicht braun anlaufen. Den Backofen auf 220 °C Ober- und Unterhitze vorheizen.

Apfelscheibchen mit Speck und Zwiebeln, Semmelbröseln sowie Majoran vermischen und in die Bauchhöhle der Ente füllen. Die Körperöffnungen mit Zahnstochern oder Küchengarn verschließen und den Vogel so auf einen Bratrost legen, dass die Brust nach oben zeigt.

Auf der unteren Schiene in den Ofen schieben und die Fettpfanne, mit etwa 500 ml Wasser gefüllt, darunter platzieren. 40 Minuten braten.

Dann die Ofentemperatur auf 180 °C Ober- und Unterhitze zurückschalten, wieder Wasser in die Fettpfanne gießen, damit es die Ente immer schön feucht hat. Wiederum 45 Minuten braten. Die Möhren und den Sellerie waschen, schälen und in Stücke schneiden. Die Lauchstange putzen, waschen und in Scheiben schneiden. Nach den 45 Minuten in die Fettpfanne streuen, die Ente umdrehen und noch etwa 1 Stunde braten. Dabei ab und zu nachsehen, ob Wasser in die Fettpfanne nachgegossen werden muss.

Etwa 15 Minuten vor Ende der Bratzeit die Haut der Ente mit Bier bepinseln, damit sie knusprig wird.

Ist die Ente zur Zufriedenheit gebräunt, den Ofen ausschalten und die Fettpfanne herausziehen. Die Ente bleibt noch im Ofen. Bratsatz und Gemüse mit Wasser loskochen und durch ein Sieb in einen Topf streichen, das ausgebratene Fett mit einem Löffel von der Oberfläche schöpfen. Die Sauce mit der Crème fraîche abrunden und mit Salz und Pfeffer nachwürzen. Extra zur Ente servieren.

WEINEMPFEHLUNG
Spätburgunder Q.b.A. Edition Weinhumidor, Ahr

Wildentenbrust mit Trauben

Zubereitungszeit: 1,5 Stunden

ZUTATEN FÜR 4 PERSONEN

4 WILDENTENBRÜSTE OHNE HAUT
SALZ, PFEFFER
1 EL PFLANZENÖL
50 G BUTTER
3 SCHALOTTEN
10 WACHOLDERBEEREN
½ LORBEERBLATT
500 G SAUERKRAUT
125 ML WEISSWEIN
250 G MUSKATELLER-WEINTRAUBEN

Die Entenbrüste waschen und trocken tupfen, salzen und pfeffern. In einer Pfanne zuerst das Öl, dann die Butter erhitzen und die Wildentenbrüstchen darin schnell auf beiden Seiten anbraten, dann herausnehmen. Die Schalotten schälen und fein würfeln, in dem Bratfett glasig dünsten und den Pfanneninhalt in einen Topf füllen.

Die Wacholderbeeren leicht andrücken und mit dem halben Lorbeerblatt in den Topf geben. Das Sauerkraut mit zwei Gabeln auflockern und mit dem Wein zugeben. Mit Salz sparsam abschmecken. Bei kleiner Hitze etwas köcheln lassen, dann die Entenbrüstchen darauflegen und den Topf zudecken. 30 bis 40 Minuten ganz leise vor sich hin simmern lassen.

Inzwischen die Trauben waschen, halbieren und die Kerne mit einem spitzen Messer entfernen. Die Traubenhälften unter das Sauerkraut mischen und noch 4 bis 5 Minuten erhitzen.

Das Lorbeerblatt entfernen und das Fleisch auf dem Kraut anrichten.

WEINEMPFEHLUNG
Spätburgunder 'Rouge', Rheingau

Wildente mit Sauerkraut

Zubereitungszeit: 1,5 Stunden

ZUTATEN FÜR 4 PERSONEN
350 G SAUERKRAUT
2 KÜCHENFERTIGE WILDENTEN
SALZ, PFEFFER
4 GROSSE SCHEIBEN FETTER SPECK
2–3 SCHALOTTEN
1 EL BUTTER
1 EL SCHMALZ
20 WACHOLDERBEEREN
50 ML WEISSWEIN
50 ML APFELSAFT
2 EL HONIG

Den Backofen auf 200 °C Ober- und Unterhitze vorheizen. Sauerkraut abtropfen lassen und ausdrücken. Die Enten innen und außen salzen und pfeffern, mit der Brust nach oben in den Bräter legen und mit den Speckscheiben belegen. Die Enten im Backofen 35 Minuten garen. Den Speck abnehmen und die Enten weitere 20 Minuten ohne Deckel bräunen.

Die Schalotten schälen und in einem Topf mit Butter und Schmalz andünsten. Das Sauerkraut und die zerdrückten Wacholderbeeren dazugeben. Wein und Apfelsaft angießen und mit Deckel leicht köcheln, bis der Wein verdampft ist. Den Honig untermischen und bei großer Hitze karamellisieren, bis das Kraut goldbraun ist, dabei immer wieder rühren. Mit Salz und Pfeffer abschmecken und mit den Enten anrichten.

WEINEMPFEHLUNG
Crozes Hermitage rotles incontounables, Frankreich

Gefüllte Täubchen

Zubereitungszeit: 1,5 Stunden

ZUTATEN
4 KÜCHENFERTIGE TÄUBCHEN
SALZ, PFEFFER
1 KLEINER WIRSINGKOHL
50 G DURCHWACHSENER SPECK
2 KLEINE SCHALOTTEN
100 G BUTTER
MUSKATNUSS
1 EI

Die Täubchen innen und außen waschen und sorgfältig trocken tupfen, überall leicht salzen und pfeffern.

Die Wirsingblätter vom Strunk einzeln ablösen, die dicken Blattrippen entfernen. Die Blätter gut waschen und in kochendem Salzwasser 3 bis 4 Minuten abkochen, herausheben, kalt abschrecken und abtropfen lassen. Die blanchierten Kohlblätter in Streifen schneiden. Den Speck und die geschälten Schalotten sehr fein würfeln.

Speckwürfel in einer kleinen Pfanne auslassen, 20 g von der Butter dazugeben und die Schalotten darin glasig dünsten. Die Wirsingstreifen mit den Schalotten und dem Speck vermischen, mit Pfeffer, Muskatnuss und wenig Salz abschmecken. Diese Mischung abkühlen lassen und das Ei unterrühren.

Den Backofen auf 200 °C Ober- und Unterhitze vorheizen. Die Täubchen mit der Wirsingmasse locker füllen und die Körperöffnungen mit Küchengarn zunähen.

Die Täubchen in der restlichen Butter bei mittlerer Hitze auf dem Herd ringsum kräftig anbraten, dann in den Ofen schieben und weitere 25 Minuten unter häufigem Begießen mit dem Bratfett fertig garen.

WEINEMPFEHLUNG
Spätburgunder Q.b.A. Edition Weinhumidor, Ahr

Zitronen-Huhn

Zubereitungszeit: 2 Stunden

ZUTATEN FÜR 4 PERSONEN
1 SCHÖNES HUHN (KAPAUN, POULARDE) VON 1750 G, MIT MÖGLICHST UNVERLETZTER HAUT
SALZ, PFEFFER
2 KLEINE UNBEHANDELTE ZITRONEN ODER LIMETTEN

Das Huhn innen und außen waschen und zum Abtropfen für mindestens 15 Minuten mit etwas abgespreizten Flügeln auf ein Abtropfgitter setzen, dann mit Küchenkrepp nachtrocknen. Innen großzügig pfeffern und nicht ganz so großzügig salzen. Den Backofen auf 190 °C Ober- und Unterhitze vorheizen.

Die beiden Zitronen gut waschen, trocknen und mit der flachen Hand etwa 1 Minute kräftig auf dem Tisch rollen, bis sie weich sind. Mit einer Kuchengabel je 20 mal einstechen, sodass nun jede 60 kleine Löcher hat. Möglichst wenig Saft austropfen lassen. Überflüssiges Fett, vor allem den Bürzel, vom Huhn entfernen, die Zitronen in die Bauchhöhle stecken, dann das Geflügel an Vorder- und Hinterseite mit Dressier- oder Rouladennadeln zustecken oder zunähen. Keine Hohlraumversiegelung machen, alles soll eher locker sein. Die Flügel mit Küchengarn an den Körper binden.

Mit dem Bauch nach unten in einen ungefetteten flachen Bräter legen. In dieser Position auf mittlerer Einschubleiste ohne Deckel in den heißen Ofen schieben und 30 Minuten braten. Dann umdrehen und 25 Minuten weiter braten.

Nun den Backofen auf 200 °C Ober- und Unterhitze schalten, das Huhn aber nicht mehr wenden, weitere 25 Minuten zu Ende braten, bis die Haut schön braun ist und vielleicht aufgeblasen.

Zum Servieren die Nadeln oder das Garn sowie die Zitronen entfernen.

WEINEMPFEHLUNG
Pinot Grigio D. Veneto IGT trocken, Italien

Festlicher Entenbraten

Zubereitungszeit: 4 Stunden

ZUTATEN FÜR 4 PERSONEN
1 DEUTSCHE BAUERNENTE (CA. 2,5 KG)
2 EL ENTENFETT
3 ZWIEBELN
5 SCHALOTTEN
1 APFEL (Z.B. BRAEBURN)
1 EL BUTTER
SALZ
2–3 STÄNGEL GETROCKNETER BEIFUSS (ALTERNATIV GETROCKNETER MAJORAN ODER THYMIAN)
4–6 STÄNGEL GLATTE PETERSILIE
1–2 LORBEERBLÄTTER
500 G ENTENKLEIN
1 BUND SUPPENGRÜN
PFEFFER
1 TL STÄRKE

Den Backofen auf 220 °C Ober- und Unterhitze vorheizen. Mit einem kleinen Hackbeil den Hals und die Flügel der Ente entfernen und in kleine Stücke hacken. In einem Bräter mit dem Entenfett kurz anbraten und mit etwas Wasser ablöschen.

1 ungeschälte Zwiebel in 2 cm dicke Scheiben schneiden und mit den ungeschälten Schalotten beiseitestellen. 1 weitere Zwiebel schälen und vierteln. Den Apfel schälen, entkernen, vierteln und in einer Pfanne mit 1 EL Butter andünsten.

Die Ente von innen und außen salzen. Mit Zwiebel- und Apfelstücken, gewaschenem Beifuß, Petersilie und Lorbeerblättern füllen und mit Küchengarn zunähen. Die Ente mit der Keulenseite auf das Geflügelklein legen. Den Backofen auf 180 °C Ober- und Unterhitze herunterschalten und die Ente 2 Stunden garen. Nach 30 Minuten auf die andere Keulenseite drehen und die ungeschälten Schalotten und Zwiebelscheiben dazugeben. Nach 1 Stunde die Brustseite nach oben drehen. Die Ente während der gesamten Garzeit immer wieder mit Bratenfett übergießen.

Für die Sauce das Entenklein in einem Topf anbraten. Das Suppengemüse putzen, waschen und in grobe Stücke schneiden. Die restlichen Zwiebeln schälen und in Würfel schneiden. Suppengemüse und Zwiebeln zum Entenklein geben und mit 1 l Wasser ablöschen. Etwa 1 Stunde köcheln lassen und durch ein Sieb gießen.

Die Ente aus dem Bräter nehmen und bei 80 °C Ober- und Unterhitze im Backofen warm halten. Den Bratenfond durch ein mit Küchenkrepp ausgelegtes Sieb gießen, damit er entfettet wird. Den Entenfond in den Bräter zurückgeben und kurz aufkochen lassen, damit sich der Bratensatz lösen kann. Die Sauce sämig einkochen lassen und je nach Bedarf mit in Wasser aufgelöster Stärke binden.

Die Ente vor dem Servieren unter dem Grill 5 bis 8 Minuten kross bräunen. Die Ente mit der Sauce servieren.

WEINEMPFEHLUNG
Château Teyssier Puisseguin-Saint Emilion AOC trocken, Frankreich

Gefüllte Wachteln

Gefüllte Wachteln

Zubereitungszeit: 1 Stunde

ZUTATEN FÜR 4 PERSONEN
50 G FRÜHSTÜCKSSPECK (BACON)
2 SCHEIBEN TOASTBROT
6 EL BUTTER
100 G KERNLOSE WEISSE TRAUBEN
1 ZWEIG ROSMARIN
8 KÜCHENFERTIGE WACHTELN
SALZ, PFEFFER
25 WACHOLDERBEEREN
1 EL ÖL
20 ML MADEIRA
100 ML GEFLÜGELFOND

Den Backofen auf 180 °C Ober- und Unterhitze vorheizen. Den Frühstücksspeck in feine Würfel schneiden und kurz in kochendes Wasser geben, dann ist er nicht mehr so salzig. Das Toastbrot entrinden, in Würfel schneiden und in 4 EL Butter in einer Pfanne zu Croûtons braten. Herausnehmen und auf Küchenkrepp abtropfen lassen.

Die Trauben waschen und halbieren. Den Rosmarinzweig waschen und trocken tupfen. Die Wachteln mit Salz und Pfeffer würzen und mit jeweils 2 Wacholderbeeren und einem kleinen Stück Rosmarinzweig füllen. Die restlichen Wacholderbeeren in einem Mörser zerstoßen.

Die Wachteln in einer Pfanne mit der restlichen Butter und dem Öl von beiden Seiten anbraten. Alle Wachteln auf die Keulenseite legen und 10 Minuten im Backofen braten, dann die Wachteln umdrehen und weitere 10 Minuten fertig garen. Wachteln herausnehmen und warm stellen.

Die Hälfte des Fetts aus der Pfanne abgießen, mit Madeira ablöschen und fast vollständig einkochen lassen. Den Geflügelfond dazugießen und sämig einkochen lassen. Speck, Trauben und gestoßene Wacholderbeeren in die Pfanne geben und kurz durchschwenken. Die Wachteln auf Tellern anrichten, mit der Sauce übergießen und mit den Croûtons bestreuen.

WEINEMPFEHLUNG
Chablis 1er Cru Montmains, Frankreich

Der gute Tipp

Wegen der Salmonellengefahr sollte Geflügel immer ganz durchgebraten werden.

WÜRTTEMBERG
HORECA
Paprika scharf
Paprika scherp
FINE FOOD

FLEISCH & WILD

Rindsroulade mit Steinpilzen, Apfelschalotte, Petersilie und Knödel

ZUTATEN FÜR 4 PERSONEN

FÜR DIE ROULADEN:
700 G STEINPILZE
2 SCHALOTTEN
½ FRISCHE KNOBLAUCHKNOLLE
1 MÖHRE
2 GROSSE ZWIEBELN
3 STANGEN STAUDENSELLERIE
50 G BUTTER
SALZ, SCHWARZER PFEFFER AUS DER MÜHLE
1 EIGELB
2 GROSSE RINDERROULADEN (À CA. 200–220 G)
1 EL SENF
50 G BUTTERSCHMALZ
1 LORBEERBLATT
5 ZWEIGE THYMIAN
3 PIMENTKÖRNER
250 ML ROTER PORTWEIN
1 L KALBSFOND
20 G GETROCKNETE STEINPILZE
2 DÜNNE SCHEIBEN TIROLER SPECK

FÜR DIE APFELSCHALOTTEN:
4 KLEINE SCHALOTTEN
300 ML APFELSAFT
2 AUFGEBROCHENE GRÜNE KARDAMOMKAPSELN

FÜR DIE PETERSILIE:
50 G GLATTE PETERSILIE
SALZ
50 ML OLIVENÖL

FÜR DIE KNÖDEL:
600 G KARTOFFELN
SALZ

ANRICHTEN:
1 KNOBLAUCHZEHE
2 TL BUTTERSCHMALZ
1 EL SCHNITTLAUCHRÖLLCHEN
1 TL BUTTER
SALZ, PFEFFER

Für die Rouladen die Steinpilze putzen. 4 Steinpilze beiseitelegen, den Rest in sehr feine Würfel schneiden. Die Schalotten schälen und in Scheiben schneiden. Die Knoblauchknolle in 3 Scheiben schneiden. Die Möhre und die Zwiebeln schälen und in Würfel schneiden. Den Staudensellerie waschen und in ca. 1 cm große Stücke schneiden.

Die Butter zerlassen und die Schalotten, die Pilze sowie den Knoblauch zugeben und braten. Mit Salz und Pfeffer würzen. Den Knoblauch aus der Pfanne nehmen und das Eigelb unterrühren.

Die beiden Rouladen waschen, trocken tupfen und mit der langen Seite nach vorn auf ein Arbeitsbrett legen. Salzen, pfeffern und dünn mit Senf bestreichen. Die Pilzfüllung darauf verteilen und von den Längsseiten her aufrollen. Mit dem Küchengarn zubinden.

Die Rouladen in einem großen Schmortopf mit heißem Butterschmalz scharf anbraten, dann herausnehmen. Zwiebeln, Möhren und Staudensellerie zugeben und leicht anbraten, den Knoblauch von der Steinpilzfüllung mit verwenden. Das Lorbeerblatt, den Thymian und den Piment zugeben. Mit Portwein auffüllen. Die Rouladen wieder hineingeben und langsam köcheln, bis der Portwein verkocht ist. Mit dem Kalbsfond auffüllen, aufkochen, die getrockneten Steinpilze dazugeben und im vorgeheizten Backofen bei 180 °C Ober- und Unterhitze ca. 30 Minuten schmoren.

Den Speck längs in 2 cm breite Streifen schneiden, auf ein Blech mit Backpapier legen und 5 Minuten mit in den Backofen geben, bis der Speck trocken ist.

Die Rouladen dann aus dem Topf nehmen und warm stellen. Die Sauce passieren, abschmecken und zur gewünschten Konsistenz reduzieren. Zum Schluss den Bindfaden von den Rouladen entfernen, die Rouladen in Stücke schneiden und in der fertigen Sauce vorsichtig erwärmen.

Für die Apfelschalotten die Schalotten schälen. Zusammen mit dem Apfelsaft und den Kardamomsamen in einem sehr kleinen Topf langsam weich kochen. Den Kardamom entfernen und die Schalotten in dem entstandenen Apfelsirup warm halten.

Die Petersilie waschen, trocken schütteln, Blätter abzupfen und in kochendem Salzwasser kurz blanchieren. Sofort in Eiswasser abschrecken, trocken schütteln und pürieren. Langsam das Olivenöl einrühren und durch ein feines Sieb passieren.

Für die Knödel die Kartoffeln schälen und waschen. Ein Drittel in Salzwasser weich kochen. Den Rest auf einer mittelfeinen Reibe in eine Schüssel mit etwas kaltem Wasser reiben. Dann alles in ein großes Tuch geben und gut auspressen. Das Wasser dabei auffangen. Die trockenen, geriebenen Kartoffeln in eine Schüssel geben und mit einer Gabel auflockern. Das aufgefangene Wasser vorsichtig abgießen. Die Stärke, die sich am Boden abgesetzt hat, herausnehmen und zu den Kartoffeln geben. Die gekochten Kartoffeln bis auf etwas Restwasser abgießen, fein stampfen und mit den geriebenen Kartoffeln gut mischen, eventuell noch salzen. Kleine Knödel formen und in siedendem Salzwasser garen, bis sie an der Oberfläche schwimmen.

Den Knoblauch schälen und in dünne Scheiben schneiden. Die beseitegelegten Steinpilze und den Knoblauch im Butterschmalz anbraten. Schnittlauch und Butter zugeben. Mit Salz und Pfeffer abschmecken.

Die Rinderrouladen zusammen mit den Apfelschalotten und den Knödeln anrichten. Den Speck und die Petersilie darauf verteilen. Zum Schluss jeweils mit Steinpilzen garnieren.

WEINEMPFEHLUNG
Amarone della Valpolicella DOC, Italien

Erika Bergheim

Erika Bergheim ist die erste und einzige Frau in Nordrhein-Westfalen mit einem Michelin-Stern. Gastspiele in den USA bei Starköchen wie Patrick O'Connell oder Daniel Boulud haben sie darin bestärkt, ihren eigenen Weg zu gehen und sich dabei vor allem auf frische Bio-Produkte aus der direkten Umgebung des Schlosshotels Hugenpoet in Essen-Kettwig zu verlassen. Im eigenen Kräutergarten zieht die Sterneköchin Kräuter und Gewürze, die ihrer Küche den eigenen Charakter geben. Für „Das Gute essen" serviert sie Rindsroulade mit einer Füllung aus edlen Steinpilzen.

Mediterran mit griechischem Käse

In der klassischen Rinderroulade dürfen Senf und herzhafte Dörrfleischstreifen nicht fehlen. In dieser feineren Variante haben wir den Speck durch hauchdünn geschnittenen Kochschinken ersetzt. Griechischer Schafskäse, frische Champignons und Knoblauch sorgen für eine mediterrane aromatische Würze.

Rinderroulade mit Schafskäse und Champignons

ZUTATEN FÜR 4 PERSONEN

4 CHAMPIGNONS
2 FRÜHLINGSZWIEBELN
80 G FETA
4 SCHEIBEN DÜNNER KOCHSCHINKEN
4 RINDERROULADEN (À CA. 150 G)
SALZ, PFEFFER
5 SCHALOTTEN
1 KNOBLAUCHZEHE
2 MÖHREN
100 G KNOLLENSELLERIE
3 EL ÖL
1 EL TOMATENMARK
200 ML ROTWEIN
600 ML RINDERBRÜHE
SPEISESTÄRKE

Champignons putzen und in Scheiben schneiden. Frühlingszwiebeln putzen, waschen und in Ringe schneiden. Feta zerbröseln. Schinken halbieren. Die Rinderrouladen waschen, trocken tupfen und flach nebeneinander ausbreiten. Mit Salz und Pfeffer würzen und mit Schinken, Champignons, Frühlingszwiebeln sowie Feta belegen. Die schmaleren Enden der Rouladen etwas einklappen, die Rouladen der Länge nach aufrollen und mit Zahnstochern feststecken. Von außen ebenfalls mit Salz und Pfeffer würzen.

Schalotten schälen und in Würfel schneiden. Knoblauch schälen und halbieren. Möhren und Sellerie schälen und in Stücke schneiden.

In einem großen Topf das Öl erhitzen. Die Rouladen darin rundherum anbraten, dann herausnehmen. Schalotten, Knoblauch, Möhren und Sellerie in den Topf geben und anschwitzen. Tomatenmark zugeben und kurz anschwitzen. Mit Rotwein ablöschen und mit Brühe auffüllen. Die Rinderrouladen wieder zugeben und zugedeckt bei geringer Hitze ca. 1,5 bis 2 Stunden schmoren.

Die Rouladen herausnehmen und die Zahnstocher entfernen. Die Brühe durch ein Sieb gießen, erneut aufkochen, mit Speisestärke abbinden und mit Salz und Pfeffer abschmecken. Die Rouladen wieder in die Sauce legen und bis zum Servieren warm halten.

Mit Kartoffelklößen servieren.

WEINEMPFEHLUNG
Spätburgunder Q.b.A. „Junge Reben" trocken, Baden

Rinderrouladen mit Gemüsefüllung

ZUTATEN FÜR 4 PERSONEN

4 RINDERROULADEN
(À CA. 150 G)
1 GROSSE MÖHRE
1 ETWA 0,5 CM DICKE SCHEIBE KNOLLENSELLERIE
1 BUND FRÜHLINGSZWIEBELN
1 BUND PETERSILIE
SALZ, PFEFFER
4 TL GROBER ROTISSEUR-SENF
8 DÜNNE SCHEIBEN RÄUCHERSPECK
5–6 ZWIEBELN
4 EL PFLANZENÖL
375 ML FLEISCHBRÜHE
1 EL TOMATENMARK
1 LORBEERBLATT

Rouladen ausbreiten, waschen und trocknen. Die Möhre und den Sellerie putzen, schälen und in etwa 3 cm lange, dünne Stifte schneiden. Die Frühlingszwiebeln waschen, das Weiße bis Hellgrüne ebenfalls in 3 cm lange Stücke teilen. Petersilie waschen und trocknen.

Die Rouladen salzen, pfeffern und mit jeweils 1 TL Senf bestreichen. Dann je 2 Scheiben vom Speck und anteilig mit Möhren- und Selleriestiften sowie Stücken von den Frühlingszwiebeln und einem Stängel Petersilie belegen. Rouladen zusammenrollen und mit Zahnstochern oder Küchengarn fixieren. Die Zwiebeln schälen und in grobe Stücke schneiden.

In einem Schmortopf oder Bräter das Öl stark erhitzen und die Rouladen ringsum scharf anbraten, dann herausnehmen und die Zwiebelstücke anbraten. Mit der Fleischbrühe ablöschen und die Rouladen wieder in den Topf geben. Das Tomatenmark einrühren, mit Salz und Pfeffer würzen und das Lorbeerblatt zugeben. Deckel auflegen und bei kleiner Hitze 30 bis 40 Minuten schmoren, dann ohne Deckel noch 1 weitere Stunde bei mäßiger Hitze, dabei ab und zu die Rouladen umdrehen. Nur wenn notwendig noch Wasser zugießen. Die Zwiebeln geben der Sauce die sämige Bindung.

Mit Kartoffelpüree servieren.

WEINEMPFEHLUNG
Blauer Spätburgunder Q.b.A. trocken, Pfalz

Ganz traditionell

Der Klassiker mit Räucherspeck. Statt der obligatorischen Gewürzgurke sorgen Frühlingszwiebeln und Petersilie in diesem Rezept für ein herb-frisches Aroma. Die Zubereitung von Rouladen ist recht zeitaufwendig. Sie lassen sich jedoch gut vorbereiten. Einmal gefüllt schmoren sie in Ruhe auf dem Herd.

Fleisch: Auf die richtige Qualität kommt es an

Der hochwertige Eiweiß- und Mineralstofflieferant Fleisch lässt sich vielseitig verwenden. Steaks eignen sich bestens, um kurz angebraten zu werden, Schnitzelfleisch kann gut zu Geschnetzeltem verarbeitet werden und größere Stücke vom Lamm, Rind, Kalb oder Schwein schmecken als Braten. Einst war Fleisch eines der teuersten Nahrungsmittel und kam nur sonntags auf den Tisch. Längst für jedermann erschwinglich geworden, wird Fleisch in vielen Familien fast täglich verzehrt. Durchschnittlich rund 20 Kilogramm pro Kopf und Jahr beträgt der Fleischkonsum in Europa. Doch Masse ist nicht Klasse: Statt zu Billigfleisch aus Massentierhaltung sollte man lieber zu Ware aus artgerechter Tierhaltung greifen. Damit leistet man nicht nur einen wichtigen Beitrag zur Nachhaltigkeit und zum Tierschutz, sondern hat auch nachweislich mehr Geschmack auf dem Teller. Ob Roulade, Steak oder Schnitzel: Lieber seltener Fleisch essen, dafür aber von guter Qualität.

Kleine Wiener Schnitzel mit Kartoffelsalat

Zubereitungszeit: 1 Stunde

ZUTATEN FÜR 4 PERSONEN

500 G FESTKOCHENDE KARTOFFELN (Z.B. BAMBERGER HÖRNLE ODER BRÄTLINGE)
SALZ
NACH BELIEBEN KÜMMEL
200 ML RINDERBRÜHE
1–2 EL SHERRYESSIG
3 EL PFLANZENÖL
PFEFFER
1 BUND SCHNITTLAUCH
600 G KALBSFILET AM STÜCK
2 EIGELB
1 EL MEHL
50 G PANIERMEHL
2 EL SCHWEINESCHMALZ ZUM BRATEN
SAFT VON 1 ZITRONE

Die Kartoffeln waschen und in Salzwasser, nach Belieben mit Kümmel gewürzt, garen. Die gekochten Kartoffeln abgießen und etwas auskühlen lassen. Die Rinderbrühe in einem kleinen Topf erwärmen. Aus der warmen Brühe mit Essig und Öl eine Marinade rühren, mit Salz und Pfeffer kräftig abschmecken.

Die warmen Kartoffeln pellen und in dünne Scheiben schneiden. Mit der Marinade vermischen und 30 Minuten durchziehen lassen.

Kurz vor dem Servieren den Kartoffelsalat nochmals gut abschmecken. Den Schnittlauch waschen, in feine Röllchen schneiden und über den Salat streuen.

Das Kalbsfilet sorgfältig enthäuten und in 5 bis 6 mm dünne, runde Schnitzelchen schneiden. Zwischen Klarsichtfolie legen und mit dem Handballen kräftig flachdrücken.

Die Eigelbe in einen tiefen Teller geben und mit einer Gabel verschlagen. Je einen flachen Teller mit dem Mehl und mit dem Paniermehl bereitstellen. Einen Teller zum Abtropfen der fertigen Schnitzel dick mit Küchenkrepp auslegen.

In einer großen Pfanne reichlich Schweineschmalz stark erhitzen. Die Schnitzel salzen und pfeffern, erst in Mehl, dann in den Eigelben und schließlich im Paniermehl wenden. In das Schweineschmalz geben und in 2 bis 3 Minuten knusprig ausbacken.

Die gebratenen Schnitzel aus dem Fett heben und auf dem Küchenkrepp abtropfen lassen. Mit etwas Zitronensaft beträufeln und heiß mit dem Kartoffelsalat servieren.

WEINEMPFEHLUNG
Grüner Veltliner trocken, Österreich

Kalbsrahmgulasch

Zubereitungszeit: 2,5 Stunden

ZUTATEN FÜR 4 PERSONEN

300 G GROSSE FRÜHLINGSZWIEBELN
600 G KALBFLEISCH AUS DEM NACKEN
SALZ, PFEFFER
2 EL BUTTERSCHMALZ
1 EL PAPRIKAPULVER
1 EL KETCHUP
1 EL TOMATENMARK
5 EL WEISSWEIN
250 ML KALBSFOND
1 BOUQUET GARNI (AUS 1 MÖHRE, 1 STANGE LAUCH, 1 STÜCK STAUDENSELLERIE, 1 STÄNGEL PETERSILIE)
1 LORBEERBLATT
100 ML SAHNE
200 G SAURE SAHNE
1 TL STÄRKE
1 KLEINE KNOBLAUCHZEHE
1 MSP. ABGERIEBENE UNBEHANDELTE ZITRONENSCHALE

Frühlingszwiebeln putzen, waschen und nur die Knollen verwenden.

Das Kalbfleisch in 3 cm große Würfel schneiden und mit Salz und Pfeffer würzen. Fleisch und Frühlingszwiebeln in einem Topf mit dem Butterschmalz langsam anbraten. Paprikapulver, Ketchup und Tomatenmark dazugeben und leicht anrösten. Mit Weißwein ablöschen und den Kalbsfond dazugießen.

Für das Bouquet garni die Zutaten waschen, trocken tupfen und zu einem Sträußchen binden. Mit dem Lorbeerblatt zum Fleisch geben. Zugedeckt etwa 1,5 bis 2 Stunden leise köcheln lassen. Das Fleisch soll weich sein, aber nicht zerfallen.

Das Sträußchen und das Lorbeerblatt entfernen. Sahne, saure Sahne und Stärke glatt rühren und in das Gulasch rühren. Knoblauch schälen und sehr fein hacken. Mit der abgeriebenen Zitronenschale zum Gulasch geben und unterrühren. Eventuell mit etwas Salz abschmecken.

WEINEMPFEHLUNG
Spätburgunder Q.b.A. trocken, Baden

Klassisches Wiener Schnitzel

Zubereitungszeit: 35 Minuten

ZUTATEN FÜR 4 PERSONEN

4 KALBSSCHNITZEL (À 150 G)
SALZ, PFEFFER
MEHL ZUM PANIEREN
2 EIER
2 EL SAHNE
SEMMELBRÖSEL ZUM PANIEREN
2 EL BUTTERSCHMALZ
2 EL SCHWEINESCHMALZ

Die Schnitzel zwischen einen aufgeschnittenen Gefrierbeutel legen und mit dem Boden einer Bratpfanne ganz flach klopfen. Das Fleisch salzen und pfeffern.

Das Mehl in einen Teller geben. Die Eier mit der Sahne verquirlen. Die Semmelbrösel in einen weiteren Teller geben. Die Kalbsschnitzel erst im Mehl wenden, überschüssiges Mehl etwas abklopfen, dann durch die verquirlten Eier ziehen und zum Schluss in den Semmelbröseln wenden. Das Fleisch sollte vollständig davon überzogen sein.

Das Butterschmalz und Schweineschmalz in einer Pfanne sehr heiß werden lassen. Die Schnitzel von beiden Seiten darin braten. Wenn die Panade goldgelb ist, ist auch das Fleisch gar.

WEINEMPFEHLUNG
Solaz Blanco trocken, Spanien

Kalbsrücken mit gemischten Pilzen

Zubereitungszeit: 1 Stunde

ZUTATEN FÜR 4 PERSONEN

100 G SHIITAKE-PILZE
150 G PFIFFERLINGE
150 G CHAMPIGNONS
4 FRÜHLINGSZWIEBELN MIT DICKER KNOLLE
4 KNOBLAUCHZEHEN
1 BUND GLATTE PETERSILIE
1 KG KÜCHENFERTIGER KALBSRÜCKEN
SALZ, PFEFFER
4 EL BUTTER
4 EL ÖL
3 SCHALOTTEN
150 ML KALBSFOND

Die Pilze putzen. Die Stiele der Shiitake-Pilze abschneiden und aufbewahren. Die Pilze grob zerkleinern und beiseitestellen. Von den Frühlingszwiebeln das Grün entfernen, die Knollen putzen und vierteln. Knoblauchzehen in der Schale halbieren. Den Backofen auf 150 °C Ober- und Unterhitze vorheizen.

Die Petersilie waschen, trocken tupfen und sehr fein hacken. Den Kalbsrücken mit Salz und Pfeffer würzen.

In einer Pfanne 3 EL Butter und 3 EL Öl erhitzen und den Kalbsrücken vorsichtig hellbraun anbraten, herausnehmen und beiseitestellen. Frühlingszwiebeln, Knoblauch und die Shiitake-Stiele in der Pfanne leicht anbraten. Den Kalbsrücken zurück in die Pfanne geben und im Backofen unter mehrmaligem Begießen mit dem Bratensaft etwa 20 bis 30 Minuten rosa garen.

In der Zwischenzeit die Schalotten schälen, in sehr feine Würfel schneiden und in der restlichen Butter und dem restlichen Öl glasig andünsten. Die Pilze dazugeben, mit Salz und Pfeffer würzen und 5 Minuten garen.

Kalbsrücken und Frühlingszwiebeln aus der Pfanne nehmen und warm stellen. Knoblauch und Shiitake-Stiele aus dem Bratensaft entfernen. Kalbsfond dazugießen und kurz aufkochen, damit sich der Bratensatz lösen kann. Pilze und Petersilie dazugeben, nochmals kurz aufkochen und mit Salz und Pfeffer abschmecken.

Den Kalbsrücken aufschneiden und mit dem Pilzragout und den Frühlingszwiebeln auf Tellern anrichten.

WEINEMPFEHLUNG
Spätburgunder Q.b.A. „Junge Reben" trocken, Baden

Kalbshaxe mit grünem Spargel

Zubereitungszeit: 3,5 Stunden

ZUTATEN FÜR 4 PERSONEN
1 TL EDELSÜSSES PAPRIKAPULVER
SALZ
1,6 KG KALBSHAXE AM KNOCHEN
PFEFFER
8 SCHALOTTEN
2 STANGEN STAUDENSELLERIE
2 ZWEIGE THYMIAN
1 ZWEIG ROSMARIN
1 KNOBLAUCHZEHE
1 BUND GRÜNER SPARGEL
2 EL BUTTER
CAYENNEPFEFFER
MUSKATNUSS
150 G TIEFGEFRORENE ERBSEN
1 EL MINERALWASSER
½ BUND KERBEL

Den Backofen auf 150 °C Ober- und Unterhitze vorheizen. Paprikapulver und Salz mischen und die Kalbshaxe damit einreiben. Dann mit Pfeffer würzen und in einen Bräter geben.

6 Schalotten schälen, halbieren und zum Fleisch geben. Den Sellerie putzen, waschen und grob zerteilen. Die Kräuter waschen und trocken tupfen. Die Knoblauchzehe in der Schale andrücken und mit Selleriestücken, Thymian- und Rosmarinzweigen ebenfalls zur Haxe geben. 250 ml Wasser dazugießen und die Haxe 2,5 bis 3 Stunden im Backofen garen, dabei immer wieder wenden und mit dem Bratensaft übergießen.

In der Zwischenzeit den Spargel putzen, falls nötig im unteren Drittel schälen und die Enden abschneiden. Spargel in feine Stücke schneiden, die Köpfe dabei ganz lassen. Die restlichen 2 Schalotten schälen und in feine Würfel schneiden.

In einer Pfanne mit 2 EL Butter glasig andünsten, die Spargelstücke, ohne die Spargelköpfe, dazugeben, mit Salz, Cayennepfeffer und frisch geriebener Muskatnuss würzen und langsam sehr weich dünsten. Das dauert etwa 10 Minuten. In den letzten 3 Minuten Spargelköpfe und Erbsen dazugeben. Die Flüssigkeit mit 1 EL Mineralwasser verdünnen und alles fertig dünsten. Den Kerbel waschen, trocken tupfen und zum Gemüse geben.

Die Kalbshaxe aus dem Backofen nehmen, vom Knochen lösen und in Scheiben schneiden. Den Bratensaft durch ein Sieb streichen und über das Fleisch gießen. Mit dem Gemüse servieren.

WEINEMPFEHLUNG
Grauer Burgunder Spätlese trocken Achkarrer Schlossberg, Baden

Tafelspitz mit Apfel-Meerrettich

Zubereitungszeit: 2,5 Stunden

ZUTATEN FÜR 4 PERSONEN
1 KG TAFELSPITZ
1,5–2 L FLEISCHBRÜHE
2 MÖHREN
1 SCHEIBE KNOLLENSELLERIE
2–3 ZWIEBELN
2 SÄUERLICHE ÄPFEL
ETWAS ZITRONENSAFT
1 ETWA 10 CM GROSSES STÜCK MEERRETTICHWURZEL
SALZ

Den Tafelspitz mit Küchenkrepp trocknen. In einem großen Topf die Fleischbrühe aufkochen, das Fleischstück in die sprudelnd kochende Brühe legen und die Temperatur reduzieren.

Wenn sich der Schaum an der Oberfläche gefestigt hat, mit einem Löffel abheben und erst jetzt den Deckel auflegen. Bei schwacher Hitze den Tafelspitz langsam gar ziehen lassen, das dauert etwa 2 Stunden. Etwa 30 Minuten vor Ende der Garzeit Möhren, Sellerie und Zwiebeln schälen, putzen, grob zerteilen und zugeben.

Die Äpfel schälen, auf einer Rohkostreibe raspeln und mit etwas Zitronensaft vermischen, damit sie nicht braun anlaufen.

Den Meerrettich schälen und auf einer sehr feinen Reibe in dünne Späne reißen, dann mit den geriebenen Äpfeln vermischen. Mit wenig Salz würzen.

Das Fleisch quer zur Faser in nicht zu dicke Scheiben schneiden, auf Tellern mit jeweils etwas Brühe, Gemüse und Apfel-Meerrettich anrichten.

WEINEMPFEHLUNG
Grüner Veltliner Reserve, Österreich

Kalbsgeschnetzeltes

Zubereitungszeit: 40 Minuten

ZUTATEN FÜR 4 PERSONEN
500 G KALBSSCHNITZEL
300 G CHAMPIGNONS ODER BRAUNE EGERLINGE
3–4 SCHALOTTEN
1 EL PFLANZENÖL
50 G BUTTER
SALZ, PFEFFER
125 ML TROCKENER WEISSWEIN
125 ML KALBSFOND ODER BRÜHE
200 ML SAHNE
2 EL GEHACKTE PETERSILIE

Das Kalbsfleisch waschen, trocknen und, sofern es noch nicht als Schnitzel geschnitten ist, erst in etwa 1 cm dicke Scheiben schneiden und diese in gleich starke Streifen.

Die Pilze gründlich putzen und blättrig schneiden. Die Schalotten schälen und fein würfeln.

In einer Pfanne Öl und Butter erhitzen, die Kalbsfleischstreifen bei starker Hitze unter Rühren in 4 bis 5 Minuten rundum anbraten, dann aus der Pfanne heben und warm stellen.

Im verbliebenen Fett die Schalottenwürfel glasig dünsten, dann die Champignonscheiben dazugeben und schnell bei großer Hitze etwas bräunen. Mit Salz und Pfeffer würzen und aus der Pfanne heben.

Den Bratensatz in der Pfanne mit Wein und Kalbsfond loskochen und etwas einkochen lassen. Die Sahne dazugießen und weiterkochen, bis die Sauce gebunden ist. Champignons und Kalbsfleischstreifen in der Sauce nur erhitzen, nicht mehr kochen lassen, und nochmals mit etwas Salz und Pfeffer abschmecken. Mit gehackter Petersilie servieren.

WEINEMPFEHLUNG
Grauer Burgunder Q.b.A. trocken, Pfalz

Mediterrane Kalbskoteletts

Zubereitungszeit: 40 Minuten

ZUTATEN FÜR 4 PERSONEN

3 TOMATEN
1 KNOBLAUCHZEHE
4 KALBSKOTELETTS (À 200 G)
SALZ, PFEFFER
3 EL OLIVENÖL
100 ML ROT- ODER WEISSWEIN
½ TL GETROCKNETER OREGANO
1–2 EL FRISCHE OREGANOBLÄTTCHEN

Die Tomaten überbrühen, abschrecken, häuten, Stielansatz entfernen, entkernen und das Fruchtfleisch in Würfel schneiden. Die Knoblauchzehe schälen. Die Koteletts salzen, pfeffern und am Fettrand einschneiden. In einer Pfanne das Öl erhitzen und die Koteletts von beiden Seiten je 4 Minuten scharf anbraten. Das Fleisch aus der Pfanne nehmen und warm stellen.

Die Tomaten in die Pfanne geben, den Knoblauch dazupressen und kurz andünsten. Den Wein angießen und getrockneten Oregano dazugeben. Die Sauce 5 bis 6 Minuten köcheln lassen und mit Salz und Pfeffer abschmecken. Die Koteletts zurück in die Sauce geben und bei kleiner Hitze auf jeder Seite 10 Minuten schmoren. Auf Teller geben und mit den frischen Oreganoblättchen bestreuen.

WEINEMPFEHLUNG
Pavillon Rouge du Margaux AOC trocken, Frankreich

Der gute Tipp

Stücke mit viel Muskelhaut oder Sehnen eignen sich nicht zum Kurzbraten sondern besser zum Schmoren oder Kochen.

Klassisches Rindergulasch

Zubereitungszeit: 3 Stunden

ZUTATEN FÜR 4 PERSONEN

1 KG GUT DURCHWACHSENES RINDFLEISCH
SALZ, PFEFFER
2 EL UNGARISCHES PAPRIKAPULVER
½ EL MEHL
750 G ZWIEBELN
3 KNOBLAUCHZEHEN
4 EL SCHWEINESCHMALZ
1 EL TOMATENMARK
1 EL OBSTESSIG
1 BOUQUET GARNI (AUS MÖHRE, LAUCH, PETERSILIE, KNOLLENSELLERIE)
1 LORBEERBLATT
1 KLEINES STÜCK UNBEHANDELTE ZITRONENSCHALE
½ TL GANZER KÜMMEL
PFLANZENÖL
GETROCKNETER MAJORAN

Den Backofen auf 180 °C Ober- und Unterhitze vorheizen. Das Fleisch in etwa 3 cm große Würfel schneiden, mit Salz, Pfeffer und 1 EL Paprikapulver würzen und leicht mit Mehl bestäuben.

Zwiebeln und Knoblauch schälen und in feine Würfel schneiden. Die Würfel von 1 Knoblauchzehe beiseitestellen. Die restlichen Knoblauchwürfel mit den Zwiebeln in 4 EL Schweineschmalz glasig andünsten. Das Fleisch dazugeben und langsam anbraten. Tomatenmark und restliches Paprikapulver hineingeben und leicht anrösten. Mit Essig ablöschen und 100 ml Wasser dazugießen. Etwa 2,5 Stunden zugedeckt im Backofen garen, bis das Fleisch ganz weich ist.

Für das Bouquet garni das Gemüse waschen, trocken tupfen, zu einem Kräuterstrauß binden und mit dem Lorbeerblatt nach etwa 1,5 Stunden zum Fleisch geben.

Während der Garzeit das Gulasch immer wieder umrühren und je nach Bedarf mit etwas Wasser begießen. Aus dem Ofen nehmen, Kräuterstrauß und Lorbeerblatt entfernen.

Die restlichen Knoblauchwürfel mit Zitronenschale, Kümmel und ein wenig Öl ganz fein hacken. 1 Prise Majoran einrühren und das Gulasch mit Salz, Pfeffer und der Knoblauch-Gewürzmischung abschmecken.

WEINEMPFEHLUNG
Merlot trocken, Frankreich

Kalbstafelspitz mit Meerrettich

Zubereitungszeit: 3 Stunden

ZUTATEN FÜR 4 PERSONEN
FÜR DEN TAFELSPITZ:

1 KG KALBSTAFELSPITZ
2 MITTELGROSSE MÖHREN
¼ KNOLLENSELLERIE
½ STANGE LAUCH
1 ZWIEBEL
1 LORBEERBLATT
5 PFEFFERKÖRNER
2 NELKEN
3 STÄNGEL GLATTE PETERSILIE

FÜR DEN SEMMELMEERRETTICH:

100 G WEISSBROT
2 EL BUTTER
SALZ, PFEFFER
1 BUND SCHNITTLAUCH
1 EL MEERRETTICH (AUS DEM GLAS)
1 TL SENF
ZUCKER
2 EL SAURE SAHNE

Den Tafelspitz in einem Topf mit 3 l kaltem Wasser aufkochen und etwa 2,5 Stunden bei geringer Hitze köcheln lassen. Dabei den Schaum immer wieder abschöpfen.

Möhren, Sellerie und Lauch schälen oder putzen, waschen und in grobe Stücke schneiden. Die Zwiebel mit der Schale halbieren.

Möhren, Sellerie, Zwiebel, Lorbeerblatt, Pfefferkörner und Nelken nach etwa 1 Stunde zum Fleisch geben. Petersilie waschen, trocken tupfen und mit dem Lauch nach etwa 2 Stunden zum Tafelspitz geben.

Für den Semmelmeerrettich das Weißbrot in etwa 1 cm große Würfel schneiden und in einer Pfanne mit 2 EL Butter goldbraun rösten. Von der Tafelspitzbrühe 200 ml abnehmen und über die Weißbrotwürfel gießen. Mit Salz und Pfeffer würzen und 5 Minuten ziehen lassen.

Den Schnittlauch waschen, trocken tupfen und in feine Röllchen schneiden. Mit Meerrettich, Senf, 1 Prise Zucker, saurer Sahne und den Weißbrotwürfeln gut verrühren. Das Fleisch aus der Brühe heben und in Scheiben schneiden. Die Brühe durch ein Sieb gießen. Jeweils 1 Scheibe Tafelspitz in tiefen Tellern verteilen, mit etwas Brühe begießen und mit dem Semmelmeerrettich servieren.

WEINEMPFEHLUNG
Grüner Veltliner Reserve, Österreich

Kalbstafelspitz mit Meerrettich

Gemischtes Gulasch

Zubereitungszeit: 2,5 Stunden

ZUTATEN FÜR 4 PERSONEN

JE 400 G RIND- UND SCHWEINEFLEISCH
150 G DURCHWACHSENER GERÄUCHERTER SPECK
600 G ZWIEBELN
2 PETERSILIENWURZELN
ÖL ZUM BRATEN
SALZ
1 BRÜHWÜRFEL
PAPRIKAPULVER
GULASCHGEWÜRZ
MAJORAN
CAYENNEPFEFFER
KÜMMEL
1 TL SPEISESTÄRKE

Das Fleisch waschen, trocken tupfen und in Würfel schneiden. Den geräucherten Speck fein würfeln, ebenso die geschälten Zwiebeln und die geschälten Petersilienwurzeln.

In einer großen Kasserolle oder einem feuerfesten Bräter Öl erhitzen und Zwiebeln und Speck darin unter ständigem Rühren glasig bis goldgelb braten.

Die Fleischwürfel in einer anderen Pfanne in Öl anbraten, bis sich die Poren geschlossen haben und das Fleisch von allen Seiten gebräunt ist. Fleisch zu den Zwiebeln geben, salzen und so viel Wasser dazugeben, dass das Fleisch gerade bedeckt ist.

½ Brühwürfel, die gewürfelten Petersilienwurzeln und Gewürze dazugeben und 10 Minuten dünsten. Dann 1 l Wasser und die andere Hälfte des Brühwürfels dazugeben und so lange auf kleiner Stufe zugedeckt 1,5 bis 2 Stunden schmoren lassen, bis das Fleisch weich ist.

Speisestärke mit 1 EL Wasser anrühren, unter das Gulasch mischen und aufkochen, bis die Sauce gebunden ist. Abschmecken und servieren.

WEINEMPFEHLUNG

Lemberger Q.b.A. „S" trocken, Württemberg

Der gute Tipp

Die Fleischqualität hängt auch von Alter, Rasse, Geschlecht und Mast des Tieres ab. So ist das Fleisch weiblicher Tiere fettreicher und damit zarter und aromatischer.

Pochiertes Rinderfilet mit Schnittlauchsauce

Zubereitungszeit: 1 Stunde

ZUTATEN FÜR 4 PERSONEN
FÜR DIE SCHNITTLAUCHSAUCE:

1 EI
1 BUND SCHNITTLAUCH
3 SCHEIBEN TOASTBROT
50 ML SAHNE
1 EIGELB
5 EL ÖL
2 EL SAURE SAHNE
SALZ, PFEFFER
ZITRONENSAFT

FÜR DEN APFEL-MEERRETTICH:

1 APFEL
1 EL ZUCKER
5 EL WEISSWEIN
1 EL MEERRETTICH (AUS DEM GLAS)

FÜR DAS RINDERFILET:

1 MÖHRE
1 KLEINER KNOLLENSELLERIE
1 STANGE LAUCH
SALZ
800 G RINDERFILET
500 ML KRÄFTIGE RINDERBRÜHE
1 EL BUTTER
PFEFFER

Für die Schnittlauchsauce das Ei hart kochen. Schnittlauch waschen, trocken schütteln und in feine Ringe schneiden. Die Toastbrotscheiben entrinden und in Würfel schneiden.

Die Sahne aufkochen und zwei Drittel der Brotwürfel dazugeben. Das gekochte Ei schälen, mit Eigelb und Sahne-Toast-Mischung in ein hohes Gefäß geben und mit dem Pürierstab aufschlagen. Langsam das Öl einfließen lassen und aufmixen. Saure Sahne und Schnittlauch unterziehen. Mit Salz, Pfeffer und 1 Spritzer Zitronensaft abschmecken.

Für den Apfel-Meerrettich den Apfel schälen, vierteln, entkernen und in grobe Stücke zerteilen. In einem Topf mit Zucker und Weißwein weich dünsten. Die restlichen Brotwürfel zugeben und mit einem Pürierstab aufschlagen, Meerrettich unterziehen.

Für das Rinderfilet Möhre und Sellerie putzen, schälen und in feine Streifen schneiden. Lauch putzen, waschen, halbieren und ebenfalls in Streifen schneiden.

In kochendem Salzwasser etwa 3 Minuten garen. Das Rinderfilet in etwa 1 cm dicke Scheiben schneiden. Die Rinderbrühe aufkochen, vom Herd nehmen und die Filetscheiben 4 Minuten in der Suppe ziehen lassen. Das Gemüse in einer Pfanne mit der Butter heiß schwenken, mit Salz und Pfeffer würzen und auf vorgewärmte Suppenteller verteilen. Die Rinderfiletscheiben hineinlegen und mit der kochend heißen Suppe übergießen. Schnittlauchsauce und Apfel-Meerrettich zu dem Rinderfilet servieren.

WEINEMPFEHLUNG

Grauburgunder Q.b.A. trocken, Baden

Würziges Rinderfilet mit Senf

Zubereitungszeit: 35 Minuten

ZUTATEN FÜR 4 PERSONEN

4 RINDERFILETS À 180 G
2 EL SCHARFER SENF
JE 2 EL SCHWARZE PFEFFERKÖRNER UND ROSA PFEFFERBEEREN
10 DICKE FRÜHLINGSZWIEBELN
3 EL BUTTER
2 EL ÖL
SALZ, PFEFFER

Die Filets jeweils mit etwas Senf bestreichen. In einem Mörser die Pfefferkörner sowie die Rosa Pfefferbeeren zerstoßen und die Rinderfilets damit bestreuen.

Frühlingszwiebeln putzen, das grobe Grün entfernen, waschen und in Spalten schneiden. In einem Topf mit 2 EL Butter und 1 EL Öl sehr weich dünsten und mit Salz und Pfeffer würzen.

Die Rinderfilets in einer Pfanne mit 1 EL Butter und 1 EL Öl nicht zu scharf anbraten und langsam rosa braten, dabei immer wieder mit dem Bratensaft übergießen.

Die fertigen Filets auf Tellern anrichten, nochmals dünn mit Senf bestreichen und mit den gedünsteten Zwiebeln bedecken.

WEINEMPFEHLUNG

Sauvignon Blanc trocken, Südafrika

Lungenbraten

Zubereitungszeit: 1 Stunde

ZUTATEN

1 KG RINDERFILET
JE 150 G MÖHREN, KNOLLENSELLERIE, PETERSILIENWURZEL, LAUCH UND ZWIEBELN
200 G SPECK
NEUTRALES ÖL ZUM BRATEN
1 TL PFEFFERKÖRNER
5 WACHOLDERBEEREN
2 LORBEERBLÄTTER
½ TL THYMIAN
ROTWEIN ZUM ANGIESSEN
200 G SAURE SAHNE ODER CRÈME FRAÎCHE
SALZ, PFEFFER
ZITRONENSAFT
ZUCKER

Vom Rinderfilet bei Bedarf die letzten Häutchen entfernen, das Fleisch mit Küchenkrepp gut trocknen. Das Gemüse putzen, schälen, waschen und in kleine Stücke schneiden.

Den Speck würfeln und in einem nicht zu großen Bräter in etwas Öl anbraten. Das Gemüse mit Pfefferkörnern, zerdrückten Wacholderbeeren, Lorbeerblättern und Thymian zugeben und anrösten. Das Gemüse zur Seite schieben und das Fleisch im Fett von allen Seiten kurz anbraten. Das Gemüse auf dem Boden verteilen und Rotwein angießen. Das Fleisch sollte zur Hälfte im Rotwein liegen und nicht mit Flüssigkeit bedeckt sein. Sachte schmoren, dabei öfter begießen und zwischendurch einmal wenden.

Nach 30 Minuten probieren, ob das Fleisch gar ist. Das fertige Fleisch herausnehmen und in Alufolie wickeln. Im Ofen bei 75 °C Ober- und Unterhitze warm halten. Die Flüssigkeit notfalls etwas einkochen lassen und dann durch ein Haarsieb streichen. Mit glatt gerührter saurer Sahne oder Crème fraîche binden und mit Salz, Zitronensaft, gemahlenem Pfeffer und etwas Zucker abschmecken.

WEINEMPFEHLUNG
Spätburgunder Barrique Q.b.A. trocken, Baden

Boeuf Stroganoff

Zubereitungszeit: 45 Minuten

ZUTATEN FÜR 4 PERSONEN
500 G RINDERFILET
3 SCHALOTTEN
3–4 TOMATEN
250 G CHAMPIGNONS
2–3 GEWÜRZGURKEN
30 G BUTTER
2 TL PFLANZENÖL
250 ML SAURE SAHNE ODER CRÈME FRAÎCHE
1 TL SENF
SALZ, PFEFFER
SAFT VON EINER ½ ZITRONE

Rinderfilet erst in fingerdicke Scheiben und diese dann in nicht zu feine Streifen schneiden. Die Schalotten schälen und sehr fein hacken. Die Tomaten mit kochendem Wasser überbrühen, abschrecken, schälen, den Strunk entfernen und das Fruchtfleisch würfeln. Die Champignons putzen und in feine Scheiben schneiden. Gewürzgurken schälen und fein würfeln.

In einer Pfanne die Hälfte der Butter sowie 1 TL Öl erhitzen und die Filetstreifen rundum schnell scharf anbraten. Das Fleisch aus der Pfanne heben und abtropfen lassen. Den Saft auffangen und zurück in die Pfanne geben. Das Fleisch zur Seite stellen.

In einer zweiten Pfanne die restliche Butter und das Öl erhitzen und die Schalottenwürfel glasig dünsten. Dann die Champignons dazugeben und kurz anbraten. In die Pfanne mit dem Fleischsaft Sahne geben und die Flüssigkeit mit Senf, Salz, Pfeffer sowie dem Zitronensaft abschmecken und erhitzen. Die gedünsteten Schalotten, die Champignons, Tomaten- und Gurkenwürfel zufügen, kurz aufkochen und dann die Pfanne vom Herd nehmen. Das Fleisch dazurühren und kurz ziehen lassen.

WEINEMPFEHLUNG
Grauer Burgunder Q.b.A. trocken, Pfalz

Hochrippe in Meersalz

Zubereitungszeit: 1,5 Stunden

ZUTATEN FÜR 4 PERSONEN
2 ZWEIGE ROSMARIN
4 ZWEIGE THYMIAN
2 EL DIJON-SENF
2 EL KÖRNIGER SENF
1 EL GESTOSSENE SCHWARZE PFEFFERKÖRNER
1 KG GUT ABGEHANGENE HOCHRIPPE VOM RIND OHNE KNOCHEN
2 EL ÖL
3 KG MEERSALZ
6 EIWEISS
100 G MEHL
6 SCHEIBEN GRÜNER BAUCHSPECK (BEIM METZGER VORBESTELLEN)

Den Backofen auf 220 °C Ober- und Unterhitze vorheizen. 1 Rosmarinzweig und 2 Thymianzweige waschen, trocken tupfen, abzupfen und fein hacken. Mit Senf und den gestoßenen Pfefferkörnern mischen und die Hochrippe damit einreiben.

Die Hochrippe in einer Pfanne im heißen Öl rasch von allen Seiten anbraten, herausnehmen und abkühlen lassen.

Das Meersalz mit Eiweiß und Mehl vermischen. Das Fleisch mit dem Speck umwickeln. Ein Backblech mit Backpapier auslegen und ein Drittel der Salzmasse in der Mitte darauf verteilen. 1 Rosmarinzweig und 2 Thymianzweige waschen, trocken tupfen, auf das Salz legen und das Fleisch darauf setzen. Das Fleisch mit dem restlichen Salz vollständig bedecken.

Im Backofen 20 Minuten backen, dann weitere 40 Minuten bei 160 °C Ober- und Unterhitze fertig garen. Aus dem Ofen nehmen, die Kruste aufklopfen und entfernen. Das Fleisch 5 Minuten ziehen lassen, den Speck entfernen und das Fleisch sofort servieren.

WEINEMPFEHLUNG
Redoma Rosé, Portugal

Königsberger Klopse

Zubereitungszeit: 1 Stunde

ZUTATEN FÜR 4 PERSONEN
FÜR DIE KLOPSE:
50 G MAKKARONI
SALZ
1 ZWIEBEL
1 KNOBLAUCHZEHE
1 EL BUTTER
2 SARDELLENFILETS
500 G GEMISCHTES HACKFLEISCH
1 EI
1 EL GEHACKTE GLATTE PETERSILIE
2 EL FRISCH GERIEBENES WEISSBROT
PFEFFER
CAYENNEPFEFFER

FÜR DIE SAUCE:
100 G CHAMPIGNONS
1 SCHALOTTE
1 EL BUTTER
50 ML WEISSWEIN
250 ML RINDERBRÜHE
1 EL KAPERN
1 TL SENF
SALZ
CAYENNEPFEFFER
100 ML SAHNE

Die Makkaroni in Salzwasser sehr weich kochen, abschrecken und abtropfen lassen. Zwiebel und Knoblauch schälen, in feine Würfel schneiden und in der Butter glasig dünsten. Die Sardellenfilets ebenfalls fein hacken.

Das Hackfleisch mit Sardellenfilets, Ei, Petersilie und geriebenem Weißbrot vermischen, mit Salz, Pfeffer und Cayennepfeffer abschmecken. Makkaroni, Zwiebel und Knoblauch durch eine Kartoffelpresse drücken und ebenfalls gründlich mit dem Hackfleisch vermischen.

Aus der Hackfleischmasse mit feuchten Händen Klopse formen und in kochendem Salzwasser etwa 5 Minuten ziehen lassen.

Für die Sauce die Champignons putzen und in Würfel schneiden. Die Schalotte schälen und in feine Würfel schneiden. Champignons und Schalotte in der Butter glasig dünsten und mit Weißwein ablöschen, fast vollständig einkochen lassen. Mit der Rinderbrühe aufgießen, erhitzen und mit Kapern, Senf, Salz und Cayennepfeffer abschmecken. Die Sahne schlagen und kurz vor dem Servieren unter die Sauce ziehen.

Die Königsberger Klopse mit der Sauce auf Tellern anrichten und servieren.

WEINEMPFEHLUNG
Grauer Burgunder Q.b.A. trocken, Pfalz

Asiatisch angehauchtes Schweinefilet

Zubereitungszeit: 1 Stunde

ZUTATEN FÜR 4 PERSONEN

500 G SCHWEINEFILET
1 TL 5-GEWÜRZE-PULVER
400 G MANGOLD
1 ROTE PAPRIKASCHOTE
1–2 SCHALOTTEN
2 EL SESAMÖL
3 EL PFLANZENÖL
75 ML HÜHNERBRÜHE
3 EL SHERRY
4 EL SOJASAUCE
PFEFFER

Das Schweinefilet häuten und in etwa 0,5 cm dünne Scheiben schneiden. Die Filetscheiben in einer Schüssel mit dem 5-Gewürze-Pulver vermengen und 30 Minuten ziehen lassen. Den Mangold putzen, waschen und quer in 2 cm breite Streifen schneiden. Die Paprikaschote waschen, vierteln, entkernen und in schmale Streifen schneiden. Die Schalotten schälen, halbieren und in dünne Ringe schneiden.

In einer Pfanne Sesam- und Pflanzenöl erhitzen und die Schalotten glasig andünsten. Das Filet dazugeben und unter Rühren etwa 3 bis 4 Minuten braten. Mangold und Paprika dazugeben, die Hühnerbrühe angießen und mit Sherry und Sojasauce würzen. Bei mittlerer Hitze etwa 15 Minuten garen, bei Bedarf noch etwas Brühe angießen. Mit Sojasauce und Pfeffer abschmecken.

WEINEMPFEHLUNG
Rancho Zabaco Zinfandel Sonoma County trocken, Kalifornien

Schweinefilet im Käsemantel

Zubereitungszeit: 35 Minuten

ZUTATEN FÜR 4 PERSONEN

500 G SCHWEINEFILET
4 EIER
300 G FRISCH GERIEBENER PARMESAN
1 ZWEIG ROSMARIN
SALZ, PFEFFER
2 EL MEHL
6 EL ÖL

Die Schweinefilets in etwa 1 cm dicke Scheiben schneiden und zwischen 2 Lagen Klarsichtfolie oder einem aufgeschnittenen Gefrierbeutel mit dem Boden einer Pfanne flach klopfen.

Die Eier mit dem geriebenen Parmesan mischen. Rosmarin waschen, trocken tupfen, die Nadeln abzupfen und fein hacken. Die Schweinefilets mit Salz und Pfeffer

Asiatisch angehauchtes Schweinefilet

würzen und mit Rosmarin bestreuen. Erst von beiden Seiten im Mehl wenden und dann durch die Ei-Parmesan-Masse ziehen.

In einer Pfanne das Öl erhitzen und die Schweinefilets darin von beiden Seiten goldbraun braten.

WEINEMPFEHLUNG
Grauer Burgunder Spätlese trocken Achkarrer Schlossberg, Baden

Einfacher Schweinebraten

Zubereitungszeit: 2 Stunden

ZUTATEN FÜR 4 PERSONEN
1 KG KOTELETTSTÜCK VOM SCHWEIN OHNE KNOCHEN
5–6 MITTELGROSSE ZWIEBELN
1–3 KNOBLAUCHZEHEN
1 BRÜHWÜRFEL
5 EL PFLANZENÖL ZUM BRATEN
SALZ, PFEFFER
GETROCKNETER ROSMARIN UND/ODER OREGANO

Das Fleisch waschen und gut trocknen. Die Zwiebeln sowie den Knoblauch schälen und grob hacken. Den Brühwürfel in etwa 500 ml warmem Wasser auflösen.

In einem Schmortopf das Öl stark erhitzen. Das Fleisch salzen und pfeffern und rundum braun anbraten. Die Hitze etwas reduzieren, gehackte Zwiebeln und Knoblauch zum Fleisch geben und andünsten. Etwa die Hälfte der Brühe angießen und mit Rosmarin und/oder Oregano würzen. Zugedeckt bei schwächster Hitze etwa 1,5 Stunden schmoren, dabei ab und zu nachsehen, ob Brühe nachgegossen werden muss.

Zum Schluss sollte das Fleisch gar und zart sein, die Zwiebeln sind zu einer sämigen Sauce verkocht. Mit Salz und Pfeffer abschmecken. Das Fleisch dünn aufschneiden, mit der Sauce servieren.

WEINEMPFEHLUNG
Gewürztraminer AOC halbtrocken, Frankreich

Fruchtiges Schweinefilet

Zubereitungszeit: 45 Minuten

ZUTATEN FÜR 4 PERSONEN
700 G SCHWEINEFILET
SALZ
1 TL GROB GEHACKTE ROSMARINNADELN
2 EL PFLANZENÖL
2 ZWIEBELN
2 GROSSE SÄUERLICHE ÄPFEL (Z.B. BOSKOP)
4 EL CALVADOS
250 ML SAHNE
PFEFFER

Das Fleisch waschen, trocknen und mit Salz und Rosmarin einreiben. In einer Pfanne das Öl erhitzen und das Filet ringsum scharf anbraten. Temperatur reduzieren und das Fleisch 10 bis 15 Minuten weiterbraten, bis es fast gar ist. Dann in Alufolie wickeln und im Ofen bei 75 °C Ober- und Unterhitze warm halten.

Die Zwiebeln schälen und in dünne Ringe schneiden. Die Äpfel waschen, das Kerngehäuse ausstechen und die Äpfel in nicht zu schmale Spalten teilen. Äpfel und Zwiebelringe in der Pfanne im verbliebenen Öl unter vorsichtigem Wenden etwa 15 Minuten garen.

Das Filet aus der Alufolie nehmen, salzen, wieder in die Pfanne legen, mit dem Calvados übergießen und mit einem langen Streichholz flambieren. Die Flamme mit der Sahne löschen, alles umrühren und einmal aufkochen lassen. Mit Salz und Pfeffer würzen.

WEINEMPFEHLUNG
Sauvignon Blanc trocken, Südafrika

Schweinelendchen mit fruchtig-scharfer Sauce

Zubereitungszeit: 30 Minuten plus 1 Stunde Marinierzeit

ZUTATEN FÜR 4 PERSONEN
1 ROTE CHILISCHOTE
1 UNBEHANDELTE LIMONE
1 WALNUSSGROSSES STÜCK INGWER
250 G FRISCHE ODER TIEFGEFRORENE HEIDELBEEREN
2–3 EL OLIVENÖL
SALZ, PFEFFER
500 G SCHWEINELENDE
BUTTERSCHMALZ ZUM BRATEN

Die Chilischote halbieren, entkernen und fein hacken. Die Limone gut waschen, trocken reiben, Zesten abziehen und Saft auspressen. Den Ingwer schälen und reiben. Die Beeren waschen und gut abtropfen lassen. Die Hälfte der Heidelbeeren pürieren. Die restlichen Heidelbeeren mit Limonenzesten, -saft, Ingwer und Chili in eine Schüssel geben, vermischen und 1 Stunde ziehen lassen. Vor dem Servieren unter Rühren langsam Olivenöl und Heidelbeerpüree untermischen und mit Salz und Pfeffer abschmecken.

Von der Schweinelende die Häute entfernen.

In einer Pfanne Butterschmalz erhitzen, das Fleisch mit Salz und Pfeffer einreiben und von allen Seiten anbraten, bei kleiner Hitze fertig garen. In Alufolie wickeln, 5 Minuten ruhen lassen, in Scheiben schneiden und mit der Heidelbeer-Sauce servieren.

WEINEMPFEHLUNG
Barbera d'Alba DOC Ruvei trocken, Italien

Schweinemedaillons mit Calvadossauce

Zubereitungszeit: 1 Stunde

ZUTATEN FÜR 4 PERSONEN
500 G SCHWEINEFILET
2–3 FENCHEL
ETWA 30 G FRISCHER INGWER
1 KNOBLAUCHZEHE
SALZ, PFEFFER
5 EL PFLANZENÖL
3 EL HONIG
6–7 EL CALVADOS

Das Filet mit Küchenkrepp trocknen, eventuell anhängende Häute entfernen. Den Fenchel putzen, halbieren und den Strunk keilförmig herausschneiden. Die Hälften waschen und in etwa 0,5 cm dünne Scheiben schneiden. Den Ingwer schälen und auf einer Reibe fein raspeln. Nach Belieben den Knoblauch schälen.

Der gute Tipp

Frisches Fleisch sollte schnell verarbeitet werden. Das gilt insbesondere für Hackfleisch, das maximal einen Tag gelagert werden kann.

Typische Fleischgewürze sind Lorbeer, Thymian, Rosmarin, Wacholder, Beifuß, Paprika und Liebstöckel.

Den Backofen auf 200 °C Ober- und Unterhitze vorheizen. Das Fleisch mit Salz und Pfeffer einreiben. In einem Bräter 2 EL von dem Öl erhitzen und das Schweinefilet rundum 8 bis 10 Minuten anbraten. In den letzten Minuten den Knoblauch dazupressen.

Das Fleisch aus dem Bräter heben, die Fenchelscheiben hineingeben, mit 2 EL Öl besprenkeln und leicht salzen. Das Fleisch wieder auf die Fenchelscheiben legen, den Bräter in den Ofen schieben und 25 Minuten garen.

Inzwischen in einem kleinen Topf 1 EL Öl erhitzen und den Ingwer unter Rühren 2 bis 3 Minuten andünsten. Den Honig dazugeben und schmelzen lassen. Den Calvados angießen und bei schwacher Hitze auf die Hälfte der Menge einkochen lassen. Eventuell mit etwas Salz würzen.

Den Bräter aus dem Ofen nehmen, das Fleisch in Scheiben aufschneiden und auf dem Fenchel anrichten. Mit der würzigen Sauce überziehen und servieren.

WEINEMPFEHLUNG
Pouilly Fumé AOC, Frankreich

Überbackene Schweinemedaillons

Zubereitungszeit: 35 Minuten

ZUTATEN FÜR 4 PERSONEN
150 G GRUYÈRE-KÄSE
1 EI
2 EL CRÈME FRAÎCHE
1 ZWEIG ROSMARIN
8 SCHWEINEFILETMEDAILLONS (À 70 G)
SALZ, PFEFFER
2 EL BUTTER
1 EL ÖL
4 SCHEIBEN GEKOCHTER SCHINKEN

Den Käse fein reiben und mit dem Ei sowie der Crème fraîche verrühren. Rosmarin waschen, trocken tupfen, die Nadeln abzupfen und sehr fein hacken, beiseitestellen.

Den Backofengrill auf höchste Stufe vorheizen. Die Medaillons mit Salz und Pfeffer würzen und mit dem gehackten Rosmarin von beiden Seiten bestreuen. Die Medaillons in einer Pfanne mit Butter und Öl kurz von beiden Seiten hellbraun anbraten, herausnehmen und beiseitestellen. Die Schinkenscheiben halbieren und ebenfalls kurz anbraten.

Medaillons in eine Auflaufform setzen, mit Schinken belegen, die Käsemasse darüber verteilen und im Backofen 5 Minuten überbacken.

WEINEMPFEHLUNG
Pouilly Fumé trocken, Frankreich

Fruchtig-würziges Schweinegulasch

Zubereitungszeit: 1 Stunde

ZUTATEN FÜR 4 PERSONEN
500 G SCHWEINEFLEISCH VOM NACKEN ODER KAMM
10 KLEINE SCHALOTTEN
4 KNOBLAUCHZEHEN
1 UNBEHANDELTE ORANGE
½ TL KARDAMOMSAMEN
½ TL FENCHELSAMEN
2 EL OLIVENÖL
SALZ, PFEFFER
2 LORBEERBLÄTTER
75 ML SHERRY
4 EL SOJASAUCE
200 ML GEMÜSEBRÜHE
CAYENNEPFEFFER

Das Schweinefleisch waschen, trocken tupfen und in Würfel schneiden. Schalotten und Knoblauch schälen, Knoblauch fein würfeln, Schalotten ganz lassen. Die Orange gut waschen, trocknen, beide Enden abschneiden, halbieren, in dünne Scheiben teilen und daraus kleine Stücke mit Schale schneiden. Kardamom- und Fenchelsamen im Mörser zerstoßen.

In einem Bräter das Olivenöl erhitzen. Das Fleisch scharf anbraten, salzen, pfeffern und die zerstoßenen Samen dazugeben. Das Fleisch herausnehmen und zur Seite stellen.

Schalotten und Orangenstücke im Bräter scharf anbraten, das Fleisch wieder zurückgeben, Knoblauch und Lorbeerblätter zufügen. Mit Sherry und Sojasauce ablöschen, die Brühe angießen und mit Deckel etwa 30 Minuten schmoren lassen. Mit Salz, Pfeffer und Cayennepfeffer abschmecken.

WEINEMPFEHLUNG
Chardonnay trocken, Südafrika

Gespickter Schweinebauch

Zubereitungszeit: 2,5 Stunden plus Marinierzeit über Nacht

ZUTATEN FÜR 4 PERSONEN
SALZ
1,5 KG SCHWEINEBAUCH MIT KNOCHEN UND SCHWARTE
2 KNOBLAUCHZEHEN
5 SALBEIBLÄTTER
2 ZWEIGE THYMIAN
400 G ZWIEBELN
3 EL BUTTER
2 STANGEN LAUCH
PFEFFER
MUSKATNUSS
BIER
1 MSP. GANZER KÜMMEL

Den Boden eines Bräters mit Wasser füllen, dieses zum Kochen bringen, Salz zufügen und den Schweinebauch mit der Schwartenseite nach unten hineinlegen. Im kochenden Salzwasser 3 Minuten vorgaren.

Den Knoblauch schälen und in Spalten schneiden. Die Schwarte rautenförmig einritzen, aber nur in das Fett, nicht in das Fleisch schneiden. Die Zwischenräume mit den Knoblauchspalten spicken. Salbei und Thymian waschen und trocken tupfen. Den Salbei in grobe Stücke zupfen, Thymian hacken. Beides auf dem Schweinebauch gut verteilen und mit Salz würzen. In Klarsichtfolie wickeln und über Nacht durchziehen lassen.

Am nächsten Tag den Backofen auf 170 °C Ober- und Unterhitze vorheizen. Die Zwiebeln schälen und in dicke Ringe schneiden. Im Bräter mit 2 EL Butter auf beiden Seiten glasig andünsten. Das Fleisch mit der Schwarte nach unten auf die Zwiebeln setzen, etwas Wasser dazugießen und im Backofen 2 Stunden garen, dabei immer wieder mit Bratensaft übergießen. Nach 1,5 Stunden den Schweinebauch wenden und die Temperatur auf 190 °C Ober- und Unterhitze erhöhen. Für die letzten 20 Minuten den Backofen auf höchste Grillstufe schalten.

In der Zwischenzeit den Lauch putzen, waschen und in grobe Stücke schneiden. In kochendem Salzwasser kurz kochen und in eiskaltem Wasser abschrecken. Dann in einer Pfanne mit 1 EL Butter anbraten, mit Salz, Pfeffer und frisch geriebener Muskatnuss würzen und zugedeckt etwa 8 bis 10 Minuten weich schmoren.

Den fertigen Schweinebauch herausnehmen. Die Sauce durch ein Sieb streichen oder mit dem Schmorgemüse etwas einkochen lassen und mit 1 Schuss Bier, Salz, Pfeffer und Kümmel abschmecken. Den Schweinebauch in Scheiben schneiden, auf Tellern anrichten und mit der Sauce servieren.

WEINEMPFEHLUNG
Zweigelt Classic trocken, Österreich

Hackbraten mit Kartoffelkruste

Zubereitungszeit: 1,5 Stunden

ZUTATEN FÜR 4 PERSONEN
400 G MEHLIGKOCHENDE KARTOFFELN
SALZ
300 ML MILCH
120 G ALTBACKENES BAGUETTE
4 EL KALTE BUTTERWÜRFEL
PFEFFER
MUSKATNUSS
2 EIGELB
60 G GERIEBENER PARMESAN

2 MÖHREN
4 STANGEN STAUDENSELLERIE
1 MITTELGROSSE ZWIEBEL
2 KNOBLAUCHZEHEN
1 BUND GLATTE PETERSILIE
600 G GEMISCHTES HACKFLEISCH
2 EIER
3 EL MITTELSCHARFER SENF
2 MSP. EDELSÜSSES PAPRIKAPULVER
1 EL PFLANZENÖL FÜR DIE FORM
100 G FRÜHSTÜCKSSPECK (BACON)
2 SCHALOTTEN
100 ML SAHNE

Die Kartoffeln waschen und mit der Schale in Salzwasser etwa 30 Minuten weich kochen.

200 ml Milch lauwarm erhitzen. Das Baguette in dünne Scheiben schneiden, mit der Milch übergießen und 15 Minuten quellen lassen. Die Kartoffeln schälen und zweimal durch die Kartoffelpresse drücken.

Restliche Milch mit 1 EL Butter erhitzen, mit Salz, Pfeffer sowie frisch geriebener Muskatnuss abschmecken und unter die Kartoffelmasse rühren. 1 EL sehr kalte Butter unter die Kartoffelmasse rühren. Die Eigelbe und den geriebenen Parmesan unterrühren und nochmals abschmecken.

Möhren und Sellerie putzen, waschen, schälen und in kleine Würfel schneiden. Die Sellerieblätter aufbewahren. Zwiebel und Knoblauch schälen und in Würfel schneiden.

2 EL Butter in einer großen Pfanne erhitzen, Zwiebel und Knoblauch darin 5 Minuten glasig dünsten. Möhren und Sellerie dazugeben und weitere 10 Minuten garen, leicht salzen, herausnehmen und auskühlen lassen.

Die Petersilie waschen, trocken schütteln, Blätter abzupfen und grob hacken. Die Sellerieblätter ebenfalls grob hacken. Den Backofen auf 210 °C Ober- und Unterhitze vorheizen.

Das Hackfleisch mit dem eingeweichten Brot, Eiern und abgekühltem Gemüse gut vermengen und mit Salz, Pfeffer, 2 EL Senf sowie Paprikapulver kräftig abschmecken. Mit der Hälfte der Petersilie und den Sellerieblättern verfeinern.

Eine feuerfeste Form (20 × 30 cm) mit 1 EL Öl einfetten, die Speckscheiben quer nebeneinander hineinlegen. Die Hackmasse mit feuchten Händen zu einem länglichen Laib formen und in die Form legen. Die überstehenden Speckscheiben an den Fleischseiten hochklappen.

Die Schalotten schälen, in grobe Würfel schneiden, in der Form verteilen und den Hackbraten im Backofen auf der mittleren Schiene etwa 45 Minuten backen. Nach 15 Minuten auf 190 °C Ober- und Unterhitze herunterschalten und 100 ml Wasser dazugießen. Nach 45 Minuten die Kartoffelmasse wellenartig auf dem Hackbraten verteilen. Etwa 100 ml Wasser dazugießen und unter dem Grill oder bei starker Oberhitze 10 Minuten goldbraun überbacken. Hackbraten herausnehmen, aus der Form lösen und warm stellen.

Die Flüssigkeit aus der Form auffangen, durch ein feines Sieb streichen und sämig einkochen lassen. Mit Salz, Pfeffer und 1 EL Senf abschmecken, Sahne dazugießen, kurz aufkochen, mit dem Pürierstab schaumig aufschlagen und mit der restlichen gehackten Petersilie verfeinern. Den Hackbraten in 2 cm dicke Scheiben schneiden und mit der schaumigen Senfsauce servieren.

WEINEMPFEHLUNG
Amarone della Valpolicella DOC, Italien

Kasseler mit Speckbohnen

Zubereitungszeit: 45 Minuten

ZUTATEN FÜR 4 PERSONEN
500 G TIEFGEFRORENE SAUBOHNEN
SALZ
2 FRÜHLINGSZWIEBELN
50 G GERÄUCHERTER BAUCHSPECK
½ BUND DILL
4 SCHEIBEN KASSELER
2 EL BUTTER
300 G BREITE BOHNEN
PFEFFER
2 EL SAURE SAHNE
1 EL CRÈME DOUBLE

Den Backofen auf 100 °C Ober- und Unterhitze vorheizen. Die Bohnen auftauen lassen und in Rauten schneiden. In kochendem Salzwasser je nach Größe etwa 3 Minuten garen und in eiskaltem Wasser abschrecken. Die Frühlingszwiebeln putzen, waschen, das grobe Grün entfernen und in feine Ringe schneiden. Den Bauchspeck in sehr feine Würfel schneiden. Den Dill waschen, trocken tupfen und von den Stielen zupfen, die Dillstängel nicht wegwerfen.

Das Kasseler in einer leicht gefetteten, feuerfesten Form im Backofen 10 Minuten erwärmen. Die breiten Bohnen mit den Dillstängeln in ausreichend Salzwasser etwa 4 Minuten kochen, kalt abschrecken und die Dillstängel entfernen. Speck mit Frühlingszwiebeln und Butter in einer Pfanne glasig andünsten. Bohnen und Saubohnen dazugeben und mit Salz und Pfeffer gut würzen. Saure Sahne und Crème double untermischen, mit Dill bestreuen und einmal aufkochen lassen. Kasseler mit den Bohnen auf Tellern servieren.

WEINEMPFEHLUNG
Solaz Tempranillo/Cabernet Sauvignon trocken, Spanien

Schmortopf mit Oliven und Speck

Zubereitungszeit: 1,5 Stunden

ZUTATEN FÜR 4 PERSONEN
JE 250 G ZARTES, MAGERES RIND-, LAMM- UND SCHWEINEFLEISCH
150 G GERÄUCHERTER DURCHWACHSENER SPECK
1 GROSSE ZWIEBEL
ÖL ZUM BRATEN
JE 1 HANDVOLL GRÜNE UND SCHWARZE OLIVEN
5 KNOBLAUCHZEHEN
1 EL GETROCKNETER THYMIAN
½ TASSE UNGESCHWEFELTE KORINTHEN
500 ML ROTWEIN
SALZ
1 GEHÄUFTER EL GRÜNER PFEFFER
1 EL COGNAC
50 ML SAHNE

Alle Fleischsorten von Häuten befreien, waschen, trocken tupfen und würfeln. Den Speck und die geschälte Zwiebel würfeln. Backofen auf 200 °C Ober- und Unterhitze vorheizen.

Das Fleisch in heißem Öl in einem gusseisernen Bräter mit Deckel braten, bis alle Seiten gebräunt sind. Unter Rühren den Speck und die Zwiebelwürfel dazugeben und anbraten, bis sie glasig sind. Oliven und den geschälten, gepressten Knoblauch, Thymian und Korinthen zum Fleisch geben und alles mit dem Rotwein ablöschen. Den Schmortopf zugedeckt in den vorgeheizten Backofen schieben.

Nach 30 Minuten probieren, ob das Fleisch gar ist. Wenn nicht, nochmals einige Minuten im Ofen lassen.

Das fertige Fleisch aus dem Bräter nehmen und zur Seite stellen. Die Sauce nun auf dem Herd einkochen lassen, bis sie etwas gebunden ist. Mit Salz, grünem Pfeffer sowie Cognac abschmecken und mit der Sahne verrühren. Das Fleisch wieder in die Sauce geben und 15 Minuten ziehen lassen. Die Sauce darf nicht mehr kochen, sonst wird das Fleisch zäh.

WEINEMPFEHLUNG
Reserva trocken, Spanien

Frische Bratwurst mit Bohnenallerlei

Zubereitungszeit: 45 Minuten

ZUTATEN FÜR 4 PERSONEN
200 G KENIA-BOHNEN
200 G KLEINE WEISSE BOHNEN
2 ZWEIGE THYMIAN
1 ZWEIG ROSMARIN
1 STÄNGEL BOHNENKRAUT
3 STANGEN STAUDENSELLERIE
1 ZWIEBEL
1 KNOBLAUCHZEHE
SALZ
2 EL OLIVENÖL
4–6 FRISCHE BRATWÜRSTE
2 EL TOMATENMARK
150 ML ROTWEIN
250 ML GEMÜSEBRÜHE
1 MSP. CAYENNEPFEFFER
½ TL ZUCKER
1 EL GEHACKTE GLATTE PETERSILIE
1 EL GEHACKTES BASILIKUM

Die Kenia-Bohnen waschen, evtl. Stielansätze entfernen und halbieren. Weiße Bohnen in ein Sieb geben und gründlich abspülen. Die Kräuter waschen, trocken tupfen, die Blätter abzupfen und bis auf den Thymian alles fein hacken. Sellerie putzen, waschen und in dünne Scheiben schneiden. Zwiebel und Knoblauch schälen und fein würfeln.

Die Kenia-Bohnen in sprudelnd kochendem Salzwasser kurz bissfest garen, dann abgießen.

In der Pfanne das Öl erhitzen und die Würste ringsum scharf anbraten, aber nicht durchbraten. Anschließend herausnehmen und beiseitestellen. Dann Zwiebeln, Knoblauch, Sellerie sowie Thymian, Rosmarin und Bohnenkraut hinzufügen und unter ständigem Rühren andünsten. Das Tomatenmark hinzufügen und mit anrösten. Rotwein angießen und auf zwei Drittel einkochen lassen.

Brühe zugießen, aufkochen und bei kleiner Hitze etwas köcheln lassen. Nach etwa 1 Minute die Bohnen hinzufügen. Mit Salz, Cayennepfeffer und Zucker abschmecken und ca. 5 Minuten köcheln lassen.

Die Bratwurst mit Bohnen und Rotwein auf Tellern verteilen und mit gehackter Petersilie und Basilikum bestreut servieren.

WEINEMPFEHLUNG
Silvaner trocken, Franken

In Folie gebackene Lammkoteletts

Zubereitungszeit: 1 Stunde

ZUTATEN FÜR 4 PERSONEN
4 DOPPELTE, ÜBER ZWEI RIPPEN GESCHNITTENE LAMMKOTELETTS
SALZ, PFEFFER
8 KNOBLAUCHZEHEN
1 TL GETROCKNETE MINZE
1 TL GETROCKNETER OREGANO
4 TL ZITRONENSAFT
50 G BUTTER

Die Lammkoteletts kurz abspülen, trocknen und mit Salz und Pfeffer würzen. Den Backofen auf 220 °C Ober- und Unterhitze vorheizen.

Vier Stücke Alufolie in etwa 25 × 25 cm große Quadrate schneiden, jeweils ein Kotelett auf ein Folienstück legen. Die Knoblauchzehen schälen und längs vierteln, auf den Koteletts verteilen. Mit Minze, Oregano sowie Zitronensaft würzen und mit der Butter in Flöckchen belegen. Die Folie verschließen und die Päckchen auf ein Backblech legen. Im heißen Ofen etwa 50 Minuten garen.

WEINEMPFEHLUNG
Château Teyssier Puisseguin-Saint Emilion AOC trocken, Frankreich

Frische Bratwurst mit Bohnenallerlei

Lammkoteletts mit Thymiansauce

Zubereitungszeit: 35 Minuten plus Marinierzeit über Nacht

ZUTATEN FÜR 4 PERSONEN

4 GROSSE LAMMKOTELETTS (SO GESCHNITTEN, DASS SIE DOPPELT DICK SIND, ABER JEWEILS NUR EINE RIPPE IN DER MITTE HABEN)
1 KNOBLAUCHZEHE
4–5 EL OLIVENÖL
2 SCHALOTTEN
125 ML RINDERFOND
125 ML ROTWEIN
1 ZWEIG THYMIAN
2–3 EL ENGLISCHE ORANGENMARMELADE
SALZ, PFEFFER

Die Lammkoteletts kurz waschen und die Knochen blank schaben, das Fleisch gut trocknen. Die Knoblauchzehe schälen und halbieren, mit dem Fleisch und dem Öl in einen festen Gefrierbeutel geben und über Nacht im Kühlschrank marinieren.

Zur Zubereitung den Backofen auf 150 °C Ober- und Unterhitze vorheizen. Die Schalotten schälen und sehr fein würfeln. Eine Pfanne trocken erhitzen und die marinierten Lammkoteletts auf beiden Seiten jeweils 2 Minuten anbraten. Aus der Pfanne in eine hitzefeste Schale heben, in den Ofen stellen und 10 bis 12 Minuten nachziehen lassen.

Die Schalotten in der Pfanne dünsten, bis sie glasig sind. Den Fond, den Rotwein und den gewaschenen Thymianzweig zugeben und aufkochen lassen. Die Orangenmarmelade einrühren und alles 5 Minuten köcheln lassen. Mit Salz und Pfeffer abschmecken.

Die Koteletts aus dem Backofen nehmen, leicht salzen und auf Tellern anrichten. Den Thymianzweig aus der Sauce entfernen, die Sauce über das Fleisch gießen und gleich servieren.

WEINEMPFEHLUNG
Cabernet Sauvignon, Südafrika

Lammkoteletts mit Kräutern

Zubereitungszeit: 35 Minuten plus Marinierzeit über Nacht

ZUTATEN FÜR 4 PERSONEN
FÜR DIE LAMMKOTELETTS:

2 KNOBLAUCHZEHEN
3 ZWEIGE THYMIAN
3 ZWEIGE ROSMARIN
16 LAMMKOTELETTS (À 50 G)
250 ML ÖL
1 FRISÉE-SALAT
1 HANDVOLL KRÄUTER NACH GESCHMACK (Z.B. PETERSILIE, KERBEL, ESTRAGON)
ÖL ZUM BRATEN

FÜR DIE VINAIGRETTE:

3 EL ROTWEINESSIG
3 EL BALSAMICOESSIG
5 EL GEFLÜGELFOND
1 TL ZUCKER
1 TL SENF
SALZ, PFEFFER
5 EL SONNENBLUMENÖL

Die Knoblauchzehen in der Schale andrücken. Die Kräuterzweige waschen und trocken tupfen. Knoblauch, je 2 Thymian- und Rosmarinzweige mit den Lammkoteletts und dem Öl in eine Schüssel geben und 2 Stunden, am besten über Nacht, marinieren.

Den Frisée-Salat putzen, waschen, trocken schleudern, die grünen Blätter entfernen und die gelben Blätter in Stücke zupfen. Die frischen Kräuter waschen, trocken tupfen, fein hacken und zum Frisée-Salat geben.

Für die Vinaigrette beide Essigsorten, Geflügelfond, Zucker, Senf, Salz und Pfeffer gut vermischen. Sonnenblumenöl einfließen lassen und aufschlagen.

Die Lammkoteletts aus der Marinade nehmen und abtupfen. Restlichen Thymian und Rosmarin fein hacken, die Lammkoteletts damit bestreuen, mit Salz und Pfeffer würzen und in einer Pfanne in Öl von beiden Seiten langsam rosa braten.

Kräutersalat mit der Vinaigrette mischen. Die Lammkoteletts mit dem Kräutersalat auf Tellern anrichten und servieren.

WEINEMPFEHLUNG
Lemberger Q.b.A. „S" trocken, Württemberg

Lamm mit Minzöl

Zubereitungszeit: 1 Stunde

ZUTATEN FÜR 4 PERSONEN

5–7 TOMATEN
2 MITTELGROSSE AUBERGINEN
10 KNOBLAUCHZEHEN
9 EL OLIVENÖL
SALZ, PFEFFER
GETROCKNETER OREGANO
½ BUND BASILIKUM
2 BUND MINZE
2–3 EL ROTWEINESSIG
ZUCKER
4 GROSSE ODER 8 KLEINE LAMMKOTELETTS

Tomaten und Auberginen waschen, die Tomaten halbieren, den Stielansatz herausschneiden und die Auberginen quer in etwa 1,5 cm dicke Scheiben teilen. Knoblauch in der Schale zerdrücken. Den Backofen auf 200 °C Ober- und Unterhitze vorheizen.

Die Auberginenscheiben in der Pfanne in 2 EL Olivenöl von beiden Seiten leicht anbräunen, auf ein Backblech legen. Tomatenhälften und zerdrückten Knoblauch dazugeben und mit etwas Salz und Pfeffer sowie getrocknetem Oregano würzen. Das Basilikum waschen, trocken tupfen und in Streifen schneiden. Darauf verteilen und mit etwas Olivenöl begießen.

Die Minzeblätter waschen, trocken tupfen und mit dem Rotweinessig mit einem Stabmixer pürieren. 6 EL Olivenöl dazugeben, mit Salz, Pfeffer und etwas Zucker abschmecken. Von diesem Minzöl etwas über das Gemüse auf dem Backblech träufeln und das Gemüse für etwa 30 Minuten im vorgeheizten Backofen backen.

Eine Pfanne mit wenig Olivenöl stark erhitzen, die Lammkoteletts von allen Seiten darin scharf anbraten, auf das Gemüse legen, salzen und pfeffern und je nach Wunsch, ob rosa oder durchgebraten, die letzten 10 bis 15 Minuten mit dem Gemüse garen. Das Lammfleisch 3 bis 5 Minuten ruhen lassen.

Das Gemüse auf Tellern anrichten, Lammkoteletts darauflegen und mit Minzöl beträufeln.

WEINEMPFEHLUNG
Haut Medoc Grand Cru, Frankreich

Marinierte Lammkoteletts

Zubereitungszeit: 30 Minuten plus Marinierzeit über Nacht

ZUTATEN FÜR 4 PERSONEN

8 LAMMKOTELETTS, DOPPELT DICK ÜBER ZWEI RIPPEN GESCHNITTEN (BEIM METZGER VORBESTELLEN)
2–3 KNOBLAUCHZEHEN
5–6 EL OLIVENÖL
1 TL HERBES DE PROVENCE (TROCKENKRÄUTERMISCHUNG)
150 ML ROTWEIN
SALZ, PFEFFER

Die Lammkoteletts waschen und trocknen. Knoblauchzehen schälen und grob zerteilen. Aus Olivenöl, Knoblauch, Kräutern und Rotwein eine Marinade rühren und die Koteletts darin mindestens über Nacht in einer Schüssel, besser noch in einem entsprechend großen Gefrierbeutel, ziehen lassen, dabei gelegentlich wenden.

Zum Braten die Lammkoteletts abtropfen lassen und mit Küchenkrepp abtupfen. Eine schwere, möglichst gusseiserne Pfanne erhitzen und die Koteletts ohne Zugabe von Öl schnell auf beiden Seiten anbraten; dann, je nach gewünschtem Gargrad, in 6 bis 7 Minuten rosa braten oder noch 5 Minuten länger, damit sie durchgebraten sind.

Nach dem Braten unbedingt noch 2 bis 3 Minuten ruhen lassen, erst dann salzen und pfeffern. Auf vorgewärmten Tellern servieren.

WEINEMPFEHLUNG
Pinotage trocken, Südafrika

Geschmorte Lammschulter

Zubereitungszeit: 1,5 Stunden

ZUTATEN FÜR 4 PERSONEN
1 ENTBEINTE LAMMSCHULTER (CA. 600 G)
SALZ, PFEFFER
GETROCKNETER THYMIAN
3 MITTELGROSSE ZWIEBELN
JE 1 GELBE UND ROTE PAPRIKASCHOTE
4 EL OLIVENÖL
65 ML WEISSWEIN
65 ML BRÜHE

Die Lammschulter auf einem Brett ausbreiten und den Großteil des Fetts abschneiden. Salzen, pfeffern und mit etwas Thymian bestreuen. Mit Küchengarn zu einer Rolle binden.

Die Zwiebeln schälen und in grobe Würfel schneiden. Die Paprikaschoten waschen, halbieren und entkernen. Die Schoten ebenfalls in Würfel schneiden.

In einem Bräter das Olivenöl erhitzen. Die Lammschulter ringsum etwa 5 Minuten anbraten. Aus dem Bräter heben. Die Zwiebel- und die Paprikawürfel im verbliebenen Öl etwa 5 Minuten unter Rühren dünsten. Den Weißwein und die Brühe angießen, die Lammschulter auf das Gemüsebett setzen, den Deckel auflegen und etwa 1 Stunde bei schwacher Hitze schmoren lassen.

Während der Garzeit zwei- bis dreimal das Fleisch wenden und bei Bedarf Wasser oder Brühe nachgießen.

Sollte am Ende der Schmorzeit zu viel Flüssigkeit im Topf sein, ohne Deckel etwas einkochen lassen. Das Gemüse soll zum Schluss zu einer sämigen Sauce zerkocht sein.

Fleisch und Sauce mit Salz und Pfeffer würzen. Vom Fleisch das Garn entfernen und die Schulter in etwa 2 cm dicke Scheiben schneiden. Mit der Sauce überziehen und heiß servieren.

WEINEMPFEHLUNG
Clos de los Siete trocken, Argentinien

Klassische Lammkeule

Zubereitungszeit: 1 Stunde

ZUTATEN FÜR 4 PERSONEN
1 LAMMKEULE OHNE KNOCHEN, VOM METZGER AUSGELÖST (CA. 800 G)
SALZ, PFEFFER
½ TL THYMIAN
3–4 KNOBLAUCHZEHEN
20 KLEINE SCHALOTTEN
5 EL OLIVENÖL
250 ML FLEISCHBRÜHE
1 EL TOMATENMARK

Die Lammkeule mit einem Messer von Haut und gröberen Fett-Abschnitten befreien, auf einem Brett ausbreiten und mit Salz, Pfeffer und 1 Prise Thymian würzen.

1 Knoblauchzehe schälen, in dünne Scheiben schneiden und auf dem Fleisch verteilen, dieses zusammenrollen und mit Küchengarn zusammenschnüren. Auch außen salzen und pfeffern. Die Schalotten schälen und ganz lassen, die restlichen Knoblauchzehen schälen und grob hacken. Den Backofen auf 200 °C Ober- und Unterhitze vorheizen. In einem gusseisernen Bräter auf dem Herd das Öl erhitzen. Die Lammkeule von allen Seiten 5 bis 6 Minuten scharf anbraten. Jetzt die Schalotten und den Knoblauch dazugeben und noch 4 bis 5 Minuten braten. Mit der Fleischbrühe ablöschen, das Tomatenmark und den restlichen Thymian einrühren und den Bräter ohne Deckel in den heißen Ofen schieben. Nach 30 Minuten einmal wenden. Nach 50 Minuten ist das Fleisch gar, aber noch rosa und schön saftig; je nach Geschmack länger braten, aber vor dem Aufschneiden unbedingt 10 Minuten im zugedeckten Bräter außerhalb des Backofens ruhen lassen.

WEINEMPFEHLUNG
Saint-Émilion Grand Cru, Frankreich

Lammkeule mit kalter Kräutersauce

Zubereitungszeit: 1,5 Stunden

ZUTATEN FÜR 4 PERSONEN
1 LAMMKEULE MIT KNOCHEN
1–2 BUND SUPPENGRÜN
2 ZWIEBELN
2 MÖHREN
2–3 LORBEERBLÄTTER
2–3 ZWEIGE THYMIAN
10 PIMENTKÖRNER (NELKENPFEFFER)
SALZ, PFEFFER

FÜR DIE SAUCE:
2–3 SCHALOTTEN
1 EL KAPERN
1 UNBEHANDELTE ZITRONE
½ BUND GEHACKTE PETERSILIE
½ BUND GEHACKTE MINZE
1 EL DIJON-SENF
5–6 EL SONNENBLUMENÖL
SALZ, PFEFFER
1 PRISE ZUCKER

Von der Lammkeule alles Fett und Häute entfernen. Suppengrün putzen und waschen, Zwiebeln schälen und alles grob zerteilen. Die Möhren schälen und in grobe Würfel schneiden. Lorbeerblätter, gewaschenen Thymian, Möhren, Zwiebeln, Pimentkörner und das Suppengrün in einen Bräter geben.

Die Lammkeule darauf legen, mit Wasser bedecken und mit Salz und Pfeffer würzen. Mit Deckel einmal aufkochen lassen und bei kleiner Hitze rosa garen. Pro Kilogramm Fleisch rechnet man etwa 30 Minuten.

Für die Sauce Schalotten schälen und Kapern abspülen. Die Zitrone gut waschen, Zesten abziehen und eine halbe Zitrone auspressen. Kräuter waschen und trocknen. Schalotten, Kapern, Zitronenzesten, Senf, Petersilie und Minze in einem Mixer pürieren, dabei langsam das Sonnenblumenöl zugießen. Die Sauce in eine Schüssel geben, mit Zitronensaft, Salz, Pfeffer sowie Zucker abschmecken und kühl stellen.

Die Keule aus dem Sud nehmen, in Alufolie wickeln und 20 Minuten ruhen lassen. In Scheiben schneiden und mit der Sauce anrichten.

WEINEMPFEHLUNG
Cru Bourgeois, Frankreich

Der gute Tipp

Fleisch sollte man nie sofort servieren. Speziell Steaks, Rostbraten und Rindfleisch müssen nach dem Braten ruhen. Nach etwa fünf Minuten noch einmal in die heiße Pfanne legen und nachbraten, erst dann servieren. So kann sich das Fleisch „entspannen“ und der Saft verteilt sich gleichmäßig in alle Fasern.

Lammspieße mit getrockneten Aprikosen

Zubereitungszeit: 35 Minuten
plus 24 Stunden Einweichzeit

ZUTATEN FÜR 4 PERSONEN

600 G LAMMSCHULTER
1 ZWIEBEL
1 KNOBLAUCHZEHE
16–20 UNGESCHWEFELTE GETROCKNETE APRIKOSEN
2 TL PFLANZENÖL
1 TL CURRYPULVER
½ TL KURKUMAPULVER (GELBWURZ)
3 TL BRAUNER ZUCKER
3 TL APRIKOSENMARMELADE
250 ML WEISSER BALSAMICOESSIG
CAYENNEPFEFFER
12 SCHEIBEN DURCHWACHSENDER SPECK
2–3 EL INGWER-MARMELADE (GINGER-PRESERVE)
1 EL HONIG
SALZ

Die Lammschulter von Fett und Häuten befreien und nicht zu dick in etwa aprikosengroße Stücke schneiden. Zwiebel und Knoblauch schälen und fein hacken. Die Aprikosen 12 bis 24 Stunden in Wasser legen.

Öl in der Pfanne erhitzen, Zwiebel und Knoblauch darin anbraten und mit Curry und Kurkuma bestäuben. Zucker, Aprikosenmarmelade sowie Balsamicoessig einrühren und nach Gusto mit Cayennepfeffer würzen. 10 Minuten köcheln lassen. Die Marinade abkühlen lassen und die Lammstücke 12 bis 24 Stunden im Kühlschrank darin ziehen lassen, dabei ab und zu wenden.

Die Aprikosen abtropfen lassen, je eine mit 1 Scheibe Speck umhüllen und abwechselnd mit 1 Stück Lamm mit etwas Abstand auf Spieße stecken.

Die Marinade mit der Ingwermarmelade und dem Honig im Topf aufköcheln lassen und mit Salz abschmecken. Die Grillpfanne erhitzen, mit etwas Öl ausstreichen und die Spieße unter Wenden vorsichtig – nicht zu heiß – garen.

Fleisch und Aprikosenpäckchen mit einer Gabel von den Spießen streifen und auf Tellern mit der Sauce servieren.

WEINEMPFEHLUNG

Pinotage trocken, Südafrika

Lammspieße mit getrockneten Aprikosen

Mit Kräutern gefüllte Lammkeule

Zubereitungszeit: 1,5 Stunden

ZUTATEN FÜR 4 PERSONEN

3 SCHEIBEN TOASTBROT
2 EL BUTTER
8 EL ÖL
2 ZWIEBELN
3 KNOBLAUCHZEHEN
3 ZWEIGE THYMIAN
2 ZWEIGE ROSMARIN
1 BUND GLATTE PETERSILIE
100 G ZIEGENKÄSE
1 TL GROBER SENF
SALZ, PFEFFER
1,2 KG KÜCHENFERTIGE LAMMKEULE OHNE KNOCHEN
1 KLEINE MÖHRE
2 STANGEN STAUDENSELLERIE

Den Backofen auf 150 °C Ober- und Unterhitze vorheizen. Für die Füllung das Toastbrot entrinden und in Würfel schneiden. In einer Pfanne mit der Butter und 3 EL Öl zu Croûtons braten. Herausnehmen und auf Küchenkrepp abtropfen lassen.

1 Zwiebel und 1 Knoblauchzehe schälen, in sehr feine Würfel schneiden und in 2 EL Öl glasig andünsten. 1 Thymianzweig, 1 Rosmarinzweig und die Petersilie waschen, trocken tupfen und sehr fein hacken. Den Ziegenkäse in Würfel schneiden. Zwiebel, Knoblauch, Kräuter, Croûtons und Ziegenkäse mit Senf mischen und mit Salz und Pfeffer abschmecken.

Die Lammkeule damit füllen, mit Zahnstochern verschließen und das Fleisch mit Salz und Pfeffer würzen.

Restliche Zwiebel, Möhre und Sellerie schälen oder putzen und waschen und in große Stücke teilen. Restlichen Knoblauch in der Schale andrücken. Die restlichen Kräuterzweige waschen und trocken tupfen. Das Fleisch in einem Bräter mit 3 EL Öl vorsichtig anbraten. Gemüse, Thymian- und Rosmarinzweige hineinlegen und die Lammkeule im Backofen 45 bis 50 Minuten rosa braten.

Das Fleisch herausnehmen und 5 Minuten ziehen lassen. Den Bratensatz mit etwas Wasser ablöschen, kurz aufkochen, durch ein Sieb streichen und mit Salz und Pfeffer abschmecken. Die gefüllte Lammkeule aufschneiden und mit der Sauce servieren.

WEINEMPFEHLUNG
Ribero del Duero, Spanien

Geschmorte Lammhaxen

Zubereitungszeit: 2,5 Stunden

ZUTATEN FÜR 4 PERSONEN

4 LAMMHAXEN (CA. 1,2 KG)
SALZ, PFEFFER
8 SCHALOTTEN
2 MITTELGROSSE MÖHREN
3 STANGEN STAUDENSELLERIE
500 G MEHLIGKOCHENDE KARTOFFELN
2 EL PFLANZENÖL
2 EL BUTTER
1 EL TOMATENMARK
500 ML TROCKENER ROTWEIN
1 BOUQUET GARNI (2 ZWEIGE ROSMARIN, 4 ZWEIGE THYMIAN, 8 STÄNGEL PETERSILIE UND 1 LAUCHBLATT)
3 KNOBLAUCHZEHEN
2 LORBEERBLÄTTER
2 EL OLIVENÖL

Den Backofen auf 180 °C Ober- und Unterhitze vorheizen. Die Lammhaxen falls nötig von Fett und Häuten befreien und mit Salz und Pfeffer gut einreiben. Die Schalotten schälen und in Spalten schneiden. Möhren und Sellerie schälen, waschen und in etwa 3 cm lange Stifte schneiden. Die Kartoffeln schälen, waschen und in Spalten schneiden.

Die Lammhaxen in einem Bräter mit 2 EL Öl und 2 EL Butter von allen Seiten etwa 8 bis 10 Minuten scharf anbraten. Die Schalotten dazugeben und anbraten. Das Tomatenmark einrühren und anrösten. Mit etwa 100 ml Rotwein ablöschen und vollständig einkochen lassen, diesen Vorgang zweimal wiederholen.

Zugedeckt im Backofen etwa 2 Stunden weich schmoren. Restlichen Rotwein und 100 ml Wasser nach und nach dazugießen.

Für das Bouquet garni die Zutaten waschen, trocken tupfen und zu einem Kräutersträußchen binden. Den Knoblauch in der Schale andrücken. Möhren, Sellerie, Knoblauch, Lorbeerblätter und das Kräutersträußchen nach etwa 45 Minuten zum Fleisch geben. Nach 1,5 Stunden die Kartoffeln dazugeben.

Die fertigen Lammhaxen aus dem Backofen und der Sauce nehmen. Kräutersträußchen und Lorbeerblätter aus der Sauce entfernen. Die Sauce je nach Konsistenz noch etwas einkochen lassen. Zum Schluss 2 EL Olivenöl einrühren und die Lammhaxen mit der Sauce servieren.

WEINEMPFEHLUNG
Brunello di montalcino DOCG, Italien

Lammragout

Zubereitungszeit: 2 Stunden

ZUTATEN FÜR 4 PERSONEN

1 KG LAMMGULASCH AUS DER SCHULTER
1 TL MEHL
SALZ, PFEFFER
4 MITTELGROSSE ZWIEBELN
2 KNOBLAUCHZEHEN
2 MITTELGROSSE MÖHREN
1 BOUQUET GARNI (4 ZWEIGE THYMIAN, 1 ZWEIG ROSMARIN, 8 STÄNGEL PETERSILIE UND 1 LAUCHBLATT)
100 G TOMATEN
2 EL OLIVENÖL
2 EL BUTTER
1 TL TOMATENMARK
2 LORBEERBLÄTTER
3 NELKEN
200 G FRISCHE FEUERBOHNEN
5 STÄNGEL BOHNENKRAUT
200 G STANGENBOHNEN
1 KLEINES STÜCK GERÄUCHERTER BAUCHSPECK

Den Backofen auf 160 °C Ober- und Unterhitze vorheizen. Das Lammgulasch mit Mehl bestäuben und mit Salz und Pfeffer einreiben. 3 Zwiebeln und den Knoblauch schälen und in Würfel schneiden. Die Möhren schälen und in Würfel schneiden. Für das Bouquet garni die Zutaten waschen, trocken tupfen und zu einem Kräutersträußchen binden. Die Tomaten waschen, vierteln und den Strunk entfernen.

Das Lammgulasch in einem Bräter mit 2 EL Olivenöl von allen Seiten gleichmäßig anbraten, herausnehmen und beiseitestellen. In dem gleichen Bräter 1 EL Butter schmelzen lassen. Zwiebeln und Knoblauch darin glasig dünsten. Das Tomatenmark einrühren und anrösten. Die Tomaten dazugeben und mit 200 ml Wasser ablöschen.

Das Lammfleisch zusammen mit Lorbeerblättern und Nelken zurück in den Bräter geben und zugedeckt im Backofen etwa 1,5 Stunden schmoren. Weitere 200 ml Wasser nach und nach dazugießen.

In der Zwischenzeit die Feuerbohnen aus der Schale brechen und in reichlich Wasser mit 2 Stängeln Bohnenkraut etwa 30 Minuten weich kochen. Herausnehmen, etwas auskühlen lassen und die Haut abziehen.

Die Stangenbohnen putzen, waschen und in 3 cm lange Stücke schneiden. In Salzwasser mit 3 Zweigen Bohnenkraut etwa 5 bis 8 Minuten garen, herausnehmen und eiskalt abschrecken.

Das fertig gegarte Lammfleisch aus dem Bräter nehmen. Die Sauce durch ein Sieb streichen. Das Fleisch wieder in die Sauce zurückgeben und mit Salz und Pfeffer würzen. Den Bauchspeck in Würfel schneiden. Die restliche Zwiebel schälen und in Würfel schneiden. Zwiebel und

Speck in einer Pfanne mit 1 EL Butter anbraten. Beide Bohnensorten dazugeben, kurz durchschwenken, mit Salz, und Pfeffer abschmecken und mit dem Lammragout mischen. Kurz aufkochen lassen und servieren.

WEINEMPFEHLUNG
Barolo DOCG Cannubi trocken, Italien

Lammrücken mit Herbes de Provence

Zubereitungszeit: 1 Stunde

ZUTATEN FÜR 4 PERSONEN
1 KG LAMMRÜCKEN
HERBES DE PROVENCE
SALZ, PFEFFER
5 KNOBLAUCHZEHEN
50 G BUTTER

Den Lammrücken enthäuten, die auf der Unterseite liegenden kleinen Filets herausschneiden und beiseitelegen. Den Backofen auf 200 °C Ober- und Unterhitze vorheizen.

Den Lammrücken mit den Kräutern, Salz und Pfeffer einreiben. Dann vorsichtig an 5 Stellen einstechen und die geschälten Knoblauchzehen hineinstecken.

In einen Bräter oder auf ein Backblech mit Rand legen, eine halbe Tasse Wasser zugießen und die Butter in Flocken auf dem Lammrücken verteilen.

In den heißen Backofen schieben und etwa 30 Minuten braten. Nach 15 Minuten die Filets dazulegen.

WEINEMPFEHLUNG
Châteauneuf-du-Pape, Frankreich

Lamm-Curry mit Spinat

Zubereitungszeit: 1,5 Stunden

ZUTATEN FÜR 4 PERSONEN
500 G TIEFGEFRORENER SPINAT
500 G LAMMFLEISCH AUS HÜFTE ODER SCHULTER
2 MITTELGROSSE ZWIEBELN
2 KNOBLAUCHZEHEN
1 WALNUSSGROSSES STÜCK INGWER
4 EL SONNENBLUMENÖL
2 TL KORIANDERPULVER
1 TL GEMAHLENER KREUZKÜMMEL
½ TL KURKUMAPULVER
¼ TL CHILIPULVER
¼ TL GARAM MARSALA
8 EL JOGHURT (10 % FETT)
100 ML GEMÜSEBRÜHE
SALZ, PFEFFER

Tiefgefrorenen Spinat auftauen lassen und grob hacken. Das Lammfleisch in etwa 2 cm große Würfel schneiden. Zwiebeln, Knoblauch sowie Ingwer schälen und alles fein hacken.

In einem großen Topf das Öl erhitzen und die Fleischwürfel von allen Seiten kräftig anbraten. Zwiebeln, Ingwer und Knoblauch dazugeben und unter Rühren ebenfalls ca. 6 Minuten anbraten. Die Gewürze sowie 7 EL Joghurt untermischen und unter gelegentlichem Umrühren weitere 5 Minuten köcheln. Spinat und Gemüsebrühe dazugeben und je nach Fleisch, die Lammschulter braucht etwas länger, ca. 50 bis 60 Minuten garen. Mit Salz und Pfeffer abschmecken und vor dem Servieren den restlichen Joghurt unterrühren.

WEINEMPFEHLUNG
Rancho Zabaco Zinfandel Sonoma County trocken, Kalifornien

Orientalischer Lammtopf

Zubereitungszeit: 1,5 Stunden

ZUTATEN FÜR 4 PERSONEN
1,5 KG LAMMSCHULTER ODER LAMMKEULE
1 ZWIEBEL
2 KNOBLAUCHZEHEN
12 FRISCHE DATTELN
10 GETROCKNETE FEIGEN
½ TL CAYENNEPFEFFER
2 TL INGWERPULVER
2 TL KORIANDERPULVER
2 TL ANISPULVER
1 TL PFEFFER
½ TL SALZ
1 EL MEHL
4–5 EL OLIVENÖL
500 ML RINDERBRÜHE
250 ML ROTWEIN
1 ZIMTSTANGE
20 ENTSTEINTE GRÜNE OLIVEN
GEHACKTE PETERSILIE ODER KORIANDER

Das Fleisch von Häuten und Fett befreien und in etwa 3 cm große Würfel schneiden. Zwiebel und Knoblauch schälen und fein würfeln. Die Datteln halbieren und den Kern entfernen. Die Feigen je nach Größe halbieren oder vierteln.

Alle Gewürze mit dem Mehl vermischen. Die Gewürzmischung mit den Händen gründlich in die Fleischwürfel einmassieren.

In einem Bräter das Olivenöl erhitzen und die Lammwürfel bei mittlerer Hitze unter Rühren anbraten. Die Zwiebelwürfel hinzufügen und glasig anschwitzen, dann den Knoblauch zugeben. Brühe und Wein angießen und die Zimtstange dazugeben. Bei kleiner Hitze mit Deckel etwa 1 Stunde garen, bis das Fleisch zart ist. Datteln, Feigen und Oliven untermischen, bei Bedarf noch etwas Wein oder Brühe angießen und weitere 15 bis 20 Minuten ohne Deckel köcheln. Wenn nötig mit Salz abschmecken, auf Tellern anrichten und nach Geschmack mit Petersilie oder Koriander bestreuen.

WEINEMPFEHLUNG
Gallo Family Vineyards Zinfandel, Kalifornien

Lamm mit Rotwein-Rosinensauce

Zubereitungszeit: 45 Minuten

ZUTATEN FÜR 4 PERSONEN
75 G ROSINEN
350 ML ROTWEIN
2 SCHALOTTEN
2 KNOBLAUCHZEHEN
8 ZWEIGE THYMIAN
2 ZWEIGE ROSMARIN
8 KÜCHENFERTIG GEHÄUTETE LAMMMEDAILLONS AUS DEM RÜCKEN (À 80 G)
PFEFFER
8 SCHEIBEN GERÄUCHERTER SPECK
4–5 EL OLIVENÖL
1 TL TOMATENMARK
200 ML LAMMFOND
SALZ

Den Backofen auf 160 °C Ober- und Unterhitze vorheizen. Die Rosinen 15 Minuten in 100 ml Rotwein einweichen.

Schalotten schälen und fein würfeln. Knoblauch in der Schale andrücken. Thymian und Rosmarin waschen, trocken tupfen, Blättchen und Nadeln abzupfen und fein hacken. Das Fleisch pfeffern, in Thymian wenden und jedes Medaillon mit 1 Scheibe Speck umwickeln. 3 EL Olivenöl in einer Pfanne erhitzen und das Fleisch scharf anbraten. Knoblauch und Rosmarin dazugeben, Medaillons wenden und weitere 2 Minuten braten.

Ein Backblech mit 2 EL Olivenöl einfetten. Das Fleisch aus der Pfanne darauf legen und 10 bis 12 Minuten im Backofen garen. Die Schalotten in der Pfanne anbraten, Tomatenmark dazugeben und unter Rühren etwas anrösten. Die Rosinen abgießen, Rotwein dabei auffangen. Mit restlichem Rotwein und Lammfond ablöschen und 10 Minuten einkochen lassen. Die Rosinen grob hacken, in die Sauce geben und mit Salz und Pfeffer abschmecken. Das Fleisch aus dem Backofen nehmen, kurz ruhen lassen und mit der Sauce überziehen.

WEINEMPFEHLUNG
Enira trocken, Bulgarien

Lammtopf mit Zitrone

Lammtopf mit Zitrone

Zubereitungszeit: 1 Stunde

ZUTATEN FÜR 4 PERSONEN
500 G LAMMSCHULTER OHNE KNOCHEN
12 KLEINE SCHALOTTEN
1–2 KNOBLAUCHZEHEN
1 BUND MINZE
½ TL GANZER KREUZKÜMMEL
SALZ, PFEFFER
3 EL PFLANZENÖL ZUM BRATEN
5 LORBEERBLÄTTER
ETWAS KÖRNIGES BRÜHEPULVER
1–2 ZITRONEN

Von der Lammschulter größere Fettstücke und Häute entfernen. Das Fleisch in etwa 2 cm große Würfel schneiden. Die Schalotten und Knoblauchzehen schälen. Die Minze waschen, trocknen und grob hacken. Das Fleisch mit Kreuzkümmel, Salz und Pfeffer würzen.

In einem Bräter das Öl erhitzen und die Fleischstücke scharf unter Wenden anbraten. Die unzerteilten Schalotten, die Lorbeerblätter sowie die Minze zugeben und den Knoblauch durch die Presse dazudrücken. Alles knapp mit Wasser bedecken und etwas Brühepulver dazustreuen.

Den Deckel auflegen und das Fleisch insgesamt etwa 45 Minuten bei schwacher Hitze schmoren lassen. Nach 30 Minuten die Zitronen mit einem scharfen Messer bis ins Fruchtfleisch schälen, sodass die hellen Häute vollständig entfernt werden. Die einzelnen Filets zwischen den Trennwänden mit dem Messer herauslösen und zum Fleisch geben. Den Saft aus den Häuten ebenfalls zum Fleisch ausdrücken. Das Lammfleisch mit Reis servieren.

WEINEMPFEHLUNG
Chardonnay trocken, Frankreich

Lamm mit Honig-Balsamico-Marinade

Zubereitungszeit: 1,5 Stunden

ZUTATEN FÜR 4 PERSONEN
1 LAMMKEULE (CA. 1,5 BIS 1,75 KG)
1 GROSSE ZWIEBEL
2 KNOBLAUCHZEHEN
3 GRÜNE PAPRIKASCHOTEN
1 UNBEHANDELTE ZITRONE
5 EL OLIVENÖL
1 EL PAPRIKAPULVER
½ TL SAFRAN
1 PRISE ZIMTPULVER
SALZ, PFEFFER
3 EL COGNAC
100 ML WEISSWEIN
3–4 EL BALSAMICOESSIG
85 G HONIG

Die Lammkeule sorgfältig von Fett und Häuten befreien und in große Stücke zerteilen. Zwiebel schälen und in dünne Scheiben schneiden. Den Knoblauch ebenfalls schälen und fein hacken.

Paprikaschoten waschen, vierteln, entkernen und in kleine Würfel schneiden. Die Zitrone gründlich mit heißem Wasser abwaschen, trocknen, 1 Scheibe abschneiden und den Rest mitsamt der Schale klein schneiden.

In einem Bräter das Öl erhitzen, das Fleisch dazugeben und rundum scharf anbraten. Zwiebel und Knoblauch hinzufügen und kurz andünsten. Die Paprikawürfel ebenfalls kurz mitbraten. Die Gewürze zugeben und alles einige Minuten schmoren lassen. Dann die klein geschnittene Zitrone unterrühren, den Cognac und den Wein angießen und alles zugedeckt ca. 1 Stunde schmoren lassen, bis das Fleisch ganz zart ist. Den Essig und den Honig unterrühren und weitere 10 Minuten ohne Deckel garen. Mit Salz und Pfeffer abschmecken und auf Tellern anrichten.

WEINEMPFEHLUNG
Cabernet Sauvignon trocken, Chile

Lamm mit fruchtigem Quittengelee

Zubereitungszeit: 45 Minuten

ZUTATEN FÜR 4 PERSONEN
1 TL GEHACKTER KNOBLAUCH
1 EL BUTTER
125 ML QUITTENGELEE
1 EL GEHACKTER ODER 1 TL GETROCKNETER ROSMARIN
¼ TL PFEFFER
1 TL SALZ
8 LAMMKOTELETTS (CA. 2,5 BIS 3 CM DICK)

Den Backofengrill vorheizen.

Für die Quittengelee-Glasur in einem kleinen Topf den Knoblauch in der Butter bei mittlerer Hitze anschwitzen. Quittengelee, Rosmarin, Pfeffer und Salz nach Geschmack dazugeben und alles gut miteinander verrühren. Unter Rühren so lange kochen, bis sich das Gelee ganz aufgelöst hat. Vom Herd nehmen und beiseitestellen.

Die Lammkoteletts in eine feuerfeste Pfanne geben, großzügig die Hälfte der Glasur auf der einen Seite der Koteletts verteilen und diese dann für etwa 6 Minuten unter den Grill geben.

Anschließend umdrehen und die restliche Glasur auf der anderen Seite der Koteletts verteilen. Noch einmal ca. 4 bis 5 Minuten unter den Grill geben.

WEINEMPFEHLUNG
Chardonnay DOC, Italien

Lammkeule mit Rotwein-Cognac-Sauce

Zubereitungszeit: 1,5 Stunden

ZUTATEN FÜR 4 PERSONEN
1,5 KG LAMMKEULE (HAMMELKEULE)
5 KNOBLAUCHZEHEN
SALZ, PFEFFER
1 TL HERBES DE PROVENCE
10 WACHOLDERBEEREN
5 EL OLIVENÖL
25 G BUTTER
40 ML ROTWEIN
2 EL COGNAC
2 EL TOMATENMARK
1 BRÜHWÜRFEL

Den Backofen auf 250 °C Ober- und Unterhitze vorheizen. Die Keule häuten und vom Fett befreien. Die Knoblauchzehen mit Salz zerdrücken. Das Fleisch mit Pfeffer, Herbes de Provence, dem Knoblauchsalz und zerdrückten Wacholderbeeren einreiben.

In einem Bräter Öl und Butter erhitzen und das Fleisch kurz, aber scharf, auf allen Seiten anbraten. Den offenen Bräter in den heißen Backofen schieben, die Keule öfter begießen und nach etwa 30 Minuten die Ofentemperatur auf 180 °C Ober- und Unterhitze herunterschalten. Als Gesamtgarzeit rechnet man 30 Minuten pro Kilo.

Den Rotwein, Cognac, das Tomatenmark und den Brühwürfel verrühren und mit dieser Mischung die Keule 20 Minuten vor Ende der Garzeit einstreichen, das ergibt eine knusprige Kruste.

Vor dem Aufschneiden das Fleisch unbedingt noch 10 Minuten ruhen lassen, damit sich der Fleischsaft wieder gleichmäßig verteilen kann.

WEINEMPFEHLUNG
Villa Gresti IGT, Italien

Rehrücken im Gewürzmantel auf seinem Ragout mit Selleriepüree

ZUTATEN FÜR 4 PERSONEN

FÜR DEN REHRÜCKEN:
1 REHRÜCKEN (CA. 1,2–1,5 KG)
SALZ, PFEFFER
50 G BUTTER

FÜR DIE SAUCE:
2 MÖHREN
2 MITTELGROSSE ZWIEBELN
1 STANGE LAUCH
REHKNOCHEN UND ABSCHNITTE
3 EL RAPSÖL
50 G GERÄUCHERTER SPECK
1 EL TOMATENMARK
300 ML ROTWEIN
1 L FLEISCHBRÜHE
2 ZWEIGE THYMIAN
10 GEQUETSCHTE WACHOLDER-BEEREN
SALZ, PFEFFER AUS DER MÜHLE
SAFT VON 1 ORANGE
1 TL SPEISESTÄRKE
20 ML ROTER PORTWEIN

FÜR DAS RAGOUT:
1 ZWIEBEL
ABSCHNITTE DES REHRÜCKENS (OHNE HAUT UND SEHNEN)
SALZ, PFEFFER
3 EL RAPSÖL
100 ML ROTWEIN
100 ML FLEISCHBRÜHE

FÜR DEN GEWÜRZMANTEL:
100 G SPEKULATIUSKEKSE
1 EL SCHWARZER SESAM
1 EL GEMAHLENE HASELNÜSSE
1 TL LEBKUCHENGEWÜRZ
SALZ, PFEFFER AUS DER MÜHLE

FÜR DAS SELLERIEPÜREE:
500 G KNOLLENSELLERIE
2 EL RAPSÖL
200 ML SAHNE
1 ZWIEBEL
SALZ, PFEFFER AUS DER MÜHLE

Den Rehrücken vom Knochen lösen und enthäuten. Anschließend in 4 ca. 120 g schwere Stücke schneiden und kühl stellen. Die größeren Fleischabschnitte für das Ragout klein schneiden, beiseitestellen und die restlichen Abschnitte für die Sauce verwenden.

Für die Sauce Möhren und Zwiebeln schälen. Lauch putzen, waschen und mit den Möhren sowie Zwiebeln klein schneiden. Den Rückenknochen zerkleinern und mit den Abschnitten in einem Bräter mit etwas Öl gut anbraten. Das Gemüse und den Speck zugeben und mitbraten. Dann mit Tomatenmark vermengen und mit Rotwein und Fleischbrühe ablöschen. Kräuter und Wacholderbeeren zugeben und bei geringer Hitze ca. 1,5 Stunden köcheln lassen.

Die Sauce durch ein Sieb geben. Auf ca. 200 ml reduzieren, mit Salz, Pfeffer und Orangensaft abschmecken. Die Speisestärke in Portwein anrühren, die Sauce damit sämig binden und bis zum Servieren warm halten.

Die Zwiebel schälen und in Würfel schneiden. Das Fleisch mit Salz und Pfeffer würzen. Das Öl in einem Topf erhitzen und das Fleisch und die Zwiebel darin anbraten. Mit Rotwein und Brühe ablöschen und ca. 1 Stunde zugedeckt schmoren. Das Ragout herausnehmen und in der Sauce warm halten.

Die Spekulatiuskekse für den Gewürzmantel mahlen oder zerbröseln und mit den restlichen Zutaten vermengen.

Die Rehrückenstücke mit Salz und Pfeffer würzen, in der Gewürzmischung wälzen und in Frischhaltefolie gut einrollen. Die beiden Enden der Folie verknoten und das Reh in siedendem Wasser ca. 8 Minuten pochieren. Herausnehmen und im Backofen bei 60 °C Ober- und Unterhitze ca. 10 Minuten ruhen lassen.

Den Sellerie schälen und in Würfel schneiden. Die Zwiebel schälen, in kleine Würfel schneiden und in einem Topf mit dem Öl farblos anschwitzen. Den Sellerie zugeben, mit Sahne aufgießen und abgedeckt ca. 20 Minuten kochen. Sobald die Sahne eingekocht und der Sellerie gut weich ist, die Masse pürieren und mit Salz und Pfeffer abschmecken.

Vor dem Anrichten das Reh aus der Folie nehmen, in Butter rundum kurz nachbraten und in gleichmäßige Stücke schneiden. Das Ragout auf Tellern anrichten, die Rehrückenstücke darauf platzieren und mit Selleriepüree servieren.

WEINEMPFEHLUNG
Reserva Rioja DOC, Spanien

Jörg Müller

Im Sterne-Restaurant Jörg Müller spielt der Hausherr seine von Auszeichnungen gekrönte Kreativität voll aus. Er überzeugt seine Gäste durch eine sehr eigenständige, lebendige Küche, die von bester badischer Kochtradition ebenso lebt wie von regionalen Einflüssen seiner neuen Heimat Sylt. Hinzu kommt Müllers internationale Erfahrung auf dem Spitzenparkett der Gastronomie. In der legendären Atmosphäre der Friesenstube im Bistrostil, dem „Pesel", werden regionaltypische Gerichte in spannenden Neuinterpretationen serviert. Für „Das Gute essen" kleidet der Spitzenkoch einen Rehrücken in einen aromatischen Gewürzmantel.

L'Art de Vivre
Gourmet-Residenzen

Herbstlicher Klassiker

Hirschgulasch zählt zu den Klassikern unter den Wildgerichten. Hirschfleisch ist würzig und fettarm. In diesem Rezept wird der aromatisch-herbe Wildgeschmack durch die natürliche Süße von getrockneten Aprikosen und rotem Portwein harmonisch abgerundet. Eine köstliche Wild-Variante, vor allem auch für Gäste!

Hirschgulasch

ZUTATEN FÜR 6 PERSONEN

5 SCHALOTTEN
400 G PETERSILIENWURZELN
200 G MÖHREN
100 G LAUCH
75 G GETROCKNETE APRIKOSEN
2 EL ÖL
1 KG HIRSCHGULASCH
SALZ, PFEFFER
200 ML ROTER PORTWEIN
600 ML FLEISCHBRÜHE
1 EL WILDGEWÜRZ
1 EL APRIKOSENKONFITÜRE

Schalotten schälen und in kleine Würfel schneiden. Petersilienwurzeln und Möhren schälen und in Würfel schneiden. Lauch putzen, waschen und in Ringe schneiden. Getrocknete Aprikosen halbieren.

In einem Topf mit Deckel Öl erhitzen. Das Gulasch mit Salz und Pfeffer würzen und portionsweise im Öl anbraten. Aus dem Topf nehmen und Schalotten, Lauch, Möhren und Petersilienwurzeln anschwitzen. Mit Portwein ablöschen und mit Fleischbrühe auffüllen. Das Hirschgulasch wieder zugeben. Das Wildgewürz unterrühren. Zugedeckt bei mittlerer Hitze ca. 1 bis 1,5 Stunden schmoren. Nach 45 Minuten die Aprikosen zugeben. Vor dem Servieren mit Salz, Pfeffer und Aprikosenkonfitüre abschmecken.

Mit Spätzle servieren.

WEINEMPFEHLUNG
Lemberger Q.b.A. „S" trocken, Württemberg

Rehgulasch mit Portwein

ZUTATEN FÜR 4 PERSONEN

1 KG REHGULASCH
SALZ, PFEFFER
3 MITTELGROSSE ZWIEBELN
50 G GERÄUCHERTER BAUCHSPECK
2 EL PFLANZENÖL
4 EL BUTTER
1 TL MEHL
1 EL TOMATENMARK
250 ML PORTWEIN
400 ML ROTWEIN
1 BOUQUET GARNI
(4 ZWEIGE THYMIAN, 8 STÄNGEL PETERSILIE UND 1 LAUCHBLATT)
2 LORBEERBLÄTTER
10 WACHOLDERBEEREN
1 MSP. GEMAHLENES WILDGEWÜRZ
1 TL STÄRKE
3 EL PREISELBEEREN

Das Rehgulasch mit Salz und Pfeffer würzen. Die Zwiebeln schälen und in kleine Würfel schneiden. Den Bauchspeck ebenfalls in kleine Würfel schneiden.

Das Rehgulasch in einem Bräter mit 2 EL Öl sowie 2 EL Butter von allen Seiten gut anbraten und mit etwa 1 TL Mehl bestäuben. Zwiebeln und Speck dazugeben und 5 Minuten anbraten. Dann das Tomatenmark einrühren und anrösten. Mit 100 ml Portwein ablöschen, vollständig einkochen lassen, dann nochmals 100 ml Portwein dazugießen und erneut einkochen lassen. Zugedeckt etwa 2 Stunden bei geringer Hitze schmoren. Nach und nach etwas Rotwein und etwa 200 ml Wasser dazugießen.

Für das Bouquet garni die Zutaten waschen, trocken tupfen und zu einem Kräutersträußchen binden. Nach 1 Stunde Garzeit das Kräutersträußchen, die Lorbeerblätter und Gewürze in das Rehgulasch geben. Die Stärke mit dem restlichen Portwein glatt rühren und in das fertige Rehgulasch rühren, weitere 5 Minuten köcheln lassen. Das Rehgulasch mit Salz und Pfeffer abschmecken und die Preiselbeeren untermischen. Das Kräutersträußchen und die Lorbeerblätter entfernen. Die restliche Butter in einer Pfanne aufschäumen lassen und über das Rehragout träufeln.

Mit Salzkartoffeln servieren.

WEINEMPFEHLUNG
Beaujolais, Frankreich

Reh, beschwipst

Noch einmal Gulasch, diesmal vom zarten Reh – aromatisch verfeinert mit einem Bouquet garni. Diese Kräutermischung darf vor allem in der französischen Küche nicht fehlen. Durch die Zugabe von mehr als einem halben Liter Port- und Rotwein erhält das zarte Rehgulasch eine wunderschöne, dunkelrote Farbe sowie ein intensives Aroma.

Wild, Delikatesse der Natur

Wildfleisch gehört zu den Delikatessen der Natur – es ist kräftig im Geschmack und butterzart. Wild ist nicht nur aromatisch, sondern auch gesund: Es ist fett- und cholesterinarm, vitamin- und mineralstoffhaltig. Ob Hase oder Hirsch, Ente oder Eber – deftig oder fein, einfach oder mit Raffinesse: Wild – in der Jägersprache Wildbret genannt – lässt sich leicht zubereiten.

Wildfleisch wird meist in sechs Teile zerlegt: Hals, Rücken, Keulen, Vorderblätter, Filetstücke sowie Fleisch für Ragout oder Gulasch. Aus dem Rücken werden die Muskelfasern und Knochen entfernt und Filets sowie Medaillons herausgeschnitten. Bei Wildgeflügel wie Fasan, Rebhühnern, Wildenten und Wildgänsen gilt das zarte Brustfleisch als Delikatesse.

Übrigens: Beim Kauf von Wild sollten Sie darauf achten, dass es fachgerecht zerlegt – in der Fachsprache: zerwirkt – wird und küchenfertig vorbereitet ist. Im Gegensatz zu Fleisch von Schlachttieren sollte Wildfleisch immer gut durchgegart werden.

Mediterranes Kaninchen

Zubereitungszeit: 1,5 Stunden

ZUTATEN FÜR 4 PERSONEN

1 KANINCHEN (CA. 1 KG)
SALZ, PFEFFER
2 GRÜNE PAPRIKASCHOTEN
5 SARDELLENFILETS
2–3 KNOBLAUCHZEHEN
40 G DURCHWACHSENER RÄUCHERSPECK
4 EL OLIVENÖL
4 EL WEISSWEINESSIG
1 ZWEIG ROSMARIN
250 ML KALBSFOND

Das Kaninchen in 8 bis 10 Teile zerlegen, waschen und mit Küchenkrepp gut trocknen. Die Stücke rundum mit Salz und Pfeffer würzen.

Die Paprikaschoten waschen, halbieren, Kerne sowie Trennhäute entfernen und das Fruchtfleisch in 1 cm breite Streifen schneiden. Die Sardellenfilets mit Küchenkrepp trocknen und fein hacken. Die Knoblauchzehen schälen und mit einer Messerklinge zerdrücken.

Den Speck sehr klein würfeln und in einer großen, flachen Schmorpfanne in etwa 1 EL Olivenöl ausbraten, die Grieben herausheben und zur Seite stellen.

Im Bratöl die Paprikastreifen schmoren, Knoblauch dazugeben, den Weißweinessig angießen und etwas einkochen. Die gehackten Sardellen einrühren, kurz aufkochen. Alles aus der Pfanne in eine kleine Schüssel heben.

Das restliche Olivenöl in den Bräter geben und die Kaninchenteile rundum kräftig anbraten. Gehackten Rosmarin und den Fond zugeben und 45 Minuten sachte schmoren. Danach die Paprika-Sardellenmischung zum Fleisch geben und noch 15 Minuten schmoren. Die Sauce sparsam mit Salz und Pfeffer abschmecken.

Zuletzt die Speckwürfel darüberstreuen und servieren.

WEINEMPFEHLUNG
Chardonnay, Italien

Kaninchen in feiner Estragonsauce

Zubereitungszeit: 1 Stunde

ZUTATEN FÜR 4 PERSONEN

4 KANINCHENKEULEN (À 200 G)
2–3 MITTELGROSSE ZWIEBELN
1–2 ZWEIGE ESTRAGON
50 G BUTTER
1 EL PFLANZENÖL ZUM BRATEN
SALZ
375 ML WEISSWEIN
50 ML SAHNE
PFEFFER
CAYENNEPFEFFER
NACH BELIEBEN ETWAS COGNAC

Die Kaninchenkeulen waschen und mit Küchenkrepp gut trocknen. Die Zwiebeln schälen und fein würfeln. Frischen Estragon waschen, trocknen und etwa 2 bis 3 EL Blätter abzupfen.

In einem Bräter die Butter mit dem Öl erhitzen. Die Zwiebelwürfel darin glasig dünsten. Die Kaninchenkeulen salzen, die Zwiebelwürfel etwas zur Seite schieben und die Kaninchenkeulen im Bräter rundum anbraten.

Den Wein angießen und die Hälfte der Estragonblätter dazugeben. Den Deckel auflegen und bei schwacher Hitze etwa 45 Minuten schmoren. Die Keulen aus dem Bräter heben, die Sahne und den restlichen Estragon zur Bratensauce geben und kurz aufkochen lassen. Mit Salz, Pfeffer und Cayennepfeffer abschmecken. Nach Belieben kurz vorm Servieren mit einem guten Schuss Cognac verfeinern.

WEINEMPFEHLUNG
Pouilly Fumé trocken, Frankreich

Mediterranes Kaninchen

Kaninchen in würziger Senfsauce

Zubereitungszeit: 1,5 Stunden

ZUTATEN FÜR 4 PERSONEN
4 KANINCHENKEULEN (À 200 G)
2 MITTELGROSSE ZWIEBELN
4 EL SONNENBLUMENÖL
SALZ, PFEFFER
200 ML WEISSWEIN
2–3 ZWEIGE THYMIAN
1 BECHER CRÈME FRAÎCHE
2–3 TL DIJON-SENF

Die Kaninchenkeulen waschen und mit Küchenkrepp trocknen. Die Zwiebeln schälen und fein würfeln.

In einem Bräter das Öl erhitzen. Die Keulen salzen und pfeffern, rundum im heißen Öl scharf anbraten. Die Hitze reduzieren, die Zwiebelwürfel zugeben und unter Rühren glasig dünsten.

Den Wein angießen und die gewaschenen Thymianzweige einlegen. Zugedeckt bei schwacher Hitze etwa 1 Stunde schmoren lassen, bis die Keulen gar sind – das Fleisch sollte sich sehr leicht vom Knochen lösen lassen. Zwischendurch nachschauen, ob etwas Flüssigkeit (Wasser und Wein) nachgegossen werden muss.

Wenn das Fleisch ganz weich ist, die Crème fraîche einrühren und bei mittlerer Hitze offen etwas einkochen lassen. Den Senf in die Sauce rühren, mit Salz und Pfeffer abschmecken.

WEINEMPFEHLUNG
Sauvignon Blanc trocken, Südafrika

Provenzalisches Kaninchen

Zubereitungszeit: 1,5 Stunden

ZUTATEN FÜR 4 PERSONEN
1–2 KANINCHENRÜCKEN (VOM HÄNDLER DIE RÜCKENFILETS AUSLÖSEN LASSEN)
3–4 FLEISCHTOMATEN
100 G SCHWARZE OLIVEN
2–3 KNOBLAUCHZEHEN
25 KLEINE ZWIEBELN ODER SCHALOTTEN
4–5 EL OLIVENÖL
SALZ, PFEFFER
250 ML ROTWEIN
400 ML KALBSFOND
1 EL TOMATENMARK
¼ TL THYMIAN
1 LORBEERBLATT
100 G CRÈME FRAÎCHE

Das Kaninchenrückenfleisch waschen, mit Küchenkrepp abreiben und in 2 bis 3 cm dicke Scheiben schneiden. Die Fleischtomaten in kochendem Wasser kurz überbrühen, abschrecken, häuten, halbieren, den Strunk sowie die Kerne entfernen und das Fruchtfleisch würfeln. Die Oliven entsteinen und vierteln, die Knoblauchzehen schälen und fein hacken.

Die Zwiebeln oder Schalotten schälen, aber ganz lassen. In einem gusseisernen Bräter das Olivenöl stark erhitzen, die Kaninchenstücke darin scharf anbraten, herausnehmen, salzen und pfeffern.

Die Zwiebeln in den Bräter geben und andünsten, nach 4 bis 5 Minuten den Knoblauch dazustreuen und nach weiteren 3 Minuten die Tomatenwürfel. Mit Wein und Fond ablöschen und das Tomatenmark einrühren. Thymian, Lorbeerblatt und die Oliven dazugeben.

Alles aufkochen lassen und ohne Deckel etwa 30 Minuten köcheln. Das Kaninchenfleisch dazumischen und weitere 20 Minuten leise simmern lassen.

Die Crème fraîche unterrühren und nochmals etwa 15 Minuten köcheln, dann mit Salz und Pfeffer abschmecken.

WEINEMPFEHLUNG
Dole du Valais AOC trocken, Schweiz

Kaninchenragout mit Salbei

Zubereitungszeit: 1,5 Stunden

ZUTATEN FÜR 4 PERSONEN
1 KG KANINCHENRÜCKEN
1 GROSSE ZWIEBEL
1 GROSSE MÖHRE
2 STANGEN STAUDENSELLERIE
75 G FRÜHSTÜCKSSPECK (BACON)
5 EL OLIVENÖL
2 EL TOMATENMARK
125 ML WEISSWEIN
750 ML GEFLÜGELFOND
1 EL GEHACKTER SALBEI
1 ZIMTSTANGE
SALZ, PFEFFER

Vom Kaninchenrücken das Fleisch auslösen und in gleich große Würfel schneiden. Die Knochen grob hacken. Zwiebel, Möhre und Sellerie schälen und in kleine Würfel schneiden. Den Frühstücksspeck ebenfalls in feine Würfel schneiden.

Die Gemüsewürfel in einem Bräter mit 5 EL Olivenöl etwa 5 Minuten glasig andünsten. Den Speck dazugeben und weitere 5 Minuten braten. Alles herausnehmen und beiseitestellen.

Fleisch und Knochen in den Bräter geben. Von allen Seiten 5 Minuten kräftig anbraten, dabei gelegentlich umrühren. Tomatenmark einrühren, anrösten lassen und mit Weißwein ablöschen. Gemüse und Speck zurück in den Bräter geben und Geflügelfond dazugießen. Salbei und Zimtstange dazugeben, mit Salz und Pfeffer würzen und aufkochen lassen. Bei geringer Hitze etwa 30 Minuten köcheln. Eventuell noch etwas Fond dazugießen. Die Knochen entfernen, das Fleisch mit Salz und Pfeffer würzen und servieren.

WEINEMPFEHLUNG
Kadette trocken, Südafrika

Geschmortes Kaninchen mit Balsamico-Honig

Zubereitungszeit: 1,5 Stunden
plus Marinierzeit über Nacht

ZUTATEN FÜR 4 PERSONEN
FÜR DIE MARINADE:
1 ZWIEBEL
2 KNOBLAUCHZEHEN
3 ZWEIGE THYMIAN
½ BUND GLATTE PETERSILIE
3 LORBEERBLÄTTER
1 TL PFEFFERKÖRNER
400 ML WEISSWEIN
SALZ

FÜR DIE KANINCHENKEULEN:
4 KANINCHENKEULEN
2 STANGEN STAUDENSELLERIE
2 MÖHREN
1 ZWIEBEL
SALZ PFEFFER
ETWAS MEHL ZUM BESTÄUBEN
6 EL OLIVENÖL
1–2 EL KAPERN
2 EL GEHACKTE SCHWARZE OLIVEN
2 EL ROSINEN
2 EL PINIENKERNE
4 EL WEISSER BALSAMICOESSIG
2 EL HONIG
½ BUND GEHACKTE PETERSILIE

Zwiebel schälen und in Ringe schneiden. Knoblauch schälen und halbieren. Thymian und Petersilie waschen, trocknen und grob hacken. Alles zusammen mit Lorbeerblättern, Pfefferkörnern und Weißwein aufkochen lassen. Mit Salz abschmecken und lauwarm abkühlen lassen.

Die Kaninchenkeulen waschen, trocken tupfen und halbieren. Zusammen mit der Marinade in eine Schüssel geben und über Nacht darin ziehen lassen.

Sellerie und Möhren putzen, schälen und in Scheiben schneiden. Die Zwiebel schälen und fein hacken. Die Kaninchenkeulen aus der Marinade nehmen. Die Marinade durchsieben und zur Seite stellen. Das Fleisch trocken tupfen, mit Salz und Pfeffer würzen und leicht in Mehl wenden.

Öl in einem Bräter erhitzen und das Fleisch von allen Seiten braun anbraten. Dann aus dem Bräter heben und Zwiebel, Sellerie und Möhren darin dünsten. Kapern, Oliven, Rosinen und Pinienkerne zugeben und das Fleisch wieder in den Bräter legen. Von der Marinade 250 ml zugießen. Mit Deckel bei kleiner Flamme ca. 30 Minuten schmoren, dann Essig und Honig einrühren und weitere 20 Minuten schmoren. Mit der Petersilie bestreuen.

WEINEMPFEHLUNG
Cabernet Sauvignon, Kalifornien

Salbei-Kaninchen

Zubereitungszeit: 1,5 Stunden plus Marinierzeit über Nacht

ZUTATEN FÜR 4 PERSONEN
1 ROTE ZWIEBEL
7 KNOBLAUCHZEHEN
100 ML WEISSWEIN
300 ML WASSER
3 LORBEERBLÄTTER
4 WACHOLDERBEEREN
20 BUNTE PFEFFERKÖRNER
SALZ
4 KANINCHENKEULEN
20 SALBEIBLÄTTER
PFEFFER
250 ML OLIVENÖL
1 ZITRONE

Zwiebel und Knoblauch schälen, die Zwiebel vierteln. Den Wein zusammen mit Wasser, 2 der Knoblauchzehen, Zwiebel, Lorbeer, Wacholderbeeren, Pfefferkörnern und Salz aufkochen. Die Kaninchenkeulen darin pochieren, bis sich das Fleisch nach etwa 1 Stunde leicht von den Knochen lösen lässt.

Das Fleisch auslösen und in eine kleine Schüssel schichten, dabei jede Schicht mit Salbeiblättern belegen, pfeffern, salzen und die ganzen Knoblauchzehen darüber verteilen. Zum Schluss das Olivenöl so darüber geben, dass alles gerade bedeckt ist. Mit Folie bedecken und über Nacht mit einem Teller beschwert im Kühlschrank marinieren.

Vor dem Servieren mit frischem Pfeffer und etwas Zitronensaft abschmecken und mit frischen Zitronenschnitzen garnieren.

WEINEMPFEHLUNG
Bordeaux AOC trocken, Frankreich

Hasen-Wirsing-Päckchen

Zubereitungszeit: 1 Stunde

ZUTATEN FÜR 4 PERSONEN
2 HASENRÜCKENFILETS
4 SCHÖNE GROSSE WIRSINGBLÄTTER
SALZ
10 WACHOLDERBEEREN
125 G EGERLINGE (BRAUNE CHAMPIGNONS)
75 G RÄUCHERSPECK IN CA. 1 MM DÜNNEN SCHEIBEN
PFEFFER
1 EL PFLANZENÖL ZUM BRATEN
30 G BUTTER
100 ML SAHNE
NACH BELIEBEN COGNAC

Die Hasenfilets waschen, trocknen und in vier gleich große Stücke teilen. Beiseitestellen.

Die Wirsingblätter in sprudelnd kochendem Salzwasser 3 bis 4 Minuten kochen. Abtropfen lassen, die Mittelrippen flach schneiden. Die Wacholderbeeren im Mörser oder mit einem großen Messer zerdrücken.

Den Backofen auf 200 °C Ober- und Unterhitze vorheizen. Die Pilze putzen und fein hacken. Die Speckscheiben in feine Würfel schneiden.

Die Hasenfilets mit Salz, Pfeffer und Wacholderbeeren einreiben. In einer Pfanne Öl erhitzen, die Butter zugeben und die Filets rundum scharf anbraten, dann aus der Pfanne nehmen. Im verbliebenen Fett die Speckwürfel glasig braten, dann die Pilze zugeben und unter Rühren garen.

Die Speck-Pilz-Mischung auf die Wirsingblätter verteilen und je ein Hasenfiletstück in die Mitte setzen. Die Blätter seitlich einschlagen, dann aufrollen. Die vier Pakete in einen Bräter setzen, in den sie gerade hineinpassen.

Die Sahne mit etwas Salz, Pfeffer und nach Geschmack etwas Cognac verrühren. Über die Wirsingrollen gießen. Den Bräter in den Ofen schieben und die Hasenfilets etwa 15 Minuten braten, dann sind sie noch rosa.

WEINEMPFEHLUNG
Chardonnay DOC trocken, Italien

Der gute Tipp

Für die Wildküche sollte man das richtige Werkzeug haben – insbesondere scharfe Messer: Gemüse-, Schäl-, Ausbein- und Tranchiermesser.

Zum Braten von Wildbret eignen spezielle ofenfeste, gusseiserne Bräter, gusseiserne Pfannen und Schmortöpfe.

Hasenrücken mit Speck

Zubereitungszeit: 1 Stunde

ZUTATEN FÜR 4 PERSONEN
2 UNGESPICKTE HASENRÜCKEN
15–20 WACHOLDERBEEREN
SALZ, PFEFFER
3 EL BUTTER
150 G ROHGERÄUCHERTER SPECK IN DÜNNEN SCHEIBEN
250 ML SAHNE
1–2 EL GIN

Den Backofen auf 200 °C Ober- und Unterhitze vorheizen. Die Hasenrücken waschen und trocken tupfen. Mit einem spitzen Messer häuten und links und rechts des Rückenknochens 5 bis 7 mm einschneiden. Die Wacholderbeeren im Mörser zerdrücken und mit Salz und Pfeffer mischen.

In einer ofenfesten Pfanne die Butter auf dem Herd erhitzen, die Hasenrücken mit der Wacholder-Pfeffer-Salz-Mischung einreiben und 3 bis 4 Minuten ringsum anbraten. Mit den Speckscheiben belegen und in den heißen Backofen schieben. Nach 10 Minuten den Speck abnehmen. Die Rücken mit der Bratbutter begießen und je nach Größe und Vorliebe in 10 bis 15 Minuten fertig braten. Das Fleisch aus der Pfanne nehmen und im abgeschalteten, etwas geöffneten Backofen warm stellen.

Den Pfanneninhalt auf dem Herd mit der Sahne ablöschen und etwas einkochen lassen. Mit etwas Salz und Pfeffer abschmecken und mit einem Schuss Gin verfeinern. Die Rückenfilets vom Knochen lösen und kurz in der Sauce schwenken.

WEINEMPFEHLUNG
Teroldego DOC, Italien

Hasenkeulen-Stifatho

Zubereitungszeit: 2,5 Stunden

ZUTATEN FÜR 4 PERSONEN
4–6 HASENKEULEN
SALZ
3–5 KNOBLAUCHZEHEN NACH GESCHMACK
6 EL OLIVENÖL
400 ML KALBSFOND
250 ML TROCKENER ROTWEIN
2 EL TOMATENMARK
3 LORBEERBLÄTTER
½ TL THYMIAN
3 MSP. ZIMTPULVER
1 EL ESSIG
500 G KLEINE ZWIEBELN
PFEFFER

Die Hasenläufe waschen, mit Küchenkrepp trocknen und salzen. Die Knoblauchzehen schälen und fein hacken. In einem gusseisernen Bräter das Öl erhitzen und die Hasenläufe scharf von allen Seiten anbraten.

Mit dem Fond und Rotwein löschen, dann Tomatenmark, Lorbeerblätter, Thymian, Zimt, Essig und den gehackten Knoblauch dazugeben. Zugedeckt etwa 1 Stunde bei schwacher Hitze schmoren.

In der Zwischenzeit die kleinen Zwiebeln schälen, aber ganz lassen. Die Keulen aus dem Bräter nehmen, mit einem Messer das Fleisch ablösen, in etwa 3 cm große Würfel schneiden und zusammen mit den Zwiebeln zurück in den Topf geben. Weitere 45 Minuten bei kleiner Hitze zugedeckt köcheln, dann mit Salz und Pfeffer abschmecken.

WEINEMPFEHLUNG
Ságana, Nero d'Avola IGT trocken, Italien

Wildhasenspieß mit Kräutern

Zubereitungszeit: 1 Stunde

ZUTATEN FÜR 4 PERSONEN
2 KÜCHENFERTIGE WILDHASENRÜCKEN OHNE KNOCHEN
SALZ, PFEFFER
12 SCHALOTTEN
7 EL OLIVENÖL
1 EL ZUCKER
8 DATTELN
8 SCHEIBEN FRÜHSTÜCKSSPECK (BACON)
4 ZWEIGE ROSMARIN
4 ZWEIGE THYMIAN
5 EL BUTTER
100 ML BALSAMICOESSIG
1 EL HONIG
2 KÖPFE RADICCHIO

Die Wildhasenrücken waschen, trocknen, in 12 gleich große Stücke teilen und mit Salz und Pfeffer würzen. Die Schalotten schälen, in 2 EL Öl andünsten, Zucker, 1 Prise Salz und 1 EL Wasser dazugeben und 10 Minuten sanft schmoren lassen. Die Datteln in Frühstücksspeck einwickeln. Abwechselnd Schalotten, Kaninchenmedaillons und Datteln auf 4 Schaschlikspieße stecken. Die Kräuter waschen und trocken tupfen.

In einer Pfanne 5 EL Butter und 5 EL Öl erhitzen, die Kräuterzweige einlegen und die Spieße ganz vorsichtig von allen Seiten 8 Minuten darin garen. Die Spieße sollen keine Farbe annehmen, nur leicht ziehen.

Die fertigen Spieße herausnehmen und warmhalten. Die Kräuterzweige entfernen und mit Balsamicoessig sowie 100 ml Wasser ablöschen. Den Honig dazugeben, mit Salz und Pfeffer würzen und einmal aufkochen.

Die Radicchioköpfe halbieren und den Strunk entfernen. Radicchio in große Stücke schneiden, waschen und trocken schleudern. Auf Tellern anrichten, jeweils mit einem Spieß belegen und mit der lauwarmen Honigvinaigrette beträufeln.

WEINEMPFEHLUNG
Chianti Classico DOCG Riserva trocken, Italien

Rehschnitzel mit Wacholdersauce

Rehschnitzel mit Wacholdersauce

Zubereitungszeit: 45 Minuten

ZUTATEN FÜR 4 PERSONEN
2–3 EL BUTTER
10–15 WACHOLDERBEEREN
8 REHSCHNITZEL (À 80 G) VON DER GEHÄUTETEN KEULE
SALZ, PFEFFER
2–3 EL BUTTERSCHMALZ
MEHL ZUM BESTÄUBEN
125 ML WILDFOND
125 ML SAHNE
1 EL GIN

Die Butter in Flöckchen auf einem Teller im Eisfach kalt stellen. Die Wacholderbeeren im Mörser zerdrücken. Die Rehschnitzel zwischen 2 Lagen eines aufgeschnittenen Gefrierbeutels legen und mit dem Boden einer Pfanne leicht flach klopfen, dann salzen und pfeffern.

In einer Pfanne das Butterschmalz erhitzen. Die Schnitzel auf einer Seite dünn mit Mehl bestäuben und das überschüssige Mehl vorsichtig abklopfen. Die Schnitzel zusammen mit den Wacholderbeeren mit der bemehlten Seite nach unten in die Pfanne legen. Scharf anbraten, wenden und fertig braten. Aus der Pfanne heben und beiseite stellen.

Mit dem Wildfond den Bratensatz ablösen, Sahne und Gin hinzugeben und einkochen lassen.

Die Pfanne vom Herd nehmen, die kalten Butterflöckchen in der Sauce auflösen und mit Salz und Pfeffer abschmecken. Die Schnitzel zurück in die Pfanne geben und kurz erwärmen. Zusammen mit der Wacholdersauce auf Tellern anrichten.

WEINEMPFEHLUNG
Spätburgunder RS trocken, Baden

Rehgulasch mit Rotkohl und Feigen

Zubereitungszeit: 2 Stunden

ZUTATEN FÜR 4 PERSONEN
1 ROTKOHL
100 G GERÄUCHERTER SPECK
1 ROTE ZWIEBEL
6–8 GETROCKNETE FEIGEN
2 EL SCHMALZ
500 G REHGULASCH AUS DER KEULE
75 ML PORTWEIN
500 ML WILDFOND
½ TL GEMAHLENER KARDAMOM
½ TL ZIMT
1 MSP. NELKENPULVER
1–2 EL BALSAMICOESSIG
SALZ, PFEFFER

Den Rotkohl putzen, waschen, vierteln, Strunk sowie äußere Blätter entfernen und die Viertel in feine Streifen schneiden. Den Speck würfeln. Die Zwiebel schälen und fein hacken. Die Feigen in Streifen schneiden.

In einem Bräter das Schmalz erhitzen. Speck und Gulasch kräftig darin anbraten. Zwiebel und Rotkohl dazugeben, 5 Minuten braten und mit Portwein und Wildfond ablöschen. Kardamom, Zimt und Nelkenpulver hinzufügen und zugedeckt bei kleiner Hitze 40 bis 50 Minuten schmoren.

Die Feigen dazugeben und weitere 20 bis 30 Minuten köcheln. Mit Balsamicoessig, Salz und Pfeffer abschmecken.

WEINEMPFEHLUNG
Merlot trocken, Frankreich

Rehrücken

Zubereitungszeit: 1,5 Stunden plus Marinierzeit über Nacht

ZUTATEN FÜR 4 PERSONEN
1,2 KG REHRÜCKEN
5 CM INGWER
500 ML TROCKENER ROTWEIN
15 ZERDRÜCKTE WACHOLDERBEEREN
20 PFEFFERKÖRNER
½ TL THYMIAN
2 GEWÜRZNELKEN
2 LORBEERBLÄTTER
2 EL PREISELBEEREN (AUS DEM GLAS)
1 ZIMTSTANGE
2 EL PFLANZENÖL
75 G GERÄUCHERTER SPECK
50 G BUTTER
SALZ, PFEFFER
200 ML SAHNE

Den Rehrücken enthäuten und am Rückenknochen entlang links und rechts mit einem Messer etwa 0,5 cm tief einschneiden. Ingwer schälen und in Scheiben schneiden. Für die Marinade Rotwein mit Wacholderbeeren, Pfefferkörnern, Thymian, Nelken, Lorbeerblättern, Preiselbeeren, durchgebrochener Zimtstange, Ingwerscheibchen und Pflanzenöl mischen. Den Rehrücken in einen Tiefkühlbeutel legen, die Marinade darübergießen und den Beutel dicht verschließen. Mindestens über Nacht im Kühlschrank ziehen lassen, gelegentlich wenden.

Am nächsten Tag den Backofen auf 220 °C Ober- und Unterhitze vorheizen. Den Speck würfeln und in einem passend großen Bräter ausbraten. Den Rehrücken aus dem Beutel nehmen und trocken tupfen.

Die Marinade durch ein Sieb in eine Schüssel gießen. Die Butter zum Speck geben und schmelzen lassen, den Rücken damit begießen, salzen und pfeffern und im Bräter in den heißen Backofen schieben. 35 bis 40 Minuten braten, dabei immer wieder mit dem Bratfett begießen. Das Fleisch aus dem Bräter nehmen und im abgeschalteten, etwas geöffneten Ofen warm stellen.

Die Pfanne auf den Herd setzen und etwa 250 ml von der Marinade schnell einkochen lassen. Dann die Sahne zugießen und zu einer leicht gebundenen Sauce einkochen. Mit Salz und Pfeffer abschmecken und zum Rehrücken servieren.

WEINEMPFEHLUNG
Reserva Rioja DOC, Spanien

Geschmorte Rehkeule

Zubereitungszeit: 1,5 Stunden

ZUTATEN FÜR 4 PERSONEN
1,5 KG REHKEULE
1 STÜCK KNOLLENSELLERIE
2 MÖHREN
½ LAUCHSTANGE
1 ZWIEBEL
1 PETERSILIENWURZEL
NEUTRALES ÖL ZUM BRATEN
4 EL PREISELBEEREN (AUS DEM GLAS)
½ –1 TL THYMIAN
5 ZERDRÜCKTE WACHOLDERBEEREN
JE 1 TL PIMENTKÖRNER UND PFEFFERKÖRNER
2 GEWÜRZNELKEN
3 GEHÄUTETE TOMATEN (AUS DER DOSE)
500 ML ROTWEIN
100 G UNGERÄUCHERTER FETTER SPECK IN DÜNNEN SCHEIBEN
200 G CRÈME FRAÎCHE
SAFT VON ½ ZITRONE
SALZ, PFEFFER

Die Rehkeule waschen, trocknen und vorsichtig enthäuten. Das Gemüse putzen, waschen, schälen und in kleine Würfel schneiden.

Die Keule in einem Bräter in heißem Öl auf allen Seiten anbraten. Herausnehmen, die Preiselbeeren in das Bratöl rühren und etwas karamellisieren lassen. Das Gemüse mit allen Gewürzen einrühren und andünsten. Die Tomaten dazugeben, mit Rotwein ablöschen. Fleisch darauflegen und mit den Speckscheiben abdecken. Auf dem Herd zugedeckt schmoren lassen. Immer wieder begießen. Mindestens 1 Stunde garen, sodass die Keule durchgegart ist.

Danach das Fleisch aus dem Bräter nehmen und warm stellen. Den Schmorfond durch ein Haarsieb streichen. Mit Crème fraîche, Zitronensaft, Salz und Pfeffer abschmecken. Das Fleisch aufschneiden, eventuell nochmals in der Sauce vorsichtig aufwärmen.

WEINEMPFEHLUNG
Chateauneuf-du-Pape AOC „La Bernardine" trocken, Frankreich

Wild mit fruchtiger Blaubeersauce

Zubereitungszeit: 45 Minuten

ZUTATEN FÜR 4 PERSONEN
25 G BUTTER
1 KNOBLAUCHZEHE
6 ZWEIGE THYMIAN
4 CA. 3 CM DICKE HIRSCHRÜCKENFILETS
SALZ
6 EL OLIVENÖL
10 WACHOLDERBEEREN
2 EL JOHANNISBEER- ODER PREISELBEER-GELEE
200 G TIEFGEFRORENE BLAUBEEREN
50 ML ROTWEIN
PFEFFER

Die Butter in Flöckchen auf einem Teller tiefkühlen. Den Knoblauch schälen. Thymian waschen, trocken tupfen und die Blättchen abzupfen. Das Fleisch salzen, Öl in der Pfanne erhitzen und das Fleisch darin von jeder Seite ca. 3 bis 4 Minuten scharf anbraten, dann in Alufolie wickeln und ruhen lassen.

Wacholderbeeren erst im Mörser zerstoßen, dann mit etwas Olivenöl beträufelt klein hacken und in die noch heiße Pfanne geben. Das Gelee, die Blaubeeren und den Thymian dazugeben. Knoblauch in der Pfanne andrücken und in die Sauce rühren. Den Rotwein angießen und ca. 6 bis 8 Minuten einkochen lassen. Anschließend mit Pfeffer würzen.

Die Pfanne vom Herd nehmen und die Sauce mit der eiskalten Butter binden. Das Fleisch zurück in die Pfanne legen, kurz durchziehen lassen, nochmals mit Salz und Pfeffer abschmecken und sofort servieren.

WEINEMPFEHLUNG
Pinot noir, Frankreich

Tagliatelle mit Maronen-Hirsch-Sugo

Zubereitungszeit: 1,5 Stunden

ZUTATEN FÜR 4 PERSONEN
500 G HIRSCHFLEISCH
2 ZWIEBELN
1 MÖHRE
1 BUND RUCOLA
6 TOMATEN
3 EL OLIVENÖL
1 EL TOMATENMARK
200 ML WILDFOND
150 ML ROTWEIN
ETWAS MUSKAT
¼ TL NELKENPULVER
1 TL GETROCKNETER THYMIAN
SALZ, PFEFFER
1 EL ORANGENZESTEN
200 G VAKUUMVERPACKTE MARONEN
SAFT VON 1 ORANGE
500 G TAGLIATELLE
50 G PARMESAN

Das Hirschfleisch in mundgerechte Würfel schneiden. Zwiebeln und Möhre schälen und fein würfeln. Rucola verlesen, waschen und trocken schleudern. Tomaten überbrühen, abschrecken, häuten und klein schneiden.

Fleisch in einem heißen Bräter in Olivenöl rundum scharf anbraten. Möhre, Zwiebeln und Tomatenmark dazugeben und kurz mitbraten. Fond und Rotwein angießen. Die zerkleinerten Tomaten, die Gewürze und die Orangenzesten zugeben. Zugedeckt etwa 1 Stunde schmoren lassen.

Die Maronen in kleine Würfel schneiden und 10 Minuten vor Ende der Garzeit mit in den Bräter geben. Mit Orangensaft, Salz und Pfeffer abschmecken.

Tagliatelle al dente kochen und abgießen. Mit Rucolablättern vermischen, auf Tellern anrichten und das Hirschsugo darüber verteilen. Mit geriebenem Parmesan bestreut servieren.

WEINEMPFEHLUNG
Barbera d'Alba DOC Ruvei trocken, Italien

Klassischer Hirschbraten mit Rotkohl

Zubereitungszeit: 2,5 Stunden

ZUTATEN FÜR 4 PERSONEN
FÜR DEN HIRSCHBRATEN:
12 KLEINE SCHALOTTEN
3 TOMATEN
1 KG AUSGELÖSTE HIRSCHKEULE
SALZ, PFEFFER
4 EL PFLANZENÖL
2 LORBEERBLÄTTER
300 ML ROTWEIN
2 EL CRÈME DOUBLE

FÜR DEN ROTKOHL:
1 GROSSE ZWIEBEL
1 APFEL
5 PIMENTKÖRNER (NELKENPFEFFER)
3–4 EL SCHWEINESCHMALZ
1–2 LORBEERBLÄTTER
1 GLAS ROTKOHL
ROTWEIN
SALZ, PFEFFER
1 PRISE ZUCKER
2–3 EL PREISELBEERGELEE
12 VAKUUMVERPACKTE MARONEN

Die Schalotten schälen. Die Tomaten überbrühen, abschrecken, häuten, Stielansatz entfernen, entkernen und würfeln. Das Fleisch mit Salz und Pfeffer einreiben.

Das Öl in einem Bräter erhitzen und die Hirschkeule von allen Seiten scharf anbraten. Schalotten, Tomaten, Lorbeerblätter und Wein dazugeben und zugedeckt bei niedriger Temperatur 1,5 bis 2 Stunden schmoren. Während der letzten 20 Minuten den Deckel abnehmen und den Bratensaft einkochen.

Braten herausnehmen und den Bratensaft mit Crème double binden. Die Sauce mit Salz und Pfeffer abschmecken und den Braten in Scheiben schneiden.

Die Zwiebel schälen und in feine Würfel schneiden. Den Apfel schälen und in kleine Stücke schneiden. Die Pimentkörner im Mörser zerdrücken.

In einem Topf das Schmalz erhitzen und Zwiebel, Apfel, Piment und Lorbeerblätter andünsten. Den Rotkohl dazugeben und mit etwas Rotwein, Salz, Pfeffer, Zucker und Preiselbeergelee abschmecken. Zugedeckt mindestens 30 Minuten ziehen lassen. Maronen halbieren, auf denn Rotkohl legen und mitziehen lassen. Zusammen mit dem Hirschbraten servieren.

WEINEMPFEHLUNG
Spätburgunder RS trocken, Baden

Der gute Tipp

Bei einem Wildgericht sollten die Zutaten verwendet werden, die die Wildtiere auch selbst fressen. Dazu gehören beispielsweise Pfifferlinge, Wacholder, Löwenzahn, Preiselbeeren und Hagebutten.
Wildfleisch ist in der Regel von sehr guter Qualität. Denn die Tiere leben frei und fressen nur das, was sie sich suchen. Im Gegensatz zu vielen Masttieren erhalten sie kein Kraftfutter oder Hormonspritzen.

Hirsch mit Speck und Champignons

Zubereitungszeit: 1,5 Stunden

ZUTATEN FÜR 4 PERSONEN

1,5 KG HIRSCHKALBSRÜCKEN MIT KNOCHEN
SALZ, PFEFFER
½ TL PIMENTKÖRNER (NELKENPFEFFER)
2 ZWIEBELN
2 MÖHREN
2 STANGEN STAUDENSELLERIE
2 EL PFLANZENÖL ZUM BRATEN
1 LORBEERBLATT
100 G FETTER SPECK IN DÜNNEN SCHEIBEN
250 ML KRÄFTIGER ROTWEIN
250 G CHAMPIGNONS
1 EL BUTTER
200 ML SAHNE
MAJORAN
THYMIAN

Den Hirschkalbsrücken kurz abspülen, mit Küchenkrepp trocknen und anhängende Häute abziehen. Das Fleisch links und rechts entlang des Rückenknochens etwa 2 cm tief einschneiden. Mit Salz, Pfeffer und zerstoßenem Piment rundum einreiben.

Den Backofen auf 250 °C Ober- und Unterhitze vorheizen. Zwiebeln und Möhren schälen, fein würfeln. Die Selleriestangen waschen und in kleine Stücke schneiden.

Das Öl in einem flachen Bräter erhitzen, Gemüsewürfel darin anschmoren. Das Lorbeerblatt dazulegen, das Fleisch daraufsetzen und mit den Speckscheiben belegen.

In den heißen Ofen schieben, Temperatur auf 220 °C Ober- und Unterhitze zurückschalten und 60 bis 70 Minuten braten.

Vom gebratenen Hirschrücken die Speckscheiben abnehmen und das Fleisch warm halten. Den Bratensatz mit Rotwein aufgießen, etwas einkochen und dann durch ein feines Sieb streichen. Die Champignons putzen, säubern und blättrig schneiden. In Butter anbräunen. Den passierten Bratfond zugeben und um die Hälfte einkochen. Die Sahne einrühren und ebenfalls etwas einkochen.

Die Sauce mit Salz, Pfeffer, Majoran und Thymian abschmecken und mit dem Braten servieren.

WEINEMPFEHLUNG

Tignanello IGT trocken, Italien

Hirsch mit Speck und Champignons

Sauerbraten vom Hirsch

Zubereitungszeit: 2,5 Stunden
plus 2–3 Tage Marinierzeit

ZUTATEN FÜR 4 PERSONEN
FÜR DIE MARINADE:

2 ZWIEBELN
2 KNOBLAUCHZEHEN
1 MÖHRE
2 STANGEN STAUDENSELLERIE
1 ZWEIG THYMIAN
750 ML ROTWEIN
100 ML ROTWEINESSIG
1 EL WEISSE PFEFFERKÖRNER
1 EL SENFKÖRNER
1 EL WACHOLDERBEEREN
2 LORBEERBLÄTTER
1 NELKE

FÜR DEN BRATEN:

1 KG AUSGELÖSTE HIRSCHKEULE
SALZ, PFEFFER
50 ML PFLANZENÖL
1 EL TOMATENMARK
2 EL JOHANNISBEERGELEE
1 EL AHORNSIRUP
2 EL APFELMUS
2 SCHEIBEN SCHWARZBROT
1 TL STÄRKE
40 ML ROTWEIN

Für die Marinade Zwiebeln und Knoblauch schälen und hacken. Möhre und Sellerie schälen, putzen, waschen und in Würfel schneiden. Den Thymian waschen und trocken tupfen.

Gemüse und Thymian mit dem Rotwein, Rotweinessig und den Gewürzen in einer Schüssel gut vermischen.

Die Hirschkeule in ein großes Gefäß geben und mit der Marinade übergießen. Zugedeckt kühl stellen und 2 bis 3 Tage ziehen lassen.

Das Hirschfleisch mit der Marinade in ein Sieb gießen, den Sud auffangen und beiseitestellen. Gemüse und Gewürze aufheben. Das Fleisch mit Salz und Pfeffer würzen. Das Pflanzenöl in einem Bräter erhitzen und das Fleisch darin von allen Seiten dunkel anbraten. Gemüse und Gewürze der Marinade dazugeben und ebenfalls dunkel anbraten.

Tomatenmark, Johannisbeergelee, Ahornsirup und Apfelmus einrühren und dunkel anrösten.

Den aufgefangenen Sud unter Rühren dazugießen. Das Schwarzbrot in kleine Stücke krümeln und hinzufügen. Alles einmal aufkochen und bei geringer Hitze etwa 1 bis 2 Stunden zugedeckt köcheln lassen.

Das Fleisch herausnehmen und warm stellen. Die Sauce noch etwas einkochen lassen, mit Salz und Pfeffer abschmecken. Die Stärke im Rotwein glatt rühren und zu der Sauce geben, kurz aufkochen lassen und durch ein Sieb streichen. Das Fleisch aufschneiden, in die Sauce geben und servieren.

WEINEMPFEHLUNG
Merlot, Australien

Exotisches Wildschweingulasch mit Feigen

Zubereitungszeit: 2 Stunden

ZUTATEN FÜR 4 PERSONEN

250 G KLEINE ZWIEBELN
2 MÖHREN
10 WACHOLDERBEEREN
150 G GETROCKNETE FEIGEN
2–3 EL BUTTERSCHMALZ
1 KG GULASCH VOM WILDSCHWEIN
SALZ, PFEFFER
1 LORBEERBLATT
200 ML ROTWEIN
250 ML FLEISCHBRÜHE
2 TL DIJON-SENF
ETWAS COGNAC

Die Zwiebeln schälen und grob würfeln. Die Möhren schälen und fein würfeln. Die Wacholderbeeren im Mörser zerstoßen. Die Feigen, je nach Größe, vierteln oder halbieren.

In einem Bräter Butterschmalz erhitzen und das Fleisch unter gelegentlichem Rühren scharf anbraten.

Zwiebeln und Möhren dazugeben und mitdünsten. Mit Salz, Pfeffer, Lorbeerblatt und Wacholderbeeren würzen. Wein und Brühe angießen und aufkochen lassen. Feigen zugeben und zugedeckt bei geringer Temperatur etwa 1 Stunde schmoren. Dann den Senf einrühren und weitere 15 bis 20 Minuten ohne Deckel köcheln lassen. Mit Salz, Pfeffer und Cognac abschmecken.

WEINEMPFEHLUNG
Nuits St. Georges AOC trocken, Frankreich

Fasan mit Trüffel

Zubereitungszeit: 1,5 Stunden

ZUTATEN FÜR 2 PERSONEN

1 KÜCHENFERTIGER, MÖGLICHST JUNGER FASAN (CA. 600 G)
1 WALNUSSGROSSER SCHWARZER TRÜFFEL
SALZ, PFEFFER
3 EL GEFLÜGELFOND
2 EL MADEIRA
1 EL COGNAC
50 G RÄUCHERSPECK IN SEHR DÜNNEN SCHEIBEN
3 EL MEHL
2 EL SAHNE

Vom Fasan restliche Federkiele und außensitzendes loses Fett entfernen. Dann gründlich auswaschen und mit Küchenkrepp trocken tupfen.

Den Trüffel gründlich abbürsten und in dünne Scheiben hobeln oder schneiden.

Die Brusthaut des Fasans etwas anheben und einige Trüffelscheiben darunter schieben. Die übrigen Trüffelscheiben in feine Streifen schneiden.

Den Backofen auf 220 °C Ober- und Unterhitze vorheizen. Die Bauchhöhle des Fasans salzen und pfeffern. In eine ofenfeste Form mit Deckel den Geflügelfond, Madeira und Cognac gießen. Den Fasan mit der Brust nach oben hineinlegen und mit Speckscheiben und Trüffelstreifen gleichmäßig belegen.

Das Mehl mit ein wenig Wasser zu einem knetbaren Teig vermischen, zu dünnen Würstchen rollen und den Formrand damit gleichmäßig belegen. Den Deckel auflegen und den herausquellenden Teig mit feuchtem Finger glatt streichen. Der Deckel soll sehr gut schließen, damit später kein Dampf aus der Form austreten kann. Falls der Deckel ein Luftloch hat, muss auch dieses abgedichtet werden.

Die Form in den Ofen schieben und den Fasan 45 Minuten garen. Die Form herausnehmen und den Teigrand aufbrechen. Fasan herausnehmen und warm stellen.

Für die Sauce den Bratenfond in eine kleine Pfanne gießen und rasch etwas einkochen lassen. Die Sahne zugießen, aufkochen und mit Salz und Pfeffer abschmecken.

Den Fasan halbieren, auf Tellern anrichten und mit der Sauce umgießen.

WEINEMPFEHLUNG
Spätburgunder Barrique Q.b.A. trocken, Baden

real BIO
FRISCHE VOLLMILCH
3,8% Fett
traditionell hergestellt
real QUALITY

SÜSSE SPEISEN & DESSERTS

Rote Grütze mit Vanilleeis und süßem Kräutersalat

ZUTATEN FÜR 4 PERSONEN

FÜR DAS VANILLEEIS:
200 ML MILCH
200 ML SAHNE
4 STANGEN WEICHE TAHITI-VANILLE
3 EIGELB
100 G ZUCKER

FÜR DIE ROTE GRÜTZE:
1 KG GEMISCHTE FRISCHE BEEREN
250 G ZUCKER
200 ML ROTWEIN
600 ML JOHANNISBEERSAFT
1 ZIMTSTANGE
1 HALBIERTE VANILLESCHOTE
ABRIEB VON 1 UNBEHANDELTEN ZITRONE
ABRIEB VON 1 UNBEHANDELTEN ORANGE
10 G MAISSTÄRKE
100 ML OBSTLER

FÜR DEN SÜSSEN KRÄUTERSALAT:
1 EL LÄUTERZUCKER (100 G ZUCKER MIT 100 ML WASSER AUFKOCHEN UND ABKÜHLEN LASSEN)
½ BUND PFEFFERMINZE
½ BUND ZITRONENMELISSE
EISENKRAUT, SALBEI, BASILIKUM
1 SPRITZER ZITRONENSAFT
1 EL LIMETTENÖL
1 EL GERÖSTETE GEHACKTE PINIENKERNE

FÜR DAS ANRICHTEN:
ESSBARE BLÜTEN
4 MINZESPITZEN

Für das Vanilleeis Milch und Sahne aufkochen. Die Vanilleschoten halbieren, das Mark herauskratzen, die Schoten klein schneiden und beides zugeben. Eigelb und Zucker schaumig rühren. Die Milch-Sahne zugeben und zu einer cremigen Konsistenz aufschlagen. Über Nacht im Kühlschrank ziehen lassen. Am nächsten Tag aufmixen und passieren. In einer Eismaschine gefrieren.

Für die Rote Grütze die Beeren putzen und in Dessertgläser füllen.
Den Zucker mit etwas Wasser zu einem hellen Karamell kochen und mit Rotwein und Johannisbeersaft ablöschen. Zimt, Vanilleschote, Orangen- und Zitronenabrieb zugeben und alles etwas einkochen. Die Maisstärke mit etwas kaltem Wasser verrühren.

Zimtstange und Vanilleschote entfernen und den Fond mit der Stärke ganz leicht binden. Einmal aufkochen, mit dem Obstler abschmecken und über die Beeren gießen. Alles abkühlen lassen.

Für den Kräutersalat zunächst den Läuterzucker herstellen. Hierzu 100 ml Wasser mit 100 g Zucker aufkochen und abkühlen lassen.
Die Kräuter waschen, abtropfen lassen und die Blätter abzupfen. Mit 1 EL Läuterzucker und Zitronensaft abschmecken. Etwas Limettenöl zugeben und die Pinienkerne untermengen.

Den Kräutersalat auf kleinen Tellern anrichten und mit den Blüten verzieren.

Vom Vanilleeis vier schöne Nocken abstechen und in vier Schälchen geben, mit Minze dekorieren. Dazu die Rote Grütze servieren.

Thomas Martin

Der Sternekoch aus dem „Louis C. Jacob" gilt als Hamburgs bester Küchenchef. Feinschmecker schätzen seine zeitgemäß leichte und frische Küche mit dem französischen Akzent. Fantasievoll und raffiniert, aber nicht modisch verspielt, so beschreibt der Maître seinen Stil. Wie unser Rezeptpate zeigt, kann der beliebte Dessert-Klassiker Rote Grütze auch völlig neu interpretiert und auf Sterneniveau veredelt werden. Dazu kombiniert Martin rote Beeren mit köstlichem Vanilleeis und einem süßen Kräutersalat.

Die cremige Italo-Variante

Unsere süße Hommage an Bella Italia – Rote Grütze mit einer Creme aus Mascarpone. Die Fruchtigkeit der frischen Erdbeeren, Heidelbeeren, Johannisbeeren und Himbeeren wird durch ein Gläschen Beerenlikör verfeinert. Falls keine frischen Beeren erhältlich sind, können auch Tiefkühlfrüchte verwendet werden. Und wer nicht gerne mit Gelatine kocht, kann das Geliermittel durch Agar-Agar ersetzen.

Rote Grütze mit Vanillecreme

ZUTATEN FÜR 4 PERSONEN

2 BLATT GELATINE
1 VANILLESCHOTE
2 EIER
70 G ZUCKER
250 G MASCARPONE
2 CL BEERENLIKÖR
300 G FRISCHE GEMISCHTE BEEREN (ERDBEEREN, HEIDELBEEREN, JOHANNISBEEREN, HIMBEEREN)
100 G GELIERZUCKER 2:1

Die Gelatine in kaltem Wasser einweichen.

Die Vanilleschote der Länge nach halbieren und das Mark herauskratzen. Eier, Zucker und Vanillemark über einem Wasserbad schaumig aufschlagen. Die ausgedrückte Gelatine unterrühren und darin auflösen. Vom Wasserbad nehmen und kalt schlagen. Mascarpone und Likör unterrühren, dann kalt stellen.

Die Beeren putzen. Mit dem Gelierzucker unter Rühren zum Kochen bringen und genau 4 Minuten kochen. Von der Kochstelle nehmen und abkühlen lassen.

Creme und ausgekühlte Beeren in Gläser geben. Vor dem Servieren kurz kühl stellen.

Rote Grütze

ZUTATEN FÜR 4 PERSONEN

80 G ZUCKER
100 ML PORTWEIN
1 VANILLESCHOTE
1 KLEINES STÜCK UNBEHANDELTE ORANGENSCHALE
1 DÜNNE SCHEIBE GESCHÄLTER INGWER
250 ML ROTWEIN
250 ML KIRSCHSAFT
2 EL STÄRKE
600 G TIEFGEFRORENE BEERENMISCHUNG
1 EL HONIG
2 EL KIRSCHWASSER

In einem Topf den Zucker mit 80 ml Wasser verrühren, hell karamellisieren lassen und mit dem Portwein ablöschen. Die Vanilleschote mit einem scharfen Messer der Länge nach halbieren und das Mark herauskratzen.

Orangenschale, Ingwer, Vanilleschote und Vanillemark in den Topf geben. Rotwein und 200 ml Kirschsaft dazugießen und 5 Minuten leise köcheln lassen.

Die Stärke mit dem restlichen Kirschsaft glatt rühren und in die Flüssigkeit einrühren. Weitere 8 Minuten bei kleiner Hitze köcheln lassen. Vanilleschote, Ingwer und Orangenschale wieder entfernen. Die tiefgekühlten Früchte dazugeben, nochmals aufkochen lassen und die Rote Grütze mit Honig und Kirschwasser verfeinern. Abkühlen lassen und mit Vanilleeis servieren.

Königin des Dessert-Büfetts

Dieser schnell gezauberte Klassiker passt auf jedes Büfett und ist immer wieder ein voller Erfolg. Vor allem, wenn man selbst gemachte Vanillesauce, ein wenig flüssige Sahne oder Vanilleeis dazu reicht. In diesem Rezept wird die Rote Grütze mit frischem Ingwer, Orangenschale sowie mit einem Quäntchen Portwein und Kirschwasser raffiniert verfeinert.

Süßes zu jeder Zeit

Süße Speisen oder ein Dessert schmecken immer, auch wenn man eigentlich schon satt ist. Profiköche planen ihre Menüs deshalb auch meist mit Blick auf den süßen Abschluss ihrer Komposition. Dazu bietet die Dessertküche unerschöpfliche Möglichkeiten von kalt bis warm und von fruchtig bis schokoladig – von beliebten Klassikern wie Crème brûlée oder Rote Grütze oder erfrischenden Fruchtsalaten über gehaltvolle Topfenpalatschinken, Kaiserschmarrn und Strudel oder Mousse-Variationen bis hin zu feinen Crêpes, Parfaits und warmen Soufflés. Die meisten Desserts lassen sich gut vorbereiten und sind damit auch ideal für die Familientafel oder Gäste. Nach leichten Mahlzeiten eignen sich am besten gehaltvollere Desserts wie Mehlspeisen, etwa Palatschinken oder Salzburger Nockerln.

Früchte aus der Region

Fruchtige Desserts wie Apfelstrudel, Apfel-Zimt-Ragout oder Apfel-Calvados-Pfannkuchen lassen sich am besten mit heimischen Äpfeln wie zum Beispiel Boskop zubereiten. Ein frisch geernteter Apfel aus der Region schmeckt nicht nur aromatisch, sein kürzerer Lieferweg schont zudem die Umwelt. Auch die METRO GROUP setzt auf Regionalität, zum Beispiel mit seinem umfangreichen Sortiment an heimischen Äpfeln: Elstar, Holsteiner Cox, Jonagold, Champion und Gala stammen aus den großen Anbaugebieten in der Sächsischen Schweiz, vom Bodensee und aus dem Alten Land an der Elbe.

Das Beste der Natur

Ob Apfel oder Ananas, heimische oder exotische Früchte: Das Obst in den Märkten von Real und Metro Cash & Carry unterliegt schon bei der Wareneingangskontrolle den strengsten, unabhängigen Qualitätsanforderungen überhaupt. Für jedes Produkt aus dem Obst- oder Gemüseregal gibt es ein eigenes „Produktprofil“, mit dem bei jeder Lieferung kontrolliert werden kann, ob die Qualität stimmt. Dabei spielen neben Geschmack und Frische auch „innere“ Werte wie das Zucker-Säure-Verhältnis eine wichtige Rolle. Ist ein Apfel perfekt, wird er als „Premiumqualität“ geadelt. Übrigens: Ein besonders beliebtes vitaminreiches Schnäppchen ist der „3-Kilo-Bauernbeutel“ mit erntefrischen Äpfeln, zum Beispiel vom Bodensee.

Zabaione

Zubereitungszeit: 25 Minuten

ZUTATEN FÜR 4 PERSONEN
6 EIGELB (GRÖSSE L)
125 G ZUCKER
100 ML TROCKENER WEISSWEIN
100 ML MARSALA

In einer Schüssel die Eigelbe und den Zucker mit dem Schneebesen schaumig rühren. Den Wein und den Marsala dazugießen und die Schüssel über ein siedendes Wasserbad geben. Unter ständigem Schlagen erhitzen, bis die Masse dicklich ist. Dabei aufpassen, dass die Zabaione nicht zu heiß wird, sonst gerinnt sie. Sobald die Creme dick und schaumig ist sofort in Dessertschalen füllen und servieren.

Halbgefrorenes Nussdessert

Zubereitungszeit: 1 Stunde
plus 1,5 Stunden Kühlzeit

ZUTATEN FÜR 4 PERSONEN
500 G GESCHÄLTE HASELNUSSKERNE
4 EL WASSER
250 G ZUCKER
4 EIER
1 PRISE SALZ
1 VANILLESCHOTE
200 ML SAHNE

Ein Backblech mit Backpapier auslegen. Die Haselnüsse grob hacken. In einer Pfanne die Nüsse ohne Fett kurz anrösten und herausnehmen. 4 EL Wasser und 200 g Zucker in die Pfanne geben und bei starker Hitze unter ständigem Rühren zu einem klaren Sirup kochen. Die Temperatur reduzieren und die Masse weiter köcheln, bis sie goldbraun wird. Die Nüsse dazugeben und unter Rühren karamellisieren. Die Nussmasse flach auf das Backblech streichen und auskühlen lassen.

Die Eier trennen. Das Eiweiß mit 1 Prise Salz steif schlagen und im Kühlschrank kalt stellen. Die Vanilleschote mit einem scharfen Messer der Länge nach aufschlitzen und das Mark herauskratzen. Mit dem restlichen Zucker und den Eigelben in einer Schüssel schaumig rühren.

In einer zweiten Schüssel die Sahne steif schlagen. Die abgekühlte Nussmasse in ein Küchentuch wickeln und mit einem Nudelholz darüber rollen oder im Mixer grob zerkleinern. Schlagsahne, Nüsse und Eigelb-Mischung verrühren und den Eischnee nach und nach unterheben.

Mit Folie abdecken und 1,5 Stunden ins Tiefkühlfach stellen. Das Halbgefrorene in Scheiben schneiden und anrichten.

Ingwerparfait mit Mangomousse

Zubereitungszeit: 45 Minuten
plus 4 Stunden Kühlzeit

ZUTATEN FÜR 4 PERSONEN
FÜR DAS INGWERPARFAIT:
25 G KANDIERTER INGWER
150 ML SAHNE
3 EIGELB
4 EL BRAUNER ZUCKER
2 EL LIMETTENSAFT

FÜR DAS MANGOMOUSSE:
1–2 REIFE MANGOS
1 WALNUSSGROSSES STÜCK INGWER
100 ML WASSER
4 EL BRAUNER ZUCKER
5 EL LIMETTENSAFT
2 EL WEISSER RUM

Eine Kastenform mit einem großen Stück Klarsichtfolie auslegen.

Den kandierten Ingwer sehr fein hacken. Die Sahne steif schlagen. Eigelbe, Zucker und Limettensaft in einer Metallschüssel verrühren und über dem heißen Wasserbad zu einer dicken Creme aufschlagen. Den Ingwer unter die Creme rühren und abkühlen lassen.

Die Sahne nach und nach unter die Creme heben und die Masse in die Form füllen. Die Klarsichtfolie darüber schlagen und 3 bis 4 Stunden im Tiefkühlfach gefrieren.

Für die Mousse die Mangos schälen und das Fruchtfleisch vom Kern schneiden. Den Ingwer schälen und fein reiben. In einem Topf Wasser, Zucker, Limettensaft und Mangostücke 5 Minuten köcheln. Den Rum dazugießen und mit dem Stabmixer zu einer Sauce pürieren. Das Parfait mithilfe der Folie aus der Form heben und mit einem kalt abgespülten Messer in Scheiben schneiden. Die Sauce lauwarm neben dem Parfait anrichten.

Zimtparfait mit Mokkalikör

Zubereitungszeit: 35 Minuten
plus 4 Stunden Kühlzeit

ZUTATEN FÜR 4 PERSONEN
4 EIER
175 G ZUCKER
1 EL ZIMTPULVER
250 G GUT GEKÜHLTE SAHNE
4 EIWEISS
40 ML MOKKALIKÖR

Die Eier mit Zucker und Zimt über dem heißen Wasserbad bei kleiner Hitze in etwa 10 Minuten dickschaumig schlagen. Den Eierschaum abkühlen lassen.

Die Sahne und das Eiweiß getrennt steif schlagen. Wenn der Eierschaum abgekühlt ist, den Mokkalikör einrühren und den Schaum noch 3 Minuten schlagen.

Die Schlagsahne und den Eischnee unterheben, die Masse in eine Kastenform oder eine Glasschüssel füllen und ins Tiefkühlfach stellen. 3 bis 4 Stunden gefrieren, bis das Parfait fest, aber nicht zu hart ist. Zum Servieren aus der Form stürzen und in Scheiben schneiden.

Mini-Himbeerauflauf im Förmchen

Zubereitungszeit: 45 Minuten

ZUTATEN FÜR 4 PERSONEN
250 G FRISCHE ODER TIEFGEFRORENE HIMBEEREN
1 EI
2 EIGELB
150 G PUDERZUCKER
1 EL MEHL
250 G CRÈME DOUBLE
1–2 EL HIMBEERGEIST

Die Himbeeren verlesen, kurz waschen und abtropfen lassen. Tiefgefrorene Himbeeren werden aufgetaut. Backofen auf 200 °C Ober- und Unterhitze vorheizen.

In einer Schüssel das Ei mit den Eigelben und dem Puderzucker verrühren. Das Mehl und die Crème double zugeben und glatt rühren.

Die Himbeeren in Portionsförmchen verteilen und mit Himbeergeist beträufeln. Den Teig vorsichtig darüber gießen. Die Förmchen in den Ofen schieben und 20 bis 30 Minuten backen, bis der Teig goldbraun und fest ist. Heiß servieren.

Kirschauflauf mit Schwips

Zubereitungszeit: 1 Stunde

ZUTATEN FÜR 4 PERSONEN
1 GROSSES GLAS SAUERKIRSCHEN
375 ML MILCH
4 EIER
3 EL ZUCKER
1 EL VANILLEZUCKER
3 EL MEHL
1–2 EL KIRSCHWASSER
1 PRISE SALZ
BUTTER FÜR DIE FORM
PUDERZUCKER ZUM BESTÄUBEN

Die Sauerkirschen in ein Sieb gießen und gut abtropfen lassen. Mit Küchenkrepp sehr gründlich trocknen. Den Backofen auf 220 °C Ober- und Unterhitze vorheizen.

Milch mit Eiern, Zucker, Vanillezucker, Mehl, Kirschwasser und 1 Prise Salz zu einem glatten Teig verrühren. Eine Auflaufform gut mit Butter ausstreichen.

Zuerst die Sauerkirschen in der Auflaufform verteilen, dann den Teig darüber gießen. In den heißen Ofen schieben und etwa 25 Minuten backen. Dann den Auflauf mit Puderzucker bestäuben und noch etwa 15 Minuten backen, bis die Oberfläche gut gebräunt ist. Heiß oder lauwarm zum Kaffee servieren.

Orangen-Quark-Gratin

Zubereitungszeit: 35 Minuten
plus 20 Minuten Backzeit

ZUTATEN FÜR 4 PERSONEN

4–5 ORANGEN
4–5 EL GRAND MARNIER (ORANGENLIKÖR)
100 G GUT GEKÜHLTE SAHNE
2 EIER
25 G ZUCKER
50 G PUDERZUCKER
50 G MAGERQUARK

Die Orangen mit einem Messer so schälen, dass auch die weißen Häute entfernt werden. Über einer Schüssel die einzelnen Filets herausschneiden, dabei den Saft auffangen. Den Saft aus den Resten ebenfalls in die Schüssel pressen. Die Orangenfilets im Saft mit der Hälfte vom Orangenlikör ziehen lassen.

Den Backofen auf 220 °C Ober- und Unterhitze vorheizen. Die Sahne mit dem übrigen Orangenlikör steif schlagen. Die Eier trennen. Die Eigelbe mit dem Zucker und Puderzucker schaumig rühren. Den Quark und die geschlagene Sahne untermischen. Die Eiweiße zu festem Schnee schlagen und unter die Quarkmischung heben.

Die marinierten Orangenfilets auf ofenfeste Teller verteilen und die Schaummasse darüber verteilen. Im heißen Ofen 20 Minuten goldgelb backen und heiß servieren.

Apfel-Auflauf

Apfel-Auflauf

Zubereitungszeit: 1 Stunde
plus 40 Minuten Backzeit

ZUTATEN FÜR 4 PERSONEN
FÜR DEN AUFLAUF:

1 HEFEZOPF VOM VORTAG
2 SÄUERLICHE ÄPFEL (Z. B. BOSKOP)
1 VANILLESCHOTE
ZIMMERWARME BUTTER FÜR DIE FÖRMCHEN UND ZUM BELEGEN
BRAUNER ZUCKER ZUM AUS- UND BESTREUEN
200 ML SAHNE
200 ML MILCH
2 EIER
2 EL PUDERZUCKER

FÜR DIE KARAMELLSAUCE:

50 G BUTTER
100 G BRAUNER ZUCKER
100 ML SAHNE

Den Hefezopf in dünne Scheiben schneiden. Die Äpfel schälen, vierteln und die Kerngehäuse entfernen. Die Apfelviertel in dünne Schnitze schneiden. Die Vanilleschote längs aufschlitzen und das Mark herauskratzen.

Kleine 1-Portion-Auflaufformen gut mit weicher Butter ausstreichen. Mit braunem Zucker ausstreuen und den überschüssigen Zucker abschütten.

Die Förmchen mit Brotscheiben auskleiden. Das restliche Brot in kleine Stücke zupfen. Zusammen mit den Apfelschnitzen bis zum Rand in die Förmchen einfüllen.

Die Sahne mit Milch, Eiern, Puderzucker und dem Vanillemark verquirlen. Die Mischung auf die Förmchen verteilen und etwa 30 Minuten einziehen lassen.

Den Backofen auf 200 °C Ober- und Unterhitze vorheizen. Die Aufläufe mit Butterflöckchen belegen und mit etwas braunem Zucker bestreuen. Die Förmchen in eine ofenfeste Pfanne stellen und seitlich so viel Wasser angießen, dass die Förmchen bis zur Hälfte im Wasser stehen. Im Ofen 30 bis 40 Minuten backen.

Für die Karamellsauce kurz vor Backzeitende die Butter in einer Pfanne schmelzen lassen. Den Zucker einstreuen und 2 EL Wasser zugeben. Bei kleiner Hitze unter Rühren zerlaufen lassen. Die Sahne aufgießen und noch 5 Minuten leise köcheln lassen. Die Brotaufläufe vorsichtig auf Teller stürzen und mit der Karamellsauce umgießen. Warm servieren.

Topfenpalatschinken

Zubereitungszeit: 45 Minuten
plus 30 Minuten Backzeit

ZUTATEN FÜR 4 PERSONEN

FÜR DEN TEIG:
75 G BUTTER
185 ML MILCH
75 G MEHL
2 EIER
ABGERIEBENE SCHALE VON JE ½ UNBEHANDELTEN ZITRONE UND ORANGE
1 EL VANILLEZUCKER
SALZ
2–3 EL PFLANZENÖL
BUTTERSCHMALZ ZUM AUSBACKEN

FÜR DIE FÜLLUNG:
200 G SPEISEQUARK (20 % FETT)
60 G ZUCKER
2 EIGELB
1 EL VANILLEPUDDINGPULVER
ABGERIEBENE SCHALE VON JE 1 UNBEHANDELTEN ZITRONE UND ORANGE
20 G FLÜSSIGE BUTTER
160 G GESCHLAGENE SAHNE
60 G ROSINEN
BUTTER FÜR DIE FORM

FÜR DEN GUSS:
250 ML MILCH
60 G CRÈME FRAÎCHE
2 EIER
3 EL VANILLEZUCKER

Für den Teig die Butter vorsichtig schmelzen lassen, den Schaum dabei mit einem Löffel abnehmen und die Butter leicht bräunen.

Ein Sieb mit Küchenkrepp auslegen. Die Butter hineingießen und auffangen. Die so entstandene Nussbutter leicht abkühlen lassen.

Milch und Mehl miteinander verrühren, die Eier dazugeben und unterrühren. Orangen- und Zitronenschale, Vanillezucker und 1 Prise Salz untermischen. Die lauwarme Nussbutter und das Öl mit dem elektrischen Handrührgerät unterrühren. Den Teig 30 Minuten ruhen lassen und eventuell durch ein Sieb streichen.

Etwas Butterschmalz in einer Pfanne erhitzen, eine kleine Portion Teig hineingeben, hauchdünn verteilen und ausbacken. Den Teig auf diese Weise nacheinander zu Palatschinken backen. Die Palatschinken bis zur weiteren Verwendung zwischen Backpapier aufbewahren.

Den Backofen auf 160 °C Ober- und Unterhitze vorheizen.

Für die Füllung den Quark mit Zucker, Eigelben, Puddingpulver, Orangen- und Zitronenschale und der flüssigen Butter glatt rühren. Die geschlagene Sahne vorsichtig unterheben. Die Topfenmasse dünn auf

Rohrnudeln mit Vanillesauce

die Palatschinken streichen und die Rosinen darüber streuen. Die Palatschinken zu Dreiecken falten, also zweimal zur Mitte hin einschlagen.

Eine flache, feuerfeste Form mit Butter einfetten. Die Topfenpalatschinken dachziegelartig hineinschichten und 10 Minuten im Ofen backen.

Für den Guss die Milch mit der Crème fraîche, den Eiern und dem Vanillezucker gut verrühren und eventuell durch ein Sieb streichen. Die Topfenpalatschinken damit übergießen. Die Backofentemperatur auf 150 °C Ober- und Unterhitze herunterschalten und die Palatschinken nochmals 10 bis 15 Minuten im Ofen backen, bis der Guss gestockt ist. Die Topfenpalatschinken portionsweise anrichten oder in der Form servieren.

Rohrnudeln mit Vanillesauce

Zubereitungszeit: 45 Minuten
plus 1 Stunde Ruhezeit
und 30 Minuten Backzeit

ZUTATEN FÜR 4 PERSONEN

280 ML MILCH
40 G HEFE
500 G MEHL
70 G ZUCKER
1 PÄCKCHEN VANILLEZUCKER
60 G QUARK (20 % FETT)
4 EIGELB
100 G ZIMMERWARME BUTTER
SALZ
ETWAS ABGERIEBENE UNBEHANDELTE ZITRONENSCHALE
8 PFLAUMEN
4 EL ZWETSCHGENKONFITÜRE
4 EL ZWETSCHGENWASSER
ETWAS BUTTER UND ZIMTZUCKER FÜR DIE FORM

200 ml Milch lauwarm erwärmen und die Hefe darin auflösen. Mehl, Zucker, Vanillezucker, Quark, Eigelbe, Butter, 1 Prise Salz und abgeriebene Zitronenschale in eine Schüssel geben. Die Hefemilch dazugeben und zu einem glatten Teig kneten. Mit einem Tuch abdecken und an einem warmen Ort etwa 40 Minuten gehen lassen, bis der Teig sein Volumen verdoppelt hat.

In der Zwischenzeit die Pflaumen waschen, entsteinen und in haselnussgroße Würfel schneiden. Mit Konfitüre und Zwetschgenwasser vermischen und beiseitestellen.

Den Teig aus der Schüssel nehmen, nochmals durchkneten und auf einem mit Mehl bestäubten Geschirrtuch zu einem Rechteck (50 × 30 cm) ausrollen. Die Pflaumenwürfel darauf verteilen und den Teig von der langen Seite her aufrollen. Den Backofen auf 190 °C Ober- und Unterhitze vorheizen.

Eine feuerfeste Auflaufform einfetten und mit dem Zimtzucker ausstreuen. Die Teigrolle in etwa 8 bis 10 Stücke schneiden und mit der Füllung nach oben, nicht zu dicht nebeneinander, in die Form setzen. Erneut 20 Minuten gehen lassen. Die restliche Milch vorsichtig dazugießen und die Hefenudeln 30 Minuten backen. Aus der Form stürzen und lauwarm mit Vanillesauce servieren.

Rosinen-Quark-Strudel

Zubereitungszeit: 45 Minuten
plus 1 Stunde Backzeit

ZUTATEN FÜR 6–8 PERSONEN

125 G BUTTER
125 G ZUCKER
1 EL ABGERIEBENE SCHALE VON 1 UNBEHANDELTEN ZITRONE
1 VANILLESCHOTE
5 EIER
400 G QUARK (20 % FETT)
300 G SAURE SAHNE
1 EL MEHL
60 G IN RUM EINGEWEICHTE ROSINEN
2 PAKETE (4 BLATT) STRUDELTEIG
BUTTER ZUM BESTREICHEN DES TEIGS UND FÜR DIE BACKFORM
250 ML MILCH
2 EL CRÈME FRAÎCHE
2 EL VANILLEZUCKER
PUDERZUCKER

Den Backofen auf 170 °C Ober- und Unterhitze (Heißluft 150 °C) vorheizen. Die Butter mit 50 g Zucker, der abgeriebenen Zitronenschale und dem Vanillemark mit dem Handrührgerät 4 Minuten schaumig schlagen.

3 Eier trennen. Das Eiweiß zur Seite stellen und die Eigelbe nacheinander in die Butter-Zucker-Mischung rühren. Quark, saure Sahne, Mehl und die Rum-Rosinen unterheben. Die 3 Eiweiß mit 75 g Zucker zu festem Eischnee schlagen. Erst ein Drittel Eischnee unter die Quarkmasse heben, dann vorsichtig den Rest.

Alle Strudelblätter ausbreiten und mit Butter bestreichen. Jedes Blatt mit je einem Viertel der Quarkmasse füllen und zu je einem Strudel rollen. Die Strudel nebeneinander in eine gefettete, feuerfeste Auflaufform legen.

Die Milch mit der Crème fraîche, dem Vanillezucker und den 2 Eiern verrühren und über die Strudel gießen. Die Strudel im vorgeheizten Backofen erst 15 Minuten, dann bei 150 °C Ober- und Unterhitze (Heißluft 130 °C) weitere 45 Minuten backen. Mit Puderzucker bestreuen und warm servieren.

Himbeer-Kirschauflauf mit Grieß

Zubereitungszeit: 1 Stunde
plus 15 Minuten Backzeit

ZUTATEN FÜR 4 PERSONEN

500 G KIRSCHEN
140 G ZUCKER
50 ML WASSER
SAFT VON ½ ZITRONE
SCHALE VON 1 UNBEHANDELTEN ORANGE
SCHALE VON 1 UNBEHANDELTEN ZITRONE
1 VANILLESCHOTE
3 EL CASSISLIKÖR (SCHWARZER JOHANNISBEERLIKÖR)
150 G HIMBEEREN
300 ML MILCH
50 G GRIESS
2 EIER
PUDERZUCKER ZUM BESTÄUBEN

Den Backofen auf 200 °C Ober- und Unterhitze (Heißluft 180 °C) vorheizen. Die Kirschen waschen, vom Stiel befreien und entsteinen. 4 EL Zucker mit Wasser so lange kochen, bis er anfängt, sich bräunlich zu färben. Kirschen, Zitronensaft, Schale von ¼ Orange und ¼ Zitrone, ½ aufgeschlitzte Vanilleschote und Cassislikör zugeben und 5 Minuten auf kleiner Flamme sanft kochen lassen.

Die Himbeeren in einer ovalen Auflaufform verteilen und mit den heißen Kirschen übergießen. Dabei die Vanilleschote sowie die Orangen- und Zitronenschalen herausnehmen.

Für den Grießbrei 1 EL Zucker mit Milch, Schale von ¼ Orange und ¼ Zitrone sowie ½ aufgeschlitzten Vanilleschote aufkochen, vom Herd nehmen und kurz ziehen lassen. Durch ein Sieb abgießen. Die Milch nochmals aufkochen, Grieß einrühren und unter ständigem Rühren bei geringer Hitze 5 Minuten quellen lassen.

Den Grießbrei in eine Schüssel füllen, etwas abkühlen lassen. Eier aufschlagen und trennen. Die Eigelbe verquirlen und in den Brei einrühren. Das Eiweiß steif schlagen, dabei 2 EL Zucker nach und nach einrieseln lassen. Das steif geschlagene Eiweiß unter die Grießmasse heben und gebirgsartig auf den Kirschen verteilen.

Das Kirschragout im vorgeheizten Backofen etwa 15 Minuten goldbraun backen, aus dem Ofen nehmen, mit Puderzucker bestäuben und sofort servieren.

Zwetschgenröster

Zubereitungszeit: 45 Minuten
plus 25 Minuten Backzeit

ZUTATEN FÜR 4 PERSONEN
500 G FRISCHE ZWETSCHGEN
(ODER 1 GLAS ZWETSCHGEN)
160 G ZUCKER
3 EL UND 100 G BUTTER
50 ML PORTWEIN
SAFT VON ½ ORANGE
SAFT VON 1 ZITRONE
1 EL ZWETSCHGENMUS
1 ZIMTSTANGE
1 BEREITS GEKOCHTE PELLKARTOFFEL
125 G MEHL
SALZ
1 TL GEMAHLENER ZIMT
1 TL BACKPULVER
BUTTER FÜR DIE FORM

Den Backofen auf 200 °C Ober- und Unterhitze (Heißluft 180 °C) vorheizen. Die frischen Zwetschgen waschen und entsteinen. Zwetschgen aus dem Glas in einem Sieb abtropfen lassen. 60 g Zucker in einer Pfanne mit 3 EL Butter hell karamellisieren. Mit Portwein, Orangen- sowie Zitronensaft ablöschen und einkochen lassen, bis fast keine Flüssigkeit mehr vorhanden ist. Dann das Zwetschgenmus, die Zimtstange und die Zwetschgen dazugeben, 15 Minuten sanft kochen lassen und zur Seite stellen.

Für die Streusel die Pellkartoffel pellen und zerstampfen. 100 g Butter, das Mehl, 100 g Zucker, 1 Prise Salz, den Zimt sowie das Backpulver zufügen, gut vermischen und zu Streuseln verkneten.

Eine Auflaufform ausfetten und mit Mehl bestäuben. Die Zwetschgenröster in die Form geben und mit den Kartoffelstreuseln bestreuen. Im vorgeheizten Backofen 25 Minuten backen.

Apfelmichel mit Vanillesauce

Zubereitungszeit: 45 Minuten
plus 35 Minuten Backzeit

ZUTATEN FÜR 4 PERSONEN
200 G ALTBACKENE BRÖTCHEN
650 ML MILCH
3 EIER
140 G ZUCKER
2 SÄUERLICHE ÄPFEL (BOSKOP)
MARK VON 2 VANILLESCHOTEN
50 G GROB GEHACKTE WALNÜSSE
ABGERIEBENE SCHALE VON 1 UNBEHANDELTEN ZITRONE
1 MSP. ZIMT
BUTTER ZUM EINFETTEN
3 EL SEMMELBRÖSEL
3 EL BUTTERFLOCKEN
200 ML SAHNE
1 TL SPEISESTÄRKE

Den Backofen auf 200 °C Ober- und Unterhitze vorheizen. Die Brötchen in Würfel schneiden, mit 150 ml der kalten Milch übergießen und 10 Minuten quellen lassen. Die Eier trennen. 3 Eigelbe mit 3 EL Zucker aufschlagen, bis sich der Zucker gelöst hat. Die Äpfel schälen, Kerngehäuse entfernen, achteln und in feine Scheiben schneiden. Das Vanillemark von 1 Schote, die grob gehackten Walnüsse, die abgeriebene Zitronenschale sowie 1 Msp. Zimt zu den Äpfeln geben und verrühren.

Die gequollenen Brötchen, die Eigelbmasse und die Äpfel gut miteinander vermischen. 3 EL Zucker zum Eiweiß geben und dieses steif schlagen. Vorsichtig unter die Brötchen-Äpfel-Masse heben. In eine gefettete Auflaufform geben und mit Semmelbröseln und Butterflocken bestreuen. Im vorgeheizten Backofen 35 Minuten backen.

Für die Vanillesauce die Sahne, 500 ml Milch und das Mark von 1 Vanilleschote in einem Topf zum Kochen bringen. 2 EL Zucker mit den Eigelben und der Speisestärke verrühren. In die kochende Milch-Sahne-Mischung gießen und einmal aufkochen lassen. Durch ein Sieb gießen und abkühlen lassen. Zusammen mit dem Apfelmichel servieren.

Zitronen-Granité

Zubereitungszeit: 20 Minuten
plus 3 Stunden Kühlzeit

ZUTATEN FÜR 4 PERSONEN
2 TASSEN WASSER
1 TASSE ZUCKER
½ TASSE FRISCH AUSGEPRESSTER ZITRONENSAFT
2–3 TL ABGERIEBENE ZITRONENSCHALE

Das Wasser mit dem Zucker aufkochen und bei kleiner Hitze 5 Minuten köcheln lassen, bis sich der Zucker restlos aufgelöst hat. Abkühlen lassen und den Zitronensaft und die abgeriebene Schale zugeben. In eine Metallschale füllen und im Tiefkühlfach 3 Stunden gefrieren lassen. Mit einem Messer oder festem Löffel dünne Späne vom Gefrorenen abziehen und in gekühlten Gläsern servieren. Nach Geschmack mit kleinen Minzeblättern garnieren.

Salzburger Nockerln

Zubereitungszeit: 45 Minuten

ZUTATEN
6 EIER
250 ML MILCH
50 G BUTTER
2 GESTRICHENER EL VANILLEZUCKER
140 G ZUCKER
6 GESTRICHENER EL MEHL
2 GESTRICHENER EL PUDERZUCKER

Den Backofen auf 230 °C Ober- und Unterhitze vorheizen. Die Eier sehr sorgfältig in Eiweiß und Eigelb trennen. In einer feuerfesten flachen Form die Milch mit der Butter und dem Vanillezucker aufkochen.

Inzwischen die 6 Eiweiß zu einem festen Schnee schlagen, dabei nach und nach die Hälfte des Zuckers zugeben. Zum Eischnee 2 Eigelb (die restlichen Eigelbe werden nicht benötigt) und den restlichen Zucker geben, das Mehl darübersieben und alles vorsichtig unterheben.

Von dieser Masse mit einem großen Löffel Nocken abstechen und in die Form mit der kochenden Milch geben, mit Puderzucker bestäuben und 8 bis 10 Minuten im heißen Ofen goldgelb backen. Vorsichtig servieren, da die Nocken sonst zusammenfallen.

Quark-Soufflé

Zubereitungszeit: 30 Minuten
plus 25 Minuten Backzeit

ZUTATEN FÜR 4 PERSONEN
100 G SAHNEQUARK
3 EIER
1 UNBEHANDELTE ZITRONE
50 G ZUCKER
BUTTER UND ZUCKER FÜR DIE SOUFFLÉ-FÖRMCHEN

Backofen auf 180 °C Ober- und Unterhitze vorheizen. Eine Fettpfanne oder ein tiefes Backblech auf der untersten Leiste einschieben.

Den Quark durch ein Sieb streichen. Die Eier in 2 Schüsseln trennen, in eine 3 Eiweiß geben, in die andere 2 Eigelb (das dritte Eigelb für Rührei oder Omelettes aufbewahren).

Von der Zitrone etwa 1 TL Schale fein abreiben. In einer Schüssel den Quark mit den 2 Eigelb, 40 g Zucker sowie der Zitronenschale vermischen und schaumig schlagen.

Die 3 Eiweiß mit dem restlichen Zucker zu festem Schnee schlagen und unter die Quarkmasse heben.

4 Soufflé-Förmchen oder ofenfeste Tassen mit Butter einfetten, dann mit etwas Zucker ausstreuen und die Masse einfüllen. Die Formen auf das Backblech stellen. Etwa 2 cm hoch heißes Wasser auf das Blech gießen, dabei aufpassen, dass kein Wasser auf die Eimasse kommt.

Im Ofen 20 bis 25 Minuten backen, vorher die Ofentür nicht öffnen, sonst fallen die Soufflés zusammen. Sofort aus dem Ofen herausnehmen, mit etwas Zucker bestreuen und zu Zwetschgen- oder Kirschkompott reichen.

Grießsoufflé

Zubereitungszeit: 30 Minuten
plus 40 Minuten Backzeit

ZUTATEN FÜR 6–8 PERSONEN
250 ML MILCH
50 G BUTTER
50 G GRIESS
½ VANILLESCHOTE
4 EIGELB
5 EIWEISS
70 G ZUCKER
BUTTER UND ZUCKER FÜR DIE FORM
PUDERZUCKER ZUM BESTREUEN

In einem Topf die Milch, Butter und Grieß zusammen mit der längs aufgeschlitzten Vanilleschote unter Rühren aufkochen und den Grieß einige Minuten ausquellen lassen.

Den Backofen auf 200 °C Ober- und Unterhitze vorheizen. Die Grießmasse auf Handwärme abkühlen lassen, die Vanilleschote entfernen und die Eigelbe sowie ein Eiweiß einrühren. In einer Rührschüssel die restlichen 4 Eiweiß steif schlagen, dabei nach und nach den Zucker dazugeben. Eine Auflaufform ausbuttern und mit Zucker ausstreuen.

Den Eischnee locker unter die Grießmasse heben und in die Auflaufform füllen, sodass sie maximal zu drei Viertel gefüllt ist. Die Form in einen größeren Topf stellen, der mit etwa 90 °C heißem Wasser aufgefüllt wird. Vorsichtig in den Backofen schieben und 40 Minuten backen. Vor dem Servieren mit Puderzucker bestreuen.

Der gute Tipp

Beerenfrüchte für Desserts können während der Wintermonate auch tiefgefroren verwendet werden. Früchte aus Gläsern sollte man möglichst nicht verwenden, sie sind meist zu stark gezuckert und sehen nicht so schön aus.

Grießflammeri

Zubereitungszeit: 30 Minuten

ZUTATEN FÜR 4 PERSONEN
500 ML MILCH
SALZ
5 CM UNBEHANDELTE ZITRONENSCHALE
75 G GRIESS
3 EIER
80 G ZUCKER
ZUCKER UND GEMAHLENER ZIMT ZUM BESTREUEN

Milch bei kleiner Hitze mit 1 Prise Salz und der Zitronenschale zum Kochen bringen. Grieß in die Milch einlaufen und einige Minuten ausquellen lassen, bis der Brei dick ist. Zitronenschale herausnehmen, den Grießbrei etwas abkühlen lassen.

Die Eier trennen, die 3 Eigelb und die Hälfte des Zuckers mit dem Brei verrühren. Das Eiweiß mit dem restlichen Zucker zu steifem Schnee schlagen und vorsichtig unterheben.

Portionsförmchen mit kaltem Wasser ausspülen und den Flammeri einfüllen. Abkühlen lassen, dann im Kühlschrank aufheben. Mit Zimtzucker bestreut servieren.

Crème brûlée

Zubereitungszeit: 30 Minuten
plus Kühlzeit über Nacht

ZUTATEN FÜR 6 PERSONEN
8 EIGELB (GRÖSSE L)
65 G ZUCKER
1 VANILLESCHOTE
600 ML SAHNE

Die Eigelbe mit 40 g Zucker verrühren, bis der Zucker aufgelöst ist. Die Vanilleschote längs aufschlitzen und das Mark mit einem Messer herausschaben. Die Sahne mit dem Vanillemark unter ständigem Rühren erhitzen. Kurz vor dem Aufkochen vom Herd nehmen und die Eigelbe mit einem Schneebesen kräftig unterrühren.

Die Mischung im Wasserbad unter ständigem Rühren mit dem Schneebesen erhitzen, bis die Crème dickflüssig wird, beim Rühren den Topfboden und -rand besonders intensiv bearbeiten.

Die fertige Crème durch ein Haarsieb in eine ofenfeste flache Form gießen, auf Zimmertemperatur abkühlen lassen, dann mit Klarsichtfolie abdecken und am besten über Nacht im Kühlschrank durchkühlen lassen.

Mindestens 1 Stunde vorm Servieren den Backofengrill anheizen. Den restlichen Zucker gleichmäßig auf die Crème streuen und die Form etwa 10 Minuten unter den heißen Grill schieben, bis der Zucker karamellisiert und zu einer festen Kruste geworden ist. Bis zum Servieren wieder kühl stellen.

Crème anglaise

Zubereitungszeit: 20 Minuten

ZUTATEN FÜR 4 PERSONEN
200 ML SAHNE
200 ML VOLLMILCH
1 VANILLESCHOTE
3 EIGELB
2 EL ZUCKER

Die Sahne mit der Hälfte der Milch in einen kleinen Topf gießen. Die Vanilleschote der Länge nach aufschlitzen, das Mark mit einem Messer ausschaben. Vanillemark und die aufgeschlitzte Schote in die Sahne-Milch geben und langsam aufkochen.

Die Eigelbe mit der restlichen Milch verquirlen und zu der kochenden Sahne-Milch gießen. Mit einem Schneebesen kräftig aufschlagen und den Zucker unterrühren. Etwas abkühlen oder ganz erkalten lassen, nur zu Beginn noch ein- oder zweimal umrühren.

Diplomaten-Creme

Zubereitungszeit: 45 Minuten

ZUTATEN FÜR 4 PERSONEN
500 ML MILCH
1 EIGELB
40 G ZUCKER
1 PÄCKCHEN VANILLEPUDDINGPULVER
1 VANILLESCHOTE
200 G GUT GEKÜHLTE SAHNE
1 PÄCKCHEN LÖFFELBISKUITS
APRIKOSEN-(MARILLEN-)SCHNAPS
150 G APRIKOSENKONFITÜRE

In einer kleinen Schüssel 4 EL von der Milch mit dem Eigelb, Zucker und Puddingpulver verquirlen. Die übrige Milch in einen Topf füllen. Die Vanilleschote längs aufschlitzen, die Kernchen in die Milch schaben, die Schote zugeben und die Milch bis zum Siedepunkt erhitzen.

Den Topf vom Herd nehmen und die angerührte Puddingmasse in die heiße Milch rühren, wieder auf den Herd setzen und unter ständigem Rühren kurz aufkochen. Den fertigen Pudding abkühlen lassen, dabei ab und zu durchrühren. Wenn der Pudding kalt ist, die gut gekühlte Sahne steif schlagen und unterziehen.

Eine rechteckige Schüssel mit einer Schicht Löffelbiskuits auslegen, mit etwas Schnaps beträufeln und eine dünne Schicht Aprikosenkonfitüre darauf streichen. Eine Schicht Pudding darüber füllen. Wieder Löffelbiskuits, Schnaps, Aprikosenkonfitüre und so weiter einschichten, den Abschluss sollte die Puddingcreme bilden. Den Nachtisch gut durchziehen lassen und in der Form servieren.

Schoko-Vanille-Mousse mit Rum

Zubereitungszeit: 45 Minuten
plus 2 Stunden Kühlzeit

ZUTATEN FÜR 4 PERSONEN
1 VANILLESCHOTE
450 ML SAHNE
200 ML MILCH
4 EIGELB
50 G ZUCKER
2 EL VANILLEPUDDING
70 G ZARTBITTERSCHOKOLADE
1 EL ORANGENLIKÖR
2 EL RUM
SCHOKOSPÄNE ZUM BESTREUEN

Die Vanilleschote mit einem Messer der Länge nach halbieren und das Mark herauskratzen. In einem Topf Vanilleschote, Vanillemark, 200 ml Sahne und 100 ml Milch aufkochen. Die restliche Milch mit Eigelben, Zucker und Puddingpulver glatt rühren. In die kochende Milch-Sahne einrühren und aufkochen lassen. Beiseitestellen und die Vanilleschote entfernen.

Die Schokolade in Stücke schneiden. 4 EL heiße Puddingmasse abnehmen und die Schokolade darin schmelzen lassen. Orangenlikör darunter rühren und abkühlen lassen. Den Rum in die Vanillepuddingmasse einrühren und abkühlen lassen. Die restliche Sahne steif schlagen, ein Viertel der Sahne unter die Vanillemasse und den Rest unter die Schokoladenmasse heben. Schichtweise in 4 Gläsern verteilen und 2 Stunden in den Kühlschrank stellen. Vor dem Servieren nach Belieben mit Schokospänen bestreuen.

Reispudding-Beeren-Auflauf

Zubereitungszeit: 45 Minuten
plus 1 Stunde Ruhezeit

ZUTATEN FÜR 4 PERSONEN
200 G TIEFGEFRORENE BEEREN-MISCHUNG
750 ML MILCH
100 G MILCHREIS
1 PRISE SALZ
ETWAS ZUCKER
4 EL PUDERZUCKER
2 EIWEISS
½ TL SEHR FEIN GERIEBENE ZITRONENSCHALE
BUTTER FÜR DIE FORM

Die Beerenmischung ausgebreitet auftauen lassen. Die Milch erhitzen. Wenn sie kocht, den Milchreis mit 1 Prise Salz einrühren und einmal aufkochen. Bei ganz schwacher Hitze ungefähr 1 Stunde ausquellen lassen. Mit Zucker nach Belieben abschmecken und etwas abkühlen lassen.

Den Backofen mit Grill oder den Ofen auf höchster Stufe vorheizen. Die aufgetauten Beeren mit 3 EL Puderzucker pürieren. Das Eiweiß steif schlagen. 1 EL Puderzucker und die geriebene Zitronenschale gründlich unterheben.

Eine große oder mehrere kleine ofenfeste Formen mit Butter ausstreichen. Abwechselnd Reis und Beerenpüree einschichten. Die Oberfläche mit der Eiweißmasse bedecken, unter den heißen Grill schieben, bis die Oberfläche leicht gebräunt ist. Sofort heiß servieren.

Mandelpudding mit Amaretto

Zubereitungszeit: 1 Stunde
plus 45 Minuten Garzeit

ZUTATEN FÜR 4 PERSONEN
200 G UNGESCHÄLTE MANDELN
250 ML MILCH
250 ML SAHNE
2 EL AMARETTO (MANDELLIKÖR)
4 EIER
3 EL ZUCKER
BUTTER FÜR DIE PUDDINGFORM

Mandeln mit kochendem Wasser übergießen, einige Minuten ziehen lassen, dann das Wasser abgießen und die Mandelkerne enthäuten. In einem Blitzhacker portionsweise pürieren, dabei mit etwas Wasser anfeuchten.

Das Mandelpüree in eine Schüssel geben. Die Milch aufkochen und darüber gießen. 30 Minuten quellen lassen, dann in ein mit einem Tuch ausgelegtes Sieb gießen, das Tuch fest ausdrücken und die Milch auffangen.

Diese Mandelmilch mit Sahne und Likör verrühren und aufkochen. In einer Schüssel die Eier mit dem Zucker verrühren, bis sich der Zucker aufgelöst hat. Die kochende Milch-Sahne-Mischung unter ständigem Rühren langsam zugießen.

Eine Puddingform dick mit Butter ausstreichen, die Eiermischung einfüllen und den Deckel aufsetzen oder mit Alufolie verschließen. In einen Topf stellen, heißes Wasser bis zur Mitte des Puddingformrands einfüllen. Bei schwacher Hitze zugedeckt etwa 45 Minuten im Wasserbad garen. In der Form abkühlen lassen, dann stürzen.

Schokoladen-Dessert mit Schuss

Zubereitungszeit: 30 Minuten
plus Kühlzeit über Nacht

ZUTATEN FÜR 4 PERSONEN
100 G AMARETTI-KEKSE
ETWAS PFLANZENÖL ZUM EINFETTEN
30 G GEHACKTE MANDELN
450 G ZARTBITTER-SCHOKOLADE
5 EL AMARETTO (MANDELLIKÖR)
5 EL AHORNSIRUP
500 G CRÈME DOUBLE

Amaretti-Kekse in einem Plastikbeutel mit einem Nudelholz zerkrümeln. Den Boden einer Springform mit etwas Öl einfetten und die Kekskrümel darin verteilen. Die Mandeln ohne Zugabe von Fett in einer Pfanne anrösten. Schokolade grob zerkleinern und im Wasserbad zusammen mit dem Likör und dem Sirup schmelzen, dabei gelegentlich umrühren.

Crème double aufschlagen und vorsichtig zusammen mit den Mandeln unter die Schokolade heben. Die Schokoladen-Mischung in die Form füllen. Die Form mit dem Boden vorsichtig aufstoßen, um Luftblasen zu vermeiden. Mit Frischhaltefolie abdecken und über Nacht im Kühlschrank durchkühlen lassen. Die Form öffnen und das Dessert mit einem Messer in Portionen teilen.

Englischer Toffee-Pudding

Zubereitungszeit: 45 Minuten
plus 55 Minuten Backzeit

ZUTATEN FÜR 4 PERSONEN
3 EIER
SALZ
100 G BRAUNER ZUCKER
150 G GETROCKNETE FEIGEN
50 G KANDIERTE INGWERSTÄBCHEN
50 G GETROCKNETE PFLAUMEN
1 VANILLESCHOTE
4 EL WEICHE BUTTER
3 EL HONIG
100 G MEHL
BUTTER UND ZUCKER FÜR DIE FORM
1 PACKUNG VANILLEEIS

Den Backofen auf 150 °C Ober- und Unterhitze vorheizen. Die Eier trennen. Das Eiweiß mit 1 Prise Salz und der Hälfte des Zuckers zu festem Schnee schlagen. Feigen, Ingwerstäbchen und Pflaumen sehr klein schneiden. Die Vanilleschote mit einem scharfen Messer der Länge nach aufschlitzen und das Mark herauskratzen. Die Butter mit dem restlichen Zucker, dem Vanillemark und den Eigelben schaumig rühren. Den Honig untermischen. Feigen, Pflaumen, Ingwer und Mehl sowie die Hälfte vom Eischnee gut vermengen und den restlichen Eischnee vorsichtig unterheben. Ofenfeste Förmchen mit Butter ausstreichen, mit braunem Zucker ausstreuen und bis knapp unter den Rand mit der Masse füllen. Im Backofen auf mittlerer Schiene etwa 55 Minuten backen. Mit einem Messer vorsichtig den Pudding vom Rand der Förmchen lösen, auf Teller stürzen und mit Vanilleeis anrichten.

Schokocreme mit Maronen

Zubereitungszeit: 30 Minuten plus Kühlzeit über Nacht

ZUTATEN FÜR 4 PERSONEN
300 G BITTERSCHOKOLADE
300 G VAKUUMVERPACKTE MARONEN
200 G WEICHE BUTTER
200 G PUDERZUCKER UND ETWAS ZUM BESTÄUBEN
KAKAO ZUM BESTÄUBEN
200 ML SAHNE

Die Schokolade in einem Wasserbad schmelzen. Die Maronen sehr fein zerhacken. In einer Schüssel die Butter mit dem Puderzucker schaumig aufschlagen, geschmolzene Schokolade und Maronen unterrühren und die Masse in Dessertförmchen geben. Über Nacht im Kühlschrank fest werden lassen. Maronencreme mit etwas Puderzucker und Kakao bestäuben und mit geschlagener Sahne anrichten.

Zitronenpudding

Zubereitungszeit: 1 Stunde

ZUTATEN FÜR 4 PERSONEN
1 UNBEHANDELTE ZITRONE
4 EIER
150 ML SAHNE
150 ML MILCH
6 EL MEHL
125 G ZUCKER
½ TL SALZ
BUTTER FÜR DIE TASSEN

Den Backofen auf 180 °C Ober- und Unterhitze vorheizen. Die Zitrone gut waschen, die Schale abreiben und den Saft auspressen. Die Eier trennen und das Eiweiß steif schlagen. Die Sahne mit der Milch vermischen.

In einer Schüssel Mehl, Zucker und Salz vermischen. Langsam Eigelbe, die Sahne-Milch, Zitronensaft und -schale zugeben und gut verrühren. Vorsichtig das Eiweiß nach und nach unterheben. Cappuccinotassen mit Butter einfetten und die Masse darin verteilen. Auf ein tiefes Backblech setzen und so viel heißes Wasser angießen, dass die Tassen halbhoch im Wasserbad stehen. Etwa 40 Minuten im Backofen stocken lassen, bis die Oberfläche goldbraun ist.

Vanillepudding mit warmer Punschsauce

Zubereitungszeit: 1 Stunde

ZUTATEN FÜR 4 PERSONEN
1 UNBEHANDELTE ORANGE
1 UNBEHANDELTE ZITRONE
300 ML ROTWEIN
2 NELKEN
½ ZIMTSTANGE
2 EL SCHWARZES JOHANNISBEERGELEE
1 TL SPEISESTÄRKE
20 ML RUM
1 VANILLESCHOTE
1 EI
150 ML SAHNE
350 ML MILCH
1 PÄCKCHEN VANILLEPUDDINGPULVER
3 EL ZUCKER
SALZ

Orange und Zitrone gut mit heißem Wasser abwaschen, trocken reiben und jeweils die Hälfte der Schale abreiben.

Für die Punschsauce 250 ml Rotwein, Orangen- und Zitronenschale, Nelken, Zimt und Johannisbeergelee 10 Minuten in einem Topf bei schwacher Hitze köcheln lassen. Dann durch ein Sieb gießen und wieder zum Kochen bringen. Die Stärke im restlichen Rotwein auflösen und in den Rotweinsud einrühren. Einige Male aufkochen und den Rum zugeben.

Für den Pudding die Vanilleschote mit einem scharfen Messer längs halbieren und das Mark herauskratzen. Das Ei trennen und das Eiweiß steif schlagen. Die Hälfte der Sahne ebenfalls steif schlagen. Das Eigelb mit etwas Milch vermischen. Puddingpulver und 1 EL Zucker ebenfalls mit kalter Milch glatt rühren.

In einem Topf die restliche Milch sowie die restliche Sahne mit Vanillemark, 2 EL Zucker und 1 Prise Salz aufkochen. Das Puddingpulver in die heiße Milch einrühren, kurz aufkochen lassen und vom Herd nehmen. Das verrührte Eigelb unter den Pudding ziehen. Den Eischnee und die geschlagene Sahne nach und nach unterheben und den Pudding abkühlen lassen. Vanillepudding auf Dessertteller verteilen und die Punschsauce darüber gießen.

Vanillepudding mit warmer Punschsauce

Gefüllte Birnen auf Zabaione mit Schuss

Gefüllte Birnen auf Zabaione mit Schuss

Zubereitungszeit: 1 Stunde
plus 4 Stunden Marinierzeit

ZUTATEN FÜR 4 PERSONEN
3 EL ROSINEN
3 EL RUM (40 % VOL.)
30 AMARETTI (ITAL. MANDELKEKSE)
5 BIRNEN
100 G MARZIPAN
30 G GEHACKTE WALNÜSSE
100 G BUTTER
100 ML APFELSAFT
1 MSP. ZIMT
2 EIGELB
1 EL ZUCKER
5 EL BIRNENSCHNAPS

Rosinen hacken und im Rum 4 Stunden einlegen. Den Backofen auf 180 °C Ober- und Unterhitze vorheizen. Die Amaretti zerbröseln. Die Birnen waschen und trocken tupfen.

Von 4 Birnen das obere Drittel abschneiden, mit einem Teelöffel das Kerngehäuse entfernen und ein wenig Fruchtfleisch aushöhlen. Das Fruchtfleisch klein schneiden, mit Marzipan, gehackten Walnüssen, der Hälfte der eingeweichten Rosinen und der Hälfte der Amarettibrösel mischen. Die Birnen damit füllen.

Die restliche Birne schälen, halbieren, das Kerngehäuse entfernen und die Birne in Würfel schneiden. In einer feuerfesten Form die Butter schmelzen lassen, Birnenwürfel, restliche Rosinen, die Hälfte des Apfelsafts und den Zimt einrühren und kurz aufkochen lassen.

Die Birnen auf das Kompott stellen, mit den restlichen Amarettibröseln bestreuen und im Backofen 20 Minuten garen. Ab und zu die Birnen mit Saft übergießen.

Für die Zabaione Eigelbe, Zucker, restlichen Apfelsaft und Birnenschnaps in eine Schüssel geben und mit einem elektrischen Handrührgerät schaumig rühren. Die fertig gegarten Birnen mit dem Kompott und der Zabaione auf Tellern anrichten und lauwarm servieren.

Lauwarme Schokoküchlein

Zubereitungszeit: 45 Minuten

ZUTATEN FÜR 4 PERSONEN
125 G DUNKLE SCHOKOLADEN-KUVERTÜRE
125 G WEICHE BUTTER
40 G ZUCKER
3 ZIMMERWARME EIER
1 GEHÄUFTER EL MEHL
1 MSP. BACKPULVER
BUTTER UND ZUCKER FÜR DIE FÖRMCHEN

Den Backofen auf 210 °C Ober- und Unterhitze vorheizen. Die Kuvertüre im Wasserbad schmelzen. Butter und Zucker schaumig aufschlagen, Eier und Kuvertüre darunter rühren. Das Mehl mit dem Backpulver mischen, in den Teig sieben und alles gut verrühren. 4 Soufflé-Förmchen mit Butter einfetten und mit Zucker ausstreuen. Den Teig nur zur Hälfte in die Förmchen füllen, da der Teig noch aufgeht. Im Backofen 14 Minuten backen. Aus den Förmchen stürzen und lauwarm servieren.

Quarknocken auf Himbeersauce

Zubereitungszeit: 45 Minuten

ZUTATEN FÜR 4 PERSONEN
FÜR DIE NOCKEN:
JE 1 UNBEHANDELTE ZITRONE UND ORANGE
300 G QUARK (20 % FETT)
3 EIWEISS
150 G ZUCKER
300 ML SAHNE

FÜR DIE HIMBEERSAUCE:
250 G FRISCHE ODER TIEFGEFRORENE HIMBEEREN
50 G PUDERZUCKER
ZITRONENSAFT
SAFT VON ½ ORANGE
2 CL ORANGENLIKÖR

Zitrone und Orange heiß abwaschen, trocknen und die Schalen abreiben. Die Früchte auspressen. Quark mit der Hälfte des Zitronen- und Orangensafts sowie der abgeriebenen Zitronen- und Orangenschale vermischen.

Das Eiweiß zu steifem Schnee schlagen, dabei den Zucker langsam einrieseln lassen. Die Sahne nicht zu steif schlagen. Die Sahne portionsweise abwechselnd mit dem Eiweiß unter die Quarkmischung heben und kühl stellen.

Für die Sauce die Himbeeren mit Puderzucker, 1 Spritzer Zitronensaft, dem Orangensaft und Orangenlikör in ein hohes Gefäß geben und mit dem Pürierstab aufschlagen. Nach Belieben noch durch ein Sieb streichen und dann kalt stellen. Aus der Quarkcreme mit einem Löffel Nocken ausstechen und auf der Himbeersauce servieren.

Himbeer-Pfirsich-Salat

Zubereitungszeit: 25 Minuten
plus 30 Minuten Ruhezeit

ZUTATEN FÜR 4 PERSONEN
3–4 REIFE, WEISSFLEISCHIGE PFIRSICHE
200 G HIMBEEREN
GRAND MARNIER (ORANGENLIKÖR)

Die Pfirsiche mit einem Messer vorsichtig schälen, entsteinen und in mundgerechte Stücke schneiden. Himbeeren waschen, die Stiele entfernen und mit Küchenpapier trocken tupfen.

In einer Schüssel die Früchte vorsichtig vermischen und 30 Minuten in den Kühlschrank stellen. Kurz vor dem Servieren nach Geschmack mit dem Likör parfümieren.

Zwetschgenkompott

Zubereitungszeit: 45 Minuten

ZUTATEN FÜR 4 PERSONEN
500 G REIFE ZWETSCHGEN
250 ML ROTWEIN
100 G ZUCKER
1 ZIMTSTANGE

Die Zwetschgen waschen, halbieren und entsteinen. In einem Topf den Rotwein mit Zucker und der Zimtstange langsam aufkochen und die Zwetschgen bei ganz kleiner Hitze 6 bis 8 Minuten darin ziehen lassen. Der Wein darf dabei nicht kochen, höchstens ganz leise simmern. Die Früchte sollen weich werden, dürfen aber nicht zerfallen. Nach Belieben die Früchte aus dem Sud nehmen und diesen dicklich einkochen lassen.

Rhabarberkompott

Zubereitungszeit: 35 Minuten
plus 3 Stunden Ruhezeit

ZUTATEN FÜR 4 PERSONEN
500 G RHABARBER
100–200 G ZUCKER
5 CM UNBEHANDELTE ZITRONENSCHALE
1 ZIMTSTANGE

Von den Rhabarberstangen erst sehr sorgfältig die faserige Haut abziehen, dann in etwa 3 cm große Stücke schneiden.

Die Rhabarberstücke in einer Schüssel mit etwa 100 g Zucker bestreuen und 2 bis 3 Stunden Saft ziehen lassen; dabei ab und zu umrühren. Mit Zitronenschale und Zimt im eigenen Saft, eventuell noch ganz wenig Wasser zugeben, auf kleinster Stufe garen. In wenigen Minuten ist das Kompott fertig. Der Rhabarber sollte durch sein, aber nicht zu weich. Nach Geschmack noch mehr Zucker zugeben. Zitronenschale und die Zimtstange entfernen und das Kompott abkühlen lassen.

Gemischte Beeren auf Portwein-Zabaione

Zubereitungszeit: 50 Minuten

ZUTATEN FÜR 4 PERSONEN
300 G TIEFGEFRORENE BEERENMISCHUNG ODER FRISCHE ERDBEEREN, HIMBEEREN, HEIDELBEEREN, JOHANNISBEEREN
3 EL ZUCKER
1 UNBEHANDELTE ORANGE
2 EL PUDERZUCKER
100 ML WEISSER PORTWEIN
2 EIGELB
NACH BELIEBEN FRISCHE MINZE ZUM GARNIEREN

Die Beerenmischung ausbreiten, mit Zucker bestreuen und auftauen lassen.

Die Orange heiß waschen, trocken reiben, die Schale abraspeln, den Saft auspressen und mit der Schale und dem Puderzucker in eine halbrunde Metallschüssel geben. Den Portwein und die Eigelbe unterrühren.

Die Schüssel auf ein leise köchelndes Wasserbad setzen und die Mischung weißschaumig aufschlagen, bis sich das Volumen des Weinschaums etwa verdoppelt hat und die Mischung dick und cremig geworden ist. In eine Schüssel mit Eiswasser stellen und weiterschlagen, bis die Creme etwas abgekühlt ist.

Die Beeren auf Dessertteller verteilen und die Portwein-Zabaione darüber gießen. Nach Belieben mit Minzeblättern garnieren.

Aprikosenragout

Zubereitungszeit: 45 Minuten

ZUTATEN FÜR 4 PERSONEN
1 KG APRIKOSEN
3 EL BUTTER
100 G ZUCKER
1 VANILLESCHOTE
1 KLEINES STÜCK SCHALE VON 1 UNBEHANDELTEN ORANGE
1 KLEINES STÜCK SCHALE VON 1 UNBEHANDELTEN ZITRONE
3 EL ORANGENLIKÖR
250 ML TROCKENER WEISSWEIN

Die Aprikosen waschen, halbieren, entsteinen und vierteln. Die Butter in einer Pfanne schmelzen. Den Zucker dazugeben und leicht karamellisieren lassen. Die Vanilleschote der Länge nach halbieren und das Mark mithilfe eines Messerrückens herausschaben.

Aprikosen, Vanillemark, Orangen- und Zitronenschale in die Pfanne geben, 5 Minuten unter ständigem Rühren glasieren, mit Orangenlikör ablöschen, mit Weißwein aufgießen und 15 Minuten bei kleiner Hitze weich schmoren.

Pfirsichkompott mit Erdbeeren

Zubereitungszeit: 45 Minuten

ZUTATEN FÜR 4 PERSONEN
4 MITTELGROSSE PFIRSICHE
24 ERDBEEREN
30 G ZUCKER
3 EL PFIRSICHLIKÖR
SAFT VON 4 ORANGEN
1 ZWEIG THYMIAN
1 EL STÄRKE

Die Pfirsiche kreuzweise einschneiden, überbrühen, kalt abschrecken, enthäuten, entsteinen und in Spalten schneiden. Die Erdbeeren waschen, putzen, halbieren und beiseitestellen.

In einer beschichteten Pfanne den Zucker karamellisieren lassen, mit Pfirsichlikör und Orangensaft ablöschen. Den Thymianzweig waschen, trocken tupfen und dazugeben. Die Stärke mit 2 EL Wasser glatt rühren, in die Sauce geben und kurz aufkochen lassen. Thymianzweig wieder entfernen. Die Pfirsichspalten in eine Schale geben, die heiße Sauce darüber gießen und vorsichtig vermischen. Die Erdbeeren erst 10 Minuten vor dem Verzehr unterheben, sonst werden sie matschig.

Riesling-Birnen

Zubereitungszeit: 45 Minuten

ZUTATEN FÜR 4 PERSONEN
4–6 REIFE, ABER NICHT ZU WEICHE BIRNEN
1–2 VANILLESCHOTEN
1 FLASCHE RIESLING
250 G ZUCKER
SAFT UND SCHALE VON 1 UNBEHANDELTEN ZITRONE
4 EL HONIG
SCHLAGSAHNE ZUM SERVIEREN

Die Birnen schälen, dabei den Stiel als Dekoration dranlassen. Die Vanilleschoten längs aufschlitzen.

In einem Topf, in dem später die Birnen gerade Platz haben, den Wein mit 250 ml Wasser, den Vanilleschoten, Zucker, Saft und Schale der Zitrone sowie dem Honig aufkochen. Die Temperatur zurückschalten und die Birnen in den Sud legen.

Die Birnen in der leise simmernden Flüssigkeit 8 bis 15 Minuten je nach Reife und Größe pochieren. Sie sollen noch ziemlich fest sein. In dem Weinsud abkühlen lassen.

Zum Servieren die Birnen aus dem Sud heben und längs halbieren. Auf Tellern anrichten und mit einem Klecks Schlagsahne garnieren.

Lauwarme Äpfel mit Nusssauce

Zubereitungszeit: 1 Stunde

ZUTATEN FÜR 4 PERSONEN
100 G WALNUSSKERNE
2 GROSSE SÄUERLICHE ÄPFEL (Z.B. BOSKOP)
½ UNBEHANDELTE ZITRONE
65 G BUTTER
5–6 EL ZUCKER
125 ML SAHNE
ZUCKER
ZIMTPULVER
1 SCHUSS WEISSWEIN

Die Walnusskerne im Mörser zerstoßen. Die Äpfel waschen, die Kerngehäuse ausbohren. Die Äpfel nach Belieben schälen und mit etwas Zitronensaft einreiben. Beiseitestellen.

In einer Kasserolle 40 g Butter erhitzen, den Zucker einstreuen und hellbraun karamellisieren lassen, mit einem Holzlöffel umrühren. Die Kasserolle vom Herd nehmen und 2 EL Wasser zugießen. Die Nüsse einrühren und bei schwacher Hitze 5 Minuten köcheln lassen. Die Sahne zugießen und weiter leise kochen lassen, bis die Sauce sämig ist.

Erdbeeren mit Cayennepfeffer und Pistazien

Inzwischen die Äpfel n etwa 1,5 mm dünne Ringe schneiden. Die übrige Butter in einer großen Pfanne zerlassen, die Apfelringe einlegen, mit etwas Zucker und Zimtpulver bestreuen und leicht andünsten. Etwas Wein angießen und ein Stückchen Zitronenschale dazulegen. Zugedeckt bei kleiner Hitze weich, aber nicht matschig dünsten. Auf Dessertteller verteilen und mit der Walnusssauce servieren.

Apfel-Zimt-Ragout

Zubereitungszeit: 45 Minuten

ZUTATEN FÜR 4 PERSONEN
3–4 ÄPFEL ZUM DÜNSTEN (Z.B. BOSKOP)
50 G GETROCKNETE SÄUERLICHE APRIKOSEN
½ TASSE WALNUSSKERNE
1 EL ZUCKER
2–3 EL BUTTER
GEMAHLENER ZIMT NACH GESCHMACK

Die Äpfel schälen, vierteln und die Kerngehäuse entfernen. Die Apfelviertel in etwa 1,5 cm dicke Spalten schneiden. Die Aprikosen mit heißem Wasser überbrausen, trocknen und in dünne Stifte schneiden. Die Walnusskerne grob hacken.

In einer Pfanne den Zucker bei mittlerer Hitze leicht schmelzen, aber nicht bräunen lassen. Die Butter, die Aprikosenstifte und die Nüsse zugeben. Die Apfelspalten untermischen und unter vorsichtigem Rühren bei mittlerer Hitze dünsten, bis die Äpfel gar sind, aber noch etwas Biss haben. Nach Belieben mit gemahlenem Zimt bestreuen.

Erdbeeren mit Cayennepfeffer und Pistazien

Zubereitungszeit: 25 Minuten

ZUTATEN FÜR 4 PERSONEN
500 G ERDBEEREN
1 UNBEHANDELTE ORANGE
150 G ZUCKER
3 EL WASSER
250 ML ORANGENSAFT
5 EL ORANGENLIKÖR
1 MSP. CAYENNEPFEFFER
2–3 EL GEHACKTE PISTAZIEN
1 PACKUNG VANILLEEIS

Die Erdbeeren waschen, putzen und die größeren Früchte halbieren. Die Orangen heiß abwaschen, trocknen und etwa 1 TL Schale abreiben. In einer Pfanne Zucker und Wasser karamellisieren lassen. Orangenschale, -saft und -likör hinzufügen. Wenn sich der Zucker gelöst hat, mit Cayennepfeffer würzen und die Erdbeeren 3 bis 5 Minuten in der Flüssigkeit dünsten.

Die Früchte sollen nicht zu weich werden. Pistazien dazugeben, Erdbeeren in tiefe Teller oder Schälchen geben und mit Vanilleeis anrichten.

Ananas-Sahne-Dessert

Zubereitungszeit: 25 Minuten

ZUTATEN FÜR 4 PERSONEN
1 VOLLREIFE ANANAS
200 ML SAHNE
200 G SAURE SAHNE
ZUCKER

Die Ananas schälen, die braunen Augen mit einem spitzen Messer entfernen. Ananas längs vierteln, den hölzernen Strunk in der Mitte entfernen und das Fruchtfleisch in mundgerechte Stücke schneiden. Die Sahne steif schlagen und mit der sauren Sahne vermischen. Nach Belieben zuckern. Auf oder neben den Ananasstücken servieren.

Fruchtige Himbeer-Mousse

Zubereitungszeit: 30 Minuten

ZUTATEN FÜR 4 PERSONEN
500 G FRISCHE ODER TIEFGEFRORENE HIMBEEREN
ZUCKER NACH BELIEBEN
4–5 EIWEISS
200 ML SAHNE

Tiefgefrorene Früchte langsam auftauen lassen. Die aufgetauten oder frischen Himbeeren im Mixer pürieren und durch ein Haarsieb streichen, mit Zucker nach Geschmack süßen. Eiweiß und Sahne in zwei Schüsseln getrennt mit etwas Zucker steif schlagen. Fruchtmus, Eischnee und Schlagsahne ganz vorsichtig vermischen. Bis zum Servieren kühlen.

Marillen-Knödel mit Zucker und Zimt

Zubereitungszeit: 1 Stunde

ZUTATEN FÜR 4 PERSONEN
500 G MAGERQUARK
200 G MEHL
2 EIER
10–12 REIFE, ABER NICHT ZU WEICHE APRIKOSEN (MARILLEN)
10–12 STÜCK WÜRFELZUCKER
MEHL ZUM FORMEN DER KNÖDEL
BUTTER
ZUCKER UND GEMAHLENER ZIMT NACH GESCHMACK

Magerquark abtropfen lassen. Aus dem Quark, Mehl und Eiern einen Teig rühren und etwa 20 Minuten quellen lassen. Falls er zu weich ist, noch 1 bis 2 EL Mehl zugeben.

Die Aprikosen waschen und trocken reiben, dann vorsichtig aufschneiden und die Kerne entnehmen; an deren Stelle jeweils 1 Stück Würfelzucker einsetzen.

In einem großen Topf reichlich Wasser aufkochen und leicht salzen. Jede Aprikose mit dem Teig dünn ummanteln, ein Löffel und viel Mehl an den Händen hilft dabei.

Die Knödel portionsweise in das Wasser legen und im heißen, nicht kochenden Wasser ziehen lassen. Wenn die Knödel an die Oberfläche steigen, noch 7 Minuten garen, dann mit dem Schaumlöffel herausheben, aufschneiden und warm mit zerlassener Butter übergießen und mit Zucker und Zimt bestreut servieren.

Powidltascherln

Zubereitungszeit: 1 Stunde

ZUTATEN FÜR 4 PERSONEN
600 G MEHLIGKOCHENDE KARTOFFELN
SALZ
2 VANILLESCHOTEN
100 G INSTANT-MEHL
60 G HARTWEIZENGRIESS
80 G BUTTER
1 EIGELB
ETWAS MEHL ZUM BEARBEITEN
3 EL PFLAUMENMUS
¼ TL ZIMTPULVER
1 EL RUM
1 EIWEISS
1,5 EL SEMMELBRÖSEL
PUDERZUCKER

Die Kartoffeln waschen und in leicht gesalzenem Wasser gar kochen, pellen, dann durch die Kartoffelpresse drücken und abkühlen lassen. Die Vanilleschoten längs aufschlitzen und das Mark mit einem Messer herauskratzen. Die durchgedrückten Kartoffeln mit Mehl, Grieß, 40 g Butter, etwas Vanillemark und Eigelb sowie 1 Prise Salz zu einem glatten Teig kneten. Ein großes Brett mit Mehl bestäuben und darauf den Teig ca. 3 bis 4 mm dünn ausrollen (evtl. unter Klarsichtfolie). Das Pflaumenmus mit Zimt und Rum verrühren.

Mit einem Glas 8 cm große Kreise aus dem Teig ausstechen und jeweils in die Mitte 1 gestr. TL der Pflaumenmus-Mischung setzen. Die Teigränder mit Eiweiß bestreichen und die Kreise zu Halbmonden zusammenklappen. Die Ränder mit einer Gabel andrücken. Im siedenden Salzwasser 5 bis 8 Minuten garen. Wenn sie nach oben steigen, sind die Tascherln gar. Die restliche Butter in einer Pfanne schmelzen und darin die Semmelbrösel leicht bräunen. Die fertig gegarten Tascherln auf Tellern anrichten, mit Butter-Brösel-Mischung übergießen und mit etwas Puderzucker bestäuben.

Apfel-Calvados-Pfannkuchen

Zubereitungszeit: 1 Stunde

ZUTATEN FÜR 4 PERSONEN
FÜR DEN TEIG:
120 G BUTTER
250 G MEHL
3 EIER
2 EIGELB
100 G ZUCKER
500 ML MILCH
20 ML RUM
ABGERIEBENE SCHALE VON JE ½ UNBEHANDELTEN ZITRONE UND ORANGE

FÜR DIE FÜLLUNG:
4 MITTELGROSSE ÄPFEL (Z.B. BRAEBURN)
4 EL ZUCKER
3 EL BUTTER
40 ML CALVADOS
4 EL BRAUNER ZUCKER

Für den Pfannkuchenteig die Butter in einer Pfanne schmelzen lassen, mit den restlichen Teigzutaten in ein hohes Gefäß füllen und mit einem Pürierstab gut aufschlagen. Den Teig kurz ruhen lassen.

Den Backofengrill auf 250 °C Ober- und Unterhitze vorheizen. Die Äpfel schälen, halbieren, entkernen und in Spalten schneiden. Den weißen Zucker in einer Pfanne mit 1 EL Butter karamellisieren lassen, die Apfelspalten dazugeben und mit Calvados ablöschen. Das Ganze etwa 3 Minuten leicht köcheln lassen, die Äpfel sollen noch Biss haben. Herausnehmen und abkühlen lassen.

Etwas Butter in einer Pfanne schmelzen und den Boden der Pfanne dünn mit Teig bedecken. Backen und wenden. Nun ein Viertel der Apfelspalten auf dem Pfannkuchen verteilen, dünn mit flüssigem Teig bedecken und 3 Minuten in der Pfanne im Backofen fertig backen.

Nach 1 Minute mit 1 EL braunem Zucker bestreuen und karamellisieren lassen. Mit dem restlichen Teig ebenso verfahren.

Der gute Tipp

Damit Palatschinken oder Crêpes gut gelingen, sollte man sie in einer speziellen Crêpes-Pfanne ausbacken. Sie werden dann besonders dünn. Eine neue Crêpes-Pfanne sollte man mit einer Hand voll Salz bestreuen und auf dem Herd kurz erhitzen. Dann die Pfanne mit einem Küchenkrepp sauber auswischen. So brennen die Crêpes nicht an – vorausgesetzt, man verwendet die Pfanne für nichts anderes. Empfindliche Desserts wie Zabaione sollten immer über einem Wasserbad zubereitet werden. Vor allem Eigelb muss im Wasserbad angerührt werden, weil die direkte Hitze der Kochplatte zu stark ist und das Eigelb gerinnt.

Palatschinken

Zubereitungszeit: 45 Minuten

ZUTATEN FÜR 4 PERSONEN
140 G MEHL
250 ML MILCH
2 EIER
1 EIGELB
SALZ
BUTTER ZUM BRATEN
APRIKOSENMARMELADE ZUM BESTREICHEN
PUDERZUCKER

Mehl mit einem Teil der Milch klümpchenfrei verquirlen, dann erst die Eier, das Eigelb sowie 1 Prise Salz zugeben und zu einem glatten, dickflüssigen Teig verrühren. So viel Milch zugeben bis ein dünnflüssiger Teig entstanden ist Den Teig etwa 30 Minuten ausquellen lassen.

Für jeden Palatschinken in der Pfanne etwas Butter erhitzen, mit einer Schöpfkelle etwas Teig eingießer, rasch in der Pfanne verteilen und auf beiden Seiten braun werden lassen. Die fertigen Palatschinken aus der Pfanne nehmen, mit Aprikosenmarmelade dünn bestreichen, einrollen und im Ofen bei 75 °C Ober- und Unterhitze warm halten. Wenn alle fertig gebacken sind, mit Puderzucker bestreuen und servieren.

Cremiger Milchreis mit bunten Beeren

Zubereitungszeit: 1 Stunde

ZUTATEN FÜR 4 PERSONEN
1 UNBEHANDELTE LIMETTE
500 ML MILCH
125 G MILCHREIS
200 ML SAHNE
60 G ZUCKER
1 PRISE ZIMT
250 G TIEFGEFRORENE BEERENMISCHUNG
1 EL WASSER

Die Limette gut mit heißem Wasser abwaschen, abtrocknen, Zesten abziehen und fein hacken. Die Limette auspressen. In einem Topf die Milch mit etwas mehr als der Hälfte der Limettenzesten zum Kochen bringen, den Milchreis einrieseln lassen und mit einem Schneebesen gut durchrühren. Den Topf vom Herd nehmen und den Reis zugedeckt quellen und anschließend ohne Deckel abkühlen lassen. Die Sahne steif schlagen und unter den Milchreis heben, dann mit der Hälfte des Zuckers und dem Zimt abschmecken.

In einem Topf die Beeren mit dem restlichen Zucker und 1 EL Wasser kurz aufkochen, bis sie weich sind. Durch ein Sieb streichen, mit Limettensaft abschmecken und abkühlen lassen. Den Milchreis in Schälchen füllen, mit Beerensauce übergießen und mit Limettenzesten bestreuen.

Rumtopf

Zubereitungszeit: 35 Minuten
plus mehrere Monate Ruhezeit

ZUTATEN FÜR 4 PERSONEN
500 G MITTELGROSSE ERDBEEREN
400 G ROTE JOHANNISBEEREN
400 G STACHELBEEREN
300 G HIMBEEREN
300 G KIRSCHEN
300 G ZUCKER
500 ML RUM (40 % VOL.)

Die Früchte putzen, Johannisbeeren von den Stielen zupfen und die Kirschen entsteinen. Die Früchte waschen, gut abtropfen lassen und mit dem Zucker gründlich vermischen. Schichtweise in ein hohes Tongefäß füllen, mit Rum übergießen, abdecken und kühl stellen. Je länger der Rumtopf steht (auch über Monate), umso besser wird er.

Türkischer Joghurt

Zubereitungszeit: 1 Stunde
plus 9 Stunden Ruhezeit

ZUTATEN FÜR 4 PERSONEN
2 L H-VOLLMILCH
250 ML SAHNE
150 G NICHT WÄRMEBEHANDELTER VOLLMILCH-JOGHURT

In einem Topf die Milch aufkochen. Die Sahne einrühren, sobald die Milch hochsteigt. Topf vom Herd nehmen und etwa 30 Minuten abkühlen lassen, bis die Milch lauwarm ist, es bildet sich eine Haut. Jetzt den Joghurt löffelweise vorsichtig durch ein Loch in der Haut abwechselnd links- und rechtsherum zufügen, ohne die Haut auf der Milch zu zerreißen.

Topf fest zudecken und in viele Küchentücher und Decken wickeln, um die Wärme lange zu halten. 8–9 Stunden ruhen lassen, dann in den Kühlschrank stellen.

Apfelringe in Bierteig

Zubereitungszeit: 1 Stunde

ZUTATEN FÜR 4 PERSONEN
5–6 SÄUERLICHE ÄPFEL (Z.B. BOSKOP)
2–3 EL ZITRONENSAFT
120 G ZUCKER
2–3 TL RUM
200 G MEHL
250 ML HELLES BIER
SALZ
50 G BUTTER
2 EIER
BUTTERSCHMALZ ZUM AUSBACKEN
ZUCKER UND ZIMT ZUM BESTREUEN

Die Äpfel schälen und die Kerngehäuse ausstechen. Die Äpfel in 1 cm dicke Scheiben schneiden. Den Zitronensaft mit 20 g Zucker und dem Rum verrühren, über die Apfelscheiben gießen und 30 Minuten beiseitestellen.

Für den Bierteig das Mehl mit dem Bier, dem restlichen Zucker und 1 Prise Salz glatt rühren. 20 Minuten quellen lassen.

Die Butter zerlassen und wieder abkühlen lassen. Die Eier sorgfältig trennen, die Eigelbe und die Butter zum Teig rühren. Das Eiweiß zu Schnee schlagen und unter den Bierteig heben.

In einer Pfanne reichlich Butterschmalz stark erhitzen. Die Apfelscheiben abtropfen lassen, portionsweise durch den Bierteig ziehen und auf beiden Seiten goldbraun ausbacken. Die fertigen Ringe auf Küchenkrepp entfetten, anschließend in einer Zucker-Zimt-Mischung wenden. Heiß servieren.

Der gute Tipp

Desserts und Süßspeisen lassen sich am schönsten mit frischen Früchten und essbaren Blüten verzieren. Welche Früchte und Blüten zu welcher Jahreszeit erhältlich sind, und wie man sie am besten verwendet, kann man im umfangreichen Online-Frischekatalog von Metro Cash & Carry unter http://www.frischekatalog.de nachlesen. Dort finden Profi- und Hobbyköche sowie Feinschmecker zudem eine saisonale Übersicht genussreifer Obstsorten.

Fotos: Bundesverband Deutsche Tafel e.V. und Wolfgang Borrs

Die Tafeln – Verantwortung für die Gesellschaft

Warum sollen Lebensmittel, die qualitativ noch einwandfrei sind, aber nicht mehr in den Märkten verkauft werden können, zum Beispiel weil das Datum für die Mindesthaltbarkeit naht oder das Produkt einen kleinen Schönheitsfehler hat, einfach weggeworfen werden? Könnte man sie nicht besser an bedürftige Menschen verteilen? Diese Fragen waren die Motivation zur Gründung einer der wichtigsten sozialen Einrichtungen der Gegenwart: die Tafeln.

Die Idee der Tafeln stammt ursprünglich aus den USA: Schon im Jahr 1963 wurde dort die erste „Food Bank" gegründet – in einem großen Lagerhaus, das vor allem auch längerfristig lagerfähige Lebensmittelspenden aufbewahren konnte. Zwanzig Jahre später nahm in New York die Organisation „City Harvest" ihre Arbeit auf.

Weitere zehn Jahre später entstand in Deutschland die erste Tafel durch die Initiativgruppe Berliner Frauen e.V. Mittlerweile gibt es deutschlandweit rund 870 Tafeln mit mehr als 40.000 ehrenamtlichen Helfern: Diese verteilen jährlich rund 100.000 Tonnen Lebensmittel. Dabei handelt es sich größtenteils um übrig gebliebenes Obst und Gemüse, Backwaren und Milchprodukte. Bundesweit versorgen die Tafeln mehr als eine Million bedürftige Menschen, darunter Bezieher von Hartz IV, Rentner, Obdachlose sowie im zunehmenden Maße Kinder und Jugendliche.

Auch die METRO GROUP trägt unmittelbar und unbürokratisch dazu bei, dass Menschen in Not regelmäßig Nahrungsmittel erhalten. Sie unterstützt die Tafelbewegung in Deutschland sowie die sogenannten „Food Banks" in vielen europäischen Ländern. Die Märkte und Filialen von Metro Cash & Carry sowie Real und Galeria Kaufhof stellen den deutschen Tafeln jährlich in großem Umfang Lebensmittel zur Verfügung.

Außerdem unterstützt die METRO GROUP die soziale Bewegung seit rund zwei Jahren auch durch regelmäßige Finanzhilfen: Das Handelsunternehmen ist mittlerweile der finanzielle Hauptsponsor des „Bundesverbands Deutsche Tafel e.V.". Dem Bundesverband kommt übrigens auch ein Teil des Erlöses aus diesem Kochbuchs zugute: Je ein Euro pro verkauftem Exemplar fließt an die Tafel.

Der Konzern und seine Vertriebslinien engagieren sich jedoch nicht nur in Form von Finanzhilfen und Lebensmittelspenden, sondern auch durch den freiwilligen Einsatz ihrer Mitarbeiter. Während des „METRO GROUP Marathons 2007" in Düsseldorf erliefen Mitarbeiter zum Beispiel die Spendensumme von 32.800 Euro zugunsten der örtlichen Tafel. Dieser Betrag diente als Starthilfe für ein Kinderprojekt der Düsseldorfer Tafel: die Bereitstellung einer warmen Mahlzeit für Schüler, die wochentags nicht zur Betreuung in Schulen angemeldet sind und die keine Verpflegung zu Hause erhalten. Die Kinder und Jugendlichen zahlen einen symbolischen Betrag und werden zusätzlich betreut. Ein bemerkenswertes Projekt, das auch in anderen deutschen Städten Schule machen könnte – und eines von vielen Beispielen für das umfassende soziale Engagement der METRO GROUP.

Wussten Sie schon...

An dieser Stelle bietet sich die Gelegenheit, hinter die Kulissen des größten deutschen Handelsunternehmens zu blicken. Ob Hobbykoch, Caterer oder Restaurantbesitzer – hier erfahren Sie Wissenswertes sowie erstaunliche Fakten und Hintergründe zur METRO GROUP. Unter ihrem Dach firmieren Metro Cash & Carry, Real, Media Markt & Saturn sowie Galeria Kaufhof.

Wer bietet die größte Fischauswahl für Profiköche?

Ob Forellen aus Deutschland oder senegalesischer Zackenbarsch aus dem Mekongdelta: Als größter Fischhändler für Gastronomen und andere gewerbliche Kunden bietet Metro Cash & Carry eine große Auswahl regionaler und internationaler Fisch- und Seafood-Produkte an. Je nach Saison gibt es mehr als 300 verschiedene Sorten. Um Fisch möglichst frisch auf den Tisch zu bringen, benötigt man eine ausgereifte Logistik, sachkundige Experten und ein reibungslos funktionierendes Frischesystem. In all diesen Punkten ist Metro Cash & Carry Vorreiter in der Branche – mit höheren Standards und besseren Kontrollen als gesetzlich vorgeschrieben. Mit einer transparenten Prozesskette und einem strengen Überwachungssystem gemäß der Arbeitsmethode HACCP (Hazard Analysis of Critical Control Points) wird von der Reinigung über die Kühlkette bis zur Temperaturkontrolle optimale Frische gewährleistet. Die METRO GROUP setzt zudem auf den International Food Standard (IFS). Der IFS definiert einheitliche und international gültige Anforderungen für die Hersteller von Eigenmarken.

Kann man Fischsorten wie Lachs überhaupt noch mit gutem Gewissen genießen?

Ja, man kann – wenn man den Fisch beim Händler seines Vertrauens kauft. Die Metro Cash & Carry-Märkte zum Beispiel bieten Lachsspezialitäten ausschließlich aus artgerechter Haltung an. Das bedeutet: Die Fische stammen aus besonders schonender Aufzucht und sind frei von Antibiotika. Um den Stress für die Tiere auf ein Minimum zu reduzieren, werden die Lachse vor dem Schlachten mittels eines patentierten Kaltschlachtverfahrens auf zwei Grad Celsius abgekühlt. Unmittelbar nach der Schlachtung geht der Fischtransport dann aus der renommierten norwegischen Lachsfarm „Bremnes Seashore AS" per LKW direkt nach Deutschland. Wenig später liegt der Lachs bereits in der Auslage der hauseigenen Cash & Carry-Märkte. Frischer, gesünder und in besserer Qualität ist Lachs aus Norwegen in keinem anderen deutschen Großmarkt zu haben. Ebenso ist Victoriaseebarsch guten Gewissens genießbar. Denn die Real SB-Warenhäuser beziehen ihr Victoriasee-Angebot ausschließlich aus dem Bukoba-Fanggebiet. In Bukoba, Tansania, unterstützt die Gesellschaft für Technische Zusammenarbeit (GTZ) im Auftrag des Bundesministeriums für wirtschaftliche Zusammenarbeit und Entwicklung die weltweit erste erfolgreiche Zertifizierung von Kleinfischerei

…, dass Galeria Kaufhof und Real auf den Verkauf von Eiern aus Käfighaltung verzichten und Galeria Kaufhof bei Tragetaschen auf das Umweltsiegel „Blauer Engel" setzt und die METRO GROUP als erstes deutsches Handelsunternehmen Produkte aus nachhaltiger Fischerei verkauft hat?

in einem Entwicklungsland. Zudem sind alle Real-Frischfischtheken seit 2010 Bio-zertifiziert. Auch die Mitarbeiter werden bei Real entsprechend geschult. Zusammen mit der IHK gibt es seit 2007 die Qualifizierung zur „Fachkraft für Frischfisch und Frischfeinkost" im Handel.

Was tut die METRO GROUP zum Schutz von bedrohten Fischarten?

Schon seit 15 Jahren unterstützt die METRO GROUP das Earth Island Institute (EII) und bezieht Thunfisch von entsprechend zertifizierten Lieferanten. Das EII verbietet den Einsatz von Treibnetzen, in denen sich Delfine, Haie, Robben und Seevögel verfangen können. Außerdem hat die METRO GROUP Produkte von gefährdeten Haiarten aus dem Sortiment der deutschen Märkte verbannt.

Als erstes Handelsunternehmen in Deutschland verkauft der Konzern seit 2002 in den Metro Cash & Carry-Märkten Produkte aus nachhaltiger Fischwirtschaft. 2008 wurden die Fischbedien-Abteilungen bei Real nach dem Standard des MSC (Marine Stewardship Council) zertifiziert. Der Marine Stewardship Council ist eine unabhängige, gemeinnützige internationale Organisation, die sich weltweit für nachhaltige und verantwortungsvolle Fischerei einsetzt. Das bedeutet: Erhalt der Bestände, minimale Auswirkung auf die Ökosysteme und gut organisiertes Fischereimanagement. Nach diesen Prinzipien werden Fischereien geprüft, die Wildfisch und Meeresfrüchte fangen – aber auch Händler und Lieferanten, die das MSC-Siegel verwenden wollen. Die MSC-Zertifizierung gilt als derzeit bester Standard für nachhaltig gefangenen Wildfisch weltweit. Verantwortungsvoller Fischfang ist nach wie vor ein Topthema für den größten Fischhändler Europas: So entwickelt die METRO GROUP derzeit zusammen mit der Umweltstiftung WWF (World Wide Fund For Nature) einen Standard für Zuchtfische – das sogenannte ASC (Aquaculture Stewardship Council).

ZERTIFIZIERTE NACHHALTIGE FISCHEREI MSC www.msc.org/de ™

Nachhaltig einkaufen – wie geht das?

Das geht ganz einfach! „Nachhaltig einkaufen" bedeutet in erster Linie: Augen auf beim Shopping. Wer etwa bei Wurst- und Fleischwaren, Milchprodukten, Obst oder Gemüse auf das Bio-Siegel der Europäischen Union achtet, kann sich darauf verlassen, dass die Zutaten landwirtschaftlichen Ursprungs zu mindestens 95 Prozent aus ökologischem Landbau stammen. Das bedeutet unter anderem: artgerechte Tierhaltung, keine

Wusssten Sie schon…

Gen-Pflanzen im Tierfutter und weitgehender Verzicht auf chemische Pestizide und Stickstoffdünger. Nachhaltigkeit bedeutet aber nicht nur auf Produkte mit Bio-Siegel zu achten, sondern auch auf weitere Umweltaspekte: möglichst wenig Verpackung, effektive Transportwege sowie Transparenz – damit man als Verbraucher genau weiß, wo die Ware herkommt.

Kann man Nachhaltigkeit nach Hause tragen?

Ja, zum Beispiel bei Galeria Kaufhof. Hier kommt der Einkauf nicht mehr in eine herkömmliche Plastiktüte, sondern in Tragetaschen aus Recyclingmaterial, die mit dem Blauen Umwelt-Engel ausgezeichnet sind. Diese Taschen werden mindestens zu 80 Prozent aus Low Density Post Consumer Regenerate (LDPCR) hergestellt.

Dieses Kürzel steht für Altkunststoff aus Entsorgungssystemen wie dem Gelben Sack oder dem Grünen Punkt. Kunden von Galeria-Gourmet-Lebensmittelabteilungen können aber auch zu mehrfach verwendbaren, strapazierfähigen Stofftaschen greifen.

Warum setzt sich Galeria Kaufhof für den fairen Handel ein?

Seit vielen Jahren bietet Galeria Kaufhof ihren Kunden Produkte mit dem FairTrade-Logo an. Das FairTrade-Logo garantiert dabei, dass die Lebens- und Arbeitsbedingungen von Bauern und Beschäftigten verbessert werden. Das vielfältige Sortiment umfasst vor allem Kaffee, Tee, Honig, Orangensaft und Schokolade. Galeria Kaufhof führt regelmäßig Aktionen durch, um Kunden den Mehrwert fair gehandelter Produkt näherzubringen: Genuss mit gutem Gewissen.

Was bedeutet „Nachhaltigkeit" für ein großes Handelsunternehmen wie die METRO GROUP?

Zu den wesentlichen Säulen des Nachhaltigkeitsmanagements der METRO GROUP zählt die Umsetzung hoher Standards entlang der Lieferkette – sie ist das Herzstück des Nachhaltigkeitsmanagements. Ebenso wichtig sind ein effizientes Energie- und Ressourcenmanagement sowie die Ausbildung junger Menschen und der faire Dialog und Umgang mit Mitarbeitern, Arbeitnehmervertretern, Geschäftspartnern und anderen wichtigen Gruppen. Während früher zahlreiche Unternehmen Nachhaltigkeit nur als Marketinginstrument betrachtet haben, ist sie bei verantwortungsvollen Unternehmen wie der METRO GROUP längst ein fester Teil der Unternehmensstrategie.

So wurde im September 2009 eigens ein „Nachhaltigkeitsrat" unter der Leitung des Vorstandsvorsitzenden Dr. Eckhard Cordes gegründet. Denn eine nachhaltige Unternehmensstrategie kann nur funktionieren, wenn sie am Kerngeschäft ansetzt: dem Warenhandel und der damit verbundenen Lieferkette. Nachhaltige, unternehmerische Konzepte, wie beispielsweise zum Erhalt bedrohter Fischarten oder verbindliche Qualitätsstandards für Produkte auch unter Berücksichtigung von Tier- und Umweltschutz sowie sozialen Aspekten, dienen gleichermaßen dem Unternehmen und der Gesellschaft. Nachhaltiges Wirtschaften ist also eine wichtige Voraussetzung für unternehmerischen Erfolg. Denn wenn sich Produkte und Preise angleichen, wird die ökologische und soziale Kompetenz eines Unternehmens immer wichtiger. Das Engagement der METRO GROUP ist nicht nur Lippenbekenntnis, Vorstände und Mitarbeiter „leben" Nachhaltigkeit. Und das mit Erfolg: So wurden Real und Galeria Kaufhof beispielsweise beim Corporate Social Responsibility-Test der Verbraucherinitiative e. V. ausgezeichnet. Der CSR-Test ist eine Untersuchung zum Thema Umwelt- und Sozialverantwortung im Handel.

Warum schult die METRO GROUP nicht nur ihr eigenes Personal, sondern auch ihre Lieferanten?

Die METRO GROUP bezieht in vielen Ländern bis zu 90 Prozent ihrer Waren von lokalen Herstellern und Erzeugern. Dabei steht das Handelsunternehmen vor der Herausforderung, dass in einigen Schwellen- und Entwicklungsländer die Warenqualität häufig nicht mit westlichen Standards zu vergleichen ist und darüber hinaus grundlegenden Arbeits- und Sozialstandards nicht konsistent umgesetzt werden. Deshalb beginnt das Lieferantenmanagement und die Qualitätssicherung der METRO GROUP bereits beim Erzeuger.

In Kooperation mit Partnern wie der der UNIDO, der GTZ, der DEG und lokalen Partnern bietet die METRO GROUP Trainingsprogramme für lokale Produzenten an. So hat das Unternehmen bereits zehntausende Landwirte und Fischer hinsichtlich Qualität, Hygiene und Kühlkette geschult. In Vietnam und Indien initiierte die Vertriebslinie Trainingsprogramme für die lokale Land- und Fischereiwirtschaft. Allein in Indien wurden beispielsweise 40.000 Schafzüchter und 1.500 Fischer geschult und eine Million Schafe geimpft. Weitere Projekte dieser Art laufen unter Federführung der METRO GROUP in Ägypten, China, Pakistan und Russland.

Das Ziel all dieser Maßnahmen ist es, lokale Zulieferer zu stärken, die Infrastruktur vor Ort zu unterstützen, die Partner durch Nachhaltigkeit wettbewerbsfähiger zu machen und ihnen auf diese Weise Zugang zum Markt zu verschaffen. Das verbessert die Leistungsfähigkeit der lokalen Märkte, der Lieferanten und somit auch die Leistungsfähigkeit der METRO GROUP. Ohne gemeinsam akzeptierte Standards und Systeme sowie den konstruktiven Dialog zwischen Zulieferern, Regierungen und NGOs wäre dieser Wandel nicht möglich.

Wussten Sie schon...

Ist die genaue Herkunft eines Produkts für den Kunden überhaupt nachvollziehbar?

Ja, denn die Transparenz der Produktions- und Lieferkette dient in erster Linie der Lebensmittelsicherheit und damit der Gesundheit. In China zum Beispiel spielt Lebensmittelsicherheit nicht erst seit den Skandalen um verseuchtes Milchpulver eine große Rolle. Im Rahmen des „Star Farm" Projekts unterstützt Metro Cash & Carry die chinesischen Produzenten beim Erreichen des internationalen Qualitätsstandards. Als Einkaufsorganisation für landwirtschaftliche Erzeugnisse sorgt Star Farm für verbesserte Lebensmittelsicherheit. So wurde 2009 z. B. ein durchgängiges Rückverfolgungssystem für Lebensmittel eingeführt.

Obst- und Gemüsebauern beispielsweise müssen als Zulieferer für Eigenmarken der METRO GROUP sogenannte „GlobalGap Standards" einhalten. Lebensmittelhersteller, Verpacker und Logistik orientieren sich an den „International Featured Standards". Alle Lebensmittel-Eigenmarken werden auf diese Weise überwacht. In einigen Pilotprojekten via Online-Datenbank kann der Kunde sein Produkt mithilfe eines Codes bis zum Erzeuger zurückverfolgen und sich beispielsweise über den Herkunftsort, verwendete Düngemittel oder die Art des Anbaus informieren.

Warum Deutsche Winzer und Galeria Kaufhof auch Wein zu einem nachhaltigen Genuss machen?

Wein ist ein jahrtausendealtes Kulturgut und die perfekte Ergänzung zu einem guten Essen. Viele deutsche Weingüter und Erzeuger bestehen bereits seit Generationen und teilen eine lange Tradition mit Galeria Kaufhof. Sie haben es geschafft, über einen langen Zeitraum Weine in einer hervorragenden Qualität herzustellen. Vorreiter ihrer Branche richten die Bearbeitung der Reben und des Bodens immer stärker nach Nachhaltigkeitskriterien aus und bieten ein ausgezeichnetes Sortiment an Bio-Weinen an.

Galeria Kaufhof ergänzt sein umfassendes Weinsortiment bereits mit 25 Bio-Weinen. An den Kassen überprüfen Galeria Kaufhof und auch Real das Alter der Kunden. Denn Wein ist ein Genuss, aber bitte erst ab 16!.

Warum ist Transparenz so wichtig in Verbindung mit Nachhaltigkeit?

Nachhaltigkeit ist nicht nur eine Sache von morgen, sondern von übermorgen und der weiteren Zukunft. Daher muss ein Unternehmen mit seinem Nachhaltigkeitsmanagement auch Transparenz herstellen. Denn nur so kann es an seinen langfristig angelegten Zielen und Erfolgen gemessen werden, statt an seinen Worten und punktuellen Taten. Nachhaltigkeit und Transparenz sind die Dreh- und Angelpunkte moderner Unternehmen wie der METRO GROUP. Deshalb legt sie seit 2002 einen Nachhaltigkeits-

bericht mit einem umfassenden Zahlen- und Datenteil vor. Der Vorstandsvorsitzende Dr. Eckhard Cordes hat das bedeutende „Copenhagen Communiqué on Climate Change" unterzeichnet. Das Kommuniqué wurde von den Unternehmensführern von mehr als 500 internationalen Konzernen veröffentlicht und basiert auf deren Initiative zum frühzeitigen Aufbau von Rahmenbedingungen gegen den Klimawandel.

Zudem hat die METRO GROUP als erstes deutsches Handelsunternehmen eine Klimabilanz veröffentlicht, in der sie sich verpflichtet, die durch sie verursachte CO_2-Emission bis zum Jahr 2015 um 15 Prozent zu verringern – und zwar durch umweltschonende Logistik sowie zahlreiche Energieeinspar- und Effizienzmaßnahmen.

Was tut die METRO GROUP konkret, um Energie zu sparen?

Die METRO GROUP setzt eine Vielzahl von Methoden ein, um ihren Energiebedarf und damit Klimawirkungen und Betriebskosten zu verringern. Mitarbeiterschulungen und der Einsatz modernster Technik helfen dabei, den Verbrauch von Strom und Wärme in den Märkten spürbar zu senken. Beim mehrfach preisgekrönten „Meydan Shopping Square" in Istanbul beispielsweise sorgt eine Geothermieanlage dafür, dass Erdwärme entweder in Heizenergie oder Kälteleistung umgewandelt wird. Der Metro Cash & Carry-Großmarkt Frankfurt-Riederwald deckt rund ein Drittel seines Strom- und Wärmebedarfs über ein eigenes Erdgas-Blockheizkraftwerk (BHKW). Der neu gebaute Metro Cash & Carry-Großmarkt in Brunnthal bei München nutzt für einen Großteil seines Wärme- und Warmwasserbedarfs die Abwärme der Gewerbekälteanlage. In über 350 Märkten von Metro Cash & Carry und Real sorgen Schiebetüren an Tiefkühltruhen und -regalen dafür, dass bis zu 15 Prozent weniger Strom verbraucht wird. Galeria Kaufhof hat in einigen Warenhäusern auch die Kühlregale für Säfte, Joghurt und Käse mit Glastüren ausgestattet. Dadurch entweicht weniger Kaltluft in die Verkaufsräume. Auch durch modernste Computertechnik wird Strom gespart: So nutzt Real seit 2007 eine sogenannte Wake-on-LAN-Technologie. Dies ermöglicht, die Computer nach Ladenschluss herunterzufahren und sie bis zum nächsten Morgen ausgeschaltet zu lassen.

Was steckt hinter der Eigenmarkenstrategie bei Metro Cash & Carry, Real, Media Markt & Saturn sowie Galeria Kaufhof?

Schlicht und einfach Sparsamkeit. Die Eigenmarken von Metro Cash & Carry kosten im Durchschnitt 15 Prozent weniger als vergleichbare Markenartikel erster Güte. Dabei bieten sie gleichwertige Qualität, auch weil überwiegend namhafte Hersteller mit der Produktion beauftragt sind. Damit deren Qualität auch konstant bleibt, werden sie regelmäßig unabhängigen Qualitätskontrollen unterzogen.

In den Metro Cash & Carry-Großmärkten wurde das Sortiment auf sechs strategische Eigenmarken fokussiert: **Horeca Select** mit hochwertigen Produkten für die

Wusssten Sie schon...

Profigastronomie, **Rioba** mit Premiumprodukten für Bars und Cafés sowie **Fine Food** mit hochwertigen Lebensmitteln und **Aro** mit Produkten für den täglichen Bedarf und Preisen auf Discountniveau für Wiederverkäufer, Gastronomen sowie Büros. Die **H-Linie** ist die einzige Eigenmarke im deutschen Großhandel, die Hoteliers ein komplettes Sortiment für den Gastkontakt bietet. **Sigma** hält Komplettlösungen für das Büro bereit.

Mit den Eigenmarken aus der **Edition Gourmet** von Galeria Kaufhof setzt man auf ganz besondere Spezialitäten in allen Lebensmittel-Warengruppen. Diese Spezialitäten sind nur bei Galeria Gourmet zu haben. Das Besondere an dieser Edition: Der Original-Hersteller bleibt klar ersichtlich. Entweder werden die Etiketten umgestaltet – auch mit original Logo des Herstellers – oder das bestehende Etikett wurde mit dem **Edition Gourmet**-Logo ergänzt. So konnte beispielsweise der prominente Fernsehkoch Johann Lafer für eine **Johann Lafer Edition** gewonnen werden. Sie umfasst Erlesenes für die Gourmetküche wie zum Beispiel Pasta aus Apulien. Auch Media Markt und Saturn arbeiten mit eigenen Exclusivmarken. Hier gibt es übrigens auch alle Küchenutensilien, die auf und am Herd benötigt werden.

BIO nach EG-Öko-Verordnung

Wie engagiert sich die METRO GROUP für den Tierschutz von Geflügel?

Das Verbot von Legebatterien tritt erst im Jahr 2012 EU-weit in Kraft. Doch Real und Galeria Kaufhof verzichten bereits heute auf den Verkauf von Eiern aus Käfighaltung. Beispielsweise haben Kunden bei Real die Wahl zwischen käfigfreien Eiern der hauseigenen Marken „TiP, real,- QUALITY und real,- BIO. Damit folgte der SB-Markt nicht nur der Anregung vieler Kunden, sondern setzt sich zudem auch für die Förderung artgerechter Tierhaltung ein: zum Beispiel durch eine enge Zusammenarbeit mit dem „Verein für kontrollierte alternative Tierhaltungsformen e.V." (KAT). KAT gilt als eine der wichtigsten Kontrollinstanzen bei der lückenlosen Prüfung von Eiern, in Deutschland und in vielen EU-Ländern. Für sein konsequentes Engagement wurde Real von der international renommierten Tierschutzorganisation „Compassion in World Farming" mit dem „Goldenen Ei 2009" ausgezeichnet. Durch die Unterstützung der Preisträger wie Real können sich jährlich mehr als 15 Millionen Hennen frei bewegen. Die Vertriebslinie Galeria Kaufhof verzichtet bereits seit 2005 auf den Verkauf von Eiern aus Käfighaltung.

Was ist das Besondere an den Eigenmarken von Real?

Aufgrund von ernährungsbedingten Krankheiten und Übergewicht wird eine gesunde Lebensweise immer wichtiger. Als Lebensmittelhändler ist sich Real seiner Verantwortung für einen gesunden, ausgewogenen Lebensstil bewusst. Um Kunden die Auswahl der Lebensmittel leichter zu machen und mehr Transparenz beim Energiegehalt und den wichtigsten Nährstoffen der Produkte zu geben, findet man auf allen Eigenmarken eine umfassende Nährwertkennzeichnung. Auf der Vorderseite der Verpackung gibt der sogenannte „GDA-Nährwertkompass" einen Überblick. Er zeigt die Portionsgröße, den Kaloriengehalt der Portion und welchen Anteil des täglichen Energiebedarfs diese Portion deckt. Die Nährwert-Tabelle auf der Rückseite der Produkte enthält detaillierte Informationen. Sie gibt an, wie viele Kalorien und Nährstoffe das Produkt pro 100 Gramm oder Milliliter enthält. Zudem werden die gleichen Angaben für eine Portion des Produkts aufgeführt. Übrigens: Diese Informationen gehen über die gesetzlichen Anforderungen hinaus und machen so die Inhaltsstoffe von Lebensmitteln transparenter.

Wie steht's überhaupt mit der Qualität in den SB-Warenhäusern von Real?

Real verkauft ausschließlich qualitativ hochwertige Waren – für jedes Budget. Günstig bei gleichzeitig guter Qualität ist die Marke **TiP**. Dieses Sortiment umfasst über 800 Produkte für den täglichen Bedarf – und zwar zum besten Preis. **real,- QUALITY** bietet hochwertige Eigenmarken-Qualität auf Markenartikel-Niveau. Sie umfasst über 2.000 Produkte, von Äpfeln über Babypflege bis zum Waschhandschuh, die dauerhaft günstiger sind. Mit **real,- BIO** haben Kunden die Wahl zwischen rund 200 Bio-Produkten zu immer günstigen Preisen. Alle Produkte von **real,- BIO** stammen aus ökologischem Anbau oder Herstellung und erfüllen die strengen Anforderungen der Öko-Verordnung der Europäischen Union. **real,- SELECTION** ist die Hausmarke für anspruchsvolle Gourmets. Feine Spezialitäten in erlesener Spitzenqualität – der Preis liegt jedoch deutlich unter dem anderer Premiummarken.

Warum tut man seiner Gesundheit etwas Gutes, wenn man im Internet auf der Website von Real surft?

Ganz einfach, weil bei Real die Beratung auch nach dem Einkauf weitergeht. Deshalb hat Real unter dem Motto „Natürlich bewusst einkaufen" ein Gesundheitsportal im Internet eingerichtet. Klar, das Thema „gesunde oder auch bewusste Ernährung" ist in aller Munde. Aber was bedeutet das im Alltag? Sich bewusst zu ernähren heißt, sich wohlzufühlen und leistungsfähig zu sein. Dabei kommt es auf eine ausgewogene, vielfältige und vollwertige Auswahl der Lebensmittel an – die Qual der Wahl fällt manchmal schwer bei einem schier unüberschaubaren Angebot.

Unter der Webadresse **http://www.bewusst-einkaufen-gesund-leben.de/** geben Real-Experten gute Tipps und Ratschläge für große und kleine Verbraucher. Zum Beispiel: Welches Wasser ist für Säuglinge geeignet? Welche Lebensmittel sollten wo im Kühlschrank gelagert werden, damit sie möglichst frisch bleiben? Außerdem erfährt der interessierte Real-Kunde alles über neue Regelungen und Verordnungen im Lebensmittelrecht – und zwar so, dass es jedermann verstehen kann – beispielsweise mit Informationen zum neuen EU Bio-Siegel: Ein Blick ins Netz lohnt sich, nicht nur für Real-Kunden!

Rezeptregister

METRO GROUP

METRO GROUP
Konzernrepräsentanz / nationale Politik
Charlottenstraße 46
10117 Berlin
Telefon +49(0)30 208 8943-41
Telefax +49(0)30 208 8943-43
E-Mail berlin@metro.de
www.metrogroup.de/berlin

Metro Cash & Carry
Externe Kommunikation
Schlüterstraße 1
40235 Düsseldorf
Telefon +49 (0)2 11 68 86 11 89
Telefax +49 (0)2 11 68 86 20 01
E-Mail presse@metro-cc.de
www.metro-cc.de

GALERIA Kaufhof GmbH
Unternehmenskommunikation
Leonhard-Tietz-Straße 1
50676 Köln
Telefon +49 (0)22 12 23 55 95
Telefax +49 (0)22 12 23 55 99
E-Mail presse@kaufhof.de
www.galeria-kaufhof.de

Real SB-Warenhaus GmbH
Unternehmenskommunikation
Reyerhütte 51
41065 Mönchengladbach
Telefon +49 (0)21 61 403-8 26
Telefax +49 (0)21 61 403-2 22
E-Mail presse@real.de
www.real.de/presse

Media-Saturn-Holding GmbH
Wankelstraße 5
85046 Ingolstadt
Telefon +49 (0) 84 16 34-0
Telefax +49 (0) 84 16 34-99 25 96
E-Mail feedback@media-saturn.com
www.media-saturn.com

Danke

Die Herausgeber danken den Sterneköchen und Mitgliedern der „L'Art de Vivre Gourmet-Residenzen" Herrn Achim Schwekendiek, Peter Nöthel, Alfred Klink, Matthias Diether, Jörg Sackmann, Hubert Retzbach, Jörg Müller, Thomas Martin und Frau Erika Bergheim für Ihre Unterstützung als Kochpaten und Herrn Hans Stefan Steinheuer, der mit seiner Unterstützung die Kooperation und Realisierung möglich gemacht hat.

Dem Hobbykoch und TV-Moderator Alfred Biolek und Deutschlands beliebtestem Fernseh- und Sternekoch Johann Lafer für die Bereitschaft, unsere Fragen zum Thema „Das Gute essen" und Nachhaltigkeit so bereitwillig und unterhaltsam zu beantworten.

L'Art de Vivre
Gourmet-Residenzen

DIE VEREINIGUNG L'ART DE VIVRE ENGAGIERT SICH IM DEUTSCHSPRACHIGEN RAUM ZUSAMMEN MIT IHREN SPITZENKÖCHEN FÜR DEN „GESCHMACK DER REGIONEN". MIT IHREN GOURMETRESIDENZEN SOWIE DEM EINMALIGEN FREUNDES- UND GÄSTEKREIS STEHT SIE SEIT MEHR ALS 20 JAHREN FÜR DIE PFLEGE UND FÖRDERUNG VON TAFEL-, TISCH- UND WEINKULTUR.

Impressum

Das Gute essen – Sonderausgabe

Herausgeber

© 2010 METRO AG
Corporate Communications, Public Affairs & CSR
Dr. Michael J. Inacker
Postfach 23 03 61
Schlüterstraße 1
40235 Düsseldorf
www.metrogroup.de

© 2010 Tre Torri Verlag GmbH, Wiesbaden
Ralf Frenzel, www.tretorri.de

Konzeption, Idee und Umsetzung

METRO AG, Konzernrepräsentanz Berlin/nationale Politik,
Michael Wedell
www.metrogroup.de/berlin

CPA! Communications- und Projektagentur GmbH,
Ralf Frenzel
www.cpagmbh.de
Die CPA! ist Mitglied der Deutschen Akademie für Kulinaristik und fördert Slow Food Deutschland e. V.

Redaktion
Christian Maas (METRO AG), Jeanette Hütten (Metro Cash & Carry Deutschland),
Stefanie Grüter (Galeria Kaufhof), Jessica Burghard (Real), Elisabeth Hesse (METRO AG),
Jürgen Matern (METRO AG), Sébastien Philippe (Metro Cash & Carry Deutschland),
Katharina Meisel (METRO AG)

Text: Susanne Reininger, Offenbach
Gestaltung: Gaby Bittner, Wiesbaden
Fotografie Porträts: Arne Landwehr, Wiesbaden Seiten 5, 6, 7
Foto Johann Lafer: Office Lafer Seite 13
Fotografie Food: Peter Schulte, Hamburg und Till Roos
Fotografie Kapitelaufmacher: Christof Herdt, Frankfurt
Seiten 16, 48, 76, 96, 124, 156, 182, 204, 248
Fotografie Impressionen: Geschäftsstelle Bundesverband Deutsche Tafel e. V., Berlin Seite 272
Satz und Reinzeichnung: Peter Winkelmann, Wiesbaden
Reproduktion: Lorenz & Zeller, Inning am Ammersee

Mix
Produktgruppe aus vorbildlich bewirtschafteten Wäldern und anderen kontrollierten Herkünften
www.fsc.org Zert.-Nr. SGS-COC-001425
©1996 Forest Stewardship Council
FSC

Printed in Germany
Gedruckt wurde auf 100g/qm Luxosamt 1,1-fach Vol.
FSC-zertifiziertem Papier.

ISBN 978-3-941641-42-6

Weine
Das Gute trinken
Tre Torri

Impression Metro Weinhumidor®

Das Gute trinken

Impression Metro Weinhumidor®

Mit dem richtigen Wein zum perfekten Genuss

Genießen Sie einfach das Gute. Mit einem Wein von der METRO GROUP.

Das Gute essen und dazu einen Schluck guten Wein – so wird selbst ein einfaches Gericht zum perfekten Genuss. Doch die Weinwelt steckt immer wieder voller schöner Überraschungen. Die METRO GROUP hat deshalb systematisch ein großes Know-how aufgebaut, um den Kunden stets passende, interessante und individuelle Weine aller Qualitätsstufen anbieten zu können.

Sortentypische, alltagstaugliche Weine zum günstigen Preis bietet Real in großer Auswahl, während in der Galeria Kaufhof, bei Metro Cash & Carry und in den Metro Weinhumidoren® neben Weinen für jeden Tag auch Allerbestes von deutschen und internationalen Spitzengütern vorrätig ist. Insgesamt 350 Weine werden auf den folgenden Seiten vorgestellt. Die Angebote sind nach Land, Anbaugebiet und Rebsorte geordnet. Die kurze, präzise Beschreibung jedes Weins, Sekts oder Champagners macht die Auswahl ganz einfach: Ein schneller Blick genügt, um genau das Richtige zum guten Essen zu finden. Oder einfach für sich, den Partner und die Freunde.

Genießen Sie das Gute! Aber erst ab 16 Jahren. Das ist uns wichtig.

Jugendschutz wird bei Real und Galeria Kaufhof großgeschrieben.

Um die Umsetzung des Alkoholverbots für Jugendliche zu gewährleisten, setzt **Real** auf eine doppelte Strategie. Mit der eigens entwickelten „Initiative 18+" wird zum einen das Personal speziell geschult, zum anderen gibt es ein Kassenwarnsystem. **Real** hat 2007 als erstes Unternehmen das Warnsystem eingeführt und alle SB-Warenhäuser damit ausgestattet. Wird ein Jugendschutzartikel eingescannt, kann der Kassiervorgang erst fortgesetzt werden, wenn eine entsprechende Altersprüfung stattgefunden hat.

Auf Schulungen und ein vergleichbares Kassensystem setzt auch **Galeria Kaufhof**. Das Besondere: Dem Kassierer wird nicht nur die Alterskontrolle signalisiert, auf dem Bildschirm steht zudem das Datum, das der Ausweis mindestens tragen muss. Im hektischen Alltagsgeschäft eine große Erleichterung.

DEUTSCHE WEISSWEINE

Anbaugebiet	Wein	Erzeuger	Geschmacksbeschreibung
Baden	Grauburgunder Q.b.A. trocken	WG Achkarren	Dieser Wein besitzt eine noch jugendliche Frucht und erinnert in der Nase an Aromen von Birne, Ananas und Zitrone.
Mosel	Riesling Q.b.A. trocken	Weingut Vereinigte Hospitien	Feinfruchtiger und eleganter Riesling, mit einer harmonischen Säure. Leicht und bekömmlich im Geschmack, unterlegt von einer pikanten Mineralität.
Pfalz	Exclusiv Grauer Burgunder Q.b.A. trocken	Deutsches Weintor	Ein gehaltvoller, würziger Wein mit voller Frucht und geschmeidiger Note. Im Duft erinnert er an süße Honigmelonen. Ein samtiger und charmanter Pfälzer.
Pfalz	Exclusiv Weißer Burgunder Q.b.A. trocken	Deutsches Weintor	Feine, elegante Nase mit leicht nussiger Note. Ausdrucksvoll, sehr rund und weich, mit pikanter Fruchtsüße, feinherber, langer Nachhall.
Pfalz	Riesling Q.b.A. Classic	Weingut Michael Schneider	Fruchtig, rassig, ein mineralischer Riesling mit Aromen von Aprikose, Pfirsich und grünem Apfel. Dank der kontrollierten Vergärung bei niedrigen Temperaturen bleibt dem Wein diese Fruchtaromatik in all ihren Nuancen erhalten.
Pfalz	Riesling Q.b.A. trocken	Weingut Vollmer	Im Duft erinnert dieser Wein an die Aromen von hellen Südfrüchten und Litschi. Am Gaumen besitzt er eine gute Struktur mit einer ausgewogenen Säure.
Pfalz	Grauer Burgunder Q.b.A. trocken	Weingut Leoff	Dieser kräftige Weißwein zeichnet sich durch verhaltene Säure und Aromen von reifen Früchten, Karamell und Rosinen aus.
Pfalz	Grauer Burgunder Q.b.A. trocken	Weingut Staufenfels	Ein trockener, fruchtiger Weißwein.
Pfalz	Weißer Burgunder Q.b.A. trocken	Weingut Leoff	Dieser Weißwein ist ein feinfruchtiger, spritziger, frischer Wein.
Rheingau	Riesling Classic	Weingut Kloster Eberbach	Ein erfrischend fruchtiger Riesling mit den typischen Aromen von Pfirsich, Aprikose und Apfel.

INTERNATIONALE WEISSWEINE

Land	Anbaugebiet	Wein	Erzeuger	Geschmacksbeschreibung
Australien	South Eastern Australia	Pinot Grigio halbtrocken	Jinda Lee	Frisch, fruchtig, intensive Aromen von Birne, Apfel und Limette, lang anhaltend.
Frankreich	Burgund	Bourgogne Blanc trocken	Marc Devaux	Großzügig am Gaumen, schön abgerundet mit einer leichten mineralischen Note. Der lebendige Abgang sorgt für viel Frische.
Frankreich	Elsass	Alsace Prestige AOC trocken	Arthur Metz	Ein fruchtiger, leicht zu trinkender und ausgeglichener Wein.
Frankreich	Languedoc	Sauvignon Blanc trocken	La Baume	In der Nase Aromen von Limone und Eisenkraut. Am Gaumen frisch mit leichter Süße. Langer Nachhall.
Frankreich	Languedoc	Chardonnay trocken	Ribeaupierre	Ein ausdrucksvoller Chardonnay, der nach Akazie, Ananas und exotischen Früchten duftet.

Land	Anbaugebiet	Wein	Erzeuger	Geschmacksbeschreibung
Frankreich	Loire	Pouilly Fumé trocken	Les Baudrières	Im Glas zeigt dieser Wein eine blassgelbe Farbe mit grünen Reflexen. In der Nase entfalten sich die typischen Aromen von Zitrusfrüchten, Feuerstein und Mineralien.
Frankreich	Loire	Muscadet Sevre Et Maine trocken	Maison Lacheteau	Erster Eindruck frisch mit einer Spur Kohlendioxid. Rund und gut ausgeglichen am Gaumen, mit guter Fülle. Angenehme Nachhaltigkeit, die an exotische Früchte und Haselnüsse erinnert.
Frankreich	Loire	Sancerre Blanc trocken	Maison Lacheteau	Am Gaumen gehaltvoll, vollmundig, aromatisch und anhaltend. Die schöne Frische verleiht dem Wein eine gelungene Ausgewogenheit.
Frankreich	Pyrenäen	Colombard Sauvignon trocken	J. P. Chenet	Ein fruchtiger Wein, dessen Aromen an Birne, Pfirsich und weiße Blumen erinnern. Am Gaumen trocken, fein und lebendig.
Frankreich		Chardonnay trocken	Grand Sud	Sehr ausdrucksvoll mit den Aromen von Akazien, Ananas und exotischen Früchten.
Frankreich		Sauvignon Blanc trocken	Ribeaupierre	Duft nach exotischen Fruchtaromen wie Grapefruit und Ananas, feinherbe Art.
Italien	Friaul	Pinot Grigio trocken	Zonin	Ein leichter, eleganter Weißwein mit frisch fruchtigem Geschmack.
Italien	Piemont	Gavi di Gavi trocken	Tenuta Trere	In der Nase Anklänge von Aprikosen, Vanille und Zitrusfrüchten. Am Gaumen trocken mit balancierter Säure und feiner Frucht. Eleganter Körper und lang im Abgang.
Italien	Piemont	Gavi di Gavi Sassi Del Cardinale trocken	Terre Da Vino	In der Nase mit intensiven floralen Noten. Im Geschmack angenehm trocken und frisch. Vollmundig und ausgewogen.
Italien	Sizilien	Corvo Bianco trocken	Corvo	Frisch und entgegenkommend in der Nase, lebendig und harmonisch am Gaumen, mit zarter Frucht und passender Säure.
Italien	Sizilien	Pinot Grigio IGT trocken	Montalto	Trockener, fruchtiger, frischer Wein mit einem intensiven Duft reifer exotischer Früchte.
Italien	Toskana	Villa Antinori Bianco Toscana IGT trocken	Marchesi Piero Antinori	Intensiv-blumiger Duft, mit frischem, ausgewogenem Geschmack.
Italien	Trentino	Chardonnay DOC trocken	Ponte Cestio	In der Nase Anklänge von Aprikosen, Vanille und Zitrusfrüchten. Am Gaumen trocken, harmonisch und mit feinen Aromen von grünen Äpfeln. Elegant und lang im Abgang.
Italien	Trentino	Pinot Grigio DOC trocken	Ponte Cestio	In der Nase Anklänge von Aprikosen, Vanille und Zitrusfrüchten. Am Gaumen trocken, frisch und ausgewogen. Balanciert und lang im Abgang.
Italien	Venetien	Pinot Grigio D. Veneto IGT trocken	Lamberti	In der Nase Anklänge von tropischen Früchten, Litschi und Honigmelone. Am Gaumen trocken, spritzig und mit eleganter Frucht. Harmonisch im Abgang.
Italien	Venetien	Lugana DOC trocken	Lamberti	In der Nase florale Anklänge von Akazienblüten mit feiner tropischer Frucht. Am Gaumen trocken, frisch und ausgewogen. Feingliedriger Körper, komplex und lang im Abgang.
Portugal	Portugal	Casal Garcia Vinho Verde DOC	Quinta da Aveleda	Ein typischer Vinho Verde, in der Nase mit Anklängen von grünem Apfel und Zitrus, am Gaumen frisch, leicht und spritzig.

Land	Anbaugebiet	Wein	Erzeuger	Geschmacksbeschreibung
Spanien	Rueda	Blanco trocken	Marqués de Riscal	Ein trockener Wein mit betont fruchtiger Nase und rassiger Frische am Gaumen.
Spanien	Tierra de Castilla	Solaz Blanco trocken	Osborne	Fruchtig-trockener, frischer und würziger Weißwein.
Südafrika	Western Cape	Sauvignon Blanc trocken	Golden Kaan	Knackig-frischer Sauvignon Blanc mit lebhafter Säure, reich an tropischer Frucht, saftiger Melone, reifem Pfirsich und mineralischen Noten, mit guter Struktur und Tiefe, langer Abgang.
Südafrika	Western Cape	Winemasters Selection Sauvignon Blanc trocken	Nederburg	Trocken, ausgewogen, cremig, mit feinem Vanille-Aroma.
Südafrika	Western Cape	Chenin Blanc halbtrocken	Cape Africa	Trocken, fruchtig-frisch, mit feinen Noten von Honig, Birnen und Guaven.
Südafrika	Western Cape	Foundation Sauvignon Blanc trocken	Nederburg	Mit Aromen von tropischen Früchten und Stachelbeere, am Gaumen spritzig und frisch.
USA	Kalifornien	Gallo Family Vineyards Sauvignon Blanc trocken	Ernest & Julio Gallo	Fruchtig frischer Sauvignon Blanc mit Aromen von Zitrus und Grapefruit.
USA	Kalifornien	Gallo Turning Leaf Chardonnay trocken	Ernest & Julio Gallo	Schmeckt köstlich nach Birne und Pfirsich, mit saftigen Zitrusnoten und einem Hauch von Gewürzen.

DEUTSCHE ROTWEINE

Anbaugebiet	Wein	Erzeuger	Geschmacksbeschreibung
Baden	Spätburgunder Q.b.A. trocken	Winzerkeller Hex vom Dasenstein	Spätburgunder von rubinroter Farbe. In der Nase zeigen sich feine Aromen von Beerenfrüchten, am Gaumen ist er rund, kraftvoll und vollmundig.
Pfalz	Dornfelder Barrique Q.b.A. trocken	Weingut Michael Schneider	Zeigt Aromen von gerösteten Mandeln und Vanille, am Gaumen gut strukturiert, mit langem Nachklang.
Pfalz	Exclusiv Dornfelder Q.b.A. trocken	Deutsches Weintor	Ein Rotwein von mediterranem Typ. Rubinrot mit schönem Körper und kräftigem Bouquet. Er präsentiert sich vollmundig, samtig weich, mit intensiven Fruchtaromen von Waldfrüchten und Holunder.
Pfalz	Edition Mild Dornfelder Q.b.A. halbtrocken	Deutsches Weintor	Dieser Wein zeichnet sich durch eine angenehme Säure aus und ist bekömmlich. Er präsentiert sich samtig weich und mit üppiger Frucht.
Pfalz	Dornfelder Q.b.A. trocken	Weingut Vollmer	In der Nase erinnern die Aromen an reife Kirschen und Rote Johannisbeeren. Am Gaumen ist er rund, saftig, leicht süßlich sowie lang anhaltend.
Pfalz	Dornfelder Q.b.A. trocken	Weingut Michael Schneider	Tiefdunkle rote Farbe und die Aromen reifer Waldfrüchte prägen den ausdrucksstarken Charakter dieses Weins.
Pfalz	Dornfelder Q.b.A. lieblich	Weingut Michael Schneider	Ein betont fruchtiger Dornfelder, samtig weich mit abgerundeter Süße.
Pfalz	Spätburgunder Q.b.A. trocken	Weingut Michael Schneider	Dieser Spätburgunder ist ein charaktervoller kräftiger Rotwein. Die intensive rote Farbe und die Aromen reifer Kirschen prägen den harmonischen Charakter dieses Weins.

Anbaugebiet	Wein	Erzeuger	Geschmacksbeschreibung
Pfalz	Spätburgunder Q.b.A. lieblich	Weingut Staufenfels	Ein lieblicher, betont fruchtiger Rotwein. Frisch, kernig und gehaltvoll im Geschmack mit dem Bouquet Roter Johannisbeeren.
Pfalz	Blauer Spätburgunder Q.b.A. trocken	Weingut Leoff	Dieser Spätburgunder ist ein vollmundiger, samtiger Rotwein, dessen Aroma an Brombeeren erinnert.
Pfalz	Dornfelder Q.b.A. lieblich	Weingut Leoff	Ein angenehm lieblicher Dornfelder, fruchtig und weich im Geschmack.
Pfalz	Dornfelder Q.b.A. trocken	Weingut Leoff	Purpurrot mit violetten Reflexen präsentiert sich dieser Dornfelder im Glas. Er duftet nach schwarzen Kirschen und Brombeeren, am Gaumen ist er weich und saftig, mit dezenten Tanninen.

INTERNATIONALE ROTWEINE

Land	Anbaugebiet	Wein	Erzeuger	Geschmacksbeschreibung
Argentinien	Mendoza	Trapiche Malbec Oak Cask trocken	Bodegas Trapiche	Fruchtige Aromen von Brombeeren und Pflaumen. Elegant eingebundene Vanille- und Rauchnoten. Samtige Textur mit langem Nachhall.
Australien	Barossa Valley	Shiraz Barossa trocken	Peter Lehmann	Opulent fruchtig, samtig-weich und ausgesprochen würzig, nuancenreich im Bouquet und konzentriert im Geschmack.
Chile	Central Valley	Casillero del Diabolo Cabernet Sauvignon trocken	Concha y Toro	Aromen von reifen Kirschen, Johannisbeeren, dunklen Pflaumen und einem Hauch Vanille. Angenehm weiche Tannine und gute Struktur.
Chile	Central Valley	Sunrise Cabernet Sauvignon trocken	Concha y Toro	Ausgeprägte Aromen von Brombeere und Johannisbeere mit Noten von Schokolade, Pflaumen und Vanille; voller Körper; harmonisch, ausgewogen, nachhaltig.
Chile	Central Valley	Sunrise Carmenere trocken	Concha y Toro	Frisches Aroma nach Erdbeeren und Himbeeren; eleganter, schlanker Körper; harmonisch, ausgewogen und vollmundig.
Frankreich	Bordeaux	St. Emilion Grand Cru	Tertre du Moulin	Ein runder, gehaltvoller und harmonischer Wein, lang im Abgang.
Frankreich	Bordeaux	Reserve De L'Estey Margaux AOC trocken	Calvet	Am Gaumen zeigt der Wein viel Fülle. Die Tannine sind kräftig und rund, mit einem langen, fruchtigen und würzigen Abgang.
Frankreich	Bordeaux	Bordeaux AOC trocken	Château Bois Pertuis	Geschmeidig und ausgewogen mit lang anhaltenden Aromen von Backpflaume und Schwarzer Kirschkonfitüre.
Frankreich	Bordeaux	Pomerol AOC trocken	Calvet	Ein harmonischer Wein mit einem nachhaltigen und fruchtigen Abgang.
Frankreich	Burgund	Beaujolais trocken	Paul Edouard	Fruchtbetonter Wein mit intensiven Aromen von Kirschen, Himbeeren und Schwarzen Johannisbeeren.
Frankreich	Languedoc	Merlot trocken	La Baume	In die Nase steigen Aromen von Waldbeeren, Kirschen und Himbeeren, am Gaumen zeigt er sich angenehm frisch mit feinen Tanninen.
Frankreich	Languedoc	Merlot trocken	Ribeaupierre	Duftet nach roten Früchten, Cassis, Kirschen und Himbeerkonfitüre.

Land	Anbaugebiet	Wein	Erzeuger	Geschmacksbeschreibung
Frankreich	Languedoc	Cabernet Sauvignon trocken	Ribeaupierre	Ein typischer Cabernet Sauvignon, der nach roten Früchten, Cassis und grüner Paprika duftet. Im Hintergrund Anklänge von Gewürzen und Heu.
Frankreich	Languedoc	Cabernet Syrah trocken	J. P. Chenet	In der Nase mit Aromen von Kirsche, Schwarzer Johannisbeere und Lakritz, am Gaumen rund und weich.
Italien	Abruzzen	Montepulciano D'Abruzzo DOC trocken Bio	Soliano	In der Nase mit Aromen von dunklen Beerenfrüchten, am Gaumen vollmundig und kräftig.
Italien	Piemont	Barolo DOCG trocken	Alto Di Bellano	Charakteristisches, ätherisches, angenehmes und intensives Bouquet, im Geschmack herb, vollmundig, dabei aber samtig.
Italien	Piemont	Barolo Riserva DOCG trocken	Il Bastione	In der Nase Anklänge von frischem Tabak und dunklen Waldbeeren, fein würzige Noten. Am Gaumen trocken und kräftig mit feinem Tannin und strukturiertem Körper. Im Abgang balanciert und lang.
Italien	Toskana	Villa Antinori Rosso Toscana IGT trocken	Marchesi Piero Antinori	In der Nase mit intensiven Noten von Beeren und Holz, am Gaumen ausgewogen, mit weichen Tanninen.
Italien	Toskana	Brunello di Montalcino DOCG trocken	Duca Croce	Dieser Brunello duftet nach balsamischer Würze, reifer Beerenfrucht und Vanille. Am Gaumen überzeugt er mit einer guten Dichte und einem langen Abgang.
Italien	Toskana	Chianti Superiore DOCG trocken	Villa Orsini	Trockener Rotwein mit harmonisch eingebundenen Tanninen, kräftiger Körper.
Italien	Toskana	Chianti Classico DOCG Riserva trocken	Portella di Castelli	Fruchtig-würziger Chianti mit Anklängen von Cassis und Gewürz. Am Gaumen trocken und kräftig mit feinem Tannin und strukturiertem Körper. Lang im Abgang.
Italien	Toskana	Chianti Classico DOCG trocken	Portella di Castelli	In der Nase feine Röstaromen von Kaffee, balanciert von intensiver dunkler Frucht. Am Gaumen trocken und kräftig mit leicht rauchigen Anklängen und intensiver dunkler Frucht. Im Abgang balanciert und lang.
Italien	Toskana	Chianti Riserva DOCG trocken	Villa Orsini	Intensives Bouquet mit Aromen von dunklen Früchten, Noten von Pfeffer, weich, mit harmonisch eingebundenen Tanninen.
Italien	Toskana	Rosso Di Montalcino DOC trocken	Castello Di Tricerchi	Duft nach roten Früchten, Brombeere, rund, harmonisch, weiche Tannine, feiner Körper, kraftvoll und lang anhaltend.
Italien	Toskana	Chianti Classico DOCG trocken	Contessa Di Radda	Typischer Chianti Classico, harmonisch und ausgewogen mit weichen Tanninen.
Italien	Trentino	Cabernet Sauvignon DOC trocken	Ponte Cestio	In der Nase Anklänge von dunklen Waldfrüchten und Gewürzen. Am Gaumen trocken, fruchtig und kräftig mit feinem Tannin und strukturiertem Körper. Balanciert im Abgang.
Italien	Trentino	Merlot DOC trocken	Ponte Cestio	Fruchtig-würziger Merlot mit Anklängen von Cassis. Am Gaumen trocken und feingliedrig mit Aromen von reifen roten Waldfrüchten.
Italien	Venetien	Valpolicella Classico Ripasso DOC trocken	Montigoli	Weiniger und würziger Duft mit Aromen von roten Beeren, ausgewogen, körperreich mit harmonischen Tanninen.
Italien	Venetien	Amarone DOC trocken	Montigoli	In der Nase Aromen von Sauerkirschen und Trockenpflaumen, würzig, mit ätherischen Anklängen.

Land	Anbaugebiet	Wein	Erzeuger	Geschmacksbeschreibung
Österreich	Neusiedlersee	Selection Blauer Zweigelt trocken	Weinkellerei Lenz Moser	Im Duft Noten von reifer Beerenfrucht, am Gaumen samtig und mit weichen Tanninen.
Spanien	Catalunien	Vina Sol trocken	Miguel Torres	Intensives, blumiges Bouquet mit duftigen Aromen von Äpfeln und Birnen, Pfirsich, Bananen, einem Hauch von Zitrusfrüchten und feinen mentholischen Anklängen. Am Gaumen saftig und erfrischend mit festem Körper, sehr elegant mit langem, aromatischem Nachhall.
Spanien	La Mancha	Merlot Vino De La Tierra De Castilla Bio trocken	Soliano	Fruchtig, vollmundig, charaktervoll – der Merlot überzeugt mit typischen Aromen dunkler Früchte und feiner Würze.
Spanien	Rioja	Reserva trocken	Marqués de Riscal	Klassischer, weicher, duftiger Rioja Reserva. Würzige Beerenfrucht, feinnervige Säure, zarte Vanille-Töne, Spuren von Tabak und Bitterschokolade.
Spanien	Rioja	Crianza trocken	Marqués de Caceres	In der Nase kraftvoll würzig mit fruchtigen Aromen dunkler Früchte. Am Gaumen trocken mit komplexer Struktur und Anklängen von Pflaumen, Leder, Tabak und Vanille. Im Abgang dicht und lang.
Spanien	Rioja	Crianza trocken	Cune	In der Nase Aromen von dunklen Waldfrüchten und Vanille. Am Gaumen trocken und weich. Anklänge von Cassis, Zedernholz und frischem Tabak. Komplex und lang im Abgang.
Spanien	Rioja	Reserva trocken	Cune	In der Nase Aromen von Cassis, Vanille und Kakao. Schön eingebundenes Holz. Am Gaumen trocken mit dichter Struktur und kräftigem Körper. Im Abgang dicht und lang.
Spanien	Tierra de Castilla	Solaz Tempranillo/ Cabernet Sauvignon trocken	Osborne	In der Nase mit Aromen von dunklen Beerenfrüchten und würzigen Noten. Am Gaumen fruchtbetont und harmonisch.
Spanien	Tierra de Castilla	Solaz Shiraz/Tempranillo trocken	Osborne	Eleganter Rotwein mit intensiver Frucht, guter Struktur und einem langen, weichen Finish. Im Eichenholzfass gereift.
Spanien	Valdepenas	Vino Albali Gran Reserva trocken	Bodega Felix Solis	In der Nase würzige Aromen von Leder und Tabak mit fein integrierter Frucht. Am Gaumen trocken und kräftig mit feinem Tannin. Dicht strukturierter Körper mit intensiver Frucht. Weich und lang im Abgang.
Südafrika	Coastal Region	Manor House Shiraz trocken	Nederburg	Kräftiger Wein, mit Röstaromen und Anflügen von weißem Pfeffer.
Südafrika	Paarl	Cabernet Sauvignon trocken	Plaisir de Merle	Erinnert im Duft an dunkle Beerenfrüchte, am Gaumen ist er konzentriert und dicht.
Südafrika	Western Cape	Cabernet Sauvignon Winemasters Selection trocken	Nederburg	Ausgewogen, cremig, mit feinem Vanille-Aroma.
Südafrika	Western Cape	Pinotage trocken	Nederburg	Rauchig, weich, mit Duft nach Schwarzen Johannisbeeren.
Südafrika	Western Cape	Merlot trocken	Nederburg	Würzig, weich mit Aromen von Pflaumen und dunklen Beeren.
USA	Kalifornien	Gallo Truning Leaf Cabernet Sauvignon trocken	Ernest & Julio Gallo	Aromen dunkler Beeren und Pflaumen, deutliche Holz- und Gewürznoten. Abgerundet durch einen Hauch Vanille.
USA	Kalifornien	Gallo Family Vineyards Merlot trocken	Ernest & Julio Gallo	Schmeckt nach dunklen Beerenfrüchten, abgerundet durch einen Hauch Vanille. Weich und fruchtbetont.

Land	Anbaugebiet	Wein	Erzeuger	Geschmacksbeschreibung
USA	Kalifornien	Gallo Family Vineyards Zinfandel trocken	Ernest & Julio Gallo	Körperreich mit intensiven Beerenaromen, leichte Würze, langer samtiger Abgang.

ROSÉ

Land	Anbaugebiet	Wein	Erzeuger	Geschmacksbeschreibung
Italien	Trentino	Rosato Valdadige DOC trocken	Ponte Cestio	In der Nase fruchtige Aromen von Erdbeeren und Kirschen. Am Gaumen trocken mit Anklängen von reifer tropischer Frucht. Elegant und lang im Abgang.
Frankreich	Loire	Rose d'Anjou AOC trocken	Maison Lacheteau	Fruchtig frischer Rosé, am Gaumen ausgewogen und spritzig.
Spanien	Tierra de Castilla	Solaz Rosado trocken	Osborne	Ein fruchtbetonter Rosé, der nach hellen Beerenfrüchten duftet und durch seine unkomplizierte und frische Art überzeugt.

SCHAUMWEINE

Land	Anbaugebiet	Wein	Erzeuger	Geschmacksbeschreibung
Deutschland	Rheingau	Fürst von Metternich	Sektkellerei Henkell	Hellgelb leuchtet dieser Sekt im Glas. In der Nase finden sich Aromen von Mandarine und Pfirsich, am Gaumen ist er gut ausbalanciert mit einer frischen, dezenten Süße.
Frankreich	Champagne	Brut Imperial	Moët & Chandon	Duftet nach Aromen von kandierten Früchten, Zitrusschalen und Aprikosen. Nach anfänglicher Weichheit wird die Vollmundigkeit spürbar und vibriert in präzisen Gewürznoten mit einem Hauch von Vanille.
Frankreich	Champagne	Veuve Clicquot brut	Veuve Clicquot	Eine ausgewogene Cuvée, abgerundet mit einem feinen und lebhaften Charakter. Anspruchsvolle, aber dennoch frisch durch den hohen Pinot Noir-Anteil.
Frankreich	Elsass	Crémant d'Alsace Blanc brut	Arthur Metz	Angenehm frischer und spritziger Crémant mit feiner Säure. Harmonisch im Abgang.
Frankreich		Blanc de Blancs Chardonnay	Brut Dargent	In der Nase fruchtig exotische Aromen, am Gaumen elegant und harmonisch.
Frankreich		Brut Rosé Pinot Noir	Brut Dargent	In der Nase mit fruchtig-würzigen Aromen, am Gaumen zeigt er sich ausgewogen und fruchtig.
Italien	Treviso	Prosecco Frizzante Treviso	La Gioiosa	Dieser Prosecco duftet nach grünem Apfel, am Gaumen ist er fruchtig und frisch.
Italien	Venetien	Prosecco di Valdobbiadene DOC Spumante Extra Dry	Mionetto	In der Nase Duft von grünen Äpfeln mit Anklängen von Akazienblüten. Am Gaumen trocken, fruchtig und frisch mit feiner Perlage. Aromen von Äpfeln und Mango. Lang im Abgang.
Italien	Venetien	Prosecco DOC trocken	Zonin	Frisch und fruchtig im Duft, am Gaumen harmonisch und spritzig.
Italien	Venetien	Prosecco Treviso DOC Extra Dry	Valdo	Mildes, fruchtiges Bouquet, Aromen von grünen Äpfeln und Akazie.
Italien	Venetien	Prosecco Frizzante	Alberto Torresi	Ein fruchtig leichter Prosecco, der am Gaumen durch seine frische Art überzeugt.

DEUTSCHE WEISSWEINE

Anbaugebiet	Wein	Erzeuger	Geschmacksbeschreibung
Baden	Grauburgunder von der Mark-Walter Q.b.A. trocken	Von der Mark-Walter	Fruchtiger Duft mit Anklängen von Grapefruit, im Mund frisch mit dezenter Würze.
Baden	Grauburgunder Oberbergener Bassgeige Kabinett trocken	Winzergenossenschaft Oberbergen	Nase von Birnen und exotischen Früchten. Im Mund fruchtig und würzig, eher milde Säure.
Franken	Müller-Thurgau Q.b.A. trocken Würzburger Pfaffenberg	Weingut Bürgerspital	In der Nase floral und fruchtig. Feine Muskatnote und Aromen von Äpfeln und weißen Früchten.
Franken	Silvaner Kabinett trocken Escherndorfer Lump	Weingut Horst Sauer	Filigraner, dezenter Weißwein mit Aromen von Apfel und Zitrus. Am Gaumen reiche Frucht und feine Mineralität.
Franken	Riesling Kabinett trocken Würzburger Stein	Weingut Juliusspital	Ausdrucksstarker, intensiv-fruchtiger Riesling aus der berühmten Würzburger Einzellage.
Mosel	Riesling Beerenauslese edelsüß	Weingut Dr. Loosen	Hochfeine Beerenauslese mit Noten reifer und überreifer weißer und gelber Früchte. Am Gaumen deutliche Süße und Honignoten, begleitet von frischer Säure und feiner Mineralität.
Mosel	Riesling Blauschiefer Kabinett trocken	Weingut Dr. Loosen	Fein mineralischer Moselriesling mit frischer Frucht und präsenter Säure.
Mosel	Riesling Kabinett halbtrocken	Weingut Selbach-Oster	Fruchtiger, zart restsüßer Riesling mit Aromen von gelben Früchten und angenehm harmonischem Süße-Säure-Spiel.
Mosel-Saar-Ruwer	Riesling Eiswein Leiwener Klostergarten	Weingut Heinz Schmitt	Klarer, präziser Riesling Eiswein mit intensivem Aroma reifer weißer, grüner und exotischer Früchte.
Pfalz	Riesling Q.b.A. trocken	Weingut Dr. Bürklin Wolf	Attraktive Aromen von roten Äpfeln. Im Mund schlank mit konzentrierter „Frucht von der Mittelhaardt". Leicht, lebhaft und elegant.
Pfalz	Riesling Kabinett trocken Ruppertsberger Nussbien	Weingut Motzenbäcker	Frischer, junger und fruchtiger Riesling mit gelbfruchtigen Aromen. Weiche, süßliche Frucht mit relativ moderater Säure, leicht würzig.
Pfalz	Riesling Q.b.A. trocken Bio	Weingut Reichsrat von Buhl	Feingliedriger Riesling mit Aromen von Zitrus und Pfirsich, dezente Mineralität.
Pfalz	Weißburgunder Q.b.A. trocken	Weingut Rings	Eleganter, vollfruchtiger Weißburgunder mit reichem Aroma von grünen und exotischen Früchten.
Rheingau	Riesling „Sauvage" Q.b.A. trocken	Weingut Breuer	Frischer, fruchtiger Riesling mit „knackiger" Säure.
Rheingau	Riesling Q.b.A. trocken	Weingut Robert Weil	Klarer, fruchtiger Rheingau-Riesling mit Aromen von Zitrus und Aprikosen.
Rheingau	Riesling Gelblack Q.b.A. trocken	Weingut Schloss Johannisberg	Intensiv-fruchtiger Riesling, klare, reiche Frucht von Zitrus, weißen und gelben Früchten, rund und harmonisch.
Rheingau	Riesling Silberlack Erstes Gewächs trocken	Weingut Schloss Johannisberg	Hochklassiger Rheingau-Riesling mit Kraft, Konzentration und Mineralität. Exzellentes Säurespiel und tolle Länge.
Rheinhessen	Weißburgunder Q.b.A. trocken	Weingut Dreissigacker	Feine Aromatik von grünen und gelben Früchten, zarte Kräuternote. Am Gaumen frisch und elegant.

Anbaugebiet	Wein	Erzeuger	Geschmacksbeschreibung
Rheinhessen	Riesling Brudersberg Großes Gewächs trocken	Weingut Heyl zu Herrnsheim	Im Duft Noten von gelben Früchten und Minze. Intensive mineralische Aromen. Am Gaumen facettenreich und feingliedrig mit frischer Säure, saftiger Frucht und langem Finish.
Rheinhessen	Grüner Silvaner Q.b.A. trocken	Weingut Hofmann	Feiner, filigraner Silvaner mit dezenter Aromatik von Äpfeln, Birnen und Blüten. Am Gaumen frisch und zart, präzise und ohne jede Übertreibung.
Rheinhessen	Grauburgunder Q.b.A. trocken	Weingut Winter	Im Duft reife, gelbe und exotische Früchte. Am Gaumen süßliche Frucht mit feiner Würze.

INTERNATIONALE WEISSWEINE

Land	Anbaugebiet	Wein	Erzeuger	Geschmacksbeschreibung
Australien	Südaustralien	Chardonnay Koonunga Hill trocken	Penfolds	Saftige Aromen von Birnen und Pfirsich mit einer Spur Vanille, viel zarter Schmelz.
Chile	Central Valley	Chardonnay trocken	Cono Sur	Frischer Chardonnay mit süßlichem Duft reifer Zitrusfrüchte und Exoten. Am Gaumen mit reicher Frucht, feiner Säure und viel Schmelz.
Frankreich	Bordeaux	Sauternes AOC edelsüß	Château Haut Bommes	Eleganter Süßwein mit Aromen vollreifer und getrockneter exotischer Früchte.
Frankreich	Bordeaux	Sauternes AOC 1er Cru Classé edelsüß	Château Suduiraut	Hochklassiger Süßwein mit komplexer Aromatik getrockneter und überreifer Früchte mit fein cremiger Textur, dezent-würzigen Holznoten und sehr langem Finale.
Frankreich	Burgund	Meursault AOC trocken	Ropiteau Frères	Kraftvoller burgundischer Chardonnay mit intensiver Apfelfrucht, exotischen Noten, ausgeprägter Cremigkeit und feinen Holznoten.
Frankreich	Burgund	Chablis AOC trocken	J. Moreau & Fils	Intensiv fruchtiger Chablis, direkt und zupackend mit Zitrusaromen und frischer Säure.
Frankreich	Elsass	Gewürztraminer AOC halbtrocken	Claude Dietrich	Intensiver Duft nach Rosen und Litschi, ausgeprägte Frucht, mit feiner Süße-Säure-Abstimmung.
Frankreich	Elsass	Riesling Patergarten AOC trocken	Claude Dietrich	Feingliedriger Lagenriesling aus dem Elsass, klar und präzise, mit Zitrus- und exotischer Aromatik.
Frankreich	Loire	Sauvignon Blanc „Le Bouquet" Vin de Pays du Val de Loire trocken	Domaine Laporte	Frischer, sortentypischer Sauvignon Blanc mit Aromen weißer und grüner Früchte. Geradlinig und unkompliziert.
Frankreich	Loire	Sancerre Blanc AOC Clos de Bouffants trocken	Roger Neveu & Fils	Mineralischer, feingliedriger und eleganter Sancerre mit intensiver Frucht und finessenreichem Säurespiel.
Italien	Lombardei	Bianco di Custoza DOC trocken	Sartori	Frischer, unkomplizierter Weißwein mit Zitrusaromen und zarter Würze.
Italien	Piemont	Gavi DOCG „I Classici", Marchesi di Barolo trocken	Marchesi di Barolo	Zarter Duft nach Äpfeln und Feldblumen. Mittlerer Körper, finessenreich und zart, dabei dennoch lang im Abgang.
Italien	Südtirol	Weißburgunder Alto Adige DOC trocken	Kellerei Kaltern	Dezenter, mittelkräftiger Wein mit Aromen von reifen Äpfeln. Im Mund frisch und unkompliziert.

Land	Anbaugebiet	Wein	Erzeuger	Geschmacksbeschreibung
Italien	Toskana	Castello di Pomino, Pomino Bianco DOC trocken	Marchesi de´ Frescobaldi	Feiner Duft nach Pfirsichen, dezente Vanille- und Röstaromen. Am Gaumen erfrischend mit mineralischen Noten und feiner Säure.
Italien	Venetien	Lugana di Sirmione DOC Vigna Borghetta trocken	Giovanni Boscaini	Dichter, hochfeiner Lugana mit interessanten Aromen von Grapefruit, reifen grünen Früchten und Blüten. Am Gaumen elegant, mit reicher Frucht und angenehmer Frische.
Neuseeland	Marlborough	Sauvignon Blanc trocken	Cloudy Bay	Kraftvoller hochklassiger cool-climate Sauvignon mit schier unendlich reicher Frucht (Zitrus, Exoten) und feiner Säure.
Neuseeland	Marlborough	Sauvignon Blanc trocken	Sileni	Feiner Sauvignon mit viel Spiel. Aromen von Zitrus und Stachelbeeren. Zurückhaltend und elegant.
Österreich	Burgenland	Grüner Veltliner Meinklang trocken, Bio	Weingut Michlits	Mittelkräftiger grüner Veltliner mit feinen Apfelaromen. Am Gaumen saftig und erfrischend.
Österreich	Neusiedlersee	Beerenauslese Cuvée edelsüß	Weinlaubenhof Kracher	Intensive Aromen von getrockneten Früchten, Honig und zarter Würze. Am Gaumen dicht, kraftvoll mit wundervollem Süße-Säure-Spiel.
Österreich	Wachau	Grüner Veltliner Federspiel Jochinger Berg trocken	Weingut Jamek	Mittelkräftiger Veltliner von Klasse mit reichen Fruchtaromen und dem typischen „Pfefferl“. Lang, fein und elegant.
Österreich	Weinviertel	Grüner Veltliner trocken	Weingut Veit	Frischer, unkomplizierter und junger Grüner Veltliner mit Anklängen grüner Früchte und zarter Würze – für jeden Tag.
Portugal	Vinho Verde	Vinho Verde Vinha Real trocken	Quinta de Lixa	Leichter, unkomplizierter Wein mit dezenter Aromatik von Zitrusfrüchten und Blüten. Am Gaumen schlank und frisch.
Schweiz	Wallis	Fendant du Valais AOC trocken	Provins Valais	Dezente Aromatik von Zitrus, Birnen und Äpfeln. Am Gaumen leichte Würze, Zurückhaltung und Eleganz. Jung trinken!
Spanien	Rias Baixas	Albarino Algareiro Rias Baixas DO trocken	Mar de Frades	Duft nach Zitrus und reifen grünen Früchten. Im Mund gute Konzentration, reiche Frucht und viel Spiel und Eleganz.
Spanien	Rioja	Baron de Ley Rioja Blanco DOCa trocken	Baron de Ley	Intensive weiße Fruchtnoten mit Anklängen aromatischer Kräuter.
Spanien	Rueda	Baluarte Verdejo, Rueda DO trocken	Bodegas Julian Chivite	Feingliedriger Rueda mit exotischen Fruchtaromen und floralen Noten. Am Gaumen frische Säure und reiche Frucht.
Südafrika	Groenekloof	Sauvignon Blanc trocken	Neil Ellis	Hochklassiger, intensiver Sauvignon mit reifen, exotischen Fruchtaromen, cremiger Textur und feinen Holznoten.
Südafrika	Philadelphia	Blue Grove Hill Sauvignon Blanc trocken	Capaia Wines	Intensive Frucht von grünen und weißen Früchten, konzentriert am Gaumen mit belebender Frische.
Südafrika	Stellenbosch	Sauvignon Blanc trocken	Mulderbosch Vineyards	Komplexer, kraftvoller Sauvignon mit reicher exotischer Frucht und feinen mineralischen Noten.

DEUTSCHE ROTWEINE

Anbaugebiet	Wein	Erzeuger	Geschmacksbeschreibung
Ahr	Us de la Meng trocken	Weingut Meyer-Näkel	Angenehm leichter und verführerischer Roter mit Aromen roter Früchte. Am Gaumen frisch und schlank.
Baden	Spätburgunder Q.b.A. „Junge Reben" trocken	Weingut Huber	Der „kleinste" unter Bernhard Hubers großen Spätburgundern, jugendlich frisch, mit reichem Aroma von Süß- und Sauerkirschen sowie feinen Mandeltönen. Im Mund fruchtig und würzig mit feinen Tanninen.
Baden	Spätburgunder Q.b.A. Merdinger Bühl trocken	Joachim Heger	Frisch-fruchtiger Kaiserstühler Spätburgunder mit Aromen von roten Beeren und Kirschen sowie dezenter Bittermandelnote.
Pfalz	Spätburgunder Q.b.A. trocken	Weingut Becker	Frischer, klassischer Spätburgunder mit Aromen von Süß- und Sauerkirschen.
Pfalz	Tur Tur „only Sansibar" Rotweincuvée trocken	Weingut Markus Schneider	Kraftvoller Roter aus Merlot und Syrah. Konzentrierte Aromen von Waldfrüchten, Schokolade und Tabak.
Pfalz	Freinsheimer Cabernet Sauvignon Q.b.A. trocken	Weingut Rings	Intensiver Duft nach Schwarzen Johannisbeeren und Kräutern. Im Mund tolle Konzentration und ausgeprägte Tanninstruktur.
Württemberg	Lemberger Q.b.A. „S" trocken	Weingut Bruker	Fruchtig-würzige Aromen von schwarzen und blauen Beeren sowie Kirschen. Feine Gewürznoten.

INTERNATIONALE ROTWEINE

Land	Anbaugebiet	Wein	Erzeuger	Geschmacksbeschreibung
Argentinien	Mendoza	Clos de los Siete trocken	Clos de los Siete	Kraftvoller, ausdrucksstarker Wein mit intensiven Aromen von schwarzen und roten Früchten. Am Gaumen süßliche Beerenfrucht und reiche Struktur mit präsenten Tanninen.
Argentinien	Mendoza	Malbec trocken	Salentein	Intensiver Duft nach schwarzen Früchten. Am Gaumen hoch konzentriert mit ausgeprägter Struktur.
Australien	Neusüdwales	BIN 28 Kalimna Shiraz trocken	Penfolds	Kraftvoller, reifer und würziger Shiraz mit süßlicher Frucht, die an schwarze und rote Beeren erinnert, am Gaumen seidig und würzig.
Bulgarien	Bessa Valley	Enira trocken	Bessa Valley Winery	Feingliedriger Rotwein mit Aromen von roten und schwarzen Früchten. Mittelkräftig mit reicher Frucht und eher dezenten Tanninen.
Chile	Colchagua Valley	Los Vascos Cabernet Sauvigon trocken	Domaines Barons de Rothschild	Nuancenreiches Bouquet von Schwarzen Johannisbeeren, Kirschen und Pflaumen, ein Hauch Schokolade, dezente Gewürze. Am Gaumen weich und samtig.
Frankreich	Bordeaux	Château Haut-Bages Libéral AOC, 5ème Cru Classé trocken	Château Haut-Bages Libéral	Pauillac-Klassiker, der zu ausgeprägten Cassis-Aromen und feiner süßlicher Frucht neigt. Mittlerer Körper und mittlere Intensität der Tannine.
Frankreich	Bordeaux	Château Léoville-Barton Saint-Julien AOC, 2ème Cru Classé trocken	Château Léoville-Barton	Saint-Julien-Ikone von großer Eleganz und Ausdruckskraft. In der Jugend reiche Frucht, feine ätherische Noten und am Gaumen mit ausgeprägten Tanninen.

Land	Anbaugebiet	Wein	Erzeuger	Geschmacksbeschreibung
Frankreich	Bordeaux	Château Mouton-Rothschild Pauillac AOC, 1er Cru Classé trocken	Château Mouton-Rothschild	Bordeaux-Ikone mit kraftvoller Cassis-Aromatik, saftiger Fülle. Elegant, subtil und verführerisch, mit extrem langem Finale.
Frankreich	Bordeaux	Château Teyssier Puisseguin-Saint Emilion AOC trocken	Château Teyssier	Mittelschwerer Bordeaux mit Aromen reifer roter Früchte, weich und geschmeidig, zarte Tannine.
Frankreich	Bordeaux	Château Vermont Bordeaux AOC trocken	Château Vermont	Sympathischer, eher leichter Bordeaux für alle Tage, frische Aromen von roten Beeren, dezente Würze.
Frankreich	Bordeaux Margaux	Pavillon Rouge du Margaux AOC trocken	Château Margaux	Intensive Aromen von reifen Kirschen, Waldbeeren, Blüten, Kräutern und Gewürzen, lang anhaltend mit feiner Mineralität.
Frankreich	Burgund	Hautes Côtes de Beaune AOC trocken	Maison Jaffelin	Frischer, fruchtiger Burgunder mit klassischer Sauerkirsch- und Bittermandelnote.
Frankreich	Burgund	Pommard AOC trocken	Maison Jaffelin	Reiche und intensive Frucht von Johannisbeeren. Feine Noten von Moschus und Wildfleisch. Elegante Struktur mit feingliedrigen Tanninen.
Frankreich	Languedoc	Côteaux du Languedoc AOC „Réserve" trocken	Robert Skalli	Viel Frucht und gute Konzentration. Hinzu treten würzige Aromen wie Pfeffer. Dezente, weiche Tannine.
Frankreich	Rhône	Châteauneuf-du-Pape AOC „La Bernardine" trocken	Chapoutier	Intensive Aromatik von Schwarzen Johannisbeeren und Pflaumen, am Gaumen kraftvoll, reiche Kirschfrucht und würzige Anklänge von Zimt und Kaffee.
Frankreich	Rhône	Côtes du Rhône AOC „Parallèle 45" trocken	Paul Jaboulet Aîné	Mittelschwerer Côtes du Rhône mit Aromen von roten und schwarzen Früchten, am Gaumen frisch und lebendig, mit zurückhaltendem Tannin.
Griechenland	Chalkidiki	Mount Athos Vineyards, trocken	Domain of Monastery Agios Panteleimon	Im Duft reife Kirschen, Blaubeeren, würzige Kräuter und ein wenig Harz. Am Gaumen rund und kraftvoll.
Italien	Abruzzen	Montepulciano d´Abruzzo DOC Riparosso trocken	Dino Illuminati	Intensive Aromen von Kirschen und roten Beeren. Reif mit weichen Tanninen.
Italien	Apulien	Malvasia Nera del Salento IGT „Ampelo" trocken	Feudi di San Marzano	Dichtes Aroma von Süßkirschen und Pflaumen. Im Mund unglaublich weich und geschmeidig mit süßlich-fruchtigen und würzigen Anklängen.
Italien	Piemont	Barbera d'Alba, DOC Ruvei trocken	Marchesi di Barolo	Frischer und fruchtiger Barbera mit Aromen von Vanille und gerösteten Haselnüssen. Warm und samtig am Gaumen.
Italien	Piemont	Barolo DOCG Cannubi, trocken	Marchesi di Barolo	Eleganter Spitzenbarolo aus der berühmten Einzellage Cannubi, komplex, mit Finesse und fein mineralisch.
Italien	Toskana	Brunello di Montalcino DOCG trocken	Casale del Bosco, Emilia Nardi	Dichte, süßliche Nase von eingekochten roten Beeren und Kirschen. Dichte, saftige Frucht, präsente Tannine, feine Mineralität.
Italien	Toskana	Campo ai Sassi, Rosso di Montalcino DOC trocken	Frescobaldi	Fruchtbetonter Toskaner mit Aromen von roten Beeren und blumigen und würzigen Noten. Am Gaumen Rote Johannisbeeren und Kirschen, mittlerer Körper, rassiges Finale.
Italien	Toskana	Chianti Classico DOCG „Peppoli" trocken	Antinori	Intensiver Duft nach reifen roten und schwarzen Früchten, zugänglicher, eleganter, gut strukturierter Chianti Classico, der am besten jung getrunken wird.

Land	Anbaugebiet	Wein	Erzeuger	Geschmacksbeschreibung
Italien	Toskana	Tignanello IGT trocken	Antinori	Intensiv-fruchtig und komplex im Bouquet, saftig am Gaumen, ausgeprägte, seidige Tanninstruktur, extem langes Finish, Toskana-Ikone mit großem Lagerpotenzial.
Italien	Venetien	Amarone della Valpolicella Classico DOC „Costasera" trocken	Masi	Dicht und intensiv in der Nase, Anklänge von Dörrobst, süßlich-reifen Beeren und Schokolade. Am Gaumen hochkonzentriert mit süßlich-aromatischer Frucht und seidigem Tannin.
Österreich	Burgenland	Zweigelt Classic trocken	Schlossweingut Esterhazy	Feiner Duft nach Kirschen, dazu ein Hauch Pfeffer. Am Gaumen samtige Tannine, fruchtbetont, saftig und animierend.
Portugal	Douro	Fabelhaft Tinto Douro DOC trocken	Dirk Niepoort	Feine Nase mit floralen Noten von roten und schwarzen Beeren. Im Mund fruchtig und jung, weich und geschmeidig mit ausbalancierter Säure und angenehmen Tanninen.
Schweiz	Wallis	Dole du Valais AOC trocken	Provins Valais	Mittelkräftige Cuvée von Gamay und Pinot Noir. Es dominieren Aromen roter und schwarzer Beeren.
Spanien	Priorat	Scala dei Negre Priorat DO trocken	Codorniu	Intensiver Duft nach Beerenfrüchten und mediterranen Gewürzen. Im Mund konzentriert und dicht. Saftige Frucht und animierende Frische.
Spanien	Ribera del Duero	Condado de Oriza Tempranillo Ribera del Duero DO trocken	Bodegas Felix Solis	Leichter, unkomplizierter Rotwein mit sympathischer Aromatik von roten Früchten.
Spanien	Ribera del Duero	Ribera del Duero DO Crianza trocken	Teofilo Reyes	Konzentrierte Aromen von Kirschen, im Mund konzentriert mit ausgeprägter Struktur und Noten von Leder, Kaffee und Kräutern. Intensiv und lang.
Spanien	Ribera del Duero	Tinto Pesquera Ribera del Duero DO Crianza trocken	Alejandro Fernandez	Hochkonzentrierter Wein mit intensivem Aroma roter Früchte. Feine Kräuternoten und ausgeprägte Mineralität. Am Gaumen dicht und strukturiert, hohes Lagerpotenzial.
Spanien	Rioja	Baron de Ley Rioja DOCa Reserva trocken	Baron de Ley	Im Duft feine Vanille- und Gewürznoten, am Gaumen reife Fruchtnoten von Waldbeeren, Anklänge von Lakritz, mittelkräftige, exzellent ausbalancierte Rioja Reserva mit gutem Lagerpotenzial.
Spanien	Rioja	Marques de Murrieta Rioja DOCa Reserva trocken	Marques de Murrieta	Kraftvolle, intensive Rioja Reserva mit hoher Konzentration. Reife Frucht von Himbeeren und Brombeeren, feinwürzig. Filigrane Holzanklänge, ausgeprägte Struktur und Brillanz.
Spanien	Somontano	Cabernet/Merlot Somontano DO trocken	Bodegas Enate	Ausgeprägte Aromen von Brombeeren und Johannisbeeren, saftig und geschmeidig.
Spanien	Yecla	Carro tinto Yecla DO trocken	Señorio de Barahonda	Kräftiger, würzig-fruchtiger Rotwein mit Anklängen roter und schwarzer Früchte und Mittelmeerkräutern.
Südafrika	Coastal Region	Merlot/Cabernet Sauvignon trocken	Rupert & Rothschild	Im Duft Noten von Cassis, Minze und Zedernholz. Am Gaumen elegant mit festem Körper und viel Extrakt und Schmelz.
Südafrika	Philadelphia	Capaia trocken	Capaia	Der Flagship-Wein des gleichnamigen Weinguts. Tiefrot, intensive, reichhaltige Aromen roter und schwarzer Früchte, konzentriert und kraftvoll-würzig.

Land	Anbaugebiet	Wein	Erzeuger	Geschmacksbeschreibung
Südafrika	Stellenbosch	Kadette trocken	Kanonkop Wine Estate	Weiche, elegante Cuvée aus Pinotage, Merlot, Cabernet Sauvignon und Cabernet Franc. Aromen reifer roter Früchte, dezenter Tanninauftritt.
Südafrika	Stellenbosch	Ansela van de Caab trocken	Muratie Estate	Kraftvolle und doch elegante Cuvée von Merlot, Cabernet Sauvignon und Cabernet Franc. Intensive rote und schwarze Fruchtnoten, feine Holztöne.
Südafrika	Swartland	Tinta Barocca trocken	Allesverloren	Mittelkräftiger, fruchtiger Rotwein mit Anklängen von roten Beeren und weihnachtlichen Gewürzen.
USA	Kalifornien	Rancho Zabaco Zinfandel Sonoma County trocken	Gallo Family Vineyards	Intensive, süßliche und reife Frucht, ausgeprägte Würze.

ROSÉ

Land	Anbaugebiet	Wein	Erzeuger	Geschmacksbeschreibung
Deutschland	Ahr	Spätburgunder Weißherbst Ahrweiler Klosterberg Q.b.A. halbtrocken	Ahrweiler Winzer-Verein eG	Reiche Aromen von roten Beeren, im Mund weich und geschmeidig, angenehmer Schmelz.
Frankreich	Côtes de Provence	Château de Pampelonne Côtes de Provence AOC trocken	Château de Pampelonne	Ausdrucksstarker, hochklassiger Rosé mit reicher fruchtiger und würziger Aromatik. Im Mund frisch und komplex, langes Finale.
Frankreich	Languecoc	Pink Flamingo Gris de Gris, Vin de Pays de Sables du Golfe du Lion trocken	Listel	Frischer und feiner Rosé mit Aromen roter Früchte. Mittelkräftig und zartwürzig am Gaumen.
Frankreich	Loire	Sancerre rosé AOC Domaine du Colombier trocken	Roger Neveu & Fils	Feingliedriger Rosé mit mineralischen Noten, reicher roter Frucht und frischer Säure.
Italien	Toskana	Santa Cristina rosato Toskana IGT trocken	Antinori	Feiner Duft nach Himbeeren und Kirschen, am Gaumen frisch und fruchtig.
Österreich	Steiermark	Schilcher trocken	Weingut Reiterer	Eigenwillige österreichische Spezialität mit viel Charakter. Reiche Frucht von roten Beeren paart sich mit intensiver Säure.
Spanien	Navarra	Pleno Garnacha rosado Navarra DO trocken	Braña Vieja	Leichter, schlanker und unkomplizierter Rosé mit dezenten Erdbeer- und Himbeernoten.
Spanien	Rioja	Baron de Ley Rioja rosado DOCa trocken	Baron de Ley	Zarter, eleganter Rosé mit Nuancen von roten Beeren und Blüten, sehr dezente Säure.
Südafrika	Stellenbosch	Pinotage rosé trocken	Delheim	In der Nase Anklänge von roten und schwarzen Beeren. Am Gaumen dezent und feinfruchtig mit zarter würziger Spur.
Südafrika	Stellenbosch	Cabernet Sauvignon rosé trocken	Mulderbosch	Feiner Duft nach Kirschen, Himbeeren, Roten Johannisbeeren und Rosenblüten. Am Gaumen saftig-reifer Fruchtschmelz.

SCHAUMWEINE

Land	Anbaugebiet	Wein	Erzeuger	Geschmacksbeschreibung
Deutschland	Pfalz	Pinot Sekt brut	Menger-Krug	Eleganter Sekt mit reichem Bouquet von weißen Früchten und Blüten, feine Hefenote.
Deutschland	Rheingau	Barth Riesling Sekt b.A. trocken	Wein- und Sektgut Barth	Feinnerviger Rieslingsekt mit viel Frische und harmonischem Süße-Säure-Spiel.
Deutschland	Rheinhessen	Fritz Müller Qualitätsperlwein b.A. trocken	Fritz Müller	Fruchtiger, feinwürziger, durchaus anspruchsvoller Perlwein aus Müller-Thurgau mit dezentem Bouquet und viel Frische. Die endgültige deutsche Antwort auf Prosecco frizzante.
Deutschland	Rheingau	Cuvée Vaux Sekt brut	Schloß Vaux	Sektkomposition aus Spätburgunder, Weißburgunder und Riesling. Der kraftvolle Schmelz der Burgundersorten vereint sich mit der Frische des Rieslings. Im Duft entfalten sich Steinobstaromen und zarte Anklänge von Stachelbeeren.
Deutschland	Baden	Geldermann Sekt brut	Geldermann	Sektklassiker vorwiegend aus Burgundersorten. Feine Hefenote und reiche Frucht.
Frankreich	Burgund	Crémant de Bourgogne brut Perle de Vigne	Louis Bouillot	Aromen reifer Äpfel und Zitrus. Feine Hefenote. Am Gaumen cremig und frisch.
Frankreich	Burgund	Crémant de Bourgogne rosé brut Perle d´Aurore	Louis Bouillot	In der Nase Anklänge von roten Früchten und Blüten. Am Mund viel Frische und feine Himbeerfrucht.
Frankreich	Champagne	Champagne Bollinger Special Cuvée brut	Bollinger	Intensiv-fruchtige Cuvée mit kraftvoller Fülle und viel Schmelz.
Frankreich	Champagne	Champagne Duval-Leroy brut	Duval-Leroy	Florales und fruchtiges Bouquet. Am Gaumen cremig und weich.
Frankreich	Champagne	Champagne Gosset brut Excellence Selection Gourmet	Gosset	Feine Aromatik, die an weiße Pfirsiche und Zitrusfrüchte erinnert. Am Gaumen frisch und cremig.
Frankreich	Champagne	Champagne Gosset Grand rosé brut	Gosset	Feiner Pinot-Noir-Duft mit Anklängen roter Früchte. Am Gaumen frisch und lebendig mit reicher Frucht und zarter Zimtnote.
Frankreich	Champagne	Champagne Krug Grande Cuvée brut	Krug	Ausdrucksstarke „kleinste" Cuvée des weltberühmten Spitzenhauses Krug. Kraftvoll, reich und überbordend mit ihren würzigen und fruchtigen Aromen.
Frankreich	Champagne	Champagne Laurent-Perrier Cuvée Rosé brut	Laurent-Perrier	Im Duft reichhaltige Fruchtpalette roter Beeren, am Gaumen fruchtig-frisch mit feiner Säure.
Frankreich	Champagne	Champagne Louis Roederer brut Premier	Louis Roederer	Komplexe Cuvée, zartwürzig mit Aromen von Grapefruit und Brioche.
Frankreich	Champagne	Champagne Moët & Chandon brut Impérial	Moët & Chandon	Aromen frischer Früchte und feine Briochenote, harmonisch am Gaumen.
Frankreich	Champagne	Champagne Perrier Jouët Belle Epoque brut	Perrier Jouët	Die weltberühmte Prestige-Cuvée zeigt expressive Aromen von Frühlingsblumen, Brioche und gerösteten Mandeln.
Frankreich	Champagne	Champagne Perrier Jouët Grand brut	Perrier Jouët	Elegante Cuvée mit Noten von Akazie, Weißdorn, Apfel und exotischen Früchten.
Frankreich	Champagne	Champagne Pol Roger Extra Cuvée de Réserve brut	Pol Roger	Feine, ausgewogene Cuvée mit viel Dichte und reicher Struktur.

Land	Anbaugebiet	Wein	Erzeuger	Geschmacksbeschreibung
Frankreich	Champagne	Champagne Pommery brut Apanage	Pommery	Aromen kandierter Früchte und zarter Rosenblätter. Am Gaumen frisch und finessenreich.
Frankreich	Champagne	Champagne Pommery brut Royal	Pommery	Frische Zitrusaromatik mit feinen Hefenoten.
Frankreich	Champagne	Champagne Pommery Cuvée Louise brut	Pommery	Kraftvolle und ausdrucksstarke Prestige-Cuvée mit intensiver Frucht und hoher Komplexität.
Frankreich	Champagne	Champagne Roederer Cristal brut	Roederer	Weltberühmte Prestige-Cuvée mit feinster Eleganz, Finesse und feinstem Säurespiel.
Frankreich	Champagne	Champagne Ruinart Blanc de Blanc brut	Ruinart	Feiner, grandioser Champagner aus 100 % Chardonnay mit hoher Präzision, prägnanter Säure, intensiven Zitrus- und Apfelaromen und zartem Schmelz.
Frankreich	Champagne	Champagne Taittinger brut Réserve	Taittinger	Dezenter Duft nach grünen und weißen Früchten, feine Brothefenote. Im Mund frisch mit eleganter Mousse.
Frankreich	Champagne	Champagne Taittinger brut rosé	Taittinger	Zartfruchtiger Duft von roten Beerenfrüchten, am Gaumen frisch und geschmeidig.
Frankreich	Champagne	Champagne Taittinger Comtes de Champagne Blanc de Blancs brut	Taittinger	Hellgoldene Farbe, im Duft raffinierte Facetten von Limetten, Ananas und Lindenblüten. Am Gaumen frisch mit lebendigen Zitrusaromen, elegant, komplex und sehr lang.
Frankreich	Champagne	Champagne Veuve Cliquot brut	Veuve Cliquot Ponsardin	Intensives Bouquet von Früchten und Blüten, im Mund lebendig und frisch.
Frankreich	Champagne	Dom Pérignon, Jahrgangschampagner brut	Moët & Chandon	Die wohl berühmteste Prestige-Cuvée der Welt zeigt feinste Aromen von frischen Mandeln und Brioche. Am Gaumen frisch, lebendig und filigran mit unglaublicher Eleganz.
Frankreich	Champagne	La Grande Dame, Jahrgangschampagner brut	Veuve Clicquot Ponsardin	Berühmte Champagner-Ikone mit komplexem Bouquet von Aprikose, getrockneten Früchten, Blüten und mineralischen Noten.
Frankreich	Champagne	Moët & Chandon Brut Imperial rosé	Moët & Chandon	Im Duft reiche Aromen roter Beeren. Am Gaumen frisch und klar mit reicher Frucht.
Frankreich	Loire	Bouvet „Cuvée Tresor" Saumur Mousseux AOC rosé brut	Bouvet Ladubay	Eleganter Duft nach roten Früchten, Veilchen und Vanille. Am Gaumen fruchtig und fein perlend, zeigt er Klasse.
Italien	Raboso	Mionetto Sergio rosé Spumante Extra Dry	Mionetto	Feiner Duft von Himbeeren und Rosen, lebendige und feincremige Perlage.
Italien	Venetien	La Contesse Prosecco spumante DOCG Conegliano & Valdobbiadene Extra Dry	La Contesse	Eleganter, hochwertiger Prosecco aus dem Herzen des Anbaugebiets. Reiches Bouquet von weißen Früchten und Blüten. Am Gaumen frisch mit dezenter Würze.
Italien	Venetien	Rive Brune „S" Prosecco spumante rosé DOC brut	Rive Brune	Frische Aromen von roten Beeren, die sich im Duft und am Gaumen zeigen.
Italien	Venetien	Rive Brune Prosecco frizzante DOC trocken	Rive Brune	Reiche Aromen von reifen Äpfeln, am Gaumen frisch mit intensiver Frucht.
Italien	Venetien	Sacchetto Prosecco frizzante DOC „Marca" trocken	Sacchetto	Frisch-fruchtiger, leichter Prosecco frizzante mit Anklängen von Zitrus, Apfel und Blüten.
Österreich	Niederösterreich	Schlumberger Sparkling brut	Schlumberger	Komplexe Aromatik von Früchten und Blüten, frisch und anhaltend.
Österreich	Steiermark	Schilcher Frizzante rosé trocken	Weingut Reiterer	Intensive Aromen roter Früchte. Ausgeprägtes Säuregerüst, charaktervoller, eigenständiger Stil.
Spanien	Cava	Pere Ventura Tresor brut nature	Pere Ventura	Feine Aromen von Birne und Brioche.

DEUTSCHE WEISSWEINE

Anbaugebiet	Wein	Erzeuger	Geschmacksbeschreibung
Baden	Grauer Burgunder Spätlese trocken Achkarrer Schlossberg	WG Achkarren	Ausgewogen zwischen Säure und Restsüße. Typisch mineralische Töne unterstützen die natürliche Frucht aus vollreifen Trauben. Langer Abgang.
Baden	Weißburgunder Spätlese trocken	Weingut Dr. Heger	Kraftvoller Weißwein mit Nuancen von reifen gelben Früchten, vollmundig und elegant.
Baden	Grauburgunder Spätlese trocken	Weingut Dr. Heger	Klare Mineralität, viel Eleganz und Finesse umhüllt von seidigen Fruchtaromen von Aprikose und Mirabelle.
Baden	Grauburgunder RS trocken	Weingut Salwey	Fruchtiges Bouquet von Birnen und Grapefruit, vollmundig mit absolut klarer Mineralik.
Baden	Weißburgunder RS Spätlese trocken	Weingut Salwey	Trocken, harmonisch, leicht pikant und cremig mit einer feinen Blütenaromatik.
Franken	Silvaner Kabinett trocken	Weingut Juliusspital	Voller Saft und Kraft, lebendig, fruchtig und besonders spritzig. Seine elegante, klare Säurestruktur umgarnt harmonisch reife Stachelbeeren und exotische Noten von Litschi und Kiwi.
Franken	Iphöfer Müller-Thurgau Q.b.A. trocken	Weingut Juliusspital	Würzige Noten, an Muskat erinnernd, kombiniert mit gelben Früchten und einer saftigen Fruchtfülle von Birne und Nektarine.
Mosel	Riesling halbtrocken Q.b.A.	Vereinigte Hospitien	Ein typischer Moselriesling, feinfruchtig, zart, gepaart mit einer eleganten, milden Säure. Sehr gefällig.
Nahe	Diel de Diel Q.b.A.	Schlossgut Diel	Cuvée aus Grauburgunder, Weißburgunder und Riesling. Trocken, kristallklar, Zitrusaromen, angenehme Säure, rund und fein.
Nahe	Nahestein Riesling Q.b.A. trocken	Schlossgut Diel	Vollfruchtiges, saftiges Bouquet nach hellem Steinobst, spritzige Mineralität verbunden mit eleganter, klarer Säure.
Pfalz	Weißer Burgunder Classic	Weingut Claus C. Jacob	Sommelier-Classic Linie & Metro Marke des Jahres. Helles Gelb mit grünlichen Reflexen. Aromen von exotischen Früchten, Banane mit kaum spürbarer Säure.
Pfalz	Grauer Burgunder Classic	Weingut Claus C. Jacob	Sommelier-Classic Linie & Metro Marke des Jahres. Trocken, würzig mit Aromen von Zitrusfrüchten. Angenehme Säure.
Pfalz	Riesling Classic	Weingut Claus C. Jacob	Sommelier-Classic Linie & Metro Marke des Jahres. Feiner Apfel und Aprikosenduft, klare Mineralität, elegant und harmonisch.
Pfalz	Riesling Q.b.A. trocken	Weingut Pfeffingen	Spritzig-fruchtiger Riesling. Aromen von Aprikosen und Pfirsich. Frische Mineralität, elegant und trocken.
Rheingau	Hochheimer Riesling Kabinett trocken	Kloster Eberbach	Aromen von Zitrusfrüchten und Pfirsich, leichte Mineralität mit lebendiger Säure.

WEIN HUMIDOR *Die rot gekennzeichneten Weine erhalten Sie im METRO WEINHUMIDOR®*

Anbaugebiet	Wein	Erzeuger	Geschmacksbeschreibung
Rheingau	Johannisberger Riesling Q.b.A.	Schloss Johannisberg	Sehr delikater Riesling mit reifen Apfel- und Pfirsich-Aromen, feinfruchtig, mit schönem Süße-Säure-Spiel und frischer Kräuteraromatik.
Rheingau	Estate Riesling Q.b.A. trocken	Weingut Georg Breuer	Brillante, kühle Steinobst- und Maracuja-Frucht mit spritziger Mineralität und zarter Feinwürze.
Rheingau	Terra Montosa Riesling Q.b.A. trocken	Weingut Georg Breuer	„Steile Erde" = steile Lage, Verschnitt von Rieslingen der zweitbesten Lage. Saftige Fülle von gelben Früchten, exzellente Balance und eine reine Mineralität.
Württemberg	Blanc de Noirs Cuvée trocken	Württembergische Weingärtner Zentralgenossenschaft e. G.	Trockene, zarte und feinfruchtige Cuvée, weißgekeltert, mit milder und harmonischer Säure sowie Quittenaromen.

INTERNATIONALE WEISSWEINE

Land	Anbaugebiet	Wein	Erzeuger	Geschmacksbeschreibung
Chile	Casablanca Valley	Chardonnay Casillero del Diablo	Concha y Toro	Ein Chardonnay mit fruchtigen Papaya- und Pfirsichnoten sowie einem Hauch Vanille und gerösteter Haselnuss. Mittlerer Körper, ausgewogen und mit frischem Abgang.
Frankreich	Bordeaux	Bordeaux Blanc	Baron Philippe de Rothschild	Wunderschön erfrischend mit saftigen Aromen und einem herrlichen Säurespiel, reife gelbe Früchte mit einem langen Finale.
Frankreich	Bordeaux	Cuvée Caroline Graves trocken	Château de Chantegrives	Feine Zitronennote mit gerösteter Mandel und Blüten.
Frankreich	Burgund	Pouilly Fuissé	Bouchard Père et Fils	Bestricht durch sein feines Bouquet von Aprikosen und Orangenschale. Seine herzhafte Frucht umrahmt den üppigen Körper und bildet einen würzigen Abgang.
Frankreich	Burgund	Chablis 1er Cru Montmains	William Fèvre	Klassischer Chablis mit Aromen von Feuerstein, Zitrus und feiner Vanille. Harmonisch mit ausgiebigem Abgang. Exklusivität Weinhumidor®.
Frankreich	Elsass	Alsace AOC	A. Metz	Vollfruchtige, leicht cremige und runde Cuvée aus Pinot Blanc, Silvaner, Riesling und Muscat mit frischen Fruchtaromen von Melone, Papaya und Zitrusfrüchten.
Frankreich	Elsass	Pinot Blanc AOC	Zirnhelt	Ein besonders fein-fruchtiger Elsässer mit Auszügen von Banane, Aprikose, einer fein-rassigen Säure und einem cremig-weichen Körper.
Frankreich	Loire	Sancerre AOC	La Guiberte	Ein voller Sancerre von Kalkböden, mit frischem Bouquet von Zitrus, Stachelbeeren, Kiwi und Nesseln. Knackig-frische und pikante Frucht am Gaumen, animierend, rassig und mit ausdrucksvoller Länge.

WEIN HUMIDOR *Die rot gekennzeichneten Weine erhalten Sie im METRO WEINHUMIDOR®*

Land	Anbaugebiet	Wein	Erzeuger	Geschmacksbeschreibung
Frankreich	Loire	Pouilly Fumé AOC	M. Laurent	Verströmt ein tolles Bouquet von Stachelbeeren, Kiwi und Paprika, reintönig mit einer sehr knackigen und eleganten Feinwürze, umhüllt von jugendlich-frischer Mineralität.
Frankreich	Loire	Sancerre AOC	M. Laurent	Leicht cremig und an feine Zitrusfrüchte und Papaya erinnernd, sehr elegant und weich mit einen Hauch von Kräutern.
Frankreich	Loire	Le Cléray Sauvion	Muscadet Sèvre et Maine sur lie AOC	Feines Bouquet nach Zitronen, Limetten und reifen Äpfeln, mineralisch-frisch.
Italien	Friaul	Chardonnay IGT trocken	Sylvio Jermann	Eleganter, kräftiger Chardonnay mit reifer Melone und Anklängen von Bananen, trocken, mit zurückhaltender Säure.
Italien	Friaul	Pinot Grigio IGT trocken	Sylvio Jermann	Vielschichtiger Wein mit komplexer Fruchtstruktur, feinem Blütenduft, leicht cremig und mit einem langen Abgang.
Italien	Piemont	Chardonnay DOC	Villa d'Elsa	Intensive tropische Fruchtaromen von Ananas und Melone mit dennoch schlankem Körper, harmonisch-frisch und leicht cremig.
Italien	Toskana	Albizzia Chardonnay	Frescobaldi	Ein eleganter Chardonnay mit kräftigem Grüngelb, bestticht durch einen erfrischenden Duft nach Aprikosen und Äpfeln, leicht buttrig und mit kräftigem Körper.
Italien	Toskana	Terre di Tuffi IGT	Teruzzi & Puthod	Strohgelb mit einem Duft nach exotischen Früchten, am Gaumen voll, mit mineralischen Akzenten, klarer Struktur und Finesse.
Italien	Trentino	Pinot Grigio DOC	Ca' Ernesto	Feine Frucht mit schöner Balance, absolut klar mit leichter Fülle im Gaumen und einem ausgewogenen, zitrusgeprägten Abgang.
Italien	Venetien	Pinot Grigio IGT	Danzante	Dezente Blütenaromen, Zitrus und Anklänge von Rauch, prickelnd, frisch-fruchtig und harmonisch, mit fast süßlicher Säure.
Italien	Venetien	Lugana DOC trocken	Villa Rosa	Florale Anklänge von Akazienblüten mit feiner tropischer Frucht, frisch und ausgewogen.
Kalifornien	Central Coast	Chardonnay	Concannon	Schöner, buttriger und vom Holz geprägter Geruch, ein Hauch von tropischen Früchten mit fein-süßlicher Säure, sehr charmant.
Kalifornien	Central Valley	Chardonnay	Woodbridge	Duftiges Bouquet von reifen Birnen, weißem Pfirsich und Blüten, elegant und vollmundig mit Aromen von saftig gereiften Äpfeln, Gewürzen und feinen Röstnoten, im Finale seidig und glatt.
Neuseeland	Marlborough	Sauvignon Blanc	Cloudy Bay	Duftet nach Passionsfrucht und Quitte mit Aromen von frischen Basilikumblättern und einem Hauch von Zitronengras. Besonders frisch und glatt ohne jegliche Perlage, leicht würzig und hochelegant.
Neuseeland	Marlborough	Sauvignon Blanc	Montana	Intensive Aromen von Kräutern und Blüten. Am Gaumen saftig mit frischer Säure, pikant und animierend. Aromen von roten Paprikaschoten, Grapefruit und Honigmelone. Lebendig im Abgang.
Österreich	Kamptal	Grüner Veltliner Reserve	Willy Bründlmayer	Kräftige Mischung aus Kräutern und pikanter Frucht aus feinen Quitten, elegante Mineralität mit klassischem Pfeffer. Exklusivität Weinhumidor®.

WEIN HUMIDOR *Die rot gekennzeichneten Weine erhalten Sie im METRO WEINHUMIDOR®*

Land	Anbaugebiet	Wein	Erzeuger	Geschmacksbeschreibung
Österreich	Kremstal	Chardonnay	Weinmanufaktur Krems	Klassisches Duftbild nach Teegebäck, zart unterlegt von Banane mit feiner Fruchtsüße und geschmeidiger Textur. Delikater, fast kühler Ausklang.
Österreich	Kremstal	Grüner Veltliner Kabinett	Winzer Krems	Typischer Veltlinerduft, mit feiner pfeffriger Würze, zarten Apfel- und Quittenaromen.
Österreich	Steiermark	Sauvignon Blanc Steirische Klassik	Tement	Typisch würzige Frucht nach Stachelbeeren und Mandarinen, geprägt von einer eleganten rauchigen Note und im Abgang leicht grasig.
Spanien	Rueda	Pagos del Rey DO	Analivia Verdejo	Hellgelbe Farbe, Duftnoten von tropischen Früchten und im Mund Geschmack nach Ananas, Grapefruit, Maracuja und Nektarine.
Südafrika	Stellenbosch	Chardonnay trocken	Vergelegen	Wundervolle Balance zwischen Frucht und Holz. Aromen von reifem Apfel, Biskuit und Zitrone.
Südafrika	Stellenbosch	Sauvignon Blanc Reserve	Vergelegen	Intensive Aromen nach grüner Paprika mit feinwürziger Mineralität eingebettet in zarten Beeren.
Südafrika	Western Cape	Sauvignon Blanc	Drostdy-Hof	Leuchtendes Gelb mit frisch-fruchtigem, lebhaftem Duft und Aromen nach Stachelbeere und Akazie sowie einer wundervollen Mineralität.

DEUTSCHE ROTWEINE

Anbaugebiet	Wein	Erzeuger	Geschmacksbeschreibung
Ahr	Cuvée Noir Q.b.A. halbtrocken	Weingut H.J. Kreuzberg	Komplexes, würziges Bouquet mit Anklängen von reifen Beerenfrüchten in Verbindung mit einer dezenten Holznote sowie einer feinherben Fruchtsüße.
Ahr	Spätburgunder Q.b.A. Edition Weinhumidor®	Weingut Jean Stodden	Exklusive Abfüllung für den Weinhumidor®. Duft nach roten Beeren und Kirschen, reife, leicht würzige Frucht, dezentes Tannin, gute Struktur, großes Finale.
Baden	Mimus Spätburgunder Barrique trocken	Weingut Dr. Heger	Körperreicher, harmonischer, warmer Spätburgunder mit Aromen von dunklen Beeren und einer feinen Barriquenote.
Baden	Spätburgunder RS trocken	Weingut Salwey	Typische, volle Kirsch- und Pflaumennote, Anklänge von Zedernholz, Schokolade und zarten Röstnoten mit feinwürzigen, sanften Tanninen.
Baden	Spätburgunder Barrique Q.b.A. trocken	Weingut Fritz Waßmer	Samtig, mit Aromen von reifer, eleganter Kirsche und zarter Pflaume mit feiner Holznote.
Nahe	Noir de Diel Q.b.A.	Schlossgut Diel	Cuvée aus Spätburgunder und Dornfelder. Intensive Cassisnoten, kräftiger Körper mit verspielter Frucht, sehr nachhaltig durch den Ausbau im Barriquefass.
Pfalz	Dornfelder Classic	Weingut Claus C. Jacob	Metro-Marke des Jahres. Dunkelrote Farbe mit lilafarbenen Nuancen, beeriger Charakter, feinsüßliche Aromen von reifen Kirschen mit kaum spürbaren milden Tanninen.

Die rot gekennzeichneten Weine erhalten Sie im METRO WEINHUMIDOR®

Anbaugebiet	Wein	Erzeuger	Geschmacksbeschreibung
Pfalz	Dornfelder Barrique Q.b.A. trocken	Rotwild Weinkellerei	Vollmundig-würzig, ausgewogen, mit feinen Aromen von Vanille und Mandeln.
Rheingau	Spätburgunder 'Rouge'	Weingut Georg Breuer	Rubinrot mit Aromen von feiner Kirsche, Schokolade und einer eleganten Röstnote.

INTERNATIONALE ROTWEINE

Land	Anbaugebiet	Wein	Erzeuger	Geschmacksbeschreibung
Australien	Barossa Valley	Cabernet Sauvignon	Peter Lehmann	Vollmundiger Cabernet Sauvignon, besticht durch sein intensives Bouquet von Cassis und reifen Waldbeeren sowie eine ausgeprägte, gut eingebundene Holznote.
Australien	South Eastern Australia	Merlot	Lindemans	Rubinglänzende Farbe und ausgezeichnete, samtige Pflaumen- und Kirscharomen zeichnen diesen bekömmlichen, körperreichen Merlot aus.
Australien	South Eastern Australia	Rawson's Retreat	Penfolds	Shiraz & Cabernet, eine kleine Fruchtbombe aus Beeren und Schokoladenaromen, mit Rosinen und Kaffee, kraftvolle, dennoch schlank und nachhaltig.
Australien	South Eastern Australia	Shiraz	Rosemount Estate	Komplex mit saftig konzentrierten Waldbeeren und Schwarzkirschen, zartes Eichenholz, das die Aromen von leichtem Pfeffer und sanfter Schokolade strukturiert und stützt, lang im Finale.
Chile	Colchagua Valley	Cabernet Sauvignon / Syrah	Montgras Reserva	Eine Mischung reifer Pflaumen und Johannisbeergelee, gepaart mit intensiven Röst- und Vanillearomen, vollmundig, weiche Tannine mit schöner Länge.
Chile	Rapel Valley	Casillero del Diablo Carmenére Reserva	Concha y Toro	Tiefrot, im Bouquet Aromen von reifen Pflaumen, Schwarzen Johannisbeeren, Kaffee und leichten Vanilletönen. Im Geschmack würzig, weich, mit einem Touch von Holz.
Frankreich	AOC Bordeaux	Bordeaux Supérieur AOC trocken	Château Grand Jour	Ausgewogen und fruchtig, ein kleiner Bordeaux, der schmeckt!
Frankreich	Burgund	Nuits St. Georges AOC trocken	Bouchard Père & Fils	Klassischer, langlebiger Pinot Noir mit herbwürzigen Noten und Fruchtanklängen von Erdbeeren und dunklen Früchten.
Frankreich	Bordeaux	Côtes-de-Castillon AOC trocken	Château Cap de Faugères	Langlebiger Rotwein mit Aromen von Himbeeren und Brombeeren, dezenter Eichengeschmack, Kaffee, sanfte Tannine, mittelgewichtig.
Frankreich	Côte-du-Rhône	Belleruche AOC	Chapoutier	Grenache & Syrah, fruchtiger Körper aus Erdbeeren und Himbeeren. Gute Tanninstruktur, ausgewogen mit einem gepfefferten Finale.
Frankreich	Haut-Médoc	Cru Bourgeois	Château de Lamarque	Intensiver Duft nach Johannis- und Blaubeeren, ausgewogen am Gaumen, elegant und fein-würzig.
Frankreich	Haut-Médoc	Cru Bourgeois	Château Trois Moulins	Ein harmonischer, kräftiger Bordeaux.

WEIN HUMIDOR *Die rot gekennzeichneten Weine erhalten Sie im METRO WEINHUMIDOR®*

Land	Anbaugebiet	Wein	Erzeuger	Geschmacksbeschreibung
Frankreich	Bordeaux	Saint-Émilion Grand Cru	Château Mauvinon	Ein runder, körperreicher und harmonischer Wein mit feinwürziger Struktur und lang im Abgang.
Frankreich	Medoc	AOC	Château Poujeaux	Konzentrierte Aromen von schwarzer intensiver Beerenfrucht, feine intensive Textur, mit ledrigen Nuancen, eleganter Röstnote nach Toast, mit langem Finish.
Frankreich	Pomerol	AOC	Château de Chambrun	Dunkles Purpurrot, verführerische Aromen von Brombeeren, schwarzen Kirschen, leckere Noten von Schokolade und weiche, süßliche Tannine.
Frankreich	Rhône	Crozes Hermitage rotles incontounables	Chapoutier	Syrah aus alten Rebstöcken. Dicht, kraftvoll und elegant-würzig mit Aromen von Brombeeren, Himbeeren und ledrigen Noten. Exklusivität Weinhumidor®.
Frankreich	Rhône	Châteauneuf-du-Pape	Armand Dartois	Kräftig und aromatisch, mit weicher Fülle und reifer Beerenfrucht.
Italien	Abruzzen	Cantina Colonnella Riserva DOC	Montepulciano d'Abruzzo	Kraftvoll, reich an reifer Kirsche und Pflaumen, verbunden mit feiner Kräuterwürze und weichen Tanninen.
Italien	Piemont	Barolo DOCG	Cantina Medaina	In der Nase Aromen von Kirsche, Gewürz und Schokolade. Am Gaumen trocken und feinwürzig mit weichen Tanninen, kräftigem Körper, komplex und lang im Abgang.
Italien	Puglia	Salice Salentino DOC	Torcuddia Riserva	Feinduftige Nase mit Brombeeren und Lakritze, leicht erdige Note mit einer feinen Würze, ausgewogen und kraftvoll.
Italien	Sizilien	Ságana, Nero d'Avola IGT trocken	Cusumano	Kraftvoller und würziger Rotwein, Aromen von Kaffee, dunklen Früchten und Kräutern, umhüllt von einer feinen Pfeffernote.
Italien	Toskana	Promis Ca'Marcanda IGT trocken	Angelo Gaja	55 % Merlot, 35 % Syrah, 10 % Sangiovese. Aromen von schwarzem Pfeffer, geröstetem Kaffee, Pflaume und Cassis.
Italien	Toskana	Brunello di montalcino DOCG	Casanova di Neri	Sattes, funkelndes Rubinrot mit betont mineralischen, rauchigen Noten, verbunden mit Kirschkonfitüre und Zwetschgen. Am Ende dichtes Tannin mit langen Nachhall.
Italien	Toskana	Le Volte IGT	Tenuta dell' Ornellaia	Ausgewogen und fruchtbetont, mit Noten von frischen jungen Waldbeeren und süßen Gewürzen, langer, geschmeidiger Abgang.
Italien	Trentino	Merlot DOC trocken	Ca' Ernesto	Elegante Kirschnote, rund, samtig und trocken.
Italien	Trentino	Teroldego DOC	Foradori	Klassiker aus 100 % Teroldego. Extraktreicher, weicher, bestens strukturierter Rotwein, ausgeprägter Duft nach reifen Heidelbeeren und Gewürzen, umspielt von frischer Säure und weichen Tanninen.
Italien	Trentino	San Leonardo IGT	Tenuta San Leonardo	Cabernet Sauvignon, intensive rubinrote Farbe mit granatroten Reflexen. Noten von grünem Paprika hin zu Waldbeeren und Vanille. Ausgewogen, voll und rund, im Abgang lang anhaltend und kräftig.

WEIN HUMIDOR *Die rot gekennzeichneten Weine erhalten Sie im METRO WEINHUMIDOR®*

Land	Anbaugebiet	Wein	Erzeuger	Geschmacksbeschreibung
Italien	Trentino	Villa Gresti IGT	Tenuta San Leonardo	Merlot, intensive rubinrote Farbe. Voller, umhüllender, andauernder Duft, der an Tabak erinnert. Zarte, nach Vanille duftende Komponenten von Kakao.
Italien	Venetien	Amarone della Valpolicella DOC	Movano	Edles, intensives Bouquet von dunklen Beeren und Kirschen, Dörrobst, Eichenholz und Bittermandeln. Komplex und dicht mit lang anhaltendem Abgang.
Italien	Venetien	Valpolicella Superiore DOC trocken	Zonin Ripasso	Aromen von reifen Kirschen und Rosinen, weich, nachhaltig mit feiner Vanille und Röstnoten von Kaffee.
Kalifornien	Central Coast	Cabernet Sauvignon	Conncannon	Intensiver Duft nach Schwarzen Johannisbeeren und Brombeeren mit eleganten erdigen Aromen sowie Röstaromen. Komplex und trocken.
Kalifornien	Napa Valley	Cabernet Sauvignon	Artemis	Bouquet nach reifen Pflaumen, betont durch Veilchen, Himbeere, Rosmarin und Trüffelaromen, umhüllt von feiner Vanille durch Barriqueausbau. Würzige Tannine im Abgang.
Österreich	Burgenland	Syrah	Weingut Nehrer	Schlanker, aber intensiver Körper aus Brombeeren verbunden mit einer zarten Schokoladen- und Pfeffernote.
Österreich	Neusiedlersee	Pinot Noir, Q.b.A.	Weingut Peter Schandl	Feine Burgundernase nach vollreifen Früchten, Himbeeren, Erdbeeren, Pilzen, Vanilleanklänge, zartes Tannin, samtiger und zugleich würziger Abgang.
Spanien	Navarra	Crianza Bodega Fundada DO	Las Campanas	Eleganter, kräftiger Rotwein mit geschmeidiger Fruchtnote und feinen Gewürzen. Ein allseits beliebter spanischer Allrounder.
Spanien	Ribero del Duero	DO	Aalto	100 % Tempranillo, würzige Aromen von Lakritze, Kräutern, Dörrpflaumen, roten Beeren, Tabak und feiner Toaströstung. Samtige Tannine, langer Abgang.
Spanien	Ribera del Duero	Crianza DO	Altos de Tamaron	Tiefes Rot mit violetten Tönen, in der Nase Aromen von reifen Früchten und Lakritze. Im Mund angenehm weich, frisch und fruchtig mit einem langen Abgang.
Spanien	Rioja	Viejo Reserva DOC	Campo	Klassisch rassiger Rioja, vollmundige Frucht mit gutem Holzeinsatz, harmonisch, mit intensiven Röstnoten und ausgewogener Mineralität.
Spanien	Rioja	Reserva Rioja DOC	Marques de Riscal	Saftige Beerenaromen mit feiner Vanille ergänzt durch komplexe Gewürznoten und einem Hauch von Bitterschokolade.
Spanien	Rioja	Tempranillo DO	San Vicente	Duft nach neuem Holz, Zimt, Grafit und Roten Johannisbeeren, dicht und rassig. Ein Rioja wie aus dem Buche.
Südafrika	Stellenbosch	Cabernet Sauvignon	Vergelegen	Komplexer Wein mit Aromen von Johannisbeeren, Gewürzen, reifen Pflaumen, Zedernholz und Leder. Mittlerer Körper, kraftvolle, aber reife Tannine.

WEIN HUMIDOR *Die rot gekennzeichneten Weine erhalten Sie im METRO WEINHUMIDOR®*

ROSÉ

Land	Anbaugebiet	Wein	Erzeuger	Geschmacksbeschreibung
Frankreich	Aix en Provence	La Tourelle Côteaux AOC	Château Pigoudet	Lachsfarbener Rosé, fruchtige Aromen von Erdbeeren und Himbeeren, harmonisch mit einer feinen mineralischen Würze.
Frankreich	Provence	Bandol trocken	Domaine Ott	Feine Säure und fruchtbetonte Aromen, lang, dicht und hochelegant.
Frankreich	Provence	Vieilles Vignes AOC trocken	Château la Moutète	Feiner Duft nach Blüten und Lavendel. Intensive Frucht von Pfirsich und Aprikose.
Italien	Toskana	Rosato IGT	Santa Cristina	Rosé mit kirschroten Nuancen, anhaltende Noten roter Früchte, ausgewogen und harmonisch.
Portugal	Douro	Redoma Rosé	Niepoort	Ein ganz besonderer Rosé, leuchtendes, intensives Lachsrot, volle Kirscharomen mit zarten, seidigen Tanninen, kräftig, saftig, beerig.
Spanien	Katalonien	Rosé De Casta DO	Torres	Hell glänzendes Himbeerrosa mit rubinroten Reflexen, reife Heidelbeeren und Erdbeeren, Kirschkonfitüre mit Noten von sahnigem Butterkaramell, frisch und harmonisch, ausgewogen, viel saftige Frucht und gute Säure.

SCHAUMWEINE

Land	Anbaugebiet	Wein	Erzeuger	Geschmacksbeschreibung
Deutschland	Nahe	Riesling Sekt brut	Schlossgut Diel	Feine Perlage, frische Limonen- und Zitrusfrucht-Aromen.
Frankreich	Champagne	Grande Reserve Brut	Nicolas Feuillatte	Helles Goldgelb mit feiner Perlage. Aromen von Apfel und Limette mit feinperligem Abgang.
Frankreich	Champagne	Brut	Henri de Verlaine	Weiche und saftige Fülle, sehr harmonisch mit zarter Perlage.
Frankreich	Elsass	Brut Prestige Crémant	Arthur Metz	Heller Crémant mit deutlicher Perlage, gepaart mit zarten Aprikosen- sowie Blütenaromen.
Italien	Trentino	Ferrari brut	Ferrari	Reiner Chardonnay, intensives Bouquet nach reifen Äpfeln, Blumen und feiner Hefe.
Italien	Trentino	Ferrari rosé	Ferrari	Zartes Rosa, feine Johannis- und Erdbeere, mild und elegant.
Italien	Venetien	Valdo Prosecco Spumante DOC	Marca Oro	Fruchtiger Duft nach Birnen und Äpfeln, schlank und spritzig.
Österreich	Burgenland	Gelber Muskateller brut	Peter Schandl	Feinprickelnder Sommer-Sekt mit zarter Perlage, frisch, fruchtig und saftig.

WEIN HUMIDOR *Die rot gekennzeichneten Weine erhalten Sie im METRO WEINHUMIDOR®*

Impression Metro Weinhumidor®

Impressum

Das Gute essen
Weinbeilage – Das Gute trinken

Sonderausgabe

Herausgeber

Corporate Communications, Public Affairs & CSR
Dr. Michael J. Inacker
Postfach 23 03 61
Schlüterstraße 1
40235 Düsseldorf
www.metrogroup.de

Konzeption, Idee und Umsetzung:
METRO AG, Konzernrepräsentanz Berlin / nationale Politik, Michael Wedell
CPA! Communications und Projektagentur GmbH, Ralf Frenzel

Redaktion:
Christian Maas (METRO AG)
Jeanette Hütten (Metro Cash & Carry Deutschland)
Stefanie Grüter (Galeria Kaufhof)
Jessica Burghard (Real)
Elisabeth Hesse (METRO AG)
Jürgen Matern (METRO AG)
Sébastien Philippe (Metro Cash & Carry Deutschland)

Gestaltung und Titel-Fotografie: Gaby und Guido Bittner, Wiesbaden
Reinzeichnung: Peter Winkelmann, Wiesbaden
Fotografie: Arne Landwehr, Wiesbaden
Reproduktion: Lorenz und Zeller, Inning am Ammersee
Druck: Mohn media Mohndruck GmbH, Gütersloh

Gedruckt wurde auf 100g/qm Luxosamt 1,1-fach Vol. FSC-zertifiziertem Papier.

Das Gute trinken

Das Gute essen und dazu einen Schluck guten Wein – so wird selbst ein einfaches Gericht zum perfekten Genuss.

Insgesamt 350 Weine werden von Metro Cash & Carry, Galeria Kaufhof und Real vorgestellt und in dieser Übersicht nach Land, Anbaugebiet und Rebsorte geordnet. Ein schneller Blick genügt, um genau den Richtigen zum guten Essen zu finden.